Hilfen zur Bewältigung persönlicher und gesellschaftlicher Schwierigkeiten des modernen Menschen, in einer Welt mit wachsenden Ansprüchen und Herausforderungen? Ist es die meisterhafte Schilderung von Leben und Wirken der Schöpfer und Pioniere der Psychoanalyse, die Eindringlichkeit der klar herausgearbeiteten unterschiedlichen Denkansätze und Therapiemethoden? Ist es der umfassende Einblick in die geistigen Werkstätten kreativer Nachfahren, die größtenteils in unmenschlicher Zeit aus der alten Welt in die neue emigrieren mußten, um dort am Gedankenbau von Freud, Adler und Jung weiterzuarbeiten, für einen besseren und humaneren Umgang mit uns selbst, dem anderen, aber auch mit der Natur und Umwelt, wobei der Beitrag Ruth Cohns, die Themenzentrierte Interaktion, als besonders leuchtender Hoffnungsträger herausragt? Sind es gar die mit Witz und Humor poetisch hingestrichelten Sprachzeichnungen von Personen und Begebenheiten aus den denkwürdigen 40er und 60er Jahren in den USA und vor allem aus New York, wo die besten Köpfe, die emigrieren mußten, miteinander und gegeneinander argumentierten und arbeiteten und mit für ein Lebensklima von Aufbruch und Hoffnung sorgten, von dem wir heute noch zehren?
Vielleicht liegt auch hier das Geheimnis des Ganzen in der Fülle von Inhalt und Schönheit seiner Teile.

Paul Schmid, Zürich

Ruth C. Cohn
Alfred Farau
Gelebte
Geschichte der Psychotherapie.
Zwei Perspektiven
Klett-Cotta

Verlagsgemeinschaft
Ernst Klett Verlag – J. G. Cotta'sche Buchhandlung

Printed in Germany
Satz: Hans Janß, Pfungstadt
Druck und buchbinderische Verarbeitung: Kösel, Kempten
Zweite, überarbeitete Auflage, 1987

CIP-Kurztitelaufnahme der Deutschen Bibliothek

Gelebte Geschichte der Psychotherapie:
2 Perspektiven / Ruth C. Cohn; Alfred Farau. –
2. Aufl. – Stuttgart: Klett-Cotta, 1987.
ISBN 3-608-95567-4
NE: Cohn, Ruth C. [Mitverf.]; Farau, Alfred [Mitverf.]

Inhalt

Teil IV
Bruchstücke ... 162

Buch II von Ruth C. Cohn

Vorwort des Verlags

Dies ist kein Buch wie andere. Es ist nicht das Buch eines einzelnen Autors, auch nicht ein Gemeinschaftswerk zweier Autoren. Es ist vielmehr aus den unterschiedlichsten Elementen zusammengesetzt und spiegelt in Stil und Aufbau zwei sehr unterschiedliche Temperamente wider.

Es hat eine lange und verwickelte Entstehungsgeschichte, in der neben Alfred Farau und Ruth C. Cohn zumindest noch drei weitere Mitspieler eine Rolle spielen: Sylvia Farau, die Frau des 1972 verstorbenen Alfred Farau, die Literarische Agentur Ruth Liepman und schließlich der Verlag Klett-Cotta.

Das Werk, das Alfred Farau unveröffentlicht hinterließ, ist eine Geschichte der Tiefenpsychologie, genauer, eine Geschichte der Psychotherapie, mit dem Ziel, die zukünftige Aufgabe von Psychologie und Psychotherapie neu zu formulieren. Von dieser Zukunftsperspektive her erhält das Buch, auch als Fragment, das es geblieben ist, seine innere Dynamik. Nicht von ungefähr hatte Farau ihm ursprünglich den Titel *Psychologie und die Zukunft* gegeben. Denn Alfred Farau war nicht nur ein scharf analysierender Beobachter, der die Strömungen seiner Zeit und die Entwicklungen der Psychologie mit großer Genauigkeit zu beschreiben vermochte, sondern auch ein Visionär: ein kühner Vorausdenker, der eine Verbindung herstellte zwischen der wissenschaftlichen Entdeckung des Unbewußten und der Eroberung des Weltraums und der die Psychologie schließlich in die Metaphysik einmünden sah.

Alfred Farau war Adlerianer, und im Mittelpunkt seines Denkens stand das Gemeinschaftsgefühl, das er, heutige Entwicklungen in der humanistischen Psychologie mit überraschender Hellsichtigkeit vorwegnehmend, um transpersonale und universale Aspekte in Richtung auf eine kosmische Psychologie zu erweitern suchte. Er schreibt: »Ich sage es in tiefster Verehrung für die Leistung der großen Pioniere. Die bisherige Psychologie des Unbewußten ist nichts als ein Prolog. Ein ›Prolog im Himmel‹ meinetwegen; aber so wie dieser in all seiner Grandiosität doch nur ein Vorspiel ist, welches ohne den nachfolgenden ›Faust‹ ein Fragment bliebe, so ist die eigentliche *kosmische Psychologie des Men-*

schen noch gar nicht begonnen worden.« Faraus Entwurf zu diesem Buch aus dem Jahre 1965, den wir dem gesamten Text voranstellen, macht deutlich, wie breit angelegt die Fundamente des von ihm projektierten Werkes sein sollten. Er macht aber auch deutlich, daß es notwendig ein Fragment bleiben mußte. Kein einzelner konnte ein solches Buch schreiben, kein einzelner ein so komplexes Gedankengebäude zu Ende führen. So ist es bei dem großen Entwurf und einigen ausgeführten Kapiteln zur Geschichte der Tiefenpsychologie geblieben.

Auch Ruth Cohn, Faraus nächste Freundin seit den vierziger Jahren, hat nicht versucht, das Fragment zu vollenden. Ein »Notdach«, so der ursprüngliche Plan, sollte sie, die Anregung des Verlags aufnehmend und damit zugleich dem Wunsch von Sylvia Farau und Ruth Liepman folgend, dem unvollendet gebliebenen Gedankenbau geben und einige wesentliche Entwicklungen und Strömungen der Psychotherapie im Verlauf der sechziger und siebziger Jahre nachzeichnen. Wahrscheinlich hätte das niemand sonst tun können. Zwischen Ruth Cohn und Alfred Farau gab es, über alle Unterschiede des psychotherapeutischen Ansatzes hinweg, eine wesentliche Gemeinsamkeit, die ausschlaggebend war für Ruth Cohns Bereitschaft, diese Aufgabe zu übernehmen: Beide verband das Interesse an den sozialen, pädagogischen und gesellschaftlichen Aspekten der Psychotherapie und der tiefe Wunsch, die Tiefenpsychologie möchte zum Katalysator für gesellschaftlichen Wandel werden. Für beide wurde die Einbeziehung einer metaphysischen, im weitesten Sinne religiösen Dimension in ihr Denken über Psychologie und Psychotherapie zunehmend wichtiger, für Alfred Farau aufgrund seiner gedanklichen und philosophischen Beschäftigung mit Psychotherapie, für Ruth Cohn in erster Linie im Rahmen ihrer praktischen Arbeit mit einzelnen und Gruppen.

Für Ruth Cohn trat die Beschäftigung mit den transpersonalen und »religiösen« Aspekten der Psychotherapie erst nach dem Tode des Freundes so recht in den Vordergrund ihres Denkens: beim geduldigen Sichten der von Sylvia Farau gesammelten nachgelassenen Notizen Alfred Faraus, aber auch durch die Begegnung mit Freunden, mit denen Ruth Cohn das Erwachen eines neuen religiösen Bewußtseins erlebte. Dies weist noch auf einen anderen, für das Entstehen dieses Buches wesentlichen Aspekt hin, der verständlich macht, warum es nicht beim »Notdach« bleiben konnte und warum das Buch erst jetzt, elf Jahre nach Faraus Tod, erscheinen kann: Die Auseinandersetzung mit Alfred Faraus nachgelassenem Manuskript, die für Ruth Cohn zunächst ganz einfach die Erfüllung einer Freundespflicht bedeutete, wurde allmählich zu einer Herausforderung, die unvollendete Beziehung zu dem toten Freund zu vollenden.

Sie wurde darüber hinaus zum Antrieb, den Ausschnitt der Psychotherapiegeschichte, den sie selbst erlebt hat, zu verstehen. Ruth Cohn hat das, was sie an praktischer Arbeit geleistet hat, die Impulse, die sie aufgenommen und diejenigen, die sie selbst gegeben hat, einer bewußten Reflexion unterzogen und sich damit einen ihr zuvor weitgehend unbewußt gebliebenen und bis dahin wohl auch unerfüllbaren Wunsch erfüllt. Selbst handelnd in die Geschichte der Psychotherapie der sechziger und siebziger Jahre verwoben, hat sie in diesem Buch die Essenz ihres Lebens als Psychotherapeutin und damit auch ihren Einfluß auf die Erlebnistherapie und die humanistische Psychologie und Pädagogik darzustellen versucht. Ihr eigener Beitrag zur holistischen Pädagogik und Gesellschaftstherapie – bekannt als Themenzentrierte Interaktion (TZI) – tritt so erstmals in seinen psychotherapiegeschichtlichen Bezügen hervor.

Das Buch, das auf diese Weise entstanden ist, ist so vielgestaltig und facettenreich wie die Ziele, die Motivationen und der Erfahrungsreichtum der beiden Autoren, die sich darin widerspiegeln.

Wenn der Verlag in den vergangenen zehn Jahren trotz aller im Verlauf der so komplexen Entstehungsgeschichte des Buches aufgetretenen Schwierigkeiten an dem Projekt festgehalten hat, so geschah dies in der Überzeugung, daß mit diesen beiden Stimmen – der Stimme des zurückgezogenen Gelehrten Alfred Farau und der Stimme Ruth Cohns, die mit ihrer subjektiv-»weiblichen« Perspektive und ihrem innovatorischen Impuls die Geschichte der Psychotherapie in den vergangenen zwei Jahrzehnten aktiv beeinflußt hat – einige wesentliche Momente und Bewegungen in der Psychotherapie fühlbar, greifbar und lebendig würden.

Im Januar 1984 I. K.

Alfred Farau: Synopsis seines unvollendeten Buches (1965)

Das Vorwort dieses Buches wird durch ein neues ersetzt, weil *Bedeutung* und *Zweck* unserer Untersuchung sich seit 1952* wesentlich geändert haben.

Der *erste Teil* heißt: »Die Geschichte der Seele«.

Psychologie ist ein Kind der Philosophie. Darum wird die Geschichte der Seele zunächst als eine Entwicklungsgeschichte der geistigen Einstellung des Menschen zum Problem des Seelischen gesehen, vor allem zum »Tod«, ohne den es, nach Schopenhauer, überhaupt keine Philosophie gäbe. Wir wandern um die Erde und finden die »Lebenskraft« der Ägypter (das »Ka«), das Reich der Schatten bei den Griechen (Hades), die Seelenwanderung bei den Indern. Das Problem des Dualismus (von Leib und Seele) wird deutlich bei Plato und später bei den Neuplatonikern, bis es für unsere westliche Welt seine Erscheinung im persönlichen Unsterblichkeitsglauben des katholischen Mittelalters findet: Der Körper war sterblich, die Seele unsterblich. Für den mittelalterlichen Menschen war die Seele eine unanzweifelbare *Realität.*

In den letzten vierhundert Jahren zeigt die Geistesgeschichte des Abendlandes das Bild einer langsamen, aber unaufhaltsam fortschreitenden Abkehr von der »Seele«. Die Entfernung vom Gedanken des Dualismus geht dann bis zur Verachtung und Verspottung des einst allmächtigen Begriffs; über Aufklärung und Rationalismus schreitet die Bewegung vorwärts zu den Erkenntnissen der naturwissenschaftlich-mechanistischen Wissenschaft, und die »seelischen« Vorgänge sind schließlich nichts anderes als Funktionen der belebten Materie. Wir können uns heute kaum mehr vorstellen, welches Aufsehen es erregte, als Charcot (Freuds späterer Lehrer), dem es gelungen war, in der Hypnose künstliche Lähmungen und Brandwunden zu erzeugen, öffentlich erklärte: »Die Hysterie ist eine *psychogene* Krankheit!«

* Gemeint ist hier das 1952 im Verlag A. Sexl, Wien, erschienene Buch *Der Einfluß der österreichischen Tiefenpsychologie auf die amerikanische Psychotherapie der Gegenwart, das Farau zu überarbeiten und zu erweitern gedachte.*

Was die *Psychotherapie* anlangt, so hatte sie ursprünglich mit der Schulpsychologie nichts zu tun; sie war einfach Hilfe für den seelisch Leidenden. Einige Beispiele: die Riten der »Primitiven«, die Musiktherapie des Pythagoras, die Schlaftherapie in den Asklepios-Tempeln, die schlichte, gläubige Hilfsbereitschaft der mittelalterlichen Mönche und Nonnen, das psychologische Verständnis der arabischen Medizin (Rhazes und Avicenna), die »romantische« Medizin des frühen 19. Jahrhunderts, die mechanistische des späten 19. und des beginnenden 20. Jahrhunderts.

Manches im ursprünglichen Buch über Österreich wird weggelassen werden, weil es zu »schulmäßig« ist. Hingegen werden wir auch weiterhin hervorheben, *daß Österreich die Wiege der modernen Psychologie ist,* und ebenso die Tatsache der *zweifachen geistigen Eroberung der Welt* durch Österreich: in der *Musik* und in der *Psychologie.*

Der *zweite Teil meines Buches* heißt: »Der Aufstieg der Psychoanalyse« (auch »Dynamische Psychologie« oder »Tiefenpsychologie« genannt; die Begriffe sind heute auswechselbar). Die Psychoanalyse kommt aus Wien. Und ihre Geschichte beginnt mit Franz Anton Mesmer, dem Wiener Aristokraten des 18. Jahrhunderts, dem Vater der Hypnose (die er »tierischer Magnetismus« nannte), dessen französischer Weg über Puységur, Charcot, Bernheim und Liébault zu Freud zurückkehrt, der als junger Arzt nach Frankreich ging, um dort zu lernen. Freuds Werk ruht auf drei wissenschaftlichen Fundamenten: der ersten Abkehr der Psychologie von der Philosophie, vollzogen von Fechner und Wundt; der mechanistischen Medizin seiner Studienjahre und dem Erlebnis der Hypnose in Frankreich. Und ein viertes, *nicht* wissenschaftliches, aber nicht minder wichtiges Fundament ist *sein* Wien, das Wien des Kaisers Franz Josef, der Lebensstil des Bürgers und die viktorianische Sexualmoral. Freuds frühe Entdeckungen sind heute allgemein bekannt: die sexuelle Ätiologie der Neurose; der »freie Einfall«; Libido, Ödipuskomplex. Und dann, mit der völligen Abkehr seiner Psychologie von der Medizin seiner Zeit, beginnt auch schon die Zersplitterung in den eigenen Reihen: Alfred Adler und Carl Gustav Jung verlassen die Bewegung (1911 bzw. 1913). Indessen ändert sich die Welt. Das Europa des Ersten Weltkrieges und die Nachkriegswelt werden geschildert; das Leben in der österreichischen Republik und in ihr das Werden der großen neuen Freudschen Theorien über »Ich«, »Über-Ich« und »Es«; des weitern Anna Freuds »Abwehrmechanismen«, Wilhelm Reichs »Charakteranalyse« (Neurose als Charakterphänomen); Otto Ranks »Trauma der Geburt« als Erklärung der Neurosen; Theodor Reiks literarische, Karl Abrahams psychiatrische Forschungen; ferner die Gegner: Alfred Adler (Minderwertigkeitsgefühl und Minderwertigkeitskomplex, Lebensstil, Gemeinschaftsgefühl), Carl Gustav Jungs mystische Reise in das Unbewußte: das kollektive Unbewußte, der Schatten, Anima und Animus, die Archetypen; dann die Analyse in der Praxis: Heilungen und Mißerfolge der Neurosenbehandlung, die moderne Traumdeutung, Adlers Erziehungslehre, die ersten Schulpsychologen, Beratungsstellen, Kinderkliniken. Schließlich folgen wir dem alten Freud, der 82jährig Österreich verlassen muß. Österreich bricht zusammen, und die neuen Lehren müssen erst untergehen, bevor sie in der Ferne einen neuen Aufstieg erleben.

Im *dritten Teil des Buches* wendet sich unsere Aufmerksamkeit Amerika zu (»Amerika erwartet die Psychoanalyse«). Dazu müssen wir die sozialen und kulturellen Bedingungen der USA näher kennenlernen, die Entwicklung dieser antisozialistischen Demokratie, welche der modernen Welt Flugzeug und elektrisches Licht gegeben hat, zu einer Zeit, als sie noch völlig abseits von Europa lebte. Auch ist Amerikas viktorianisch geprägte Ablehnung der Sexualität selbst von der *europäischen* Moralheuchelei des 19. Jahrhunderts, einem gewiß einzigartigen Phänomen, noch immer so weit entfernt, daß ein ganzes Kapitel einem unglaublichen Buch gewidmet ist: dem um 1910 erschienenen *Plain Facts for Young and Old* von Dr. Harvey Kellogg, einem Buch, das eher heißen sollte: »The Destruction of Sex«.

Wir begleiten die Veränderungen der USA, lesen vom ursprünglichen »Social Work«, das seinen Ursprung in der typisch amerikanischen Philanthropie hatte, lange vor dem Einfluß der europäischen Psychologie, und lernen auch die amerikanische Philosophie kennen, die zum Pragmatismus und Behaviorismus führte – vor diesem Hintergrund mußte Freuds erster Besuch in Amerika im Jahre 1908 mit Befremden erlebt werden. Und da vollzieht sich eine der Ironien der Geistesgeschichte: So wie Marx mit seiner

Annahme irrte, das industrialisierte Amerika werde der erste kommunistische Staat werden, keineswegs aber das agrarische Rußland, so irrte Freud, der noch 1939, drei Monate vor seinem Tod in London, an Theodor Reik nach New York schrieb: »Amerika wird niemals die Psychoanalyse akzeptieren.« Und obwohl der amerikanische Puritanismus bis in die vierziger Jahre betont andauerte und sogar heute noch unterirdisch weiterwirkt, wird Freuds Lehre um das Jahr 1940 herum *plötzlich* eine Mode, ein Gesellschaftsspiel, eine Philosophie, ein Problem, eine Therapie, eine Wunderkur und – eine Epidemie.

Der *vierte Teil des Buches* heißt: »Die analytische Epidemie« *(1940–1950)*. Wodurch wurde diese Epidemie hervorgerufen? Die Ursachen werden untersucht. Zuerst die konkreten: die veränderte Stellung der Frau; dann der Einfluß der vielen Analytiker, die wegen der Hitlerverfolgung nach Amerika auswanderten. Die wesentlichen Gründe der Epidemie liegen tiefer. Wir decken die Zusammenhänge mit dem Mesmerismus auf, der über Frankreich nach Amerika kam, die unterirdischen Verbindungen zwischen der Christian Science und der Psychoanalyse. Eine neue, eigene Theorie wird entwickelt: die Konfliktsituation des Amerikaners, der, eingegrenzt zwischen seiner puritanischen Tradition und seiner führenden Rolle in der modernen Welt, eines Vatertypus im europäischen Sinn ermangelnd, den »Doktor« zum Vater machte, jenen »Doctor«, die verzeihende Vater-Figur, der *Sex als Medizin verschreibt und gestattet.* In der neuen Atmosphäre nach dem Zweiten Weltkrieg wird Sex die Reaktion auf dreihundert Jahre Puritanismus, *schuldfrei gemacht durch die medizinische Psychologie* – als, ironisch genug, schon wieder eine *neue* Reaktion eintritt: Sigmund Freud triumphiert nämlich in Amerika, als seine bis dahin »unmögliche«, weil rein sexuell orientierte Psychoanalyse mehr und mehr unter den Einfluß der von Alfred Adler und seinen Nachfolgern ausgehenden *sozialen* Richtung gerät.

Bevor wir uns der Beschreibung des Höhepunktes der Psychoanalyse nähern, werden im *fünften Teil des Buches* einige praktische und philosophische Fragen gestellt und zu beantworten versucht. Was soll der Patient oder jemand, der es werden könnte, von der Analyse wissen? Was bedeuten eigentlich die Ausdrücke »Psychoanalyse«, »Psychologie«, »Psychiatrie«, »Psychotherapie«, und wie definiert man sie am besten? Wann soll man zum Psychologen gehen, *unbedingt* – wann ist es *indiziert*, wann wird es besser *vermieden*? Fragen, die Patienten immer wieder stellen, sollen hier beantwortet werden: »Ist die Couch notwendig?« – »Warum dauert Analyse so lange?« – »Warum ist die Analyse so teuer?« Auch das große Problem der »Laienanalyse«, das schon mit Freud begann und noch immer nicht ruht, soll zur Sprache kommen, wobei klar festgestellt wird, *daß es so etwas wie Laienanalyse nicht gibt.* Denn entweder ist jemand ein Laie auf dem Gebiet der Analyse, dann ist er kein Analytiker, oder er ist ein trainierter, erfahrener Analytiker, dann ist er kein Laie.

Wir stehen nun zwischen 1940 und 1950 und nennen den *sechsten Teil des Buches*: »Die Vereinigten Staaten von Amerika, das Strahlungszentrum der Tiefenpsychologie«. Dieser Teil behandelt die verschiedenen »Schulen«. Orthodoxe Freudsche Psychoanalyse sowie Adler und Jung werden zusammenfassend kurz besprochen. Dann folgen Wilhelm Stekels »aktive Methode« der kurzdauernden Behandlungen, Otto Ranks spätere Theorien, die im Gegensatz zu Freud die Hilflosigkeit des Ichs nicht mehr anerkennen, sondern das Ich vielmehr als die »autonome Repräsentanz des bewußten Willens des Menschen« ansehen. Wir hören vom Kreis der englischen Neo-Freudianer, deren Haupt W. H. R. Rivers war und die zum ersten Mal systematisch nach den biologischen Ursachen der psychologischen unbewußten Erscheinungen forschen, von Franz Alexander, der, obwohl ein Freudianer, sich eigentlich dem Realismus der Adlerschen Individualpsychologie in der Behandlung des Patienten zuwendet, und wir besprechen Sandor Rados biologische Interpretation der Analyse. Dann folgen die sozialkulturellen Schulen, welche sich mehr und mehr von Freuds sexuellen Libidotheorien entfernen und das Wachstum des »Ego«, des Ichs, in den Mittelpunkt stellen. Dazu gehören Karen Horneys Forschungen über die Angst, Erich Fromms kulturell-historische Deutungen, Harry Stack Sullivans neue Auffassung der »Übertragung«. – Das Problem der Übertragung (die Beziehung zwischen Therapeut und Patient) ist wichtig genug, um im Detail dargestellt zu werden. Wir beginnen mit Freuds Entdeckung der Übertragung (Liebes- und Haßgefühle im Zusammenhang mit den Eltern, die auf den Therapeuten unbewußt übertragen werden), kommen zu Adlers und Jungs Ablehnung dieser Interpretation und setzen fort mit Sandor Ferenczis Experimenten (»das neurotische Liebesbedürfnis des Patienten«), Wilhelm Reichs »Charakteranalyse«, Sullivans vielgestaltiger Übertragungstheorie (»parataxic distortion«) und Carl Rogers' »nicht direktiver« Methode. In diesem Zusammenhang gehen wir auch auf das tragische Schicksal Wilhelm Reichs ein, der, in seiner Jugend als Genie der Bewegung gepriesen, wegen seiner späteren Forschungen (der »Orgontherapie«, der Erfindung der »Orgonbox«) gerichtlich verfolgt wurde und im Gefängnis starb. Als letzter lebender Zeuge der alten Freud-Epoche lebt heute noch Theodor Reik in New York als »the great old man of Psychoanalysis«.

Im *siebten Teil des Buches* behandeln wir unter der Überschrift »Die Vereinigten Staaten von Amerika, das Strahlungszentrum der Psychoanalyse« die *Methoden*, welche seit den späten vierziger Jahren auf tiefenpsychologischem Gebiet angewendet werden. Dabei beschränken wir uns auf sehr Wesentliches, denn nicht nur ist die Literatur über Psychoanalyse in den USA zwischen 1940 und 1965 ins Uferlose gewachsen, auch die verschiedenen Formen der Therapien ähneln einander oft bis in Details, unter verschiedenen Namen auch die essentiellen Erkenntnisse, die übrigens zunehmend an Originalität einbüßen und einander in steigendem Maße überschneiden. – Wir gehen also der Reihe nach die verschiedenen Richtungen der individuellen Therapie und Gruppentherapie durch. In der individuellen Therapie wird heute fast durchweg eine analytisch orientierte Psychotherapie angewendet, während die vieljährige orthodoxe Analyse an Bedeutung verliert. Die »active«, die »interaction«, die »interview therapy« werden in der immer weitere Kreise umfassenden Gruppentherapie angewandt, und Morenos »Psychodrama« spielt eine große Rolle. Kinderanalyse, ursprünglich nach den Methoden von Anna Freud und Melanie Klein, ist ein Spezialgebiet geworden. Das Fürsorgewesen (Social Work) hat alle Phasen des Alltagslebens erreicht. Schulpsychologen, Industriepsychologen, Gerichtspsychologen sind Selbstverständlichkeit geworden. Die medizinische Wissenschaft hat sich vieles von der modernen Psychologie angeeignet. Selbst die Politiker bedienen sich der Psychologie und der Psychologen. Kliniken, Beratungsstellen (spezielle Eheberatungsstellen) sind überall zu finden. Dazu kommt noch die Anwendung der Tests, die in Amerika geradezu zu einer Test*manie* ausgeartet ist. – Warum hat die Testpsychologie in Amerika eine solche Verbreitung gefunden, daß heute kaum noch eine große Firma existiert, die sie nicht für ihre Angestellten, ihre Geschäftspraxis, ihre Propaganda verwendet? Ich glaube, der »Test« erfüllt für den Amerikaner ein »magisches« Bedürfnis; er wirft einen logischen Anker, etwas, woran man sich halten kann, in die Irrationalität und Unüberschaubarkeit des modernen Lebens, die im heutigen Amerika soviel Angst erzeugen. (Es ist kein Zufall, daß Franz Kafka in den letzten fünfzehn Jahren einen solchen Einfluß auf Amerikas Literatur und Film gewann.) – Und nun die einzelnen Tests: Wenn auch die »statischen Tests« (z. B. Intelligenztests) nicht mehr so wichtig genommen werden, wächst doch die Bedeutung der »dynamischen« oder »Projektionstests« noch an, die oft ein differentialdiagnostisches Persönlichkeitsbild ermöglichen. (Dies gilt vor allem für den Rorschach-Test.) Während der Rorschach-Test mehr die Struktur der seelischen Dynamik enthüllt, gibt der Apperzeptionstest mehr Aufschluß über deren Inhalt. Auch Spieltechnik, »finger painting« für Kinder und den Szondi-Test für Erwachsene werden wir besprechen.

Wir stehen ungefähr im Jahre 1955. Wir verlassen für einige Zeit die USA und fragen uns, wie sich die Entwicklung anderswo abgespielt hat. *Der achte Teil des Buches* heißt deshalb: »Die spätere Entwicklung der Tiefenpsychologie außerhalb der Vereinigten Staaten.« Wenn wir ein wenig Umschau halten (in England, Frankreich, Italien, doch auch in Südamerika und Kanada), bemerken wir bald, daß die Psychoanalyse und ihre Folgeerscheinungen ihren Einfluß auch dort hatten, aber in keiner Weise in einem mit Amerika vergleichbaren Maß. Vielfach beginnt ihre Anerkennung in einzelnen dieser Länder erst heute. Merkwürdig ist die Entwicklung in den Ländern hinter dem Eisernen Vorhang, was mir wiederholte Anfragen, die ich von dort bekomme, bestätigen. Ursprünglich gab es in den Sowjetstaaten natürlich keine moderne Psychologie in unserem Sinn, da es dort nicht nur die Seele nicht gibt, sondern auch Störungen der sogenannten »seelischen Erscheinungen« ökonomisch bedingt sind und durch Veränderung dieser Bedingungen geheilt werden! Soweit es eine Psychologie als Wissenschaft gab, ging sie von Pawlows Forschungen über den »konditionierten Reflex« aus. Diese Richtung hat ihr Gegenstück im originalen materialistischen »Behaviorismus« Amerikas, der auf Watson zurückgeht (»Mind is what body does«). – In der jüngsten Zeit werden nun in Sowjetrußland stillschweigend mehr und mehr die psychologischen Erkenntnisse des Westens übernommen, vor allem die der Individualpsychologie Alfred Adlers. Da aber in jüngster Zeit auch die Sowjetmenschen vom Weltsexualismus unserer Epoche berührt werden, kann es ganz gut sein, daß dort die geistesgeschichtliche Entwicklung sich in rückläufiger Bewegung vollziehen und Freud deshalb zuletzt »drankommen« wird. Die seltsamste Entwicklung erlebte die Tiefenpsychologie aber in Mitteleuropa, wo sie sich kaum bemerkbar macht, am wenigsten in Österreich, dem Geburtsland Sigmund Freuds und der Psychoanalyse. Verschiedene Gründe werden hierfür genannt, etwa die lange Pause, hervorgerufen durch die Hitlerjahre, in denen Psychoanalyse verboten war (aber *ohne* Namensnennung trotzdem angewendet wurde!), und die auch seither andauernden antisemitischen Strömungen. Der wirkliche Grund scheint mir vielmehr im österreichischen Volkscharakter zu liegen, der zwar zu kritisieren liebt (das typisch österreichische »Raunzen«), aber Selbstanalyse herzlich verabscheut. (Das erklärt zum Beispiel die scheue Bewunderung für Franz Grillparzer: Man liebt ihn in Österreich nicht, man beugt sich vor seiner analysierenden Größe!). Trotzdem ist von Mitteleuropa nach dem Zweiten Weltkrieg eine zweite analytische Welle ausgegangen, vor allem von der Schweiz *und* von Österreich, eine Welle, die ausgesprochen metaphysischen Charakter trägt: der späte Jung in Zürich, der die transzendente Orientierung seiner mittleren Jahre noch verstärkt; dann Szondi, ebenfalls in Zürich, und seine »Schicksalsanalyse«; ferner des Wieners Viktor E. Frankls »Sinngebung des Leidens«, die sogar religiös-metaphysischen Charakter trägt. (Frankls »Existenzanalyse« wird in *diesem* Zusammenhang, unabhängig vom allgemeinen Existentialismus, behandelt werden.)

Wir kehren nun wieder nach Amerika zurück. Die letzten fünfzehn Jahre (1950–1965) haben, obwohl keine überwältigende Neuentdeckung gemacht wurde und die Psychoanalyse als Mode sogar zurücktritt, doch ihren Einfluß ständig wachsen lassen. Nur wächst sie jetzt mehr und mehr in die Breite statt in die Tiefe, und dieses Wachstum gerät nicht zu ihrem unbedingten Vorteil.

Im *neunten Teil des Buches*: »Die spätere Entwicklung der Tiefenpsychologie in Amerika«, besprechen wir zunächst einmal die akademische und die experimentelle Psychologie (Fortsetzungen der alten »Schul«psychologien). Fast unmerklich vollziehen sich die Übergänge zu der lange Zeit so verpönten Psychoanalyse. Die Lerntheorien, zum Beispiel die von H. G. Mowrer, mehr aber noch die mit dem Tierexperiment verbundene des Neobehavioristen E. Ch. Tolman, zeigen das deutlich. Tolman und andere Neobehavioristen haben die »Objektivität« des frühen »Behaviorism« (man kann von einem Menschen nur aussagen, was man von *außen* an ihm *beobachten* kann) völlig verlassen und anerkennen wieder *Motive* und *Zwecke,* schließen sich also den Ganzheitstheorien Adlers und Jungs, der Gestalttheorie und den neurologischen Forschungen des Kreises um Kurt Goldstein an, mit einem Wort: dem modernen »Holismus«.

Die noch von Freud selbst in seiner letzten Lebenszeit angeregte Neuinterpretation von »Ich« und »Es« begründete eine völlig neue psychoanalytische Egotheorie, die (von Adler, Federn und Rank vorweggenommen) in den fünfziger Jahren (seit Heinz Hartmann und dessen Mitarbeitern) das Ego wieder als ein rationales Instrument des Menschen, nicht nur als einen Spielball externer und interner Kräfte ansieht.

Die »bewußte« Psychologie kehrt wieder in orthodox-analytischen Zirkeln, obwohl Forscher außerhalb des orthodoxen Kreises selbst *diese* radikale Umkehr als eine geringfügige betrachten, weil sie noch immer im Rahmen der Freudschen Instinkt- und Libido-Theorien verbleibt und die schöpferische Qualität des Ichs nicht genügend berücksichtigt. Allport, Maslow, Murray gehen alle in diese Richtung. Wir müssen in diesem Zusammenhang auch die modernen Persönlichkeitstheorien untersuchen; Lewins Feldtheorie, Sheldons »constitutional psychology«, die »Faktoren-Theorie«, die »Stimulus-Response-Theorie« und andere Persönlichkeitstheorien, die in das Gebiet der vorhin erwähnten Auffassungen reichen oder sich davon wegwenden. Zu untersuchen haben wir auch den praktischen Einfluß der Tiefenpsychologie (in der jüngsten Gegenwart) auf die Sozialfürsorge, die allgemeine Soziologie und Anthropologie, auf die Kriminologie, die spezielle Jugendkriminalität, auf die Auffassungen von der kindlichen Entwicklung, auf Kindergarten, Schule und allgemeine Erziehung, auf das Problem der Schwachsinnigen und Zurückgebliebenen, der Altersfürsorge, aber selbst auf Literatur, Malerei und das religiöse Gefühl. Insbesondere wird die Beziehung zwischen moderner Psychologie und Religion in Amerika von weittragender Bedeutung, wobei die Kirche viel früher die Wichtigkeit der Tiefenpsychologie erkannt hat als die Psychologie die Wichtigkeit der wiedererstarkten Religion. Vor zehn Jahren sagte ich auf einem Kongreß: »Wir könnten zufrieden sein, wenn die Psychologen so viel von der Kirche gelernt hätten wie die Kirche von der Psychologie.« Pastorale Psychologie ist seither ein selbstverständlicher Studiengegenstand der jungen Priester geworden. Und ironischerweise sind sie oft liberaler als die alten Psychoanalytiker. »Wenn Sie heute eine liberale Meinung hören wollen«, schrieb ich vor Jahren, »dann gehen Sie nicht zu einem Psychoanalytiker, sondern zu einem katholischen Geistlichen.«

In ihrer Gesamtentwicklung hat die Psychologie in den letzten hundert Jahren eine kreisförmige Bewegung vollzogen. Sie hat bereits in der Mitte des vorigen Jahrhunderts die Religion verlassen, dann – in der Zeit Fechners und Wundts, der ersten psychologischen Experiemente und Laboratorien in den siebziger und achtziger Jahren – auch die Philosophie, deren Disziplin sie immer angehörte. Schließlich hat sie um die Jahrhundertwende, durch die Forschungen Freuds, der seine Neurosenlehre und die Heilung von nervösen Erkrankungen auf rein psychologischen Erkenntnissen aufbaute, auch die Medizin verlassen. Dorthin ist sie zuerst wieder zurückgekehrt durch die Renaissance der modernen Psychiatrie und die psychosomatische Medizin; dann hat sie die Philosophie unsrer Zeit nicht nur beeinflußt, sondern ist selbst eine Philosophie geworden, und heute schließt sich der Kreis endgültig: Sogar die Verbindungen mit der Religion sind unableugbar, selbst dort, wo sie vorläufig noch geleugnet werden.

Wir wenden uns im *zehnten Teil des Buches*, »Psychiatrie und psychosomatische Medizin«, diesem Spezialgebiet zu.

Wir geben zuerst eine kurze Geschichte der Psychiatrie – kein Ruhmesblatt in der menschlichen Entwicklung, wobei das Mittelalter und die frühe Neuzeit in Unverständnis und grausamer Behandlung der Irren die Antike weit übertrafen. Ärzte wie Johannes Weyer im 16. oder Georg Ernst Stahl im 17. Jahrhundert sind erratische Blöcke in der geistlosen Öde des Studiums der Geisteskranken, und noch tief im 19. Jahrhundert konnte Paul Möbius das trübe Wort von der »Hoffnungslosigkeit der Psychologie« aussprechen.

Das klassische Lehrbuch der psychiatrischen Beschreibung (nicht Heilung) von Emil Kraepelin wurde zur selben Zeit geschrieben, als Freuds Forschungen bereits erste Lichtblicke vermittelten, als sich in bezug auf das Phänomen des Narzißmus – der völlig auf das »Ich« bezogenen Libido – erstmals ein psychologischer Weg zum Verständnis zeigte, als Paul Schilder eine Brücke von der alten zur neuen Psychiatrie versuchte und Paul Federn seine berühmt gewordene Formel aufstellte, daß Freuds Feststellung: »Wo es ein Es gibt, führt es ins Ich hinüber« für die Neurose gilt, nicht aber für die Psychose. In der Psychose, sagte Federn, sei es gerade umgekehrt: »Was ins Ich eingedrungen ist, muß wieder ins Es zurück.« – Seither ist ein halbes Jahrhundert vergangen, und die Psychologie war es, die Entscheidendes auf dem Gebiete der Psychosenbehandlung geleistet hat – eine Leistung, die auf die medizinische Psychiatrie zurückgewirkt hat. Operationen (die allerdings lieber hätten unterlassen werden sollen, so die berüchtigte Lobotomie), aber auch die ebenfalls nicht gerade empfehlenswerten Elektroschock-Behandlungen haben zwar manche Erfolge gezeitigt, doch sicher noch mehr Schaden angerichtet. Alle diese Methoden werden bereits immer weniger angewendet. Besser ist es schon um die »Drug Therapy« bestellt, die Chemotherapie. Sie ist nicht ideal, bedeutet jedoch einen Fortschritt vor allem dort, wo große symptomatische Erleichterung geschaffen wird. Wir wissen noch sehr wenig von diesen Dingen. Theorien wechseln wie die Pillen, die verabreicht werden. Und gerade die verbreitetsten Geisteskrankheiten, die von Eugen Bleuler zu Beginn des Jahrhunderts so bezeichneten Schizophrenien (der Name hat sich an Stelle des ursprünglichen Namens »Dementia praecox« allgemein eingebürgert und wird in der Mehrzahl gebraucht, weil es sich um ein

Krankheitssyndrom, nicht um eine einzelne Krankheit handelt), werden abwechselnd der Psyche und dem Körper zugeschrieben. Kraepelin definierte sie selbstverständlich organisch, Bleuler als Methoden der Psyche, Ernst Kretschmer hielt Körperbau-Typen für verantwortlich, John Rosen und Frieda Fromm-Reichmann arbeiteten nur mit psychisch infantilem Material, während die »Drug«-Experten auf die Biochemie schwören.

Und damit sind wir bereits mitten in dem immer problematischeren Feld der psychosomatischen Medizin. Sie ist in ihrer modernen Form der letzten dreißig, vierzig Jahre ein legitimes Kind der Ganzheitsphilosophie unserer Zeit, des Einheitsgedankens von Biologie, Psychologie, Physiologie und Biochemie. Das gesamte leibseelische System eines Kranken inkliniert zu einem bestimmten Typ von Krankheit, und man muß die gesamte Persönlichkeit erfassen, wenn man seine Krankheit behandeln will. Im Gegensatz zur mechanistischen Medizin des ausklingenden 19. Jahrhunderts: Es kommt auf den Patienten an und nicht auf die Krankheit, die er hat. Das klingt alles schön und gut, aber wie sieht es in der Praxis aus? Eine Zeitlang war die psychosomatische Medizin ziemlich sicher, zumindest *einige* Krankheiten, wie Magengeschwüre, hohen Blutdruck, Allergien, als Gesamtpersönlichkeitserscheinungen definieren zu können. Es hat sich nun ziemlich viel Widersprüchliches ergeben, und wir wissen heute weniger als damals, als wir weniger wußten. Hinzu kommt die zunehmende tragisch-ironische Beziehungslosigkeit zwischen Arzt und Patient im Zeitalter der Tiefenpsychologie und der psychosomatischen Medizin. Der Arzt, der nicht nur den gesamten Organismus sehen soll, sondern die gesamte Persönlichkeit, sieht meistens nicht einmal den Kranken mehr, sondern bloß noch dessen »chart«, Tests, Röntgenbilder; der Arzt, der auch Psychologe sein sollte, wird immer mehr zu einem grandios technischen Experten, und es stellt sich heraus, *daß die alten Hausärzte des 19. Jahrhunderts viel »psychosomatischer« waren als die Psychosomatiker unserer eigenen Zeit.*

Wir haben nun genug Material, um uns die Frage vorzulegen: Was hat die Psychoanalyse bzw. die Tiefenpsychologie geleistet, und was kann man ihr vorwerfen? »Positive und negative Kritik der Psychoanalyse« ist der Titel *des zehnten Teiles des Buches.* Was die

Errungenschaften anlangt, so wird es schwerlich gelingen, denjenigen, der nach allem Bisherigen ihr nicht wenigstens einiges Positive zugesteht, von ihrer Leistung zu überzeugen. Die Psychoanalyse hat nicht nur die Psychologie zu dem gemacht, was sie heute ist, und ihr zum ersten Mal Einblicke in die Dynamik des seelischen Verhaltens gewährt, sie ist aus der Entwicklung der Geistesgeschichte nicht mehr wegzudenken und ebensowenig aus dem alltäglichen Leben, das sie bis in die trivialsten Einzelheiten verändert hat. Sie ist keine Allheilmethode, aber sie war der erste *Durchbruch zu einer systematisch wissenschaftlichen Psychotherapie.* Die Behauptung Hans Jürgen Eysencks und anderer Gelehrter (aufgrund ihres Forschungsmaterials), daß die Mehrzahl seelisch Gestörter auch ohne Psychoanalyse wieder gesunde, halte ich für einen statistischen Fehlschuß. Wenn wir der Chemotherapie zubilligen, daß sie nicht *allen* Kranken hilft und nicht *alle* heilt, aber manchen hilft und vielen ihre Leiden erleichtert, dann müssen wir der Psychoanalyse zumindest ebensoviel zubilligen. Außerdem sollte die Medizin der Psychoanalyse dankbar sein; denn ohne den Stoß, mit dem die Psychoanalyse die völlig sterile Psychiatrie aus ihrem Schlaf gerüttelt hat, gäbe es keine moderne *medizinische Psychiatrie.*

Was die *negative* Seite der Psychoanalyse anlangt, so wollen wir unterscheiden zwischen den (wissenschaftlichen und unwissenschaftlichen) Anwürfen aller Art, die ihr schlechtweg alles Böse zuschreiben, und jenen, die etwas für sich haben. Ich glaube, daß man der Psychoanalyse in ihrer historischen Entwicklung vor allem vier Dinge vorwerfen könnte: 1. ihre viel zu lange aufrechterhaltene Elfenbeinturm-Politik, so als wäre die Couch des Analytikers und die Beziehung zu ihm eine Welt für sich und die Außenwelt könnte warten, bis alles innere Wachstum erledigt ist; 2. ihr oft krampfhaftes Bemühen um eine »neutrale« Haltung, die sie zu allen moralischen Werten einnimmt; 3. und in vollem Widerspruch dazu: das Akzeptieren der bestehenden Ordnung, das sogenannte »adjustment« an die »reality«, das heißt an das, was allgemein gilt, ohne daß dieser klaffende Widerspruch überbrückt wurde; 4. ihre Ablehnung der Metaphysik, ohne die sie doch nie entstanden wäre (denn die Psychoanalyse hat ihren Ursprung in der Hypnose, und das »Unbewußte« ist selbst ein metaphysisches Postulat!), der

Metaphysik, sage ich, in welche sie – durch die Parapsychologie – völlig einmünden wird.

Das sind genug grundlegende Unklarheiten für eine Wissenschaft, welche die Klärung der psychischen Erscheinungen als ihr Ziel betrachtet; und es spricht für ihre Stärke, daß sie, von diesen Unklarheiten und Widersprüchen von Anfang an belastet, so vieles für so viele geleistet hat.

Von hier an werden wir ausführlicher sein, weil es sich um die persönlichsten Teile des Buches handelt: die Auseinandersetzungen mit unserer Zeit und Zukunft.

Wir beginnen damit, daß wir unser Augenmerk auf die Naturtatsache der menschlichen Gemeinschaft richten. Diese Gemeinschaft ist nämlich eine Gegebenheit, ein uns Zu-Gehöriges. Und selbst Isoliertheit ist ein Gemeinschaftsproblem, ein Problem, das ein Individuum *mit* der Gemeinschaft hat, während Gemeinschaft niemals ein Isoliertheitsproblem ist; denn der Mensch ist ein soziales Lebewesen. Das psychologische »Konzept des Gemeinschaftsgefühls« hat bekanntlich Alfred Adler in die Psychologie eingeführt. Daß die Menschheit eine Einheit ist und der Mensch sich nur finden kann, wenn er sich an ein Höheres verliert, als es seine eigene Existenz ist – dieses Wissen eignet allen großen Religionen und Philosophien. Adler hat also das Gemeinschaftsgefühl nicht erfunden. Er hat es nicht einmal entdeckt. Aber er hat ein System geschaffen, welches die Realität des Gemeinschaftsgefühls zum ersten Mal wissenschaftlich bewies.

Ich aber will über dieses Konzept noch hinausgehen und das Gemeinschaftsgefühl als Lebensprinzip der heutigen Generation untersuchen. Leben wir gegenwärtig nicht in einer Epoche steigenden Gemeinschaftsgefühls? Es ist wohl noch niemals so viel darüber gesprochen worden. Das stimmt. Aber es ist ein großer Irrtum, anzunehmen, daß unsere gegenwärtige Betonung von Soziologie, Wohlfahrtspflege, Fürsorge, Erziehung und Psychologie, ja sogar vieles von ihrer praktischen Verwirklichung, ein höheres Maß von Gemeinschaftsgefühl (»social *feeling*«) anzeige, als, sagen wir, vor fünfzig Jahren vorhanden war. Was wir heute wirklich mehr haben als früher, ist »social consciousness«: soziales *Bewußtsein.* Was wir den »Mann auf der Straße« nennen, das existierte (mit wenigen Ausnahmen) bis zum Ende des 18. Jahrhunderts für die Herrschenden nicht. Heute aber kann nicht einmal ein Diktator an dem historischen Gesetz unserer Zeit vorübergehen: daß Menschen und Völker *miteinander* leben. Heutzutage sind sogar die *Anti*sozialisten sozial. Aber zugleich wurde das Gefühl für die Schrecknisse unserer Zeit weniger und weniger zum persönlichen Erlebnis. Die Diskrepanz zwischen einem ins Riesenhafte anwachsenden sozialen Bewußtsein und dem armseligen Anteil von Gemeinschaftsgefühl – diese gespenstische Diskrepanz ist, meiner Meinung nach, die psychische Tragödie des 20. Jahrhunderts.

»Der Bankrott des Gemeinschaftsgefühls« lautet der Titel des *elften Teils unseres Buches.* Unzählige Beispiele können geboten werden, um ihn zu beweisen, beginnend mit den kleinsten Notizen in den Zeitungen, den winzigsten Erfahrungen des Alltags, und hinaufführend bis zum Verhalten der Völker und Regierungen. Wobei es ein bitterer Trost ist, daß die Wissenschaftler heute – knapp hundert Jahre nach den armseligen Laboratorien des 19. Jahrhunderts – in der Lage sind, sich genauso borniert, genauso arrogant, genauso größenwahnsinnig zu benehmen wie die Gottkönige der ältesten Zeiten. Wie die Glieder einer Kette hängen die Geschehnisse zusammen, kausal, subkausal und superkausal. *Am Stand des Gemeinschaftsgefühls kann man den Grad der Menschheitsentwicklung ablesen.* Bei unserer Untersuchung werden wir auch erkennen, daß *»social feeling«* nur sehr begrenzt mit Gemeinschaftsgefühl identisch ist. Das Gemeinschaftsgefühl ist eine allgemein menschheitliche Gegebenheit, die das Soziale selbstverständlich miteinschließt, aber eben nur *ein*schließt. *Gemeinschaftsgefühl ist eine sozial-transzendente Tatsache.* Und hier überschreiten wir die Grenze zu Philosophie, Religion und Metaphysik.

Der *zwölfte Teil des Buches* heißt: »Der Weg in die Metaphysik«. In den vergangenen Jahrzehnten meiner eigenen Tätigkeit sehe ich meine Auffassung, daß die Wissenschaften immer mehr ins Metaphysische gleiten werden, Stück für Stück sich bestätigen. Im gleichen Zeitraum verfolge ich die immer heftigere Bemühung vieler (nicht aller) Wissenschaftler, diese Tatsache nicht wahrhaben zu wollen. Doch wenn Masse und Energie dasselbe sind,

Strahlung und Substanz identisch werden, wenn die Konzepte der modernen Physik, wie Einstein sagte, zwar mathematisch berechenbar, aber intellektuell nicht mehr erfaßbar sind; wenn jedoch diese abstrakt erlangten Resultate zugleich so konkret sind, daß sie den Erdball in die Luft sprengen können; wenn Kausalität, das Gesetz von Wirkung und Ursache, zumindest im subatomaren Verhalten, nicht mehr besteht, Atome nach Wahrscheinlichkeit und Neigung reagieren (Heisenberg); wenn die Biologie feststellt, daß mit dem Auftreten des Menschen keine quantitative Steigerung im Tierreich erfolgte, sondern eine qualitative Veränderung des Erdgeschehens (das hat auch schon die Bibel gesagt), und wenn der Mensch, der im Raumschiff von übermorgen mit Fast-Lichtgeschwindigkeit den Kosmos umkreist und dabei den Eindruck hat, 33 Jahre unterwegs zu sein, auf eine Erde zurückkehrt, die inzwischen – wie der Raumfahrtforscher Eugen Sänger berechnet hat – um 10000 Millionen Jahre gealtert ist! –, dann möchte ich gerne wissen, wie man es anstellt, diese Konzepte nach wie vor auf das Prokrustesbett des wissenschaftlichen Materialismus zu spannen.

Wir wollen – unter anderem – einige Schriften von Erwin Schrödinger und Hans Thirring mit einem seinerzeit weltberühmten Buch vergleichen, das für unsere Väter und Großväter eine Bibel endgültig gesicherten Wissens war: dem 1899 erschienenen Buch *Die Welträtsel* von Ernst Haeckel. Nicht weil so vieles darin sich als falsch erwiesen hat! Daß die exakten Materialisten der Großväterzeit solche abstrakten Ideologen waren, darauf wollen wir unser Augenmerk lenken! Mitten in ihrer sachlichen Anbetung von Stoff und Kraft, Substanz und Atheismus sind sie fanatische Kreuzzügler im Kampf für die naivste Weltverbrüderung, unheilbare Romantiker in ihrer Glorifizierung von Ehe und Familienleben und im Politischen sentimentale Schwärmer. Und jetzt, so viele Jahrzehnte danach, gibt es noch immer Gelehrte, die den Einstein und den Planck materialistisch interpretieren, nur um wenigstens einen *Teil* der klassischen Atomwelt noch retten zu können, die sie doch selber zertrümmert haben! *Ich glaube, es gibt gar keine echten Materialisten mehr, sondern nur noch Antimetaphysiker.* Ich bin nun darum ein Metaphysiker, weil ich weder den alten noch den neuen Materialismus für fähig halte, die Weltphänomene zu erklären. Metaphysik, wie ich sie sehe, ist keine Rückkehr zum Mystizismus – sondern der entscheidende Schritt über den totgelaufenen Rationalismus hinaus zu einem neuen Realismus. Sie entspricht dem Lebensgefühl künftiger Generationen, das sich unter dem Einfluß von Astronautik und Parapsychologie zwangsläufig entwickeln wird. Sie ist ein Zugehöriges, Bestimmendes in der Existenz des kommenden Menschen, und sie wirft ihre Schatten voraus – in unsere Gegenwart. Wir stecken bereits bis zum Hals in dieser neuen Metaphysik. Nur mit dem Kopf wird dies noch immer abgeleugnet.

Wenn es im übrigen eine Statistik gäbe, wie viele Physiker und Mathematiker zur Metaphysik zurückgefunden haben und wie viele Psychologen, würde man die erstaunliche Entdeckung machen, daß unvergleichlich mehr Physiker diesen Schritt getan haben. Der Grund dafür mag sein, daß die Psychologen sich im Detailwerk des menschlichen Verhaltens verlieren, während die Physiker mehr und mehr von der Elementargewalt des Universums erfaßt werden. Man könnte fast sagen: Es stehen ihnen bessere Gottesbeweise zur Verfügung.

Dabei war es nicht die moderne Physik, sondern die Psychologie, die der metaphysischen Entwicklung als erste den Weg eröffnete; sie hat diese Entwicklung *vorweggenommen.* Sigmund Freud, der sich zeitlebens für einen exakten Naturwissenschaftler und Rationalisten hielt, hat Sätze niedergeschrieben, die von Paracelsus sein könnten. Wie etwa den über »das große dunkle Reich des Es, das zwischen dem Ich und der Wirklichkeit liegt«. Alfred Adler hat immer wieder darauf hingewiesen, daß seine späteren Konzepte nur »sub specie aeternitatis« zu verstehen seien, und Carl Gustav Jungs Gesamtwerk ist überhaupt, historisch gesehen, die erste Brücke von der Tiefenpsychologie zur Parapsychologie. Auch Otto Rank und Wilhelm Reich, unter anderen, waren metaphysisch orientiert.

Aber geht nicht andererseits die modernste Entwicklung der Tiefenpsychologie immer mehr ins Biologische, Biochemische, Psychiatrisch-Medizinische? Ist nicht ein deutliches Wegwenden, vor allem der jungen Psychologen, von der rein psychisch orientierten Psychotherapie und Analyse gerade der charakteristische Zug unserer Zeit? Gewiß. Eine deutlich *konkret-physiologische*

Orientierung ist unverkennbar. Dieser »Psychologie zwischen Physiologie und Metaphysik« ist der *dreizehnte Teil unseres Buches* gewidmet.

Wenn wir diese Entwicklung genau betrachten, ändert sich das Bild jedoch völlig. Der Autor dieses Buches hat beim Adlerianischen Kongreß in Chicago, 1955, die Prophezeiung gewagt, daß die gesamte Psychologie sich zwischen 1960 und 1975 metaphysisch-transzendent orientieren werde. Wir wollen sehen, wieweit die Tatsachen dem recht geben.

Wir zitieren aus einigen exakten physiologischen Büchern der Gegenwart zunächst Professor Sinott von der Yale University (1957): »Probably in everyone of our cells there is something that represents the whole organism. What this omnipresent, normative mechanism is we have as yet no idea. To this norm by a process of self-regulation the development of the whole conforms. In some way the norm presides so to speak over the development of the organism.«

Harry Sicher, Los Angeles, sagt in einer Untersuchung des ganzheitlichen Konzepts (1955): »Recent research indicates that a single character develops by the interaction of many genes and as a corollary that a single gene influences many structures of the body.«

Beide Zitate schreiben also der Materie schöpferische Qualitäten zu, die von der mechanistischen der vergangenen Forschung Welten entfernt sind. Aber es kommt noch viel schöner. 1963 schreibt G. C. Ham im *American Journal of Psychiatry,* der offiziellen Zeitschrift der amerikanischen Psychiatrie: »Genes and genetic coding are not immutable and there is evidence to suggest the possibility that *experience – of which psychotherapy is a special variety* – may *alter* existing proteins and enzymes or even may provoke the formation of new proteins and enzymes in critical systems.«

In einer solchen Feststellung sehen wir bereits, wie stark die physiologische Forschung der Parapsychologie sich nähert! Im übrigen ist diese selbst heute bereits eine wissenschaftliche Disziplin. Hypnose und Telepathie sind als Fakten anerkannt. Professor Rhines Experimente auf dem Gebiet der »Extra Sensory Perception« (ESP) werden im Rahmen der akademischen Disziplinen an der Duke University durchgeführt. »Nach dem heutigen Stand der Wissenschaft«, schreibt Dr. H. Schneider in der Münchner *Heilkunst* (bereits 1958), »sind sowohl Telepathie als auch Telekinese unanfechtbare Tatsachen.«

Die neueste Richtung der Physiologie geht nun dahin, *daß der unbewußte Zustand der dem Menschen einzig natürliche sei und daß alles, was wir tun, fühlen und erleben, Aktion und Reaktion auf Stimuli ist.* Es besteht die Möglichkeit, diese Ergebnisse der Forschung rein mechanistisch, materialistisch zu interpretieren, wenn nicht gleichzeitig mit diesen Feststellungen das *unbewußte Leben* als das *eigentliche Leben* des Menschen erkannt würde! Näher kann man der Philosophie der Inder fast nicht kommen als mit dieser Feststellung.

Und noch ein Beispiel wollen wir geben. Im Jahre 1958, bei der Jahreskonferenz der offiziellen »American Psychological Association« in Washington, sagte Professor Herbert Feigl als Gastsprecher folgendes: »The facts of parapsychology–if indeed they are facts and not due to experimental error, hoax, or fraud–might well force upon us a thorough reconsideration of the very framework of presuppositions in psychophysiology. But there is as far as I know not even a glimmer as yet of an acceptable and responsible theory of these curious phenomena. *As an empiricist I have at least to go through the motions of an open mind on this topic.*«

Bei aller vorsichtigen Formulierung Feigls sehe ich doch drei Dinge als klar: 1. daß die Physiologie und die Parapsychologie einander bereits getroffen haben; 2. daß eine »Extra Sensory Physiology« vermutet wird, anerkannt wird, und 3. daß in dieser Anerkennung bereits die Anerkennung der parapsychischen Phänomene selber beschlossen liegt.

Die jungen Menschen, die heute in der Physiologie und in der Psychologie arbeiten, sehr logisch und rationalistisch, nehmen allerdings von der parapsychischen Orientierung hinter ihrem Rükken noch nicht allzuviel Kenntnis. Aber man wird an »Faust« erinnert. Der Schüler: »Wenn ich nicht will, so darf kein Teufel sein.« Und Mephisto drauf: »Der Teufel stellt dir nächstens doch ein Bein.«

Was nun die allgemeine Situation der Gegenwart anlangt, ihr praktisches, alltägliches Leben, so ersteht die neue metaphysische

Welt, die sich vorbereitet, auf dem Bankrott des Gemeinschaftsgefühls, einem höchst unerfreulichen Fundament. *Die Welt von morgen wird repräsentiert durch eine Philosophie von gestern.* Ihr Name ist: Existentialismus.

Es ist schwer, eine Philosophie zu beschreiben, die keine ist. Existentialismus ist ein Syndrom von geistigen Richtungen, ein Konglomerat aus bedeutenden Denkern und flachem Geschwätz, zusammengehalten durch gemeinsame Verzweiflung. Alles, was gut und teuer ist aus alter Zeit, wird in ihm zusammengetragen: Kierkegaard und Nietzsche, Dostojewski, Kafka und Rilke ... Die Toten zumindest bekämpfen einander nicht mehr. Die Lebenden tun es. Wenn Heidegger glaubt, man könne durch Philosophie Wissen vermitteln, lehnt Jaspers es ab. Wenn Jaspers vom »Transzendieren« spricht, beurteilt es Heidegger als Verrat an der konkreten Erforschbarkeit, und beide lehnen es ab, Existentialisten genannt zu werden, weil sich Jean-Paul Sartre so nennt. Oder vielmehr: *nannte.* Nicht sehr viel »Coexistence« bei den Existentialisten! – Warum man sich wohl gar so sehr bemüht, Ähnlichkeiten zwischen den bestehenden psychologischen und physiologischen Systemen und den existentialistischen Systemen zu finden? Es ist zwar nicht erstaunlich, daß sie zu *finden* sind: mit den Gestaltpsychologen, den Neofreudianern, mit Adler, mit Jung und der Eranos-Bewegung. Denn mit der Lebensangst des modernen Menschen beschäftigen sich heute *alle* Denkenden, und *alle* Psychotherapien kommen nach endlosen Debatten zu ähnlichen Resultaten, wenn auch mit verschiedenen Namen. Der alte Professor Fröschels pflegt zu sagen: »Wenn die Leute mehr lesen möchten, würden sie weniger Entdeckungen machen.«

Wir sind aber viel mehr interessiert, *im vierzehnten Teil unseres Buches* (»Über den Existentialismus«) die unheilvollen Auswirkungen dieser Weltanschauung zu untersuchen.

Versuchen wir einen Querschnitt durch fast die gesamte zeitgenössische Literatur; die ist der vollendetste Spiegel dessen, was der Existentialismus getan hat, um nicht zu sagen, was er angerichtet hat: in seiner unerschöpflichen Beschäftigung mit Angst, Verzweiflung und Tod; in seiner pausenlosen Betonung der Absurdität des Lebens; in seiner grauenhaften Mischung aus einem Nihilismus, der allen Materialismus des 18. und 19. Jahrhunderts weit in den Schatten stellt, und einem Mystizismus, der alle theologische Verschrobenheit des Mittelalters übertrifft. Weniger und weniger unserer Filme und Theaterstücke haben ein Happy-End. Doch nicht darum, weil die Kunst auf einmal so »adult« (erwachsen) wäre! Sondern weil sich der heutige Mensch Existenz ohne ausweglose Konfusion und völlige Sinnlosigkeit einfach nicht mehr vorzustellen vermag.

Ja, gibt es denn nicht auch einen existentiellen Mut? Es gibt ihn. Einen Mut mit zusammengebissenen Zähnen. Der Mensch ist zum Leben verurteilt. Also erfüll' halt deine Lebens- und Sterbenspflicht! Der existentielle Mut ist grau, farblos, blutleer, freudlos. Aus solchem traurigem Mut nun, einer zynischen Beziehungslosigkeit und oft ganz erstaunlich starker, aber sinnlos für sich allein wirkender Intelligenz sind jene unzähligen, selbst noch in ihrer Aggressivität sterilen Phänomene zu erklären, mit denen der europäisch-amerikanische Existentialismus eine ganze Generation verseucht hat.

Das Gespenstisch-Tragische ist nun aber, daß der Existentialismus ein großes historisches Verdienst hat. Er ist eine Schöpfung des Zweiten Weltkriegs. Er entstand während der Hitlerbesetzung Frankreichs als die wesentliche geistige Richtung in der Widerstandsbewegung, der »Résistance«. Albert Camus hat dieses Ereignis am klarsten formuliert. Es war damals die Situation des Sisyphos, des Verdammten in der Unterwelt. Nichts anderes gab es in der Dunkelheit, als die Verdammnis auf sich zu nehmen, nichts als das sinnlose, vergebliche Bemühen, zu *ertragen* und, bestenfalls, *Würde zu bewahren. Dies war die heroische Zeit des Existentialismus.* Und es ist seine Tragik, daß er diesen heroischen Nihilismus einer trostlosen Epoche, dieses Lebensgefühl des »Trotzdem!«, dem wir unseren Respekt, ja sogar unsere Bewunderung nicht versagen können, fortgesetzt hat und als gültig betrachtet, *während unermeßliche Ozeane von neuen Erkenntnissen und Erfahrungen sich vor uns eröffnen.*

Zwischen 1939 und 1965 liegen nicht fünfundzwanzig Jahre, sondern tausend! Es *ist* eine Welt des Wahnsinns, in der wir leben, aber zugleich auch eine *von noch gar nicht erfaßbarer Grandiosität.* Der immer noch so fashionable Existentialismus weiß noch gar nicht, *wie* altmodisch und verstaubt er bereits ist, von der Warte der Zukunft aus gesehen. Der heroische Nihilismus ist zu einem saturierten geworden, sein Mut von Individuen ist zerflattert zur Wehleidigkeit und Brutalität von Massen, und das Weltraumzeitalter hat Maschinen, *aber kein philosophisches Fundament, um damit fertigzuwerden.*

Der *fünfzehnte Teil des Buches* steht an Stelle des Schlußteils des urprünglichen Buches und hat den Titel: »Der existentielle Amoklauf und die Rolle des Psychologen in der zukünftigen Welt.« Wir sprechen hier vom Existentialismus vornehmlich als Lebensstimmung der Generation, und diese Lebensstimmung drückt sich am deutlichsten aus in der modernen Sexualität. »Sex« spielt für den modernen Menschen – und keineswegs nur in Amerika! – eine Rolle, an der gemessen Sigmund Freuds »Pan-Sexualismus« zu einer schlichten, puritanischen Angelegenheit schrumpft! Während »Sex« in der Psychologie zurücktrat, wurde er zum Symbol eines neuen, total unerotischen Zeitalters; wenn die Erotik nichts mehr ist als Sex, ist sie zuletzt nicht einmal mehr das. Es war tiefste Notwendigkeit, die alte Sexualmoral zu vernichten, und Übertreibungen waren vorauszusehen und verständlich. Was aber heute und in immer rasenderem Tempo vor sich geht, hat damit nichts mehr zu tun. Es ist ein Überwuchern des gesamten Lebens durch das Geschlechtliche. Man kann buchstäblich kein Buch mehr in die Hand nehmen, keine Zeitung, keinen Film sehen, kein Theaterstück, das nicht Sex, und zwar in unaufhörlicher Betonung seines vulgären Elements, zum Gegenstand hat. Das Geschlechtliche ist zu einer kollektiven Sex-Psychose entartet, die alle anderen Gebiete des Lebens verzerrt und vernichtet, und es hat, paradoxerweise, zugleich den Charakter eines Allheilmittels gegen die Sinnlosigkeit einer bis ins letzte entgötterten Existenz.

Wir haben von den Analytikern gesprochen, die allzulange neutral, objektiv, ohne moralisches Werturteil ihre Patienten behandelten und zu jener die Erziehung einer ganzen Generation beeinflussenden »Permissiveness« der vierziger und fünfziger Jahre Anlaß gegeben haben. Um nur ja keine Schuldgefühle zu erzeugen! Schuldgefühle bekamen dann nur die Eltern und die Lehrer als unvorhergesehene Nebenerscheinung dieser wundervollen Erziehung zum Egoismus, die den jungen Menschen zwar die Angst vor der Autorität wegnahm, aber nicht die Angst vor dem immer chaotischeren Leben der Zeit. Glücklicherweise haben auch viele Analytiker *nicht* mitgetan – ihre praktische Klugheit war doch stärker als ihre abstrakten Klügeleien –, und sie haben eine Balance zwischen Autorität und persönlicher Freiheit zu übermitteln vermocht. Nun hat sich aber in den letzten Jahren eine neue (und nicht einmal so kleine) Gruppe von jungen Analytikern gebildet, die nicht einmal mehr das »adjustment« an die bestehende Gesellschaft verlangen (was man ihnen nicht einmal verübeln kann), sondern eine super-existentialistische, steinharte Lebenseinstellung vertreten (was man ihnen allerdings *sehr* verübeln kann). Sie ziehen die letzte Konsequenz aus der extremsten existentialistischen Philosophie und wissen gar nicht, diese intelligenten Rationalisten, daß sie von Nietzsches Zarathustra herkommen und, was schlimmer ist, von Hitlers Herrenrasse. Sie sind blind dafür, daß die Psychopathie der neuen Zeit alles angesteckt hat, sie selber miteingeschlossen. Wenn Ayn Rand, eine berühmte Schriftstellerin, im Fernsehen erklärt: »No man has any obligation to anybody but to himself«, so wird solche Erklärung heute als Ausdruck von »Ehrlichkeit« und seelischer Gesundheit betrachtet. Und die neuesten Praktiker dieser Psychoanalyse erkennen nicht, daß sie durch ihr Verhalten jedes richtunggebende Bezugssystem aufheben und alle Beziehung zwischen Menschen vernichten. Wenn die Menschen einander nur noch als vereinsamte Sucher der eigenen Existenzerfüllung gegenüberstehen, so verstoßen sie – von aller Ethik ganz abgesehen – gegen das mathematische Prinzip des Lebens, denn wenn jeder alles haben will und kein geordnetes Bewegungsgesetz mehr herrscht, ist das Chaos die einzige Antwort. Oder einfacher gesagt: Wenn nichts mehr existiert als die eigene »Existenz«, hört zuletzt auch diese eigene Existenz auf zu existieren.

Verhält sich aber alles so, wie ich sagte, wo ist dann Hoffnung? – Hier liegt das ewige Mißverständnis dessen vor, was Optimismus wirklich ist. Das wäre mir ein schöner Optimismus, der die Dinge leichter nimmt, als sie sind. Der Pessimist und ein wirklicher, ein realistischer Optimist unterscheiden sich voneinander nicht durch ihre Erkenntnisse, sondern durch ihr Verhalten. Sie sehen dieselben Tatsachen, der Optimist eher noch schwärzer, weil er ja mehr Courage hat. Während aber der Pessimist seine düsteren Erkenntnisse verwendet, um seinen Pessimismus zu bestätigen, verwendet sie der Optimist, um die Tatsachen wenn möglich zu verändern. Solange es noch eine Schar, wenn auch eine sehr, sehr langsam wachsende Schar von jungen Menschen gibt – *jungen Menschen aller Lebensalter!* –, die den Untergang *nicht* wollen, *ist ein Gegengewicht vorhanden.* Es gibt immer noch *schöpferische Menschen, welche die Absurdität des Lebens als einen Irrtum durchschauen* (man denke an das geistige Testament Albert Einsteins: »Gott spielt nicht Würfel mit dem Kosmos«), und gerade unter den sogenannten »kleinen« Leuten findet man immer wieder noch solche, deren *selbstverständlich menschliches Benehmen* zu Hoffnung berechtigt.

Und nun einige von den Problemen, mit denen wir zu ringen haben. *Einige:* die Automation; der Computer; die Kybernetik; die Bevölkerungsexplosion; das Aufhören der Arbeit als Lebensfunktion der breiten Massen; die Flucht aus der Wirklichkeit mit Hilfe von Drogen; die pathologische Vergötterung der Jugend; die Halbstarken und die Ganzschwachen; die Selbstverständlichkeit des Mordens als Sport; die kollektive Sex-Psychose; das Aufhören des Privatlebens; der völlige Zerfall der menschlichen Beziehungen; der Bankrott der Ehe; die Revolution des Christentums; die archaische Politik der Großmächte; der Krieg gegen den Krieg; der Zusammenschluß des Planeten; das Ende aller Distanzen; die alles überflutenden und alles abschnürenden Ergebnisse der Wissenschaft; die Vergiftung von Boden, Wasser und Luft durch den Menschen; die Erforschung der Tierwelt, des Ozeans und der Moleküle; die Eroberung des Weltraums; der aus Plastik und Leichenteilen hergestellte Mitmensch; der Kontakt mit galaktischen Intelligenzen; die Tatsachen einer konkreten Parapsychologie; die Realität der spirituellen Sphären ...

Und nun wollen wir uns die endgültige Frage vorlegen: *Welches* ist bzw. *könnte die Rolle des Psychologen in der Zukunft sein?* Wir haben über den steigenden Einfluß der Psychologie gesprochen. Wird aber der Psychologe deshalb als ein geistiger Führer betrachtet? Antwort: Nein. Er nimmt, zumindest in Amerika, eine angesehene Stellung ein, wird aber nicht als ein Führer betrachtet. Warum nicht? Weil er dafür nicht geeignet ist. Um es zu sein, müßte das eintreten, was der Autor dieses Buches seit langem fordert: *eine Umwandlung der Psychologie selbst.* In den letzten Jahren sind eine Reihe von Slogans nacheinander kennzeichnend für die Entwicklung der Psychologie geworden: zuerst das »Ego« – also die Selbst-Besinnung. Dann die »Identität« – also eine noch stärkere Selbst-Besinnung. Dann die »Kreativität« – das hält gegenwärtig sogar noch an ... Vielleicht spricht man darum soviel vom Schöpferischen, weil man unbewußt spürt, wie wenig Schöpferisches zur Zeit geleistet wird. Und nun wird auf einmal, wahrscheinlich als Gegengewicht gegen die völlig verantwortungslose super-existentialistische Methode, das Wort »Ethik« manchmal vernehmbar. Es dämmert anscheinend einigen doch, was auf dem Spiel steht. Um ein geistiger Führer zu werden, besser gesagt: ein spiritueller, müßte der Psychologe nicht nur Psychologie studieren, sie lehren und im Einzelfall anwenden (Gruppen- und Sozialprogramme *sind* bereits ein Fortschritt). Vor allem aber müßte er einen neuen Menschentyp heranbilden – zumindest in den besten Mitgliedern seiner Disziplin –, welcher die entscheidendsten Entscheidungen der Zeit erfaßt und sich um deren welthistorische Lösungen aktiv bemüht. *Freud und seine Nachfolger haben die Seele nicht wiederentdeckt, um sie endgültig an die Technik zu verlieren.* Auch nicht an die technisierte Psychologie. Noblesse psychologiennne oblige! –

So wie eine völlig neue Massenlehre, eine völlig neue Geschichtsschreibung beginnen wird, muß auch auf den Ergebnissen der Tiefenpsychologie eine neue Psychologie begründet werden. Ich sage es in tiefster Verehrung für die Leistung der großen Pioniere: Die bisherige Psychologie des Unbewußten ist nichts als ein Prolog. Ein »Prolog im Himmel« meinetwegen, aber so wie dieser, bei aller Grandiosität, eben doch nur ein Vorspiel ist, welches ohne den nachfolgenden »Faust« ein Fragment bliebe, so ist die eigentliche kosmische Psychologie des Menschen noch gar nicht begonnen worden. Hier liegt die Bedeutung des Psychologen für die Zukunft. Wenn es möglich war, die Pest zu besiegen, warum nicht auch die Pathologie der Menschenseele? Die Kollektivseele der Menschheit ist nicht nur Widerspiegelung ewig gleicher Urphänomene, sie hat auch ihre eigene Entwicklungsgeschichte. Es gibt eine stufenförmige Wandlung der Gesamtseele. Und niemand weiß bisher, wohin sie steigt, das heißt, wie ihre Bahn beschaffen ist und wohin sie wandert. *Wir kennen die Gestirnbahn der Seele noch nicht.*

»We have just begun to fight.«

Alfred Farau

BUCH I
von Alfred Farau

Teil I
Von der ältesten Zeit bis zum Sieg der Psychoanalyse

Eine tausend Meilen weite Reise
beginnt *vor* deinen Füßen.
Laotse

1 Einleitung

Nehmen wir an, daß wir uns mit einem Lebewesen eines anderen Gestirns verständigen könnten und imstande wären, ihm die wichtigsten Entwicklungsphasen des Menschen auf der Erde zu beschreiben. Was würden wir ihm erzählen?

Wir würden unzählige Dinge weglassen, und wir würden eine sehr persönliche Auswahl treffen aus dem, was uns entscheidend erscheint für die Entwicklung des Menschen und ihre Resultate.

Etwas Ähnliches habe ich in meinem Buch versucht.

Es ist weder ein Lehrbuch der Psychologie noch eine detaillierte Geschichte dieser Wissenschaft. Es entstand vielmehr aus dem Bemühen, den Sinn der Psychologie als Lebensakzent unserer Zeit zu finden, also vielleicht wirklich ihr Entscheidendes. Und da etwas, das einen Sinn hat, auch immer in die Zukunft weist (was heute oft vergessen wird), wollen wir trachten, auch einiges über ihre Rolle in der Zukunft zu erfahren.

Nun ist mit unserem rasant wachsenden Wissen zugleich auch die Größe des Universums ins Unermeßliche gewachsen. Die Unüberschaubarkeit unserer Welt mahnt zur Bescheidenheit. Andererseits steht die Psychologie – »viel gepriesen und gescholten« wie Helena in Goethes *Faust* – so sehr im Mittelpunkt unserer Möglichkeiten und Hoffnungen wie auch unseres Versagens und unserer Irrtümer, daß wir ihre Nachbarwissenschaften (und darüber hinaus das allgemeine Leben) in unsere Betrachtungen einbeziehen müssen, wenn wir den Plan dieses Buches verwirklichen wollen. Es wird also immer wieder zu entscheiden sein, worauf es ankommt, auf die Auswahl oder das Gesamtbild.

Knappheit der Darstellung ist das Gebot der Stunde. Nichts liegt mir dabei ferner als Simplifikation. Ich will nicht »vereinfachen«; ich werde *einfach* sein. Ich werde komplizierte Sachverhalte nicht einfacher machen, als sie sind; ich werde sie nur nicht noch komplizierter machen, als sie es ohnedies schon sind. Ein Buch ist nicht weniger sachlich, weil es verständlich bleibt. Wie Gedrängtheit, so ist auch Klarheit ein Gebot der Stunde.

Widersprüche werden auf unserer Wanderung manche sich ereignen. Ein Autor, der sich die Aufgabe gestellt hat, das Lebensbild der Zeit zu überblicken, kann ja ohne sie gar nicht auskommen. Solche Widersprüche sind nicht beabsichtigt, aber sie sind unvermeidlich. Die Wiederholungen jedoch, auf die wir ebenfalls öfter stoßen werden, sind ganz und gar beabsichtigt – wie Themen einer Symphonie, die in verschiedenen Fügungen immer wieder im Bauplan des Ganzen aufscheinen.

Da wir von einer Wanderung gesprochen haben, mag das Bild einer Bergtour unsere Absicht noch besser erklären. Da steigt man also auf einen Berg; man hält aber auch manchmal inne und schaut sich um; oft hat man die gleiche Aussicht – und doch ist sie immer wieder eine andere, weil der Blickwinkel, unter dem man in die Runde schaut, die Höhe, von der man in die Tiefe blickt, die Beleuchtungsverhältnisse und noch manches andere verschieden sind. Und erst später erkennt man, wie die einzelnen Ausblicke in das Ganze hineinverwoben sind, wie ihre Bedeutung erst vom Ganzen her verständlich wird. Auch hier ist, wie immer, das Ganze – freilich erst wenn man es kennt – mehr als die Summe der Teile.

Je weiter wir auf unserer Wanderung vorrücken, desto mehr mag die Frage auftauchen, ob wir mit Optimismus oder Pessimismus jene Zukunft erwarten, auf die wir zuschreiten. Es hängt davon ab, welchen Optimismus im Hinblick auf jene Zukunft wir meinen. Kein denkender Mensch heute kann ein Optimist im alten Stil sein; er muß es deshalb nicht aufgeben, eine lebensbejahende Haltung einzunehmen, die in tausend nachtschwarzen Erbärmlichkeiten eines latenten Weltuntergangs auszuleben freilich eine qualvolle Anforderung ist, das sei zugegeben. Ich glaube jedoch, daß die Psychologie unsere stärkste Möglichkeit sein könnte, dieser Anforderung zu genügen. Und in manchen Momenten steigert sich dieser Glaube in mir zu dem Wissen, daß wir Psychologen die Seele doch nicht deshalb mühsam wiederentdeckt haben – im Schutt des Materialismus –, um sie an das Chaos des Neo-Materialismus zu verlieren. In diesem Wissen mögen die Kräfte liegen für eine neue Form von Optimismus. Es mag immerhin der Mühe wert sein, es damit zu versuchen.

Österreich, die Wiege der modernen Psychologie

Zweimal in der Geschichte Österreichs hat es sich ereignet, daß dieses Land zum Zentrum eines weltumspannenden geistigen Prozesses wurde.

Das eine Mal geschah dies in der Musik. Eine ununterbrochene Reihe großer Komponisten führt in einer zweihundertjährigen Entwicklung von Gluck, Haydn und Mozart über Beethoven und Schubert, Bruckner und Brahms, Hugo Wolf und Gustav Mahler bis zu Schönberg und Alban Berg. – Gewiß wurde auch auf anderen künstlerischen Gebieten in Österreich Bedeutendes geleistet: in der Literatur, in der Architektur, im Kunstgewerbe. Und dennoch nimmt die Musik eine Ausnahmestellung ein, nicht nur innerhalb der Künste des eigenen Landes, sondern innerhalb der gesamten menschlichen Kulturgeschichte. Sie hat nicht nur Weltgeltung erlangt, sondern sie hat in dem einzigartigen Zusammenkommen von geistiger Durchschlagskraft und schöpferischem Reichtum auch eine weltumspannende *Wirkung* ausgeübt. Eine Wirkung, welche weit über das eigentliche Gebiet der Musik hinausreicht.

Geistige Prozesse von solcher Strahlkraft behalten etwas von der Ursprünglichkeit des Wunders an sich, auch wenn wir sie zu erklären versuchen. Selbst in besonders begabten Gemeinschaften ereignen sie sich nur äußerst selten. Dieses Wunder hat sich aber ein zweites Mal in der österreichischen Geschichte ereignet. Vor unsern Augen, in unserer Zeit: in der Entwicklung der modernen Psychologie.

Auch auf anderen wissenschaftlichen Gebieten ist in Österreich Hervorragendes geleistet worden, in der Physik, in der Biologie, in der Technik. Die Wiener medizinische Schule war lange Zeit hindurch weltberühmt. Ein im Jahre 1927 in New York erschienener Baedeker *Vienna yesterday and today* von J. Alexander Mahan widmet von 383 Seiten 40 Seiten der Wiener medizinischen Schule allein! Und trotzdem: so wie innerhalb der Künste die Musik, so nimmt innerhalb der Wissenschaften die Psychologie eine Ausnahmestellung ein. Die moderne österreichische Psychologie, ausgehend von den Forschungen Sigmund Freuds über das unbewußte Seelenleben, hat nicht nur Weltgeltung erlangt – *sie ist zu einer geistigen Großmacht ersten Ranges geworden.* Freuds indirekter Einfluß ist unvergleichlich größer als sein direkter. Nach ihrem Sieg hat seine Lehre, die Psychoanalyse, wieder viel von ihrem Glanz verloren. Aber ihre *Wirkung,* weit über jedes Fachgebiet hinaus, auf das Gesamtleben unserer Zeit wird unbestritten bleiben.

Von der Wirklichkeit der Seele

Es ist in Amerika üblich, die Psychologie als die Wissenschaft vom menschlichen Verhalten zu bezeichnen (science of human behavior). In Europa hat man sie eher als die »Wissenschaft von den bewußten Vorgängen« definiert. Erst seit Freud werden auch die unbewußten Vorgänge miteinbezogen. Da wir uns seit Kant daran gewöhnt haben, dasjenige, was wir vom selbst nicht erkennbaren »Ding an sich« mittels unserer Sinne aufnehmen können, als die »Erscheinung« zu bezeichnen, ist es wohl berechtigt, von »seelischen Erscheinungen« zu sprechen. Wir hätten es dann in der Psychologie mit den *bewußten* Vorgängen zu tun und mit den uns durch unsere verfeinerten Methoden zugänglich gewordenen *unbewußten,* und wir könnten die Psychologie als die »Wissenschaft von den seelischen Erscheinungen« definieren, wobei wir unter seelischen Erscheinungen die Gesamtheit der bewußten und unbewußten Vorgänge verstehen.

Was das Unbewußte wirklich ist, wissen wir nicht. (Wir wissen auch nicht, was die Seele ist.) Ob wir uns entschließen, das Unbewußte für eine Arbeitshypothese zu halten (wie Freud selber es getan hat), ob wir im Sinne Platos – »die Erfahrung unserer Seele beginnt nicht erst mit unserer Geburt« – an eine pränatale Verbindung mit dem Kosmischen denken, ob wir es mit der Annahme elektrisch-dynamischer Funktionen innerhalb der Gehirnzelle versuchen wie die Rohracher-Schule in Wien oder allgemein physiologische Erklärungen heranziehen wie die neueste amerikanische Psychologie: entscheidend ist, »daß mit der Annahme unbewußter Seelenvorgänge eine... Neuorientierung in Welt und Wissenschaft angebahnt ist«.[1] Diese Annahme hat zu psychotherapeutischen Methoden geführt, die sich in der Praxis als wertvoll erweisen, außerdem spielt sie eine Hauptrolle bei der »Renaissance der Seele«.

Wir wollen diesen geistesgeschichtlichen Prozeß kurz charakterisieren.

Das christliche Mittelalter wurde vom dualistischen Prinzip beherrscht. Körper und Seele waren streng geschieden voneinander. Durch die Neuplatoniker, vor allem Plotinus, war die Lehre Platos vom Körper als dem »Gefängnis der Seele« ins Christentum eingedrungen. Dabei hatten sich die Vorstellungen freilich verändert. Die »pränatale Erfahrung« war fallengelassen worden; die Einzelseele wurde als Schöpferakt Gottes aufgefaßt, die erst bei der Geburt dem Menschen mitgegeben wird. Auf Strafe und Belohnung für das irdische Leben wurde das Hauptaugenmerk gelenkt. Geblieben war vom alten Plato immerhin die Vorstellung des sterblichen Körpers als »Gefängnis« und die unsterbliche Seele. Für den mittelalterlichen europäischen Menschen war die Seele eine *Realität.*

Seit rund vierhundert Jahren zeigt die Geistesgeschichte des Abendlandes das Bild einer sehr langsamen, aber unaufhaltsam fortschreitenden Abkehr vom Glauben an die Seele. Die Entfernung vom Dualismus geht über den Zweifel an ihrer Existenz bis zur Verachtung und Verspottung des einst allmächtigen Begriffs. Über Aufklärung und Rationalismus schreitet diese Entwicklung vorwärts bis zu den Erkenntnissen und Triumphen der naturwissenschaftlich-mechanistischen Wissenschaft und erreicht tief im 19. Jahrhundert ihren Höhepunkt. An die Stelle des Dualismus tritt schließlich eine monistische Lebenshaltung und Denkweise. Körper und Seele sind eins, die »seelischen« Vorgänge – wobei »seelisch« charakteristischerweise in Anführungszeichen gesetzt werden muß – sind nichts anderes als Funktionen des Körpers, der belebten Materie, vor allem des Gehirns. Wir können uns heute kaum noch vorstellen, welches Aufsehen es deshalb erregte, als Charcot[2], dem es gelungen war, in der Hypnose künstliche Lähmungen und Brandwunden zu erzeugen, öffentlich erklärte: »Die Hysterie ist eine *psychogene* Krankheit!« Eine völlige Umstellung beginnt dann gegen die Jahrhundertwende mit Sigmund Freud.

Es entbehrt übrigens nicht der Ironie, daß gerade Freud, der in streng naturwissenschaftlich-mechanistischen Gedankengängen aufgewachsen war, denen er auch sein Leben lang weltanschaulich die Treue hielt, mit Hilfe streng naturwissenschaftlich-mechanistischer Methoden eine psychologische Lehre schaffen mußte, in der das Wort Seele wieder ohne Gänsefüßchen benützt werden durfte.

In der Folgezeit spricht Alfred Adler sehr oft vom Organ der Seele. Er versteht darunter die Gesamtheit aller seelischen und geistigen Inhalte und Vorgänge innerhalb eines Individuums. Auch seine Psychologie also ist in ihrer Weltanschauung monistisch. Aber es handelt sich nicht mehr um den Monismus des vorigen Jahrhunderts, um die Verkörperlichung alles Lebendigen. Sein Monismus faßt Seelisches und Körperliches als zwei verschiedene, aber untrennbare Lebensfunktionen innerhalb der Einheit einer Persönlichkeit auf.

Trotz des Einflusses der Freudschen Psychologie auf Amerika steht die zeitgenössische amerikanische *Philosophie* dem Begriff der Seele skeptisch und ablehnend gegenüber. Das hat vielleicht nicht zuletzt damit zu tun, daß die amerikanische Philosophie auch den modernen Begriff der Seele noch immer mit den dualistischen und persönlichen Unsterblichkeitsgedanken der alten Zeit identifiziert oder zumindest in Zusammenhang bringt.

Im Gegensatz dazu hat die Jungsche Schule in der Schweiz aufgrund ihrer metaphysischen Ausrichtung die Position der Seele noch über Freud und Adler hinausgehend verstärkt. Jung hat eines seiner Hauptwerke *Die Wirklichkeit der Seele* genannt[3]. Da vor allem die östliche Philosophie von immer weiteren Kreisen Besitz ergreift, halte ich es für mehr als wahrscheinlich, daß, auf der Grundlage unserer naturwissenschaftlichen Erfahrungen und rationalen Erkenntnisse, unser modernes Lebensgefühl auf völlig veränderter neuer Bewußtseinsebene dort anschließen wird, wo die geistige Entwicklung vor vierhundert Jahren das mittelalterliche Denkgebäude verlassen hat: *Die Seele ist eine Realität.*

Dieser letzte Satz steht nicht in Widerspruch zu einem anderen: »Was die Seele ist, wissen wir nicht.« Daß das Wesen der Seele ein Geheimnis für uns ist, schließt nicht aus, sie als Realität zu empfinden. Es schließt nicht aus, daß wir versuchen, ihre Gesetze immer besser zu verstehen und unser Leben danach einzurichten. Auch das Wesen der Elektrizität, um nur ein einziges Beispiel aus einem andern Gebiet zu geben, war bis in die jüngste Zeit in völliges Dunkel gehüllt. Wir haben trotzdem schon seit langem ihre Gesetze zu erforschen vermocht. 1836 gab es bereits den Telegrafen, in den siebziger Jahren Telefon und Dynamomaschine, in den achtziger Jahren das elektrische Licht. Es wäre wohl schwer möglich gewesen, angesichts dieser Erfindungen zu behaupten, die elektrische Kraft sei keine Realität! Und doch war diese elektrische Kraft ein Geheimnis.

Vielleicht stehen wir Menschen des 20. Jahrhunderts vor dem Wesen der Seele nicht anders als die Menschen des 19. Jahrhunderts vor dem Wesen der elektrischen Energie...

2 Der Weg der Psychologie in die Wissenschaft

Wir werden von nun an oft den Ausdruck »Tiefenpsychologie« verwenden, worunter man heute alle auf der ursprünglichen Freudschen Lehre basierenden theoretischen Erkenntnisse und psychotherapeutischen Methoden zusammenfaßt. Wenn wir Sigmund Freud an den Anfang unserer Betrachtungen gestellt haben, so geschah das keineswegs aus kritikloser Anerkennung der Psychoanalyse oder späterer tiefenpsychologischer Richtungen. Wohl aber sind wir der Meinung, daß – in voller Anerkennung anderer großer Leistungen – mit Freud (genauer genommen mit Freud, Adler und Jung) ein Durchbruch in der gesamten Psychologie erfolgt ist, dem seither kein Ereignis von gleicher Bedeutung mehr an die Seite gestellt werden kann.

Wir wollen nun einen ersten Blick auf die Entwicklung der Psychologie zur Wissenschaft werfen.

Alle Psychologie ist ursprünglich Philosophie; soweit es sich um die Auseinandersetzung mit dem Problem der persönlichen Unsterblichkeit handelt, sogar religiöse Philosophie. So verschieden z. B. der Glaube einzelner Völker über das Leben nach dem Tode war – man vergleiche die magische Einstellung der Ägypter zum Leben nach dem Tod mit der Seelenwanderung der Inder und dem Schattenreich der Griechen –, so gehören doch alle diese Auffassungen der religiösen Erlebnissphäre an; und für das christlich-katholische Mittelalter war Psychologie ja erst recht die Sorge um das Seelenheil des Menschen, und die Einheit von Theologie, Philosophie und Psychologie war eine Selbstverständlichkeit.

Wenn Schopenhauer recht hat, daß alle Philosophie vom Tode komme, dann stimmt das noch mehr für die Psychologie. Die Vergänglichkeit und Begrenztheit unseres persönlichen Lebens stehen im Zentrum aller seelischen Bedrängnis. Wir finden diese Erkenntnis in dem viertausend Jahre alten ägyptischen Papyrus vom *Zwiegespräch des Lebensmüden mit seiner Seele* genauso bestätigt wie in den *Meditationen* des römischen Kaisers Marcus Aurelius, in Blaise Pascals *Pensées* (1662) und in Gustav Fechners *Büchlein vom Leben nach dem Tode* aus dem vorigen Jahrhundert. Wir sind in dieser Hinsicht um keinen Schritt weitergekommen. *Vom Tode kommt alle Psychologie.*

Bis in die Mitte des 19. Jahrhunderts bemühte sich die Psychologie, ihre Probleme mit Hilfe des *Denkens* zu lösen. Dann wurde auch sie schließlich vom Aufschwung der Naturwissenschaften erfaßt, und das Experiment trat, wenigstens zum Teil, an die Stelle der Spekulation. Wie so oft in der Geschichte der Wissenschaften war es kein Mann aus dem Fachgebiet der Psychologie, der den ersten Anstoß gab. Charles Darwin[1], der große Biologe, hat sich neben seiner Arbeit an der Entwicklungs- und Abstammungslehre mit einer Reihe anderer Probleme beschäftigt. Sein Hauptwerk, *Der Ursprung der Arten,* 1859 erschienen, war höchstwahrscheinlich das einflußreichste wissenschaftliche Buch des 19. Jahrhunderts. Aber auch seine Forschungen über Tierpsychologie, Gemütsbewegungen und deren Ausdruck, Vererbung und Umwelt haben fruchtbare Anregungen gegeben. Kurze Zeit später begannen die Fachpsychologen mit ihren eigenen wichtigen Arbeiten.

Gustav Theodor Fechner wollte mit seiner »Psychophysik« den Beweis erbringen, daß man auch mit psychischen Erscheinungen experimentieren kann. Versuche von *Ernst Heinrich Weber* waren vorangegangen. Fechner wollte das Mathematisch-Gesetzmäßige in unseren Reaktionen auf Reize erproben, sie messen und die »Empfindungsstärken« vergleichen. Er stellte die sogenannte »psycho-physische Maßformel« auf, derzufolge die Empfindungsstärken in arithmetischer Reihe anwachsen, wenn die auf uns ausgeübten Reizstärken im Kubus wachsen. Es ist experimentell sehr leicht nachzuweisen – innerhalb des mittleren Bereiches der Reizstärken –, daß jedes geometrische Ansteigen des Reizes eine eben *merkliche* Steigerung der Empfindung auslöst (Webersches Gesetz). Aber daß diese eben merkliche Empfindungsvermehrung gerade in *arithmetischer* Reihe vor sich geht, ist eine unbeweisbare Annahme. Der Irrtum Fechners war also, eine nicht zu messende, subjektive Empfindungsvermehrung als eine objektive, gleichbleibende Größe anzunehmen und als Maßeinheit aufzustellen. Wenn sich auch, wie Hofstätter bemerkt[2], »sowohl das Webersche als auch das Fechnersche Gesetz… in der empirischen Forschung als bloße Approximationen der tatsächlichen Sachverhalte« herausstellten, so waren sie doch ein erster Schritt in ein neues Gebiet. 1879 hat dann *Wilhelm Wundt* in Leipzig das erste psychologische Laboratorium ins Leben gerufen.

Mit diesem Ereignis begann vor neunzig Jahren die Psychologie eine wissenschaftliche Disziplin zu werden. Studenten kamen aus allen Ländern nach Leipzig, um mit Wundt zu arbeiten. Einer von ihnen, ein Engländer, Edward Bradford Titchener, ging später nach Amerika, wurde Professor in Cornell und gründete die erste amerikanische psychologische Schule: den Strukturalismus.

Wilhelm Wundt wollte die Elementarprozesse entdecken, aus denen das seelische Leben als Ganzes sich zusammensetzt und aufbaut. Er wollte also ähnliches tun wie die Physiker, die aus Elementen, aus Atomen und Molekülen, die Struktur des Weltganzen zu erkennen trachten. *Edward Bradford Titchener* suchte, im Sinne seines Lehrers, die Vorstellungen, Gedanken und Gefühle durch Selbstbeobachtung zu erfassen; Lernen, Intelligenz, Motivierung und soziales Verhalten waren, seiner Meinung nach, nicht Gegenstand der Psychologie.

Der um die Jahrhundertwende einsetzenden Gegenbewegung, der zweiten amerikanischen psychologischen Schule, dem Funktionalismus, gehörten Männer von so hohem Rang an wie *William James* und *John Dewey*. Diese Gelehrten zweifelten an Wundts »Erlebnispsychologie« und orientierten sich an der Entwicklung der dem Menschen innewohnenden Funktionen, welche seiner Selbsterhaltung dienen. Sie betonten das Dynamische des seelischen Lebens und die Biologie. Von dem Geschichtsforscher Boring stammt der Ausspruch: »Die amerikanische Psychologie hat ihren Körper von der deutschen Experimentalforschung geerbt, ihr Geist aber ist von Darwin.«[3]

Das wird freilich noch deutlicher, wenn wir uns die dritte amerikanische psychologische Schule ansehen: den Behaviorismus. Diese Schule, für viele Jahre von größtem und entscheidendstem Einfluß auf die amerikanische Psychologie und das amerikanische Geistesleben allgemein, geht auf *John Broadus Watson* zurück. Auch Watson wendete sich gegen die Erlebnispsychologie und vor allem gegen die Selbstbeobachtung, die Introspektion, jedoch in unvergleichlich schärferer und radikalerer Weise als die Anhänger des Funktionalismus. Sein Behaviorismus kennt nur Verhalten (behavior), und nichts läßt sich über einen Menschen wissenschaftlich aussagen, als was ein Beobachter an seinem Verhalten bemerkt. Es gibt nur mechanische Reaktionen und Verhaltenszyklen. Das Seelische ist, was der Körper tut. (»Mind is what body does.«) Watson erklärte in seinem Buch über den *Behaviorismus,* in dem Kapitel »Psychologie, wie sie der Behaviorist sieht«, daß er Dinge wie Empfindungen, Aufmerksamkeit oder Wille für schöne Worte halte, mit denen er nichts anzufangen wisse. »Offen gestanden weiß ich gar nicht, was sie bedeuten.«

Daß in einer solchen Lehre kein Platz sein konnte für tiefere seelische Vorgänge, versteht sich von selbst. Darum hat wohl auch Freud das ablehnendste Urteil über sie gefällt, als er sagte, der Behaviorismus rühme sich »in seiner Naivität, das psychologische Problem überhaupt ausgeschaltet zu haben«[4]. Die Weltanschauung des Behaviorismus hat in der jüngsten Zeit erneut großen Einfluß auf die amerikanische Psychologie gewonnen. Wir kommen darauf zurück.

3 Die geistigen Vorläufer der Psychoanalyse

Auch auf Freuds ureigenstem Gebiet, der Erforschung des Unbewußten, gibt es Vorläufer. Das ist nur selbstverständlich. Jede große Idee hat ihre Vorläufer. Bruchstückartig blitzen da und dort, zu verschiedenen Zeiten und an verschiedenen Orten, einzelne Gedankengänge auf, die später in der Psychoanalyse wieder auftauchen, werden ihre Erkenntnisse vorweggenommen. Philosophen, Künstler und Ärzte haben gleichermaßen Anteil an der Entwicklung der Tiefenpsychologie. Wir wollen einige Proben geben.

So hat *Hippokrates* die Paranoia als eine seelische Erkrankung bezeichnet, und *Plato* sagt, daß die Guten *träumen,* was die Bösen *tun. Leonardo da Vinci* hat das Bestreben der Menschenseele festgestellt, sich immer wieder selber abbilden zu müssen. Daß die beiden Hauptstützen der Wahrheit, der Verstand und die Sinne, sich gegenseitig betrügen, bleibt *Pascals* ständig wiederholte Klage. *Leibniz* hat die Theorie von den »bewußtlosen Vorstellungen« gelehrt. Er spricht von kleinsten, in unserem Seelenleben wirksamen Vorstellungen, welche einzeln viel zu gering seien, um uns bewußt zu werden. Aber sie reihen Wirkung an Wirkung zu einer lebendigen Kette und formen so unseren Charakter.

Johann Friedrich Herbart hat das Wort »unbewußt« zum ersten Mal als wissenschaftlichen Terminus verwendet, und zwar im Zusammenhang mit der von ihm aufgestellten »Theorie des Unbewußten«, in seinem *Textbuch der Psychologie,* erschienen 1816. Der Dresdner Frauenarzt *Carl Gustav Carus,* ein Freund Goethes, einer der frühesten ernstzunehmenden Traumforscher, beginnt sein Buch *Psyche* mit den folgenden Worten: »Der Schlüssel zur Erkenntnis vom Wesen des bewußten Seelenlebens liegt in der Region des Unbewußtseins. Psychologie ist also Entwicklungsgeschichte der Seele von der Unbewußtheit zur Bewußtheit.« Dabei unterscheidet er drei Entwicklungsstufen: »Bewußtlosigkeit«, »Gemeingefühl« und »Selbstbewußtsein«. Auf den Symbolcharakter der Träume hat *Karl Albert Scherner* 1861 erstmals hingewiesen. Freud hat es gewußt und setzt sich in seiner *Traumdeutung* (1900) damit auseinander.

Eine der erstaunlichsten Persönlichkeiten, heute fast völlig vergessen, war der Psychiater *Georg Ernst Stahl,* der bereits im 17. Jahrhundert Erkenntnisse, die freilich wieder verlorengingen, exakt formulierte. Seelische Erkrankungen, sagte er, treten dann ein, wenn die »Lebenskraft« (der Terminus wurde von Stahl geschaffen) in ihrer freien Funktion gehemmt wird, was häufig genug durch eine Idee ausgelöst werden kann, welche der Richtung der Lebenskraft feindlich gesinnt ist... Sagen die Analytiker nicht ganz Ähnliches, wenn sie vom unbewußten Ursprung der Symptome sprechen und von den verdrängten Trieben, die Neurosen und Psychosen erzeugen?

Stahl hat weiter als erster erklärt, daß manche seelischen Erkrankungen physikalische – heute würde man sagen: organische bzw. funktionelle – Ursachen haben und andere emotionelle ... Er beobachtete auch bereits, daß Träume gelegentlich gewisse abnormale körperliche Zustände anzeigen...; dies sei auf die »anima sensitiva« zurückzuführen. Wir würden heute sagen: auf »unbewußte Vorstellungen«.

Schon diese drei Beispiele zeigen uns, daß Stahls Auffassungen der seelischen Erkrankungen in entscheidenden Punkten identisch sind mit den fortgeschrittensten psychodynamischen und psychosomatischen Auffassungen des 20. Jahrhunderts.[1]

Wir kommen noch einmal auf die Dichter und Philosophen zurück. Goethes *Faust,* vor allem der II. Teil, ist eine Fundgrube modern-psychologischer Symbolbeziehungen – z. B. das Niedersteigen ins »Reich der Mütter«, diese schreckensvolle und zugleich erstrebte Heimkehr in die Unbewußtheit. Von Goethe stammt auch der berühmte Ausspruch über die deutschen Romantiker seiner Zeit: »Das Klassische ist das Gesunde, das Romantische das Kranke«, wobei er unter dem »Klassischen« natürlich seine *eigene* Weltanschauung verstand. Wahr ist, daß eine »Neigung zur Krankheit« bei den Romantikern bestand. Auch das viel gehörte Schlagwort »Flucht in die Krankheit«, das sehr oft Alfred Adler zugeschrieben wird, stammt aus der romantischen Epoche und geht auf den Theologen Georg Friedrich Griesinger zurück.

Vielleicht ist es aber diese von Goethe so abgelehnte »Neigung«, die die Romantiker befähigte, so vieles vom Wesen des psychisch Kranken zu verstehen. So sagt Novalis z. B. in seinen *Fragmenten:* »Krankheiten müssen als körperlicher Wahnsinn, und zwar als zum Teil fixe Ideen angesehen werden.« Das heißt wohl, wenn wir es klarer auszudrücken versuchen (denn Novalis ist ein tiefer, aber nicht immer leicht verständlicher Geist): Es gibt einen *körperlichen* Wahnsinn im Gegensatz zum »geistigen«; dieser »körperliche Wahnsinn« sind die organischen Krankheiten, und selbst diese sind zum Teil *geistigen* Ursprungs. Novalis hat auch um den »Todestrieb« gewußt, und er hat gewußt, daß man »bloß durch Gedanken sterben könne«.

Es ist gewiß kein Zufall, daß um die Mitte des 19. Jahrhunderts, lange bevor die Psychoanalyse methodisch in Erscheinung trat, die europäische Dichtung bereits anfing, sich psychologisch zu orientieren. Zwei der bedeutendsten französischen Schriftsteller schrieben philosophische Werke über das Wesen der Liebe – Balzac, *La physiologie du marriage* und Beyle-Stendhal, *De l'amour.*

Eine völlig isolierte Stellung nimmt *Friedrich Nietzsche* ein. Wir glauben, daß die vieldeutige und hochkomplizierte Erscheinung dieses Mannes bis zum heutigen Tag unrichtig eingeschätzt wird, weil man ihn in die Geschichte der Philosophie eingereiht hat statt in die Geschichte der Psychologie. Unserer Meinung nach wird seine zweifelhafte und höchst anfechtbare Lehre vom Übermenschen trotz ihres ungeheuren Einflusses auf das 20. Jahrhundert längst vergessen sein, wenn man ihn noch als einen der größten Psychologen aller Zeiten anerkennen wird. Nietzsches unbestechlicher Blick hat fast alle wichtigen Entdeckungen der Tiefenpsychologie intuitiv vorweggenommen:

»Grad und Art der Geschlechtlichkeit eines Menschen reichen bis in den letzten Gipfel seines Geistes hinauf.«

»›Das habe ich getan‹, sagt mein Gedächtnis. ›Das *kann* ich nicht getan haben‹ – sagt mein Stolz und bleibt unerbittlich. Endlich – gibt das Gedächtnis nach.«

»Wer sich selbst verachtet, achtet sich doch immer noch dabei als Verächter.«

»Es gibt gar keine moralischen Phänomene, sondern nur eine moralische Ausdeutung von Phänomenen.«

»Der Wille, einen Affekt zu überwinden, ist zuletzt doch nur der Wille eines andern oder mehrerer anderer Affekte.«

»Man lügt wohl mit dem Munde, aber mit dem Maule, das man dabei macht, sagt man doch noch die Wahrheit.«

»›Er mißfällt mir.‹ – Warum? – ›Ich bin ihm nicht gewachsen.‹ – Hat je ein Mensch so geantwortet?«

Wir haben einige Sätze aus dem Zweiten Hauptstück von Nietzsches Buch *Jenseits von Gut und Böse* zitiert. Wir könnten Hunderte aus seinen Werken zitieren.

Er hat um die Bedeutung der Verdrängung gewußt, um die Projektion, um die psychologische Bedeutungslosigkeit von moralischen Wertungen, um den Willen zur Macht und zur Unterwerfung, um die Bipolarität allen Geschehens, um den Todeswunsch in der Liebe, um die Herrschaft des Lustprinzips... Ja, er hat sogar einige der Mechanismen der kommenden Psychologie wissenschaftlich formuliert und Gesetze aufgestellt, wie z. B. das Gesetz vom »psychischen Parallelismus«, indem er erkannte, daß alle Menschen gewisse Situationen ihres Lebens immer wieder aufs neue arrangieren...[2]

4 Einige allgemeine Bemerkungen zur Psychotherapie der Vergangenheit

Während wir unter Psychologie die Wissenschaft von der Gesamtheit der seelischen Erscheinungen verstehen, verstehen wir unter Psychotherapie die Gesamtheit der Beeinflussungsmöglichkeiten von Krankheiten oder Lebensschwierigkeiten durch psychologische Methoden. Im weitesten Sinn des Wortes ist jeder Priester, jeder Lehrer – aber eigentlich jeder Nahe- oder Fernestehende, der einen Rat gibt oder auch bloß seine Meinung äußert, ein »Psychotherapeut«. *Unsere menschliche Existenz ist bereits gegenseitige Beeinflussung.* In diesem weitesten Sinne ist Psychotherapie so alt wie die Menschheit. Aber auch im engeren, rein ärztlichen Sinne ist Psychotherapie älter als alle Medizin. Denn noch bevor der Arzt seine ersten, primitiven Heilmittel verabreichen konnte, übte er seine Rituale und Beschwörungen aus.[1]

Es gab Perioden tiefen Verständnisses für seelische Vorgänge in der Entwicklung der Medizin. So heilte man z. B. in den Asklepios-Tempeln Griechenlands die Kranken, indem man sie in Schlaf versetzte, und Pythagoras behandelte Geistesgestörte und organisch Kranke mit Musik – Methoden, die heute wieder zu Ansehen gekommen sind. Eine Blütezeit psychotherapeutischer Orientierung war die arabische Medizin des 9. und 10. Jahrhunderts. Victor Robinson beschreibt einige Fälle der berühmten Ärzte Rhazes und Avicenna in seiner *Story of Medicine*[2], Berichte, die so liebenswürdig klingen wie Märchen aus Tausendundeiner Nacht. So etwa die folgende Geschichte:

Ein Emir litt so sehr an Rheumatismus, daß er sich nicht mehr bewegen konnte. Kein Arzt konnte ihm helfen. So wurde Rhazes herbeigeholt. Aber auch er vermochte dem Kranken nicht zu helfen. Eines Tages sagte er zu dem Emir: »Morgen werde ich eine neue Behandlung mit dir durchführen, aber es wird dich dein bestes Pferd kosten.« Der Kranke nickte bloß. Am nächsten Tag brachte Rhazes den Emir in eine Badeanstalt, außerhalb der Stadt einsam gelegen. Er entkleidete seinen Patienten und legte ihn nackt in heißes Wasser. Dann ließ er ihn einige Minuten allein. Als Rhazes zurückkam, war er umgekleidet, wie zu einer weiten Reise, zog plötzlich einen Dolch und schrie: »Du hast mich genug gequält. Jetzt töte ich dich!« Der entsetzte Emir *sprang* – so sehr hatte ihm der Schreck die Glieder gelöst – aus dem Bad und rief nach seinen Dienern. Doch der Arzt hatte sich bereits auf das schnellste Roß aus dem Stall des Fürsten geschwungen und war auf und davon geritten. Einige Tage später sandte er einen Boten mit einem Brief. Darin stand: »Langes Leben dem Emir in Gesundheit! Ich habe dich nach besten Kräften behandelt. Da aber die Schwäche in dir zu groß war, habe ich Psychotherapie angewendet und deine Lebensgeister wieder zu sammeln gesucht.« – Überflüssig zu sagen, daß der entzückte Emir den klugen Arzt zurückholte und reichlich belohnte.

Ein zweiter Fall aus dem Buch Victor Robinsons handelt von dem großen arabischen Arzt Avicenna[3].

Ein königlicher Prinz litt an der fixen Idee, daß er eine Kuh sei. Er weigerte sich zu essen und schrie nur immer wieder, man möge ihn doch schlachten und sein Fleisch zu einem guten Braten verwenden! Avicenna wurde zu dem Kranken geholt und rief, sobald er nur die Tür geöffnet hatte: »Wo ist denn die Kuh, die ich schlachten soll?« Da faßte der Prinz sofort Vertrauen, legte sich zu den Füßen des Arztes nieder und begrüßte ihn mit einem freundlichen Muhen. Nun ließ Avicenna ihn mit Stricken binden und tastete ihn am ganzen Körper ab, wie ein Stück Vieh. Dann sagte er: »Diese Kuh ist viel zu mager, die kann man noch nicht schlachten, die muß erst fetter werden.« Als der Prinz das hörte, begann er zu essen, um seinen Schlächter zufriedenzustellen, verlangte von da ab täglich Nahrung und war in kurzer Zeit geheilt. Als eines Tages der König seinen Sohn fragte, ob man den Schlächter holen solle, soll der junge Mann geantwortet haben, er ziehe jetzt einige hübsche Tanzmädchen vor!

Eine andere Periode des Verständnisses für Psychotherapie war die Zeit der deutschen »Romantischen Medizin« am Beginn des 19. Jahrhunderts. Am charakteristischsten für ihre fast mystischen Methoden erscheint uns die »Homoiopathie« von Samuel Christian Friedrich Hahnemann (1755–1843). Sie geht ursprünglich auf einen schottischen Biologen und Chirurgen, John Hunter, zurück, der die Auffassung vertrat, daß zwei einander ähnliche Krankheiten sich nicht gleichzeitig entwickeln können. Auf dieser Annahme basiert seine Methode. Er wird nicht müde zu erklären, daß die Einheit des Organismus zwei ähnliche dynamische Prozesse zur selben Zeit nicht zulasse. Daher muß, so schließt er, der Körper von Krankheitsaffektion frei werden, wenn man ihn durch eine Arznei beeinflußt, deren Wirkung zwar von der Art der ursprünglichen Krankheit verschieden, aber in den Symptomen ihr so ähnlich wie möglich ist. »Nicht auf Gleichheit kommt es an, sondern auf Ähnlichkeit, nicht Homopathie, sondern Homoiopathie ist das Ziel.« Dabei muß die Arznei in kleinsten Dosen gegeben werden. Arzneistoffe sind lebendige Substanzen, aber sie leben im arzneilichen Scheintod. Erst durch Zerteilung werden sie »verlebendigt« und wirksam oder, wie Hahnemann wiederum wörtlich sagt, »in arzneilichen Geist verwandelt«... Bevor eine Arznei nicht in kleinste Teile zerrieben ist, *kann* sie gar nicht wirken. Dann aber steigert sie zunächst einmal die ursprüngliche Krankheit, regeneriert jedoch zugleich die in Unordnung gebrachte »Lebenskraft« des Organismus und zwingt ihn, den Kampf gegen die Grundkrankheit aufzunehmen und sie zu besiegen.

Das ist unzweifelhaft eine dynamisch-geistige, psychotherapeutische Methode; und es ist gut zu verstehen, daß Hahnemann, obwohl ihm die Zeitströmung in gewissem Maße entgegenkam, doch als ein Scharlatan betrachtet wurde. Wir möchten in diesem Zusammenhang eine Arbeit des französischen Psychologen Lucien Lévy-Bruhl aus dem Jahre 1910 erwähnen, *Les fonctions mentales dans les sociétés inférieures*. Lévy-Bruhl weist nach, daß für die sogenannten »Wilden« das, was *hinter* den Dingen steht, also *das nicht Sichtbare* und das *nicht Greifbare* das Entscheidende, ja sogar das einzig Wirkliche ist. Er sagt an einer Stelle wörtlich: »Wenn der Arzt eine Heilung vollbringt, so ist es der *Geist des Mittels,* der auf den *Geist der Krankheit* wirkt.« Wenn wir daran denken, daß Hahnemann seine Arzneistoffe als »lebendige Substanzen« betrachtet, die erst durch feinste Zerteilung wirksam sind, in »arzneilichen Geist« verwandelt werden, dann wird uns deutlich, wie nahe seine Auffassungen den spirituellen Gedankengängen der »primitiven Medizin« gekommen sind.

5 Von der Hypnose zur Analyse

Wir sind mit dem Unsichtbaren
mehr verbunden als mit dem Sichtbaren.
Novalis

Unter den Psychotherapien der Vergangenheit ist die Hypnose von besonderer Wichtigkeit, weil sie mit den Anfängen der Psychoanalyse zusammenhängt. Ihr Schöpfer ist der Österreicher *Franz Anton Mesmer*[1].

Mesmer, geboren 1734, war eine merkwürdige Mischung aus einem Mann, der Medizin, Jura und Theologie gründlich studiert hatte – und einem reichen, lebensgenießerischen Grandseigneur des 18. Jahrhunderts. In seinem herrlichen Wiener Palais wurde z. B. »Bastien und Bastienne« von Mozart uraufgeführt. – Seine Entdeckung, der sogenannte »tierische Magnetismus«, geht auf die magischen Wissenschaften des Mittelalters und bis auf Plato zurück.

Bekanntlich spricht Plato in seinen Werken von einer *über* uns stehenden Welt der *Ideen* und einer *unter* uns stehenden der *Erfahrung,* zwischen denen eine unüberbrückbare Kluft herrsche: das *Tmema.* Wie so oft in der Geschichte des Geistes, ist auch hier die ursprüngliche Auffassung von den Späteren in ihr Gegenteil verkehrt worden. Aristoteles, dann die Stoiker und Neuplatoniker haben die Möglichkeit einer *Verbindung* zwischen diesen beiden Welten angenommen; sie beherrschen zu können, d. h., sowohl sinnliche als auch übersinnliche Kräfte sich dienstbar machen zu können, ist im Kern bereits das Wesen der Magie.

Man unterschied im großen und ganzen drei Formen der Magie: die »dämonische«, die »religiöse« und die »natürliche«, welch letztere am stärksten von Paracelsus vertreten wurde. Paracelsus sagte, das ganze Weltall sei von geheimnisvollen, aber doch »natürlichen« Kräften erfüllt, durch deren Beeinflussung der Mensch die unglaublichsten Dinge vollbringen könne. Das sei keineswegs Schwarze Kunst oder Zauberei; vielmehr angewandte, vor allem zu ärztlichen Zwecken anzuwendende Astrologie.

Auf diese Gedankengänge des Paracelsus wies Mesmer des öfteren hin. Im allgemeinen gab er sich sehr wenig mit Erklärungsversuchen ab; im Gegensatz zu den großen modernenTherapeuten, die neben ihrer praktischen Forschertätigkeit sich auch um die *Deutung* der Vorgänge bemühen, ist Mesmer immer der Praktiker geblieben, dem es einzig und allein auf den therapeutischen Erfolg ankam. Selbst bei der von ihm gewählten Bezeichnung für seine Methode – »tierischer Magnetismus« – kam es ihm nicht darauf an, ob die Bezeichnung richtig war. Er schreibt darüber wörtlich in seiner lateinischen Dissertation: »Magnetismus ist ein willkürlich angenommenes Wort; ein *Substantivum* ist noch lange kein Beweis dafür, daß man damit eine *Substanz* meint; vielmehr handelt es sich um die Beziehung der Naturkräfte und ihrer Wirkung zum menschlichen Körper.«[2]

Mesmers »tierischer Magnetismus« ist im Grundsätzlichen das, was wir heute Hypnose nennen. Der Erfolg seiner Kuren verbreitete sich wie ein Lauffeuer. Bis eines Tages eine Skandalaffäre ihn zwang, Österreich zu verlassen. Er hatte eine junge Musikerin, ein gewisses Fräulein Paradies, die wahrscheinlich an hysterischer Blindheit litt, angeblich geheilt. Als sie wieder rückfällig wurde, erklärten der kaiserliche Leibarzt Dr. Störk und der Augenarzt Dr. Wenzel seine Methode für Schwindel.

So kam Mesmer nach Paris und war binnen kurzem berühmter denn je. Er hatte indessen eine eindrucksvolle Apparatur ersonnen, um den Glanz seiner ohnedies überlaufenen »Séancen« noch zu steigern: das sogenannte »Bacquet«, ein riesiger Bottich, gefüllt mit Wasser und Eisenfeilspänen; die Leute saßen im Kreis, hielten einander bei den Händen, verzückt und aufgeregt, während Mesmer, der sich noch nicht zeigte, in den Nebenräumen auf seiner »Glasharmonika« leise Musik spielte. Junge, schöne Männer traten herein, Mesmers Assistenten, begannen sich den Patientinnen zu nähern (es handelte sich bei diesen Séancen meistens um Frauen), sie zu streicheln und »in Stimmung zu bringen«... Dann erst kam Mesmer selber, in stilisierte, violette Gewänder gehüllt, um mit großartigen Gebärden die »magnetische Kur« zu dirigieren... Zuletzt trat die »heilende Krise« ein: die Patientinnen lachten und weinten, schlugen um sich, wälzten sich schreiend am Boden und sprachen in der Trance...

Gewiß, das alles sieht nach raffiniertem Komödiantentum aus, nach Cagliostro (der ja übrigens ein Zeitgenosse Mesmers war), und es war trotzdem kein Schwindel. Wir wissen das heute. Wir haben unzählige Zeugnisse von ernsthaften Menschen, die durch Mesmer von ihren seelischen Störungen und auch von manchen organischen Krankheiten geheilt wurden. Auch der Einwand, daß es sich meistens um exaltierte Damen der »guten Gesellschaft« gehandelt habe, die eben keine andern Sorgen gehabt hätten, ist nicht stichhaltig; denn mehr als achtzig Jahre später hat Liébault, der große französische Arzt in Nancy, Tausende von Proletariern und Bauern mittels Hypnose geheilt, und die sind bestimmt nicht aus Snobismus und Sensationsgier zu ihm gekommen!

Eines Tages entschloß sich die Pariser Akademie der Wissenschaften, gemeinsam mit der Medizinischen Falkultät der Universität, eine Kommission zu ernennen, um Mesmers Behandlungsmethoden zu untersuchen. Neun Männer wurden zu Prüfern bestimmt, darunter einige der berühmtesten Männer der Zeit: Benjamin Franklin, der französische Chemiker Lavoisier, Dr. Guillotin, Dr. Bailly.[3] Das Urteil dieser Kommission gehört zu den großen Fehlurteilen in der Geschichte der Medizin. In ihrem Protokoll vom 11. August 1784 erklärten die Herren »einstimmig«: ein »magnetisches Fluidum« sei von keinem ihrer Sinne wahrgenommen worden und könne daher auch nicht existieren. Die Frage, ob besagtes Fluidum von Nutzen sei, erledige sich demnach von selbst; weil etwas, das nicht existiere, auch nicht von Nutzen sein könne. Die bei öffentlichen Vorführungen konstatierten Aufregungszustände seien auf Täuschung und Einbildung zurückzuführen bzw. auf die wunderbare Maschinerie, die, das müßten sie wider Willen zugeben, auch das einzige sei, was auf sie, die Herren von der Kommission, Eindruck gemacht habe...

Das Beschämende an diesen Feststellungen für uns Nachlebende ist, daß sie ausschließlich auf die unbestreitbaren Schwächen der mesmerischen Methode hinweisen, das immerhin Entscheidende aber überhaupt nicht sehen: daß nämlich mit dieser Methode kranken Menschen ebenso unbestreitbar geholfen wurde.

Es gibt heute viele Gelehrte, die das Verhalten dieser Kommission einfach nicht begreifen können. Wie kann man nur so blind sein, fragen sie, und schütteln den Kopf. Das hindert sie freilich nicht im geringsten daran, gewissen parapsychischen Phänomenen genauso verständnislos gegenüberzustehen wie ihre Kollegen von damals der Hypnose. Und sie werden sich genauso blamieren, denke ich, wie die Königliche Kommission von 1784!

Mesmer hat seine öffentliche Bloßstellung übrigens nie verwunden. In den letzten fünfundzwanzig Jahren seines Lebens führte er ein trauriges Dasein; Revolution und Kriege kamen noch dazu. Wir finden ihn in Wien, dann wieder in Paris und zuletzt in Meersburg am Bodensee, wo er 1815, 81 Jahre alt, in dürftigsten Verhältnissen starb.

Was Mesmer grundsätzlich von Freud unterscheidet, ist sein Charakter. Freuds rationale Erkenntniskraft, Unbestechlichkeit und beispielgebende Disziplin waren ihm fremd. Sein Schicksal hingegen erinnert in mehr als einer Hinsicht an Columbus. Beide Männer, Mesmer und Columbus, waren von rastloser Energie, beide waren eitel und oberflächlich und ohne jedes tiefere Verständnis für den Umfang ihrer eigenen Leistung. Bis zuletzt glaubte Mesmer, einen »neuen Seeweg nach Indien« gefunden zu haben, d. h. bloß eine neue Methode, kranken Menschen zu helfen. Bis zuletzt hatte er keine Ahnung davon, daß er einen Kontinent entdeckt hatte – die »Neue Welt« der modernen Psychotherapie.

Auch kam ihm nie der Gedanke, daß die von ihm verwendeten Kräfte nicht aus dem Weltraum kommen müssen, sondern in uns selber liegen könnten. Es blieb seinem bedeutendsten Schüler, dem Marquis Armand de Puységur[4], vorbehalten, die psychologische Natur des Phänomens zu erkennen, wenn es ihm auch nicht gelang, es zu erklären. Er befindet sich dabei in bester Gesellschaft; wir haben bis heute keine wirkliche Erklärung der Hypnose.

Die Errungenschaften des Mesmerismus tauchen, trotz aller Anfeindungen, während des ganzen 19. Jahrhunderts da und dort wieder auf. Eine Zeitlang schien es sogar, als ob sich die Hypnose als Narkose bei Operationen durchsetzen würde. Die früheste Operation dieser Art, eine Beinamputation, führte ein Dr. Ward im Jahre 1842 durch. Die fast gleichzeitige erste Anwendung von Äther und Chloroform drängte die Entwicklung dann in andere Bahnen. Die Äthernarkose stammt aus Boston, und auch die Chloroformnarkose nahm in dieser Stadt ihren Anfang. – Der

Ausdruck » Hypnose« wurde von James Braid im Jahre 1843 eingeführt – und er ist zu allem Überdruß falsch! Die Hypnose ist im Gegensatz zur Narkose kein Schlafzustand, sondern physiologisch in jeder Hinsicht ein Wachzustand. Die offiziellen Ärztegesellschaften Mitteleuropas und Englands, von der Jahrhundertmitte an von Jahrzehnt zu Jahrzehnt stärker im Mechanistischen befangen, erklärten übrigens alle hypnotischen Erscheinungen auch weiterhin für Täuschung und Schwindel. Ich selber erinnere mich noch gut, wie in meiner Kindheit, im ersten Jahrzehnt unseres eigenen Jahrhunderts, Hypnotiseure in den Wiener Praterbuden am Sonntag ihre Künste zeigten. Brave Dienstmädchen und ihre »Verehrer« lernten dabei das Gruseln kennen, aber natürlich hätte kein Mensch der »besseren« Kreise solche Dinge ernst genommen.

Nur in Frankreich ist die Kette der mesmerischen Entwicklung niemals völlig abgerissen. Sie führt von Charcot, Liébault und Bernheim direkt zu Freud! Der junge Wiener Nervenarzt Sigmund Freud, der in den achtziger Jahren zweimal nach Frankreich reiste, unbefriedigt von den ausschließlich organisch orientierten Erklärungen neurotischer Phänomene, die ihm sein Lehrer Theodor Meynert zu bieten hatte, kehrte tief beeindruckt von seinen Reisen heim, um seine eigenen Forschungen fortzusetzen, die schließlich in die Psychoanalyse münden sollten...

Ist es nicht eigentümlich, daß Mesmer von Österreich nach Paris gehen mußte, wo dann die französische Psychologie in seinem Sinne weiterarbeitete, den Schatz gleichsam behütete und bewachte, bis Freud kam, um ihn nach Wien zurückzubringen? Aber noch ein zweites Seltsames geschah. Ein anderer Schüler Mesmers, Charles Boyen, kam nach Amerika und veranstaltete dort öffentliche Vorführungen. Einer seiner begeistertsten Zuhörer, ein Mann namens Quimby, trat in seine Fußstapfen und heilte eine gewisse Mary Baker von ihrer hysterischen Lähmung – jene Mary Baker-Eddy, die später die Christian Science ins Leben rief. Als Freud und mit ihm die Psychoanalyse am Anfang unseres Jahrhunderts nach Amerika kam, fand er, trotz heftigen äußeren Widerstandes, den Boden hier vorbereitet wie in keinem andern Lande der Welt, und zwar durch eine geistige Strömung, die sein extrem wissenschaftlich-materialistischer Sinn ablehnen mußte – durch den amerikanischen Mesmerismus: die Christian Science.

So vollzieht sich, welthistorisch gesehen, die Bewegung der ursprünglich aus Österreich gekommenen Psychotherapie in einem klaren mathematischen Rhythmus. Die Weltwirkung Mesmers dringt von Wien nach Paris und dann nach Amerika; die Weltwirkung Freuds führt von Paris nach Wien zurück und dann wiederum nach Amerika; und hier, in Amerika, wo sich die beiden Entwicklungslinien treffen, leben wir heute im Strahlungszentrum der Tiefenpsychologie.

Ich glaube nicht, daß solche Dinge nur geschehen, um uns durch ihre Betrachtung ein ästhetisches Vergnügen zu bereiten; ich glaube vielmehr, daß sich in Zusammenhängen solcher Art geistesgeschichtliche Gesetze anzeigen, von denen wir noch keine Ahnung haben.

6 Das sexuelle Klima in der Zeit Freuds

Die Entwicklungskurve der Psychoanalyse ließe sich auch auf einem Koordinatensystem der analytischen Geometrie darstellen. Dann wäre die eine Koordinate die Suche des modernen Menschen nach einer neuen Definition und Einordnung der Seele – und die andere die zeitgeschichtliche Bedingtheit einer bestimmten Epoche, die Zeit unserer Urgroßväter, in welche Freud hineingeboren wurde.

Es war die Glanzperiode des Bürgertums. Von unserem psychologischen Gesichtspunkt aus wollen wir darunter nicht eine »herrschende Klasse«, sondern ein spezifisches »Lebensgefühl« verstehen: das Lebensgefühl von Menschen, die eine Ruhe und Selbstzufriedenheit zur Schau trugen, wie wir Nachlebenden es uns überhaupt nicht mehr vorzustellen vermögen. Strengste Ehrbegriffe prägten das Leben dieser wohlhabenden Männer und Frauen und auch die Meinung, daß ihre Einrichtungen und Werturteile wenn schon nicht die einzigen, so doch die richtigen und gottgefälligsten seien. Man war in weiten Kreisen der Auffassung, daß man sich endgültig gegen die elementaren Gefährdungen gesichert habe, sowohl im Materiellen als auch im Geistigen und Emotionellen, und daß das Leben der Menschen in langsamen, aber durch nichts mehr aufzuhaltenden Fortschritten – »Fortschritt« war das Schlagwort der Epoche – immer höhere Stufen der Vervollkommnung erreichen müsse.

Diese Lebenshaltung war trügerisch, aber sie drückte Generationen hindurch dem Leben Europas (und auch Amerikas) ihren Stempel auf.

Die sexuelle Verlogenheit paßt gut zu diesem Bild. Es herrschte ein Grad an Moralheuchelei und Scheinheiligkeit, wie er vielleicht nie zuvor erreicht worden war. Wir zitieren aus Egon Friedells *Kulturgeschichte der Neuzeit*[1]: »Die Waden, ja auch nur die Knöchel zu zeigen, war der ›anständigen Frau‹ aufs strengste untersagt, weder von der Brust noch von den Armen durfte das geringste Stück zu sehen sein, auch im Seebad stieg sie von Kopf bis Fuß bekleidet ins Wasser; mit einem Herrn allein im Zimmer zu bleiben, ohne Anstandsdame die Straße zu betreten, war ihr unter keinen Umständen gestattet...« Ein Wort wie »Geschlecht« existierte für sie nicht! Aber auch ein Wort wie »Hose« durfte sie nicht aussprechen! Die *Hosen,* das waren die »*Unaussprechlichen*«*!*

Freilich war diese Zeit genausowenig »tugendhaft« wie irgendeine andere. Die zahllosen Duellaffären zwischen ansonsten gar nicht sehr heldenhaften Ehemännern der »besseren Kreise« beweisen ja nur, wie wenig die Verbote geholfen haben. Pornographische Bücher und Bilder hat es (mit Ausnahme unserer Gegenwart) nie so viele gegeben wie im späten 19. Jahrhundert. Das Dirnenwesen blühte, vor allem in den Großstädten Paris, Berlin, Wien, Budapest, wie nie zuvor.[2] A. Blaschko, ein deutscher Statistiker, stellte im Jahre 1898 an Hand von sorgfältig geführten Büchern einer großen, über ganz Deutschland verbreiteten kaufmännischen Krankenkasse fest, daß von den Männern, die bei ihrer Eheschließung über dreißig Jahre alt waren, jeder zweite Gonorrhoe gehabt hatte und jeder vierte oder fünfte syphilitisch war.[3] Eine andere Statistik, vom preußischen Kultusministerium am 30. April 1900 für das gesamte Königreich durchgeführt, ergab, daß am Stichtag in Preußen 41 000 Geschlechtskranke, darunter 11 000 mit frischer Syphilis, behandelt wurden, in Berlin allein 11 600, darunter 3000 mit frischer Syphilis.[4]

Solange und soweit es nur anging, versuchte man die Augen vor den Tatsachen zu verschließen. Aber auch die populären Aufklärungsschriften, auch die von Ärzten verfaßten, strotzten von sachlichen Unrichtigkeiten und kritiklos übernommenen Vorurteilen. Die Masturbation wurde nach wie vor für eine Reihe der schwersten Krankheiten verantwortlich gemacht: Nervenkrankheiten, Blindheit, Lähmungen, Schlaganfälle, Rückenmarkschwindsucht, Altersblödsinn, Paralyse. Besonders breit machten sich wissenschaftlicher Aberglauben und moralische Heuchelei auf dem Gebiete der Geschlechtskrankheiten. Ein gewisser Alexander Weill z. B. informierte sich und seine Leser ganz genau über die Syphilis. Er schreibt: »Jeder Mann, der mit zwei gesunden Frauen zur gleichen Zeit geschlechtlichen Umgang hat, zieht sich Syphilis zu, selbst wenn beide Frauen ihm treu sind, da jede Ausschweifung im Geschlechtsgenuß an und für sich das Übel hervorruft.«

Wenn wir diesen Mann für einen konfusen Schwätzer halten (wenn nicht gar für einen unfreiwilligen Witzbold), dann tun wir ihm Unrecht. Denn was sagen wir dann zu Iwan Bloch, der in seinem Buch *Das Sexualleben unserer Zeit,* als er auf die Verhütung der Masturbation bei Kindern zu sprechen kommt, folgendes zu vermelden weiß:[5] »Säuglingen und kleinen Kindern kann man nachts nach dem Vorschlag Ultzmanns die Hände in Fäustlinge binden oder an den Bettrand anschnüren; auch die Methode älterer Ärzte, mit großen Messern und Scheren bewaffnet vor dem Kinde zu erscheinen und mit schmerzhaften Operationen oder gar Abschneiden der Genitalien zu drohen, kann manchmal nützlich sein und Radikalheilung herbeiführen. Die wirkliche Vornahme kleiner Operationen hilft gar nicht selten... Auch die Prügelstrafe hat bisweilen Erfolg.«

Wenn ein klar denkender und fortschrittlicher mann vom Range Blochs, ein Vorkämpfer für die Gleichberechtigung der Frau, noch im Jahre 1908 imstande war, solche Dinge niederzuschreiben und drucken zu lassen – dann verstehen wir besser die historische Notwendigkeit Sigmund Freuds und vielleicht auch besser die Betonung oder sogar Überbetonung des Sexuellen in seinen Arbeiten.

In den achtziger Jahren trat dann der Kampf gegen die Verlogenheit der Zeit unleugbar in Erscheinung. Er begann bei den Dichtern. Ob wir Tolstoi nennen oder Ibsen, Zola oder Gerhart Hauptmann: die sozialen und sexuellen Probleme wurden nun *das* Thema des Schriftstellers.

Selbstbewußte Frauen waren herangewachsen und stritten mit: gegen die Unauflöslichkeit der katholischen Ehe, für die Gleichberechtigung der Frau, für den Schutz des unehelichen Kindes; Ärzte standen auf, die sich für die organisierte Bekämpfung der Geschlechtskrankheiten einsetzten; Lehrer, die eine Reform des Erziehungswesens anstrebten; und Politiker, die ihre sozialen Bewegungen zum Sieg zu führen versprachen...

Von allen Seiten wurde auf einmal die Behaglichkeit der Epoche, man könnte auch sagen, die Ruhe des »Establishments« gestört. Nur daß damals das »Establishment« sich noch zur Wehr setzte! Niemals waren die Verteidiger der geltenden Moral so überzeugt gewesen von der Berechtigung ihrer sittlichen Entrüstung als nun, da alle ihre Werte in Frage gestellt wurden. Man schlug zurück. Ibsen und Hauptmann wurden als die Deserteure einer gottgewollten Ordnung hingestellt; Frauen, die um ihre Rechte kämpften, wurden geächtet und als liederliche Weiber gebrandmarkt; Ärzte, die es auszusprechen wagten, daß die Syphilis kein Verbrechen sei, sondern ein Unglück, wurden als Förderer der Unmoral und Verderber der Jugend betrachtet; Lehrer verloren ihre Posten, und Politiker wanderten ins Gefängnis...

Wir sind hier vornehmlich am Problem der Sexualität interessiert. Das Wesen des Geschlechtlichen nahm in einem Maße von den Menschen Besitz, wie es Europa seit den Tagen der Hexenverbrennungen nicht mehr gesehen hatte. Den engstirnigen Viktorianern standen die Anhänger der »freien Liebe« gegenüber, deren unsäglich flacher Optimismus so charakteristisch ist für die Anfänge des modernen Sozialismus. Viele von ihnen waren ernstlich überzeugt davon, daß mit der »Vernichtung« des Spießbürgertums ein »Lebensfrühling« über die Menschheit kommen werde. In einem Stil, der pathetisch und nüchtern zugleich war, wurde in zahllosen Publikationen, in Romanen, Manifesten, Propagandaschriften und Zeitungsartikeln das »vergeistigte« und »veredelte« Liebesleben der Zukunft geschildert. Dabei vertrugen sich die idealistischsten Darstellungen merkwürdig gut mit dem »Dirnenkult« mancher Schriftsteller, der wieder in seiner Art um nichts weniger sentimental und verlogen war als der Kult der »anständigen Frau« auf der anderen Seite. Und die gymnasiastenhafte Anbetung der Frau fand ihr Gegengewicht in einem epidemisch hereinbrechenden Frauenhaß.

Alle diese Strömungen finden wir übrigens auch bei den bedeutendsten Geistern dieser Zeit: die ethische Verstiegenheit in Tolstois *Kreutzersonate*; den Dirnenkult in den Bänkelliedern und Theaterstücken von Frank Wedekind; die pathologische Anbetung der Frau (die »Erlösung durch das reine Weib«) in Richard Wagners Opern;[6] den pathologischen Frauenhaß in Nietzsches Philosophie, Otto Weiningers sexuellen Studien und Strindbergs Dramen.

Der Kampf um eine neue, freizügigere Haltung in sexuellen Dingen zog sich noch über Jahrzehnte hin. Die viktorianische

Epoche war noch lange nicht vorüber. Aber unstreitig waren um die Wende des Jahrhunderts eine Reihe von Fortschritten zu verzeichnen.

Die Bekämpfung der Geschlechtskrankheiten war in ein völlig neues Stadium getreten. Schon 1879 hatte Albert Neisser den Gonorrhoe-Bazillus entdeckt, und Hirschl hatte, noch vor Ende des Jahrhunderts, einwandfrei die Paralyse als eine spätsyphilitische Erkrankung nachgewiesen.[7] 1905 entdeckte Fritz Schaudinn den Erreger der Syphilis (spirochaeta pallida), August Wassermann fand 1906 die nach ihm benannte »Reaktion« und Paul Ehrlich im Jahre 1910 die erste wirksame Behandlungsmethode dieser Krankheit: das Salvarsan.

1899 tagte in Brüssel der erste internationale Kongreß zur Verhütung der Geschlechtskrankheiten, an dem Ärzte, Frauenverbände und sogar Geistliche teilnahmen. Drei Jahre später wurde der große Sexualforscherkongreß in Moskau abgehalten, bei welcher Gelegenheit der alte Krafft-Ebing sein berühmt gewordenes Wort von der »Zivilisation und Syphilisation der europäischen Menschheit« sprach. Zur gleichen Zeit entstanden die ersten bahnbrechenden sexualpsychologischen Werke: *Die sexuelle Frage* von August Forel in der Schweiz, *Das Sexualleben unserer Zeit* von Iwan Bloch in Deutschland, die *Sexualstudien* von Havelock Ellis in England; in Österreich wurden zwei Bücher von größtem Einfluß geschrieben: *Psychopathia sexualis* von Krafft-Ebing und *Geschlecht und Charakter* von Otto Weininger. Und zwischen Medizin und Sexualpsychologie angesiedelt, entstand, ebenfalls in Österreich, die neue Wissenschaft der Psychoanalyse.

Wir haben ein Bild der Entwicklung zu geben versucht. Wir haben auf eine Reihe von Vorwegnahmen hingewiesen, von Plato bis Nietzsche. Wir haben frühe Formen der Psychotherapie beschrieben, vor allem das Vorgehen Mesmers; und wir haben auch einiges über die zeitgeschichtlichen Umstände gesagt, die der unmittelbaren Entwicklung der Psychoanalyse vorangingen. Aus der großen Zahl psychologischer Bücher, die auch damals schon erschienen, will ich noch zwei weitere herausgreifen: *Die Seele des Kindes* von Wilhelm Preyer (1881) und *Psychologie der Massen* von Le Bon (1895). Wenn das Feld in einem solchen Maße vorbereitet war, ist die Frage berechtigt: Worin besteht eigentlich die besondere Leistung Sigmund Freuds?

Die Leistung eines bedeutenden Menschen besteht eben *nicht* darin, keine Vorläufer zu haben und keine ihm entgegenkommenden Zeitumstände: Sie liegt in dem begründet, was er *trotz* seiner Vorläufer und *gegen* seine Zeit zu leisten vermag.

Es gab auch *vor* Freud schon »Freudianer«. Aber es gibt erst *seit* Freud eine *systematische Wissenschaft der Psychotherapie* und eine *psychologisch fundierte Neurosenlehre.*

Was ist eine Neurose? Unter der ziemlich unbestimmten und mehr als undeutlichen Bezeichnung verstand man (und versteht man im alltäglichen Sprachgebrauch noch heute) die verschiedensten Symptome und Syndrome: Leichtes seelisches Unbehagen und die sogenannte »Nervosität« gehören genauso dazu wie körperliche Beschwerden und Schmerzen aller Art, Erregungs- und Angstzustände und die schwersten Zwangsvorstellungen.

Die Neurosen waren auch in Freuds Jugend noch das Stiefkind der Medizin. Der englische Arzt Thomas Sydenham hatte schon im 17. Jahrhundert aufgrund seiner Aufzeichnungen behauptet, daß mehr als ein Drittel seiner chronischen Patienten an »disturbance of the spirits« leide. (Dabei schloß er allerdings die psychotischen Fälle ein.)[8] Klinisch gemeinsam war allen diesen Zuständen nur eines: daß sie klinisch nicht erfaßbar waren. Eine Neurose unterscheidet sich, so sagte man, von einer Krankheit dadurch, daß keine organischen Veränderungen nachzuweisen sind. Auch wenn sich organische Symptome zeigen, z. B. Erbrechen oder Kopfschmerzen, handelt es sich um funktionelle Störungen und eben nicht um eine pathologische Veränderung. Die Neurosen werden noch oft in medizinischen Lehrbüchern als »funktionelle Nervenkrankheiten ohne organischen Befund« definiert, wobei, wie Hofstätter hervorhebt, es fraglich bleibt, mit welcher Berechtigung man in Abwesenheit organisch lokalisierbarer Schäden von »Nervenkrankheiten« oder auch überhaupt von »Krankheiten« sprechen kann.[9]

Die Ärzte des späten 19. Jahrhunderts standen ihren nervösen Patienten reichlich hilflos gegenüber; sie wimmelten sie ab, soweit sie nur konnten: mit Baldriantropfen, Kaltwasserkuren und elektrischen Massagen. Auch mit dem freundlichen Rat: »Sie müssen eben trachten, sich nicht aufzuregen.« Alfred Adler pflegte das oft zu erzählen, und niemals ohne hinzuzufügen, das sei ein ebenso guter Ratschlag gewesen, als ob man einem Soldaten, der in den Krieg zieht, sagen würde: »Na, passen's halt auf, daß Sie keine Kugel trifft!«

Heute, siebzig Jahre nach Freuds Anfängen, da die psychosomatische Medizin sich immer mehr durchsetzt, wird es immer schwieriger, die Grenzen zwischen den direkten und indirekten Einflüssen von körperlichen und seelischen Vorgängen zu bestimmen. Zwischen Medizin, Physiologie und Psychologie sind mehr und mehr neue Berührungsflächen entstanden. Über diese rückläufige Bewegung in der Entwicklung der modernen Psychologie wird später noch viel zu berichten sein. Vorläufig haben wir uns mit der *Wegwendung* der Psychologie auseinanderzusetzen, vor allem von der *Medizin.*

Einige Definitionen fachlicher Begriffe werden sich bei unseren weiteren Betrachtungen als nützlich erweisen. Wir haben also *Psychologie* als die Gesamtwissenschaft von den seelischen Erscheinungen und *Psychotherapie* als die Beeinflussung von Krankheiten und Lebensschwierigkeiten durch psychologische Methoden definiert. Der Terminus *Psychoanalyse* hat im Laufe der Zeit *zwei* Bedeutungen angenommen: Wir verstehen darunter entweder die ursprüngliche Lehre Sigmund Freuds oder, im weiteren Sinn, *alle* auf der Erforschung des unbewußten Seelenlebens basierenden analytischen Richtungen. In diesem weiteren Sinn nennen wir die Gesamtheit der verschiedenen psychoanalytischen Richtungen auch *Tiefenpsychologie* oder *Dynamische Psychologie. Psychiatrie* dagegen ist das Gesamtgebiet der Erforschung und Behandlung von Geisteskrankheiten. Die sogenannte *»akademische« Psychologie* (vor Freud gab es gar keine andere) schloß lange Zeit all jene Schulen und Richtungen ein, die sich außerhalb der »Tiefenpsychologie« befinden. Doch sind seit den späten vierziger Jahren Übergänge und Beeinflussungen zwischen den beiden Disziplinen festzustellen.

Nach diesen Klarlegungen wenden wir uns dem Lehrgebäude Sigmund Freuds und seinen Schülern, Mitarbeitern und Gegnern zu.

Teil II
Der Aufstieg der Psychoanalyse

7 Sigmund Freud

Die Kultur ist eine Seifenblase.
Jeden Augenblick kann sie platzen.
Sigmund Freud

Das historische Experiment

In den Jahren 1880–1882, noch vor Freuds entscheidenden Studienaufenthalten in Paris (bei Charcot) und Nancy (bei Bernheim und Liébault), behandelte einer seiner besten Freunde, der Internist Josef Breuer, eine sehr intelligente junge Hysterikerin. Sie ist als »Anna O.« in die Geschichte der Psychologie eingegangen; ihr wirklicher Name war Bertha Pappenheim. Freud war über diesen Fall genau informiert.[1] Das Mädchen war während der Pflege ihres zärtlich geliebten Vaters an Lähmungen und psychischen Verwirrungszuständen erkrankt. Zufällig bemerkte Breuer, daß sie von ihren Zuständen frei wurde, nachdem er sie dazu gebracht hatte, ihre augenblicklichen Affekte offen auszusprechen. Er versetzte sie in Hypnose und ließ sie erzählen, was sie bedrückte. Das wiederholte er mehrere Male. Sooft nun ein hysterisches Symptom in der Hypnose »herausgesprochen« war, verschwand es, und zwar für immer. Im wachen Zustand konnte das Mädchen nichts über den Zusammenhang zwischen ihren Symptomen und irgendwelchen persönlichen Erlebnissen während der Pflege des kranken Vaters mitteilen; im Tiefschlaf konnte sie es sofort. Die scheinbar sinnlosen Symptome hatten also einen Sinn. Die Neurose hatte eine Bedeutung, die bewußt nicht zum Ausdruck kam, unbewußt jedoch vorhanden war. Die Sache hatte sich so abgespielt: Jedesmal, wenn das Mädchen am Krankenbett des Vaters einen Wunsch, einen Impuls hatte unterdrücken müssen, erschien später eine »Ersatzbefriedigung« in Form eines »nervösen Symptoms«. Als Breuer dem Mädchen alle Symptome in der Hypnose gleichsam weggewischt hatte – er nannte seine Methode die »reinigende« (kathartische) –, wurde sie gesund.

Freud interessierte sich dafür, ob dieser Fall ein Einzelfall war oder ob seine Struktur in allen ähnlichen Fällen – und auch in anderen Neurosen – nachgewiesen werden konnte. Es zeigte sich volle Übereinstimmung auch in anderen Fällen; aber noch mehr geschah. Freud stellte fest, daß nicht *beliebige* Affekterregungen den Symptomen der nervösen Erscheinungen zugrunde liegen (und zwar nicht nur bei Hysterie, sondern auch bei Neurasthenie und Angstneurosen), sondern immer wieder ganz bestimmte, nämlich sexuelle. Er kam zu der Überzeugung: *Alle Neurosen haben eine sexuelle Ätiologie.* Und jetzt tat Freud den folgenschwersten Schritt. Er gab die Hypnose auf. Es waren in ihm Bedenken aufgestiegen, ob diese Methode verläßlich sei, ob sie nicht zu sehr vom »guten Einvernehmen« mit dem Patienten abhänge, mit einem Wort, ob sie objektiv sei. Den letzten Ausschlag gab ein Erlebnis, welches er sehr amüsant in seiner *Selbstdarstellung*[2] erzählt: »Als ich einmal eine meiner gefügigsten Patientinnen... durch die Zurückführung ihres Schmerzanfalles auf seine Veranlassung von ihrem Leiden befreite, schlug sie beim Erwachen ihre Arme um meinen Hals... wir verzichteten von da an in stillschweigender Übereinkunft auf die Fortsetzung der hypnotischen Behandlung. Ich war nüchtern genug, diesen Zufall nicht auf die Rechnung meiner persönlichen Unwiderstehlichkeit zu setzen, und meinte, jetzt die Natur des mystischen Elements, welches hinter der Hypnose wirkte, erfaßt zu haben. Um es auszuschalten oder wenigstens zu isolieren, mußte ich die Hypnose aufgeben.«

Freud sagte sich: Bernheim hatte immer behauptet, auch wenn die hypnotisierte Person hinterher gar nichts mehr wisse, so wisse sie es in Wahrheit ja doch! Oft genug hatte er die Patienten eindringlich und unermüdlich aufgefordert, sich zu erinnern, und wirklich, zuletzt wußten sie, was in der Hypnose vorgegangen war.

Er begann nun, seine Patienten sich auf ein Ruhebett legen zu lassen und sich selbst so zu setzen, daß sie ihn nicht sehen konnten. Dann ließ er sie sprechen und versuchte, sie durch »frei aufsteigende Einfälle« im Wachzustand das vollbringen zu lassen, was bisher die Hypnose für sie geleistet hatte. Er nannte diese Methode die »psychoanalytische«.

So war an die Stelle der *Katharsis* die *Analyse* getreten. An die Stelle der Hypnose trat der »freie Einfall« – die erste Sonde ins Unbewußte.

Die »Verdrängung« der Sexualität

Von allem Anfang an widerfuhr Freud Ablehnung durch seine Fachkollegen. (Die breite Öffentlichkeit nahm ja damals noch gar keine Notiz von ihm.) Als er in der Wiener »Gesellschaft der Ärzte« seine Vorträge »Über männliche Hysterie und über suggestive Erregung hysterischer Symptome« hielt, wurde er mit Spott und Hohn überschüttet. Einer der alten Herren unterbrach ihn mit den Worten: »Aber, Herr Kollege, wie können Sie solchen Unsinn reden? Hysteron heißt doch der Uterus. Wie kann denn ein Mann hysterisch sein?« Bei einem anderen Vortrag, vor Ärzten gehalten, bemerkte Freud in seinem jugendlichen Eifer gar nicht, daß immer mehr und mehr seiner Kollegen sich entfernten, je länger er sprach und je öfter er das Wort »sexuell« verwendete. Als er schließlich aufblickte, sah er sich einem leeren Saal gegenüber. »Von dieser Zeit ab«, erzählte Freud später, »hörte ich nicht mehr auf, auf die sexuelle Ursache jeder Neurose zu achten.« Freud berichtet auch, daß Charcot einmal, bei den Demonstrationen eines hysterischen Falles, sich in guter Laune an ihn wandte und lachend sagte: »Es ist immer was Sexuelles dahinter – immer, immer!« Als Freud ihn später daran zu erinnern wagte, schüttelte Charcot indigniert den Kopf und erklärte mit Bestimmtheit, eine solche Bemerkung niemals gemacht zu haben. Was war geschehen? – Er hatte sie *verdrängt.* Was heißt das? – Er *durfte* sich nicht erinnern.

Auch außerhalb seines Sprechzimmers stellte Freud die gleiche Heftigkeit des Widerstandes fest, wie er ihn bei allen seinen Patienten gefunden hatte, und auch das gleiche Motiv: die empörte Zurückweisung des Sexuellen (»Aber, Herr Doktor, *ich*... Was denken Sie denn?!«). Und er gewann aus persönlich sehr schmerzlichen Erlebnissen sehr bald ein klares Bild: auch der Widerstand seiner Fachkollegen war eine Neurose.

Neurosen entstehen, sagte Freud, aus einem unbewußten inneren Konflikt. Die sexuellen Triebe – *er nannte die somatische Energie der sexuellen Triebe »Libido«* – dürfen sich in unserer westlichen Kultur nie voll zur Geltung bringen; sie werden von unserem Bewußtsein als schmutzig und niedrig empfunden. So erhebt sich, sagte Freud weiter, ein Widerstand gegen die Libido und versucht sie niederzuringen. Das Ergebnis dieses Vorgangs nannte

Freud die *Verdrängung*. Unser Ich zieht sich von den anstößigen Triebregungen zurück und versperrt ihnen die Auslösung ins Bewußtsein und die direkte motorische Abfuhr; aber es kann die Energie selbst nicht zerstören. Es lenkt sie bloß auf eine falsche Bahn und erzeugt auf diese Weise die Neurose.

Wir bemerken schon in dieser ersten Begegnung mit Freuds Theorien die zentrale Stellung der Sexualität in seiner Psychologie. Er wurde deshalb nicht nur von unverständigen Viktorianern angegriffen, sondern im Laufe der Entwicklung auch von seinem bedeutendsten wissenschaftlichen Gegner, von Alfred Adler. Wie umwälzend jedoch seine schöpferische Kraft wirkte, läßt sich gerade an den Resultaten seiner frühen Arbeit sehen.

Es ist oft die Frage gestellt worden, inwieweit Freuds Forschungen mit denen von *Pierre Janet* in Frankreich parallel laufen. Man hat Freud sogar des Plagiats bezichtigt. – Es ist richtig, daß Janet ebenfalls die hysterischen Symptome auf frühere Lebenseindrücke zurückführte und sie durch Hypnose bekämpfte. Aber seine Deutung der Phänomene blieb im Keim stecken. Nach Janets Meinung war die Hysterie eine »konstitutionelle Schwäche«, welche den Patienten seine »seelischen Akte nicht zusammenhalten ließ« und ihn einer »seelischen Spaltung und Einengung des Bewußtseins« auslieferte. Freud hingegen erklärte das Phänomen als ein *dynamisches* und lenkte sein Hauptaugenmerk auf den *psychischen Konflikt,* woraus sich eben eine neue Behandlungsmethode entwickelte.

Mit dem Begriff der Verdrängung hatte sich Freud endgültig isoliert. Durch die Ablehnung einer gehirnphysiologischen Erklärung hatte er sich von seinem Lehrer Charcot entfernt; durch die Ablehnung der Hypnose von seinem anderen Lehrer, Bernheim, und auch von seinem Freund Breuer; und schließlich durch die Betonung der sexuellen Ätiologie aller Neurosen von der gesamten Wiener medizinischen Schule seiner Zeit.

Die frühkindliche Sexualität, Lust- und Realitätsprinzip und der Ödipuskomplex

»Genital« und »sexuell« ist für Freud übrigens nicht dasselbe. Das »Genitale« ist die *Schlußphase* der sexuellen Entwicklung, sofern die inneren Triebkonflikte die Möglichkeit zu einem harmonischen Ausgleich gefunden haben.[3]

Das Kind wird »polymorph pervers« geboren, d. h. es zieht aus allen seinen Körperfunktionen Lust. Es gehorcht dem »*Lustprinzip*«. Alle seine Aktionen und Reaktionen sind darauf gerichtet, sich Angenehmes zu verschaffen und Unangenehmes zu vermeiden. Diesem Prinzip der schrankenlosen Lustgewinnung steht ein anderes gegenüber: das »*Realitätsprinzip*«, mit dem sich das Kind auseinandersetzen muß. In den ersten vier bis fünf Jahren unseres Lebens bilden wir in diesem Kampf unsere entscheidenden Charakterzüge aus.

Das Kind ist zunächst autoerotisch: seine Triebe sind auf es selbst gerichtet. In den ersten Lebensjahren durchläuft es dabei drei Phasen: die »orale«, die »anale« (auch anal-sadistische genannt) und die »genitale«. Freud hat ursprünglich für die »orale« Phase das erste und zweite Lebensjahr angegeben, für die »anale« das dritte und vierte Jahr, für die »genitale« das vierte bis fünfte Jahr. Heute setzt man alle diese kindlichen Entwicklungsstufen weit früher an und läßt sie ungefähr mit den ersten drei Lebensjahren zusammenfallen.

Während der oralen Phase ist das Hauptinteresse des Babys auf die Nahrungsaufnahme gerichtet und alle damit verbundene Fürsorge und Zärtlichkeit der Mutter. Die Fürsorge bzw. Vernachlässigung, welche das Kind in den ersten Lebensmonaten erfährt, hat einschneidende Bedeutung. Ungeduld und Unrast lassen sich als Ergebnisse davon, wie die früheste Beziehung zur Außenwelt erlebt wurde, in späterer Zeit genauso nachweisen wie Optimismus oder Vertrauen. Viele Kinder saugen nicht nur an der Mutterbrust, sie beißen auch, sobald die ersten Zähnchen kommen. Das werden dann die sarkastischen Menschen, die Nörgler. Andere Leute werden Freßsäcke, sie können sich nicht zurückhalten, obwohl es ihrer Gesundheit schadet; auch das ist eine unbewußte Reaktion auf die Frühzeit des Lebens, ebenso maßloses Rauchen; und wieder andere werden Trinker; Bier, Wein und Schnaps treten an die Stelle der viel zu früh entbehrten Milch der Kindheit. Alkoholiker fühlen sich durchweg als Geschädigte; sie sagen ja auch oft genug, daß sie trinken, »um zu vergessen« ... – »was ihnen die böse Welt angetan hat«, wäre zu ergänzen.

Die zweite Phase, die das Kind durchlebt, ist die anal-sadistische. Das Kind erfährt nun zum ersten Mal den »Ernst des Lebens«. Es muß seine »Pflicht« erfüllen und seine »menschlichen Bedürfnisse« unserer Zivilisation anpassen. Wieder ist es von größter Bedeutung, wie das Kind diese Entwicklung durchlebt; ob es mehr seine ablehnenden Empfindungen gegen seine Umgebung oder seine akzeptierenden zum Ausdruck bringt. Ein Kind kann ein ganzes Haus durch seinen guten Willen, aufs Töpfchen zu gehen oder es zu unterlassen, beglücken bzw. zur Verzweiflung treiben. Es lernt sehr bald, »gemein« zu sein – seine ersten »Erfolge« im Umgang mit den Menschen! Sadistische Charakterzüge haben oft ihren Ursprung in der »analen« Periode unserer Frühzeit.

Die nächste Lebensphase, die genitale, ist die komplizierteste. Das Kind bemerkt die Unterschiede zwischen sich, den Geschwistern und den Eltern. Zunächst einmal ist nur *eine* Form des Geschlechts, nämlich die *männliche,* von Wichtigkeit. Der Knabe glaubt sehr oft, daß man dem kleinen Mädchen den Penis weggenommen habe und daß ihm das gleiche widerfahren könnte. Das Mädchen fühlt sich verkürzt und möchte einen Penis haben. Dies ist die Zeit, da sich der sogenannte *»Ödipuskomplex«* entwickelt. (Bekanntlich war Ödipus jener sagenhafte König von Theben, der, ohne es zu wissen, seinen Vater erschlug und seine Mutter heiratete.) Die Kastrationsangst stellt sich, nach Freud, als die Furcht vor dem eifersüchtigen, auf seinen Rechten bestehenden Vater dar. Zur gleichen Zeit entsteht aber in der Persönlichkeit des Knaben das Gewissen: »Du darfst nicht...!« Freud nennt das »Gewissen« das »Überich«. Das Überich ist der Erbe des Ödipuskomplexes, *falls* die Entwicklung eine gesunde, d. h. unneurotische ist. Dann beginnt der Knabe in seinem Vater einen Verbündeten zu sehen, nicht mehr einen Feind, und die erotische Beziehung zur Mutter weicht einer zärtlichen Verbundenheit. Jedenfalls, unsere Charakterbildung wird entscheidend davon beeinflußt, wie *»dieser Knotenpunkt, von dem alle spätere Entwicklung abhängt, überschritten wird«.*

Viel komplizierter sieht Freud die Situation des Mädchens. Sie begehrt den Vater in ähnlicher Weise wie der Knabe die Mutter. Aber sie behält ihren Ödipuskomplex (der beim Mädchen offiziell *»Elektrakomplex«* heißt) viel länger als der Knabe den seinen, er wird ungleich weniger »verdrängt«. Die *Penisangst* des Knaben kann bei ihr keine Rolle spielen, wohl aber spielt der *Penisneid* eine große Rolle im Leben der Frau; und genaugenommen ist das »Überich« bloß der Erbe des *männlichen* Ödipuskomplexes. Der Elektrakomplex erfährt nie die gleiche Durcharbeitung wie der Ödipuskomplex. Es ist eines der seltsamsten Geständnisse des großen Psychologen, das er im Alter machte: Es sei ihm trotz dreißigjähriger Arbeit nie klargeworden, was die Frau eigentlich will. »Die Frau ist ein Rätsel«, sagte er schließlich, »und Psychoanalyse kann dieses Rätsel nicht lösen.«

Viele Analytiker wissen keine Erklärung für dieses Geständnis des Meisters. Ich glaube, sie ist nicht so schwierig. Kein Mensch macht sich je *völlig* frei von der Weltanschauung seiner Zeit. Es sind wohl eigene, niemals überwundene viktorianische Hemmungen, die Freud sein ganzes Leben lang gehindert haben, eine Psychologie der Frau zu schaffen.

Freud hat zwei grundlegende Vorurteile zerstört. Das Kind ist nicht »unschuldig«, wie man jahrhundertelang glaubte, sondern ein Spielball seiner libidinösen Triebe; und unser Charakter ist weder von der Natur gegeben noch das Werk einer späten Zeit, sondern die *Charakterformung* beginnt mit dem Tage unserer Geburt und ist im wesentlichen mit dem fünften Lebensjahr, wenn nicht schon früher, abgeschlossen. Damit ist aber auch, sagt Freud, die frühkindliche Sexualepoche abgeschlossen. Erst in der Pubertät beginnt die Sexualität wieder eine Rolle zu spielen. In der Zwischenzeit schlummert sie, ihre Energien sind verdrängt. Freud nennt diese Pause, in welcher die kulturellen Barrikaden der Moral, der Scham und des Ekels aufgerichtet werden, dic *»Latenzperiode«,* und er hält sie für ein *physiologisches Phänomen,* für eine spezielle Eigentümlichkeit des homo sapiens. Von allen Lebewesen scheint nur der Mensch seine sexuelle Entwicklung zweimal zu beginnen, und Freud geht so weit, in dieser biologischen Tatsache die organische Ursache für die Disposition des Menschen zur Neurosenbildung zu sehen.

Freud hat später allerdings erklärt, *daß die Latenzzeit bei den Primitiven kaum eine Rolle spielt,* d. h. also, daß der kulturelle Faktor entscheidend ist. Dann ist auch die Latenzzeit kein physiologisches Phänomen, eine Annahme, die er jedoch trotzdem aufrechterhielt. Solche Widersprüche finden sich in der Psychoanalyse nicht selten, und sie haben dem Verständnis des von Jahr zu Jahr komplizierter werdenden Lehrgebäudes nicht gerade genützt; andererseits machte Freud mit Recht geltend, daß die Analyse eben noch eine junge, in stürmischer Entwicklung begriffene Wissenschaft sei und außerdem, wie jede Naturwissenschaft, auch mit unfertigen Definitionen und Widersprüchen operieren müsse, um zu weiteren Ergebnissen zu kommen.

Die Triebforschung

Nach der Latenzzeit, im Verlauf seiner zweiten sexuellen Entwicklung, greift der heranreifende Mensch auf seine erste zurück: Die »Gefühlsbindungen und Objektbesetzungen« der frühesten Zeit werden wiederbelebt, bevor die libidinösen Triebe in die sogenannte »normale« Sexualfunktion einmünden. Dieser glatte Verlauf kann behindert werden. Sehr oft wird, aus verschiedenen Gründen, die Libido auf einem Punkt ihrer kindlichen Entwicklung festgehalten – Freud nennt das *»Fixierung«* –, und oft geschieht es, daß sie auf ihrer Wanderung zwar die Stufe der Heterosexualität erreicht, aber die »äußere Versagung«, die Enttäuschung an der Wirklichkeit, ist so groß, daß der Rückzug angetreten wird: man kehrt in die von früher her bekannten und vertrauten Sexualfixierungen der Kindheit zurück; das nennt Freud *»Regression«*. Von der Wahl der Fixierung hängt dann die Auswahl der Symptome ab; allerdings sind wir noch keineswegs so weit, daß wir mit Bestimmtheit sagen könnten, warum der eine gerade ein Zwangsneurotiker wird, der andere ein Hysteriker und ein dritter ein Masochist.

Um seine Lehre weiter auszubauen, hat Freud dann begonnen, das Seelenleben auch von drei »Koordinaten« aus zu betrachten: unter dem topischen, dem ökonomischen und dem dynamischen Gesichtspunkt. Auf die »topische« Koordinate kommen wir später zu sprechen. Die *»ökonomische«* haben wir dem Sinn nach bereits besprochen: Um uns in die Gegebenheiten des Lebens einzufinden, müssen wir eine Harmonie zwischen zwei entscheidenden Kampffronten finden. Dem Prinzip der schrankenlosen Lustgewinnung – dem »Lustprinzip« – steht eine äußere Welt fordernd und hemmend gegenüber: das »Realitätsprinzip«, mit dem wir uns von unseren Kindheitstagen an auseinandersetzen müssen.

Die dritte Koordinate ist die *dynamische.* Alle seelischen Prozesse stammen aus Kräftespielen, die einander unterstützen, hemmen oder Kompromisse schließen. Diese Kräfte gehören dem Instinktleben an, sind also organischen Ursprungs und durch eine ungeheure somatische Energie charakterisiert.

Freud sagte, daß kein Bedürfnis in der Psychologie dringender empfunden werde als das nach tragfähigen Erkenntnissen über den Trieb, und er beklagt es bitter, daß die Psychoanalyse in dieser Hinsicht gar nichts vorgefunden habe und sich erst Schritt für Schritt solche Erkenntnisse verschaffen mußte.

Er stellte zunächst einmal die Unterscheidung von Ichtrieben (Selbsterhaltung, Hunger) und libidinösen Trieben (Liebe) auf, die er später durch einen Gegensatz ersetzte, der den Tatsachen näherzukommen schien: *narzißtische Libido* gegen *Objektlibido.* Narziß ist jener Jüngling in der griechischen Sage, der sich in sein Spiegelbild verliebte, als er ins Wasser blickte. Durch die Entdekkung des »Narzißmus« (Freud zog die Schreibweise »Narzismus« vor) wurde klar, daß libidinöse Strebungen nicht nur auf ein äußeres Objekt gerichtet sein können, sondern auch auf sich selbst. Auch die Selbstliebe ist libidinös. *Auch das Ich kann Liebesobjekt sein.*

Bis zu dem Zeitpunkt, da der Narzißmus in der Psychoanalyse eine Rolle zu spielen begann, galten die Ichtriebe als das asexuelle Gegengewicht gegen die aus dem Unbewußten kommenden sexuellen Triebe; jetzt wurde auch das Ich selbst sexualisiert. Damit sägte man aber gleichsam den Ast ab, auf dem man saß. Wenn das Ich selbst libidinös besetzt sein kann, wo bleibt dann die Verdrängung als die allgemeingültige und ausnahmslose Ursache der Entstehung von Neurosen? – Nach langen Diskussionen blieb schließlich nichts anderes übrig, als die narzißtischen Erkrankungen als eine Gruppe für sich zu betrachten und sie von den anderen Neurosen, die mit dem gemeinsamen Begriff »Übertragungsneurosen« bezeichnet wurden, zu separieren.

Am Beginn der zwanziger Jahre wandte sich Freud, unzufrieden mit den bisherigen Ergebnissen, in seinen drei Schriften *Jenseits des Lustprinzips, Massenpsychologie und Ich-Analyse* und *Das Ich und das Es* nochmals der Triebforschung zu.[4] Alle Triebe der Selbsterhaltung und der Arterhaltung faßte er jetzt unter dem Namen »*Eros*« zusammen und stellte ihnen alle Triebe der Zerstörung und des Todes gegenüber: die »*Destruktionstriebe*«. Auch in den abschließenden Arbeiten zu diesem Thema liegt das Wesen der Triebe im *Gegensatz,* im dynamischen Phänomen. Die Bipolarität alles Geschehens ist das Grundgesetz unseres psychischen Lebens. Uralte Gedankengänge steigen da auf, aus der Philosophie des chinesischen Denkers Laotse: »Wo das eine gesetzt ist, ist auch das andere gesetzt... Wo ein Ding ist, ist auch schon sein Gegenteil...«

Freud hat in seiner Bemühung, die Triebvorgänge näher zu beleuchten, zwei neue wichtige Begriffe eingeführt: das »Konstanzprinzip« und den »Wiederholungszwang«. Ein unbarmherziges Gleichmaß geht, trotz aller Dynamik, durch das Lebensgesetz. »Wie die Libido, als Vertreterin des Lustprinzips, letzten Endes auf irgendwelche sexuelle Befriedigung zielt und wie sie, in der Fortpflanzung ihre breiteste Auswirkung findend, der Erhaltung des Lebens dient, so zielt der Wiederholungszwang als Vertreter des Konstanzprinzips letzten Endes auf Rückkehr in die ursprüngliche Ruhe, auf Rückverwandlung in leblose Materie, und dient so der Vernichtung des Lebens«.[5] »Das Zusammen- und Gegeneinanderwirken von Eros und Todestrieb ergibt für uns das Bild des Lebens.«[6] Dabei unternimmt es Freud zum ersten Mal, so etwas wie eine vorläufige Definition des Triebs zu versuchen. Trieb ist eine Art Elastizität des Lebenden, ein Drang nach Wiederherstellung einer früheren Situation, die durch eine äußere Störung verändert worden ist.

So müssen wir alle, innerhalb der beiden fundamentalen Gegebenheiten – nennen wir sie wie wir wollen – Liebe und Haß, Zeugung und Zerstörung, Eros und Tod, »unseres Daseins Kreise vollenden«. Unser emotionelles Verhalten wird immer durch Elemente von beiden Triebseiten bestimmt. Das ist auch der Grund unserer Zwiespältigkeit und unserer oft so wechselvollen Empfindungen der gleichen Person und Situation gegenüber.

Freuds Auffassung von der unabänderlichen Schicksalhaftigkeit der Urtriebe erklärt auch seinen tiefen Pessimismus. Die Menschheit als Ganzes hat ihre beste Zeit bereits hinter sich, die Zeit des schrankenlosen Lustprinzips. Heute kann höchstens noch der einzelne versuchen, seine Triebkonflikte so gut wie möglich zu regulieren. »Die Kultur«, sagte Freud einmal, »ist eine Seifenblase; jeden Augenblick kann sie platzen.«

Neurose – Traum – Fehlleistung

Es war im Zusammenhang mit der Erforschung des Ödipuskomplexes, also der frühkindlichen Beziehungen zu den Eltern, daß Freud die Ähnlichkeiten zwischen den Symptomen seiner Patienten und vielen psychischen Erscheinungen des Alltags immer klarer wurden. C. G. Jung formulierte es so: »Die Neurose hat gar keinen ihr allein zugehörigen Inhalt. Die Neurotiker scheitern an den gleichen Dingen, die von den Gesunden glücklich bewältigt werden.«

Eigentlich hatte sich Freud schon von allem Anfang an auf dem Wege zu dieser Erkenntnis befunden, und zwar durch die Deutung des Traumphänomens, dem er sein erstes grundlegendes Buch widmete[7].

Mit seinen Auffassungen über den Traum befand sich Freud in vollem Gegensatz zu seiner Zeit. Träume wurden entweder nicht beachtet – »Träume sind Schäume« – oder als rein somatische Phänomene hingestellt. Die Erkenntnisse der Romantiker vom Anfang des Jahrhunderts galten als schöne Dichtungen, das Buch Scherners (1861), das wir bereits erwähnt haben, wurde außer von Freud von niemandem wichtig genommen. Freud bewies nun, an Hand von zahllosen Beispielen, daß Träume einen *Sinn* haben und eine *Deutung* zulassen. Wenn man sie wie ein nervöses Symptom *behandelte,* d. h. der analytischen Methode unterwarf, so stellte sich heraus, daß sie sich auch wie ein nervöses Symptom *verhielten.*

Zerlegte man den Traum in einzelne Bilder und ließ man den Träumer alles sagen, was ihm gerade dazu einfiel (»freies Assoziieren«), so ergab sich, daß nicht nur der erzählte Traum selbst (der »manifeste Trauminhalt«) unwichtig war, auch die dahinterstehenden »latenten Traumgedanken« waren (bis auf einen einzigen) ziemlich uninteressant, und man konnte sie gewöhnlich sehr leicht auf die Erlebnisse des Träumers zurückführen (die sogenannten

»Tagesreste«). Nur einer von den Traumgedanken war, wie gesagt, auffallend merkwürdig und erschien zunächst unverständlich – und dieser eine Traumgedanke war regelmäßig ein Wunsch, der dem bewußten Seelenleben des Träumers ganz fremd zu sein schien. Es handelte sich dabei um anstößige Wünsche und Begierden des Trieblebens, die sich im Wachzustand gegen die moralischen und kulturellen Tendenzen des Bewußtseins nicht durchzusetzen vermögen und die Zeit des Schlafes – wenn der Kräfteaufwand, mit dem wir die Verdrängungen bewerkstelligen, herabgesetzt ist – benützen, um sich Erfüllung zu verschaffen. Ganz gelingt das aber selbst während des Schlafes nicht; selbst im Schlaf bleibt noch ein Teil unseres Ichs auf der Hut, übt eine »Zensur« aus (die »Traumzensur«), und so können sich die verpönten Triebe nur auf eine versteckte, maskierte Weise zur Geltung bringen. Das ist auch der Grund, warum uns der endgültige Trauminhalt so verworren und oft geradezu grotesk anmutet. Der Traum ist konstruiert wie ein neurotisches Symptom: er ist ein Kompromiß in einem psychodynamischen Konflikt. Triebregungen, die als anstößig empfunden werden, streben nach Befriedigung, stoßen auf Widerstand, kämpfen gegen die Verdrängung an und erreichen schließlich eine Ersatzbefriedigung.

Von allen Entdeckungen Freuds wurde später, als er berühmt wurde, seine Traumlehre am populärsten. Analytische Traumdeutung wurde ein Gesellschaftspiel im Wien der zwanziger Jahre und dann wieder im New York und San Franzisko der vierziger Jahre. Im übrigen ist die weitverbreitete Meinung, Freud habe behauptet, alle Träume seien sexuelle Wunscherfüllungen, nur die halbe Wahrheit. Er hat das tatsächlich ursprünglich behauptet, später jedoch seine Auffassung dahingehend modifiziert, daß der Traum die *maskierte* Erfüllung eines *verdrängten Wunsches* sei, ja, sogar noch vorsichtiger, der *Versuch* zu einem solchen. Daß der Sexualität eine überragende Bedeutung auch im Traum zukommt, ist bei Freud natürlich selbstverständlich. Aber es sind keineswegs *alle* Träume sexuellen Inhalts, auch andere Triebe, z. B. aggressive Strebungen oder Hunger und Durst können Träume auslösen. Freud selber hat für gewisse Träume – wenn z. B. einer immer wieder von einem Eisenbahnunglück träumt, das er miterlebt hat – zu Erklärungszwecken auf den »Wiederholungszwang« hingewiesen.

Aber selbst diejenigen, die diese Einschränkungen kennen, haben oft genug die Frage erhoben, wieso denn eigentlich der Traum eine Art Wunscherfüllung sein solle, wenn es so viele unangenehme und furchtbare Träume gibt, wie jeder von uns aus eigener Erfahrung weiß. Dazu kann der Analytiker nur sagen: Auch eine hysterische Lähmung oder eine Platzangst bereiten dem Betroffenen die qualvollsten Situationen und sind trotzdem Ersatzbefriedigungen für einen ursprünglich lustvollen Wunsch. Warum unsere Seele so und nicht anders gebaut ist und just auf Schleichwegen so gerne zu ihren Zielen kommt, das wissen wir nicht. Die Psychoanalyse kann nichts tun, als die Tatsachen konstatieren und sich nach ihnen richten.

Im Verlauf seiner Arbeiten hat dann Freud übrigens eine weitere Entdeckung gemacht, die noch mehr dem alltäglichen Leben angehört als der Traum: gemeint sind die sogenannten »Fehlleistungen« wie Versprechen, Verschreiben, Verlesen, Vergreifen, Vergessen usw. Es gelang ihm, den Nachweis zu erbringen, daß fast alle diese kleinen, unscheinbaren »Entgleisungen« nicht »zufällig« geschehen, wie man bisher glaubte, und auch nicht durch »Angleichungen an ähnliche Lautformen« entstehen, wie Meringer und Mayer zu beweisen versuchten,[8] sondern eine *sinnvolle* psychische Leistung darstellen; ja, mehr noch, daß sie genauso gebaut sind und genauso funktionieren wie Traum und neurotisches Symptom. Eine anstößige Triebregung ist vorhanden, gegen die sich ein Widerstand erhebt, und die »Entgleisung« ist der Kompromiß zwischen verdrängten und verdrängenden Tendenzen, eine »Wunscherfüllung«, eine »Ersatzbefriedigung«.[9]

Wir wollen nun einige Beispiele für Fehlleistungen im Freudschen Sinne, und zwar für das »Versprechen«, geben. Wenn ein Redner sagt: »Es sind da Dinge zum *Vorschwein* gekommen«, wollte er zwar sagen: »Es sind Dinge zum *Vorschein* gekommen«, aber *gleichzeitig* hat sich auch seine Meinung, es seien Schweinereien geschehen, unabweisbar zum Ausdruck gebracht. Wenn ein anderer Redner bei einer Festrede sagt: »Lassen Sie uns auf das Wohl unseres verehrten Herrn Chefs *aufstoßen!*«, so hat er uns unfreiwillig, dafür nur um so eindrucksvoller, seine wahre Einschätzung des »verehrten Herrn Chefs« mitgeteilt; und wenn ein Jüngling eine Dame auf der Straße mit den Worten anspricht: »Darf ich

Sie *begleit-digen?* « – gewiß eine hübsche Kombination von begleiten und beleidigen –, so dürfte er nicht gerade sehr viel Glück bei der betreffenden Dame haben.

Mit dem Begriff der Fehlleistungen hatte die Psychoanalyse, mehr noch als mit der Traumlehre, ihre Position grundlegend verändert. Wenn zwischen »normal« und »neurotisch« nur fließende Übergänge existieren, wenn zwischen einem harmlosen lapsus linguae und der schweren Zwangsidee nur ein gradueller Unterschied im tiefenpsychologischen Aufbau besteht, dann ist, so schloß Freud, die Psychoanalyse keine Psychotherapie, keine Heilmethode für seelisch Erkrankte, sondern ganz einfach die Psychologie des normalen Seelenlebens.[10]

Das Es, das Ich, das Überich und die Angst

Wir können uns nun der dritten »Koordinate« bei der Einteilung des Seelenlebens zuwenden, der *»topischen«*.

Freud konnte ursprünglich, als er den Vorgang der Verdrängung erklärte, mit den beiden Begriffen »bewußt« und »unbewußt« sein Auslangen finden. Es war eine Macht im Ich vorhanden, welche die aus dem Unbewußten aufsteigenden Triebe zurückdrängte. »Der Ausgang dieses Konfliktes hängt vom ökonomischen Kräfteverhältnis ab, wobei die Summe der beiden psychischen Kräfte für praktische Zwecke als konstant betrachtet werden kann.«[11] Diese Feststellung Sandor Ferenczis stimmt aber nicht. Weitere Arbeiten haben gezeigt, daß die Sache dann doch nicht so einfach ist. Nach und nach hat dann Freud eine Theorie des »seelischen Apparates« aufgestellt. Der *»ideologische Überbau«* seiner Lehre sah dann so aus:

Unser seelischer Apparat besteht aus drei »Systemen« oder »Instanzen«: dem »Es«, dem »Ich« und dem »Überich«, die in ständigem Konflikt miteinander sind und dauernd aufeinander wirken, sowohl durch ihre bewußten als auch durch ihre unbewußten Funktionen. Es ist durchaus nicht so, wie oft oberflächlicherweise erklärt wird, daß das Es mit dem Unbewußten identisch wäre und das Ich mit dem Bewußten. Es liegt vielmehr ein strömendes, dynamisches Prinzip vor. Richtig ist, daß das Es durchweg der Region des Unbewußten angehört; aber die Region des Unbewußten ist damit nicht erschöpft, sie reicht darüber hinaus in die beiden anderen seelischen Instanzen hinein. Das Ich ist ebenfalls zum Teil unbewußt und nur in seiner äußersten Schicht bewußt, dort, wo es die Außenwelt aufnimmt. Das Überich ist gleichfalls zum Teil unbewußt und zum Teil bewußt.

Das Es wird mit uns geboren. »Es« ist von allem Anfang an da, weil es vollkommen unbewußt ist, nichts als mitgegebene Lebenskraft, ein schreiendes Bündel von Trieben, die nach Erfüllung streben. Dieses Es kennt nur *ein* Gesetz: das Lustprinzip. Es verlangt und fordert rücksichtslos und bleibt ungezähmt und unerwachsen unser ganzes Leben hindurch. Mit unserer Geburt tritt aber sofort eine zweite Instanz im seelischen Apparat gegen das angeborene Es in Kraft: das Ich.

Das »Ich« repräsentiert unser Denken und unsere Gefühle, es ist intelligent und lernfähig. Es bildet den wichtigsten bewußten Teil unseres Wesens aus, mit dem wir das Erlebnis der Außenwelt zu akzeptieren und zu regulieren versuchen; es nimmt bewußt Stellung zur Realität. Mit seinem unbewußten Teil drängt es die unerlaubten und verpönten Triebe ins unbewußte Es zurück. Die stärkste verdrängende Kraft wird aber nicht, wie man zuerst annahm, vom Ich ausgeübt, sondern vom Überich.

Das »Überich« entsteht nur zum Teil aus bewußten Überlegungen, zum größeren Teil ist es unbewußt und beherrscht das Es und das Ich gleichermaßen. Es ist das, was wir das »Gewissen«, auch den »sozialen Faktor«, nennen: »Das darfst du nicht!« Die Spannung zwischen dem Ich und dem Überich ist das »Schuldgefühl«.

Das Überich ist das jüngste unserer seelischen Systeme. Das Es bringen wir mit auf die Welt, das Ich beginnt am Tag unserer Geburt; das Überich entwickelt sich mit dem Ödipuskomplex, wenn das Kind lernen muß, seiner Eifersucht und seinem Haß Einhalt zu gebieten. Das Es repräsentiert die ererbte Hemmungslosigkeit, das Überich die erworbenen Hemmungen der Menschheit.

Dazwischen steht das Ich, es muß nach allen Seiten kämpfen: gegen die Realität des Lebens, gegen die übermächtigen sexuellen und aggressiven Triebe des Es und gegen die ewigen Vorwürfe und Strafandrohungen des Überichs.

Das macht die Position des Ichs so schwierig (wenngleich heute kein Analytiker mehr den Begriff des Ichs so definiert wie Freud). Da aber, nach Freuds Auffassung, das Ich auf allen Seiten mit übermächtigen Gegnern zu kämpfen hat – ist es ein Wunder, wenn es verzagt und kleinmütig wird? Wann immer das Gleichgewicht im Ich zerstört wird, entsteht im Individuum das Symptom der Angst.

Da Freud der Zusammenhang zwischen verdrängter Libido und Angst von allem Anfang an klar war (schon in den neunziger Jahren, als er die Angstneurosen – der Terminus stammt von ihm – von der allgemeinen Neurasthenie als eine Gruppe abtrennte), ging er zuerst davon aus, daß eine buchstäbliche Transformierung stattfände, d. h., daß sich Libido ganz einfach in Angst »umsetze«. Er glaubte, Angst entwickle sich, wenn die Entstellung verpönter Wünsche nicht voll gelingt, und habe die Funktion, den Lustgewinn vor der Zensur des Bewußtseins zu verschleiern – was besonders im Angst*traum* zum Ausdruck kommt. Im selben Augenblick, in dem die unerlaubten Wünsche des Träumers zu deutlich werden könnten und die Gefahr besteht, daß sie die Schranken der Zensur durchbrechen, setzt schlagartig die Angst ein, und der Träumer *erwacht!* Angst ist also ein Warnsignal, und zwar, wie Freud später, als die analytischen Theorien schon ausgearbeitet waren, genauer formulierte, ein Warnsignal für unser Ich vor einer äußeren oder inneren Gefahr. Zugleich aber konnte er seine ursprüngliche Auffassung, daß sich Libido direkt in Angst umsetze, um so weniger aufrechterhalten, je mehr Einfluß ebendiese Theorien in der Psychoanalyse gewannen: das Konzept von Es, Ich und Überich, der Ödipuskomplex, die Aggressivität[12], die Schuldgefühle, so daß sich Freud zuletzt entschloß, das Angstproblem einer Revision zu unterziehen.[13]

Und wieder meldet sich, wie in allen Spätwerken Freuds, der »Ödipus« an! Die Hauptgefahr, vor der unser Ich gewarnt wird, ist – direkt oder indirekt – Kastrierung! Die Angst bedeutet dann soviel wie: »So gib doch acht, mein Lieber! Sei auf der Hut vor der gefährlichen sexuellen Situation!« Von diesem (selbstverständlich unbewußten) Standpunkt aus ergibt sich die Möglichkeit zu flüchten, die infantilen Einstellungen wiederaufleben zu lassen und wenigstens einige von den alten Ödipuswünschen zu befriedigen.

Das Phänomen der Angst ist das Sorgenkind der Psychoanalyse geblieben. Nicht nur Freud, auch einige seiner begabtesten Mitarbeiter haben sich schon früh mit ihm beschäftigt. So hat z. B. *Paul Schilder* in seinen Arbeiten auf die Ähnlichkeit dieses Phänomens mit gewissen Irritationen im vegetativen System hingewiesen. *Abram Kardiner,* ein amerikanischer Schüler Freuds, vertritt die Auffassung, es sei keineswegs sicher, daß die Angst ein Urphänomen ist; er glaubt vielmehr, daß ihre Entwicklung Hand in Hand mit der unseres Ichs geht und das neugeborene Kind die Angst nicht kennt. Es läßt sich auch der Nachweis erbringen, daß im Falle einer Desorganisierung des Ichs anstelle der Angst automatischere Reaktionstypen auftreten, die phylogenetisch viel älter sind als Angst.

Diesen Theorien folgten die Arbeiten von Rank, Horney, Fromm, Sullivan, und das alles war ja erst ein Anfang. Siebzig Jahre moderner Psychologie, und die selbstverständlichsten Phänomene des Lebens stellen uns noch immer vor die größten Probleme oder sind uns nach wie vor unzugänglich! Wir werden noch oft auf die Angst zurückkommen.

Die Abwehrmechanismen

Soviel jedoch scheint gesicherte Erkenntnis zu sein: Das Ich hat eine Reihe von Verteidigungsmaßnahmen entwickelt und ausgebildet – die sogenannten »Abwehrmechanismen« – und versucht mit ihrer Hilfe, sein Gleichgewicht nach Tunlichkeit aufrechtzuerhalten und sich von Schuldgefühlen zu befreien.[14]

Vier von den Abwehrmechanismen haben wir bereits näher kennengelernt: die *Verdrängung* unwillkommener oder unerlaubter Wünsche und Geschehnisse; die *Regression,* den Rückzug auf eine infantile Stufe; die *Fixierung,* das Stehenbleiben auf einer infantilen Stufe; die *Konversion* oder *Umsetzung* in ein körperliches Symptom, wie sie sich in den Organneurosen vollzieht und auch in der Hysterie.

Ein anderer gebräuchlicher Abwehrmechanismus unserer Seele ist die *Verschiebung* unserer zärtlichen oder feindlichen Impulse auf eine Person oder eine Idee, mit der sie in Wirklichkeit nichts zu tun haben. Der Angestellte, der einen Rüffel bekommen hat und seine Wut nicht am Chef auslassen darf, prügelt, sobald er nach Hause kommt, seine – zumindest in *dieser* Hinsicht – unschuldigen Kinder durch. Auch die Dame, die ihren Papagei mit Zärtlichkeit überschüttet, »verschiebt« ihre wirklichen Gefühle. (Eine Spezialform solcher Verschiebungen von Haß und Liebe – die »Übertragung« – spielt eine besondere Rolle in der analytischen Therapie.)

Ein anderer seelischer Mechanismus ist die *Einverleibung* oder *Introjektion.* Höchstwahrscheinlich betrachtet das Kind am Beginn seines Lebens die Brust der Mutter als einen Teil seines eigenen Körpers, ein wenig später beißt es die Mutter auch. Daß zwischen Küssen und Beißen ein Zusammenhang besteht, haben einfache Menschen immer verstanden, wie das Volkslied beweist; man sagt ja auch, man habe jemand zum Fressen gern. Daß der Kuß einen Akt völliger Verschlingung und Einverleibung des geliebten Menschen bedeute, haben die alten Chinesen immer behauptet; sie betrachteten den europäischen Kuß als ein Zeichen von Kannibalismus. Viele Eingeborenenstämme glauben, wenn sie das Fleisch eines erschlagenen Feindes verzehren, machten sie sich damit zugleich auch seine Stärke und seinen Löwenmut zunutze, und das kleine Kind borgt sich auch in *unserer* Kultur die Kraft von seinen Eltern aus, es protzt mit deren Eigenschaften und Besitztümern, als wären es seine eigenen. Wenn der Erwachsene ein Schwächling ist, sucht er nur zu gerne die Freundschaft eines »starken Führers«, um sich einzubilden, dessen (wenn auch nur vorgegebene) Sicherheit sei nun auch die seine. Ganze Völkerschaften leben zuzeiten so; und unsere »Meinungen« und »Ideale« sind kaum je die eigenen, sondern fast immer die ersehnte Tarnkappe des starken Siegfried mit der Zwölfmännerkraft, der uns im Sprung unsichtbar mit sich nimmt.

Das Gegenphänomen zur Einverleibung ist die *Projektion.* Was als unwürdig und schuldbeladen angesehen wird, wird auf eine andere Person *projiziert;* es gehört einem dann nicht mehr, und beim andern kann man es mit Wonne verurteilen und verdammen. Wie vorteilhaft ist die Methode, wenn man seinen eigenen Wunsch, zu verfolgen und anzugreifen, dem andern in die Schuhe schieben und so tun kann, als sei man selber der Verfolgte... und wie leicht wird es auf diese Weise, ganze Gruppen zu unterdrücken und, wenn's ohne Schuldgefühl geht, auch ans Messer zu liefern...

Der »projizierende« Typ hat heute seine große Zeit; man begegnet diesen Menschen auf Schritt und Tritt, diesen Haßerfüllten, deren ewig eiternde Wut sich über die Erde ergießt. Die ganze Welt ist immer gegen sie, und alle Teufel haben es auf sie abgesehen. Daß von hier eine gerade Linie zur Paranoia führt, liegt auf der Hand.

Anscheinend harmloser ist die *Rationalisierung,* ein anderer unserer unbewußten Abwehrmechanismen. Wir alle geben sehr oft für eine Handlung, für eine Verhaltensweise Beweggründe an, an die wir selber glauben, durchaus kluge, »rationale« Gründe, die jeder Logik standhalten und die jedermann einleuchten müssen – und die trotzdem nicht die wirklichen sind.

Die *wirklichen* Beweggründe sind nämlich für unser Selbstgefühl meistens viel weniger schmeichelhaft als die vorgeschobenen. Wenn man sich an einer Sammlung nicht beteiligen will, so ist es viel hübscher zu sagen, man wünsche das Bettelunwesen nicht zu unterstützen, als zuzugeben, daß man ganz einfach nichts schenken wollte. Wenn man die »Leichtfertigkeit« einer Frau verurteilt und deshalb »von ihr nichts mehr wissen will«, klingt das viel großartiger, als wenn man sich sagen muß, man habe sie aufgegeben, weil man selber nicht auch zu den Glücklichen gehört hat. – Bliebe die Rationalisierung in den Grenzen des Alltäglichen wie bei diesen beiden Beispielen, dann wäre alles nicht so schlimm. Aber leider führt ihre psychologische Linie bis zu jenen Weltverbesserern hin, die bereit sind, den halben Erdball in die Luft zu sprengen, damit die künftige Generation glücklicher werde! Die gegenwärtige darf indessen ruhig zugrunde gehen! Die »rationalen« Beweggründe dieser Leute haben immer mit dem zukünftigen Wohl zu tun, die wirklichen Beweggründe liegen im eigenen Willen zur Macht. Es ist aber auch viel schmeichelhafter, sich für das Leben der andern zu opfern, als sich einzugestehen, daß man nicht einmal fähig ist, sein eigenes zu führen.

Solche und ähnliche Interpretationen machen oft einen falschen Eindruck, ich weiß. Der Autor dieses Buches hat nie aufgehört, daran zu glauben, daß es auch eine *echte* Sorge um die Menschen gibt und eine *echte* Hilfsbereitschaft. Aber man sollte vorsichtig sein; und vielleicht war Skeptizismus niemals nötiger für den Denkenden als heute.

Nun wollen wir noch über die *Sublimierung* sprechen. – Die Sublimierung ist von allen seelischen Abwehrmaßnahmen die »gesündeste«. Nach der Auffassung Freuds ist alle Kultur auf die gleichen Triebenergien zurückzuführen, deren Verdrängung im kranken Individuum nervöse Symptome hervorruft. Wenn es gelingt, diese Energien auf eine sozial höher eingeschätzte Ebene zu leiten und dort wirken zu lassen, so ist eigentlich alles erreicht, was ein gesunder Mensch verlangen kann bzw. was die analytische Therapie für einen Neurotiker zu leisten imstande ist.

Solche Sublimierungen auf allen Gebieten des Lebens bekommen wir täglich zu Gesicht. Die folgenden Beispiele sind einer Zusammenstellung William C. Menningers entnommen. Da ist die Kindergärtnerin, die vielleicht ein eigenes Kind entbehrt, nun aber viele fremde Kinder aufzieht; der Mann, der seine »Anallust« aus der Kindheit – die Lust, Schätze anzuhäufen (Geld und Kot bedeuten in der analytischen Symbolsprache dasselbe) – als tüchtiger Finanzmann auslebt; der Chirurg, der seine einstige infantile Grausamkeit in eine soziale Leistung umgewandelt hat und vielen Kranken ein Helfer geworden ist; der Künstler, der seine aggressiven Tendenzen in großen Dramen gestaltet – sie alle sind Beispiele für Sublimierung.

Ich glaube allerdings, daß die Theorie der Sublimierung nicht erst in eine Sackgasse *geraten ist,* sondern von allem Anfang in einer Sackgasse *war.* Eine wirkliche, befriedigende Erklärung für schöpferische Kraft und schöpferische Leistung des Menschen ist sie nicht.

Freud als Kulturhistoriker

Die Ödipus-Sage und ihre psychologische Bedeutung beschäftigten Freud sein ganzes Leben hindurch, besonders in seinen späteren Werken: in seinen Schriften *Das Ich und das Es, Massenpsychologie und Ich-Analyse* und *Der Untergang des Ödipuskomplexes.* Freud unternahm es aber auch in einer Reihe von großangelegten Versuchen, die Gesamtentwicklung der Menschheit psychoanalytisch zu erklären. Bereits 1912 erschien *Totem und Tabu,* 1927 *Die Zukunft einer Illusion* und kurz vor seinem Tode *Der Mann Moses und die monotheistische Religion.*

Ich würde »Totem« und »Tabu« vom *logischen* Standpunkt aus

als irrationale, religiöse Phänomene definieren, die jedoch *psychologisch,* vor allem massenpsychologisch, *stärkste Realitäten* sind. Während »Totem« die Identifizierung einer Gruppe mit einem Objekt ist (Pflanze, Tier, Naturkraft), ist Tabu die unantastbare Heiligkeit einer Person oder eines Objekts, etwas, das ohne Frage oder Widerspruch hingenommen wird. Die Verletzung eines Tabus ist ein Verstoß gegen die Weltordnung. Wir finden diese Merkwürdigkeit menschlichen Verhaltens in allen Religionen, von den primitivsten bis zu den höchstentwickelten. Wir finden sie aber auch, in verkürzter Projektion gleichsam, in der Zwangsneurose. Das hat ja auch Freud veranlaßt, in seiner *Zukunft einer Illusion* Religion als eine kollektive Zwangsneurose zu erklären, wobei ähnlich wie in dieser aus Angst Verbote geschaffen werden, die unter allen Umständen befolgt werden müssen, wenn man nicht unübersehbares Unglück heraufbeschwören will. Gott stellt sich dabei, wie Freud sagt, als eine ins Überdimensionale gesteigerte Vaterfigur dar, und es ist immer wieder, wie er behauptet, der *eigene* Vater, nach dessen Ebenbild man seinen Gott erschafft.

Noch deutlicher tritt die Vaterfigur in Freuds früherem Buch *Totem und Tabu* hervor. In der Urhorde, der ersten Form menschlichen Zusammenlebens, beherrschte ein despotischer, starker Mann die ganze Gruppe, und er allein hatte das sexuelle Anrecht auf alle Frauen. Aus Angst vor der Rache des Alten (Ödipus!) ließen die jungen Männer, die Söhne, sich das gefallen. Bis sie eines Tages übereinkamen, den Vater, der zugleich ihr Ideal und ihr Feind war, zu töten – und auch (Identifizierung und Introjektion!), ihn buchstäblich zu verzehren! Als nachher die Reue kam und jeder von den Brüdern sich vor dem andern fürchtete, schufen sie Gesetze oder, wie Freud sagt, eine »Kultur«. Sie gelobten, daß ein solches Verbrechen sich nie mehr wiederholen solle. Sie verzichteten auf den Besitz der Frauen, um derentwillen sie den Vater getötet hatten, und nahmen sich von nun ab nur »fremde Frauen«, d. h. Frauen eines andern Stammes. Die »Mutter« und die »Schwester« wurden verboten (Inzest-Tabu). Das verdrängte Schuldgefühl jedoch zwang die Söhne, das Symbol des Vaters ins Überdimensionale zu erhöhen. So wurde der gemordete *Vater:* zum *Gott!*

Freud stieß mit seinen kulturhistorischen Werken auf heftigen Widerstand, und dies nicht nur, was ja nur selbstverständlich wäre, in religiösen Kreisen. Auch die Mehrzahl der Fachgelehrten hat sich seinen Auffassungen nicht angeschlossen. So findet Westermarck[15] in seiner eigenen Arbeit mit primitiven Stämmen nicht die geringsten Anzeichen für Freuds Behauptungen, Kroeber hält sie für wissenschaftlich unhaltbar, und selbst der psychoanalytisch orientierte Malinowski muß, auf Grund seiner Forschungen über das Sexualleben der Naturvölker, schließlich zugeben: »Wir haben festgestellt, daß es in Wirklichkeit keinerlei Anhaltspunkte für das Motiv des Vatermords gibt.«[16] Patrick Mullahy faßt in seinem Buch *Ödipus, Myth and Complex* die Situation folgendermaßen zusammen: »Kein zeitgenössischer Anthropologe von anerkanntem Ruf – vielleicht mit Ausnahme einiger weniger Männer wie Géza Róheim, die sich der Freudschen Theorie von vornherein verpflichtet fühlen – hat unseres Wissens jemals eine Bestätigung für Freuds Spekulationen in bezug auf die Urhorde geliefert.«[17]

Géza Róheim ist tatsächlich von seiner Verteidigung Freuds nie abgewichen. Er war der erste Anthropologe, der die Psychoanalyse in die Anthropologie einführte, und er vertrat bis an sein Lebensende den Standpunkt, daß seine Fachkollegen ihr Bestes getan hätten, die universale Gültigkeit des Ödipuskomplexes abzuleugnen.[18]

Das problematischste von allen Werken Freuds ist *Der Mann Moses und die monotheistische Religion.* Auf dieses Buch kommen wir in anderem Zusammenhang noch zu sprechen.

Freier Einfall und Übertragung in der analytischen Therapie

Was Freuds Weltruhm noch bei Lebzeiten begründete, war nicht seine kulturhistorische Arbeit, sondern seine Psychotherapie. Den Unterschied zwischen seiner Behandlungsmethode und jeder früheren haben wir schon festgestellt. Die Psychoanalyse ist das erste geschlossene System einer Psychologie des Unbewußten, und die Heilung eines seelisch Erkrankten setzt demzufolge die Aufdekkung des Unbewußten voraus. Um dieses Ziel zu erreichen, hat der Analytiker vornehmlich zwei Wege: die »freien Einfälle« (Assoziationen) und die Interpretation der Träume.

Gegen die freien Assoziationen sind seit jeher zwei Einwände erhoben worden. Der eine kommt aus Laienkreisen und lautet: »Es ist ein Zufall, daß mir das eingefallen ist. Es hätte mir auch genausogut etwas ganz anderes einfallen können.« Die Antwort ist: »Selbst wenn es richtig wäre, daß Ihnen alles mögliche hätte einfallen *können,* bleibt die Tatsache bestehen, daß Ihnen gerade *das* und nichts anderes eingefallen *ist*!« – Der zweite Einwand kommt aus Fachkreisen: Der »freie« Einfall sei gar nicht so frei, wie es aussehe – und dieser Einwand ist stichhaltig. Vor allem steht der Patient unter dem Einfluß seines eigenen Gesundungswillens oder Widerstandes – er ist daher von vornherein nicht »frei«, sondern zielgerichtet. Außerdem steht der Patient selbstverständlich unter dem Einfluß des Analytikers, und zwar um so mehr, je stärker dessen Persönlichkeit ist. Es kommt nicht darauf an, das von vornherein zum Scheitern verurteilte Kunststück zu versuchen, Suggestion zu vermeiden – was unmöglich ist –, es kommt auf die Kunst des Analytikers an, den Heilungswillen des Patienten zu stärken und den Willen zur Krankheit zu brechen.

Hier berühren wir die empfindlichste Stelle der Freudschen Therapie, die sogenannte »Übertragung«. Wenn der Patient anfängt, sagt Freud, seine unbewußten Tendenzen zu erfassen, tritt ein merkwürdiger Zustand ein. Er beginnt den Analytiker zu lieben, und seine Liebe wird nach einiger Zeit zu leidenschaftlicher Verliebtheit, oder sie schlägt in Haß um. Diese Emotionen haben mit der Person des Analytikers nichts zu tun, sie sind bloß die »Übertragungen« von tief verdrängten Gefühlskonflikten der Kindheit, Liebe und Haß gegen die frühesten Objektbesetzungen (meistens die Eltern), die jetzt in abgekürzter Form wiederholt und nochmals erlebt werden. Wir sprechen von einer positiven Übertragung, wenn der Patient den Analytiker »liebt«, und von einer negativen, wenn er ihn »haßt«.

Es ist die schwierigste Aufgabe des Analytikers, dem Patienten die Einsicht zu vermitteln, daß auch diese »Übertragung« eine Neurose ist, ein Ersatz für seine ursprüngliche, und ein letzter Versuch, Widerstand gegen die Genesung zu leisten. Nur wenn diese Aufgabe gelingt, kann die Analyse erfolgreich sein.

Der soziale Faktor

Halten wir einen Augenblick inne. Wenn wir die Entwicklung der fünfzig Jahre (1890–1940) überblicken, eine Entwicklung, die von der einsamen Arbeit Sigmund Freuds über die wachsende Schar von Anhängern zu den analytischen Arbeitsverbänden in allen Teilen der Erde geführt hat, werden wir als die entscheidende Änderung innerhalb der Psychoanalyse selber eine *völlige Akzentverschiebung* feststellen müssen. Die frühe Psychoanalyse legte die Betonung auf *biologische Gegebenheiten,* die spätere legte, bei Aufrechterhaltung der gewonnenen Grundansichten, von Jahr zu Jahr mehr Gewicht auf *soziale Faktoren.*

Das heißt aber nichts anderes, als daß der Häretiker Adler, dem man 1911 »nahelegte, die Vereinigung zu verlassen«, recht behalten hat.

Damit ist es an der Zeit, uns dem zweiten großen Tiefenpsychologen unseres Jahrhunderts zuzuwenden: Alfred Adler.

8 Alfred Adler und die Individualpsychologie

Der Mensch weiß viel mehr, als er versteht.
Alfred Adler

Die Organminderwertigkeit

Im Jahre 1907 erschien ein kleines, nur 70 Druckseiten umfassendes Buch, *Studie über die Minderwertigkeit von Organen und ihre psychische Kompensation.*[1] Sein Verfasser war ein junger Wiener Nervenarzt, Alfred Adler, der damals noch dem engsten Kreis um Freud angehörte. Dieses Buch, fragmentarisch und durch die Entwicklung zum Teil überholt, ist trotzdem ein Markstein auf dem Weg zur psychosomatischen Medizin. Aus Adlers frühen Forschungen lassen sich bereits die Ansätze zu seiner eigenen Psychologie erkennen.

Daß die Natur uns keineswegs mit vollkommenen Organen ausgestattet hat, daß jeder menschliche Körper in seinem physischen Verhalten seine »Linie des geringsten Widerstandes« zeigt, darf wohl als allgemein bekannt vorausgesetzt werden. Diese Tatsache genauer zu untersuchen, war Adlers erste Aufgabe. Der Begriff der »Organminderwertigkeit« ist dabei für ihn ein ungemein vielfältiger. Es kann sich um die Minderwertigkeit eines Organ*teiles* handeln (so etwa um einen isolierten Zell- oder Gewebekomplex des betreffenden Organs) oder das Organ in seiner *Gänze* (wobei eine Schwäche, eine Verkümmerung, eine Wachstumshemmung vorliegen kann) oder auch bloß um eine Überempfindlichkeit. Organminderwertigkeit kann die rechte oder die linke Körperhälfte betreffen oder ein bestimmtes System unseres Körpers, z. B. Respirationssystem, Magen-Darm-Trakt, Urinaltrakt oder Nervensystem; sie kann ferner die Disposition in einer Familie sein, derzufolge, wenn auch nicht alle, so doch viele Mitglieder dieser Familie im Laufe ihres Lebens eine bestimmte Krankheit erwerben, sie kann auch die Disposition bloß eines speziellen Individuums für diese Krankheit sein. Auf jeden Fall verstehen wir unter Organminderwertigkeit immer einen konstitutionellen, hereditären Faktor, eine biologische Gegebenheit.

Es war auch schon *vor* Adler bekannt, daß geschwächte Organe durch besondere Anstrengung für ihre Mängel aufzukommen suchen. Herzkranke z. B. »kompensieren« sehr oft ihre Herzfehler, und zwar in so weitgehendem Maße, daß sie ein normales Leben führen können. Im Falle einer temporären Ausschaltung oder operativen Entfernung einer Niere springt die gesunde Niere ein und übernimmt die Funktionen für beide, sofern der Gesamtorganismus imstande ist, die Ausfallfunktionen mitzuübernehmen. Adler fand zunächst einmal bestätigt, daß das Gesetz des Kompensationsvorganges ein allgemein gültiges in der organischen Welt ist. Alles Minderwertige hat die Tendenz, überwertig zu werden, auf verstärkte Reize mit besonderer Heftigkeit zu reagieren. Ein minderwertiges Organ kann, eben wegen seiner Schwäche, nur ungenügende motorische Arbeit leisten, die Drüsenabsonderungen können nachlassen, und die Reflexe sind abgeschwächt. Es kann aber auch das Gegenteil eintreten: motorische Höchstleistung, Steigerung der Drüsensekretion und der Reflexe. Es ist, als ob die Organe, in ihrem Zustand der Unsicherheit, nicht nur nach Ausgleich, sondern nach Überausgleich strebten, nicht nach Kompensation, sondern nach Überkompensation.

Woher kommt diese Fähigkeit? Nur zum Teil aus unserer physischen Anlage, zum größeren Teil aus unserem »seelischen Organ«. Die Seele ist, nach Alfred Adler, nicht nur die Gesamtheit aller seelischen und geistigen Inhalte und Vorgänge innerhalb eines Individuums, sondern auch das Sicherungsorgan des Menschen, unter den ungünstigen Verhältnissen des Lebens sich zurechtzufinden und zu schützen. Adler fand, daß *das Gesetz der Kompensation die psychische Welt in der gleichen Weise beherrscht wie die organische.* Der Unterschied liegt darin, daß in der psychischen Welt das Mitbeteiligtsein des Bewußtseins hinzukommen kann; aber die Tendenz, Minderwertigkeit zu kompensieren und zu überkompensieren, um sich den Bedingungen des Lebens und der Gemeinschaft besser anzupassen, ist die gleiche.

Gemeinschaft! Da stoßen wir zum ersten Mal auf jenen Begriff, der später in Adlers Lehre so wichtig werden sollte. Auch Adler kam vom Biologischen her. Während die Freudianer jedoch dem Biologischen verhaftet blieben und nur zögernd, Schritt für Schritt, sich entschlossen, einer mehr sozialwissenschaftlichen Betrachtungsweise Gehör zu schenken, stand für Adler bereits ziemlich früh das soziale Moment gleichberechtigt neben dem biologischen.

Minderwertigkeitsgefühl und Minderwertigkeitskomplex

Als Adler sich schließlich von Freud trennte und der Bruch erfolgte (1911), gab er seiner neuen psychologischen Schule den Namen »Individualpsychologie«. (Die ganz genaue Bezeichnung ist sogar noch länger: »Vergleichende Individualpsychologie«.) Gemeint war damit, »das Bild der einheitlichen Persönlichkeit als einer Variante aus den einzelnen Lebensäußerungen und Ausdrucksformen zu gewinnen, indem die Einheit der Individualität (in-dividuum) vorausgesetzt wird. Nun werden die einzelnen Züge miteinander verglichen, auf ihre gemeinsame Linie gebracht und zu einem Gesamtporträt individualisierend zusammengetragen.« Ich finde trotz dieser langen Erklärung – sie stammt aus Adlers *Praxis und Theorie der Individualpsychologie*[2] –, daß ein Name wie »Gemeinschaftspsychologie« der Adlerschen Lehre weit mehr entsprochen hätte als der von ihm eingeführte.

Im Zentrum seiner Lehre steht das so populär gewordene »Minderwertigkeitsgefühl«. Das Kind wird in eine feindliche, harte Welt hineingeboren. Es ist durch seine körperliche Schwäche, seine Hilflosigkeit abhängig von dem guten oder bösen Willen seiner Umgebung. Starke, riesenhafte Wesen – die »Erwachsenen« – können tun und lassen, was sie wollen, gehen aufrecht umher, fällen Entscheidungen, loben und bestrafen. Von seinem Standpunkt aus – »Ich bin so klein und schwach, und alles andere ist so groß und stark« – ist es nur zu verständlich, daß das Kind von einem »Minderwertigkeitsgefühl« erfüllt ist und ihm die göttergleiche »Macht« der Erwachsenen zum erstrebenswerten Ziel wird. Dieses Minderwertigkeitsgefühl kann zweifacher Art sein: *biologisch begründet,* was mit der tatsächlichen Schwäche, angeborenen Organdefekten, eventuellen körperlichen Verunstaltungen des Kindes zusammenhängt, oder *sozial erworben,* durch Vernachlässigung oder auch allzugroße Verzärtelung in den ersten Lebensjahren, eine ökonomisch schwierige Lage der Familie, ungünstige Bedingungen der Umwelt (Klassen- und Kastengeist,

Rassenhaß usw.) – lauter wichtige Faktoren für die Entstehung eines tiefen Minderwertigkeitsgefühles und in seiner Folge nur allzuoft einer Neurose. Der Gefahr, neurotisch zu werden, sind in unserer Welt mit ihrer materiellen Not und seelischen Ungeordnetheit wohl alle Menschen ausgesetzt. Trotzdem hängt es weitgehend von uns selber ab, ob wir es auch wirklich werden. Denn »es gibt eine Disposition zur Neurose, aber keine Verpflichtung«.

Hier taucht die Frage auf, wodurch sich eigentlich das Minderwertigkeits*gefühl* vom sogenannten Minderwertigkeits*komplex* unterscheidet. Meine Antwort ist: durch genau die gleichen Unterscheidungsmerkmale, wodurch sich eine *gesunde* Reaktion von einer *neurotischen* unterscheidet. An und für sich ist ein Minderwertigkeitsgefühl ein völlig natürlicher Zustand. Jeder Mensch hat, nicht nur als Kind, sondern auch als Erwachsener, unzählige Male ein temporäres Gefühl der Unsicherheit und Unzulänglichkeit. »Leben heißt, ein Minderwertigkeitsgefühl haben«, sagt Adler. Wenn ein Student z. B. zu einer Prüfung antritt, für die er sich nicht vorbereitet hat, ist sein »Minderwertigkeitsgefühl« durchaus berechtigt; und jemand, der einige Zeit nach einem Autounfall nicht allzuviel Lust empfindet, in ein Auto einzusteigen, ist deshalb noch lange kein Neurotiker; seine Angst ist verständlich. *Behält* er jedoch diese Einstellung durch Jahre hindurch bei, baut er Riesengebäude seelischer Verwachsungen um sie herum, nimmt er seine Angst zum Anlaß, allen möglichen Situationen des Lebens auszuweichen, so ist die Sache wesentlich anders. Ein Minderwertigkeitsgefühl ist also eine *temporäre,* berechtigte, negative *Reaktion;* es kann aber zugleich positiv stimulierend wirken, indem es den Wunsch erweckt, es zu überwinden, »von einer Minus-Situation zu einer Plus-Situation« vorwärtszuschreiten. Ein Minderwertigkeits*komplex* hingegen – der Zentralkomplex der Neurosen – charakterisiert eine *dauernde,* falsch gerichtete, negative *Lebenshaltung.*

Bevor wir näher darauf eingehen, wollen wir uns zuerst die Brutstätte der Neurose – die frühkindliche Familiensituation – genauer ansehen.

Dem allgemeinen Gesetz der Psyche entsprechend wünscht das Kind sich zu sichern, wobei es eine naheliegende Verführung des menschlichen Geistes ist, übers Ziel zu schießen und mehr zu verlangen, als zur Sicherung notwendig ist. Das Kind »überkompensiert«. Es gewöhnt sich sehr bald, in Gegensatzpaaren zu denken, etwa groß – klein, oben – unten, es strebt nach Macht, und das Ziel ist immer, aus einem Minderwertigkeitsgefühl zu einem Gefühl der Überlegenheit zu kommen.

Die große Frage der Psychoanalyse lautet: »Woher?« Die große Frage der Individualpsychologie lautet: »Wohin?« Adlers Betrachtungsweise ist final. Der Mensch tut Dinge oder unterläßt sie, nicht weil sein Charakter eben »so« ist, sondern weil sein Charakter in einer bestimmten Weise sich entwickelt hat, um ganz bestimmte bewußte oder unbewußte Absichten zu erreichen. Es hat jeder eine Leitlinie, der er folgt, einen geheimen Lebensplan, den er erfüllen will, ein nur ihm zugehöriges unbewußtes Gesetz seiner Persönlichkeit. Das ist es, was Adler den »*Lebensstil*« nennt. Da für Adler Leben gleichbedeutend ist mit Bewegung, ist der *Lebensstil* demnach ein *Bewegungsgesetz:* die *Richtung, in der sich ein Mensch bewegt, um seine Ziele zu erreichen.*

Wenn wir einen Menschen verstehen wollen, müssen wir, nach Adler, den Plan seines Lebens kennenlernen. Im Prinzip können wir dabei auf folgende Weise vorgehen: »Wenn wir auch nur *zwei* Episoden aus dem Leben eines Menschen wissen – irgendwelche Begebenheiten, Träume oder Kindheitserinnerungen« (letztere sind von besonderer Wichtigkeit) – »so genügt das bereits, um die Leitlinie seines Charakters zu zeichnen. Wenngleich eine psychische Leitlinie keine mathematische Gerade ist, so liegen doch je zwei beliebig herausgegriffene Erlebnis-Punkte in der gemeinsamen Richtung *aller* Erlebnis-Punkte, und alles, was wir weiter über diesen Menschen erfahren werden, wird zwangsläufig unsere erste Einsicht aufs neue bestätigen, so wie die Kristalle in der Salzwasserlösung sich zwangsläufig um den gemeinsamen Faden gruppieren.«[3]

Die beiden wichtigsten Eigenschaften *aller* Kinder sind, nach Adler, *Trotz* und *Gehorsam.* Ein Kind ist vielleicht deshalb brav und folgsam, weil der ältere Bruder gewalttätig ist und weil es die Erfahrung gemacht hat, wie sehr es durch seine Ergebenheit die Begeisterung der geplagten Mutter erwecken kann. Ein anderes Kind ist trotzig und aggressiv, weil es die Erfahrung gemacht hat, daß es auf diese Weise die schwachen Eltern beherrschen kann. Vater und Mutter bitten es unaufhörlich, sich doch die Hände zu waschen und »anständig« zu essen. Das Kind reagiert mit verdoppelter Unreinlichkeit und Stuhlschwierigkeiten.

Wie wenig das mit »angeborenen« Eigenschaften zu tun hat, zeigt sich am besten in der Auswechselbarkeit von Charakterzügen. Kinder können über Nacht eine ihrem sonstigen Verhalten entgegengesetzte Eigenschaft entwickeln, wenn es sich für ihre Absichten als praktisch erweist. Man sagt dann ja auch: »Das Kind ist wie ausgewechselt!« Dieses dauernde Schillern des Charakters, diese ständigen Schwankungen im Verhalten finden wir dann in der Neurose wieder.

Viel Aufschluß über die Charakterformung gibt uns die Position des Kindes in der Familie. Wir wollen vier Beispiele geben: das »einzige Kind«, das »älteste Kind«, das »zweite Kind« und das »jüngste Kind«.

Das »einzige Kind« ist ein König, dem alles zur Verfügung steht, ohne jede Anstrengung, ohne irgendeine Verpflichtung von seiner Seite. Solche Kinder sind frühreif, wissen alles, können alles. Sie heimsen auch viel zuviel Begeisterung ein. Bis eines Tages, gewöhnlich beim Eintritt in die Schule oder in den Kindergarten, etwas Schreckliches geschieht: Das einzige Kind wird plötzlich »entthront«. Es findet sich einer Welt gegenüber, die nicht im geringsten bereit ist, seine ewigen Forderungen zur Kenntnis zu nehmen. Dieses Kind hat aber nie gelernt, sich einzuschränken, es will weiter *alles* – oder *nichts*. Jeder Kompromiß wäre ein Verrat an seiner königlichen Würde. Nicht umsonst sehen wir später so viele Neurotiker unter den »einzigen« Kindern.

Das »älteste Kind« ist ein begünstigterer Spezialfall des »einzigen«. Es befindet sich wohl eine Zeitlang in derselben Lage, hat aber meistens doch Gelegenheit, und dies bereits in den allerersten Lebensjahren, also in der Zeit der entscheidenden Charakterentwicklung, sich nachkommenden Geschwistern anpassen zu müssen. Immerhin bleibt, wenn es sich um einen Jungen handelt, der Älteste sehr oft ein Prestigepolitiker, der die Ankunft der Geschwister als eine Entmutigung erlebt hat und darum mehr durch vorgegebene Erfolge zu imponieren sucht als durch wirkliche, ernsthafte Bemühung. Er weist dafür mit Stolz auf das Verdienst hin, der Älteste zu sein, übernimmt gewissermaßen die Stellvertretung des Vaters, vertritt gern das konservative Element in seiner Weltanschauung und legt überhaupt großes Gewicht auf Respekt und Autorität.

Das »zweite Kind« ist oft der revolutionäre Typ, insbesondere wenn noch ein drittes, ein Nesthäkchen, ihm die Zärtlichkeit der Eltern wegnimmt. Dann wird Sturm gelaufen nach oben und unten! Politisch Radikale sind sehr oft »zweite Kinder«. Wenn die Entmutigung zu stark ist, dann wird der Zweifrontenkrieg abgeblasen, und liebenswürdige, charmante, ja geradezu unterwürfige Charakterzüge treten hervor.

Das »jüngste Kind« ist einerseits das vielgeliebte Baby und andererseits der beneidete Schützling. In seiner Position – zwischen Verzärtelung und Anfeindung – liegt viel Versuchung, zu resignieren und ein Leben lang ein ängstliches Baby zu bleiben. Oder aber es kommt zur »Josefs-Situation«. (*Benjamin* war wohl der Jüngste, aber noch so klein und zart, daß man ihm gern die liebevolle Sorge des Vaters gönnen konnte; Josef dagegen war der Jüngste unter den *erwachsenen* Brüdern.) Dann erwacht ein brennender Ehrgeiz: Man ist zuletzt gekommen, man muß alle überflügeln. »Nur um den Thron will ich höher sein als du«, sagte der Pharao zu Josef. – Auch in den Märchen überflügelt immer der jüngste Prinz alle anderen. Das größte Reich, die schönste Frau, der herrlichste Schatz fallen ihm zu.

Es sei bei dieser Gelegenheit einmal prinzipiell gesagt, *daß alle psychologischen Beispiele cum grano salis genommen werden sollten.* Auch wenn sich in der Mehrzahl der Fälle unsere Ansichten als richtig erweisen, so ist doch nirgends so viel Vorsicht in der Bewertung und Klassifizierung am Platz wie in der Menschenbeurteilung und Psychotherapie. Gerade Adler hat immer wieder erklärt: »Wenn ich glaube, einen Fall zu durchschauen und zu wissen, woran ich bin, sage ich mir, bevor ich urteile: So ist es wohl. Aber es kann auch alles ganz anders sein.«

Der männliche Protest

Ein weiterer wichtiger Faktor für die Charakterbildung ist der sogenannte »männliche Protest«. Adler hatte den merkwürdigen Hang, für einige seiner wesentlichsten Begriffe unrichtige Bezeichnungen zu wählen. Die *Individual*psychologie ist eine *Gemeinschafts*psychologie, und der *männliche* Protest ist ein *weiblicher*! Es ist nämlich nicht, wie man annehmen müßte, ein Protest des Mannes, sondern ein Protest »zum Männlichen hin«, *gegen* den Mann, also ein *weiblicher* Protest! Gemeint ist damit das Folgende: Die Frau in unserer westlichen Welt lehnt oft ihre Geschlechtsrolle ab, sie empfindet ihre Rolle als eine Demütigung, ihr Frauentum als etwas Minderwertiges, dem Manne Unterlegenes. Sie protestiert daher gegen diese Rolle; sie möchte ein Mann sein! Der Mann hingegen wird seines Lebens auch nicht froh. Es genügt ihm nicht, die Frau als minderwertig zu empfinden, er empfindet auch sich selber als minderwertig, wenn er sich mit anderen, stärkeren, erfolgreicheren Männern vergleicht. Die Frau will ein Mann sein, und der Mann ein Held!

Es liegt nahe, diesen Zustand sexuell zu deuten. Adler verwirft jedoch den Freudschen Gesichtspunkt. Die Sexualität ist auch für ihn ein wichtiges Gebiet im Leben des Menschen, aber eben nur eines unter anderen und nicht *die* zentrale Kraft. Auch die kindlichen Apperzeptionsschemen wie: klein – groß, oben – unten, ja sogar: männlich – weiblich sind nicht Sexualsymbole, sondern ihrerseits wiederum Ausdruck des alles beherrschenden Strebens nach Überlegenheit als Kompensation und Überkompensation eines Minderwertigkeitsgefühls. *So ist auch der »männliche Protest« kein sexuelles Phänomen, sondern das Resultat jahrhundertelanger Überschätzung der Stellung des Mannes, also ein soziales Phänomen.* Vom ersten Tag unseres Lebens an, sagte Adler, werden wir mit falschen Begriffen und Vorstellungen genährt, lernen wir gewisse Eigenschaften, wie Mut, Willenskraft oder Entschlußfähigkeit, als »männlich« bezeichnen, andere, wie Feigheit, Wankelmut, Verzagtheit, als »weiblich«. Wir unterliegen dem doppelten Vorurteil, bestimmte Charakterzüge von vornherein dem einen oder anderen Geschlecht zuzuschreiben und den als »männlich« angesprochenen Eigenschaften von vornherein höheren

Wert zuzubilligen. Wenn eine Frau tapfer ist, so ist's eben ein »männlicher« Zug in ihrem Charakter, und bei einer gewiß nicht lobenswerten Eigenschaft wie der Gewalttätigkeit sind wir doch manchmal geneigt, Zugeständnisse zu machen, weil wir sie als »männlich« betrachten und ihr daher unbewußt a priori eine tiefere Achtung entgegenbringen.

Soweit Alfred Adler. Welche Bedeutung hat aber der »männliche Protest« in der heutigen Welt? Gehört nicht, durch die völlige Veränderung in der Beziehung zwischen den Geschlechtern – selbst wenn der »männliche Protest« im Einzelfall angemessen ist –, das *Gesamt*konzept der Vergangenheit an?

Die Antwort ist nein. Als Adler sein Konzept entwickelte, zur Zeit Kaiser Wilhelms und Theodor Roosevelts, war die westliche Welt eine politisch-ökonomisch-militärisch orientierte. Und was ist sie heute, sechzig Jahre später, trotz der Gleichberechtigung der Frau (nebenbei bemerkt: in Amerika ist die Frau sogar tonangebend)? Richtig ist, daß wir immer besser verstehen lernen, daß *beide* Geschlechter »männliche« *und* »weibliche« Eigenschaften einsetzen, um zu ihren Zielen zu gelangen. Richtig ist auch, daß immer mehr Männer der jüngeren Generation traditionell »weibliche« Charakterzüge aufweisen und immer mehr junge Frauen sie verlieren. Aber der erbitterte Kampf der Geschlechter um das *soziale Überlegenheitsgefühl* – und das ist es, was Adler zeigen wollte – geht weiter.

Ein anderer Einwand gegen dieses Konzept jedoch, den ich selber vor fast zwanzig Jahren in meiner *Geschichte der Tiefenpsychologie* erhob, erscheint mir stichhaltig, und ich zitiere die betreffende Stelle.[4]

»Es mag sein, daß die frühe Individualpsychologie – Adler kommt aus der Zeit der Frauenemanzipation und der Suffragetten – im ersten Rausch der Geschlechterverbrüderung den biologisch-sexuellen Unterschieden der Geschlechter doch zu wenig Bedeutung eingeräumt hat. Ich glaube nicht, daß Adler die Eroberung der ›männlichsten‹ Eigenschaften durch die Frau, wie wir sie erlebt haben – die weiblichen Soldaten, Fallschirmabspringerinnen hinter feindlichen Linien und sogar Konzentrationslagerkommandantinnen –, als einen Sieg der Gleichberechtigung oder einer sozial besseren Ordnung begrüßt hätte! Aber es war wohl notwendig, damals, zuerst einmal klarzustellen, wie wenig unsere bisherigen Klassifizierungen des ›Männlichen‹ und des ›Weiblichen‹ mit biologischen Gegebenheiten zu tun haben, daß sie nichts sind als psychologischer Aberglaube. Wenn kaum ein vernünftiger Mensch noch an der sozialen Gleichberechtigung beider Geschlechter zweifelt, so ist das gewiß auch ein Verdienst der Forschungen Adlers. Aber heute wäre es, meiner Meinung nach, an der Zeit, wieder ruhig zuzugeben, daß fundamentale *– sozial nicht zu lösende, weil wahrscheinlich kosmisch bedingte* – Unterschiede zwischen dem Wesen des Mannes und dem Wesen der Frau existieren; wäre es an der Zeit, sich nüchtern an die Arbeit zu machen, um, zum erstenmal auf wissenschaftlicher Grundlage, die objektiven Gesetze der Geschlechter zu finden.«

Die Neurose

Die Neurose ist im Sinne der Adlerschen Individualpsychologie keine Krankheit, sondern eine falsche Lebensform, nämlich die Lebensform des entmutigten, asozialen Menschen, der sich der Gemeinschaft und ihren Aufgaben zu entziehen trachtet. Der Neurotiker ist ein schlechter Mitspieler auf der Bühne des Lebens, ein schlechter Soldat im Lebenskampf. Zwar kämpft auch er, aber nicht, wo die wirklichen Entscheidungsschlachten ausgefochten werden, sondern auf irgendeinem Nebenkriegsschauplatz. Dort macht er seine Erfahrungen; und die bösesten natürlich! Und erkennt nicht – denn er folgt ja den unbewußten Absichten seiner falschen Leitvorstellungen –, daß er sie in des Wortes buchstäblicher Bedeutung *macht,* nämlich *fabriziert,* bloß um sich zu beweisen, daß alle Menschen, alle Situationen immer nur gegen ihn sind, als hätte sich alles verschworen, ihm das Dasein noch mehr zu verbittern. Er tue doch wahrhaftig sein möglichstes, hören wir von ihm bei jeder Gelegenheit, aber es helfe eben nichts. Der Neurotiker befindet sich in der Lage eines Menschen, der einen großen Misthaufen vorfindet – und ihn von links nach rechts und dann wieder von rechts nach links kehrt. Ad infinitum. Nur auf den Gedanken, ihn wegzuräumen, kommt er nicht.

Warum lebt der Neurotiker so? Weil er die Verhaltensweisen der Kinderstube niemals aufgegeben hat, seine damaligen Minderwertigkeitsgefühle verewigt und immer noch mit den infantilen Apperzeptionsschemen »groß und klein«, »oben und unten«, »männlich und weiblich« Menschen und Dinge unrichtig bewertet. Da er den Mut nicht hat, ein normales Sicherheitsgefühl zu gewinnen, indem er sich als ein brauchbares Mitglied in die menschliche Gesellschaft einordnet, muß er alles daransetzen, ein künstliches Überlegenheitsgefühl aufrechtzuerhalten. Er muß unter allen Umständen »oben« sein.

Es gibt zwei Möglichkeiten, das zu erreichen. Man dünkt sich gleich von Anfang an erhaben über die andern. Oder man stellt die anderen auf ein Piedestal, dichtet ihnen die herrlichsten Eigenschaften an, und sobald sie versagen, zerrt man die selbstgeschaffenen Götterbilder in den Staub und zertrümmert sie. Diese »Entwertungstendenz« ist ein besonders schlaues Manöver der Psyche. Wieder einmal hat man die bösesten Erfahrungen gemacht *(fabriziert!)* und sich den Beweis dafür geliefert, daß eben doch niemand den höheren Anforderungen Genüge leiste! Der Neurotiker, dauernd mit sich selbst beschäftigt, kommt nie darauf, wie wenig er selber den Anforderungen seiner Mitmenschen Genüge leistet.

Um sein einziges Ziel – obenauf zu sein – durchzusetzen, trainiert er die widerspruchsvollsten Charakterzüge. Durch deren Studium erfahren wir noch genauer, was Adler mit dem »männlichen Protest« meinte. Ein Neurotiker kann seine ganze Umgebung für sich in Bewegung setzen durch offene Tyrannei; aber auch durch Tränen! Er wünscht zwar die Heldenkrone, aber im Notfall, wenn er sie nicht bekommen kann, akzeptiert er auch die Märtyrerkrone. Auf die Krone kommt es ihm an, nicht auf deren Form! Jetzt verstehen wir auch, warum für Adler auch der Masochist kein Dulder ist, sondern genauso aggressiv und machtlüstern wie der Sadist. Bloß erreicht er sein Ziel auf indirektem Weg: mit »weiblichen« Mitteln.

Wenn wir dem Neurotiker Vorstellungen machen, wie unrichtig er sein Leben eingerichtet habe, so antwortet er uns gewöhnlich: »Ja! Aber...« Dieses halbe Zugeben und sofortige Einschränken ist typisch für jede Neurose. Er überhäuft sich auch gern mit bitteren Vorwürfen und Selbstanklagen und büßt auf diese Weise seine unbewußten Schuldgefühle wegen einer vergeblich zu Unrecht erworbenen außerordentlichen Position ab. Darum sagt Adler, den ganzen Bogen der Entwicklung überschauend: »Schuldgefühl ist ein verkapptes Minderwertigkeitsgefühl.« Im Grunde sollen die Selbstanklagen ja gar nichts ändern; ihr unbewußter Zweck ist ganz im Gegenteil, sich lieber selbst anzuklagen, bevor's der andere tut, ihn auf diese Weise zu entwaffnen und am Ende noch zu freundlichen Trostworten zu veranlassen. Und danach kann alles wieder so bleiben, wie es war. Nietzsche, der diese Zusammenhänge durschaute, sagte deshalb auch kurz und bündig: »Gewissensbisse sind unanständig.«

Neurosen brechen akut aus, wenn irgendeine Entscheidung naht. Denn Entscheidung heißt für den dazu Disponierten auch schon Niederlage, und Niederlage ist unerträglich. Lieber tot als nicht obenauf! Diese Haltung zeigen zahllose Menschen. Trotzdem ist sie keine Naturnotwendigkeit, man kann auch anders. »Omnia ex opinione suspensa sunt.« »Es hängt alles von der Einstellung ab.« Diesen Satz Senecas hat Adler oft zitiert. Der seelisch Gesunde stellt keine unerfüllbaren Forderungen, er akzeptiert die Spielregeln des Lebens in der Gemeinschaft und nimmt die Fiktionen als das, was sie sind: als Orientierungsversuche. Der Neurotiker hingegen »hängt in den Maschen seiner Fiktion«.

Das Gemeinschaftsgefühl

Der Gemeinschaftsgedanke taucht bei Adler schon ganz früh auf. Wir erinnern uns an sein erstes wissenschaftliches Werk über Organminderwertigkeit und ihre Kompensation. 1919, in der zweiten Auflage seines Buches *Über den nervösen Charakter,* findet sich dann der neugeschaffene Begriff des »Gemeinschaftsgefühls«, der, von nun an ständig weiterentwickelt, sich durch alle Arbeiten Adlers hindurchzieht, ihn nicht mehr losläßt, bis er sich zuletzt als der entscheidende Kern seiner Psychologie herausstellt. Erwin Wexberg hat das als einer der ersten erkannt. Er schrieb in den zwanziger Jahren: »Als den Tag der Geburt der Individualpsychologie betrachte ich den Tag, an welchem der Begriff des Gemeinschaftsgefühls in das Zentrum des Systems rückte.«

Durch dieses Konzept unterscheidet sich Adler von Freud vielleicht noch mehr als in jedem andern Belang. Während Freud erklärt: »Warum sollte ich meinen Nächsten lieben? Liebt er denn mich?«, ist Adler der Meinung, daß ohne Gemeinschaftsgefühl die Menschheit zugrunde gegangen wäre.

Gemeinschaftsgefühl, wie es Adler sieht, ist keine naive Idee der Menschenverbrüderung, keine ideale Forderung. Gemeinschaftsgefühl ist eine Gegebenheit, eine biologische Lebenstatsache des homo sapiens, »der auf der Kruste dieses Planeten lebt«. Daß die Menschheit eine Einheit ist und der einzelne sich nur finden kann, wenn er sich an ein höheres Ziel als seine eigene kleine Existenz verliert – diese intuitive Erkenntnis ist allen großen Religionen und Philosophien inhärent. Alfred Adler hat die Realität des Gemeinschaftsgefühls zum ersten Mal in ein *wissenschaftliches System* gebracht. Er sagt nicht: »Du sollst!« Er sagt: »So *ist* es.«

Wie ordnet sich nun die Realität des fundamentalen Gemeinschaftsgefühls dem Leben der Menschen ein? *Als eine Anlage in allen;* das *Maß* ihrer Entwicklung aber hängt von der *bewußten Bemühung des Individuums* ab.

»Das Gemeinschaftsgefühl als solches ist nicht angeboren, nämlich als selbständige Ganzheit, sondern es ist eine angeborene latente Kraft, die bewußt entwickelt werden muß!«[5]

Unsere Existenz bedingt, daß wir uns mit dem Problem der Gemeinschaft auseinandersetzen müssen. Wir können es zur Kenntnis nehmen oder leugnen. Wir können es akzeptieren oder davonlaufen. Die Tatsache, daß wir in die menschliche Gemeinschaft hineingehören, bleibt davon unberührt. Denn selbst Isolierung ist ein Gemeinschaftsproblem, ein Problem, das ein Individuum *mit* der Gemeinschaft hat; während andererseits Gemeinschaft niemals ein Isolierungsproblem sein kann; denn der Mensch ist ein soziales Lebewesen.

Adler hat das Gemeinschaftsgefühl ursprünglich als eine *physiologische* Realität betrachtet, später als eine *biologisch-soziale* und schließlich als etwas der ganzen Menschheit Zugehöriges, als einen *essentiellen Bestandteil ihrer kosmischen Existenz.* Diese Entwicklung des Konzepts spiegelt zugleich die persönliche Entwicklung Adlers: vom naturwissenschaftlichen Forscher zum Soziologen und vom Soziologen zum modern-*religiösen* Denker.

Daß für Adler das Gemeinschaftsgefühl tatsächlich ein kosmisches Konzept war, geht aus seinen späteren Schriften, zumindest aus ihren Schlußforderungen, unzweideutig hervor. Eine Reihe von Proben mag das beweisen:

»Wenn wir sagen, es ist ein Gefühl, so sind wir sicherlich dazu berechtigt. Aber es ist mehr als das, es ist eine Lebensform... Ich habe bei einem englischen Autor eine Wendung gefunden, die klar zum Ausdruck bringt, was wir zu unserer Erklärung beitragen könnten: ›mit den Augen eines anderen zu sehen, mit den Ohren eines anderen zu hören, mit dem Herzen eines anderen zu fühlen‹. Das scheint mir eine vorläufig zulässige Definition von dem zu sein, was wir Gemeinschaftsgefühl nennen.

Wir sehen auf den ersten Blick, daß diese Gabe teilweise zusammenfällt mit einer anderen, die wir Identifikation, Einfühlung nennen. ...

Identifizierung ist unumgänglich notwendig, um zu einem Gemeinschaftsleben zu kommen. Wir identifizieren uns mit einem Bilde, indem wir es betrachten, mit allen anderen leblosen Gegenständen, z. B. beim Billardspiel, beim Kegelschieben, wo der Spieler der Kugel nachschaut und jene Bewegung macht, von der er hofft, daß die Kugel sie auch machen wird.«[6]

An anderer Stelle heißt es: »Das Gefühl der Zusammengehörigkeit, das Gemeinschaftsgefühl, bleibt durch das ganze Leben, nuanciert, beschränkt oder erweitert sich und erstreckt sich in günstigen Fällen nicht nur auf die Familienmitglieder, sondern auf den Stamm, das Volk, auf die ganze Menschheit. Es kann sogar über diese Grenzen hinausgehen und sich dann auch auf Tiere, Pflanzen und andere leblose Gegenstände, schließlich sogar auf den Kosmos überhaupt ausbreiten.«[7]

Noch deutlicher: »... so finden wir die Erklärung nur in der Tatsache des angeborenen Gemeinschaftsgefühls. Dieses ist eigentlich ein kosmisches Gefühl.«[8]

Und schließlich: »Die Individualpsychologie darf als ihren Befund in Anspruch nehmen, Einfühlung und Verstehen als Tatsachen des Gemeinschaftsgefühles, des Einigseins mit dem All hervorgehoben zu haben.«[9]

Da das Gemeinschaftsgefühl, nach Adler, als Anlage in uns allen vorhanden ist, jedoch in jedem von uns aufs neue entwickelt – »erzogen« – werden muß, war es fast selbstverständlich, daß Adler auch zu Fragen der Pädagogik Stellung nehmen mußte. Kindererziehung im allgemeinen und die des »schwierigen« Kindes im besonderen, die Betreuung jugendlicher Delinquenten und die Kriminologie in ihrer Gesamtheit begannen mehr und mehr ihn zu beschäftigen. Adler ist einer der großen Lehrer unseres Jahrhunderts geworden. Einer von den Lehrern, wie sie sich Pestalozzi, der selber ein Großer war, gewünscht hat: Er war kein »Lehrmeister«, er war ein »Lebemeister«.

Goethe sagte einmal: »Man könnt erzogene Kinder gebären, wenn die Eltern erzogen wären.« Dieser Meinung ist auch die Individualpsychologie. Die Neurose ist die Lebensform des asozialen, entmutigten Menschen, der sich der Gemeinschaft und ihren Aufgaben entzieht. Da Neurosen ihren Ursprung in der frühesten Kindheit haben, besteht ihre Behandlung darin, die Erziehungsschäden beim Kind – oder, wenn es versäumt wurde, beim Erwachsenen – durch eine auf die stärkere Entwicklung des Gemeinschaftsgefühls gerichtete Therapie soweit als möglich auszugleichen.

Weder Strenge noch Zärtlichkeit erweisen sich dabei als richtige Methoden, sondern einzig und allein die *Ermutigung. Die Hauptaufgaben des Lebens* – Adler unterscheidet deren drei: die soziale Einfügung in den eigenen Lebenskreis, den Lebensberuf und die erotische Beziehung zu den Partnern – *können nur dann zufriedenstellend gelöst werden, wenn wir mit der Unbefangenheit des sicheren, mutigen Menschen an sie herangehen.* Man kann ein Kind zu einer solchen Lebenshaltung erziehen, indem man es von Anfang an daran gewöhnt, seine Fähigkeiten in einer seiner jeweiligen Entwicklung angepaßten Form einzusetzen. Man darf nicht mehr von ihm verlangen, als seinen Kräften und seinen geistigen Aufnahmemöglichkeiten entspricht, und niemals weniger, als es aus eigenem Vermögen leisten kann.

Was Adler unter »Mut« versteht, hat Sidonie Reiss, eine seiner ältesten Mitarbeiterinnen, in ihrem Buch *Mental Readjustment* höchst anschaulich beschrieben: »Mut bedeutet, sich dem Leben mit seinem Wechsel zwischen Freude und Kummer zu stellen; die eigenen Taten anzuerkennen und ihre Folgen zu akzeptieren; fähig zu sein, sich der Kritik zu stellen; fähig zu sein, die eigenen Unzulänglichkeiten zuzugeben, ohne sich entehrt zu fühlen; fähig zu sein, die eigene Richtung zu ändern; bereit zu sein, sich, wenn nötig, manchmal unbeliebt zu machen; mit den eigenen Angelegenheiten selbst fertig zu werden, ohne dauernd andere damit zu behelligen. Mutig sein heißt schließlich, sich für alles, was man in Beziehung auf die Gemeinschaft tut, selbst verantwortlich zu fühlen.«[10]

Adler war überzeugt, daß eine solche Form von Mut im buchstäblichen Sinn des Wortes *gelehrt* werden könnte wie Geschichte, Geographie oder Mathematik, wenn bloß die Eltern und vor allem die Lehrer selbst eine Ahnung hätten, worum es geht und was sie eigentlich zu tun hätten. »Man könnt erzogene Kinder gebären…« Darum hat Adler soviel Gewicht auf die Nacherziehung Erwachsener gelegt. Er hat Tausende von Vorträgen gehalten, um Eltern aufzuklären und Lehrer zu belehren. »Was wir brauchen, sind nicht die Schüler«, wiederholte er immer wieder. »Die kommen. Was wir brauchen, sind die richtigen Lehrer.« In einem seiner letzten Werke, in *Wozu leben wir?,* heißt es dann sogar: »Es wäre in der Tat unsere Hoffnung, daß Psychologen überflüssig würden, wenn alle Lehrer in diesem Sinne ausgebildet werden könnten.«[11]

Mit seiner Erziehungslehre hat Adler das Spezialfach der Neurose verlassen und eine allgemein psychotherapeutische Entwicklung angebahnt, in deren Folge alle jene weitverzweigten Gebiete seelischer Fürsorge entstanden sind, die wir heute unter dem Begriff Sozialtherapie zusammenfassen. Seine Erkenntnisse und Ideen waren der erste entscheidende Anstoß überhaupt, der die Psychotherapie aus der Fachpsychologie in die moderne Sozialwissenschaft führte.

Da Adler ein sehr praktischer Mann war, lag ihm daran, seine Absichten so rasch wie möglich zu verwirklichen. In den zwanziger Jahren unseres Jahrhunderts wurde Wien das Zentrum einer Reihe von großangelegten Experimenten, die zuerst skeptisch betrachtet, dann zur Kenntnis genommen und schließlich überall nachgeahmt wurden. Die *Erziehungsberatungsstellen* wurden ins Leben gerufen, *Berufsberatungsstellen,* die ersten *Schulpsychologen* tauchten auf.

Adler ging von der Erkenntnis aus, daß auch der beste Psychiater ohne die Mithilfe des Lehrers dem seelisch erkrankten Kind nicht nützen kann, selbst wenn er es ein- bis zweimal in der Woche oder noch öfter zu Gesicht bekäme. Er kennt die Einflüsse von Elternhaus, Schule und Nachbarschaft auf dieses Kind ja nicht wirklich, wie etwa der Lehrer. Andererseits weiß der Lehrer oft zuwenig vom psychischen Entstehen und der Struktur der Neurosen. Die gegenseitige Ergänzung beider Disziplinen, der Psychologie und der Pädagogik, ist daher notwendig. Diesem Zweck dienten die Erziehungsberatungsstellen. Psychologe und Lehrer arbeiteten nun Hand in Hand und lernten außerdem durch die ständige Erfahrung voneinander. Die Mutter des erkrankten Kindes wurde zu einer Aussprache eingeladen. Man bemühte sich, ihr die seelische Lage ihres Kindes zu erklären, und fand oft erstaunlich viel Entgegenkommen auch bei ganz einfachen Menschen, wenn man es nur richtig anpackte. Auch das Kind selbst wurde zu einem Interview eingeladen und der in den meisten Fällen erfolgreiche Versuch unternommen, es zur Kooperation an dem gemeinsamen Werk zu gewinnen.

Ein Mitarbeiter Adlers, Ferdinand Birnbaum, der sich um die Einrichtung der Erziehungsberatungsstellen besonders große Verdienste erwarb, gründete später, gemeinsam mit Oscar Spiel, die »Individualpsychologische Versuchsschule«. *Aussprachegemeinschaften,* in denen *die Lösung von Problemen durch gemeinsame Diskussionen der Schüler* gesucht wurde, waren eine der Pionierleistungen dieser Schule!

Auch in die Kriminologie führte Adler Gedankengänge ein, die uns heute selbstverständlich geworden sind. Er erklärte, das Verbrechen sei eine schwere Erkrankung des Gemeinschaftsgefühls. »Alle anderen Gesichtspunkte bezüglich des Verbrechens scheinen mir zweitrangig, mindestens so lange, bis mir jemand einen Menschen vorstellt, der in Zusammenarbeit geübt und trotzdem zum Verbrecher wurde. Ich habe selbst nie einen solchen Menschen getroffen und nie von jemandem gehört, der einen getroffen hätte.«[12] Als Behandlungsmethode schlug Adler »Gruppentherapie« vor. Verbrecher setzen der Welt ihre »Privatintelligenz« entgegen und sind taub für die Vorstellungen des »gesunden Menschenverstands«. Deshalb sollten wir mit ihnen über ihre Probleme diskutieren, ihr Vertrauen gewinnen, Fragen an sie stellen, sie antworten lassen und sie Schritt für Schritt davon überzeugen, daß der von ihnen so verachtete »gesunde Menschenverstand« auch ihnen selber die besten realistischen Möglichkeiten gäbe.

Wenn wir Adlers Psychologie als Ganzes zusammenfassen wollten – alles, was er zur Kindererziehung, zur Neurosenbehandlung, zur Kriminologie, zur Sozialtherapie beigetragen hat –, so könnten wir sie auf die Formel bringen: Es gibt keine hoffnungslosen Fälle.

Gibt es sie wirklich nicht?

Es ist merkwürdig, daß Adler, der dem hereditären Faktor in der biologischen Minderwertigkeit so große Bedeutung beigemessen hat, in der Charakterlehre *jede Möglichkeit einer Vererbung von Charakterzügen ausschließt.* Nach Adler sind alle unsere Eigenschaften psychischer Natur *erworben.* Jeder seiner frühen Mitarbeiter hat es unzählige Male von ihm gehört: »Alle Menschen haben alle Eigenschaften. Es gibt keinen hoffnungslosen Schüler! Wenn der Schüler hoffnungslos ist, ist der Lehrer hoffnungslos!« Und noch stärker: »*Jeder kann alles!*« – Adler hat solche Dinge sogar niedergeschrieben!

Wenn er in seinen späteren Schriften auf Vererbung zu sprechen kommt, geht er über das Thema sehr rasch hinweg, mit der Bemerkung, selbst *wenn* es eine Vererbung von Charakterzügen gäbe, es letzten Endes ja doch nur darauf ankomme, was ein Mensch unter den gegebenen Umständen mit seinem Leben *macht*! An anderen Stellen wiederum, wenn er z. B. auf das »Genie« zu sprechen kommt, ist er keinesfalls der Meinung, daß jeder alles kann...

Adler war ein unerschütterlicher Optimist. Vielleicht hielt er es, aus pädagogischen Gründen, für richtig, im Verkehr mit Menschen, die ihn brauchten, sein Prinzip der Ermutigung bis zum äußersten zu steigern?

Adlers Sozialidee

Man könnte annehmen, daß ein Mann wie Adler, der die soziale Bezogenheit bei allen psychischen Erscheinungen so sehr betonte, der die Vorstellung vom »Geburtsadel« des Charakters abschaffte und statt dessen die Auffassung vertrat: »Alle Menschen haben alle Eigenschaften«, der Erziehungs- und Berufsberatungsstellen gründete und das Fürsorgewesen in weiten Kreisen populär machte – daß ein solcher Mann von einer sozialistischen Regierung als ein Gewinn für ihre Sache hätte betrachtet werden müssen. Das war eine Zeitlang auch der Fall.

Nach dem ersten Weltkrieg, als die Österreich-Ungarische Monarchie zusammengebrochen war, Österreich ein kleines Land wurde und Wien mit seinen rund zwei Millionen Einwohnern die Hauptstadt einer Nation von sieben Millionen war, regierte eine sozialistische Partei für eine Reihe von Jahren zwar nicht den Staat, aber die Stadt Wien. Diese Sozialisten – die »Wiener Sozialdemokraten« – waren ausgesprochene Gegner der Kommunisten, was bis heute in breiten Kreisen, vor allem in Amerika, viel zuwenig bekannt ist. Gemeinsam war beiden Richtungen die marxistische Philosophie und die materialistisch-atheistische Weltanschauung des späten 19. Jahrhunderts. Aber die Kommunisten betrachteten die Sozialdemokraten als »bürgerliche Verräter«, weil sie an die Evolution, an die schrittweise Durchsetzung des Sozialismus glaubten und nicht an die damals noch sehr populäre »Weltrevolution«.

Auf den Gebieten der Volksgesundheit, der Schulreform, der sogenannten »Wohnhausbauten« haben die Sozialdemokraten innerhalb weniger Jahre eine enorme Leistung vollbracht, und zwei ihrer führenden Männer, der berühmte Anatom Julius Tandler, Chef des Gesundheitswesens, und Otto Gloeckel, der Wiener Minister für Unterricht, hatten große Bewunderung für Adler und unterstützten seine Bemühungen. Trotzdem lockerten sich die offiziellen Bindungen nur viel zu rasch. Wir werden verstehen, warum das so war, wenn wir einige Auszüge aus einem der letzten Bücher Adlers, *Der Sinn des Lebens,* nebeneinanderstellen.[13]

So heißt es dort:

»Der Gemeinschaftsmensch wird nie daran zweifeln..., daß die Ausbeutung des Lebens und der Arbeit anderer niemals das Wohl der Menschheit fördern kann... Wenn jemand Schuhe verfertigt, so macht er sich einem anderen nützlich und hat das Recht auf ein auskömmliches Leben, auf alle hygienischen Vorteile und auf gute Erziehung seiner Nachkommen... Auch was die Zukunft bringen wird an Änderungen der Produktionsweise und der Verteilung der Güter, wird zwangsweise der Kraft des Gemeinschaftsgefühls besser entsprechen müssen als heutzutage...«

Eine andere Stelle lautet folgendermaßen:

»Alle scheinbare Kausalität im Seelenleben stammt aus der Neigung vieler Psychologen, ihre Dogmen in einer mechanistischen oder physikalischen Verkleidung zu produzieren. Bald dient zum Vergleich ein Pumpwerk, das auf und nieder geht, bald ein Magnet mit polaren Enden, bald ein arg bedrängtes Tier, das um die Befriedigung seiner elementaren Bedürfnisse kämpft. In solcher Sicht ist freilich wenig von fundamentalen Verschiedenheiten zu sehen, wie sie das menschliche Seelenleben aufweist.« Und als wollte Adler auch nicht den geringsten Zweifel daran lassen, *wie* es gemeint ist, heißt es wieder an anderer Stelle noch deutlicher, daß »wir uns bei Betrachtung des seelischen Prozesses auf transzendentalem Boden bewegen...«.

Die erste von diesen hier zitierten Stellen klingt tatsächlich wie ein Bekenntnis zum Marxismus, die zweite und dritte jedoch klingen wesentlich anders. Und trotzdem widersprechen sich die zitierten Stellen nur scheinbar. In Wirklichkeit ergänzen sie einander. Die Adlersche Lehre *ist* nämlich eine sozialistische, aber sie ist antimaterialistisch. Sie *ist* eine Gemeinschaftsphilosophie, aber sie beruht auf der Annahme der psychologischen Entwicklungsmöglichkeiten jedes einzelnen Menschen, auf dem »Bewegungsgesetz« der »Einzelseele«. Diese Widersprüche werden völlig klar, wenn wir sie von einem gemeinsamen Ziel aus verstehen lernen. Adler wollte eine Synthese. Der Mensch ist ein soziales Lebewesen und kann – wenn wir von einigen wenigen Ausnahmen absehen – nur mit den andern zusammen leben und wirken. Aber gerade durch die Bereitwilligkeit, diese unabdingbare Tatsache zu akzeptieren, fügt er sich produktiv in die Gesamtmenschheit ein und wird durch deren Fortschritt im Verlauf der planetaren Entwicklung zu einem mitschöpferischen Teil ihrer kosmischen Existenz.

Solche metaphysischen Gedankengänge konnten den Sozialdemokraten schwerlich zusagen, und sie wurden auch von manchen Adlerianern als ein Steckenbleiben des Meisters *auf halbem Wege* angesehen. Einigen von ihnen sind sie noch heute ein Dorn im Auge. Mir aber will es scheinen, daß Adler gerade erst dadurch, daß er auch die kosmischen Faktoren in die Realität miteinbezog, die Voraussetzungen dafür geschaffen hat, daß sein System seine Brauchbarkeit in der Zukunft erweisen und von weltpsychologischer Bedeutung werden konnte.

9 Carl Gustav Jung und die analytische Psychologie

... auf dem weiten Erdenballe,
was alle sind, das träumen alle,
obgleich nicht einer es erkennt.
Calderón

Frühe Forschungen und die Beziehung zu Freud

Als der Schweizer Psychiater C. G. Jung 1907 mit Freud und seinem Kreis in Beziehung trat, war sein Ruf als Gelehrter bereits gefestigt. Er war einer der ersten gewesen, die die Bedeutung von Freuds Traumlehre erkannt hatten. Er arbeitete an der Burghölzli-Klinik in Zürich, und sein mit seinem Chef, dem berühmten Eugen Bleuler, gemeinsam durchgeführtes »Assoziationsexperiment« wurde von Freud als ein entscheidender Beitrag zur Psychoanalyse angesehen.

Assoziationsexperimente hatte schon Wilhelm Wundt durchgeführt, ohne freilich die unbewußten Seelenkräfte in Betracht zu ziehen. Jung aber hatte, wie Freud in seinen *Vorlesungen zur Einführung in die Psychoanalyse* hervorhob, »die erste Brücke von der Experimentalpsychologie zur Psychoanalyse geschlagen«[1].

Das Jungsche Experiment verläuft wie folgt: Einer Versuchsperson werden eine Anzahl zu diesem Zweck ausgewählter »Reizwörter« nacheinander zugerufen, worauf diese mit dem ersten Wort, das ihr in den Sinn kommt, zu antworten hat. Wird das Experiment nach einiger Zeit mit genau den gleichen Wörtern wiederholt, so kann man daraus, wieviel Zeit die Versuchsperson braucht, um die gleichen Antworten aus der Erinnerung zu reproduzieren, sehr genaue Schlüsse ziehen. Es hat sich gezeigt, daß der psychische Mechanismus mit der Genauigkeit eines Uhrzeigers auf die *komplexgeladenen* Stellen der Psyche hinzuweisen vermag.

Was sind eigentlich die »Komplexe«, die wir hier immer wieder erwähnen? Der Ausdruck, heute sicher einer der gebräuchlichsten auch in der Umgangssprache, ist nicht von der Tiefenpsychologie erfunden worden. Schon Wernicke benützte ihn und verstand darunter »affektbeladene Vorstellungsinhalte, die im Erlebnisablauf eine überwertige Stellung einnehmen«. Jung hat dann diesen Begriff in moderner Fassung in die Analyse eingeführt; er definiert Komplexe als Kombinationen seelischer Gehalte, »die sich der Kontrolle des Bewußtseins entzogen haben und, von letzterem abgespalten, ein Sonderdasein in der dunklen Sphäre der Seele führen, von wo aus sie jederzeit bewußte Leistungen hemmen oder fördern können«[2]. Gelegentlich bezeichnet Jung die Komplexe auch als »Teilseelen«.

In kürzester Zeit drang der Terminus in das Gesamtgebiet der Psychoanalyse ein. Selbst Adler, der alle Freudianische Terminologie vermied und aus seinem eigenen Sprachgebrauch verbannte, war gezwungen, eines seiner wesentlichsten Konzepte den »Minderwertigkeits*komplex*« zu nennen, um dem Zeitgeist Rechnung zu tragen.

Gleichzeitig mit seinen Arbeiten am Assoziationsexperiment wandte sich Jung dem Studium der Geisteskrankheiten zu. Er und Karl Abraham haben in den Jahren 1907 und 1908 die pathologische, nämlich ausschließlich auf sich selbst bezogene Form der Libido bei der Dementia praecox hervorgehoben. Jung nahm auch an, daß eine solche pathologische Abkehr vom Leben zu immer stärker sich ausbreitenden biochemischen Störungen im gesamten Organismus, u. a. auch zu toxischen Erscheinungen führen müsse, die das Zentralnervensystem schädigen, so daß der Verfall des Patienten in späteren Stadien der Dementia praecox der psychosomatische Ausdruck eines pathologischen libidinösen Vorganges ist.[3]

1908, nachdem Jung und Freud einander zum erstenmal persönlich begegnet waren, begann die erste psychoanalytische Zeitschrift zu erscheinen. Herausgeber waren Eugen Bleuler und Freud selbst. Redigiert wurde dieses *Jahrbuch für psychopathologische und psychoanalytische Forschung* von Jung.

Im Jahre 1909 wurden Freud und Jung von G. Stanley Hall, dem Präsidenten der Clark University in Worcester, Massachusetts, zur Zwanzigjahrfeier dieses Institutes eingeladen. Beide hielten ihren Vortrag auf deutsch. Freud sprach über Ursprung und Entwicklung der Analyse, Jung über das Assoziationsexperiment. Dieses Ereignis war der Beginn, zumindest der offizielle Beginn der Psychoanalyse in Amerika. Freud war zu jener Zeit in

Amerika nicht mehr unbekannt. Er fand nicht nur in Stanley Hall einen Förderer seiner Ideen. Andere bedeutende Männer setzten sich ebenfalls für ihn ein, so James J. Putnam und William James. Er traf auch mit A. A. Brill zusammen, dem ersten amerikanischen Analytiker von Rang, der auch sein erster Übersetzer wurde. Einige Zeit später wurde Jung nochmals nach Amerika eingeladen, und er schrieb bei dieser Gelegenheit an Freud, wie sehr es doch für eine raschere Popularisierung der Analyse in Amerika von Vorteil wäre, *wenn Freud sich nur entschließen könnte, etwas weniger Nachdruck auf die Bedeutung der Sexualität zu legen!*

Eine Bemerkung wie diese zeigt nur zu genau die Tiefe der Gegensätze zwischen den beiden Männern, trotz zeitweiser Übereinstimmung. Freud hat um Jung geworben wie um keinen seiner Schüler. Er hat ihm seine Liebesbeweise geradezu aufgedrängt. Er betrachtete ihn als seinen geistigen Erben, und als es 1910, beim zweiten Kongreß der Analytiker in Nürnberg, zur Gründung der »Internationalen Psychoanalytischen Vereinigung« kam, wurde Jung, auf Freuds persönlichen Vorschlag hin, zum Präsidenten gewählt! Wie um die Ironie der Situation noch zu erhöhen, begann zur gleichen Zeit eine zweite analytische Zeitschrift zu erscheinen, das *Zentralblatt für Psychoanalyse,* dessen Herausgeber Alfred Adler und Wilhelm Stekel waren. – Es waren *diese* drei Gelehrten, die Freud als erste verließen: Adler 1911, Stekel 1912, Jung 1913.

Offiziell erfolgte der Bruch zwischen Jung und Freud aus den folgenden zwei Gründen: Jung wollte die ausschließliche Sexualstruktur der Libido nicht mehr anerkennen. *Libido,* meinte er, sei ein viel allgemeinerer Lebensprozeß, Libido sei die *psychische Energie überhaupt und ihre sexuelle Form nur eine unter anderen.* Außerdem war er der Meinung, daß »Traumen« – darunter verstehen wir schockartige Ereignisse als Beginn schwerer seelischer Störungen – nicht das auslösende Moment einer Neurose oder Psychose sind, sondern vom Patienten nach einem längst vorhandenen Prinzip zur Erfüllung seiner Wünsche verwendet werden. Von nun an ging Jung seinen eigenen Weg. Er nannte seine Lehre »analytische Psychologie« und später, vor allem dann, wenn es sich um mehr theoretische Erörterungen handelte, »komplexe Psychologie«.

Von den vielen Trennungen in seinem Leben hat Freud keine so schwer getroffen wie der Abschied von Jung.

Die Typenlehre

Während Freud immer bestrebt blieb, seine Konzeption des Trieblebens auf die *gesamt*menschliche Erfahrung anzuwenden, stellte Jung, die Typenforschung des 19. Jahrhunderts weiterführend, seine eigene Typenlehre auf. Er unterscheidet zunächst zwei grundsätzliche *Einstellungsweisen: Extraversion* und *Introversion.* Jeder Mensch vertritt im wesentlichen den einen oder andern Typus, was in unserer biologischen Anlage begründet ist und kaum geändert werden kann.

Der extravertierte Mensch nimmt den Lauf der äußeren Geschehnisse als für sich bestimmend hin, er akzeptiert die äußere Welt, während der introvertierte sich von ihr zurückziehen will. Der Extravertierte lebt in der Welt, der Introvertierte in seiner inneren Erfahrung. In Wirklichkeit werden sich solche »reinen« Einstellungstypen allenfalls annähernd finden. Amerikanische Psychologen behaupten, sie kämen überhaupt nicht vor. Edna Heidbreder z. B. fand bei Untersuchungen von Universitätsstudenten, daß (mit so wenigen Ausnahmen, daß nicht von einem »Typus« gesprochen werden kann) *alle »ambivert«* waren, d. h. weder introvertiert noch extravertiert, sondern beides. Der Soziologe Theodore Mead Newcomb kam zu den gleichen Resultaten. Jung hat selber darauf aufmerksam gemacht, daß sich die beiden Typen ergänzen, indem der extravertierte Typus ein introvertiertes Unbewußtes besitzt und umgekehrt. Ein Konflikt entsteht, wenn der Vorstoß des Unbewußten gelingt, d. h. wenn ein Introvertierter die äußere Welt gewinnen will, weil er die Leiden der inneren nicht mehr erträgt, oder ein Extravertierter in die innere Welt flüchtet, um vor den Gefahren der äußeren sich zu retten.

Um weitere Bestimmungen vornehmen zu können, fügte Jung seinem System die *Funktionstypen* hinzu.

Als Grundfunktionen der Psyche bezeichnet er: *Denken, Intuieren* (das Zeitwort von Intuition), *Fühlen* und *Empfinden.* Denken und Fühlen nennt er »rationale Funktionen«, weil sie mit Wertungen umgehen: das Denken mit den Begriffen »wahr« und

»falsch«, das Fühlen mit den Begriffen »Lust« und »Unlust«. Empfinden und Intuieren sind hingegen »irrationale Funktionen«, weil sie mit Wahrnehmungen operieren. Jedem Menschen stehen *alle* vier psychischen Funktionen zur Verfügung, aber es ist nur *eine* von ihnen, welche er im Rahmen seiner eigenen Wirklichkeit verwendet: die ihm spezifische »superiore Funktion«, die übrigens durch bewußte Bemühung leichter geändert werden kann als sein Einstellungstypus, obwohl auch die Grundfunktionen aus unserer konstitutionellen Anlage hervorgehen.

Durch die nähere Bestimmung je eines Einstellungstypus durch einen Funktionstypus und umgekehrt erhält man insgesamt acht psychische Typen: die vier extravertierten (Denk-, Fühl-, Intuitions-, Empfindungs-)Typen und die vier introvertierten (Denk-, Fühl-, Intuitions-, Empfindungs-)Typen: acht seelische Weltrichtungen. Oder, noch geometrischer gesehen: wenn man die vier Funktionstypen als zwei waagrechte Achsen betrachtet, zu denen die Achse der beiden Einstellungstypen senkrecht steht, so bekommt man ein regelrechts Achsensystem, die Raumfigur der Seele.

Die Seelenwanderung

So entwickelte Jung eine Geometrie der Psyche. Zugleich beginnt seine große Seelenwanderung. Von nun an häufen sich in seinen Büchern die schematischen Darstellungen psychischer Gebiete; magische Zeichen und Formeln tauchen überall auf und Darlegungen und Einsichten von ausgesprochen okkultem Charakter.

Jung hat eine Lehre errichtet, die man wahrhaftig als ein Lehr*gebäude* betrachten muß. Ein mystisches Lehrgebäude der modernen Wissenschaft.

Es ist nicht leicht, die Erkenntnisse eines Forschers zu übermitteln, der bei jeder Gelegenheit betont, daß es sich eigentlich gar nicht um Erkenntnisse handle, sondern um Formen inneren Erlebens – wie wir sie noch am ehesten mit chinesischer oder indischer Tiefenschau vergleichen können –, die eben nicht wiederzugeben sind, sondern nur durch persönliche Erfahrung, in einer Jungschen Analyse, subjektiv erworben werden.

Wir wollen es trotzdem versuchen.

Das kollektive Unbewußte

Was bei Jung dem Bewußtsein gegenübersteht, ist nicht das Unbewußte schlechthin, sondern das kollektive Unbewußte. Das persönlich Unbewußte (das Unbewußte im engeren Sinn) ist nur eine dünne Grenzschicht zwischen dem kollektiven Unbewußten und dem Bewußtsein. Das *Bewußtsein* ist eine winzige Insel auf dem unendlichen Meer des Unbewußten und psychologisch zu charakterisieren als »eine ephemere Erscheinung, welche alle momentanen Anpassungen und Orientierungen leistet, weshalb man seine Leistungen auch am ehesten mit der Orientierung im Raum vergleichen kann«. Das »Ich« ist das »Subjekt« des Bewußtseins. Das *persönlich Unbewußte* enthält »Vergessenes, Verdrängtes, Gefühltes aller Art«, das kollektiv Unbewußte hingegen »ist der Niederschlag alles menschlichen Erlebens bis zurück zu seinen dunkelsten Anfängen; kein toter Niederschlag..., sondern lebendige Reaktionssysteme, welche... das individuelle Leben bestimmen. Das *kollektive Unbewußte* ist die gewaltige geistige Erbmasse der Menschheitsentwicklung, wiedergeboren in jeder individuellen... Struktur.«[4] Hier wirken zeitlose Urformen, die jedem von uns zugehörig sind. Darum sind die Symbole und Mythen aller Völker einander so ähnlich, in denen übrigens nicht nur die gesamt*menschheitliche* Entwicklung, sondern auch unsere *animalische* Vergangenheit psychisch aufbewahrt ist.

Wir haben es also mit *drei seelischen Schichten* zu tun: dem *Bewußtsein,* dem *persönlich Unbewußten,* dem *kollektiven Unbewußten.* Bis in die Tiefe des kollektiven Unbewußten reicht, nach Jungscher Auffassung, eine gewisse Fähigkeit, psychische Gehalte zu kontrollieren. *Was noch tiefer liegt, entzieht sich jeder Kontrolle.* Diese *vierte seelische Schicht, die Basis des kollektiven Unbewußten,* ist völlig irrational und kann durch nichts und niemand dem Ich verständlich gemacht werden. Es ist der *unergründliche Grund* allen Geschehens, aus dem einst die »Einzelpsychen« in die Wirklichkeit unserer Welt aufgestiegen sind.

Traum und Amplifikation

Da Jung die Persönlichkeit des Menschen im Zusammenhang mit der gesamten Entwicklungsgeschichte der menschlichen Seele sieht, ist es nur selbstverständlich, daß er auch in den Träumen zum großen Teil kollektiv-seelische Ausdrucksformen erblickt. Der Traum ist ein individuelles Erlebnis und zugleich ein Erlebnis der in uns allen wirksamen Gesamtpsyche. Darum sagt Jung: »Man träumt nicht, man wird geträumt. Wir ›erleiden‹ den Traum, wir sind die Objekte.«

Um dem Traumphänomen gerecht zu werden, muß man seine individuelle und seine kollektive Seite erlebnismäßig einordnen. Jung spricht von einer »subjektiven« und einer »objektiven« Traumstufe. In der Subjektstufe beziehen sich die Geschehnisse auf die persönliche Situation und die innere Symbolwelt des Träumers, in der Objektstufe auf die äußere, konkrete Situation.[5] Wie immer wir aber den Traum interpretieren – als persönlich oder überpersönlich –, er steht außerhalb von Raum und Zeit, und es ist daher unmöglich, ihm mit einer psychologischen Methode, die von bewußten Voraussetzungen ausgeht, beikommen zu wollen. Man kann Träume nicht deuten, indem man sie im Freudschen Sinn analysiert, und wenn man noch soviel »freie Assoziationen« verwendet. Man muß die Träume sammeln und dann ganze Traum*serien* untersuchen. Unter der »Bewußtseinsdecke« gehören die Träume nämlich zusammen, sie gehen auseinander hervor, aber gerade nicht in einem logischen Sinn, etwa der vierte aus dem dritten, der dritte aus dem zweiten, sondern solcherart, *daß eine Reihe von Träumen, die zu verschiedenen Zeiten geträumt werden, radial angeordnet sind,* eine Erlebnisgemeinschaft bilden und sich auf einen gemeinsamen, ihnen allen zugehörigen »Bedeutungsmittelpunkt« beziehen. Sie brechen, von der gleichen Quelle gespeist, bald da, bald dort herauf, ganz irrational und zunächst unerklärbar. Wenn man jedoch den Mittelpunkt einmal entdeckt hat, ergeben sich die Lösungen wie von selbst.

Darum müssen Assoziationen, wenn sie ihren Zweck erfüllen sollen, dem besonderen Wesen des Traumes angepaßt sein. Es genügt nicht, daß der Patient assoziiert und der Therapeut versucht, die Vergangenheit zu *enthüllen,* sondern *beide,* der Patient und der Analytiker, *müssen mit gemeinsamen Einfällen zu dem Bedeutungsmittelpunkt einer Traumserie vorstoßen.* Diese neue Assoziationsmethode nennt Jung *Amplifikation.* Es handelt sich also bei der Amplifikation um eine »Erweiterung und Bereicherung des Trauminhalts in allen ähnlichen, möglichen, analogen Bildern..., sie stellt... eine Art begrenzter, gebundener und gerichteter Assoziationsarbeit dar, die immer wieder zum Bedeutungskern des Traumes zurückkehrt und ihn gleichsam umkreisend erschließen will«.[6]

Den Einwand, daß eine solche Methode keine wissenschaftliche Traumdeutung mehr sei, sondern willkürliche Beeinflussung des Patienten durch den Analytiker, weist Jung scharf zurück. Die Welt des Traumes ist mächtiger als wir. Denkt jemand ernsthaft daran, daß die Genialität eines Mozart auf Grund einer Analyse »aufhören« könnte? Ebensowenig läßt sich die wahre Natur eines Traumes durch den »Einfluß« selbst des tüchtigsten Analytikers verbiegen. Man sollte etwas mehr Vertrauen in die schöpferische Kraft des Unbewußten haben. »Das Bewußtsein läßt sich wie ein Papagei dressieren, nicht aber das Unbewußte.«

Die Archetypen

Wir sprachen im Zusammenhang mit dem kollektiven Unbewußten von *zeitlosen Urformen,* die jedem von uns zugehörig sind. Diese Urformen – die *Archetypen* – sind Symbole aus den tiefsten Schichten des kollektiven Menschheitserlebens. »Sie sind Abbilder von instinktiven, d. h. psychisch notwendigen Reaktionen auf bestimmte Situationen...«[7] »Sie sind die generellen, für die ganze Menschheit *typischen,* vererbten Formen der Wahrnehmung und der Erfassung..., wie sie im Laufe der Jahrtausende in typischen, immer wiederkehrenden Situationen gewonnen wurden...«[8]

In den Märchen, Religionen und Mythen aller Kulturen, der ältesten und der modernen, der primitivsten und der höchststehenden, finden sich die gleichen Motive: der Drache, die Opferung, die Schlange, der große Zauberer, das Paradies, die Hölle, der böse Geist, die gute Fee, die grausame Amazone, die dienstbare Magd, der verzauberte Prinz, der strahlende Held...

Alle diese und andere »Archetypen« sind pränatal vorgebildete

Seelenmöglichkeiten. Es handelt sich bei den Archetypen, wie Jung sagt, »nicht um ererbte Vorstellungen, sondern um *ererbte Bahnungen*«. Er vergleicht sie mit dem Achsensystem der Kristalle, welches der Kristallbildung in der Mutterlauge *vorangeht,* ohne daß ihm selbst materielle Existenz zugesprochen werden kann. Erst durch das »Anschießen« der Atome und Moleküle erscheint dann die Existenz.

Jeder Mensch erlebt aufs neue die Einfügung dieser magischen Achsensysteme in seine persönliche Lebensdynamik. Es hängt von ihm ab, wie sehr er die ererbten Urformen, »die Weisheit der Kollektivseele«, zu höherer individueller Bewußtwerdung verwenden kann.

Wenn ich Jung richtig verstehe, so ist die Relation zwischen Archetypen und individuellem Leben die Relation zwischen Thema und Variationen. Das Thema ist gegeben und unveränderlich. Aber es gibt so viele Variationen, als es Individuen gibt; und die schöpferische Mannigfaltigkeit der lebendigen Melodie ist unbegrenzt.

Die positive Neurose

Was die Neurose anlangt, so können gewiß ein unausgewogenes Verhältnis zwischen bewußten und unbewußten Kräften sowie Unangepaßtheit an die Außenwelt zu seelischen Gleichgewichtsstörungen hinführen. Aber: das treibende Motiv zur Neurose – soweit es uns möglich ist, ein solches zu erfassen – scheint im wesentlichen nur ein Zug zur Selbstverwirklichung zu sein. *Für Jung ist die Neurose – eine positive, schöpferische Leistung!* »Es gibt unzählige Fälle, wo Leute in einer kleinlichen Unbewußtheit verharrten, um schließlich darin neurotisch zu werden. Durch die vom Unbewußten verursachte Neurose werden sie aus ihrer Dumpfheit herausgetrieben, sehr oft gegen ihre eigene Faulheit oder gegen ihren verzweifelten Widerstand.«[9]

Manchmal läßt sich wirklich ein entscheidender Anstoß zur Entstehung einer seelischen Erkrankung in der frühen Kindheit nachweisen. Solche Fälle kann man nach den Methoden Freuds behandeln und das weit wichtigere Problem des kollektiven Unbewußten ganz beiseite lassen. »Wo noch Vater- und Mutterbild überwunden werden sollten..., da sprechen wir besser gar nicht vom kollektiven Unbewußten... Wo aber die Elternübertragungen und Jugendillusionen überwunden wurden oder wenigstens zur Überwindung reif sind, da müssen wir davon reden..., denn wir sind hier nicht mehr mit der Frage beschäftigt, wie wir all das beseitigen können, was einen Menschen an der Ausübung eines Berufes oder am Heiraten hindert..., sondern wir stehen vor der Aufgabe, jenen Sinn zu finden, der überhaupt die Fortsetzung des Lebens ermöglicht, insofern es mehr sein soll als bloße Resignation...«[10]

Je älter Jung selber wird, je weiter er in seiner eigenen Entwicklung fortschreitet, desto weniger interessiert ihn das Spezialgebiet der Neurosen und Psychosen und desto mehr das, was man aus religiöser Sicht das Heil der Seele nennen müßte. Der »Patient« ist für ihn immer weniger der »Kranke« als ganz allgemein der »Heilsuchende«. So gesehen wird es sehr verständlich, daß er sich immer stärker mit dem Problem des alternden Menschen auseinandersetzt, mit der Gestaltung des »Lebensnachmittags«.

Wir wollen hier eine ausführlichere Probe geben, um diese spätere Entwicklung Jungs zu charakterisieren und ihn als Kulturkritiker vorzustellen: »Unser Leben ist wie der Sonnenlauf. Am Morgen gewinnt die Sonne ständig an Kraft, bis sie zuletzt strahlend und heiß die Mittagshöhe erreicht. Dann kommt die Enantiodromie. Ihre stetige Vorwärtsbewegung bedeutet nicht mehr Zu-, sondern Abnahme der Kraft. So ist unsere Aufgabe beim jugendlichen Menschen eine andere als beim alternden. Bei ersterem genügt es, alle Hindernisse, die die Ausdehnung, den Aufstieg erschweren, wegzuräumen; beim letzteren aber müssen wir alles fördern, was den Abstieg unterstützt. Ein jugendlich Unerfahrener denkt wohl..., die Alten hätten ihr Leben hinter sich..., es ist aber ein sehr schwerer Irrtum, anzunehmen, daß der Sinn des Lebens mit der Jugendphase erschöpft ist, daß z. B. eine Frau mit der Menopause ›erledigt‹ sei. Der Nachmittag des menschlichen Lebens ist ebenso sinnreich wie der Vormittag; nur sind sein Sinn und seine Absichten ganz anders. Der Mensch hat zweierlei Zweck: der erste ist der *Naturzweck,* die Erzeugung von Nachkommenschaft und alle Geschäfte des Brutschutzes, wozu Gelderwerb und soziale Stellung gehören. Wenn dieser Zweck erschöpft ist, beginnt eine andere Phase: der *Kulturzweck.* Zur Erreichung des ersten Zieles hilft die Natur und überdies die Erziehung; zur Erreichung des letzteren hilft uns wenig oder nichts... Der Zeiger der Uhr läßt sich aber nicht zurückdrehen. *Was die Jugend außen fand und finden mußte, soll der Mensch des Nachmittags innen finden.* Hier stehen wir vor neuen Problemen...«[11]

Sie zu lösen, ist Aufgabe der Individuation: der Selbstfindung.

Die Individuation

Um das, was Jung die Individuation nennt, zu begreifen, muß man zunächst einmal wissen, wie er sich die Einzelseele denkt.

Wir müssen uns also das »Selbst« von der äußeren und der inneren Welt umgeben vorstellen, wobei die äußere dem Bewußtsein, die innere dem kollektiven Unbewußten zugewendet ist. Die Grenzzone ist, wie wir schon erwähnt haben, das persönlich Unbewußte. Die oberste Kuppe des Selbst, womit wir die Außenwelt in uns aufnehmen, ist das *Ich;* dem Ich gegenüber, als unterer Pol der individuellen Welt, liegt der *Schatten.* So wie das Ich den Ausgang in die konkrete Welt darstellt, so ist der Schatten der Eingang in die Welt der Tiefe. In ihr liegen auch, tiefer als der Schatten, die gegengeschlechtlichen Urbilder, beim Manne die *Anima,* bei der Frau der *Animus,* während auf der gegenüberliegenden Weltseite, der bewußten, das Ich überlagert und überdeckt ist von der *Persona.* Die Persona ist das konventionelle Ich, eine Schutzmaske vor der Gesellschaft, unser Verhalten im Alltag.

Soweit die Struktur der Einzelseele.[12] *Unter Individuation versteht Jung die Bemühung, man selbst zu werden, d. h. das zu werden, was man ist, besser gesagt, sein könnte.* Individuation ist die Verwirklichung der in jedem von uns einmalig möglichen Lebensidee. Mit Goethe und Aristoteles könnte man sie als die Vollendung der Entelechie bezeichnen.

Der Weg zu diesem Ziel – *Jung rät dem Menschen des westlichen Kulturkreises streng ab, ihn ohne Lehrer zu suchen* – führt durch verschiedene Phasen. Die erste ist der Schatten.

Der Zugang zum eigenen Schatten ist die Grenzüberschreitung in das Reich der Tiefe. Die Begegnung mit ihm ist eine beklemmende Erfahrung. (Die Angst, den Schatten zu verlieren, ist aber nicht minder beklemmend.) Er ist die dunkle Seite unseres Ichs, die man aus kulturellen oder moralischen Rücksichten verachtet und ablehnt. Diese Region ist nicht unbedingt böse, wie Freud meint, sie ist nur unangepaßt und primitiv. Seinen Schatten erkennen heißt die Schattenseiten der eigenen Persönlichkeit kennenlernen. Solange wir sie nicht kennen, übertragen wir das Unerträgliche in uns auf die anderen und halten diese für schuldig statt uns selber. Wir dürfen den Schatten nicht auf andere *projizieren,* wir müssen ihn *als einen Teil von uns akzeptieren.*

Die zweite Phase der inneren Seelenwanderung ist die Begegnung mit den Archetypen des Geschlechts, mit den Urbildern unserer Sehnsucht. Die Frau sucht ihren Animus, der Mann seine Anima, d. h., die Frau sucht ihren eigenen männlichen, der Mann seinen eigenen weiblichen Seelenanteil. Sie projizieren das Bild hinaus, auf die Partner, aber das wirkliche Erlebnis liegt im eigenen Urgrund.

Dann kommt der dritte Teil der Wanderung: die Ablösung vom Geschlechtsbild und die Einswerdung mit der Idee der eigenen Männlichkeit bzw. Weiblichkeit. Jetzt steigen die Urbilder des »Alten Weisen« und der »Großen Mutter« auf, das »geistige Prinzip« und die »unerbittliche Wahrheit der Natur«, die sogenannten Mana-Persönlichkeiten. Wer fähig ist, diese Entwicklungsstufe zu erreichen, befreit sich vom Vater bzw. von der Mutter, und damit wird ihm zum erstenmal die Einmaligkeit der eigenen Persönlichkeit bewußt.

Nun kann das *Selbst* gerundet werden. Was das »Selbst« allerdings ist, dieses tiefste subjektive Erlebnis der eigenen Einheit, von dem wir nichts kennen als die äußerste Schicht, das Ich, das kann nicht definiert werden, und alle Worte »umschreiben« es nur.

In seinem Versuch, das Selbst zu erklären, geht Jung bis an die Grenze des in Worte zu Fassenden, und man spürt förmlich, wie er danach ringt, einem Begriff Ausdruck zu geben, der sich nach seiner eigenen Überzeugung sprachlichem Erfassen als nicht mehr zugänglich erweist. Jung sagt:

»Intellektuell ist das Selbst nichts als ein psychologischer Begriff, eine Konstruktion, welche eine uns unerkennbare Wesenheit ausdrücken soll, die wir als solche nicht erfassen können, denn sie übersteigt unser Fassungsvermögen... das Selbst ist der völligste

Ausdruck der Schicksalskombination, die man Individuum nennt... wir vermögen über Inhalte des Selbst nichts auszusagen. Das Ich ist der einzige Inhalt des Selbst, den wir kennen..., es ist uns fremd und doch so nah, ganz uns selber und doch uns unerkennbar... Die Anfänge unseres ganzen seelischen Lebens scheinen unentwirrbar aus diesem Punkte zu entspringen und alle höchsten und letzten Ziele scheinen auf ihn hinzulaufen. Dieses Paradoxon ist unausweichlich, wenn wir etwas zu kennzeichnen versuchen, was jenseits des Vermögens unseres Verstandes liegt...«

Und zuletzt, nach seitenlangen Erklärungen, sieht es so aus, als ob Jung die Hoffnung aufgeben würde; es gibt ja doch keine Möglichkeit, es zu erklären. Und er schließt mit den folgenden Worten:

»Mir scheint, als ob die psychologische Konstatierung hier zu ihrem äußersten Ende käme, denn die Idee eines Selbst ist an und für sich bereits ein transzendentes Postulat, das sich zwar psychologisch rechtfertigen, aber wissenschaftlich nicht beweisen läßt.«[13]

Jungs Reise zum Mittelpunkt der Seele

Wenn das »Selbst« auch nicht zu erklären ist, können wir doch trachten, dem näherzukommen, was Jung unter dem Prozeß der Selbstverwirklichung versteht.

Ausgehend von seinen Forschungen über das kollektive Unbewußte, stieß Jung in immer neue Gebiete vor. Das »Geheimnis«, das »Okkulte«, erschließt sich ihm in gleicher Weise in den Träumen von Individuen, in den Mythen der Völker, den Riten der Primitiven. Sobald es ihm seine Mittel erlaubten, ergänzte er seine »inneren Erfahrungen« durch Reisen in ferne Länder. Wir finden ihn in Nordafrika, dann eine Zeitlang bei den Pueblo-Indianern in Arizona und New Mexico und schließlich in Kenya in Britisch-Ostafrika. Die Beziehungen zu großen Gelehrten führten zu gemeinsamen Arbeiten. Richard Wilhelm, der Übersetzer der alten chinesischen Denker, und der Indologe Heinrich Zimmer eröffneten ihm die östliche Philosophie und Dichtung, und noch im hohen Alter arbeitete er mit dem Mythenforscher Karl Kerényi zusammen.

Lange Zeit widmete sich Jung einem Phänomen, das man im

Osten »Mandala« nennt. Es entspricht annähernd unserem »magischen Kreis«. Es handelt sich um religiöse Zeichnungen ganz bestimmter Art, bis in die Einzelheiten übereinstimmend bei allen Völkern und zu allen Zeiten. Wir finden sie im tibetischen Buddhismus, im christlichen Mittelalter, bei den Pueblo-Indianern und in Überresten aus der ältesten Steinzeit. Fast immer stellen sie einen Kreis oder ein Vieleck dar, in Kreuz- oder Radform, in denen eine symmetrische Anordnung der Teile eine harmonische Beziehung erzeugt und im Gleichgewicht erscheint. Die Vierzahl spielt dabei eine besondere Rolle. Jung bringt diese Symbole mit dem uralten chinesischen Begriff des »Tao« in Verbindung – den wir ungefähr mit »Weg« übersetzen können –, und er entdeckte sie auch in Zeichnungen seiner Patienten, wenn sie »auf dem Weg« zu sich selber waren. Er mußte freilich feststellen, daß unsere westlichen Kulturen für eine innere Erfahrung von der Weite und Reife, wie sie das chinesische »Tao« hat, noch gänzlich ungeeignet sind. Immerhin ist es die Aufgabe des Individuums, auf dem Weg zu seiner Selbstverwirklichung eine Einigung der Gegensätze zwischen dem Ich und dem Unbewußten, zwischen der äußeren und der inneren Welt zu versuchen.

Andere Forschungen führten Jung zum Studium der Alchemie.[14] Er stellte Gemeinsamkeiten zwischen dieser seltsamen Wissenschaft des Mittelalters, den Yoga-Übungen des Ostens und seiner eigenen Individuationslehre fest. Jung hält die Alchemie nicht für eine Vorläuferin unserer Chemie, sondern eher für eine Vorläuferin der modernen *Psychologie*! Die Schmelztiegel und Retorten der Alchemisten sollten uns nicht irreführen, sagt er; nach seiner Auffassung suchten die Alchemisten gar nicht das gewöhnliche Gold, sie suchten vielmehr, in der Mischung von edlen und unedlen Substanzen, in der mannigfaltigen Verwandlung, den *Stein der Weisen,* der alles im Gleichgewicht hält. Entscheidend ist das geistige Prinzip. Das Weltgefühl der Alchemisten war noch unbeholfen und klobig, sie mußten zur Verwirklichung ihrer Persönlichkeit sich noch »pseudopsychischer« Mechanismen bedienen. Dagegen sind die Yoga-Übungen des Ostens geistigerer Natur. Der Yoga-Übende bemüht sich um einen unmittelbaren physischen und geistigen Einfluß auf die Psyche. Sein Ziel ist, Losgelöstheit von den Objekten zu erreichen und zuletzt einen psychischen Hauchkörper zu erzeugen, »welcher die Kontinuität des losgelösten Bewußtseins sichert«.

Sowohl Alchemie als auch Yoga sind seiner eigenen psychologischen Methode verwandt, sagt Jung; doch sind sie Wege anderer Zeiten und anderer Kulturkreise. Die Jungsche Form der Selbstverwirklichung ist die dem heutigen westlichen Menschen gemäße; sie akzeptiert die nicht mehr rückgängig zu machende Entwicklung des Westens und versucht, das ungeheure Wissen des Westens als Werkzeug zu verwenden; *sie ist eine durch das moderne Wissen hindurchgegangene Tiefenschau.*

Die Astrologie, neu zu Ehren gekommen in unserer Zeit, begann Jungs Interesse in seinen späteren Jahren zu wecken; die eigentlich okkulten Phänomene, Telepathie, Telekinese, außersinnliche Wahrnehmung (ESP), Visionen, Erscheinungen, hatten ihn bereits von früher Jugend an beschäftigt. Schon in diesem Zusammenhang, vor allem aber, weil der Individuationsprozeß den Tod nicht weniger einschließt als das Leben, mußte Jung zum Problem des persönlichen Todes Stellung nehmen.

Wie er über die persönliche Unsterblichkeit und das Leben nach dem Tode denkt, erfahren wir aus seinen späten Schriften. Nach seiner Meinung darf niemand versäumen, sich mit diesem Problem auseinanderzusetzen. »Der Mensch muß sich darüber ausweisen können, daß er sein möglichstes getan hat, sich eine Auffassung über das Leben nach dem Tode zu bilden oder sich ein Bild zu machen – und sei es mit dem Eingeständnis seiner Ohnmacht.«[15] Jung zeigt auch, wie das geschehen soll, und seine Auffassungen kommen den alten chinesischen ganz nahe. Solange wir sagen »Ich denke« – also »*Ich* denke« anstatt »*Es denkt in mir*« –, werden wir nichts über das Jenseits erfahren. Jung gibt den folgenden Vergleich: Wenn wir in einem Zimmer Personen sehen oder Bäume in einem Wald oder Vögel in der Luft, wird uns nie die Idee kommen, daß *wir* diese Personen, diese Bäume oder diese Vögel »gemacht« haben! Warum beanspruchen wir dann die auftauchenden Gedanken so unbedingt als unser Erzeugnis? Warum geben wir ihnen nicht das Recht der eigenen Existenz? Nur wenn wir das tun, können wir Botschaften erhalten über das, was »jenseits« von unserem Ich liegt.

Durch solches »Denken«, wie es auch in der Jungschen Traumanalyse geübt wird, kam Jung zur Gewißheit, daß auch das Unbewußte des *westlichen* Menschen an der Erzeugung eines psychischen Hauchkörpers arbeitet, der nach dem Tod dem Individuum als neue Wohnstätte dienen soll. Die chinesische Philosophie war allerdings seit jeher der Meinung, daß es nur den Weisesten gelingt, bei Lebzeiten so weit zu kommen. Die Mehrheit der Menschen wäre der Heimatlosigkeit ausgesetzt, wenn nicht ihre Verwandten sie durch ihr tätiges Mit-Denken unterstützen würden. So gesehen, wird der uralte chinesische Ahnenkult verständlich: er hat seine Wurzeln in der Liebe und Sorge der Hinterbliebenen, dem Verstorbenen bei der Errichtung seiner neuen, körperlosen Existenz behilflich zu sein.

Jung hat sich schließlich auch noch mit den Erfahrungen von Personen beschäftigt, die nach einem Unfall oder während einer schweren Krankheit bereits als »tot« galten und »wie durch ein Wunder« ins Leben zurückkehrten. Die Aussagen solcher Personen weisen eine merkwürdige Übereinstimmung auf. Das »Jenseits« war ihnen nicht nur vertraut, sondern viel vertrauter noch als ihr irdisches Dasein. »Ich glaube aber trotzdem«, sagt Jung, »daß unser Ich mit der Verwandlung nicht ganz einverstanden ist und sie zunächst ablehnt. Wir müssen uns auf seine Ablehnung vorbereiten.«[16]

Die Stellung Jungs in der Psychologie

Mit dem Jungschen System schließt das moderne Denken, wenn auch auf völlig anders gearteter Bewußtseinsebene, erstmals an die Überzeugung des Mittelalters von der absoluten Realität der Seele an.

Es erhebt sich also die berechtigte Frage, wie wir diese merkwürdige religiös-wissenschaftliche Lehre einordnen sollen. Ist sie überhaupt eine Psychologie?

Die Antwort hängt davon ab, was wir unter Psychologie verstehen. Der Streit, ob Psychologie den Naturwissenschaften oder den Geisteswissenschaften angehöre, bewegte ja lange Zeit die Gemüter der Gelehrten. So »geisteswissenschaftlich« Freud und Adler in ihrer Wirkung nun auch waren, sie blieben doch letztlich auf dem Boden der Naturwissenschaft: Freud durch sein konstitutionell bedingtes Libido-Konzept, Adler durch sein Konzept der Organminderwertigkeit. Jung *sprengt* dieses Prinzip – wenngleich er sich selber einen Naturwissenschaftler nennt. Er ist es nicht, trotz der »biologischen Bestimmtheit« seiner Einstellungstypen und der von ihm postulierten psychischen Grundfunktionen. Die Jungsche Lehre ist, nach meiner Meinung, keine naturwissenschaftliche Psychologie, sie ist aber auch keine geisteswissenschaftliche. Sie »erklärt« nämlich nicht – die Natur –, und sie »versteht« nicht – das Seelenleben (wir spielen hier auf den Satz von Wilhelm Dilthey an, mit dessen »Verstehen des Seelenlebens« die geisteswissenschaftliche Richtung in der Psychologie begann). *Sie legt den Akzent auf das Erlebnis, um nicht zu sagen auf das okkulte Erlebnis der Seele.*

Die meisten Bücher über C. G. Jung werden ihm durchaus nicht gerecht, obwohl doch heute schwerlich geleugnet werden kann, daß er einige unserer modernsten Konzepte von »Selbstaktualisierung« oder »Selbstverwirklichung« vorweggenommen hat.

Seine wirkliche Bedeutung aber liegt in der Reichweite seines Konzepts. Vor vielen Jahren habe ich es »einen isolierten Versuch in der Parapsychologie« genannt. Zeit und Umstände haben sich seither gründlich geändert. Jung ist längst nicht mehr isoliert. Seine Stellung ist für mich völlig klar: *So wie seine frühen Arbeiten die erste Brücke waren von der Experimentalpsychologie des 19. Jahrhunderts zur Tiefenpsychologie des zwanzigsten, so waren seine späten Arbeiten die erste Brücke von der Tiefenpsychologie des 20. Jahrhunderts zur Parapsychologie der 21. Jahrhunderts.*

10 Unterschiede und Gemeinsamkeiten der drei grundlegenden Systeme

Da ich nun die drei Systeme – Freud, Adler und Jung – als grundlegend ansehe, will ich ihre wesentlichen Unterschiede, aber auch ihre gemeinsamen Erkenntnisse klar herausstellen.

Die Freudsche Psychologie ist eine »objektive«, Adlers Individualpsychologie ist eine »subjektive«. Wobei sich »objektiv« nach der Definition Karl Jaspers auf die Psyche bezieht, »wenn man sie von außen betrachtet, also vom Standpunkt des Beobachters; ›subjektiv‹ bezieht sich auf die Psyche von innen erlebt, also direkt auf die erlebende Person.«[1] Die «Objektivität« verbindet Freud mit der extremen Naturwissenschaft des 19. Jahrhunderts, von der er kam und der er lebenslang treu geblieben ist; die »Subjektivität« schlägt eine Brücke von Adler zur Gestaltpsychologie, zur Feldtheorie Kurt Lewins und zu den heutigen Existentialisten.

Des weiteren ist Adlers Lehre eine *idiographische,* d. h., nach der Klassifikation von Wilhelm Windelband[2], eine auf gültige Gesetze für das *Individuum* sich beziehende (wie Lebensstil, persönliches Ziel), und *nomothetisch* (d. h., sich auf *allgemeine* Gesetze beziehend) erst *im Zusammenhang mit dem Individuum.* Freuds Lehre zeichnet sich hingegen gerade durch ihre *nomothetischen* Konzepte aus, wie Ödipuskomplex, Kastrationskomplex, Penisneid, lauter Konzepte, welche als universal gültig angenommen werden. Ein weiterer grundlegender Unterschied ist Adlers soziales Konzept der Psychologie. Das klingt heute selbstverständlich, war aber 1910 eine Revolution. Populär ausgedrückt, Adler hat »die Freudsche Sexualität« abgelehnt, womit die psychoanalytische Libidotheorie gemeint ist. Adler glaubt nicht an die angeborene sexuelle Konstitution. Die Sexualität ist genauso dem Gesetz des Lebensstils des Individuums unterworfen wie alle übrigen Funktionen. In den Träumen wird sie oft als ein Gleichnis verwendet, und der erotische Anstrich vieler Träume ist auf die kindlichen Apperzeptionsschemen zurückzuführen (groß – klein, oben – unten). Fixierung, Regression und Perversionen sind Versuche des Neurotikers, sich seinen Lebensaufgaben zu entziehen und seine normalen Funktionen innerhalb der Gemeinschaft ablehnen zu können. Auch der Ödipuskomplex ist nur ein Versuch, sich zu sichern. Die Eifersucht des Kindes hat nicht unbedingt sexuelle Gründe. Das Kind trachtet, aus dem Gefühl seiner Schwäche heraus, die Eltern als die nächsterreichbaren Personen in seinen Dienst zu stellen. Die Unfähigkeit, von der Mutter loszukommen, muß nicht in jedem Fall eine sexuelle Bindung bedeuten, sondern kann in der Angst vor dem Leben begründet sein und in dem Wunsch, die kindliche Situation aufrechtzuerhalten, d. h. beschützt und gepflegt zu werden.

Trotzdem hat Adler die Rolle der Sexualität nie verkannt und sie später als eine der drei großen Lebensaufgaben des Individuums (die beiden andern sind Beruf und mitmenschlicher Kontakt) betrachtet. Aber er hat die exklusiv biologische Erklärung der neurotischen Erkrankungen aus einer Verdrängung der Instinktenergie abgelehnt. Drei Jahre nach dem Bruch, 1914, schrieb Freud: »Die Psychoanalyse hat niemals behauptet, eine vollständige Theorie des menschlichen Seelenlebens zur Verfügung zu haben... nun geht Alfred Adler zu weit..., wenn er versucht, den Charakter des Menschen und nicht nur seine neurotischen und psychotischen Symptome zu erklären.« Genau das hat Adler getan, und Freud hat außerdem noch die Reichweite seiner eigenen Arbeit, die Möglichkeiten ihrer eigenen Zukunft, unterschätzt. Der Charakter wird nach Freud durch die Fixierung (z. B. oral, anal) der Libidoentwicklung auf einer Stufe oder durch eine Regression auf diese geformt; nach Adler ist der Charakter die Antwort eines bestimmten Individuums auf die Anforderungen seines persönlichen Lebens, *also eine selbstschöpferische Leistung seines Ichs;* seines unteilbaren, zielgerichteten Ichs. Solche Auffassungen mußten Adler in die Ich-Psychologie zurückführen. Sie mußten auch seine Therapie entscheidend beeinflussen. Die »Couch« war nicht mehr bedeutsam; zwei gleichberechtigte Menschen sitzen einander gegenüber, die Therapie ist ein zwischenmenschlicher, erzieherischer Prozeß, und die Vergangenheit des Patienten spielt dabei nur insoweit eine Rolle, als sie die Gegenwart noch beherrscht. *Ich sehe in diesem Festhalten Adlers an der Ich-Psychologie, zu einem Zeitpunkt, da die Entwicklung der Psychologie sich von ihr wegwandte, die entscheidende Ursache, warum Freud Adler ablehnen und bekämpfen mußte.* Denn Adlers ständige Erklärungen, das *Unbewußte* sei bloß das *Unerkannte,* und sein ständiger Hinweis, das Ich sei die einzige Realität, wo wir ansetzen könnten, war eine *Bedrohung* alles dessen, worum Freud sich bemühte. Er hatte ja eben erst begonnen, die Wissenschaft der Psychologie von der flachen und sterilen »Bewußtheit« loszulösen und in ein völlig neues Gebiet, das der systematischen Erforschung der unbewußten Seelenkräfte, zu führen.

Die Trennung von Freud und Adler ist als eine der bekanntesten Tatsachen in der Entwicklung der modernen Psychologie sozusagen ins Allgemeinwissen übergegangen. Weit weniger bekannt ist – auch in Fachkreisen –, daß es zwischen *Adler* und *Jung* Gemeinsamkeiten gibt.

Freilich hätte Adler niemals die Jungsche Einteilung der Seele in verschiedene Schichten akzeptieren können; er akzeptierte ja nicht einmal die weit unkompliziertere seelische Apparatur, die Freud postuliert hatte: Ich, Es und Überich. Auch war er über die Neurose durchaus anderer Meinung als Jung. Eine »positive Neurose« war für Adler ein Unding. Zwar sieht er, so wie Jung, die Neurose als eine schöpferische Leistung des Patienten an; aber als eine, die sich *nur* auf der *unnützlichen (negativen)* Seite des Lebens auswirkt.

Schließlich sind die drei Forscher in der Traumlehre ganz und gar unterschiedlicher Meinung. Für Freud ist der Traum die »Via regia zum Unbewußten«. Jung geht noch viel weiter. Träume sind Geschehnisse »jenseits von Raum und Zeit«. Wir haben bereits darauf hingewiesen, daß Jung sagte: »Man träumt nicht; man wird geträumt. Wir ›erleiden‹ den Traum; wir sind die Objekte.« Adler denkt da viel nüchterner. Er nimmt keine strenge Scheidung von bewußten und unbewußten Vorgängen an, er definiert beide im Sinne eines seelischen Monismus als Variierung des gleichen Lebensstils. »Der Zwang zur Einheit der Persönlichkeit, also das fiktive Ziel, beherrscht den Umfang des Bewußten wie des Unbewußten.« Genau dasselbe gilt auch für Schlaf und Wachen. Der Traum ist die Brücke zwischen dem Heute und dem Morgen, und es ist seine Funktion, Stimmungen hervorzurufen, mit denen wir an die Probleme herangehen wollen. Wir sprechen uns Mut zu, wenn wir schlafen, wir warnen uns vor gewissen Entscheidungen. So kann der Traum manchen Aufschluß geben. Trotzdem wird, sagt Adler, die Wichtigkeit der Traumdeutung überschätzt. Denn kein Traum kann uns etwas enthüllen, das nicht auch aus den bewußten Reaktionen eines Menschen hervorgehen müßte. Adler versucht soweit wie möglich von der Tagseite des Lebens her in die Seele des Patienten einzudringen.

Hingegen stimmen Adler und Jung in ihrer Auffassung der *Persönlichkeit* überein – Persönlichkeit ist ein ganzheitliches (holistisches) Phänomen –; beide gehen davon aus, daß das System der Persönlichkeit zweckgerichtet, zielbedingt und optimistisch ist. Auch in Fragen der *Therapie* stimmen sie überein. Die Gegenwart eines Patienten ist viel wichtiger als die Vergangenheit und die aktive Teilnahme des Therapeuten in der Behandlung unerläßlich. Die Freudsche *Libido* wird von beiden angegriffen. Während jedoch Jung das Konzept modifiziert, wird es von Adler zur Gänze abgelehnt.

Noch klarer wird die Übereinstimmung der beiden Forscher in ihrer Stellungnahme zum Phänomen der *Übertragung,* jenem Konzept, das für Freud und viele andere Analytiker von so überragender Bedeutung ist.

Es gibt keine Übertragung, sagt Adler. Der Patient »überträgt« nicht; die Aggressivität und Oppositionslust, die Unzukömmlichkeiten des Verkehrs mit dem Analytiker kommen aus der allgemein asozialen Haltung des Patienten; und sein Widerstand entspricht der Entwertungstendenz, weil die Heilung seiner Neurose als eine persönliche Niederlage empfunden wird (der *Doktor* hat gesiegt!) und darum mit allen Mitteln verhindert, zumindest aber hinausgeschoben wird. Und Jung sagt, die Übertragung ist keine beständig auftretende und für den Erfolg der Behandlung unerläßliche Erscheinung. Übertragung ist Projektion, und diese ist entweder da oder nicht da, aber sie ist nicht *notwendig.*

So verschieden also die Natur ihrer Erkenntnisse auch ist, beide Forscher kommen zum gleichen Resultat: zur Ablehnung des Begriffs der Übertragung.

Jahrzehntelang bekämpften die drei Schulen einander auf das heftigste; auch dann, wenn sie zu gleichen Ergebnissen kamen. Das ist nun einmal die menschliche Natur, und Psychologen machen da keine Ausnahme.

Die offene Feindseligkeit dauerte noch bis in die späten vierziger Jahre an; trotzdem kommen bereits seit den dreißiger Jahren immer öfter Tendenzen zum Vorschein, die, dem äußeren Bild des Auseinanderstrebens widersprechend, die Übergänge anzeigen. So fanden z. B. »männlicher Protest« und Minderwertigkeitskomplex Eingang ins psychoanalytische System, zwar nicht »offiziell«, aber um so mehr, was die Wirkung anging. Im engsten, konservativen analytischen Kreis blieb die sexuelle Libido zwar weiterhin im Mittelpunkt des Interesses, aber nicht ohne deutliche Akzentverschiebung auf die aggressiven Triebe. Dafür begannen einige Adlerianer mehr Gewicht auf Traumdeutung und unbewußtes Seelenleben zu legen, und Freud wiederum wandte sich in seinen letzten Lebensjahren immer mehr der Erforschung des Ich-Konzeptes zu.

Wir wollen zwei besonders schöne Beispiele dafür geben, auf welche subtile Weise sich solche Einflüsse vollzogen. Wir zitieren:

»Die Vorzeit, in welche die Traumarbeit uns zurückführt, ist eine zweifache: erstens die individuelle Vorzeit, die Kindheit, andererseits, insofern jedes Individuum in seiner Kindheit die ganze Entwicklung der Menschenart irgendwie abgekürzt wiederholt, auch diese Vorzeit, die phylogenetische. Ob es gelingen wird zu unterscheiden, welcher Anteil der latenten seelischen Vorgänge aus der individuellen, und welcher aus der phylogenetischen Urzeit stammt – ich halte es nicht für unmöglich. So scheint mir z. B. die Symbolbeziehung, die der Einzelne niemals erlernt hat, zum Anspruch berechtigt, als phylogenetisches Erbe betrachtet zu werden.«

Woher stammt dieses Zitat? Doch sicher aus einem der wichtigen Bücher von Jung. Nein! Die zitierte Stelle stammt aus den *bereits 1917* erschienenen *Vorlesungen zur Einführung in die Psychoanalyse* von Sigmund *Freud.*[3]

Jung sagt viel später einmal, als er vom »Schatten« spricht, diese Region sei keineswegs »böse«, wie Freud meine, sondern nur unangepaßt und primitiv. Das Merkwürdige an dieser Äußerung ist, daß sie Freud ganz ungerechtfertigt angreift. Denn Freud war ja gar nicht dieser Meinung, und er benützte zur Charakterisierung des Unbewußten sogar die gleichen Worte wie Jung. Ebenfalls in den *Vorlesungen zur Einführung in die Psychoanalyse* heißt es: »Der befremdende Eindruck, daß so viel Böses im Menschen steckt, beginnt nachzulassen. Dieses entsetzlich Böse ist einfach das Anfängliche, Primitive, Infantile des Seelenlebens ...«[4]

Dies beweist immerhin, daß Jung auch in seinen späteren Forschungen, auf dem Weg zum kollektiven Unbewußten und zu den Archetypen, nicht so unbeeinflußt von Freud war wie die Jungianer glauben; was die Leistung des großen Gelehrten freilich nicht im geringsten schmälert.

Zusammenfassend läßt sich sagen, daß die Tiefenpsychologie zu Beginn der vierziger Jahre einen ersten Höhepunkt erreicht. Während Europa vom Zweiten Weltkrieg heimgesucht wurde, begannen die Vereinigten Staaten von Amerika jene führende Rolle in der Tiefenpsychologie zu spielen, die sie bis heute innehaben. Und hier nun werden im Verlauf der vierziger Jahre die Einflüsse aller drei großen tiefenpsychologischen Schulen gleichermaßen spürbar:

Soweit die Amerikaner tiefenpsychologisch arbeiten, sind sie *psychoanalytisch,* d. h. an Freud orientiert. Die Psychotherapie wird aber in zunehmendem Maß zu einer Sache der *Gemeinschaft,* was sich nicht nur an der Entstehung der Sozial- und Gruppentherapie und der Entwicklung einer tiefenpsychologischen Pädagogik ablesen läßt, sondern auch – so merkwürdig das zunächst klingen mag – an der *Rückkehr zur Ich-Psychologie.* Beides, die Beschäftigung mit dem bewußten Ich und die Betonung des sozialen Aspekts in der Psychotherapie, ist ein Verdienst Alfred Adlers. Und zugleich zeichnet sich eine dritte, stark *spiritualistische* Strömung ab: die Jungsche Psychologie.

Teil III
Drei Persönlichkeiten: Freud–Adler–Jung

11 Die Persönlichkeit Sigmund Freuds

Von den drei großen Psychologen der Jahrhundertwende war Sigmund Freud sicherlich die widerspruchsvollste Persönlichkeit. Der große Sexbefreier war in seinem Privatleben ein viktorianisch gesinnter Mann. Selbst wenn einige der puritanischen Züge, die man ihm zuschreibt, übertrieben sein sollten, so tritt doch klar genug aus allen Biographien[1] das Bild eines sehr bürgerlichen Gatten und Vaters hervor. Freud, der jahrzehntelang als ein Apostel der »Sittenverderbnis« hingestellt wurde, haßte zuzeiten seine Arbeit, weil ihm ihre »unmoralischen« Resultate um nichts weniger peinlich waren als den meisten seiner Zeitgenossen; und trotzdem kehrte er immer wieder zu ihr zurück, weil seine Ehrlichkeit ihn zwang, die Augen offen zu halten. Er vereinigte in sich die positiven Merkmale der bürgerlichen Epoche – Disziplin, Arbeitsfreudigkeit und Würde – mit einer persönlichen Integrität, die beispielgebend ist. Was er als wahr erkannte, mußte ausgesprochen und auch nach außen vertreten werden, ohne jeden Kompromiß. Wenn er aber stichhaltige Einwände fand, war ihm keine Enttäuschung zu groß, als daß er nicht alles umgeworfen und seine Lehren modifiziert hätte. Keiner seiner Schüler und Gegner hat Freud so angegriffen wie er sich selber. Man erzählt von ihm, daß einmal einer seiner Schüler zu ihm gekommen sei, um sich für gewisse abweichende Auffassungen zu entschuldigen. Da soll Freud lächelnd gesagt haben: »Aber das macht doch nichts. Ich bin doch kein Freudianer!« Dieselbe Anekdote wird allerdings auch von Marx erzählt und auch noch von ein paar anderen berühmten Männern. Ob sie für jene stimmt, bleibe dahingestellt. Für Freud stimmt sie kaum. Er vertrug die *eigene* Kritik, nicht die eines andern. Lebenslang ringt er in seiner Einsamkeit um seine großen Männerfreundschaften, und von Jugend an zerbrechen sie alle am Widerstand seiner autokratischen Natur: Brücke, Meynert, Charcot, Breuer, Fließ, Tauski, Adler, Stekel, Jung, Reich, Rank, Ferenczi, um nur die wichtigsten Namen zu nennen.

Im persönlichen Verkehr wird Freud von den einen als liebenswürdig und entgegenkommend geschildert, von andern wieder als unnahbar und abweisend. Sicher war er, mit einer einmaligen Hypersensitivität begabt, in seinem Verhalten von Sympathien und Antipathien maßlos abhängig. Er erinnert darin, vor allem in seinen späteren Jahren, an den alten Goethe, dessen Besucher ja in ähnlicher Weise sowohl von seiner Väterlichkeit als auch von seiner eisigen Distanziertheit berichten.

Leicht hat das Leben es ihm nicht gemacht. Freud war arm in seiner Kindheit und dann wieder während großer Wegstrecken seines langen Lebens. Er war in den Vierzigern, als die *Traumdeutung* erschien, und die Aufnahme des Buches, sofern es nicht überhaupt ignoriert wurde, war verheerend. So veröffentlichte z. B. ein Dozent der Wiener Universität ein Pamphlet gegen die Psychoanalyse. Er gab glatt zu, Freuds Schriften niemals gelesen zu haben! Man hatte ihm in psychiatrischen Kreisen gesagt, das sei gänzlich überflüssig![2] Der Berliner Professor Franz von Luschan meinte, »man sollte diese ganze moderne Psychiatrie mit einem eisernen Besen unbarmherzig hinauskehren«. – Ist es glaublich, daß noch fast dreißig Jahre nach dem Erscheinen von Freuds *Traumdeutung* Professor Hoche in Freiburg dieses Buch mit den »wohlbekannten Traum-Bücheln« vergleichen konnte, »wie sie die Dienstmädchen auf ihrem Nachtkästchen liegen haben«? Freilich kam Hoche mit seiner Bemerkung reichlich spät, denn man schrieb das Jahr 1927, und da war Freud bereits berühmt, und sein Werk war nicht nur bis nach Amerika gedrungen, sondern auch nach Kanada und Australien.

Freud selber, von tief pessimistischer Haltung, was die Entwicklung der Menschheit anlangt (bekannt ist sein Briefwechsel mit Albert Einstein über die »Unvermeidbarkeit des Krieges«), konnte in seinem persönlichen Leben durch keinen Mißerfolg nachhaltig erschüttert werden. So bescheiden er über seine eigene, alles umstürzende Arbeit dachte, so unerhört war trotzdem sein Selbstbewußtsein. Nur ein Mann von solcher Selbsteinschätzung konnte trotz aller Mißerfolge an einen Freund schreiben: »Niemand hat hier [in Wien] die leiseste Ahnung von der Bedeutung [meiner Traumlehre]... Ich bin meiner Zeit fünfzehn oder zwanzig Jahre voraus...«[3]

Im Alter von achtzig Jahren war Freud bereits eine Legende. Er erreichte fast das 84. Lebensjahr, aber die letzten sechzehn Jahre seines Lebens waren durch einen Kieferkrebs schwer verdüstert, und die Prothese, die er tragen mußte, bildete eine ständige Behinderung. Dreiunddreißig Operationen ertrug er in diesen sechzehn Jahren, bis zum Ende jedes schmerzstillende Medikament stoisch ablehnend, weil er unter keinen Umständen sein Sensorium trüben lassen wollte. Er wollte klar bleiben, und er arbeitete unermüdlich weiter.

Zuletzt kam für den todkranken Mann noch die Emigration. Freud hatte unzählige Male daran gedacht, Wien zu verlassen, wo er so viel (wirkliches und vermeintliches) Unrecht erfahren hatte. Die Fachgelehrten hatten ihn nie anerkannt, die medizinische Fakultät der Universität ihn nie zum »ordentlichen« Professor gemacht, sein Weltruhm war aus dem Ausland gekommen. Das ist alles wahr, aber Freuds autokratische Natur hat es den Leuten auch nicht leicht gemacht, ihn anzuerkennen. Wie auch immer, er hing mit jeder Faser an Wien, und er spielte nur in Gedanken mit der Absicht, es zu verlassen. »Österreich ist das Land«, sagte er einmal, »über das man sich zu Tode ärgert und in dem man trotzdem sterben möchte.« Auch das war ihm nicht vergönnt. Als Hitler nach Österreich kam, 1938, mußte Freud, mit 82 Jahren, Wien verlassen. Selbst jetzt wollte er nicht. Freunde von höchstem Einfluß mußten ihn förmlich zwingen, mit seiner engsten Familie nach London zu übersiedeln. Am Wiener Westbahnhof verabschiedete sich der alte Mann von seinen vier Schwestern; sie sind alle in den Gaskammern umgekommen.

In seine letzten Lebensjahre, in die steigende Bedrohung durch das Hitlerregime (Hitler war 1933 zur Macht gekommen), fällt auch Freuds letzte Schrift *Der Mann Moses und die monotheistische Religion.* Hierin stellte er folgende Behauptungen auf: Moses war kein Jude, und die monotheistisch-jüdische Religion ist nicht von den Juden geschaffen worden. Moses war ein Ägypter und seine Religion eine von den Ägyptern übernommene. Sein Name kommt auch nicht von dem hebräischen »mashah« (der aus dem Wasser Gezogene), sondern von dem ägyptischen »mose« (das Kind). Auch war er kein Stotterer, wie die Bibel erzählt; er brauchte einen Dolmetscher, weil er ägyptisch sprach. Seine monotheistische Religion stammt von dem Pharao Amenophis IV., der seinen Namen änderte und als Echnaton im 14. Jahrhundert v. Chr. die götzenlose Sonnenreligion einführte. Nach dessen Tod ging die neue Religion wieder unter, und nur Moses, ein Ägypter von hoher Abstammung, wählte den Wüstengott Jahwe, der in der Sinai-Horeb-Gegend verehrt wurde, und übertrug auf ihn die Idee des Pharao Echnaton. Er brachte sie zu aramäischen Stämmen, den Habiru (den Hebräern), die sich ihm anschlossen. Später wurde Moses von ihnen ermordet, und – hier steigen die Gedankengänge aus *Totem und Tabu* wieder auf – das kollektive Schuldgefühl der Stämme verband diese nun für immer mit der Idee des gemordeten Vaters, der in seiner Erscheinung ins Gigantische gesteigert wurde.

In dreifacher Weise beraubt also Freud die jüdische Gemeinschaft: Ihr größter Mann, Moses, ist kein Jude; die jüdische Religion ist nicht ihr Eigentum; der verehrte Prophet wurde von seinen Anhängern ermordet und steht nur deshalb in so hohem Ansehen.

Daß dieses Buch (bis heute), und nicht nur bei religiös gesinnten Menschen, heftigen Widerstand auslöst, liegt auf der Hand. Der Bibelforscher Abraham Yahuda sagt mit Recht, daß kein fanatischer Antisemit ein mißgünstigeres Buch gegen die Juden hätte schreiben können.

Hier stoßen wir noch einmal auf die so widerspruchsvolle Persönlichkeit des großen Gelehrten. Freud war kein gläubiger, aber ein bewußter Jude, der seine Zugehörigkeit zur jüdischen Gemeinschaft immer wieder hervorhob. Was hat ihn dann veranlaßt, am Schluß seines Lebens diesen vernichtenden Schlag gegen die eigene Gemeinschaft zu führen, und gerade zu einem Zeitpunkt, als sie wie nie zuvor um ihr Leben kämpfte? War es wirklich die Wissenschaft, der er unbedingt dienen mußte? Aber sein Buch enthält ja eine geschichtlich völlig unbewiesene Phantasie und dient nicht der Wissenschaft! War es, wie einige Analytiker meinen, daß Freud sich auf diese Weise mit Moses, dem großen Führer, identifizierte und, indem er ihn zum Nichtjuden machte, seine persönlichen »jüdischen Minderwertigkeitsgefühle« überwand?[4] Ich glaube es nicht.

Sein ganzes Leben hindurch hat Freud seine materialistisch-atheistische Weltanschauung beibehalten, auch im Moses-Buch. Nach wie vor ist für ihn Religion eine kollektive Neurose, Gott existiert nicht, und was wir Gott nennen, ist nichts als eine aus der

Kindheit der Menschheit stammende, ins Überdimensionale gesteigerte Vaterfigur.

Aber er hat diese Auffassungen zu oft und zu stark betont, und das macht sie verdächtig. Die westlichen Analytiker lassen sich täuschen. Die Russen haben sich niemals von Freuds Atheismus überzeugen lassen. Meine eigene Auffassung ist die: Freud ist mit dem Problem der Religion nie fertig geworden. Sein *Moses* ist ein letzter Versuch, das Wesen der Religiosität zu entlarven. Das Buch bleibt das verdrängte Eingeständnis des alten Materialisten, daß auch dieser Versuch mißlang. Er mußte mißlingen; denn Freud war, wie wir noch sehen werden, ein Metaphysiker.

12 Die Persönlichkeit Alfred Adlers

Freud wie Adler waren Wiener. Freud wurde zwar in Freiberg in Mähren geboren (Mähren war eine Provinz des alten Reichs), kam aber als Vierjähriger nach Wien, wo er achtundsiebzig Jahre lebte, bevor er es verlassen mußte. Adler wurde in Penzing geboren, damals ein Vorort, heute längst ein Teil der Stadt Wien.

Die Jugend und ein gut Teil der Mannesjahre der beiden fallen noch in die »gute, alte Zeit« der Monarchie, und Wien, »die Kaiserstadt an der Donau«, war wirklich noch jene Stadt, die in unzähligen Geschichten und Legenden zwar glorifiziert, aber doch nicht unrichtig geschildert wird. Sie war ein Zentrum der höchsten Kultur und geistigen Intensität. Ein Spaziergang durch die sogenannte »Innere Stadt« war eine Begegnung mit einigen der berühmtesten Männer der Zeit – mit Ärzten wie Billroth, Nothnagel, Rokitansky, mit den Dichtern Hofmannsthal und Schnitzler, den Musikern Bruckner, Brahms, Johann Strauß, Gustav Mahler.

Alfred Adler selbst war von so wienerischem Gepräge wie vielleicht kein anderer Gelehrter seiner Epoche. Er vereinte in sich eine Reihe von Qualitäten aus der besten Zeit des Wienertums: eine Geistigkeit, die Charme ausstrahlte, eine Gründlichkeit, die es nicht nötig hatte, mit Beckmesserei zu protzen, und eine genießerische Lebensbejahung, immer bereit, einen Spaß zu machen, um die gute Stimmung aller Beteiligten zu erhöhen. Tiefe Depressionen waren Adler keineswegs fremd (auch *das* ist übrigens sehr wienerisch: die Gegenseite der starken Lebensfreude!), aber immer wieder siegte sein Optimismus. Seine Vorträge an den Volkshochschulen und am Pädagogischen Institut waren lebendig und gemütlich zugleich; da er die Sprache des Volkes liebte und sie besser beherrschte als mancher Taxichauffeur und Briefträger, scheute er sich auch nicht, starke Dialektwörter zu verwenden, und seinem Englisch – er kam später, schon sehr bekannt geworden, als Gastprofessor nach Amerika – blieb bis zuletzt ein wienerischer Dialekt.

Die letzten zehn Jahre seines Lebens verbrachte Adler in New York; er kam nur noch in den Sommerferien nach Wien zurück. Er lehrte zuerst an der Columbia-University und dann am Long Island College of Medicine. Auf einer seiner Reisen nach Europa, 1937, starb er ganz plötzlich in der schottischen Stadt Aberdeen, erst 67 Jahre alt. Die Emigration ist ihm erspart geblieben...

Ich hatte das Glück, als junger Mann Adler kennenzulernen. Er wurde mein Lehrer und dann auch mein Analytiker. So hatte ich Gelegenheit, ihn in zahllosen Gesprächen und Diskussionen aus nächster Nähe zu beobachten.

Adlers äußere Erscheinung war auf den ersten Blick nicht auffallend; man wurde aber sehr bald von der Mächtigkeit seiner Stirn und auch von seinen Augen fasziniert. Seine hervorstechendsten Eigenschaften im persönlichen Verkehr waren seine Gelassenheit (nicht immer, er konnte auch sehr zornig werden!) und sein Humor. Stets hatte er eine seiner kleinen Anekdoten bereit. So erwähnte ich einmal, wie kompliziert doch eigentlich das Benehmen der meisten Menschen sei. »Stimmt«, sagte Adler, »das erinnert mich an den kleinen Buben, der zu spät in die Schule kommt. Da fragt der Lehrer: ›Warum kommst du denn so spät?‹ – ›Es war alles so vereist, daß ich immer zwei Schritte zurück gehen mußte, wenn ich einen nach vorn gemacht hatte.‹ – ›Und wie bist du denn dann überhaupt hergekommen?‹ fragte der Lehrer. ›Ich habe mich umgedreht und bin nach Haus gegangen‹.« – Adlers Späße und Anekdoten waren ein Teil seiner Psychotherapie. »Wenn die Leute nur wüßten«, sagte er bei anderer Gelegenheit zu mir, »wie ernst ich es meine, wenn ich Witze mache.«

Wenn wir Studenten einen Fall diskutierten, erweckte er manchmal den Eindruck, als höre er gar nicht zu. Er ließ uns reden. Plötzlich wendete er sich uns zu, nahm die unvermeidliche Zigarre aus dem Mund und sagte ein oder zwei Sätze – und diese kurze Bemerkung enthüllte schlagartig die seelische Dynamik des betreffenden Falles! Immer wieder waren wir erstaunt über seine psychologische Einsicht und Hellsichtigkeit.

Da war jener Fall in der Kinderberatungsstelle. Der Vater des gestörten Kindes gibt recht unwillig seine Auskünfte. »Warum sind Sie so ein Menschenfeind?« fragt Adler unvermittelt. Da braust der Mann auf: »Ich bin kein Menschenfeind. *Ich will bloß meine Ruhe haben!*« »Ich hab' also recht«, sagt Adler. »Sie stehen den Menschen feindlich gegenüber. Sie verlangen nämlich von Ihren Mitmenschen das Unmögliche. Man *kann* nicht in Ruhe gelassen werden. Leben ist Unruhe.« Der Mann hob den Kopf, sah Adler an — und war gewonnen.

Bei allem Selbstvertrauen in seine intuitive Kraft mahnte Adler doch immer wieder sich selber und die anderen zur Vorsicht. Ich hatte einmal eine solche Erfahrung, als ich zu ihm kam, gerade als eine Patientin ihn verließ. Ich hatte sie kaum gesehen, aber mit dem ganzen Überschwang und Feuereifer meiner zwanzig Jahre begann ich einen Vortrag über die Patientin zu halten und alle meine Eindrücke wiederzugeben. Adler schwieg sehr lange. »Herr Doktor«, sagte ich endlich, tief beleidigt durch sein Schweigen, »war es so unrichtig, was ich sagte?« Adler lächelte. »Im Gegenteil. Eine ausgezeichnete Diagnose. Aber Sie sollten nicht so schnell sein. Einen Menschen zu verstehen, ist nicht so einfach. Wir müssen vorsichtig sein.«

Manchmal konnte der gemütliche Adler auch sehr ungemütlich werden. So geschah es bei einer Studentendiskussion über »Schlafstellungen«, daß ich eine Bemerkung machte, die mir wahrhaftig in diesem Kreise nicht hätte passieren dürfen. Unter »Schlafstellungen« versteht man die Art und Weise, wie sich ein Mensch im Schlaf verhält; er kann sich einrollen, er kann auf dem Bauch, auf dem Rücken, auf der Seite liegen, sich besonders fest zudecken oder die Decke von sich streifen..., was jedes seine psychologische Bedeutung hat. Und da sagte ich, die zusammengekrümmte Position eines Schlafenden erinnere vielleicht doch sehr an die Stellung des Embryos im Mutterleib... Das war zuviel! »Wiederholen Sie doch nicht diesen psychoanalytischen Unsinn«, unterbrach mich Adler. Er war aufgesprungen. »Verwöhnte Kinder, diese Freudianer«, schrie er zornig, »an nichts können sie denken als an Sexualität!« Die Stimmung war reichlich verdorben. Aber nach ein paar Tagen war alles vergessen, und einige Wochen später schickte er mir eine freundschaftliche Postkarte aus der Sommerfrische in den österreichischen Bergen.

Im großen und ganzen gesehen verlief das Leben Adlers glücklicher als das Leben Freuds, wobei ihm sicherlich seine optimistische Haltung viel geholfen hat. Er wurde zwar nicht sehr alt, aber er war fast immer gesund. Der Ruhm allerdings, die Anerkennung, wurden ihm noch zögernder zuteil als Freud. Der wirkliche Weltruhm Alfred Adlers kam erst nach seinem Tod.

Daß er sich so schwer durchsetzen konnte, obwohl ihm doch die Gabe persönlichen Kontakts in so außerordentlichem Maße zur Verfügung stand, ist eigentlich verwunderlich und mag verschiedene Gründe haben. Einer der Gründe scheint mir darin zu liegen, das ihm die Fähigkeit zur präzisen, systematischen Darstellung abging. Im Gegensatz zu Freud, der ein hervorragender Schriftsteller war, war Adler zwar ein ausgezeichneter Redner, der jede Zuhörerschaft sofort gewann, aber ein mittelmäßiger Autor. Manchmal gelangen ihm prachtvolle, aphoristische Zusammenfassungen, aber in seinen Büchern hat man nur zu oft den Eindruck der Flüchtigkeit und Unübersichtlichkeit. Es bedurfte einer ganzen Generation von Adlerianern, um die Spreu vom Weizen zu sondern. Wir verdanken es den beiden Ansbachers, Heinz und Rowena, wenn wir heute endlich Adlers wertvollste Beiträge zur Psychologie unseres Zeitalters in systematisch geordneter Form besitzen. Ihr Buch *Alfred Adlers Individualpsychologie* ist eines der Standardwerke der psychologischen Literatur.[1]

Zu den interessantesten und wichtigsten Gesprächen, die ich mit Adler hatte, gehören die Gespräche über den Tod aus dem Jahre 1927. Ich war zweiundzwanzig Jahre alt. In meinen erhalten gebliebenen Tagebüchern finden sich viele Aufzeichnungen darüber, und ich zitiere aus ihnen:

Ich war zu ihm gekommen, weil wir gemeinsam zu einer Sitzung gehen wollten, wir hatten noch ein wenig Zeit, und Adler eröffnete die Unterhaltung.

»Sie sind in der letzten Zeit sehr in Gedanken. Wollen Sie mir nicht sagen, was vorgeht?«

»Ich habe sehr viel über den Tod nachgedacht.«

»Sie tun das oft, nicht wahr?«

»Ja. Aber diesmal ist es anders. Etwas ist geschehen.«

Adler lächelte. »Haben Sie eine Entdeckung gemacht?«

»Ja. Ich bin zur Überzeugung gekommen, daß der Tod ein Irrtum ist.«

»Das müssen Sie mir erklären.«

»Sagen Sie, Herr Doktor, glauben Sie, daß der Mensch unter allen Umständen sterben muß?«

»Wenn ich das glaubte, wäre ich kein Arzt geworden. Wollen Sie wissen, warum ich Arzt geworden bin? Ich wollte den Tod abschaffen.«

Hier scheint eine Pause im Gespräch eingetreten zu sein. Dann setzen sich die Aufzeichnungen fort.

»Ich habe plötzlich erfaßt, daß der Mensch den Tod als unausweichlich ansieht. Vielleicht ist das ein Vorurteil. Warum sollte es nicht denkbar sein, daß wir die menschliche Lebensdauer auf hundert, hundertzwanzig, hundertfünfzig und auch mehr Jahre ausdehnen können? Und wer sagt uns, daß das die Grenze ist?«

»Ich stimme mit Ihnen überein. Meine Beobachtungen als Arzt und Psychologe lassen mich annehmen, daß die Verlängerung des Lebens eines Tages ganz selbstverständlich sein wird. Wir wissen bis jetzt so wenig über die biologischen und physiologischen Gesetze des Menschen und die Chemie des Körpers. Aber selbst das Wenige, was wir wissen, schließt die Möglichkeit der Erhaltung von Zellen, Organteilen oder selbst ganzer Organe nicht aus.«

»Halten Sie ein Weiterleben nach dem Tod für möglich? Ohne die Chemie und Physiologie des lebenden Körpers?«

»Was ich in sogenannten okkulten Vorführungen und in Experimenten mit medial Begabten gesehen habe, hat mich nicht sehr beeindruckt. Aber ich will nicht leugnen, daß auf einem Gebiet, welches noch völlig im Dunkel liegt, noch manches entdeckt werden könnte. Sie fragen mich, ob ich an ein Fortleben ohne Körper und Physiologie glaube? Nein! Es sei denn, es würden völlig neue, bisher unbekannte Gesetze der Physiologie entdeckt. Aber auch das ist nicht unmöglich. Ich denke übrigens nicht, daß das noch während meiner Lebenszeit geschehen wird.«

»Herr Doktor, ist der Gedanke des persönlichen Todes nicht etwas Furchtbares?«

»Nicht für mich. Ich habe mich längst damit ausgesöhnt.«

»Ich habe manchmal das Gefühl, das Leben ist ein Abgrund. Was kann man da machen?«

»Sich mit dem Leben vertragen.« Adler erhob sich. »Bleiben Sie im Abgrund, das ist alles, was zu sagen ist. Und leben Sie! Ja, wenn ich imstande wäre, die Tatsache des Todes aus der Welt zu schaffen! Aber ich bin es nicht. Da ich es nicht kann, verbittere ich mein Leben nicht mit unerfüllbaren Wünschen, während ich das versäume, was ich habe. Kommen Sie jetzt, die andern warten schon, und es ist so viel zu tun. So vieles, was man tun *kann.*«

13 Die Persönlichkeit Carl Gustav Jungs

Die Gegensätze zwischen den Persönlichkeiten Freuds und Adlers könnte man sich immerhin noch als überbrückbar vorstellen — wenn es auch nie zu einem Ausgleich zwischen ihnen gekommen ist. Die Gegensätze zwischen Freud und Jung sind unüberbrückbar. Wie kam es, daß sich dann doch eine jahrelange, intensive Beziehung zwischen den beiden entwickeln konnte? Wenn die emotionellen Beweggründe stark genug sind, können manchmal über brückenlose Abgründe hinweg selbst langdauernde Bindungen entstehen, die, wenn endlich das Erwachen kommt, niemandem unverständlicher sind als den Betroffenen selbst. Jung brauchte damals noch die gebietende, autokratische Vaterfigur (die ihm sein Lehrer und Chef Bleuler wahrscheinlich nicht mehr sein konnte), und Freud brauchte den begeisterten Jünger, der ihm die bislang verschlossene christliche Welt zu eröffnen schien. (Fast alle seine damaligen Schüler und Anhänger waren Juden.)

Jung war Schweizer (er wurde 1875 in Kesswil im Thurgau geboren) und der Sohn eines Geistlichen. Sosehr es uns widerstrebt, die Entwicklung eines bedeutenden Mannes von einem zu engen psychologischen Standpunkt aus zu sehen, so offenkundig ist doch im Falle Jungs, daß sein religiöses Erbe sein Leben lang für ihn entscheidend geblieben ist. Wenn Adler das Freudsche Libido-Konzept aus sozialen Erkenntnissen ablehnte, so waren für Jung sicherlich seine religiösen Gehemmtheiten ausschlaggebend. Wir erinnern uns, daß er nach der gemeinsamen Reise nach Amerika Freud flehentlich gebeten hatte – *im* Interesse der Psychoanalyse! –, etwas weniger Nachdruck auf die Bedeutung der Sexualität zu legen. Und noch früher bereits hatte er gefunden, es sei nicht nötig, »mit Patienten in die Details von anrüchigen Themen zu gehen!« Jung blieb auch später in diesen einengenden Gedankengängen befangen und bemerkte gar nicht, daß Freuds weitere Forschungen nicht ausschließlich sexuelle waren.

Nun war ja auch Freud oft geradezu bestürzt gewesen über seine Erkenntnisse, aber er hatte, was Jung mangelte: den Mut, vor den Tatsachen des Sexuallebens nicht haltzumachen. Dafür mangelte *ihm* der Mut, die Schwelle des Metaphysischen bewußt zu überschreiten. Wir wiederholen eine Stelle aus seinen *Vorlesungen zur Einführung in die Psychoanalyse* von 1917, auf die wir im Zusammenhang mit Freuds Einfluß auf Jung bereits verwiesen haben.[1] Freud schreibt dort, daß wir in unseren Träumen nicht nur die persönliche Vorzeit der Kindheit wiedererleben, sondern auch die Vorzeit der gesamtmenschheitlichen Entwicklung, das phylogenetische Erbe: »So scheint mir z. B. die Symbolbeziehung, die der Einzelne niemals erlernt hat, zum Anspruch berechtigt, als phylogenetisches Erbe betrachtet zu werden.« Sechs Jahre früher schon, 1911, heißt es in einem Brief an Jung: »Leider wird sich das phylogenetische Gedächtnis sehr bald als eine Tatsache herausstellen.« Warum »leider«? Weil Freud nur zu genau verstand, wohin diese »Tatsache« (daß wir nämlich in unseren Träumen die gesamte Vorgeschichte der Menschheit *wissen*!) führen müßte: *ins Metaphysische.* Eine Entwicklung, die er nicht wahrhaben und unter allen Umständen vermeiden wollte und die er doch nicht verhindern zu können fürchtete. Jung hingegen hatte, was ich den »transzendenten Mut« nenne. Er begann seine psycho-kosmischen Wanderungen in das »kollektive Unbewußte« und bis an die Grenze des »Unergründlichen«.

Das erwies sich geistig als ebenso fruchtbar wie menschlich gefährlich. Denn eines Tages vermengte sich die sehr konkrete Hitlerzeit in seinem persönlichen Leben mit seinen sehr metaphysischen Gedankengängen.

Wir kommen zur dunkelsten Phase im Lebensablauf des Gelehrten: seiner Haltung während der Hitlerjahre. Immer wieder wird die Frage aufgeworfen: War Jung ein Nazi? Es ist merkwürdigerweise für viele eine offene Frage geblieben, während sie längst ein abgeschlossenes Kapitel sein müßte. Hier sind die Tatsachen.

Im Jahre 1933, als Hitler zur Macht kam, dankte der deutsche Psychiater Ernst Kretschmer als Präsident der Allgemeinen Ärztlichen Gesellschaft für Psychotherapie ab. Er gab auch die Redaktion des *Zentralblattes für Psychotherapie* ab. Die Nationalsozialisten gründeten eine »Deutsche Allgemeine Gesellschaft für Therapie«, und ein Dr. M. H. Göring, ein Vetter des »großen« Göring, wurde der sogenannte »Reichsführer« dieses Verbandes. Seine erste Handlung war ein »Mitteilungsblatt« an alle Ärzte und Psychologen. »Diese Gesellschaft hat die Aufgabe«, schrieb er,

...»alle deutschen Ärzte zusammenzufassen,... die willig sind, im Sinne der nationalsozialistischen Weltanschauung eine seelenärztliche Heilkunst auszubilden und auszuüben. Die Gesellschaft setzt von allen ihren schriftstellerisch und rednerisch tätigen Mitgliedern voraus, daß sie Adolf Hitlers grundlegendes Buch *Mein Kampf* mit allem wissenschaftlichen Ernst durchgearbeitet haben und als Grundlage anerkennen. Sie will mitarbeiten an dem Werke des Volkskanzlers, das deutsche Volk zu einer heroischen, opferfreudigen Gesinnung zu erziehen.«

Nun suchte man nach einem neuen Präsidenten des Verbandes anstelle des berühmten Kretschmer, und die Wahl fiel auf den ebenso berühmten Jung. Wenn irgend jemand, so war er es, der die eiserne (Patho-)Logik und den kollektiven Wahnsinn der Nazibewegung hätte durchschauen müssen! Er stand auch unter keinerlei Druck. Er war kein Deutscher, und er lebte in der Schweiz. Er hätte ablehnen können. Aber er akzeptierte! Und behielt die Präsidentschaft sieben Jahre lang, von 1933 bis 1940!

Er übernahm auch das *Zentralblatt* und schrieb einen programmatischen Artikel »Zur gegenwärtigen Lage der Psychotherapie«. Wir zitieren daraus:

»Der Jude hat nie und wird vorausssichtlich auch nie eine eigene Kulturform schaffen... Das arische Unbewußte hat ein höheres Potential als das jüdische... Freud kannte die germanische Seele nicht, sowenig wie alle seine germanischen Nachbeter sie kannten. Hat sie die gewaltige Erscheinung des Nationalsozialismus, auf den eine ganze Welt mit erstaunten Augen blickt, eines Besseren belehrt?«

Das war 1934. Aber noch 1938 sagte Jung in einem Interview zu H. R. Knickerbocker *(Hearst's International News):* »Hitler gehört in die Kategorie der wahrhaft mystischen Medizinmänner ... in seinen Augen ist der Blick des Sehers... er ist ein Gefäß des Geistes...«

Es gibt freilich noch ein anderes Interview, für die *Weltwoche,* Zürich. Da sagte Jung u. a.: »Alle Deutschen sind verantwortlich... eine Scheidung in anständige und unanständige Deutsche [ist] recht naiv. Alle sind, bewußt oder unbewußt, aktiv oder passiv an den Greueln beteiligt...«[2] Aber das alles sagte er im *Mai 1945*! Da war der Krieg zu Ende, und Hitler war tot.

Es ist eigentlich unbegreiflich, wie bei all diesen Tatsachen noch Zweifel über die Verbindung Jungs mit dem Nazismus bestehen konnten. Er wurde ja auch genug angegriffen.[3] Aber er fand glühende Verteidiger, allen voran Ernest Harms. Der schrieb 1946 einen Brandartikel[4] gegen alle Beschuldigungen unter dem keineswegs ironisch gemeinten Titel »Carl Gustav Jung – Defender of Freud and the Jews«!

Darin heißt es: »Es gibt keine einzige Handlung, die man irgendwie dahingehend deuten könnte, daß Jung in irgendeiner Weise an nationalsozialistischen Taten und Plänen beteiligt war.« Das mag richtig sein, aber nur im engsten Sinn des Wortes. Wenn man jedoch bedenkt, welche Stellung er einnahm, dann war, was er öffentlich sagte, nicht mehr die Meinung eines privaten Gelehrten, sondern es handelte sich um die repräsentativen Äußerungen eines hohen Funktionärs von weittragenden Folgen.

Als Jung 1961 starb, 86 Jahre alt, beauftragte mich das amerikanische *Journal of Individual Psychology,* einen Nachruf auf den historischen Zeitgenossen Alfred Adlers zu verfassen. Ich nahm das zum Anlaß, nebst einer Würdigung seines Werkes eine eigene Theorie zu entwickeln, um Jungs Verhalten während der kritischen Jahre zu erklären.[5]

Ich begann damit, einen Traum zu erzählen, den der Schriftsteller J. B. Priestley berichtet:

»Ich träumte, ich stand auf der Spitze eines sehr hohen Turmes, allein, und blickte auf Tausende von Vögeln hinab, die alle in einer Richtung flogen; jede Art Vogel war vertreten, alle Vögel der Welt. Es war ein stolzer Anblick, dieser weite himmlische Vogel-Fluß. Aber dann wurde auf mysteriöse Weise geschaltet, das Tempo wurde schneller, so daß ich Generationen von Vögeln sah, beobachtete, wie sie aus dem Ei krochen, flügge wurden, sich paarten, schwächer wurden, abnahmen und starben. Flügel wuchsen, nur um zu zerbrechen; Körper waren schlank, und dann, mit einem Schlage, verbluteten sie und verschrumpelten; und der Tod schlug zu, überall, jeden Augenblick. Wozu der ganze blinde Kampf ins Leben hinein, das eifrige Erproben der Flügel, das eilige Paaren, das Fliegen und Aufschwingen, die ganze gigantische, sinnlose biologische Anstrengung? Als ich hinunterstarrte, anscheinend die unwürdige Geschichte jeder Kreatur fast mit einem Blick erfassend, blutete mir das Herz. Es wäre besser, wenn kein einziges von ihnen allen, wenn kein einziger von uns allen geboren wäre, wenn der Kampf für immer aufhörte. Ich stand auf meinem Turme, verzweifelt unglücklich, immer noch allein. Aber dann wurde wieder geschaltet, die Zeit lief noch schneller ab, sie stürzte so schnell, daß die Vögel keinerlei Bewegung mehr zeigen konnten, sondern wie eine ungeheuere, mit Federn besäte Ebene aussahen. Aber durch diese Ebene, aufleuchtend durch die Körper selbst, lief jetzt eine Art weißer Flamme, zitternd, tanzend, dann vorwärtsstürzend...«

Priestley gibt dann selber eine jungianische Interpretation seines Traumes: »Und sobald ich sie sah, wußte ich, daß diese weiße Flamme das Leben selbst war, die reine Quintessenz des Lebens; und dann ging mir auf, in einer raketenartigen Ekstase, daß es auf nichts ankam, daß es nie auf irgend etwas ankommen könnte, weil nichts wirklich war außer diesem vibrierenden, eilenden Glanze des Daseins. Vögel, Menschen oder Geschöpfe, noch ungeformt und ungefärbt, sie alle hatten Bedeutung nur, soweit diese Lebensflamme durch sie zog. Keine Trauer blieb zurück; was ich für Tragik gehalten hatte, war nur Leere oder ein Schattenspiel; denn jetzt war alles wirkliche Gefühl beschlossen und verklärt in der weißen Flamme des Lebens und tanzte in Ekstase weiter mit ihr... Ich habe nie zuvor ein so tiefes Glücksgefühl empfunden...«[6]

Es soll nicht geleugnet werden, der Traum und seine Deutung sind von erhabener Schönheit. Aber: es ist merkwürdig um das »Erhabene« bestellt, das den Dichtern und Philosophen so leicht von der Hand geht! Das *Erhabene* (das Konvexe) reißt als Gegenwirkung so oft die *Abgründe* der Menschenseele (das Konkave) auf! Es ist im Jungianismus unstreitig eine Versuchung vorhanden, den Horizont zu überdehnen; man kann ihn dann so »groß« machen, daß man vor lauter Größe den Blick für alles »Kleine« vor den Augen verliert. »Die Zahl der Leidenden ist bedeutungslos«, hat Ernst Jünger einmal gesagt. Jünger, ein deutscher Denker von Format, hat es wahrscheinlich nicht so bös gemeint, wie es dann gekommen ist. Aber es kam so bös!

Und hier sind wir bereits mitten in meiner Erklärung dessen, was in Jung vorging. Ich zitiere aus dem Original meines Artikels:

»Ich glaube, die Erklärung für Jungs Haltung ist, daß er, zumindest zeitweilig, den Gefahren des Jungianismus zum Opfer fiel. Vielleicht konnte er der Versuchung nicht widerstehen, an der historischen Erscheinung eines transpsychischen Ereignisses von astronomischen Dimensionen teilzuhaben, die sich hier in einem die gesamte Menschheit umfassenden ›Erlöser-Archetyp‹ manifestierte. Hier wehte einen nun also der heiße Atem des Jüngsten Tages an, eines Welt-Neubeginns, der sich vielleicht einmal in Tausenden von Jahren ereignete – und ihm hatte das Schicksal es vergönnt, daß sich dieser Neubeginn zu seinen Lebzeiten vollzog und damit seine Theorien bewies, sein Werk bestätigte!

Aber zählte für Jung wirklich nichts anderes mehr als die Explosion des Lebens, der Prozeß der Evolution als eine Abstraktion? Dies sind Fragen, welche viele Menschen, die ihn bewunderten und die das Inferno Hitlers durchleiden mußten, bedrückten und ihnen das Herz zerrissen.«[7]

Meine Ausführungen scheinen die Gemüter sehr erregt zu haben, wie sich aus der Vielzahl von Zuschriften schließen läßt, die ich erhielt; es sind sehr ablehnende darunter und sehr zustimmende. Ich greife einen Brief heraus, nicht weil die Schreiberin meine Ansichten akzeptiert, sondern weil sie sich trotz alledem bemüht, in einer einfachen, menschlichen Art für den verstorbenen Lehrer und Freund Partei zu nehmen. Der Brief stammt von Jolande Jacobi; er gibt auch noch weitere Erklärungen. Ich glaube, es ist nur fair, eine der engsten Mitarbeiterinnen Jungs (sie arbeitete fünfunddreißig Jahre mit ihm) an dieser Stelle zu Wort kommen zu lassen.[8]

»Jung betrachtete sich niemals als jemand, dessen Worte mehr Gewicht hatten als diejenigen von anderen Menschen... Er war überhaupt nicht arrogant, eher bescheiden und voller Minderwertigkeitsgefühle... Deshalb kam er nie auf den Gedanken, daß seine Aussagen Taten von weitreichender Bedeutung sein könnten. Wenn man das zu ihm gesagt hätte, hätte er gelacht...

Es klingt unglaublich, aber es ist doch so, daß Jung immer nur in der inneren Welt ›au courant‹ war, aber nicht in der äußeren... Er war König der inneren Welt, und er vermittelte uns neue Einsichten und Ideen, an denen noch viele Generationen zu arbeiten haben werden. Aber seine politischen Auffassungen waren nicht auf der Höhe der Zeit, und sie waren ohne wirkliches Verständnis für die Gegenwart...

Zu Beginn glaubte Jung die ›Geschichten‹, die man sich über die Grausamkeiten der Nazis erzählte, wie die meisten Schweizer nicht... Man lebte hier, in der Schweiz, wie in einem Glashaus... während des ganzen Krieges weit weg von der Wirklichkeit...

Was die Nazis wirklich getan hatten, das erkannte Jung erst, als es zu spät war...

Es ist von großem Wert, daß Sie Ihren Artikel geschrieben haben, der die richtige Theorie im Hinblick auf die möglichen Gründe für Jungs ›Taten‹ bietet...«

Dr. Jacobi schloß ihren Brief mit den folgenden Worten, denen ich allerdings *nicht* zustimmen kann: »Ich wäre sehr froh, wenn diese Probleme ihre endgültige Lösung fänden, indem sie für immer begraben würden...«

Teil IV
Bruchstücke

14 Spekulationen und Experimente

Otto Rank hat als die Ursache aller Angst das *Trauma der Geburt*[1] hingestellt. Das Konzept des Geburtstraumas stammt übrigens von Freud selbst. Auch er war überzeugt, daß das Kind das Verlassen des Mutterleibs als tiefen Schock erlebt. Doch war er mit den weitgehenden Folgerungen Ranks, der aus dieser »Urangst« alles zu erklären versuchte, nicht einverstanden.

Ranks Psychologie ist durch die Annahme von zwei Hauptstrebungen im Menschen gekennzeichnet: Jeder Mensch hat den Wunsch, in die Ruhe und Gesichertheit des Mutterleibs zurückzukehren, und er spürt zugleich die Notwendigkeit, sich vom mütterlichen Objekt zu trennen. Der Wunsch nach Rückkehr in den Mutterleib läßt uns nach kindlich-abhängigen Beziehungen suchen, die Notwendigkeit der Trennung wirkt sich als das aus, was Rank den »Willen«, zu wachsen und wir selber zu werden, nennt. Wir brauchen unsere ganze Kindheit, um uns mehr oder minder an die irdische Existenz zu gewöhnen. Wenn uns das nicht gelingt, werden wir »neurotisch«.

Ranks *Persönlichkeitslehre* kennt drei Typen: den »Normalen«, den »Neurotiker« und den »schöpferischen Künstler«. Der »Normale« – Rank hat keine sehr hohe Wertschätzung für ihn – hat seinen »Willen« aufgegeben und sich völlig der Gruppe angeschlossen. Der »Neurotiker« behält zwar seinen Willen, er weigert sich, der Gruppe anzugehören, doch fehlt ihm die Kraft, sich zum »schöpferischen Künstler« zu entwickeln. Einzig und allein der »schöpferische Künstler« hat die Kraft, seinen »Willen« zu bewahren, ihn zu gestalten und sich zu erfüllen.

Ausgehend von seinem Konzept des Geburtstraumas, versuchte Rank fast alle sexuellen Spielarten »aus diesem *einen* Punkte« zu erklären. Homosexualität des Mannes ist dessen unbewußter Abscheu vor dem »mütterlichen Organ«, also vor der Frau, die ihn durch den Geburtsakt ins Leben gezwungen hat; Masochismus stellt sich als der Wunsch dar, gefesselt zu werden, d. h., unbeweglich zu sein, wie man es im lustvollen paradiesischen Zustand vor der Geburt gewesen ist; der Exhibitionist wünscht in den ursprünglichen paradiesischen Zustand der Nacktheit zurückzukehren; der Sadist rächt sich blutig für die Verbannung aus dem Mutterleib; seine Rückkehr ist eine gewalttätige und mit dem Vernichtungswunsch gegen das Objekt gepaart, das ihn verstoßen hat. Auch der Geschlechtsverkehr ist nach Rank ein geburtstraumatischer Akt. Wenn der Mann in die Frau eindringt, so ist das nicht nur eine Rückkehr in den Mutterleib, sondern – da der Penis ein Symbol für das Kind ist – die *völlige* Wiedervereinigung des Kindes mit der Mutter! Diese Deutung des Geschlechtsverkehrs hat sogar für die Frau Gültigkeit, behauptet er: Durch die bei Frauen so häufige Klitorisbefriedigung – die Klitoris ist ein Penissymbol – identifiziert sich die Frau mit dem Penis des Mannes, und so erlebt auch sie die Rückkehr in die Mutter! Schließlich erklärt Rank auch das Phänomen des Schlafes als eine Rückkehr in das intrauterine Leben: Allnächtlich gehen wir in die Mutter schlafen – der beste Beweis, daß niemand den Geburtsakt jemals ganz überwinden kann, nicht einmal der von Rank so gepriesene höchste Typ des schöpferischen Künstlers.

Ranks Theorien zur Sexualität sind, so interessant sie sein mögen, typisch für jene Art von Gedankengängen, um derentwillen man der Psychoanalyse so oft den Vorwurf des Verbohrten und Verschrobenen gemacht hat! Als viel fruchtbarer haben sich seine Beiträge zur Psychologie des Ichs und des Bewußtseins erwiesen. *Für Rank ist das Ich kein von Es und Überich umhergetriebenes und in die Ecke gedrängtes hilfloses Objekt, sondern ganz im Gegenteil der »autonome Repräsentant unseres Willens« und ein schöpferisches Element an sich.* Handeln, Fühlen und Denken gehen durch das Bewußtsein hindurch. Außerdem ist das bewußte Ich entwicklungsfähig. Im Laufe der Zeit ist es von der Perzeption der Außenwelt zur Perzeption der Innenwelt fortgeschritten, es hat gelernt, beide zu kontrollieren und auch, sich selbst zu beobachten. Mit anderen Worten, es entstand das »Selbstbewußtsein«. So ist das Bewußtsein eine sich aus eigenem Antrieb entfaltende Kraft, und nichts spricht gegen die Annahme, daß es in seiner Entwicklung auch weiterhin fortschreiten werde.

Nach dem Ende des ersten Weltkrieges bildete sich eine Gruppe von größtenteils englischen Gelehrten, die »Neo-Freudianer«, als deren Haupt wir *W. H. R. Rivers* ansprechen dürfen. Diese Männer taten sich leichter in ihrer Einstellung zu Freud: Sie hatten den doppelten Vorteil, nicht in Wien zu leben und Engländer zu sein. Von den persönlichen Freundschaften und Feindschaften des orthodoxen Kreises unberührt und mit dem echt anglikanischen Erbteil des »common sense« ausgestattet, waren sie zu einer weit unbefangeneren Kritik fähig als jener. Sie anerkannten die Grundprinzipien der Psychoanalyse, ohne alle ihre Dogmen zu akzeptieren. Sie verwarfen im wesentlichen alle zu spekulativen, vom Standpunkt der Wissenschaft aus gesehen zu voreiligen Schlußfolgerungen und versuchten die auf ihre klinischen Ergebnisse reduzierte Psychoanalyse mit den bestehenden Systemen der Psychologie und Psychiatrie in Einklang zu bringen. Freud selber war der Überzeugung, daß die Psychoanalyse ein »Überbau« sei, dessen organische Fundamente wir einmal erkennen würden. Nun suchte Rivers nach einer *physiologischen Grundlage des Unbewußten.* »Wenn«, sagte er, »die seelische Welt tatsächlich teils bewußt, teils unbewußt organisiert sein sollte, dann müßte sich das in unserer organischen Struktur nachweisen lassen.« Gemeinsam mit *Henry Head* experimentierte er, und er gab seinem wichtigsten Buch, *Der Instinkt und das Unbewußte,* den Untertitel: »Eine *biologische* Theorie der Psychoneurosen«.

Emil Fröschels, einer der weisen, alten Männer unserer Zeit, pflegt zu sagen: »Wenn die Leute mehr lesen möchten, würden sie weniger Entdeckungen machen!« An diesen Satz fühle ich mich immer wieder erinnert, wenn ich die frühe Entwicklung der Psychoanalyse betrachte. Eine ganze Reihe »neuster Errungenschaften« sind dort bereits im Keim vorhanden, und oftmals nicht nur im Keim. Man blättere bloß einmal in den entsprechenden Büchern. Wenn wir von Adlers Ich-Psychologie absehen, die sich abseits von der allgemeinen psychoanalytischen Bewegung vollzogen hat, ist in Ranks Definitionen des *aktiven Ichs* eigentlich schon die ganze moderne organismische Orientierung enthalten. Es gibt Berührungspunkte zwischen den von uns eben erwähnten, heute völlig vergessenen englischen Neo-Freudianern von 1920 und den neuesten Forschungen der psychosomatischen Psychiatrie, [illegible] Sandor Ferenczis therapeutische Experimente (von dene[illegible] gleich hören werden) sind, so problematisch sie auch sein [illegible] nicht nur Vorläufer von John Rosens Behandlungsmethoden der Schizophrenie, sondern auch erste Vorboten unserer modernen Gruppentherapien.

Wenn die Leute mehr lesen möchten, würden sie weniger Entdeckungen machen...!

Als um 1920 herum eine Stagnation in der Psychoanalyse eintrat (Rank spricht von Freuds »therapeutischem Nihilismus«), begann *Sandor Ferenczi*[2] mit merkwürdigen Experimenten. Zunächst verbot er seinen Patienten den Geschlechtsverkehr. Auch sollten sie sowenig wie möglich essen und trinken und Urin und Stuhlentleerung auf ein Mindestmaß reduzieren. Der Zweck dieser ein wenig absurd anmutenden Anordnungen war es, die Libido möglichst weitgehend zu unterdrücken und ihr dann in der Analyse ein emotionelles Ventil zu öffnen, in dem Gedanken, daß die Patienten auf diese Weise ihre infantilen Haßgefühle intensiver ausleben konnten. Die Resultate waren kläglich; die Patienten lebten keinesfalls ihren »infantilen Haß« aus, sie waren (und man kann ihnen das nicht verübeln) *in sehr realistischer Weise wütend auf die sehr gegenwärtigen Maßnahmen ihres Analytikers.* Ferenczi versuchte es daraufhin mit einer der ersten völlig entgegengesetzten Methode: Er entdeckte das »neurotische Liebesbedürfnis«. Da die Neurotiker, nach seiner Meinung, als Kinder niemals genug geliebt worden sind, sollten sie jetzt in der Analyse die Möglichkeit haben, ihre Kindheit nochmals zu erleben, doch diesmal sollte ihnen ein »besserer« Vater zur Verfügung stehen. So veranlaßte er seine Patienten, sich zu benehmen, als wären sie kleine Kinder. Er setzte sich mit ihnen auf den Fußboden, gab ihnen Spielzeug, das sie früher vielleicht entbehrt hatten, und er sprach mit ihnen sogar in der Baby-Sprache oder, wie man in Wien sagte, in der »Tetterl«-Sprache.

Dabei ließ er es aber nicht bewenden. Der Austausch von leichten Zärtlichkeiten und auch gegenseitiges Küssen zwischen Arzt und Patient waren gestattet. Es gibt zu denken, daß auch diese Methode nicht zu großartigen Erfolgen führte. Wohl aber führte sie zum endgültigen Bruch zwischen Freud und Ferenczi.

Mit seiner spekulativen Philosophie hat Ferenczi das Konzept des Rankschen Geburtstraumas und die sich daraus ergebenden

Konsequenzen noch übersteigert. Er wollte eine neue Wissenschaft begründen, die er *Bio-Analyse* nannte. Danach sind alle unsere Symbole psychischer Ausdruck des Körpers, und sie müssen wie Hieroglyphen als geschichtliche Denkmäler der Menschheitsentwicklung gedeutet werden. Das Trauma der Geburt ist kein persönliches Erlebnis, sondern die individuelle Wiederholung einer Kollektivkatastrophe, jener, die sich ereignete, als die Erde trockener wurde. Unsere tierischen Vorfahren waren damals gezwungen, das Leben im Ozean aufzugeben und sich an ein Leben auf festem Boden zu gewöhnen.

Für Rank war das Trauma der Geburt immerhin noch eine individuelle Erinnerung an das verlorene Leben in der eigenen Mutter. Für Ferenczi ist das Geburtstrauma die Sehnsucht nach den ewig verlorenen Gewässern, aus denen alle Lebewesen einstmals gestiegen sind. Die Mutter ist also ein Symbol für Thalassa, den mütterlichen Ozean.

15 Sozialtherapie

Unter sozialer Fürsorge verstehe ich alle Formen der Betätigung für die Gemeinschaft, sofern diese Tätigkeit sowohl auf der Bereitschaft zu helfen beruht als auch auf wissenschaftlich fundierten Erkenntnissen und Methoden.

Was man heute in Amerika seelische Hygiene (mental hygiene) nennt, ist ein Sammelbegriff. Ursprünglich dachte man dabei bloß an die Verhütung und Behandlung von Geisteskrankheiten. Heute umfaßt die »seelische Hygiene« das gesamte Gebiet der Volksgesundheit und des Sozialwesens. Immer weitere Kreise sind daran interessiert und beginnen die Wichtigkeit der Sozialarbeit zu verstehen.

Selbstverständlich enthalten schon die Weisheitsbücher der alten Chinesen und Inder wie auch manche Lehren der griechischen Philosophen, der jüdischen Propheten und der christlichen Theologen so etwas wie »seelische Hygiene«. Aber in seiner wissenschaftlichen Bedeutung taucht der Begriff erst im 19. Jahrhundert auf, und zwar in Österreich. Immer wieder finden wir eine Bestätigung dafür, daß Österreich an der Wiege der modernen Psychologie steht. Der erste Professor für Psychiatrie an der Universität Wien, *Ernst Freiherr von Feuchtersleben,* schrieb 1838 sein Buch *Zur Diätetik der Seele,* bis heute eines der klügsten Bücher auf diesem Gebiet.[1] 1843 erschien das Buch *Mental Hygiene* des Amerikaners *W. Sweetser. Dorothea L. Dix* und die Quäker wandten sich ungefähr um die gleiche Zeit gegen die menschenunwürdige Behandlung der Geisteskranken, und damit war ein Anfang gemacht. Aber erst als *C. W. Beers* im Jahre 1908 seine eigenen Erlebnisse in sogenannten Heilanstalten in einem aufsehenerregenden Bericht – *A mind that found itself* – geschildert hatte und der berühmte Psychiater *Adolf Meyer* sich an die Spitze der psychohygienischen Bewegung stellte, wurde den Bemühungen etwas mehr Aufmerksamkeit geschenkt. Es dauerte trotzdem noch bis 1930, ehe in Washington der »Erste Internationale Kongreß für Psychohygiene« stattfand. Noch in den vierziger Jahren gehörte nur in sieben von den (damals) achtundvierzig amerikanischen Staaten ein Psychiater in leitender Funktion den Volksgesundheitsämtern an; und als der Kongreß im Jahre 1946 den »National Mental Health Act« zum Gesetz erhob – ein Gesetz, das die Bereitstellung beträchtlicher Geldsummen zur Ausbildung von Psychiatern vorsieht –, stellte es sich heraus, daß viele Staaten nicht einmal einen behördlich befugten Vertreter hatten, mit dem der »United States Public Health Service« offiziell in Verbindung treten konnte! 1948 kam es dann, in London, zur Gründung der »World Federation for Mental Health«.[2]

Wenn wir von nun an oft auf New York verweisen, so hat das, abgesehen davon, daß die Vereinigten Staaten das Strahlungszentrum der modernen Tiefenpsychologie sind, noch einen andern Grund. Wir legen ja bei unseren Betrachtungen das Hauptaugenmerk auf die Gesamtentwicklung von Tiefenpsychologie und Psychotherapie, vor allem vom Standpunkt der Zukunft aus. Schließlich ist New York heute, als Sitz der United Nations, die Hauptstadt der Erde, und was hier geschah (und geschieht!), wird einmal als bezeichnend genommen werden für den Stand der Entwicklung (im Positiven und Negativen), den das Zusammenleben der Menschen im 20. Jahrhundert erreicht hat.

Schon der Rückblick auf das 19. Jahrhundert ist unerfreulich genug. Wenn wir aber zurückblicken, werden wir manche gegenwärtigen Reaktionen besser verstehen.

Wie war es also damals um die »seelische Hygiene« Amerikas bestellt? Wir können das nicht beurteilen, ohne die sozialen Umstände einzubeziehen.[3]

Im Jahre 1894 schrieb ein Besucher aus Südamerika an einen Freund nach Rio de Janeiro:

»New York scheint die schmutzigste wohlhabende Stadt zu sein, die ich gesehen habe. Teile der Stadt sind derart vollgestopft mit leeren Vehikeln jeder Größe und Form, daß man, nach dem schmutzigen und heruntergekommenen Zustand der Umgebung zu schließen, den Eindruck haben könnte, das Geschäftsviertel der Stadt verwandle sich nach acht Uhr abends in einen riesigen, schmutzigen öffentlichen Stall.«

Man könnte dies als die Übertreibung eines privaten Besuchers abtun. Aber eine New Yorker Organisation, der »City Club«, fotografierte um dieselbe Zeit die Straßen von New York, und diese Bilder existieren noch. Da überfluten Abfall und Schmutz die Gehwege. Zahllose Lastwagen behindern den Verkehr und bleiben über Nacht stehen, wo sie gerade haltgemacht haben. Dann werden sie von den Vorübergehenden als Toilette benützt, Prostituierte verwenden sie als kostenlose Absteigquartiere, und Dieben und Obdachlosen dienen sie als Zufluchtsstätte.

Zwei Jahrzehnte später (1910) schrieb Lawrence Veiller in seinem Buch *Housing Reform:* »Die Verhältnisse in New York sind beispiellos in der gesamten zivilisierten Welt... In keiner anderen Stadt herrschen so entsetzliche Verhältnisse im Hinblick auf den Mangel an Licht und Luft in den Wohnungen der Ärmsten. In keiner anderen Stadt gibt es so viele Menschen und herrscht ein solches Gedränge. In keiner anderen Stadt leiden die Armen so sehr an überhöhten Mieten. In keiner anderen Stadt ist das Leben so komplex. Nirgends treten die Übel des modernen Lebens in so vielfältiger Form auf, nirgends sind die Probleme so schwierig zu lösen.« Und 1920 fügte er noch hinzu: »Heute hat sich der Slum über das gesamte Land ausgebreitet, und die Bedrohung, die davon ausgeht, ist um ein Tausendfaches angestiegen.«

Die Kinderarbeit und das »National Child Labor Committee«

Daß es in Städten wie Philadelphia und Boston um 1840 keine Badewannen gab, ist nicht so erstaunlich, es gab sie auch in Europa nur selten. Aber immerhin waren sie in Europa nicht *verboten*! In Philadelphia hingegen wurde die Benützung einer Badewanne amtlicherseits mit höchstem Mißtrauen betrachtet – man tat also besser daran, keine zu haben –, in Boston war ihr Besitz tatsächlich illegal, sofern nicht von einem Arzt verordnet! Viele der elegantesten Landhäuser Amerikas hatten bis in unser Jahrhundert hinein kein WC, nur die Senkgrube außerhalb des Hauses. Öffentliche Klosetts waren in ganz Amerika (und sind es ja noch heute!) eine Seltenheit. Der unerbittliche Puritanismus wirkt bis in unsere Tage hinein.

Er wirkte sich auch noch in ganz anderen Dingen aus. Die puritanische Frömmigkeit vertrug sich nur zu gut mit dem Mißbrauch des Lebens und der Mißachtung der Gesundheit von Kindern. Die Kinderarbeit (child labor) war eines der häßlichsten sozialen Probleme Amerikas. Obwohl Charles Loring Brace bereits 1853 die »Children's Aid Society of New York« gegründet hatte, dauerte es ein halbes Jahrhundert, bis im Jahre 1904, ebenfalls in New York, das »National Child Labor Committee« ins Leben gerufen werden konnte, mit dem Ziel, die Kinderarbeit abzuschaffen: »Kinderarbeit kann nicht geduldet werden.« Wer sich genauer darüber informieren will, mit welchen Widerständen dieses Committee zu kämpfen hatte, lese den Bericht, den der damalige Generalsekretär und spätere Direktor der Gesellschaft, Sol Markoff, 1954 veröffentlicht hat.[4]

Am Beginn unseres Jahrhunderts hatten die Vereinigten Staaten eine Einwohnerzahl von zweiundachtzig Millionen. Die reguläre Arbeitswoche betrug sechzig und oft auch mehr Stunden. 800000 Kinder zwischen dem zehnten und dreizehnten Lebensjahr und eine Million Kinder von vierzehn bis fünfzehn Jahren arbeiteten u. a. in Webereien, Bergwerken und auf Farmen, viele von ihnen zehn bis zwölf Stunden täglich, auch während der Nacht; und viele von ihnen waren noch weit jünger als zehn Jahre. Bei der Volkszählung von 1910 zeigte es sich, daß von je sechs Kindern eines ein »child laborer« war und demnach auch keine Schule besuchte. Das war immerhin zu einer Zeit, als in Österreich-Ungarn, auf Grund des sogenannten Reichsvolksschulgesetzes von 1869, jedes Kind bis zum vollendeten vierzehnten Lebensjahr schul*pflichtig* war! Das heißt, ein Kind war gar nicht in der Lage, eine Arbeit anzunehmen.

Volle fünfundvierzig Jahre nach diesem Gesetz hatte das Child Labor Committee in New York seine ersten Erfolge aufzuweisen. In South Carolina wurde das Mindestalter für Fabrikarbeit auf zwölf Jahre festgelegt; North Carolina reduzierte die Arbeitswoche von sechsundsechzig Stunden auf sechzig; und New Jersey verbot die Nachtarbeit von unter Sechzehnjährigen, zumindest in Glasfabriken.

Die Verteidiger der Kinderarbeit argumentierten gerne mit moralischen Gründen. Die Kinderarbeit, sagten sie, helfe nicht nur den armen Eltern, sie halte auch die Familien zusammen. Auch könne man doch nicht in die »Rechte des Staates« eingreifen! Das

Child Labor Committee und nach und nach auch andere Organisationen versuchten, ein für das ganze Land gültiges Gesetz durchzubringen, und fast kam es auch dazu. Aber der Oberste Gerichtshof verwarf das Gesetz im Jahre 1918 als nicht verfassungsgemäß. Trotzdem machte die Bewegung Fortschritte. So waren es, um ein Beispiel zu nennen, im Jahre 1904 nur fünf amerikanische Staaten, welche die Nachtarbeit für Jugendliche unter sechzehn verboten; 1929 waren es sechsunddreißig.

Wir können hier selbstverständlich nicht auf alle Einzelheiten der sozialen Gesetzgebung eingehen. Es muß für unsere Zwecke genügen, wenn wir festhalten, daß 1941 der Oberste Gerichtshof seine Verwerfung aufhob und den »Fair Labor Standards Act« als für alle Bundesstaaten gültig anerkannte. Altersgrenzen und Mindestbezahlung wurden festgelegt. Von nun an mußte bei Kindern unter sechzehn der Schulunterricht berücksichtigt werden. Vierzehn- und Fünfzehnjährigen war es erlaubt zu arbeiten, aber nur zu bestimmten Stunden außerhalb der Schulzeit; und Minderjährige unter achtzehn hatten das Recht, eine Arbeit, die ihre Gesundheit gefährden konnte, zu verweigern.

Nicht alle Fragen waren damit gelöst, und das National Child Labor Committee betrachtete seine Aufgaben noch lange nicht als erfüllt. Aber seine Tätigkeit ist später doch in den Hintergrund getreten, denn nun wurden andere Probleme wichtiger, und nur wenige Menschen wissen heute noch, was für ein Kampf jahrzehntelang um die Rechte des Kindes geführt wurde.

»Ein Kind ist wie ein Tier«

Wie rechtlos Kinder waren, wie völlig ungeschützt, soll an einem besonders krassen Beispiel gezeigt werden. Eine gewisse Mrs. Wheeler, Mitglied einer philantropischen Organisation, fand bei einem ihrer Rundgänge – die Zeit des Geschehnisses ist 1874 – ein kleines Mädchen, das von seinen Zieheltern auf das grausamste mißhandelt wurde. Die beiden hatten das Kind von einer Wohlfahrtsinstitution übernommen und erhielten es am Leben, um es für ihre sadistischen Zwecke zu mißbrauchen. Als Mrs. Wheeler das Mädchen zum ersten Mal sah, war sie entsetzt. Es war am ganzen Körper mit Wunden und Striemen bedeckt, und man konnte deutlich sehen, daß es mit einer Schere in die Beine geschnitten worden war. Da ihre Bemühungen, das Kind zu befreien, erfolglos waren, wendete sich die Dame an eine der einflußreichsten Persönlichkeiten New Yorks, Henry Bergh. Der hatte vor einiger Zeit die »American Society for the Prevention of Cruelty to Animals« (eine Gesellschaft zur Verhinderung von Grausamkeiten gegen Tiere) gegründet und wußte vielleicht Rat. Er wußte keinen. Es gab kein Gesetz zum Schutz eines Kindes, auch wenn die ihm zugefügten Wunden so augenfällig waren wie im Fall der kleinen Mary Ellen. Aber nach einer langen Unterredung mit seinem Anwalt kam ihm ein Einfall: Er brachte die Zieheltern vor Gericht, mit der Begründung, ein *Tier* mißhandelt zu haben! Dafür *gab* es ein Gesetz. Die Leute wurden verurteilt. *Und so wurde ein amerikanisches Kind gerettet wie eine getretene Katze oder ein geprügeltes Pferd, denn – »ein Kind ist wie ein Tier«!*

Ein Jahr später, 1875, gründete Henry Bergh eine zweite Organisation, »The New York Society for the Prevention of Cruelty to Children«.

Die Pioniere der Sozialfürsorge

Es gab also immerhin Leute, die sich kümmerten. Wir müssen noch auf manche anderen hinweisen, z. B. auf *Felix Adler* (ein Namensvetter, kein Verwandter Alfred Adlers), der den ersten freien Kindergarten eröffnete und die erste »American Society for Child Study« ins Leben rief. Die ersten Berufsberatungsstellen wurden zu Beginn unseres Jahrhunderts eingeführt. Aus diesem Feld der Beratung entwickelten sich dann, allerdings viel später, alle anderen Formen der Industriepsychologie, der Betriebs- und Organisationsberatung, die heute so großen praktischen Einfluß ausüben. Nach und nach wurden immer mehr Gebiete der Beratung erschlossen, die einander zum Teil überschneiden. Heute steht professionelle Hilfe zur Verfügung bei Schul- und Erziehungsproblemen in der Kindheit wie in der Adoleszenz und – es sei mit einigen Einschränkungen erwähnt – auch für die Probleme alter Menschen. Wir erinnern auch daran, wie wichtig bereits im Wien der zwanziger Jahre die Einbeziehung sämtlicher Familienmitglieder in den Beratungsprozeß genommen wurde. Seither sind die Ehe- und Familienprobleme immer stärker in den Mittelpunkt des

Interesses gerückt, und demzufolge gibt es heute auch mehr Hilfe für Eheleute und solche, die genug von der Ehe haben. Schon 1937 gab es in Amerika 250000 Scheidungen; acht Jahre später, 1945, war die Zahl bereits auf eine halbe Million angestiegen, d. h., von drei Ehen wurde eine wieder geschieden.[5] Das jüngste der Hilfe fordernden Probleme ist freilich das verheerende Ansteigen der Zahl der Drogenabhängigen.

In Amerika waren die sogenannten Social Settlements die Vorläufer der modernen Sozialfürsorge und der Beratungsstellen. Die Idee stammte ursprünglich aus England und geht auf *Arnold Toynbee* zurück. Dann griff *Stanton Coit* sie auf und gründete die Neighborhood Guild in New York (1886), aus der sich später das University Settlement entwickelte. Es war das erste dieser Art in Amerika. Zehn Jahre später gab es bereits siebzig Settlements, fünfundzwanzig Jahre später, im Jahre 1911, vierhundert.

Was waren diese Social Settlements eigentlich? Ihr Programm war, »gebildete Männer und Frauen mit der arbeitenden Klasse zum gegenseitigen Vorteil in nähere Beziehung zu bringen«. Auf neutralem Boden sollte man einander begegnen und jegliches Rassendenken sowie alle religiösen Vorurteile ablegen. Das war sehr schön gesagt, aber nicht so leicht getan. Sicherlich wollte man die gönnerhafte Geste der Wohltätigkeit durch ein echteres, sozialeres Empfinden ersetzen. Es entsprach ganz dem Stil des ausklingenden 19. Jahrhunderts, zu glauben, man könne tief eingewurzelte Vorurteile mit rationalen Entschlüssen aus der Welt schaffen. Trotzdem muß die Leistung der Settlements hoch eingeschätzt werden. Kam es auch nicht zu einer »Verbrüderung« mit den »Reichen«, so führten die Settlements doch zu tatkräftiger Hilfe für die Allerärmsten; und dazu haben auch die Reichen beigetragen.

Der Besonderheit der amerikanischen Verhältnisse gemäß – Amerika war das Land der Immigration – trafen sich in den Settlements vielfach auch die »Newcomers«, die Neuankömmlinge. Hier fanden sie ein williges Ohr für ihre Probleme, hier erlernten sie die englische Sprache, fanden Kindergärten für ihre Kleinsten und Bibliotheken, mit deren Hilfe sie sich weiterbilden konnten; hier bekamen sie für ein paar Cents auch ein Mittagessen und ein Abendbrot, hier fanden sie ärztliche Hilfe, verbrachten sie die

Feiertage, besuchten Tanzabende und Konzerte und konnten so, mit einem Wort, mit ihrer Verlorenheit besser fertigwerden.

Die Umwandlung des amerikanischen Fürsorge- und Beratungswesens in eine sozialpsychologische Disziplin vollzog sich im zweiten Jahrzehnt unseres Jahrhunderts. Knapp vor dem Ende des ersten Weltkriegs beriefen einige führende Psychiater, die auch Mitglieder des »National Committee for Mental Hygiene« waren, eine Konferenz ein, um einen Studienplan für ein wissenschaftlich fundiertes Fürsorgewesen auszuarbeiten. Ein Jahr später, 1919, eröffneten die New York School for Social Work und im Anschluß daran einige andere Schulen ihre ersten einschlägigen Kurse, und um die gleiche Zeit begann man auch in mehreren Städten die ersten Beratungsstellen und Kliniken nach den neuen Grundsätzen einzurichten. 1921 entstand die »American Association of Social Workers«, und bei der Volkszählung von 1930 wurden die »Social Workers«, die Sozialarbeiter, offiziell als eine eigene Berufsgruppe anerkannt.

Innerhalb einer einzigen Generation war ein dreifacher Umschwung erfolgt: Als *Mary Ellen Richmond* 1917 *Social Diagnosis* herausbrachte – das früheste wichtige Buch zum Thema –, war Social Work im wesentlichen noch immer eine philantropische Angelegenheit. Als sie ihr zweites Buch schrieb, *What is Social Case Work?*, 1922, war die sozialwissenschaftliche Orientierung bereits unverkennbar. Und wenige Jahre später, als die Bücher von *Virginia Pollard Robinson* und *Jessie Taft* erschienen – *A Changing Psychology in Social Case Work*, 1930, und *The Dynamics of Therapy in a Controlled Relationship*, 1933 –, war nicht nur die Verbindung von Sozialtherapie und Psychiatrie vollzogen, sondern es zeigte sich auch der Sieg der analytischen Richtung innerhalb der Psychiatrie deutlich an.

Während des zweiten Weltkriegs stellte dann sogar die Armee die Sozialtherapie in ihren Dienst. Einen besseren Beweis, wie sehr die Psychologie sich durchgesetzt hatte, gibt es wohl kaum. Social Workers wurden in den Musterungskommissionen verwendet, um die Einberufenen noch vor der ärztlichen Untersuchung einem genauen Interview zu unterziehen. Auf diese Weise wurde die nachfolgende Untersuchung durch die Armeepsychiater wesentlich vereinfacht, oft sogar überflüssig gemacht, nämlich dann, wenn bereits feststand, daß schwere psychische Störungen vorlagen. Außerdem wurden männliche Social Workers, die selber hatten einrücken müssen, als Assistenten in psychiatrischen Krankenhäusern, Gefangenenlagern und Rekonvaleszentenheimen bei der Behandlung von Kriegsneurosen und -psychosen eingesetzt. Dabei ergab sich, zur Unterstützung der bisherigen Methoden, eine neue Form von Interview. Man hatte ja nie genug Zeit für den Einzelfall. Man mußte trachten, durch eine streng zweckgerichtete Technik den Mangel an Zeit wettzumachen und womöglich schon beim ersten Mal zu den seelischen Hauptproblemen vorzustoßen. Die Methode hat sich, durch spätere Erfahrungen erweitert, als durchaus brauchbar erwiesen.

Die beruflichen Erfolge der Social Workers in Krieg und Frieden blieben jedoch nicht unwidersprochen, und zwar kam die Gegnerschaft aus den Kreisen, die sich anfänglich für sie eingesetzt hatten: den psychiatrischen. Die Psychiatrie fand sich auf einmal, mehr als ihr lieb war, eng verbunden mit der Sozialtherapie einerseits und der Psychoanalyse andererseits. Es gab noch immer genug Psychiater der alten Schule, welche die rasch vordrängende Psychoanalyse ablehnten. Aber immerhin, da handelte es sich um Kollegen. Die psychoanalytisch orientierten Psychiater waren Mediziner; die Social Workers waren es nicht. Sie wurden als zweitrangig betrachtet. Dabei ist es interessant zu beobachten, daß gerade die Psychoanalytiker unter den Psychiatern – also jene, die in der Psychiatrie oft selber als Neulinge betrachtet wurden – am heftigsten gegen die Social Workers ankämpften. Gnade fanden nur diejenigen Social Workers vor ihnen, die sich – unter ihrer Führung selbstverständlich – Freuds Lehren und Methoden vorbehaltlos unterwarfen.

Im Zentrum des Kampfes stand die Pennsylvania School of Social Work in Philadelphia. Dort hatten Jessie Taft und ihre Kollegen den sogenannten *functional approach* ausgearbeitet. Sie waren der Auffassung, daß weder der endgültige diagnostische Befund eines Falles noch eine ins Detail gehende analytische Interpretation entscheidend seien. Wichtiger ist es nach ihrer Meinung, den Ratsuchenden seine Rolle im Zusammenhang mit seinem Problem erkennen zu lassen und ihn zu einem realitätsgerechteren

Verhalten zu bringen. Gewisse Ideen von Otto Rank – das Ich als »autonomer Repräsentant unseres Willens«, mithin als schöpferische Funktion – hatten in diese Methode Eingang gefunden.

Die Freudianer sahen im »functional approach« eine Psychotherapie (das *war* sie natürlich auch!) und außerdem einen Eingriff in ihre Rechte, noch dazu mit oberflächlichen und untauglichen Mitteln. Da kam der sozialen Fürsorge von ganz unerwarteter Seite ein Ereignis zu Hilfe. *Franz Alexander,* der Direktor des Chicago Institute for Psychoanalysis, veröffentlichte 1946 sein Buch *Psychoanalytic Therapy.*[6] In ihm sprach er sich gegen die überhandnehmende Erforschung des unbewußten infantilen Materials und das übermäßige analytische Interpretieren aus. Statt dessen müsse das *realistische* Problem des Patienten angegangen werden, seine *gegenwärtige* Lage habe der Kernpunkt der Therapie zu sein.

Wenn Alexander auch nicht die Absicht hatte, die Philadelphia-Gruppe zu verteidigen, so war seine Stellungnahme für sie dennoch von größter Bedeutung, um so mehr, als sie von einem berühmten Analytiker kam, der sich durchaus als Freudianer fühlte. Daß Jessie Taft seine Ausführungen mit Freude begrüßte, ist nur zu verständlich.[7] Schließlich traf man sich auf halbem Weg. Die Analytiker wurden »realistischer«. Aber die Vertreter des »functional approach« mußten ihrerseits erkennen, daß die Betonung der »Realität« ein Eingehen auf tiefere Probleme nicht ausschließt.

Wie sehr diese Entwicklung in den Lehren und dem Wirken Alfred Adlers vorweggenommen ist, wird dem aufmerksamen Leser nicht entgangen sein.

16 Psychoanalyse als Massenphänomen in den USA der vierziger Jahre

Vorbemerkung über den Gruppencharakter

Ohne Zweifel gibt es so etwas wie den »Volkscharakter«. Es ist begreiflich, daß dies gerade heute von vielen wohlmeinenden Menschen geleugnet wird; sie haben gesehen, zu welchen Katastrophen Verallgemeinerungen führen können, und wünschen der Verbreitung von Vorurteilen entgegenzutreten. Sie unterliegen dabei selber einem Vorurteil, nämlich dem, daß »Generalisierungen« unter allen Umständen falsch seien. Man kann kollektiv-seelische Probleme aber nur lösen, wenn man sie zunächst einmal anerkennt. Es gibt »Volkscharaktere« – und damit gewaltige Unterschiede zwischen den Völkern –, und solange das nicht in einer völlig undiskriminierenden Weise zur Kenntnis genommen wird, werden die Wohlmeinenden mit ihren Verbrüderungsideen um nichts weniger Schaden anrichten als die haßerfüllten Fanatiker. Die Völkerpsychologie steckt freilich noch in den Kinderschuhen.

Die Massenpsyche zeigt nicht jene naturgesetzlich-mechanistisch zu bestimmenden Reaktionen, wie wir sie bei chemischen oder physikalischen Experimenten sehen, wo unter gleichbleibenden Voraussetzungen immer wieder die gleichen Reaktionen eintreten. Das wird aber sofort anders, wenn wir das Gebiet des Materiellen verlassen. Dann stellen wir fest, daß zwischen den neuesten atomphysikalischen Erkenntnissen und dem psychischen Verhalten des Individuums im Zusammenhang massenpsychologischer Erscheinungen weitgehende Ähnlichkeiten bestehen. *So lassen sich zu einem bestimmten Zeitpunkt innerhalb jeder Atom- und Menschengruppe gewisse, der Majorität der Gruppe gemeinsame Bewegungen, Neigungen, Richtungen und Verhaltensweisen feststellen* – was keineswegs bedeutet, daß das Wesen des Menschen letztlich eben doch mechanistisch zu erfassen wäre, sondern vielmehr umgekehrt, *daß die Materie letztlich dynamischen Lebensgesetzen gehorcht.*

Diese Behauptung eröffnet uns Ausblicke von immenser Tragweite. *Ich glaube, daß die Erforschung und das Erlebnis der Kollektivseele die wichtigste Aufgabe einer künftigen kosmischen Psychologie sein wird.* Wir wenden uns jetzt einem der erstaunlichsten geistesgeschichtlichen Phänomene unseres Jahrhunderts zu: dem kollektiv-seelischen Erlebnis der Psychoanalyse in den Vereinigten Staaten.

Ursachen der »analytischen Explosion«

So wie Marx irrte, als er annahm, das industrialisierte Amerika werde der erste kommunistische Staat sein, ganz gewiß aber nicht das agrarische Rußland, so irrte Freud, als er noch 1939, wenige Monate vor seinem Tod, an Dr. Charles Berg, hauptsächlich im Hinblick auf Amerika schrieb, die Psychoanalyse werde wohl nie populär werden. (Er schrieb in ähnlicher Weise auch an Theodor Reik.) Dabei war seine Lehre dort längst zu einem wichtigen Faktor geworden, und die Zahl der Patienten nahm ständig zu. Aber es ist richtig: sie war ein Faktor wie andere auch; sie bildete keine Ausnahme.

Und plötzlich war das alles anders! Fast über Nacht wurde Freud zur Legende und die Analyse zur nationalen Epidemie.

In den späten vierziger Jahren war es fast unmöglich, eine amerikanische Zeitung, ein Magazin, eine populärwissenschaftliche Broschüre aufzuschlagen, ohne auf »Tiefenpsychologisches« zu stoßen. Es gab, in des Wortes buchstäblicher Bedeutung, »freudianische Filme« am laufenden Band; psychoanalytische Fachausdrücke schwirrten bei jeder Party durch die Luft, und Träume wurden zum Nachtisch interpretiert, so wie man einst Nüsse knackte. Analytiker von Rang hatten auf Monate hinaus keine freie Stunde, dafür aber lange Wartelisten für ihre Patienten, und wer's nur irgendwie erschwingen konnte, ließ sich analysieren. Die Karikaturisten lebten jahrelang auf Kosten der Freudianer, und eine eigene Gattung von Witzen entstand.

Was war geschehen?

Die politischen Ereignisse in Europa und, im Zusammenhang damit, die Flucht so vieler, vor allem österreichischer und deutscher Psychoanalytiker über den Ozean und die relative Ruhe, die während der Kriegsjahre, als Europa in Flammen stand, in den Vereinigten Staaten herrschte – dies sind konkrete, nicht von der Hand zu weisende Erklärungen.

Aber sie beantworten nicht die entscheidende Frage: *Was veranlaßte Amerika, von dieser Wissenschaft solch maßlosen Gebrauch zu machen, wie es sonst nirgends geschah? Was verursachte den plötzlichen, geradezu explosionsartigen Prozeß ihres Aufstiegs, ihrer Verbreitung, ihres Autoritätszuwachses?* Die von mir genannten konkreten Gründe können zwar bis zu einem gewissen Grad das stetige Anwachsen der Psychoanalyse erklären, nicht aber diese Explosion. Dabei müssen noch tiefere Dinge mitgewirkt haben.

Als das Phänomen immer weitere Kreise ergriffen hatte, versuchte ich das Problem mit Hilfe einer eigenen Theorie zu klären; sie wurde oft zitiert, und ich will sie im Nachstehenden zusammenfassend darstellen.[1]

Wir haben bereits früher darauf hingewiesen: Sosehr die rapide Entwicklung auf allen Gebieten nach dem Kriege die Amerikaner faszinierte, sowenig waren sie bereit, ihren Konservativismus aufzugeben. Die Amerikaner sind im allgemeinen stockkonservativ. Sie lassen den Dingen gerne ihren Lauf. Entschließt sich der Amerikaner jedoch einmal für eine neue Sache, dann verschlingt er sie – und sie ihn. Er tut das freilich nur, wenn er *muß.* So war es bei der Psychoanalyse.

Das Phänomen führt uns in die Frühzeit des Landes zurück, ins 17. und 18. Jahrhundert. Aus dieser Zeit stammt der Puritanismus – und damit die Tendenz, die Sexualität auszurotten und jede Lust und Lebensfreude als Sünde hinzustellen –, aber auch, aus der engen Nachbarschaft zu den Indianern, die kindliche Bewunderung für den »Medizinmann«. Wie sehr der Puritanismus die innere Lebenshaltung Amerikas bestimmte, darüber konnte man sich in den vierziger Jahren schon hinwegtäuschen lassen, wenn man mit jungen Menschen der neuen Generation zusammen war und Gelegenheit hatte, ihr freieres Benehmen zu beobachten. Auch wenn man durch die Straßen einer großen amerikanischen Stadt ging (nicht nur New Yorks, wie manche glauben machen möchten), war manches erstaunlich. Da gab es z. B. in den Schlagzeilen großer

Tageszeitungen die Liebes- und Scheidungsaffären der »Society« (»Mr. X heiratet seine fünfte Frau, deren vierter Mann er wird . . .«), man las über die Memoiren von Lustmördern und die Wahl von Schönheitsköniginnen; in den Fenstern der Buchhandlungen waren die Werke von Balzac und Dostojewski ausgestellt, die Buchdeckel mit lasziven Bildern geschmückt, und viele Magazine und Zeitschriften, die man zu Dutzenden an jedem Zeitungsstand kaufen konnte, enthielten eindeutig Pornographisches . . . Mehr und mehr mußte sich der Eindruck verstärken, daß die Menschen dieses Landes sich für nichts brennender interessierten als für »Liebe« und »Sex«.

Der Eindruck war richtig. Hier vollzog sich die zweite sexuelle Revolution. Die erste hatte in den zwanziger Jahren stattgefunden, und einige kleinere »Revolten« waren ihnen vorangegangen. Wir sind heute Zeugen der dritten sexuellen Revolution, die nun freilich alles Bisherige in den Schatten stellt.

Was also geschah in den *vierziger Jahren?* War der Amerikaner zum Erotiker geworden? Nein. *Er plakatierte die Erotik.* Er verheimlichte die Tatsache des Geschlechtslebens nicht mehr, wie seine puritanischen Vorfahren es getan hatten, er sprach offen davon, und er sprach viel zuviel davon. Er sprach in einer so nüchternen oder, im Gegensatz dazu, in einer so verstiegen-romantisierenden Weise davon, daß allein schon daran die Unechtheit seines Verhaltens deutlich wurde. Denn der Puritanismus war nicht tot, er lebte! Die Höllenfeuer der puritanischen Glaubenswelt flackerten noch ganz fröhlich in der Seele dieser Generation.

Es gab im ersten Jahrzehnt nach dem letzten Krieg wahrscheinlich kein zweites Land auf der Erde, wo die Menschen mit solcher Intensität, bewußt und unbewußt, im letzten großen bürgerlichen Zeitalter, der viktorianischen Epoche, verwurzelt waren. Der Amerikaner *wollte* seine Vergangenheit ja gar nicht verlassen, er wollte es nicht wahrhaben, daß diese versunkene Kultur nicht mehr existierte (die im übrigen in sexueller Hinsicht viel puritanischer war als der eigentliche Puritanismus des 17. und 18. Jahrhunderts). Trotzdem – so widerspruchsvoll ist der Mensch – hatten die Amerikaner zum ersten Mal in ihrer Geschichte Weltblick gewonnen. Bei aller Ängstlichkeit, bei allem Festhalten an der schützenden Isolierung, wünschte Amerika jetzt selber, die führende

Rolle in der modernen Welt zu übernehmen, und hielt es schon darum nicht aus, als altmodisch zu gelten. So mußte es sich entschließen, auch sein »Liebesleben« zu modernisieren. Es machte die krampfhaftesten Versuche; aber die Resultierende der beiden unvereinbaren seelischen Bestrebungen, die Akzente des Lebens gleichberechtigt auf die Zukunft *und* auf die Vergangenheit zu legen, in der vorweggenommenen Weltraumstation des Jahres 2000 zu wohnen und gleichzeitig im sentimentalen Bürgertum von 1870 zu verharren, ergab eine untragbare sexuelle und emotionelle *Beziehungslosigkeit.* In der höchsten Verzweiflung entdeckten die Amerikaner die Psychoanalyse.

Dazu kommt aber noch ein zweites: die Begeisterung und Bewunderung der Amerikaner für den Medizinmann.

Der Beruf des Arztes genoß in Amerika seit je eine Achtung wie in keinem europäischen Land. Ich glaube, dies ist sowohl auf das indianische Erbe in der Psyche der Amerikaner als auch auf die matriarchalische Struktur des Landes zurückzuführen. Da der Vater in der Familie keine sehr große Rolle spielte, die Lehrer für Knaben und Mädchen bis zur Pubertätszeit weiblichen Geschlechts sind und auch das Staatsoberhaupt (von wenigen Ausnahmen abgesehen) keine väterliche Stellung im traditionellen Sinn innehat, übernahm der Doktor alle Vaterrollen. Der »Doktor«! Das war der große Beschützer, der Tag und Nacht, bei jedem Wetter und in jeder Situation zur Verfügung stand, der nie versagende Menschenfreund! Ein Zaubermann! So propagierten ihn die Apotheken, so beschrieben ihn die populären Magazine. Zwischen der Reklame für Deodorants und Coca Cola wurde mit herzzerreißenden Geschichten für ihn geworben! – Nun ist es leider eine Tatsache, daß in demselben Maß, in dem die psychosomatische Medizin fortgeschritten ist, die Beziehung zwischen Arzt und Patient zusammenbricht. Auch in den vierziger Jahren gab es schon nicht mehr so viele Ärzte, die sich Tag und Nacht aufopferten. Aber die Illusion eines solchen romantisierten »Doktortyps« hatte sich gehalten, anscheinend weil man sie nicht entbehren konnte. Und dann war vor etwa dreißig Jahren eine neue, besondere Art von Heilkundigen aufgetreten; wenn man zu einem solchen »Doktor« ging, verloren die puritanischen Gewissensbisse viel von ihrem Schrecken…

Wir beginnen zu verstehen, welche Rolle der Psychoanalyse zufiel. Der Amerikaner ist ein Materialist, aber es gibt auch ein mystisches Gegenelement in seinem Leben. Und die Freudsche Analyse ist eine Wissenschaft, aber sie hat den Hauch einer religiösen Sekte. Sie ist »materialistisch« und »mystisch« zugleich. Und sie ist außerdem noch »sexuell«. Sie hatte also genau das, was die Amerikaner in der Übergangsepoche der vierziger und fünfziger Jahre brauchten. *Sie war vom Arzt verordnete Sexualität.*

Was der Durchschnittsamerikaner ansonsten sexuell tat, mag noch so unecht gewesen sein. Sein Verhältnis zu Freud war echt – nämlich eine echte, schwere Übertragungsneurose. *Amerika lebte seine jahrhundertelange Sexualunterdrückung an den Analytikern aus.*

Diese Entwicklung hatte aber durchaus ihre guten Seiten. Sobald Freud einmal akzeptiert war, konnten auch Adlers Ideen in Amerika Fuß fassen und sich durchsetzen. Und in der praktischen Anwendung der Tiefenpsychologie ist nirgends soviel geleistet worden wie hier. Dies hängt noch mit einem anderen Aspekt der geistigen Entwicklung Amerikas zusammen: Der Amerikaner ist viel mehr Gemeinschaftsmensch, als es der Europäer jemals war. Zwar mag es dem Amerikaner an *sozialem Empfinden* mangeln – in dieser Hinsicht steht er dem Europäer sicher um einiges nach –, an *sozialem Bewußtsein* ist er ihm überlegen. Sein Gefühl für den Mitmenschen ist gering; aber sein Verständnis dafür, daß es notwendig ist, die öffentlichen Einrichtungen zu unterstützen, ist um so stärker entwickelt. Wo sonst in der Welt wäre es möglich, Schulen und Universitäten, Krankenhäuser, Flüchtlingsorganisationen und Sozialeinrichtungen jahraus, jahrein fast ausschließlich aus privaten Mitteln zu erhalten? Dies hat viel weniger mit dem Reichtum des Landes als mit seiner inneren Struktur zu tun. Die sozialen Ideen der modernen Psychologie konnten also in diesem antisozialistischen Land Widerhall finden, weil sie an die jedem Amerikaner in Fleisch und Blut übergegangene philantropische Tradition anknüpften.

17 Die Jahrhundertmitte

Wir sind auf unserer Wanderung in der Mitte unseres Jahrhunderts angelangt. Wir haben ein Plateau erreicht, von wo sich eine weite Aussicht eröffnet, und blicken uns um: Wir sehen, daß die Psychoanalyse gesiegt hat.

Zwei Einwände könnten gegen diese Feststellung erhoben werden. Der erste ist fachlicher Natur. Sind nicht einzelne ihrer Konzepte längst ihrer universalen Gültigkeit entkleidet und selbst von ihren Anhängern bezweifelt worden, wie z. B. der Ödipuskomplex? Das stimmt. Aber es ändert nichts an der bedeutsameren Tatsache, daß dem Gesamtkonzept der Tiefenpsychologie eine universale Realität zu eigen sein muß, sonst wäre es nicht möglich, daß sie in so vielen ganz verschiedenen Ländern Erfolg hatte, Ländern mit diametral entgegengesetzter Entwicklung und Lebenshaltung, wie z. B. England, Brasilien und Indien.

Der zweite Einwand ist allgemeinerer Natur. Gibt es nicht Millionen von Menschen, die, auch heute noch, Psychoanalyse nicht einmal dem Namen nach kennen? Gibt es nicht, auch heute noch, weite Gebiete auf der Erde, wo Psychoanalyse gar keine Rolle spielt? Auch dieser Einwand ist berechtigt. Wenn man jedoch von einer kulturellen Errungenschaft spricht, dann geht es nicht darum, wieviel der einzelne damit zu tun hat und ob er überhaupt etwas damit zu tun hat. Noch viel weniger geht es darum, was der einzelne davon »weiß«. Wenn ein Ereignis »weltwirksam« wird, gehört der einzelne dazu, ganz einfach, weil er ein Teil des Ganzen ist. In diesem Sinn ist die Psychologie des Unbewußten ein integrierender Bestandteil des 20. Jahrhunderts geworden; sie ist aus dem Lebensbild unseres Zeitalters nicht mehr wegzudenken. Ganz abgesehen davon, daß sie ihre eigenen Fachgrenzen und selbst diejenigen der benachbarten Wissenschaften längst überschritten hat, ist sie in das allgemeine Bewußtsein der Menschheit eingedrungen. Obwohl Millionen von Menschen nichts von der Psychoanalyse wissen, hat sie den Lebensstil und das Denken der Menschen in unserem Jahrhundert in einem solchen Maß verändert, daß sie es gar nicht mehr bemerken, so selbstverständlich sind diese Veränderungen geworden.

Wir schreiben das Jahr 1950. In dem Jahrhundert zwischen 1850 und 1950 hat die Psychologie eine kreisförmige Bewegung vollzogen. Sie hat sich bereits um die Mitte des vorigen Jahrhunderts von der Religion entfernt, dann, in der Zeit Fechners und Wundts, der Zeit der ersten psychologischen Experimente und Laboratorien in den siebziger und achtziger Jahren, auch von der Philosophie, deren Disziplin sie immer angehört hatte. Schließlich, um die Jahrhundertwende, durch die Forschungen Freuds, der seine Neurosenlehre und die Behandlung von nervösen Erkrankungen allein auf Erkenntnissen über psychische Vorgänge aufbaute, hat sie auch die Medizin verlassen. Dorthin ist sie durch die Renaissance der Psychiatrie und die psychosomatische Medizin wieder zurückgekehrt. Danach hat sie nicht nur die Philosophie unserer Zeit beeinflußt, sondern sie ist selbst eine Philosophie geworden. Der Kreis schließt sich, wenn die Verbindungen mit der Religion immer klaren hervortreten, sogar dort, wo diese Verbindungen heute noch geleugnet werden.

Von diesem Kreis der Evolution gingen die Ausstrahlungen der Tiefenpsychologie nach allen Richtungen. Ihre praktischen Ergebnisse traten um 1950 zum großen Teil bereits deutlich hervor, zum Teil waren sie noch im Entstehen begriffen, zeichneten sich aber bereits ab. Der Ausgangspunkt der psychoanalytischen Forschung waren die Neurosenlehre und die analytische Behandlung neurotischer Patienten gewesen. Daraus entwickelte sich nach und nach das Gesamtfeld der Sozial- und Gruppentherapie und alles das, was wir heute unter »community psychology« verstehen. Die Entwicklung dehnte sich aus: sie umschloß nach und nach die Psychiatrie, die psychosomatische und die allgemeine Medizin, die Physiologie und die Biochemie; sie beeinflußte den Holismus, die Lehre von der »Ganzheit« und die Theorie von der »Gestalt«, und wurde ihrerseits davon beeinflußt; sie griff über auf die Lerntheorien, die Soziologie und die Kriminologie, die Geschichtsforschung und die allgemeine Pädagogik. Sie erzeugte neue Strömungen in der Literatur, der Musik und der Malerei, und sie fand Anhänger in der Anthropologie und im Existentialismus; sie gewann Einfluß in der Raumschiffahrt, sie eroberte die westlichen Kirchen und erfuhr eine Annäherung an die religiösen Erkenntnisse des Ostens.

Wie umfassend die Psychoanalyse gesiegt hat, kann gar nicht deutlicher gezeigt werden als anhand der Tatsache, daß ihre beiden heftigsten Gegner (außerhalb des eigenen Lagers) sich mit ihr ausgesöhnt haben: die *akademische Psychologie* und die *Kirche.*

Unter der »akademischen Psychologie« verstehen wir, im Gegensatz zur Tiefenpsychologie, die Psychologie des bewußten Seelenlebens, also jene Psychologie, die Freud voranging und von der er sich trennte, als er die Psychoanalyse schuf. Seither gingen »die beiden Psychologien« ihre eigenen Wege. Während wir nun zwar der Auffassung sind, die Weltgeltung der Psychologie sei dem Sieg der Psychoanalyse zuzuschreiben, sind wir doch nicht der Meinung, alle andere psychologische Wissenschaft sei mit dem Auftreten Freuds »historisch erledigt« gewesen. Die akademische Psychologie (wir können sie heute auch die nichtanalytische Psychologie nennen) führt alles andere als ein Schattendasein, und eine Reihe ihrer Forschungsrichtungen (z. B. Feldtheorie, Lern- und Gestalttheorie, Experimentalpsychologie, Psychometrik, Behaviorismus) verdienten eine eigene, ausführliche Behandlung.

Die Psychoanalytiker standen der akademischen Psychologie gewiß nicht freundlich gegenüber. Aber der Grad der Ablehnung, den Freud seinerseits im Lager der Akademiker erfuhr, steht in der Geschichte der Wissenschaften einzig da. Jahrzehntelang wurde seine Lehre als ein Irrweg angesehen, als ein Gemisch aus halben Erkenntnissen und unbeweisbaren Spekulationen – solange man es nicht vorzog, sie abzuqualifizieren als etwas, das »überhaupt keine Psychologie« sei. Die akademischen Psychologen hielten sich, und *nur* sich, für die legalen Erben und wahren Repräsentanten der psychologischen Forschung. Den Welterfolg der Psychoanalyse straften sie mit Verachtung. Was sie an breiter Popularität vermißten, ersetzten sie weitgehend durch ihre Macht in der inneren Organisation des Fachbereichs. Vor allem haben sie in der fachlichen Ausbildung bis heute das Heft in der Hand. Noch heute ist die Erlangung des Doktorgrads im Fach Psychologie an »akademische« Kenntnisse gebunden, und analytisches Training ist kaum an den Universitäten zu finden. Auch sind die Berufsorganisationen, insbesondere die American Psychological Association, akademische Vereinigungen, keineswegs analytische. Und das in Amerika, dem Land der Analyse!

Unmittelbar vor der Jahrhundertmitte lockerten sich die Fronten zum ersten Mal auf. Einige Psychologen, wie Kurt Lewin oder Henry Murray, näherten sich den analytischen Theorien, einige Analytiker, Heinz Hartmann, Erik Erikson u. a., reagierten auf allgemein-psychologische Erkenntnisse. Das zunehmende Interesse der Fachpsychologie an der Bedeutung der Motivationen im seelischen Leben führte ihre Vertreter zwangsläufig zur »unbewußten Dynamik« der Psychoanalyse, während umgekehrt das neuerweckte Interesse der Analytiker am Verhalten des »bewußten Ichs« sie an die Bewußtseinsforschungen der Fachpsychologen heranführen mußte.

Zu Beginn der fünfziger Jahre waren wir dann sogar schon so weit, daß ein berühmter deutscher Fachpsychologe, Philipp Lersch, öffentlich erklären konnte, so etwas wie eine Tiefenpsychologie könne es ja gar nicht geben, weil »wir alle Tiefenpsychologen sind«! – Er sagte wörtlich:

»Der Begriff der Tiefe... bringt zum Ausdruck, daß unser Seelenleben sich nicht in dem erschöpft, was wir an der Oberfläche des Bewußtseins feststellen, sondern daß es seine Hintergründe und seine Untergründe hat... und daß das Unbewußte zur Wirklichkeit des seelischen Lebens ebenso gehört wie das bewußt Erlebte. Psychologie kann von ihrem Gegenstand her gar nicht anders gedacht werden denn als ›Tiefenpsychologie‹. Damit wird aber dieser Begriff, genaugenommen, überflüssig. ›Tiefenpsychologie‹ ist nicht mehr eine besondere Theorie des seelischen Lebens, sondern der dem Seelischen allein angemessene Aspekt.«

Das heißt also, die Tiefenpsychologie ist, »genaugenommen«, nichts als eine »erweiterte allgemeine Psychologie«! Wenn das so ist, braucht man sie auch nicht mehr abzulehnen; man proklamiert sie für sich selber.

Hier wird (selbstverständlich unbewußt) von einem modernen akademischen Psychologen der gleiche Trick angewendet, wie wir ihn gar nicht so selten bei den heutigen Marxisten finden. Wenn sie vor gewissen Erkenntnissen, die ins Metaphysische führen, nicht mehr ausweichen können, erklären sie mit großer Geste, eigentlich *seien* diese Erkenntnisse ja gar keine »metaphysischen«; sie seien ja »nichts anderes« als ein durch unsere modernen wissenschaftlichen Erfahrungen »erweiterter Materialismus«!

Trotz dieser Einschränkung sind die Worte von Philipp Lersch ein freundliches Bekenntnis und ein Beweis für die Anerkennung der Tiefenpsychologie durch die Gesamtdisziplin Psychologie.

Was die Kirchen anlangt, so war ihre feindliche Einstellung gegen die Psychoanalyse weit verständlicher als die der akademischen Psychologie, um so mehr, als in diesem Fall die Ablehnung auf beiden Seiten gleich stark war. (Wir sprechen hier in erster Linie von den beiden großen westlichen Kirchen: der katholischen Kirche und den protestantischen Kirchen.) Begriffe wie Gott, Schuld, Sünde oder Angst wurden von der Tiefenpsychologie lange Zeit ganz und gar rationalistisch gesehen, und Freuds weltanschaulicher Atheismus blieb für die meisten seiner Schüler lebenslang bestimmend, auch dann noch, als sich allenthalben ein Wiedererstarken des religiösen Gefühls bemerkbar machte. Auch die älteren Adlerianer sind fast durchweg Atheisten, obwohl Adler selber sich sehr ernsthaft mit religiösen Fragen auseinandersetzte. Merkwürdigerweise hat in dieser Beziehung der Einfluß des Meisters auf seine Jünger, die sonst mit ihm durch dick und dünn gingen, versagt. Was C. G. Jung betrifft, so sehen nur Außenstehende in ihm einen »halben Theologen« und in seiner Lehre eine »theologische Psychologie«. Jung, ohne Zweifel ein Metaphysiker, drückte sich über Gott sehr vorsichtig aus. Wenn er von »Heilung der Seele« spreche, sagte er, habe er zwar ein religiöses Problem im Auge, der Gottesbegriff selbst aber sei für ihn ein *wissenschaftlich* zu erforschendes Phänomen, ein Archetypus. Andererseits soll Jung, so erzählt man, auf die Frage »Glauben Sie an Gott?« die Antwort gegeben haben: »Ich glaube nicht an ihn; ich *weiß* ihn.«

Wie auch immer – daß alle drei großen tiefenpsychologischen Systeme, jedes auf seine Art, metaphysisch untermauert sind, das wurde lange Zeit weder von der Kirche noch von den Tiefenpsychologen erkannt. Explizit metaphysische Gedankengänge wie bei Analytikern vom Schlage Otto Ranks oder Wilhelm Reichs waren um die Jahrhundertmitte noch die Ausnahme. Im allgemeinen sah man in beiden Lagern nur die Oberfläche der Gegenseite: die Kirche den »Pansexualismus« Freuds (auch als jener längst modifiziert, ja nicht einmal mehr maßgebend war für die Gesamtentwicklung), die Tiefenpsychologen die starre antisexuelle Einstellung der Kirche, auch als diese sich vielerorts schon zu lockern begann. Immerhin verhielten sich die Kirchen klüger und vernünftiger als die Psychologen, die protestantischen noch früher als die katholische. Sie erfaßten das mystische Element, das in aller Tiefenpsychologie enthalten ist. Sie erkannten aber auch die praktischen Vorteile einer psychologisch geschulten Priesterschaft in der modernen Welt. Die Reaktion der verschiedenen analytischen Schulen verlief zunächst in höflichen, »diplomatischen« Bahnen. Erst in den späten fünfziger Jahren stellten sich von beiden Seiten Verbindungen her, und die »pastorale Psychologie« gewann an Bedeutung. Die jungen Priester lernten erstaunlich schnell. Und ironischerweise waren sie oft liberaler als ihre Lehrer. 1955 sagte ich bereits bei einem Kongreß: »Wenn Sie heute eine liberale Meinung hören wollen, gehen Sie nicht zu einem alten Psychoanalytiker, sondern zu einem jungen katholischen Geistlichen!«

Seither sind allerdings auch schon wieder fünfzehn Jahre vergangen, eine neue Generation von Analytikern ist herangewachsen, und Freud würde vieles nicht wiedererkennen.

Etwa in der Mitte unseres Jahrhunderts begann eine neue Phase in der Tiefenpsychologie. Sie hatte gesiegt. Sie war anerkannt, die Bruderkämpfe zwischen den einzelnen Schulen verebbten allmählich, ihre bedeutendsten Gegner hatten sich mit ihr ausgesöhnt. *Aber in diesem Augenblick des Sieges begann auch ihre Krise.*

Anmerkungen zu Buch I von Alfred Farau

Teil I

1 Einleitung

1 »Ich kann Ihnen versichern, daß mit der Annahme unbewußter Seelenvorgänge eine entscheidende Neuorientierung in Welt und Wissenschaft angebahnt ist« (S. Freud, G. W., Londoner Ausgabe, Frankfurt a. M. [S. Fischer], Bd. XI, S. 75).

2 Jean Martin Charcot (1825–1893), französischer Neurologe, Hypnoseforscher, Lehrer, u. a. auch von Sigmund Freud.

3 *Die Wirklichkeit der Seele,* Zürich (Rascher) 1934.

2 Der Weg der Psychologie in die Wissenschaft

1 Die Lebensdaten der in diesem Kapitel genannten Gelehrten sind folgende: E. H. Weber (1795–1878); Ch. Darwin (1809–1882); G. T. Fechner (1801–1887); W. Wundt (1837–1920); W. James (1842–1910); J. Dewey (1859–1952); E. B. Titchener (1867–1917); J. B. Watson (1878–1950).

2 Peter R. Hofstätter: *Psychologie,* Frankfurt a. M. (S. Fischer) 1957, S. 239 f.; 432–461. Tsd.: 1970.

3 Darauf weist auch Charlotte Bühler in ihrem Buch *Psychologie im Leben unserer Zeit,* München u. Zürich (Droemer/Knaur) 1962, S. 29, hin. Sonderausgabe: Droemer/Knaur, 1975.

4 S. Freud: *Selbstdarstellung,* G. W., Bd. XIV, S. 79.

3 Die geistigen Vorläufer der Psychoanalyse

1 Gregory Zilboorg hebt Stahls Verdienste in seiner *History of Medical Psychology,* New York (W. W. Norton) 1941, hervor.

2 In seiner »Praxis der analytischen Therapie« weist Wilhelm Stekel darauf hin: *Psychoanalytische Praxis. Vierteljahresschrift für die aktive Methode der Psychoanalyse,* hrsg. von W. Stekel, Bd. 1. Leipzig (Hirsel) 1931.

4 Einige allgemeine Bemerkungen zur Psychotherapie der Vergangenheit

1 Siehe auch Henry A. Bunker: »Psychotherapy and Psychoanalysis«, in *Psychoanalysis Today,* New York (International University Press), 2. Aufl. 1945.

2 Victor Robinson: *Story of Medicine,* New York (The New Home Library) 1944, S. 189 f.

3 Rhazes (al-Razi) und Avicenna (Ibn-Sina) wirkten auch bahnbrechend in der allgemeinen Medizin. Ihre Lehrbücher waren Jahrhunderte hindurch tonangebend.

5 Von der Hypnose zur Analyse

1 Henry F. Ellenberger beginnt seinen Artikel »Mesmer and Puységur: From Magnetism to Hypnotism« in *Psychoanalytic Review*, Sommer 1965, mit den folgenden Sätzen: »It is by now generally acknowledged that the origin of Dynamic Psychiatry can be traced back to one man, Franz Anton Mesmer (1734–1815), the founder of the doctrine and practice of Animal Magnetism . . .« Der Autor des vorliegenden Buches hat bereits 1952 in seinem Buch *Der Einfluß der österreichischen Tiefenpsychologie auf die amerikanische Psychotherapie der Gegenwart,* Wien (Sexl-Verlag), diese historischen Tatsachen in allen Einzelheiten beschrieben.

2 Mesmer studierte bei den berühmten Wiener Ärzten van Swieten und deHaën, und das einzige Exemplar seiner Doktorarbeit befindet sich, soweit ich mich informieren konnte, in der Wiener Nationalbibliothek.

3 Zwei von den Männern, die dieser Kommission angehörten, sind auf grauenvolle Art schicksalhaft miteinander verbunden, Dr. Guillotin, der Erfinder der nach ihm benannten Hinrichtungsmaschine, der Guillotine, und Lavoisier, der größte Chemiker des Zeitalters, der unter ihr sein Leben beendete.

4 Marquis Armand Marie Jacques Chastenet de Puységur (1751–1825) war Schloßherr von Buzancy in der Nähe von Soissons.

6 Das sexuelle Klima in der Zeit Freuds

1 Egon Friedell: *Kulturgeschichte der Neuzeit,* London (Phaidon Press), 1947, 3. Teil, S. 363. Auch: Stuttgart (Europ. Bildungsgemeinschaft) 1980.

2 Übrigens auch in Amerika. Nach Angaben von Felix Baumann gab es in New York am Beginn unseres Jahrhunderts nicht weniger als 20000 (!) Mädchenhändler (zitiert nach Iwan Bloch, *Das Sexualleben unserer Zeit,* Berlin [Louis Marcus Verlag]) 1908, 4.–6. Aufl., S. 379.

3 A. Blaschko: »Hygiene der Prostitution und der venerischen Krankheiten«, in: *Handbuch der Hygiene,* Bd. 8, hrsg. von Th. Weyl. Leipzig (Hirzel) 1920.

4 »Die Verbreitung der venerischen Krankheiten in Preußen sowie die Maßnahmen zur Bekämpfung dieser Krankheiten usw.«, bearbeitet von A. Guttstadt, Berlin 1901 (*Zeitschrift des Königlich Preußischen Statistischen Büros,* Ergänzungsheft XX).

5 Iwan Bloch: *Das Sexualleben unserer Zeit,* a. a. O., S. 177.

6 Ich teile die »bürgerliche« Periode in drei Abschnitte: die frühbürgerliche (von der französischen Revolution bis zur Mitte des Jahrhunderts (1789–1848); die Hoch-Zeit (1848–1880); und die abklingende Epoche, die zum Ersten Weltkrieg führte. – Richard Wagner (gest. 1883) hat also die hier besprochene Epoche nicht mehr erlebt. Aber sein Einfluß war einer der stärksten des ausklingenden Jahrhunderts.

7 Diese Entdeckung wird fälschlicherweise immer wieder dem viel berühmteren Krafft-Ebing zugeschrieben; sie wurde aber von dessen Assistenten Hirschl gemacht. Siehe auch Alfred Schick: »Die Medizin und die jüdischen Ärzte in Wien«, in: *Geschichte der Juden in Wien,* hrsg. von Hugo Gold, Tel Aviv (Olamenu) 1966.

8 Thomas Sydenham (1624–1689) war einer der berühmtesten englischen Ärzte des 17. Jahrhunderts. Heute ist sein Name außerhalb der Fachkreise fast unbekannt. Der New Yorker Individualpsychologe Joseph Meiers hat auf Sydenhams Erfahrungen mit Neurotikern speziell hingewiesen, vgl. *American Journal of Psychotherapy,* Bd. XVIII, Supplement 1, März 1964, S. 59f.

9 Peter R. Hofstätter: *Psychologie,* a. a. O., S. 211.

Teil II

7 Sigmund Freud

1 Vgl. dazu »Über den psychischen Mechanismus hysterischer Phänomene« von Josef Breuer und Sigmund Freud, 1893, und von denselben Autoren »Studien über Hysterie«, 1895; letztere Arbeit wurde später in die Gesamtausgabe der Freudschen Werke aufgenommen (Bd. I der Londoner Ausgabe).

2 Freud: *Selbstdarstellung,* G. W., Bd. XIV, S. 52.

3 Siehe dazu *Drei Abhandlungen zur Sexualtheorie,* G. W., Bd. V.

4 G. W., Bd. XIII.

5 Alice Rühle-Gerstel: *Freud und Adler,* Dresden 1928, S. 93.

6 Freud: *Selbstdarstellung,* a. a. O., S. 84.

7 *Die Traumdeutung,* G. W., Bd. II u. III.

8 Rudolf Meringer und Carl Meyer: *Versprechen und Verlesen,* 1895. Neu herausgegeben von A. Lutler und David Fay, Amsterdam.

9 Wer sich für diese Probleme genauer interessiert, sei insbesondere auf zwei Bücher von Freud verwiesen: *Die Psychopathologie des Alltagslebens,* G. W., Bd. IV, und *Vorlesungen zur Einführung in die Psychoanalyse,* alle drei Teile: »Fehlleistungen«, »Der Traum«, »Allgemeine Neurosenlehre«, G. W., Bd. XI.

10 An dieser Stelle wollen wir wieder einmal die Gelegenheit wahrnehmen, darauf hinzuweisen, wie sehr seither eine rückläufige Bewegung eingesetzt hat. Während sich Freud so bemühen mußte, Mayer und Meringer und andere Autoren zu widerlegen, gibt es heute eine Reihe von Analytikern, die längst nicht mehr so überzeugt davon sind, daß wirklich die meisten von unseren kleinen, alltäglichen Irrtümern unbewußte, zweckbedingte Ursachen haben. Ruth C. Cohn (New York) drückt es sehr präzis aus: »Es gibt *auch* Fehlleistungen.« Was also heißen soll: die andern sind es nicht und lassen demnach tiefenpsychologische Deutungen auch nicht zu.

11 S. Ferenczi: »Freud's Influence on Medicine«, 1933, in *Psychoanalysis Today,* New York (International University Press), 2. Aufl. 1945.

12 Es herrschte ein langer »Prioritätsstreit« in der Psychoanalyse, was »früher« gewesen sei: Liebe oder Haß. Stekel behauptet, Freud habe sich schließlich durch ihn überzeugen lassen, daß der *Haß* das Primäre im Menschen sei; siehe Wilhelm Stekel: *Sadism and Masochism,* engl. Ausg. 1939, S. 23.

13 Siehe *Hemmung, Symptom und Angst* (1926), G. W., Bd. XIV.

14 Siehe vor allem Anna Freud: *Das Ich und die Abwehrmechanismen,* London (Imago) 1937 u. München (Kindler) 1964, aber auch Karl A. Menninger: *The Human Mind,* New York (Alfred Knopf), 3. Aufl. 1945, S. 281–304.

15 Siehe Westermarck: *Three Essays on Sex and Marriage.*

16 Viel Material kann in Bronislaw Malinowskis *The Sexual Life of Savages* (1949) gefunden werden. Deutsch: *Das Geschlechtsleben der Wilden in Nordwest-Melanesien,* Frankfurt (Syndikat) 1979.

17 Patrick Mullahy: *Ödipus, Myth and Complex,* New York (Heritage Press) 1948, S. 323.

18 Géza Róheims Hauptwerk: *Psychoanalysis and Anthropology,* ist, allen Anfeindungen zum Trotz, erst vor kurzem (1968) wieder neu aufgelegt worden. Deutsch: *Psychoanalyse und Anthropologie,* Frankfurt (Suhrkamp) 1977.

8 Alfred Adler und die Individualpsychologie

1 Die englische Übersetzung des Buches erschien unter dem Titel *Study of Organ Inferiority and its Psychical Compensation* im Jahre 1946 in New York (The Nervous and Mental Disease Publ. Co.). In seinem Vorwort schrieb Nolan D. C. Lewis, ein führender amerikanischer Freudianer, diesem Werk »historische Bedeutung« zu. Das war allerdings 1946, und der Bruderkrieg zwischen Freudianern und Adlerianern hatte an Heftigkeit bereits verloren.

2 Alfred Adler: *Praxis und Theorie der Individualpsychologie,* München (Bergmann) 1920, S. 1. Neu hrsg. von W. Metzger, Frankfurt (Fischer) 1974.

3 Alfred Farau: *Der Einfluß der österreichischen Tiefenpsychologie auf die amerikanische Psychotherapie der Gegenwart,* Wien (Sexl) 1953, S. 67f. (Da die späteren Ausgaben und Übersetzungen des Buches unter dem Titel *Geschichte der Tiefenpsychologie* erschienen, werden wir in Zukunft auch diesen kürzeren Titel benützen.)

4 Ebda., S. 71.

5 *Alfred Adlers Individualpsychologie,* hrsg. von Heinz L. und Rowena R. Ansbacher, München/Basel (Reinhardt) 1972, S. 141.

6 *Alfred Adlers Individualpsychologie,* a. a. O., S. 142 u. 143.

7 Alfred Adler: *Menschenkenntnis,* Frankfurt (Fischer) 1966, S. 50–51.

8 Ebda., S. 65.

9 *Alfred Adlers Individualpsychologie,* a. a. O., S. 143.

10 Sidonie Reiss: *Mental Readjustment,* London (Allen & Unwin) 1949, S. 61.

11 Alfred Adler: *Wozu leben wir?* Frankfurt (Fischer) 1971, S. 65.

12 Ebda., S. 180. – Es sei auch auf die genaue Beschreibung des kriminellen Charakters aus individualpsychologischer Sicht in Alexandra Adlers Buch *Guiding human misfits,* London (Faber & Faber) 1938, hingewiesen, besonders auf das Kapitel »Psychology of the Criminal«, S. 72–85.

13 Alfred Adler: *Der Sinn des Lebens,* Wien/Leipzig (Passer), 2. Aufl. 1935. Neu hrsg. von W. Metzger, Frankfurt (Fischer) 1973, S. 38, 8 u. 46.

9 Carl Gustav Jung und die analytische Psychologie

1 *Vorlesungen zur Einführung in die Psychoanalyse,* G. W., Bd. XI, S. 107.
2 C. G. Jung: »Psychologische Typologie«, in: *Seelenprobleme der Gegenwart,* Olten u. Freiburg/Br. (Walter-Studienausgabe) 1973, S. 90.
3 Siehe auch Gardner Murphy: *An Introduction to Psychology,* New York (Harper & Row) 1951, S. 332f.
4 C. G. Jung: *Seelenprobleme der Gegenwart,* Zürich (Rascher) 1931, S. 175.
5 Siehe auch Rudolf Brun: *Allgemeine Neurosenlehre,* Basel (Schwabe) 1946, S. 40, und Clara Thompson: *Psychoanalysis, evolution and development,* New York 1950, S. 166. Deutsch: *Die Psychoanalyse. Ihre Entstehung und Entwicklung.* Zürich (Pan-Verlag) 1952.
6 Jolande Jacobi: *Die Psychologie von C. G. Jung,* Zürich (Rascher) 1940, S. 132f.
7 Ebda., S. 72.
8 Rudolf Brun: *Allgemeine Neurosenlehre,* a. a. O., S. 39f.
9 C. G. Jung: *Die Beziehungen zwischen dem Ich und dem Unbewußten,* Zürich (Rascher) 1933, S. 110.
10 C. G. Jung: *Über die Psychologie des Unbewußten,* Zürich (Rascher) 1942, S. 133.
11 Ebda., S. 133ff.
12 Wir haben im Vorstehenden eine zeichnerische Darstellung beschrieben, die sich in Jolande Jacobis *Die Psychologie von C. G. Jung,* S. 202, findet. – Jolande Jacobis Buch über Jung ist wahrscheinlich die prägnanteste, übersichtlichste Zusammenfassung, die zu Lebzeiten des Gelehrten erschienen ist.
13 C. G. Jung: *Die Beziehungen zwischen dem Ich und dem Unbewußten,* Zürich (Rascher) 1933, S. 203–207.
14 C. G. Jung: *Psychologie und Alchemie,* Zürich (Rascher), 1944.
15 C. G. Jung: *Erinnerungen, Träume, Gedanken,* hrsg. von A. Jaffé, Olten und Freiburg (Walter) 1971, S. 305.
16 Wer sich für diese Fragen besonders interessiert, sei verwiesen auf Jungs *Erinnerungen, Träume, Gedanken,* auf *Das Geheimnis der goldenen Blüte. Ein chinesisches Lebensbuch.* Mit einem Kommentar von C. G. Jung, Olten und Freiburg (Walter), 3. Aufl. 1971, und auf den sehr aufschlußreichen Aufsatz »The Beyond« von Barbara Hannah in der Zeitschrift *Quadrant,* 3, 1969 Young Foundation for Analytical Psychology, New York).

10 Unterschiede und Gemeinsamkeiten der drei grundlegenden Systeme

1 Karl Jaspers: *Allgemeine Psychopathologie,* Berlin u. Heidelberg (Springer) 1946; 9. Aufl. 1973.
2 Wilhelm Windelband: *Die Geschichte der neueren Philosophie in ihrem Zusammenhang mit der allgemeinen Cultur und den besonderen Wissenschaften,* Leipzig (Breitkopf und Härtel) 1878–80.
3 *Vorlesungen zur Einführung in die Psychoanalyse,* G. W., Bd. XI, S. 203f.
4 Ebda., S. 215.

Teil III

11 Die Persönlichkeit Sigmund Freuds

1 Die aufschlußreichste und umfassendste aller Freud-Biographien ist zweifellos *The Life and Work of Sigmund Freud* von Ernest Jones, 3 Bde., New York (Basic Books) 1953–1957. Deutsch: *Leben und Werk von Sigmund Freud,* 3 Bde., Bern (Huber) 1960.

2 Nach Freuds eigener Angabe. Siehe »Selbstdarstellung«, G. W. Bd. XIV.

3 Aus einem Brief an Wilhelm Fließ vom 7. Juni 1900.

4 David Bakan und Lydia Öhlschleger haben solche Gedankengänge geäußert.

12 Die Persönlichkeit Alfred Adlers

1 Heinz L. und Rowena R. Ansbacher: *Alfred Adlers Individualpsychologie,* München/Basel (Reinhardt) 1972. Dieses Buch enthält eine von den Autoren getroffene Auswahl aus Adlers Schriften, die mit ausführlichen verbindenden Kommentaren versehen wurden.

13 Die Persönlichkeit Carl Gustav Jungs

1 S. Freud: G. W., Bd. XI, S. 204.

2 *Die Weltwoche,* Zürich, 11. Mai 1945: »Werden die Seelen Frieden finden?« Ein Interview mit Prof. Dr. C. G. Jung.

3 Einige der Angreifer waren Wilhelm Röpke, Gustav Bally, Ernest Jones, Franz Alexander, Ludwig Marcuse.

4 Ernest Harms: »Carl Gustav Jung – Defender of Freud and the Jews«, *Psychiatric Quarterly,* 20, 1946, S. 199–230.

5 Alfred Farau: »C. G. Jung: an Adlerian appreciation«, *Journal of Individual Psychology,* New York, Bd. 17, 2, November 1961, S. 135–141.

6 J. B. Priestley: *Rain upon Godshill: A further chapter of autobiography,* Toronto (Macmillan) 1939; teilweise abgedruckt in Gerhard Adler: *Zur analytischen Psychologie,* Zürich (Rascher) 1952, S. 158–160.

7 Alfred Farau: »C. G. Jung: an Adlerian appreciation«, a. a. O.

8 Brief Jolande Jacobis an den Autor vom 15. Dezember 1961, in Auszügen.

Teil IV

14 Spekulationen und Experimente

1 Otto Rank: *Das Trauma der Geburt und seine Bedeutung für die Psychoanalyse,* Wien (Internationaler Psychoanalytischer Verlag) 1924.

2 Sandor Ferenczi: *Further Contributions to the Theory and Techniques of Psychoanalysis,* London (Hogarth Press, Ltd.) 1950. Deutsch: *Bausteine zur Psychoanalyse,* 4 Bde., Bern (Huber) 1964.

15 Sozialtherapie

1 Dies sind die Lebensdaten der in diesem Kapitel genannten Personen: Ernst Freiherr von Feuchtersleben (1806–1849); W. Sweetser (1795–1875); Dorothea L. Dix (1802–1887); C. W. Beers (1876–1943); Adolf Meyer (1866–1950).

2 Einige meiner Angaben sind dem Buch *Psychiatry, its Evolution and Present Status* von William C. Menninger, New York (Cornell University Press, Ithaca) 1948, entnommen.

3 Viele aufschlußreiche Angaben über die früheren sozialen Verhältnisse Amerikas verdanken wir der *Story of Medicine* von Victor Robinson, New York (The New Home Library) 1944.

4 Sol Markoff: *The Changing Years,* The National Child Labor Committee, New York, Publ. Nr. 415, April 1954.

5 B. L. Jenkinson: *Marriage and Divorce in USA. 1937–1945.* Vital Statistics, Bureau of Census, Special Report, Bd. 23, Nr. 9, vom 10. September 1946.

6 F. Alexander, Th. M. French u. a.: *Psychoanalytic Therapy,* New York (Ronald) 1946.

7 Jessie Taft: *Counseling and Protective Service as Family Case Work: A Functional Approach,* Publication Division, Pennsylvania School of Social Work, Philadelphia, 1946, S. 83f.

16 Psychoanalyse als Massenphänomen in den USA der vierziger Jahre

1 Alfred Farau: »Die analytische Epidemie«, erster Abdruck in *Geschichte der Tiefenpsychologie,* Wien (Sexl Verlag) 1953. Ich habe fast wörtlich wiedergegeben.

BUCH II
von Ruth C. Cohn

1 Brief an Fred (Frühling 1977)

FRED, dieser Brief ist an Dich, der ihn nie bekommen wird, da Du nun schon seit fünf Jahren tot bist. Wenn Du leben würdest, wärest Du gar nicht so sicher wie ich, daß Dich dieser Brief nicht erreichen wird – nach Deinem Tod, irgendwie, in einer uns unvorstellbaren und nicht erahnbaren Form. Ich weiß genau, daß Du das sagen würdest – (gesagt haben würdest); denn viele unserer Gespräche in all den Jahren zwischen 1948 und 1972 gingen ja um die Bedeutung von Leben und Tod – oder besser gesagt um die metaphysische Frage ihrer Einheit.

Als wir uns kennenlernten, glaubtest Du, Du seiest der einzige Psychologe der Welt, der von der Metaphysik her philosophischen und therapeutischen Antrieb erfuhr. Darum warst Du etwas konsterniert, beinahe ungläubig, daß Du in mir mit diesem Interesse eine gleichgestimmte Partnerin fandest. Ich stimmte Dir jedoch nie darin zu, daß Du und ich so seltene Exemplare seien, die sich über den Zusammenhang von Metaphysik und Psychologie den Kopf zerbrachen. Du aber warst ein Einzelgänger – nicht nur ein Flüchtling von Wien und Dachau, sondern auch zuvor und danach ein Mensch der inneren Emigration –, einer, der allein forschte, seinen eigenen Weg durch die großen Perspektiven der Zeitgeschichte suchte, sich aber nicht in den Dialog mit seinen Zeitgenossen einlassen wollte. – Wie sagtest Du?: »Ich brauch' nicht ein ganzes Ei aufzuessen, bevor ich weiß, daß es faul ist.«

Ja, es ist wahr, im Grunde sahst Du alles voraus, etwa zwanzig Jahre vor anderen Menschen, zum Beispiel: die Ausnutzung der Atomkraft, die Entwicklung und Bedeutung der Raumfahrt für die Veränderung des Menschen, die »Hitlerisierung« der Völker, den Wettlauf zwischen Untergang und Humanisierung.

Fred, ich sitze auf meinem Arbeitsstuhl, den ich als fast einziges Überbleibsel aus New York mit hierher gebracht habe, nach der Schweiz, in meine Châlet-Dachstube, die jetzt mein Heim ist, und die Du nicht mehr kennengelernt hast. Ich sehe über Deine Fotografie an der Wand hinweg durchs Fenster in das Nebelgrau der Berge.

Ich saß auf diesem Stuhl, als wir unsere letzten tiefen Gespräche hatten. Ich wußte, daß es unsere letzten sein würden, doch Du wolltest es nicht wissen und donnertest statt dessen über all die unwissenden Menschen, die nicht aus ihrer Blindheit herauskommen wollen! (während ich vorsichtig versuchte, vom Sterben und vom Tod mit Dir zu sprechen.)

Ich habe aus Büchern und aus meiner Praxis und von meinen Kollegen erfahren, daß man nicht nur traurig trauert, sondern auch mit Wut. Ich habe selbst nie zuvor bewußt solche Wut erlebt. – Ich war nicht wütend auf meine Eltern, als sie starben, noch über den Tod von Freunden. Du, aber Du, der Du aus dem Nebel über den Eisbergen zu mir herüberschaust, Du machst mich wütend! Du, der Du Wochen, Monate, Jahre, Jahrzehnte Wissen und Gedanken sammeltest und immer alles Wesentliche, speziell das Negative, vor allen anderen Menschen erfaßtest, Du, der Du ein großes Werk der Psychologie der Zukunft anfingst zu schreiben – ich glaube vor dreißig Jahren –, Du sammeltest, sammeltest, sammeltest – und zurück blieb ein Zimmer voller Kästen, Schubladen, Mappen mit fast unlesbaren und nur für Dich geordneten Notizen – Zettelchen und Zettelchen und Zettelchen. (Deine Frau und Deine Kusine waren monatelang damit beschäftigt, sie so weit zu entziffern, wie es ihnen möglich war – Deine: »Psychologie und die Zukunft«.)

Und hier nun ist Dein Werk bei mir angekommen. Zwei Aktenwagen voll Zettelchen, Gedankensplitter – vielversprechend, funkenschlagend – Bruchstücke, die nur Du, Du, Du, aus den Fäden und ihren elektrischen Verbindungen in Deinem Kopf zum Ganzen hättest machen können – wenn Du nicht vorgezogen hättest zu verbittern und zu sterben, eh Du endlich, endlich Dein Wissen, Dein Vor-Wissen, Deinen Mitmenschen gegeben hättest!

Du hast es mir ja selbst gesagt – Du erlagst Deiner eigenen Bitterkeit –; daß Du in Dachau noch an die Rückkehr zu einer Güte der Menschlichkeit geglaubt hast. In den Emigrationsjahren und durch die »Hitlerisierung« des Menschen brach für Dich die Hoffnung und damit Deine Welt zusammen.

Und hier bin ich, nach fünf Jahren, der Dir nächste Mensch neben Silvia, mit der Aufgabe, die Du mir überlassen hast, Dein Buch in die Welt zu bringen. – Ja, das hast Du getan; denn das sagen Silvia (Deine Frau), Ruth Liepman (Deine Agentin) und Hubert Arbogast vom Verlag Klett-Cotta; nur ich könne, solle, müsse dieses Buch zu Ende führen, denn sonst würde es nie erscheinen. Er sagt, ich soll ein »Notdach« bauen für die Zeit, über die Du nicht mehr schriebst – die Zeit nach den fünfziger Jahren.[1] Er sagt, ich müsse keine Geschichtspsychologin sein, ich solle nur schreiben, wie ich diese Geschichte selbst erlebt habe.

Fred, ich bin Dir sehr böse; so böse, wie Du mich nie gesehen hast, selbst als wir uns in langen Tagen bis in die Nacht hinein stritten wegen Deines Ärgers über »die Dummheit der Menschen« und den »Untergang der Welt« und Deine Verzweiflung, die sich immer nur dann zu geben schien, wenn Du, in seltenen Augenblikken, Hoffnung aus den Sternen schöpfen konntest.

Um dieser, unserer gemeinsamen Hoffnung willen, habe ich den Vertrag unterzeichnet, Deinem Buch ein »Notdach« zu geben. Ich tue dies schweren Herzens. Denn auch meine Zeit mag knapp bemessen sein, und ich würde sie lieber dazu verwenden, das zu schreiben, worin ich mich kompetent und nicht als eine »Notarchitektin« fühle. Doch mein Gefühl sagt mir, daß ich Dir zuliebe – und vielleicht einem mir noch unbekannten Sinn folgend – diese Aufgabe übernehmen soll.

Und, Fred – ich bin Dir nicht *nur* böse. Das weißt Du. Ich möchte Dir auch danken für die vielen Jahre, in denen wir gemeinsam »inmitten aller Sterne« Wege suchten.

Ruth

2 Biographischer Epilog und autobiographischer Prolog. Alfred Farau: »Vom Wiener Kaffeehaus zur Metaphysik«

Fred schrieb ein hinreißendes Vortragsmanuskript über das Wiener Kaffeehaus – warmherzig, witzig, historisch gelehrt und aufschlußreich, über Wien als Stadt einer Höchstzahl von kulturell bedeutenden Menschen: der Musiker Mozart, Mahler, Strauß, Schubert, Beethoven, Brahms, Bruckner, Lehár, des anderen Strauß; der Dichter Altenberg, Jakob, Raimund, Stifter, Lenau, Nestroy, Grillparzer, Feuchtersleben, Salten, Schnitzler, Hofmannsthal, Hoffmann, Werfel; und bildender Künstler wie Thorwaldsen, von Schwindt, Kokoschka; und von Psychologen wie Freud, Adler, Reik, Schilder, Dreikurs, Stekel – und sehr vieler anderer:

»Der Kaffeehausmensch, den gibt es wirklich – als eine völlig einzigartige planetare Erscheinung, und zwar gedeiht er ... mit besonderer Vorliebe in Wien.«

»Was sich der Österreicher an optimistischer Wehleidigkeit leistet, das geht auf keine kosmische Kuhhaut ... Man muß es von Kindesbeinen an mitgemacht haben, man muß mitgeraunzt haben ... man muß es erlebt haben, um seine Magie zu begreifen.«

»... a place where you can sit all day long, comfortably, read all the newspapers, eat almost nothing, drink almost nothing, and nevertheless remain on good terms with the waiters and even with the owner of the ›Kaffeehaus‹.«
(»... ein Ort, an dem man den ganzen Tag behaglich sitzen und sämtliche Zeitungen lesen kann, an dem man fast nichts zu essen und fast nichts zu trinken braucht und trotzdem mit den Kellnern und selbst mit dem Besitzer des Kaffehauses auf gutem Fuß stehen kann.«)

Alfred Farau hatte zwei »Kaffegroßmütter«. Die eine:
»Bevor sie ... das Haus verließ, roch die ganze Wohnung nach frischgebranntem Kaffee, in den sie ihre Semmel ein-

brockte, bis Semmel und Kaffee zu einem Mischmasch geworden waren ...«; »die andere hatte ein Riesenhäferl und darauf stand: ›Du liaba Kaffe, i trink die so gern ... i mecht wegen Deiner a Kaffeehäferl wern ...‹.«

»Zur Behaglichkeit gehörte, sich Zeit lassen können. Das hat seine sehr negativen Seiten und seine sehr positiven: Wenn man sich Zeit läßt, läßt man sich gern noch immer mehr Zeit. Man beginnt auszuweichen, zu lavieren – dann kommen die Halbheiten, das Nie-fertig-werden-Können-und-Wollen, die Raunzerei, das ewige Selbstmitleid, das Rücksicht-Nehmen, nach der falschen Seite natürlich – lauter Charaktereigenschaften oder, weniger schmeichelhaft ausgedrückt, Charakterschwächen, die wir noch bei den größten unserer Leute finden, zum Beispiel bei Grillparzer. – Auf der anderen Seite, auf der positiven, wurde eine Lebensqualität erreicht, die Österreich seinen unvergänglichen Glanz gegeben hat: Der Österreicher gönnt sich zu leben. Er nimmt sich Zeit für sein Leben. Er leistet sich Pausen, mitten am Tag, und eine der produktivsten Pausen ist, ins Kaffeehaus zu gehen. Ich weiß, das sieht nach Idealisierung einer Lebensform aus, selbstverständlich haben Tausende und Abertausende im Kaffeehaus ihre Zeit versessen, vergeudet und verschlampt. Aber ich halte mich an das Positive, daß fast alle großen österreichischen Dichter und Journalisten, Musiker und Maler, Schauspieler, Ärzte, Rechtsanwälte, Professoren, Politiker und Industrielle produktive Arbeit im Kaffeehaus geleistet haben. Daß unzählige Studenten dort für ihre Prüfung studiert haben; daß Generationen von Österreichern und Fremden dort Erholung und Frieden gefunden haben; daß sich Ereignisse von historischer Bedeutung dort abspielten ...

Die österreichische Behaglichkeit, dieses Genießerische, Lebensselige, Feinschmeckerische ist übrigens zutiefst der Gefühlshaltung des Rokoko verwandt. Denn immer ist einmal das Bewußtsein des Abschieds gegenwärtig, auch wenn man noch so lustig und ausgelassen ist. Die beglückende Heiterkeit des alten Wien ist tief melancholisch untermauert. Das zeigt die ganze österreichische Literatur. Unsere größ-

ten Humoristen, Raimund und Nestroy, waren schwer depressiv. Raimund und Stifter, Lenau und Stefan Zweig haben Selbstmord begangen. Grillparzer hat oft genug daran gedacht. Nestroy ... hat es in jungen Jahren sogar einmal versucht ... Schnitzler, Hofmannsthal, Hoffmann, Werfel, Hermann Bruch, sie alle genießerische Naturen, kamen zeitlebens vom Problem der Vergänglichkeit nicht los. Der unbändig lustige Mozart schrieb schon mit fünfundzwanzig Jahren an seinen Vater: ›Ich kann, so jung ich bin, niemals zu Bett gehen, ohne daran zu denken, ob ich den Morgen noch erleben werde. Und ich finde es richtig so, da ja schließlich der Tod das Ziel unseres Lebens ist.‹
Schubert ist das stärkste aller Beispiele. Gibt es eine wehmütigere Musik als den zweiten Satz – den zweiten, nicht den ersten – aus der Unvollendeten? Als ihn einmal jemand fragte: ›Warum schreiben Sie denn nie a lustige Musik, Herr von Schubert?‹ gab er ihm die wütende Antwort: ›Haben Sie schon mal a lustige Musik g'hört?‹ So sehr war in ihm das Urmelancholische verwurzelt, daß ihm wohl schon die Andeutung, man könnte Musik als etwas Lustiges auffassen, wie eine Herabsetzung der hohen Kunst erschien. Daß die Volkslieder voll von Wehmut sind, sagt nicht viel, das ist überall so, bei allen Völkern, aber daß auch die Wiener Heurigenlieder es sind, das ist schon was anderes. ›Verkauft's mei G'wand, i fahr' in Himmel ...‹, ›Es wird a Wein sein, und mir wern nimmer sein ...‹, ›Es wird schöne Madl'n geb'n und mir wern nimmer leb'n ...‹«
»Ich sehe den echten Kaffeehausmenschen ... als das, was der amerikanische Psychiater Harry Stack Sullivan den ›participant observer‹ nennt. Das Kaffeehaus, wie ich es sehe, ist ein Schiff im Lebensstrom – es gleiten vorüber draußen Tag und Nacht, Sonne und Sterne –, aber der intensive Zuschauer sieht auch die Menschen in Tausenden Façonen, und wenn es ihm paßt, kann er ja wieder landen am Lebensufer, aussteigen und teilnehmen mit den anderen ... *wenn es ihm paßt*!«
»Der echte Kaffeehausmensch hatte Muße – Muße, nicht ›leisure‹ ... Er war kein Müßiggänger, er war ein Mußegänger.«

So hatte Fred in Wien gelebt. – Als ich ihn in New York 1948 kennenlernte, war er weder ein Mußegänger noch ein Müßiggänger. Er hatte einen Job als Geschirrwäscher aufgegeben und war verzweifelt. Er glaubte nicht, daß seine Fähigkeiten in Amerika anerkannt werden könnten; Silvia verdiente den Lebensunterhalt für beide. Fred litt mehr als irgendein anderer Emigrant, den ich kannte. Seine Eltern waren von den Nazis ermordet worden. Seine in Wien begonnene Arbeit als kulturpolitischer Rundfunkautor war zerstört. Sein Schreiben deutscher Gedichte war abgebrochen. Seine adlerianisch-therapeutische Ausbildung hätte eine mögliche Grundlage für eine berufliche Arbeit sein können; doch es dauerte Jahre, bis er sich, vor allem durch meinen Einfluß, entschloß, zu praktizieren. Er konnte sich nicht vorstellen, daß er in einer anderen als der österreichischen Kultur und der deutschen Sprache therapieren könne.

Fred und ich befreundeten uns sehr schnell. Ich konnte ihn ermutigen, Kontakt mit dem Adler-Institut aufzunehmen. In kurzer Zeit wurde er dort ein angesehenes Fakultätsmitglied und später Dekan. Auch seine Privatpraxis stand bald in gutem Ruf, und die Tage finanzieller Sorgen waren vorüber. Doch Freds Traurigkeit blieb.

Fred war und blieb ein Vorausseher. Er freute sich über diese große Gabe und litt und raunzte, daß er keine öffentliche Anerkennung dafür empfing. Er konnte sie nie erhalten, da er seine Prophezeiungen nur bruchstückhaft im Familien- oder Freundeskreis vorbrachte und sie auf Zetteln in Schubladen und Kästen verbarg.

Bereits im Schulalter sah er, verspottet von Lehrern und Mitschülern, die Raumfahrt voraus; er prophezeite sehr früh, daß Hitler die Macht übernehmen würde; er glaubte, schon 1948, als ich ihn kennenlernte, daß die Zukunft der Psychologie in einer neuen und andersartigen Metaphysik läge, die sich zwischen 1950 und 1965 entwickeln würde. – In seinen Notizen fand ich die folgende Geschichte vom rosa Ballon, er hat sie mehrfach zitiert (frei nach Peter Altenberg):

»Es war einmal ein kleines, armes Mädchen, das zusah, wie ein reiches Mädchen einen rosa Luftballon in der Hand hielt und ihn dann fortfliegen ließ. Das arme kleine Mädchen sah staunend und voller Sehnsucht dem Luftballon nach. – Ein paar Tage später gab das reiche kleine Mädchen dem armen kleinen Mädchen auch einen rosa Luftballon. Das machte sie sehr fröhlich und sie beschloß, ihn für immer zu behalten. So nahm sie ihn in ihr kleines Zimmer und ließ ihn dort zur Decke steigen. Aber ach, als sie am nächsten Morgen aufwachte, war der schöne, große, rosa Luftballon zusammengeschrumpelt und auf die Erde gefallen. Das kleine arme Mädchen weinte bitterlich: ›Ach, hätte ich ihn doch zum Himmel fliegen lassen – ich hätte ihm nachgeschaut und nachgeschaut und geschaut und geschaut . . .‹«

Ach, hätte doch auch Fred seinen Ballon in die Luft fliegen lassen!

Das Zuhause mit seiner Frau Silvia gab Fred dunkle und warme Geborgenheit; sie waren sich als Jugendliche begegnet und hatten sich ineinander verliebt – Vetter und Kusine dritten Grades. Silvia blieb seine liebende Begleiterin bis zuletzt. In New York gab es auch Freunde der Familie von früher und einige neue Freundschaften mit Frauen. Sein Geist blieb unvermählt – auch in unserer 24 Jahre währenden Freundschaft mit ihren sprühenden Funken von Eros und Ärger, Diskrepanz und Verstehen.

Fred blieb in New York ein Außenseiter, der sich nach dem »Riesenhäferl« von Zeit, Kaffee, Rauch und fortschrittlich-humanem Geist sehnte. Er faßte nie Fuß im turbulenten, von Reizen überfließenden, mußelosen New York. »He was never with it«, er machte nicht mit. Kontakte mit humanistischen oder auch mit den ersten transpersonalen Psychotherapeuten, die in vielem ähnlich dachten wie er, vermied er. Mich selbst betrachtete er als eine unbewußte Pionierin, in einer Außenseiterrolle wie er selbst.

So wurde er vom partizipierenden Beobachter des Wiener Kaffeehauses zum brillanten Historiker und bitteren Zeitkritiker. Manchmal, im Hause von Freunden oder vor österreichischen Literaturverbänden, wo er Vorträge hielt und Gedichte las, sprühte er Graf-Bobby-Witze, zitierte Nestroy und Raimund, karikierte zeitgenössische Ereignisse und war für wenige Stunden glücklich. Danach war er um so trauriger. Er wußte, daß er den Propheten in sich in ein Clownskleid gesteckt hatte. – Nur in seinen Therapiestunden mit Patienten und Studenten, in Gesprächen mit einigen, meist nicht intellektuellen Freunden oder auf Vortragsreisen, verließ er manchmal die innere Einsamkeit, die er gegen das Wiener Kaffeehaus eingetauscht hatte. Dann spürte er den Nachklang und manchmal auch die leise Melodie der Sehnsucht zu einem anderen Menschen oder einer metaphysischen Hoffnung hin, deren Verbalisierung er weder in einem früheren Buch über Astronautik noch in seinem angefangenen Buch, *Psychologie und die Zukunft,* zustande brachte.

Er hoffte auf eine Psychologie, die auf Metaphysik basieren würde. Darum war er begeistert von den Entdeckungen der Parapsychologie und von der Möglichkeit, es könnte im Weltraum höher entwickelte Lebewesen geben, durch die wir verändert werden könnten. Er erwartete den Anbruch einer neuen kosmischen Religiosität, die durch die Raumfahrt und durch die Entwicklung parapsychologischer Fähigkeiten entstehen würde.

Trotz wesentlicher Gemeinsamkeiten erlebte ich uns eher als gegensätzlich. Es war Fred und mir fast unmöglich, über unsere Ideen und unsere Arbeit zu sprechen, ohne daß wir aneinander gerieten, trotz unserer gegenseitigen Hochachtung. Ich haßte seine raunzende Außenseiterrolle, und er haßte alles, was ihn an »Existentialismus« oder an die »Dummheit der Menschen« erinnerte – und das war sehr vieles. Jedoch wir waren beide überzeugt, daß die Psychologie, wenn sie sich von ihrem kausalistisch-deterministischen Menschenbild befreien würde, dazu beitragen könnte, eine humanisierende Veränderung der Menschen zu fördern. Wir glaubten nicht, daß Wille und Geist nur Nebenprodukte des menschlichen Organismus seien, wir gingen davon aus, daß sie wirksame Energie sein müßten. Wir glaubten, daß auch die Atome des Gesteins bereits die Kraft des Lebens in sich tragen, obwohl wir nicht über das Wie dieser Möglichkeit sprachen.

Weder Fred noch ich haben Physik oder Theologie studiert. Wir haben nie Glaubensdialoge bis in die Tiefe hinein geführt. Die Frage nach Göttlichkeit oder nach einem Gott als persönlichem Partner kam nicht auf. Für mich waren diese Fragen damals noch tabu. Für Fred scheinen sie aufgedämmert zu sein in dem Wort »Metaphysik«; doch seine metaphysisch-religiösen Gedanken beruhten nicht auf einem tragenden persönlichen Glauben.

Die noch nicht gereifte Idee einer zukünftigen »Metaphysik« war die geheime Grundharmonie unserer gemeinsamen, manchmal disharmonisch abgebrochenen Melodien. Wir ahnten, daß etwas uns zur Hoffnung berechtigte, ein »Dennoch«. Diese Hoffnung, daß die Menschheit die Möglichkeit einer humanen Entwicklung in sich trägt, verlor Fred auch in der Bitterkeit seiner letzten Jahre nie ganz.

Als ich die Arbeit des »Notdachs« übernahm und den »Brief an Fred« in meiner Wut und Not schrieb, kamen mir die Worte, daß ich ihm zuliebe »und vielleicht einem mir noch unbekannten Sinn folgend« diese Aufgabe übernehmen mußte. Für mich selbst wird diese Arbeit zum großen Erlebnis: Viele Jahre lang hatte ich mit und in der Psychotherapiegeschichte *gelebt:* in meiner Praxis, auf Kongressen, in Seminaren, persönlichen Begegnungen und privaten Beziehungen – *reflektiert* hatte ich die Geschichte der Psychotherapie nie.

Es war für mich ein Vierteljahrhundert des Strebens nach verbesserten therapeutischen und pädagogisch-therapeutischen Mitteln gewesen; jeweils praktische Hilfen zu diesem Ziel aufgreifend, sie verarbeitend und weiterentwickelnd, eilte ich voran – ein Vierteljahrhundert therapeutischer und pädagogischer Hoffnungen und wirklichen Fortschritts. Ich war amerikanisiert, pragmatisiert. Es kam mir auf den praktischen Erfolg an. Zur Rückschau und zur Verarbeitung geschichtlicher Perspektiven fand ich unter dem Druck des Alltags weder Zeit noch leidenschaftliches Interesse. Jetzt, im Lesen und Reflektieren, wurde die Sehnsucht in mir wach, die geschichtlichen Zusammenhänge der Psychotherapien, in denen ich so intensiv gelebt hatte, zu verstehen.

Und während ich begeistert lese und zu lernen versuche – immer ankämpfend gegen ein unbequem alterndes Gedächtnis –, kommt mir langsam die erlösende Erkenntnis, daß dies »Farau-Buch« ein Fragment bleiben wird, dessen Grenzen ich zwar erweitern, doch niemals werde ausfüllen können.

Ich bin nicht Fred Farau. Ich habe auch nicht sein weites geschichtliches Wissen. Ich glaube aber, daß auch die Darstellung persönlicher Erfahrung unter dem Aspekt der Geschichte der Psychotherapie von Wichtigkeit sein kann.

Ich will nur meinen eigenen Faden *erlebter Geschichte der Psychotherapie* verfolgen, das, was ich selbst erlebt habe, darstellen. –

Ich arbeite daran in der Gewißheit, daß es Historiker geben wird, die meine und anderer Menschen Fäden erlebter Geschichte in das große Tuch brauchbarer Geschichtsverarbeitung einweben werden.

Ich glaube, daß der Mut zum Fragment und zur eigenen Perspektive notwendig sind für den Menschen des zwanzigsten Jahrhunderts; denn nicht nur die Masse der zu verarbeitenden Daten, sondern auch das Wissen von der Subjektivität und Intersubjektivität sogenannter objektiver Darstellungen erleichtern es mir, mein fragmentarisches Wissen zu bejahen. Ich gestehe, daß mir das am Anfang sehr schwer gefallen ist. Es ist mir jedoch im Laufe des Lesens und Schreibens immer wichtiger geworden, mich zur aufrichtigen Subjektivität meiner Darstellung als »Gelebte Geschichte der Psychotherapie« zu bekennen.

3 Auf dem Weg zum Studium

Mein erstes psychotherapeutisches Erlebnis hatte ich vor meinem neunten Geburtstag. Ich mußte, um meine angegriffene Gesundheit zu stärken, den Sommer in einem Kinderheim an der Nordsee verbringen.

Drei Tage nach meiner Ankunft lernte ich ein gleichaltriges Mädchen kennen, das ebenso wie ich an furchtbarem Heimweh litt. Unsere nächtlichen Tränen brachten uns zusammen. Wir hatten tiefes Vertrauen zueinander. So gestanden wir uns schon nach wenigen Tagen »unsere größten Sünden«. – Meine war, daß ich seit einigen Monaten aus der Porzellandose meiner Eltern Schokolade entwendete. Ich konnte damit auch nicht aufhören, obwohl ich es wirklich versuchte, als mein Vater mich inständig und mit der Versicherung, daß ich nicht bestraft würde, bat, die Wahrheit zu sagen. Mit furchtbar schlechtem Gewissen log ich weiter, obwohl ich Lügen für eines der schlimmsten Verbrechen hielt und durch diese Lüge andere Menschen in Verdacht bringen mußte. Meine Freundin erlebte sich als schlecht, weil sie sich nicht entschuldigen konnte, ganz egal, was sie angestellt hatte! – Da kam mir die »psychotherapeutische« Idee: »Wir leben doch in verschiedenen Städten (Dresden und Berlin). Wir müssen uns versprechen, daß wir einander sofort schreiben, wenn ich Schokolade genommen oder du dich nicht entschuldigt hast! Dann werden wir uns so voreinander schämen, daß wir es bestimmt nicht wieder tun werden!« So war es dann auch – ein hundertprozentiger Erfolg! Mein zwanghaftes Schokoladenstehlen hörte auf und ebenso ihre Unfähigkeit, sich zu entschuldigen.

Nun, meine Begründung, »daß wir uns schämen würden«, ist sicher keine psychotherapeutische Maxime in den Lehrbüchern der heutigen Psychotherapie! Jedoch haben wir die Schuldgefühle, die wir gegen unsere Eltern hatten, damals vielleicht dadurch überwunden, daß wir uns voreinander schuldig fühlen »durften«, was leichter zu ertragen war als die einsame Schuld unseren Eltern gegenüber. Wir waren verständnisvoll gegeneinander, konnten daher offen sein und uns gegenseitig unterstützen, während das angstvolle Verschweigen vor den Eltern mit unserem Aberglauben zusammenhing, daß Eltern nie schuldig seien.

Diese kindlich-therapeutische Intuition und ihr Erfolg haben wahrscheinlich Einfluß auf meinen psychotherapeutischen Weg gehabt. In ihr zeichneten sich vor: die Gegenseitigkeit von Patient und Therapeut; die Gewißheit, daß bereits das Aussprechen eines Konflikts eine kathartisch-heilsame Wirkung hat; und Vertrauen in die Verschwiegenheit des Therapeuten. (Die gleichaltrige Freundin war und blieb Elizabeth Tomalin[1]).

Ich habe keine Erinnerung an andere psychotherapeutische Episoden aus meiner Kindheit und Jugendzeit. Psychoanalyse, Psychotherapie, Freud, Jung, Adler waren unbekannte Worte für mich bis zu meinem neunzehnten Lebensjahr. Weder in meinem Elternhaus noch in der Schule waren diese Begriffe und Namen bekannt. – In jenem Jahr, 1932, hatte ich die erste tiefere Beziehung zu einem jungen Mann. Er erzählte, daß seine Mutter Psychoanalytikerin sei und erklärte mir, was das bedeute. Als ich sie kennenlernte, war ich begeistert. Sie erzählte mir Geschichten aus dem Leben von Patienten und von ihrem Beruf, den sie, auf einem Stuhl hinter den Patienten sitzend, zuhörend und interpretierend ausübte. Mich faszinierte die Möglichkeit, Menschen, denen es schlecht ging, von ihrem Kummer zu befreien und gleichzeitig ihre Lebensgeschichte kennenzulernen. Ich war mir zu jener Zeit noch im unklaren, welchen Beruf ich ergreifen sollte: Ich betrachtete mich als Lyrikerin und wollte auch nichts anderes als Lyrik schreiben, suchte jedoch nebenbei nach einem »realistischen« Beruf. Auf den erbetenen Rat erwachsener Freunde hin studierte ich Nationalökonomie, in der Absicht, Journalistin zu werden; Nationalökonomen waren gesucht. – Daß mir dieses Metier nicht lag, hatte ich schon nach wenigen Semesterwochen in Heidelberg erkannt!

Nach dem Bekanntwerden mit der Analytikerin erzählte ich meiner Mutter noch am gleichen Abend mit Begeisterung, daß ich nun meinen Beruf gefunden hätte: Ich würde Psychoanalytikerin werden!

Januar 1933 vereitelte den Wunsch und die Möglichkeit, in Berlin zu studieren. Ich verließ Deutschland am 31. März, dem Tag vor dem ersten Judenboykott, und begann in Zürich mein Studium an der Universität und in der Internationalen Gesellschaft für Psychoanalyse.

Mein Vater war 1930 gestorben. Sein Testament und die deutschen Auswanderergesetze machten es mir unmöglich, mehr als einen Bruchteil meines Erbes mitzunehmen. Es reichte jedoch dazu, mein Studium zu finanzieren und uns und einigen anderen Leuten zur Ausreise zu verhelfen.

Während mein Universitätsstudium in Berlin, speziell das Seminar über Gestaltpsychologie bei Wolfgang Köhler, sehr eindrucksvoll gewesen war, blieb es in Zürich schattenhaft. Es gab dort damals keine großen Lehrer außer C. G. Jung, der jedoch nicht an der Universität lehrte, sondern nur am Polytechnikum zugelassen war. Dies verärgerte ihn und wahrscheinlich waren deshalb seine Vorlesungen recht enttäuschend. Zudem hörte ich auch nicht unbefangen zu, weil mich mein Analytiker angewiesen hatte, am Anfang meiner Analyse keine psychoanalytischen Seminare zu besuchen, und weil Jung in der *Neuen Zürcher Zeitung* Artikel über den Unterschied zwischen »arischer und jüdischer Psychologie« veröffentlichte, was in jener Zeit einer Legitimation des Nationalsozialismus gleichkam.

Die Psychoanalyse war das Zentrum meines Lebens und meiner Studien. Ich bekam die Spezialerlaubnis, jedes medizinische Fach zu belegen, das mir für meinen Beruf wichtig erschien. Dadurch konnte ich sowohl die vormedizinischen Fächer und ihre Laboratorien als auch neurologische und psychiatrische Vorlesungen und die klinischen Fallbesprechungen in der Universitätsklinik Burghölzli besuchen.

Als die Flüchtlingswelle größer wurde und als ich 1936 meine deutsche Staatsbürgerschaft als Jüdin im Ausland verlor, war ich nicht als Flüchtling, sondern als Studentin in der Schweiz registriert. Als solche hatte ich nur so lange Anrecht auf Aufenthalt, wie ich studierte. Daher mußte ich mein Studium so einrichten, daß ich nicht doktorieren würde, ehe ich das Land verlassen wollte und konnte. So fügte ich meinen »eigentlichen Fächern«, Psychologie, Philosophie und Literatur, außer Medizin noch Theologie und Pädagogik hinzu, ohne zu doktorieren.

Das Lehrinstitut der Internationalen Gesellschaft für Psychoanalyse war noch in den Kinderschuhen. Außer meiner Lehranalyse und der Supervision gab es nur wenige Vorlesungen und Seminare. Diese sollten auch jeweils erst nach einigen Jahren der eigenen Lehranalyse besucht werden.

Das Grauen der Zeit erlebte ich sehr tief. Daß ich in Zürich leben konnte, erschien mir als ein seltsam schicksalhaftes Geschenk. Es blieb mein Leben lang für mich eine entscheidende Aufforderung, etwas mit dieser Gabe anzufangen, was einem Dank entspräche. (Eine sehr alte, atheistische Freundin sagte einmal: »Ich habe sehr gut ohne Gott gelebt. Das einzige, was mir manchmal fehlt, ist jemand, zu dem ich danke sagen kann!«)

4 Meine klassische Lehranalyse: Der Therapeut als Übertragungsspiegel, als Fragender und Übersetzer unbewußter Sprache

Zwischen 1933 und 1939 lag ich sechsmal in der Woche – wie es damals üblich war – je eine Fünfzig-Minuten-Stunde lang auf der Couch. Der Analytiker hinter mir hörte mir geduldig zu. Er war jung und sehr attraktiv. Das wußte ich nur, weil ich ihn beim Eintreten und Weggehen an der Tür sah, wenn er mir die Hand gab. – Oft fragte er: »Was geht Ihnen durch den Kopf?« Oder: »Was fällt Ihnen dazu ein?« Er hörte gut zu, und manchmal interpretierte er meine Aussagen. Ich erzählte ihm viel: von meiner Angst vor den Nazis und dem kommenden Krieg; von meinem neuen Freund, mit dem ich zusammenlebte, vielleicht eher, weil uns eine ähnliche Herkunft verband, als aus Übereinstimmung und Liebe; von den Erlebnissen meiner Kinderzeit – den äußeren, ruhigen, und den inneren, leidenschaftlichen und angstvollen – und von meinen jetzigen Sorgen, die sich im wesentlichen um die Flüchtlingshilfe drehten.

Der Analytiker wurde zum Mittelpunkt meines Lebens. Meine Gedanken und meine Gefühle drehten sich um seine Person, seine Fragen, seine Aussagen, sein Verhalten. Ich glaubte, daß er ein besonderes Wissen habe, daß er mich richtig führte und daß es nur an mir liegen würde, wenn meine Analyse nicht gut ausgehen sollte.

Ich blieb sechs Jahre lang in einer »positiven« Übertragungsneurose. Ich war im wesentlichen ein braves Kind gewesen und war nun eine ebenso »brave« Patientin. Ich wollte alles lernen, was zu lernen war. Ich dachte viel, fühlte viel, schrieb viel auf und war verzweifelt, nicht zu *der* wesentlichen Entdeckung zu kommen, die die Analyse erfolgreich beenden würde.

Manchmal bekam ich direkte oder indirekte Anweisungen: »Warum schreiben Sie Ihrer Mutter jede Woche einen Brief? Glauben Sie nicht, daß das etwas zuviel Abhängigkeit ist für ein erwachsenes Mädchen?« (Ich hörte auf, wöchentlich zu schreiben.) – »Es wäre gut, wenn Sie sich ein Jahr von Ihrem Freund trennen würden, weil Sie sonst immer in Alltagsproblemen steckenbleiben und nicht zu dem Wichtigen kommen.« (Ich trennte mich von meinem Freund; die Schwierigkeiten zwischen uns nach einem Jahr waren größer als zuvor.) – »Treffen Sie keine lebenswichtigen Entscheidungen während der Analyse.« Ich befolgte diesen Rat mehrere Jahre lang. Danach *mußte* ich lebenswichtige Entscheidungen treffen. Wir heirateten, um die Eltern meines Freundes vor dem sicheren Tod in den Gaskammern zu schützen. (Die Schweiz gewährte zu jener Zeit Durchgangsaufenthalt nur für Blutsverwandte ersten Grades, für die eine Summe von Fr. 10 000.– pro Person nachgewiesen werden mußte. Dies konnte ich nur als Schwiegertochter tun.)

Die Analyse war für mich aufregend und faszinierend in der Fülle der Bilder und Verbindungen, zu denen sie führte, der Alltagserlebnisse, der enthüllenden Träume, der gradlinigen Gleise von der Kindheit bis zum Heute und der Einblicke in verworrene Pfade menschlicher Beziehungen und seelischer Zusammenhänge, die immer neue Perspektiven eröffneten.

»Psychoanalyse« war ein seltsam-technisches Wort, das nicht zu den wundersamen, oft auch schmerzlichen Erlebnissen und Erkenntnissen dieser Seelenwanderung paßte – weder zu meinen eigenen noch zu denen meiner ersten Patienten, die ich mit meinem »Kontroll-Analytiker« Gustav Bally besprach.

Obwohl ich mehr lernte über mich und andere Menschen, als ich für möglich gehalten hätte, wurden ein Schmerz, eine Sehnsucht in mir immer heftiger – eine Sehnsucht nach etwas Unbestimmtem, das ich finden müßte. – Oft war ich verzweifelt. Manchmal tröstete mich mein Analytiker, der sich ebenso wie ich um die Beendigung der Analyse bemühte, daß wir »es« schon noch finden würden. »Es« brauche eben seine Zeit. Das ließe sich nicht ändern. – Was war dieses unbekannte »Es«? Das Urtrauma, das aus dem Meer des Unbewußten eines Tages auftauchen und alle Rätsel lösen würde?

Nach sechs Jahren wurde meinem Analytiker und mir die Entscheidung, die Analyse zu beenden, von der Weltgeschichte abgenommen. Mein Analytiker, ein Schweizer Arzt, wurde zum Militär einberufen. Mein Mann, der sein medizinisches Studium beendet hatte, und ich bekamen temporäre Arbeitserlaubnis; wir durften von Schweizern unbesetzte psychiatrische und psychologische Stellen annehmen. So arbeiteten wir an einem psychiatrischen Spital außerhalb Zürichs.

Dann geschah ein »unanalytisches« Wunder: Persönliche Briefe kamen von meinem Analytiker, der zuvor orthodox »abstinent« gewesen war, das heißt, nie etwas von sich erzählt und fast nie eigene Gefühle zum Ausdruck gebracht hatte. Er schrieb Briefe über seine Erlebnisse als Arzt und Grenzsoldat, über seine Einstellung zu dieser Aufgabe und den Problemen der Zeit.

Ein zweites Wunder geschah, als mein erstes Kind geboren wurde. Sein Urlaub fiel in diese Zeit, und er besuchte mich mit einem großen Fliederstrauß am Wochenbett. (Ich war zu Hause geblieben.) Er war sichtlich bewegt und sagte mir, warum die Geburt eines Kindes ihn persönlich so anrührte – jetzt, in dieser Zeit und in seiner Situation.

Ich hatte meine Analyse um der Ausbildung willen begonnen. Meine persönlichen Probleme schienen mir nicht allzu schwerwiegend zu sein. Am Ende der Analyse und am Anfang einer auf brüchigem Boden geschlossenen Ehe war ich zutiefst verunsichert. Doch zweifelte ich nie daran – weder damals noch später –, daß die Psychoanalyse den Anbruch eines neuen, menschlicheren Zeitalters bedeuten würde, weil die vertiefte Selbsterkenntnis, die die Psychoanalyse ermöglicht, Wege zur besseren Selbstleitung und neue Erziehungsmöglichkeiten eröffnen kann.

Den positivistischen Wissenschaftsansatz, der davon ausgeht, daß innere, subjektive Phänomene für die wissenschaftliche Beweisführung weniger glaubwürdig seien als die meßbaren, sogenannten objektiven, habe ich (ebenso wie Farau) nie geteilt. Alle Phänomene, die allgemein meßbaren und solche, die nur von einer Person bezeugt werden können (zum Beispiel ein Gefühlserlebnis oder eine Erinnerung), enthalten Wirklichkeit. Die Wege zur Aufdeckung innerer Wirklichkeit erschienen mir nie unsicherer als »äußere« Wege, die wir gemeinsam begehen können. Ob ich eine Tat aus liebender oder hassender Absicht getan habe oder in Ambivalenz, kann nur innere Forschungsarbeit klären; ob dagegen eine Straße von hier zu einem Aussichtsturm führt, kann eine Landkarte uns zeigen, und wir können es gemeinsam überprüfen.

Freuds Kombination der Theorie vom Unbewußten und seiner dynamischen Zusammenhänge und der Technik des freien Assoziierens machten inneres Erleben zum wissenschaftlichen Gegenstand, das heißt zum Forschungsobjekt. Zuvor hatten nur dichterische Intuition, Philosophie und religiöser Glaube sich mit dieser inneren Welt befaßt. Nun wurde die subjektive Erfahrung zum Gegenstand und gleichzeitig zum Werkzeug wissenschaftlicher Erkenntnis. Innerlichkeit, das Erleben der Person, kann von außen nie adäquat entdeckt werden. Sie bedarf subjektiver Wahrnehmung und Äußerung. Diese zu schulen und zu vergleichen sind eine notwendige Voraussetzung für psychodynamisch-wissenschaftliches Arbeiten. – Die Schulung der Wahrnehmung nach innen bedarf differenzierter Beobachtung von Empfindungen und Gefühlen, Mut zum Wagnis, Unerwartetes zu entdecken. Bewußte Subjektivität zu schulen bedeutet, nach Echtheit der Gefühle und nach Klarheit des Denkens zu streben.

Die Verantwortung, innere Wahrheit zu finden, liegt immer beim Einzelnen. Erzieher, Therapeuten und teilnehmende Mitmenschen können jedoch bei der Schulung des Wahrnehmens von inneren Vorgängen behilflich sein. Die Tatsache, daß innere Vorgänge nur von innen überprüft werden können, vergrößert die subjektive Verantwortung für deren Wahrheitsgehalt und verringert nicht ihren Realitätscharakter.

In den letzten Schweizer Jahren behandelte ich Patienten privat in »Kontroll-Analyse« und praktizierte psychoanalytische Therapie im Asyl Littenheid, einer psychiatrischen Klinik in Wil, St. Gallen. Dann mußten wir die Schweiz verlassen und durften in die USA einwandern. Das war 1941. Wir fuhren in plombierten Eisenbahnwagen durch das unbesetzte Frankreich und erreichten nach einer Odyssee von Aufregungen und Schwierigkeiten in Lissabon eines der letzten Schiffe, das nach Ausbruch des Krieges den Ozean überquerte.

Unsere ersten Jahre im neuen Land waren ebenso schwierig wie interessant. Die seelische Unsicherheit, mit der ich die Analyse verlassen hatte, wirkte sich erschwerend aus. Als die Post ihren Dienst über den Ozean wieder aufnahm, schrieb ich an meinen Schweizer Analytiker, daß ich ihm für seine Geduld danke, die mir die Möglichkeit gegeben hätte, viele Zusammenhänge psychischen Erlebens verstehen zu lernen – und noch mehr für seine Bereitschaft, sich nach der Analyse auf eine freiere Aussprache umzustellen. Jedoch habe meine Analyse mir geschadet, denn

- er habe meine Übertragung nicht genügend analysiert und viel zu wenig eingegriffen;
- er habe mich durch das Gebot, Entscheidungen aufzuschieben, in eine Zukunftsorientierung geführt, durch die die Realität der Gegenwart ihres Eigenwertes beraubt worden sei;
- er habe mich in eine Regression hineingeführt, aus der ich nur schwer herausgefunden hätte, weil die Kräfte der Progression zu wenig gestützt worden seien.

Die Antwort des Analytikers war prompt. Sie überraschte und freute mich: Ja, er sehe das genauso. Er habe seine Arbeit lange und mühsam überdacht. Durch seine Erfahrungen, speziell auch mit mir, sei er zu der Ansicht gekommen, daß er ganz anders arbeiten müsse. Er habe seine Praxis bereits umgestellt. Nun arbeite er mit Ludwig Binswanger zusammen an einem neuen Weg, der ihn sehr befriedige. Es täte ihm leid, daß ich so gelitten hätte.

Sein neuer Weg: Die *Europäische Daseinsanalyse*. (In einem Symposium der Schweizer Ärzte für Psychotherapie im November 1978, zu dem wir beide als Sprecher eingeladen waren – vierzig Jahre nach meiner Lehranalyse! – bekannte sich der prominente Daseinsanalytiker in reizender Weise zur Korrektheit der obigen Aussagen. Sein Name: *Medard Boss*[1].)

Es wäre leicht zu sagen, daß der damals sehr junge und unerfahrene Psychiater analytisch-methodische Fehler gemacht hatte; vielleicht, weil er seine Gegenübertragung nicht erkannte (er wurde zum strengen Vater eines »braven Kindes«) und darum aus einer Gegenübertragung heraus meine Übertragung (daß ich klein und unwissend sei) nicht erkennen konnte. Es wäre ebenso leicht zu sagen, daß ich eine abhängige Patientin war, die sich aus einer unfruchtbaren Situation nicht lösen konnte. Wesentlich erscheint mir heute, daß ich erstens durch die Erfahrung einer unzureichenden Lehranalyse das Konzept der Übertragungsneurose als Werkzeug in Frage zu stellen lernte; und zweitens, daß ich durch die persönliche Veränderung meines Analytikers in der Notsituation des

Krieges eine Ahnung davon bekam, wie existentielle Offenheit zu einem therapeutischen Agens wird.

Meine Analyse hätte sicher schneller und weniger schmerzlich verlaufen können. Doch die Tiefe des Erlebens und die Übung im freien Assoziieren gaben mir Gelegenheit, psychische Zusammenhänge von vielen verschiedenen Perspektiven her zu erleben und zu verstehen und mich mit der Frage zu konfrontieren: *Was heilt eigentlich?*

- Wie werde ich, wie werden wir fähig, Heilung zu fördern? Welche Funktionen und welche existentielle Bedeutung habe ich als Person, haben wir als Therapeuten für unsere Patienten? Was vermittelt ein Analytiker, der sich als Interpretierender, als Katalysator (»Hebamme«), als »neutral-abstinente« Person darstellt? Was passiert ihm, wenn der Patient seine fixierten Gefühle und Kindheitsillusionen – stellvertretend – auf ihn projiziert?
- Was widerfährt der Persönlichkeit des Analytikers durch Tausende von Arbeitsstunden, in denen er seine Emotionen schweigend verarbeitet und nur extrem kontrollierte Aussagen macht? Was passiert seiner Persönlichkeit, wenn er für seine Interpretationen nur von *den* Menschen Feedback bekommt, die durch ihre eigenen blinden Flecken am wenigsten dazu geeignet sind? Wie kann er es vermeiden, in Tausenden von einsamen Forschungsprozessen über die innere Wirklichkeit anderer Menschen seine eigenen interpretativen Hypothesen für mehr als jeweils eine von vielen Wirklichkeitsperspektiven zu halten?
- Was passiert in der analytischen Zusammenarbeit – neben Gewolltem und Strukturiertem – dadurch, daß die Arbeitsteilung den einen zur Enthüllung, den andern zur Verschlossenheit verpflichtet?
- Was passiert durch eine räumliche Anordnung, in der für den Patienten selbst die Möglichkeit, den Arbeitspartner anzusehen und damit den Ausdruck des schweigenden Analytikers zu intuieren, methodisch versperrt wird und ihm nur noch Sprache, Stimme und die Art der Fragen und Interpretationen Hinweise über die Persönlichkeit des Therapeuten geben? Was sind die unbewußten Auswirkungen der unterschiedlichen Po-

sitionen, der liegenden Position des Patienten und der sitzenden des Therapeuten?

- Was passiert einem erwachsenen Patienten, der monate- oder gar jahrelang in der Sprechstunde in einer liegenden Stellung verharrt, die ihn an normaler Wahrnehmung hindert und seine Bewegungsfreiheit weitgehend einschränkt, der jedoch gleichzeitig vieles geschenkt bekommt: Aufmerksamkeit, Verständnis und Aufklärung über sich selbst? Was geschieht ihm, wenn er während dieser Zeit des Empfangens dem Partner, dem Analytiker, nichts geben darf, weder Geschenke noch Verständnis oder Hilfestellungen? – Gehört nicht zum Menschsein und Wachstum ebenso wie das Empfangen auch das Geben, und ist nicht die Abstinenz im Wahrnehmen und Geben eine pathogene Situation?
- Wird die gezielt vertiefte Übertragung, die den Patienten in die Regression führt, *wirklich* aufgearbeitet? Oder kann die erlebte Wiederholung pathogener Früherfahrungen nicht eine Pathologie verstärken, die möglicherweise noch schwerer auflösbar ist als die ursprüngliche, weil wiederholte Abhängigkeits- und Übertragungssituationen die Engramme noch vertiefen?

Die Frage unaufgelöster Übertragung beschäftigte mich. Ich beobachtete diese zum Beispiel jahrelang in meinen beiden analytischen Lehrstätten und auch bei mir anderweitig bekannten jungen Analytikern, aus deren Manierismen, Lebenseinstellung und professionellen Ansichten ich mit großer Treffsicherheit intuieren oder deduzieren konnte, wer ihr Analytiker war – sogar *nach* beendeter Analyse! – Diese Gleichartigkeit zeigte sich dagegen nicht zwischen Kandidaten und ihren Kontroll-Analytikern, weil diese ihre Supervisanden sachlich und offen beeinflußten. Hier ging es um gemeinsame Arbeit, die nicht auf einseitig regressivem Niveau durchgeführt wurde. Der Kandidat kam daher nicht in die Situation, seinen Lehrer zu introjizieren (»ihn sich einzuverleiben«), sondern er lernte von ihm in überprüfend-partnerschaftlichem Einvernehmen (siehe S. 265f.).

Trotz der beschriebenen Unzulänglichkeiten blieb meine Lehranalyse wichtig als Basis für meine spätere persönliche und berufliche Entwicklung:

– Ich lernte die Kunst des freien Assoziierens, das heißt, Unsinniges und Sinniges unzensiert »ein-fallen« zu lassen, und erfuhr so, staunend, ängstlich und glücklich, das Freierwerden von gewohnten Gedankenketten und das Auftauchen von Gefühlen, inneren Bildern und Phantasien in bewegter Vielfalt.
– Ich erkannte, wie schwierig es ist, Gefühle und Gedanken, die unangenehm sind oder zunächst als wertlos erscheinen, zuzulassen, statt sie zu verdrängen. – Ich begann Tabus zu überdenken und mich freier zu entscheiden.
– Ich lernte alle Gefühle und Gedanken bedingungslos zuzulassen, jedoch über meine Handlungen verantwortlich zu entscheiden.
– Ich erfuhr die wohltuende Wirkung uneingeschränkten Vertrauens, die durch die einseitige Aufmerksamkeit für einen anderen Menschen entstehen kann.
– Ich übte die Fähigkeit der »freischwebenden Aufmerksamkeit« – das heißt, anderen Menschen, speziell Patienten, von deren Standpunkt her zuzuhören, ohne meine eigene Gefühls- und Gedankenfreiheit einzuschränken.
– Ich lernte eine Möglichkeit kennen, Träume und andere Manifestationen unbewußter Prozesse zu deuten.
– Ich konnte zuvor scheinbar unzusammenhängende Ereignisse und Erlebnisse in ihren kausalen Verknüpfungen erkennen.

Zeitaufwand und Leiden meiner Analyse waren wahrscheinlich unangemessen (sechsmal wöchentlich, sechs Jahre lang). Ich bin jedoch überzeugt, daß ein Trend zu unangemessener Verkürzung und Vermeidung von Schmerz in den Therapien zu noch bittereren Konsequenzen führen könnte. Wochenenden und Intensivwochen oder -monate können eine langsame und stetige Schulung nicht ersetzen. Diese ist notwendig, wenn wir uns selbst erkennen und Therapie durchführen lernen wollen, und das gilt für moderne Therapien ebenso wie für die klassische Analyse.

5 Emigration – Immigration: Von Europa nach USA (1941)

Erste Eindrücke in New York

Ausreisevisa und Einwanderungserlaubnis für die Vereinigten Staaten bekamen wir, weil meine Mutter 1938 dorthin ausgewandert war und uns anfordern konnte. Doch die Durchgangsvisa für das unbesetzte Frankreich, Spanien und Portugal kamen nie gleichzeitig an und wurden schnell wieder ungültig. Unsere amerikanischen Visa liefen jeweils nach vier Monaten wieder ab.

Man hatte uns gesagt, daß das spanische Visum nur durch Bestechung erhältlich sei. Ich versuchte dies nicht zu glauben. Kurz bevor unsere amerikanischen Einwanderungsvisa verfallen wären, gaben wir nach. Als ich auf dem Konsulat wieder das achselzukkende »die Visa sind noch nicht aus Madrid gekommen« hörte, schob ich ein Kuvert auf den Schaltertisch. Es enthielt zweihundert Franken: »Vielleicht telefonieren Sie nach Madrid.« Der Mann verschwand. Nach wenigen Sekunden kam er wieder: »Ihre Visa sind genehmigt.« Ich war empört und erleichtert. –

Ankunft mit den gelernten Schulweisheiten über Amerika: Wolkenkratzer, Pragmatismus, Freiheitlichkeit, Selfmademen. Meine Emigrantenhoffnungen: Leben und arbeiten dürfen, nicht mehr staatenlos sein.

Wir bekamen Papiere als »enemy aliens« (feindliche Ausländer) auf »deutsche Einwanderungsquote«. – Obwohl wir staatenlos waren: das Geburtsland galt. Der erste Staatsakt beim Landen: Konfiskation meiner Leica »zum Schutz des Landes«.

Der Schock gab sich bald. New York empfing uns nicht nur mit den vorgestellten Wolkenkratzern und unvorstellbarem Dreck, sondern auch als ein bezaubernder Wirrwarr von wirbelnden schwarzen und weißen Kindern, entzückenden kleinen Kirchen und herrlichen Glaspalästen, grauenhaften Seriengebäuden und riesigen Parks, in denen man stundenlang spazierengehen konnte. Und das Radio übertrug die vertrauenerweckende Stimme Roosevelts.

Beeindruckend war die Freundlichkeit der New Yorker und das

Interesse an Fremden. Man wollte alles wissen – über Hitler, über die Kriegssituation, die Nahrungsmittelversorgung, über Psychotherapie und Psychologie, über Kindererziehung, Mode – und schon vom zweiten Tag an kam unausbleiblich die Frage: »How do you like this country?« Sie waren stolz auf dieses New York, auf ihre Stadt, auf ihr Land, und sie konnten es nicht erwarten, ein Urteil von Fremden darüber zu hören.

Was mir zuerst auffiel, war die mir ungewohnte Toleranz für alles und jeden – die Ausrichtung auf das Neue, ob es sich nun um Kleider oder Ideen, Kochrezepte oder psychologische Tests handelte. Die Reaktion war immer: »How interesting«, oder »I'll try this too.« – In Europa sagte damals niemand etwas über ein neues Kleid, selbst wenn es etwas Schönes war, höchstens zur besten Freundin. Hier war es gang und gäbe. Ich brauchte lange, bis ich aufhörte, verlegen abzuwehren: »Ach, das ist alt«, oder »Ach, das war ganz billig«, und ganz einfach »thank you« sagte.

Ich empfand eine Ausstrahlung von Wärme, sah viele Möglichkeiten und Angebote und fragte mit der Ängstlichkeit des staatenlosen Flüchtlings, was ich tun könnte, um Sicherheit zu finden; mein Mann würde wohl eingezogen werden, als »Private« (gemeiner Soldat) für sechzig Dollar im Monat, wovon unser Kind und ich ohne Zusatzverdienst nicht würden leben können. Meine Gedanken kreisten um diese Sorgen.

New York: Toleranz, Freundlichkeit, Vielfalt – aber auch die andere Seite: Gleichgültigkeit und Oberflächlichkeit.

Eine Psychologin, die lange in Wien studiert hatte, warnte mich in den ersten Wochen: »Sie werden hier schnell Freunde haben. Doch Freund-sein hier ist nicht dasselbe wie drüben. Man hat hier seine Freundeskreise je nach Arbeitssituation. Mit dem Wechsel von Job und Wohnort wechseln auch die Freunde. Noch ein bis zwei Weihnachtskarten danach. Dann ist es zu Ende.« Ich glaubte ihr nicht. – Und es gab wirklich Ausnahmen. Doch es waren Ausnahmen.

Zuerst war ich darüber enttäuscht. Später verstand ich es – wie ich vieles verstehen lernte. Es gibt ein indianisches Sprichwort: »Verurteile niemand, bevor du nicht einen Mond lang in seinen Mokassins gelaufen bist.« – Ich lernte vorsichtiger werden im Urteil. Ich verstand zum Beispiel, warum Kaugummi-Kauen in einer

New Yorker Straße oder Subway keine Unsitte, sondern eine Notwendigkeit war. Die Kehle trocknet einem sonst aus. – Ich verstand, warum die Leute die Beine auf den Tisch legten, etwas, wofür wir die amerikanischen Studenten in Zürich ausgepfiffen hatten – hier legten bald auch die Emigranten die Beine auf den Tisch oder die »hassocs« (erhöhte Fußschemel); das feuchtheiße Klima und das viele Stehen und Laufen auf dem harten New Yorker Pflaster verursachten ein unangenehmes Anschwellen der Beine.

Viele europäische Sitten und Manieren wurden durch andere oder keine ersetzt, was ich erst langsam verstehen lernte. Etwas schmerzlicher war mir das »Take care of yourself« – die Aufforderung, für sich selbst gut zu sorgen. Später erfuhr ich, was das bedeutet: Eine Hausbewohnerin wußte, daß ich krank war. Sie schaute zu mir herein, fragte nach meinem Befinden und verabschiedete sich mit einem »Too bad you are sick – take care of yourself« (Das tut mir leid, daß du krank bist – paß gut auf dich auf!), um einkaufen zu gehen. Sie fragte mich nicht, ob sie mir etwas besorgen könne, was ich erwartet hatte. Ich war ärgerlich: »Take care of yourself« anstelle von »May I get you something from a store?« (Kann ich dir was vom Laden mitbringen?) Später sprachen wir darüber. Sie: »Warum hast du's nicht gesagt? Ich hätte dir's gern gebracht.« »People mind their own business« (Jeder kümmert sich um seine eigenen Angelegenheiten). »Man mischt sich doch nicht ein!« So hatten wir beide unterschiedliche Erwartungen, die einander im Wege waren.[1]

Was hieß Toleranz in New York, in Amerika? In einem Land, wo Diskriminierung und Lynchen noch immer zur Tagesordnung gehörten? Diskriminierung von Schwarzen, von Mischlingen, von Japanern (die im Krieg in Konzentrationslagern eingesperrt waren); »Restricted Hotels«, »Restricted Villages« – das hieß, daß Juden unerwünscht waren.

In »unseren Kreisen« New Yorks jedoch, dort, wo die Flüchtlinge und der amerikanische weiße Mittelstand wohnten, erlebte ich einen freieren Lebensstil, die Fähigkeit, Menschen zu akzeptieren wie sie sind, sehr wenig Kritik an Nachbarn und Freunden – und mehr Lebensfreude!

Berufliche Anfänge (ab 1941)

Ausgestattet mit einem Zertifikat, in dem mir die Internationale Gesellschaft für Psychoanalyse bestätigte, daß ich ausgebildete Analytikerin war, und einem recht unvollkommenen Englisch, besuchte ich die Chairperson des Aufnahmekomitees des New York Psychoanalytic Institute. Dort teilte mir die Kollegin freundlich mit, daß ich »trotz einer hervorragenden Ausbildung« nicht aufgenommen werden könne, da ich nicht Ärztin sei. Im übrigen wolle sie mich warnen, »from the point of view of group conscience« (ich übersetzte es mir »aus standespolitischen Gründen«), in New York zu praktizieren. Es gäbe zuviele »Scharlatane, die Psychoanalyse betrieben«. Daher sei ein Gesetz gegen die »Laienanalyse« geplant, das spätestens in sechs Jahren in Kraft treten würde. – Sie riet mir, analytisch mit Kindern zu arbeiten; »das könnte unter Pädagogik fallen«, und ich wäre dann wahrscheinlich von dem kommenden Gesetz nicht betroffen.

Ich verabschiedete mich mit der Bemerkung, daß ich die Probleme von Kindern nicht als geringfügiger ansehen könne als die von Erwachsenen, nur weil Kinder kleiner sind. Zudem müsse man ja bei der analytischen Arbeit mit Kindern auch immer mit den Eltern arbeiten. – Ich war zornig und verängstigt.

Dann traf ich zufällig auf der Straße Bruno Klopfer[2], der meine Ausbildung und Erfahrung mit dem Rorschach-Test kannte und mir sofort eine Stelle als wissenschaftliche Assistentin an der Columbia University anbot. Diese Möglichkeit war herrlich für eine Familie, die Arbeit suchte!

Nach einer schlaflosen Nacht lehnte ich ab: »Ich will nicht testen und ich will nicht akademisch lehren – ein ganzes Leben lang!« (Ich wußte noch nicht, daß man in Amerika seinen Beruf bzw. seine Spezialisierung sehr viel leichter wechseln kann als in Europa). So folgte ich dem Rat der Chairperson des New York Psychoanalytic Institute: Ich bereitete mich auf Kinderanalyse vor.

Zu diesem Zweck wandte ich mich an die Bankstreet Schools for Early Childhood Education (siehe Kap. 13, S. 325), die Lehrer im Sinn der »Progressive Education« ausbildeten. Obwohl ich bei der Anmeldung nicht verschwieg, daß ich nicht Lehrerin werden wollte, sondern Analytikerin war, die eine Zusatzausbildung in Englisch suchte und ihr Wissen über amerikanische Kinder erweitern wollte, nahmen sie mich als Studentin an (als »assistant teacher«) – mit dem großzügigen Angebot eines zeitlich unbegrenzten finanziellen Darlehens. Ich lernte viel; vor allem auch, daß Analytiker mehr brauchen, als psychoanalytische Institute anboten. Praxis in Schulen und psychiatrischen Kliniken (oder deren Äquivalent) sowie theoretisches Wissen in den Bereichen der Gesellschaftswissenschaften, der Anthropologie, Soziologie, Religionslehre, Philosophie und Pädagogik sind meines Erachtens notwendige Voraussetzungen für psychotherapeutisches Arbeiten.

Nach der Ausbildung in den Bankstreet Schools hatte ich eine Haushaltsstelle und danach einen Job als Psychologin in einer Nursery School (für zweieinhalb- bis fünfjährige Kinder). Dann wurde mein Mann »resident« (Stationsarzt) in einem staatlichen psychiatrischen Krankenhaus, wo wir auch hinzogen. Da wir – für mich als junge Mutter – nun zu weit von New York entfernt wohnten, als daß ich dort eine Praxis hätte aufbauen können, versuchte ich als Psychotherapeutin im Krankenhaus eine Anstellung zu bekommen.

Das Krankenhaus hatte siebentausend Patienten, zweiunddreißig Ärzte, zwei Psychologinnen und einige Praktikanten, die bei der Aufnahme psychologische Tests zu machen hatten. Diese mußten sie auf Anforderung der Ärzte hin später wiederholen. Es war keine Stelle für Psychotherapeuten vorgesehen. Da das Krankenhaus Ärzte suchte (es war Krieg), wurde ich meines Mannes wegen in Kauf genommen und mit dem Gehalt einer ungelernten Krankenpflegerin angestellt. Ich unterstand jedoch wie eine Praktikantin dem Psychology Department und mußte Patienten testen. Nachmittags »durfte« ich Kindertherapie praktizieren. So fiel ich zwischen alle Arbeitskategorien und Abteilungen, und da es überhaupt keine ausgebildeten Kindertherapeuten gab, blieb ich ohne Supervision.

Die psychiatrische Abteilung für Kinder war in einem sehr schönen, neuen, von den übrigen Gebäuden abgesonderten Haus. Krankenschwestern und Lehrer sowie einige gut ausgebildete »psychiatric social workers« konnten sich dort etwas um die Kinder und ihre Familien kümmern. Die übrigen Mitarbeiter hatten meist keine psychologische Vorbildung und verfuhren mit den

Kindern in unverständiger und vielfach grober Art und Weise. So wurden diese oft für Verhaltensweisen bestraft, die Ausdruck ihres Krankseins waren. Auch viele Anweisungen der Ärzte erschienen mir unannehmbar. Unruhige Kinder wurden meist für viele Stunden, manchmal auch für Tage, in Schwitzpackungen gesteckt, aus denen sie leiser und apathischer herauskamen. Wenn sie destruktiv agierten, wurden sie ins Badezimmer gesperrt, wo sie bis zur Erschlaffung tobten. Diese Behandlungsweise erschien mir damals ebenso unerträglich wie heute die vielerorts geübte Isolierung von jugendlichen Drogensüchtigen in Einzelzellen von Untersuchungsgefängnissen.

Meine Arbeit mit den Kindern machte mir zuerst Freude. Ich genoß eine Art Narrenfreiheit. Psychotherapie war zwar nicht »in«, doch man sah nach kurzer Zeit, daß ich etwas Hilfreiches für die Kinder tat. Da ich jedoch als »ungelernte Krankenpflegerin« keinen Team-Kontakt mit den »social workers« und den Ärzten hatte, wurden meine Kinderpatienten, wenn es ihnen etwas besser ging, oft nach Hause geschickt oder, wenn sie ihre Schwierigkeiten offen auszuagieren begannen, in ein Gebäude für chronisch Kranke überwiesen, wo ich sie nicht mehr behandeln durfte. Der Weg nach draußen war dann für die meisten für immer verschlossen. (Jedenfalls schien es so, bevor es pharmazeutische Symptomtherapie gab.)

So empfand ich meine Arbeit meist als sinnlos und oft sogar als schädigend. Ich wußte, daß Initialbesserungen bei Kindern auf das Aufkeimen von Vertrauen und Hoffnung zurückzuführen sind und daß das plötzliche Herausreißen aus der Therapie diese wieder vernichtet.

Noch schlimmer erschien mir für diese jungen Patienten eine Versetzung in Abteilungen für chronisch Kranke. Da ich damals weder die psychische Sicherheit noch den offiziellen Status hatte, die mir einen sinnvollen Kampf ermöglicht hätten, gab ich den Job auf. – Zudem war ich schwanger und bereitete mich auf das zweite Kind vor.

In den Bankstreet Schools hatte ich Amerikas hoffnungsvolle Möglichkeiten kennengelernt. Es war Amerika »at it's best«. Im State Hospital erlebte ich Amerikas Schatten – die Inhumanität des »snake pit«, der »Schlangengrube« (wie der Volksmund die staatlichen psychiatrischen Krankenhäuser treffend nannte).[3] – Auch in Europa gab und gibt es diese Licht- und Schattenseiten menschlichen Handelns. Doch in Amerika schien mir das Licht leuchtender und der Schatten düsterer hervorzutreten:

- der tiefe Glaube an die Möglichkeit und die Wirklichkeit des Fortschritts – auch im Humanen; dazu gehören die Urfreude am Neuen, am Experiment, und eine echte, für mich ganz neue und beglückende Toleranz andersartigen Menschen und Ideen gegenüber;
- und die ebenso tief verwurzelte Tendenz zur Gleichgültigkeit gegen Menschen, die zu Dingen und Funktionen herabgestuft werden.

Meine psychotherapeutische Praxis war in den folgenden Jahren weitgehend durch Existenzfragen und die Geburt meines zweiten Kindes bestimmt. Es war zwischen mir und meinem Mann zur Trennung gekommen. Ich wollte in New York praktizieren, kannte aber fast niemanden, der mir Patienten schicken konnte. Ich versuchte, mir Verbindungen zu schaffen. Welche bekannten europäischen Flüchtlingsanalytiker könnten und würden einer nicht-ärztlichen Psychoanalytikerin Patienten überweisen?

Im Telefonbuch von Manhattan fand ich die Namen zweier berühmter Analytiker: *Theodor Reik*[4] (einer der ersten Schüler und Freunde von Sigmund Freud) und *Paul Federn*[5], deren Schriften ich kannte und bewunderte. – Ich rief beide an. Sie empfingen mich freundlich. Reik sagte, daß er selbst finanzielle Schwierigkeiten habe. Seine Praxis sei minimal. Die Patienten, die zu ihm kämen, zahlten ihm nicht mehr als drei Dollar.

Paul Federn dagegen hatte eine gutgehende Praxis. Er nahm sich viel Zeit für mich und wollte genau wissen, was ich über Psychoanalyse und die Behandlung von Patienten dachte. Als ich mich verabschiedete, sagte ich: »Es war schön, mit Ihnen zu sprechen – aber ich weiß, daß Sie mir nie Patienten schicken werden.« – Federn: »Woher wissen Sie das?« – »Weil ich weiß, was ich hätte sagen sollen, und weiß, was ich gesagt habe.« Er lächelte und sagte: »Sie sind gut ausgebildet, intelligent und integer – das genügt mir.« – Er sandte mir meine ersten drei Patienten, einer davon ein ihm persönlich sehr nahestehender Mensch.

Paul Federn war eine Ausnahme. Andere Analytiker, die ich aufsuchte, schickten mir in den nächsten Monaten die Patienten, die ihnen zu arm waren oder deren Heilungsaussichten wenig erfolgversprechend erschienen. Es handelte sich meist um leer anmutende Schizophrene, Schizoide oder Kinder. Ich arbeitete mit der Überzeugung, daß jeder Mensch durch denkende und liebevolle Aufmerksamkeit einen positiven Entwicklungsschritt machen könne, obwohl ich mich fachlich überfordert fühlte. Ich entsinne mich, daß ich mehr als einmal ein Dankstoßgebet zum Himmel schickte dafür, daß mich jetzt niemand mit meinen Patienten in meiner Unsicherheit sehen konnte! (Es gab noch keine Einwegspiegel, Tonbänder oder Video. Als es sie später gab, waren sie sowohl für mich als Lehrende wie auch als Lernende eine große Hilfe.)

Irgendwie jedoch integrierten sich für mich die psychoanalytische Ausbildung, die Impulse, die von Sullivan ausgegangen waren (siehe S. 235 f.), die Erfahrungen in den schweizerischen und amerikanischen psychiatrischen Krankenhäusern, die »sensory awareness« (die Wahrnehmungsbewußtheit, die ich durch die Gindler-Schule gelernt hatte, siehe S. 243), die Erfahrungen in der Guidance Clinic der New Yorker Universität und in den Bankstreet Schools zu brauchbaren therapeutischen Konzepten.

Meine Praxisräume? Der erste: ein mir für Stunden überlassenes Schlafzimmer in einer schäbigen Pension; der zweite: das Büro eines Kindergartens (nur am Abend); der dritte: zwei Zimmer einer Kellerwohnung neben der Warmwasserheizung. Im Sommer war es dort unerträglich heiß, oft über vierzig Grad Celsius. Meine Gesundheit litt – nicht aber die neue Praxis. Man hatte mir gesagt, daß »appearances« (die Äußerlichkeiten einer Renommieradresse und einer beeindruckenden Aufmachung) notwendig seien für eine analytische Praxis. Dies traf nicht zu, vielleicht weil ich es von Anfang an nicht glaubte.

Nach etwa drei Jahren konnte ich ein gutes Zimmer mit Warteraum bei einer Kollegin mieten; nur der Ausblick auf einen engen Lichtschacht zwischen Häusern und Mauern war bedrückend. Meine New Yorker Praxis war nur 45 Minuten (Bus und Subway) von meinem Zuhause in Englewood entfernt. Dort wohnte ich mit meinen Kindern attraktiv und billig. Die sich abwechselnden

Großmütter der Kinder und eine zweite Familie im Hause standen mir bei. Ich praktizierte jedoch nur von achtzehn Uhr bis Mitternacht, um am Tag mit den Kindern zusammen zu sein. – Später konnte ich meinen Stundenplan den Schulzeiten der Kinder anpassen.

Diese Jahre waren sehr schwierig. Ich hatte eine chronische Infektion. Es fiel mir schwer, Windeln am zweiteiligen Waschtrog zu waschen – aber der »diaper service«, der frischgewaschene Windeln ins Haus brachte, war zu teuer. Der Weg zum Supermarkt, wo die Milch einen Cent billiger war als beim Milchmann, der sie ins Haus brachte, war mühsam. Neue Freunde zu finden oder alte zu besuchen, war aus Mangel an Zeit und Energie kaum möglich. – Oft dachte ich über den Zusammenhang zwischen *Armut und Krankheit* nach und was sich daraus für die Psychologie und Pädagogik ableiten ließ: Ich dachte, daß es schon für mich schwierig genug war – was machen dann erst »ungelernte«, alleinstehende Frauen in einer solchen Lage? Wie viele Mütter lebten so und noch sehr viel schlimmer, ganz ohne Hilfe und ohne einen erlernten Beruf? Empathie und Geduld mit Kindern? Gewiß! Das ist notwendig und schön! Doch wie können Mütter liebevoll und geduldig bleiben im Zuviel-Müssen und Zuwenig-Dürfen und mit physischen Schmerzen? – Psychotherapie? Ja! – Aber die Psyche wird weder krank noch gesundet sie im isolierten Innenraum. Kränkung und Gesundung des einzelnen Menschen geschehen immer im Austausch mit seiner Umgebung. Krankheit und Armut tragen zur Fortsetzung von psychologisch und pädagogisch pathogenen Situationen bei. Wir brauchen therapeutische Pädagogik und gerechtere ökonomische Verhältnisse!

Am meisten Mühe hatte ich zu verstehen, warum *Kinder* sich in meiner Praxis so gut entwickelten. Ich war beschämt, wenn Eltern mich priesen und mir von den Fortschritten der Kinder zu Hause und in der Schule berichteten, während ich nicht wußte wofür, da ich ja »nur« mit ihnen gespielt hatte und selbst noch nicht wußte, wie ich ihnen helfen könnte. Dann merkte ich, wieviel Therapeutisches in diesem geduldigen Spiel enthalten war.

Ich erinnere mich an Dick. Er war sieben Jahre alt und hatte zwei Wohnhäuser in Brand gesteckt und einmal auf einem Hügel die Bremse des Autos, in das er sich gesetzt hatte, losgemacht.

Er spielte bei mir – viele Stunden lang – nur mit Bauklötzen. Er wollte nicht sprechen, aber er wollte, daß ich ihm zusah. Ich sah Häuser, Straßen, Boote, einen Hafen. Alles ging gut, bis ich ihn jeweils am Ende der Stunde zum Aufräumen aufforderte. Dann sagte er etwas wie: »Dazu bist du da, dafür bezahlen dich meine Eltern.« Langsam, mit Geduld und Bestimmtheit, führte ich ihn zur Kooperation beim Aufräumen. – Nach vielen Wochen, als er wieder einmal seine Häuser, Straßen, Hafen und Boote gebaut hatte, fragte ich: »Wo sind denn die Leute, die dazugehören?« Er sah mich an und sagte verächtlich: »The people – they are the dust on top.« (Die Leute – die sind der Staub oben drauf.) Dies war der Anfang einer Kommunikation über seine Gefühle mir gegenüber und über sein Zuhause.

Im ganzen sah ich ihn wohl ein oder zwei Jahre lang zweimal wöchentlich. Danach hörte ich noch einige Male von Dicks Eltern, daß er keine besonderen Schwierigkeiten mehr mit ihnen oder in der Schule hatte. – Etwa fünf Jahre später rief mich Dick von einer Telefonzelle in der Nachbarschaft an: Er wolle mich besuchen. Natürlich wollte ich ihn sehen. Der Dreizehnjährige setzte sich bequem und großvaterartig auf einen Lehnstuhl und erzählte – Psychiaterwitze. Dabei sah er mich freundlich und etwas überlegen-kameradschaftlich an: »Ich wollte dir nur sagen, daß ich verstehe, was du mit mir gemacht hast. Das war wirklich o.k.«.

Die Prophezeiung, daß nur Mediziner als Therapeuten staatlich anerkannt werden würden, erwies sich als falsch. So konnte ich meinem ursprünglichen Wunsch, mit Erwachsenen zu arbeiten, wieder nachgehen, zumal mir deutlich wurde, daß es meist sinnvoller war, wenn ich mit den Eltern arbeitete statt mit ihren Kindern, da ja die Eltern sowohl an den Schwierigkeiten als auch an der Gesundung der Kinder weitgehend mitbeteiligt waren. – Vor allem aber fiel es mir bei der Arbeit mit Erwachsenen leichter, weniger an meine eigenen Kinder zu Hause zu denken, nach denen ich mich noch mehr sehnte, wenn ich mit fremden Kindern arbeitete.

Nach drei Jahren Praxis konnte ich ein Auto kaufen und eine Haushalthilfe bezahlen. Mein Leben wurde leichter. Es ging mir gesundheitlich besser. Mein Arbeitstag dauerte nicht mehr achtzehn Stunden. Ich hatte, speziell durch das Auto, mehr Freude und auch die Möglichkeit, Freunde zu finden und zu besuchen. – Als ich zum erstenmal um halb zehn Uhr abends mit dem Auto den Hudson River entlang zu Freunden fuhr, dachte ich, daß man in meiner Situation zweitausend Dollar (der Preis für das Auto) brauchte, um Freiheit, Freunde und frische Luft zu genießen – alles Dinge, von denen ich nie geglaubt hätte, daß sie Geld kosten würden. – Das war 1948.

Etwa zu dieser Zeit erzählte mir eine Kollegin, die ich im William Alanson White Institute getroffen hatte, daß eine neue, nicht diskriminierende psychoanalytische Organisation gegründet worden sei, der ich beitreten solle. Die meisten der Gründer waren Psychologen, die sich in einem Privatseminar von Theodor Reik zusammengefunden hatten.

Theodor Reik gehörte als Psychologe zum engen Kreis der ersten Wiener Analytiker-Gruppe und blieb ein lebenslanger Freund von Sigmund Freud. Reik war, als er via Holland nach Amerika kam, einer der bekanntesten und bestangesehenen Psychoanalytiker; er hatte zuerst in Wien und später in Berlin praktiziert. Seine Schriften, *Der überraschte Psychologe* und *Geständniszwang und Strafbedürfnis,* hatten mich sehr beeindruckt. Die von ihm so eindrücklich geschilderte Fähigkeit, mit dem »dritten Ohr« Patienten zuzuhören, das heißt, das Unbewußte des Therapeuten in den Dienst des Zuhörens zu stellen, wurde für mich zu einer wichtigen Aufgabe und zum wertvollsten Werkzeug psychotherapeutischen Arbeitens.

Der Begriff »drittes Ohr« wurde später durch Reiks amerikanischen Bestseller mit dem Titel *Hören mit dem dritten Ohr* zum Terminus technicus der Psychoanalyse. Das »dritte Ohr« hört nach innen und verbindet das von außen Aufgenommene mit Bildern, Melodien und Einfällen aus eigenen bewußten und unbewußten Zusammenhängen. In diesem Geschehenlassen fand Reik die Geheimnisse der Seele des anderen Menschen. Seine besondere Begabung, sich seelischen Überraschungen ehrfürchtig zu überlassen, spiegelt sich meisterhaft in seinen Büchern, die nicht nur psychologische, sondern auch künstlerische Meisterwerke sind. So hoffte ich, ihn nach meinem ersten, eher unangenehmen Eindruck nun einmal näher kennenzulernen.

Ich besuchte Reik also zum zweitenmal mit hohen Erwartungen. – Er erzählte mir mit Bitterkeit, daß er gerade vom New York Psychoanalytic Institute die Ehrenmitgliedschaft angeboten bekommen hatte, die er »natürlich« nicht annahm: »Ich möchte keiner Gesellschaft als Ehrenmitglied angehören, die mich als normales Mitglied nicht aufnimmt.« – Das Institut hatte dem Altmeister die Mitgliedschaft versagt, weil seine Statuten Psychologen ausschlossen. Gekränkt und verärgert, zeigte er mit Stolz auf die Wände seines spartanisch möblierten Arbeitszimmers: Sie sahen aus, als seien sie mit einer Tapete von Freud-Photographien überzogen. Sie umrahmten einen Innenraum, der eine große, weite Welt von Jahrhunderten westlicher Kultur enthielt – und die Seele eines Mannes, der bis ins hohe Alter hinein feinsinnig, mutig, staunend den menschlichen Phänomenen von Leiden und Schuld, Mythos und Verbrechen nachging – ebenso wie dem Wunder, daß es zwei Geschlechter gibt, über deren Verschiedenheit er nicht aufhören konnte zu sprechen.

Aus Faraus Notizen:

»Als Lehrer war für Reik die erste Voraussetzung des Therapeuten, ehrlich zu sein. Der Analytiker soll selbstverständlich über intellektuelle Fähigkeiten und über ein großes Wissen verfügen. Aber sein wichtigstes Instrument ist ›eine besondere Art der Zivilcourage: die Tapferkeit vor dem eigenen Gedanken‹. – Die zweite Voraussetzung der Therapie ist das elastische Verhältnis: ›Um den anderen zu verstehen, muß man sich nicht in ihn einfühlen, sondern ihn unbewußt in sich fühlen.‹ – ›In jeder Praxis werde ich gewöhnlich um so verwirrter, je mehr ich in der Behandlung eines Falles an die mir vertraute Theorie denke, und ich finde mich erst wieder im Chaos der lebendigen seelischen Prozesse zurecht.‹ – ›Ich bekenne mich als Gegner jener Hetzjagd des Deutens, die atemlos hinter jedem Symptom hinterherläuft. Man kann auch etwas versäumen, weil man zu gierig danach war.‹«

Reik hat mit seiner Standhaftigkeit gegenüber den Monopolansprüchen des medizinischen New York Psychoanalytic Institute und mit der durch ihn ermöglichten Gründung eines nicht diskriminierenden, psychologisch fundierten psychoanalytischen Ausbildungsinstitutes, der National Psychological Association for

Psychoanalysis (NPAP), und der ihr angeschlossenen Theodor Reik Clinic einen wichtigen berufspolitischen Beitrag geleistet. Die NPAP hat den Kampf gegen Monopolansprüche der Mediziner als erste ermöglicht. Der Kampf kostete die Mitglieder der NPAP jahrelang Hunderte und Tausende von Dollars, um Gesetze gegen Nicht-Mediziner zu verhindern. Später schlossen sich uns viele andere Organisationen an. Heute ist die Situation der nicht-medizinischen Psychoanalytiker in Amerika noch immer gefährdet, sie sind aber doch in wesentlich besserer Kampfposition.

In den späten vierziger Jahren wurde Reik zum Ausbilder einer jüngeren Gruppe von Analytikern, meist Psychologen und »social workers«. Zu der ersten Gruppe, die unter der Leitung von Clement Staff die NPAP gründete, gehörten: Gisela Barinbaum, Ruth Berkeley, Matthew Besdine, Edward Frankel, Milton Goldstein, Benjamin Margolis, Anne Sofman. Reik selbst blieb der geistige Vater und die Symbolfigur der NPAP, auch dann, als er nur noch wenige Schüler aktiv betreuen konnte.[6]

Ich selbst gehörte nicht zu Reiks Seminar, da ich ja bereits in Europa ausgebildet worden war. Wir hatten vor allem in späteren Jahren mehr Kontakt, als er mir einige Patientinnen zur zusätzlichen Gruppentherapie schickte. Auch feierte er einige Geburtstage mit Freunden in unserem Haus, weil mein zweiter Mann, Gus Woltmann, und ich das Gefühl hatten, daß Reik im Alter recht einsam war. Gus blieb ihm bis zuletzt ein treuer Freund.

Die NPAP und die Theodor Reik Clinic sind seit ihrer Gründung 1948 stetig gewachsen. Die NPAP ist bis heute eine unorthodoxe psychoanalytische Vereinigung geblieben, von der sich einige kleine Gruppen losgelöst und andere Organisationen gegründet haben. Meine Verbundenheit mit der NPAP blieb ein sehr wichtiger Teil meines beruflichen und persönlichen Lebens. Ich stand in engem gedanklichen Austausch mit vielen Kollegen dort und habe unter ihnen meine nahen Freunde gefunden.

Ich war am Aufbau der NPAP mitbeteiligt und sehr früh als Chairperson des Ausbildungskomitees mitverantwortlich für den Lehrplan; dabei habe ich viel mit meinen Studenten zusammen gelernt.

6 Der Therapeut: Ein teilnehmender Beobachter und empathischer Begleiter. Meine Begegnung mit Harry Stack Sullivans interpersoneller Beziehungstherapie

Als ich nach meiner Ankunft in den USA (1941) das traurige Verdikt integriert hatte, daß das New York Psychoanalytic Institute nur Ärzte aufnahm, suchte ich nach einer anderen Vereinigung, die Psychologen und »social workers« nicht diskriminierte. – Ich hörte, daß die Washington School of Psychiatry neofreudianisch war, und daß ich mit meiner früheren Ausbildung und einer Anzahl von Kursen an diesem Institut Mitglied werden könnte. So besuchte ich dort einige Kurse, mehr aus Existenzangst und in der Hoffnung, mir durch eine psychoanalytische Praxis ökonomische Sicherheit schaffen zu können, als aus dem Wunsch nach einer neuen therapeutischen Arbeitsweise. – In den Abendseminaren war ich müde. Die Fortbildung an den Bankstreet Schools, die Arbeit für den Master Degree und Zeit haben für unsere kleine Tochter – das alles hatte Vorrang.

Von Harry Stack Sullivan[1] hatte ich zuvor nicht gehört. Er lebte in Washington, doch die Washington School of Psychiatry hatte ein Institut in New York, wo Sullivans Theorie der »interpersonal relationship« gelehrt wurde. Weil ich in den Abendkursen meist sehr müde war und meine Englischkenntnisse noch dürftig, blieben meine Sullivan-Studien (1941–43) recht brüchig. Sullivans Schriften waren selbst für amerikanische Kollegen schwer lesbar. (Sie sind erst später durch seine Schüler zugänglich gemacht worden.) Ich lernte einiges über seine Theorie in den Vorlesungen von Ralph Crowley und Clara Thompson[2] und vor allem durch einen kurzen, intensiven Kontakt mit Frieda Fromm-Reichmann[3], die damals mit Schizophrenen in Chestnut Lodge arbeitete und mich durch ihren Ernst und ihren persönlichen Einsatz für die Patienten tief beeindruckte. Ich glaube, daß ich dort auch meine ersten Gespräche über Existentialismus mit Rollo May[4] hatte, der ebenfalls zum Kreis von Fromm-Reichmann gehörte.

Als wir 1943 New York verlassen hatten, um im Psychiatric State Hospital zu arbeiten, hatte ich meine Studien an der Washington School for Psychiatry nicht fortsetzen können. Nach Kriegsende hatte sich die Situation für Psychologen am Institut – das jetzt William Alanson White Institute genannt wurde – verändert. Nur noch Mediziner wurden zur vollen psychotherapeutischen Ausbildung zugelassen, und viele Ärzte, die beim Militär in einem Sechs-Wochen-Training (!) zu Psychiatern geworden waren, wurden als Kandidaten vorgezogen. Den »second-class«-Forbildungsgang für Psychologen und »social workers« lehnte ich, wie viele andere Kollegen, ab.

Neben den Sorgen um berufliche Anerkennung und der inneren und äußeren Schwierigkeit, eine eigene Praxis aufzubauen (ich kannte in New York ja fast niemand), machte mir die Trennung von meinem Mann und meine neue Situation als »single mother« schwer zu schaffen. Auch meine vierjährige Tochter war verstört. Ich brauchte therapeutische Hilfe – doch wie ich sie bezahlen sollte, wußte ich nicht.

Ich erinnerte mich an *Ruth Foster,* eine Analytikerin, die ich in der Washington School for Psychiatry kennengelernt hatte, und dachte, ich könnte sie um *eine* Konsultation bitten.

Dr. med. Ruth Foster sagte, daß sie es als *Kollegin* selbstverständlich fände, so lange mit mir zu arbeiten, wie es nötig sei. Sie würde mir nur fünf Dollar die Stunde berechnen und mir diese unbegrenzt stunden. Ich war überwältigt von dem Angebot und nahm es an. Mit ihr erlebte ich meine eigentliche Einführung in Sullivans interpersonelle Beziehungstherapie.

Ruth Foster saß nicht hinter mir, sondern mir gegenüber, zwar durch einen großen Schreibtisch getrennt, jedoch in voller Sicht. Sie hörte aufmerksam zu, unterbrach mich jedoch oft mit anscheinend alltäglichen Fragen oder Meinungen. Die scheinbare Einfachheit ihrer Aussagen irritierte mich. Phantasien und Träume schienen sie nicht besonders zu interessieren. Ihre Interpretationen betrafen selten meine Kinderzeit. Wir besprachen Schwierigkeiten in der Beziehung zu meinem älteren Kind und die realen Fragen einer Praxisgründung. Ihr therapeutisches Interesse richtete sich jedoch vor allem auf meine ihr absurd erscheinenden Unsicherheiten ihr gegenüber und auf meine Angst, daß ich nicht genug wisse und könne, um eine Privatpraxis zu eröffnen. Sie schien auf mich zu reagieren wie eine ärgerliche Freundin: »Worauf wartest du denn eigentlich? Du kannst doch dein Leben nicht immer auf morgen verschieben! Du kannst dein Leben mit den Kindern meistern. Auch deine Tochter kann es. Beruflich bist du ausgezeichnet qualifiziert und wirst keine großen Probleme mit der Gründung einer Praxis haben. Ich sehe nur *ein* Grundproblem, daß du wartest ...«

Aus meiner Irritiertheit wurde Nachdenklichkeit, und die Nachdenklichkeit führte mich zu wachsendem Selbstbewußtsein. Ich kann mich nicht mehr an Einzelheiten ihrer Interventionen entsinnen. Deutlich im Gedächtnis sind mir Ruth Fosters distanzierte Wärme und ihre Realitätsbezogenheit. Daß hinter ihrer scheinbaren Naivität eine Theorie und ein ihr entsprechendes intuitives Verhalten lagen, wurde mir erst viel später klar.

Erst in den letzten Jahren habe ich gesehen, daß Sullivan sowohl in meinem eigenen Leben als auch in der Entwicklung der Psychoanalyse zu den integrativen Therapien hin eine viel größere Rolle gespielt hat, als im allgemeinen bekannt ist. Sullivans Entwicklung und persönliches Schicksal fielen in die erste Hälfte unseres Jahrhunderts, das charakterisiert ist durch die Zwiespältigkeit zwischen einem Weg, der zur Destruktion alles Existierenden führt, und einem konstruktiven Ansatz zur Emanzipation des Menschen. –

Kurt Lewins Feldtheorie[5], Einsteins und Heisenbergs Theorien über das universale Feld der interdependenten Einheitlichkeit des Kosmos koinzidieren mit der von Sullivan entwickelten interpersonellen Beziehungstheorie. Der einzelne wird von nun an nicht mehr als vereinzelte Einheit gesehen, sein Potential und seine Verstörungen werden vielmehr als Anteil und Ausdruck seiner Beziehungen zur Umwelt betrachtet.

Als Freud seine ersten wichtigen Schriften veröffentlichte, war Sullivan noch ein kleiner Junge, der in einem abgelegenen amerikanischen Dorf aufwuchs. Er fühlte sich einsam und von seiner Mutter nicht verstanden. Mehrere Geschwister waren vor seiner Geburt gestorben. Seine einzigen Gespielen waren Tiere, die er versorgte, und Wolken, die am Himmel vorbeizogen. – Seine Mutter hatte ihm einmal erzählt, daß ihre Familie vom Westwind abstamme. Dieser habe sich in ein Pferd verwandelt, das der Sonne entgegengelaufen sei, um der Zukunft zu begegnen. So prädestinierten das frühe Erleben von Einsamkeit und Verwirrung Harry Stack Sullivan später dazu, sich um die Heilung der seelisch Einsamsten, der Schizophrenen, zu bemühen.

Was macht einen kleinen Menschen einsam, verwirrt, entwicklungsgehemmt? Sullivans Antwort war: Das normale Kind wird in der »Euphorie« des Wohlbehagens geboren und es bleibt euphorisch, wenn es von einer liebevollen und empathischen Pflegeperson betreut wird. Wenn »the significant other« (die bedeutsame andere Person) jedoch ängstlich ist oder verständnislos, dann weicht die Euphorie der Angst. Das erste Jahr des Kindes ist also lebensbestimmend. Fehlentwicklungen und speziell Psychosen stammen aus der empathiearmen oder empathielosen Säuglingszeit.

Diese Theorie traf sich mit dem Konzept der »schizophrenogenen Mutter«. Man glaubte, daß Kinder, die emotional vernachlässigt werden, mit schizophrenen Persönlichkeitsstörungen reagieren.[6] Diese Störung entsteht speziell in einem Entwicklungsstadium, in dem das Kind von seiner Aufnahmefähigkeit für Konkretes zu abstrakteren Denkstufen heranwächst. Sullivan nennt die frühere Stufe *prototaxisch* und die spätere *parataxisch.* »Prototaxische Aufnahmefähigkeit« bedeutet, daß einzelne Geschehnisse von kleinen Kindern nur nacheinander oder nebeneinander erfaßt werden, nicht aber im Zusammenhang. Die parataxische Entwicklungsphase folgt der prototaxischen. Jetzt entfalten sich abstrahierende und logische Fähigkeiten, die Wahrnehmungen und Erlebnisse in Zusammenhänge bringen. Jedoch mangelt dem Kind zunächst noch die Erfahrung, die nötig ist, um Zusammenhänge korrekt zu erkennen. Es kombiniert oft unvollständig oder unrichtig. Normalerweise korrigieren Kinder solche »parataxischen Entstellungen« sehr leicht durch neue Erfahrungen und Hilfestellungen von Erwachsenen. Wenn ein Kind jedoch durch eine empathiearme Umgebung angstvoll geworden ist, fixiert es »parataxische Entstellungen«, das heißt, es bleibt in seinen Irrtümern hängen. Je mehr parataxische Entstellungen ein Mensch beibehält, desto mehr verfügbare Energie wird fixiert und um so unsicherer und unrealistischer wird seine Beziehung zur Umwelt. Psychotische Illusionen und Halluzinationen sind Ausdruck festgefahrener parataxischer Entstellungen ebenso wie Idiosynkrasien, schwache Wahrnehmungsfähigkeit, Vorurteile bei Neurotikern und Normalen. Auch Übertragungen im psychoanalytischen Sinn sind eine Form der parataxischen Entstellung.

Das Kind reagiert defensiv gegen seine Ängste. Dazu gehören nach Sullivan manipulative und selbstzerstörerische Verhaltensweisen, durch die das Kind Wärme und Liebe des *significant other* erzwingen möchte. Sullivan betonte speziell die *selektive Unaufmerksamkeit* als kindliche Abwehrfähigkeit, Angsterregendes erst gar nicht zur Kenntnis zu nehmen. Dieses Abwehrmuster ist einerseits sehr effizient, andererseits bedeutet es eine besondere Einschränkung der Lebensenergie und der Lebensmöglichkeiten.

Patienten waren für Sullivan also Menschen, die als Kinder nicht zu ihrem Recht auf Empathie gekommen waren. Daher sah er die Möglichkeit zur Therapie als einen Versuch, die auf diese Weise verursachten Schäden durch empathisches Verständnis für den Patienten zu reparieren und Entwicklungsdefizite, natürlich altersentsprechend, nachzuholen. – Daß sehr frühe Prägungen dieses Nachholen erschweren, ist offensichtlich, da ja die optimalen Entwicklungsbedingungen für jede Fähigkeit des Menschen jeweils an eine bestimmte Wachstumsphase gebunden sind.

Sullivan arbeitete dieser Konzeption entsprechend nicht neutral-abstinent, sondern empathisch. Er konzentrierte sich in den Therapiestunden auf seine Beobachtungsfähigkeit und seine empathischen Gefühle und prägte in diesem Zusammenhang den Satz: »Der Therapeut ist ein *partizipierender Beobachter.*« So steht Sullivans Konzept in der Geschichte der Psychotherapie zwischen dem Konzept abstinenter Neutralität und dem der existentiellen Partnerschaft.

Sullivan bemühte sich, die Sprache der Schizophrenen zu verstehen. Er machte sich nicht zur Mutter des als Säugling gesehenen Patienten, sondern zum »significant other«, zum bedeutsamen Anderen des erwachsenen Menschen. Mit dieser Einstellung erwies sich der Schizophrene nicht als unverständlich und beziehungsunfähig – wie er bis dahin allgemein charakterisiert worden war –, sondern lediglich als bisher unverstanden und unentwickelt. Sullivan fand seinen Weg zum Schizophrenen mit Scheu, Takt und

Empathie. Dabei stellte er fest, »that all people are more human than otherwise« (daß alle Leute in erster Linie Menschen sind, mehr als irgend etwas anderes). – Prinzipiell war Sullivans Arbeit mit Schizophrenen nicht verschieden von seiner Arbeit mit Psychotikern oder neurotisch Normalen. Für ihn lag der Grund aller psychischen Verstörtheiten in einem frühen Mangel an Empathie.

Während ich in Therapie bei *Ruth Foster* war, verstand ich ihren theoretischen Hintergrund und die dazugehörige Haltung als *teilnehmende Beobachterin* noch nicht. Ich sah in ihr eher eine freundliche Kollegin, »more human than otherwise« – die noch wenig von Analyse wußte!

Sie saß mir gegenüber auf einem Stuhl, ich konnte ihre Mimik lesen und sie ebenso gut beobachten wie sie mich. Ich sah zum Beispiel, wie sie erstaunt und empathisch zugleich auf meine übermäßigen Schuldgefühle wegen der Ängste meiner Tochter reagierte, »die doch nach einem schwierigen Flüchtlingsdasein und der Trennung von ihrem Vater ein Anrecht auf Angst hatte«. – Und selbst wenn Ruth ärgerlich aussah, konnte ich noch immer hinter diesem Ärger ein verstehendes Gefühl spüren.

Wenn ich heute ihr Verhalten in Sullivans Sprache deute, so sagte sie mir damit: »Du lebst in der parataxischen Entstellung, daß du zu klein bist und zu klein bleiben wirst und daß nur große Leute Wert haben.« – Genau dies war es, was ich fühlte. Ich merkte, daß ich dies immer geglaubt hatte, auch noch als ich erwachsen geworden war. Der Satz »Du bist noch zu klein, du verstehst es noch nicht, warte bis du groß bist« war ein Satz, den ich auch tatsächlich gehört hatte; in Eric Bernes Sprache war es ein »Giftsatz«.[7]

Dieser Satz, der die Atmosphäre meiner Position in der Familie charakterisierte, ist eine meiner ersten Erinnerungen: Ich lief neben meinem Kinderwagen an der Hand des »Kinderfräuleins« her, die sich mit einem anderen Kinderfräulein unterhielt. Diese schob auch einen Wagen und hatte ein Kind an der Hand. Es war auf dem Olivaer-Platz in Charlottenburg. Rund um den Platz standen Häuser mit vielen Fenstern. »Hinter jedes Fenster gehört doch ein Mensch«, dachte ich, und ich fragte laut: »Wo sind denn die vielen Menschen?« – Da sagte das Kinderfräulein: »Das verstehst du noch nicht, du bist noch zu klein, warte bis du groß bist.« Ich war zugleich enttäuscht und doch auch gespannt: »Was werde ich alles wissen, wenn ich groß bin!« Und ich habe heute noch das Gefühl, daß diese Hoffnung, daß ich eines Tages groß sein würde, nicht nur meine Kindheit mit Zukunftshoffnungen durchzogen hat, sondern auch mein ganzes erwachsenes Leben. – Das Gefühl jedoch, daß ich »noch zu klein« sei, war in der ungelösten Übertragungs- und Gegenübertragungssituation meiner ersten Analyse überwältigend geworden. Je länger diese gedauert hatte, desto kleiner und hoffnungsloser hatte ich mich gefühlt.

Die wesentliche Botschaft der Sullivan-Analytikerin war: »Du bist erwachsen, du verstehst, du kannst.« Als ich ihren Satz annehmen konnte: »Du bist ja erwachsen«, wurde er therapeutisch wirksam. So wie das gesunde Kind sich langsam von der Mutter löst und andere Menschen und die Welt als seine Partner ansieht, so löst sich auch der geheilte Patient vom Therapeuten, wenn er erwachsen wird. »Der Patient ist geheilt, wenn er jede Begegnung und jede Situation als Angebot zur Heilung oder Lebenserweiterung akzeptiert hat« (Clara Thompson).

Ich war nur wenige Monate lang Ruth Fosters Patientin und danach noch einige Monate bei ihr in Supervision. Während dieser Zeit rief ich sie um halb zehn Uhr abends einmal wegen einer Patientin an. Sie sagte, daß sie so spät nicht angerufen werden wolle. Ich entschuldigte mich (halb zehn Uhr abends war in New York eine für Therapeuten noch frühe Abendstunde). – Einige Monate später rief mich Ruth an und beschuldigte mich, daß ich jede Nacht um Mitternacht anriefe. Sie verbäte sich das. Ich antwortete erstaunt, daß ich sie nie mehr abends und noch nie nachts angerufen hätte. – Sie bestritt dies und deutete, daß ich es aus Feindseligkeit täte. Ich konnte sie weder beruhigen noch überzeugen.

Als ich das Telefon niederlegte, war ich traurig, doch nicht verstört. Ich dachte mit tiefer Dankbarkeit, daß ich Ruth selbst diese innere Ruhe verdankte. Vor der Therapie bei ihr hätte ich eine solche Anklage seitens meiner Therapeutin nicht ertragen können. Jetzt war ich überzeugt, daß mit Ruth Foster etwas Furchtbares geschehen sein mußte, da solche paranoiden Reaktionen ausgelöst worden waren. – Kurz darauf hörte ich, daß sie an Pankreaskrebs gestorben war.

7 »Mein Körper gehört mir.« Auf dem Weg zu einer holistischen Therapie

»Du bist erwachsen, du verstehst, du kannst!« Dieser heilende Satz war mir fast zwanzig Jahre zuvor schon einmal gesagt worden – nicht von einem Therapeuten, nicht von einem Freund, sondern von einem Buchtitel.

Es war 1928, und ich war sechzehn Jahre alt, als ich am Bahnhofskiosk Savigny-Platz in Berlin den Titel eines Buches las: »Dein Körper gehört dir!« Ich stand da, erschrocken und verzaubert zugleich. – »Dein Körper gehört dir« – dies waren meine ureigensten Gefühle, ausgedrückt in einem revolutionären Appell eines Erwachsenen. Mein Körper hatte mir »offiziell« nicht gehört. Er sollte sich nach Befehlen und Verboten richten. Ich gab sie meinem Körper mehr oder minder widerwillig weiter und blieb ambivalent: Wenn ich mich zum Beispiel als Kind kalt waschen sollte (es war ja Krieg, und warmes Wasser gab es nur in winzigen Portionen!) entzog ich mich durch »Scheinwäsche« (mittels eines aufgehängten nassen Lappens) diesem Gebot. Doch dann sollte ich mit den Händen über der Decke schlafen gehen, und das lag nicht am Krieg; das lag daran, daß ich nicht »unten« anfassen sollte. Ich löste diesen Konflikt durch Sühnezeremonien. Auch durfte ich nicht auf Bäume klettern, weil ich kein Junge war. Und wenn ich in der Badewanne saß, mit sechzehn Jahren, und mir vorstellte, daß mein Vater die Tür aufmachen und mich nackt sehen könnte, hatte ich das Gefühl, ich müßte vor Scham sterben. – Niemand hatte mir das je beigebracht, doch woher kam denn meine Scham?

»Pfui« war der nackte Kinderpopo beim Rumlaufen in der Wohnung; und doch klopfte ihn meine Mutter zärtlich nach dem Bad. Alles war so verwirrend: Einander nackt zu sehen oder gar anzufassen, war meinem Bruder und mir strengstens verboten – seit er Schamhaare hatte, und da war ich wahrscheinlich neun Jahre alt. (Einmal hatten wir das Gebot übertreten, aber ich hatte schreckliche Angst und auch Gewissensbisse dabei.)

»Dein Körper gehört dir« – wenn das wahr war, dann müßte ich ja nicht bis zur Ehe warten, um das schönste Geheimnis zu erfahren – ich könnte »es« tun, wenn ich einen Mann richtig liebte. Ich wußte, meine Eltern liebten sich mit Augen, Händen und Musik, doch daß sie »es« im Himmelbett nach der Trauung getan hatten, was hatte das mit meiner eigenen Sehnsucht zu tun? Warum mußte ich auf ein Himmelbett und eine Trauung warten? – Und dann gab es andere Stimmen, die auch nicht meine waren: »Warum nicht mit mir?« sagten Jungens gelegentlich zu mir. »Einmal wirst du es ja doch tun, und warum dann nicht mit mir?« – Doch wenn mein Körper wirklich mir gehörte – dann könnte ich tun, was ich wirklich wollte. Und das war: zu warten, bis ich liebte, und dann nicht zu warten.

Diese Gedanken mögen mir so oder ähnlich vorm Kiosk am Savigny-Platz durch den Kopf gegangen sein, jedenfalls war dieser Augenblick fundamental wichtig für mich, weil er mir bewußt machte, daß ich mich nicht heimlich gegen Verbote und Gebote stellen müßte, sondern sie mitbestimmen konnte, und daß ich für meinen Körper und meine Erkenntnisse selbst verantwortlich war.

Zu dieser Zeit hatte ich häufig starke Kreuzschmerzen, für die der Arzt Gymnastikstunden verordnete. – Durch eine zufällige Empfehlung kam ich zu *Carola Speads,* einer Schülerin von Elsa Gindler. Elsa Gindler war durch ihre eigene Krankheit, ich glaube Tuberkulose, zu der Erkenntnis gelangt, daß das Bewußtwerden von Empfindungen heilen kann.[1]

Carola lehrte mich, mir meiner körperlichen Empfindungen im Sitzen, Gehen, Stehen oder beim Atmen usw. bewußt zu werden. Übungen, wie zum Beispiel auf einem Besenstiel laufen, einen Korb auf dem Kopf tragen oder durch einen Strohhalm atmen, waren nur Mittel zum Zweck dieser Bewußtwerdung. – Manchmal sagte ich: »Das tut weh.« – »Wo tut's dir weh?« – »Ich weiß nicht.« – Es war wirklich ein langer Weg, bis mein Körper mir gehörte.

Carola Speads war elf Jahre älter als ich. Sie war die erste Erwachsene, die mit mir »wie mit einer Erwachsenen« über Sexualität sprach. Vielleicht wäre ich sonst nicht zu den Stunden gegangen, die mich über lange Zeit langweilten, weil ich Empfindungen für nebensächlich hielt.

Erst durch meine Analyse, fünf Jahre später, begriff ich die eigentliche Bedeutung der Gindler-Schule: Sie lehrte: Das Bewußtwerden körperlicher Empfindungen kann den Körper heilen. Dies lief parallel zu der Aussage der Psychoanalyse: Das Bewußtwerden von Gefühlen und ihren psychischen Zusammenhängen heilt die Seele! Diese Entdeckung begeisterte mich! Trotzdem dauerte es etwa zwölf Jahre, bis ich anfing Wege zu finden, diese beiden tiefen Erfahrungen zusammenzufügen. Das hing damit zusammen, daß Carola Speads gesagt hatte: »Gindler läßt keine psychologischen Deutungen zu. Ihre Arbeit bezieht sich nur auf das Physische, und ihre Schülerinnen sollten sich nicht in die Psychologie einmischen!« – Und in ähnlicher Weise, wenn auch nicht so explizit, lernte ich auf der analytisch-»unbeweglichen« Couch, daß die Wahrnehmung von körperlichen Empfindungen und körperliche Bewegung nicht zur Analyse gehörten. Letztere wurden eher zum »Ausagieren« gerechnet, das Konflikte kathartisch überdeckt und die analytische Behandlung stört.

Die erste *radikale Veränderung meiner psychoanalytischen Praxis* vollzog ich aufgrund eines Erlebnisses mit einer Patientin in den ersten Jahren meiner amerikanischen Praxis: Mary war fünfundzwanzig Jahre alt. Sie haßte ihre Arbeit; sie haßte ihren Körper; sie ließ sich auf keinerlei Freundschaft mit Männern ein und kam mit einer Mischung von Auflehnung und Verzweiflung zu mir. Nach wenigen einleitenden Worten schwieg sie – fast ein ganzes Jahr lang. Sie reagierte selten und dann nur oberflächlich auf meine Fragen, Aussagen oder Hypothesen. Ich gab die Therapie nur deshalb nicht auf, weil Mary mir regelmäßig nach den Sitzungen empfindsame und einsichtsvolle Briefe schrieb, in denen sie mir ihre Erfahrungen in den Therapiestunden mitteilte. Ich zerbrach mir den Kopf, was ich tun sollte oder könnte.

Nach etwa einem Jahr war ich mehrere Wochen krank. In der ersten Sitzung, nachdem ich vom Krankenhaus zurückgekommen war, fiel mir Mary um den Hals und lehnte ihren Kopf an meine Brust. Und so fing sie an, fließend zu sprechen.

Ich war verwirrt und unsicher. Wenn meine Kollegen mich in dieser Stellung mit einer Patientin sehen würden? Was würden sie denken? Was würden sie tun? Würden sie mich vor eine Ethik-Kommission zitieren? Vom Beruf ausschließen? Würde es mich die Arbeitserlaubnis kosten? (Ich lebte in der Unsicherheit einer

Nicht-Medizinerin und eines acht Jahre lang staatenlos – davon sieben Jahre lang »papierlos« – gewesenen Flüchtlings ohne Anspruch auf Einbürgerung.) Berühren war tabu – es konnte als unethisch betrachtet werden –, speziell bei einer Psychologin!

Aber wie sollte ich denn mit dieser Patientin weiterarbeiten, wenn ich ihr nach ihrem jahrelangen Schweigen das Reden in der geschützten Säuglingshaltung nicht erlaubte? Ich fühlte, daß ich meine Arme um sie legen und ihr zuhören wollte. Doch ihr Kopf an meiner Brust bereitete mir zunehmend Unbehagen. Ich ließ es drei Sitzungen lang geschehen – trotz meiner Ängste und trotz meiner zunehmenden Abwehr. Dann sagte ich zu Mary, daß ich mich in dieser Position unbehaglich fühlte. Könnte sie nicht einfach nur meine Hand halten und versuchen weiterzusprechen? – Das ließ sie zu. Nach kurzer Zeit sprach sie sogar, ohne meine Hand zu halten. Zwei oder drei Jahre später beendeten wir die Therapie.

Nach Marys gelungener Therapie beschloß ich, Gindler-Arbeit und Psychoanalyse zu verbinden. So fügte ich von nun an den gewohnten analytischen Fragen nach Gefühlen und Gedanken die Aufforderung hinzu: »Sag, was du empfindest! Was spürst du? Was sagt dir dein Körper?« Ich ermutigte meine Patienten, auf die Sprache ihres Körpers zu achten. Die Couch hatte ich ja schon zu Anfang meiner amerikanischen Praxis aufgegeben, so hatten meine Patienten von Anfang an die Möglichkeit der visuellen Wahrnehmung und Bewegungsfreiheit.

Bei einem Symposium über Psychotherapie im New York Psychiatric Forum (1948) sprach ich im Verlauf der Diskussion vom Publikum her über den Fall Mary. Meine Befürchtungen, daß meine Kollegen sehr negativ reagieren würden, bewahrheiteten sich. Ich wurde ausgelacht und die »Übertragungsheilung« degradiert. Mein Vorgehen wurde auch als unethisch bezeichnet: »Berührung, Homosexualität, Ausagieren, Ausnutzen der Übertragungsneurose, usw.«[2] Über diese emotionalen Reaktionen hinaus erlebte ich jedoch keinen beruflichen Schaden!

Jahrelang fand ich nicht mehr den Mut, über die einfache Frage *Was empfindet dein Körper?* hinaus meine gerade erst angefangenen Experimente fortzusetzen. Erst als die »Körperwelle« in den sechziger Jahren von Kalifornien nach New York herüberrollte und das therapeutische Tabu des Berührens vielerorts in Frage gestellt wurde, fühlte ich mich frei genug, einen Vortrag über »The Taboo of Touch« vor der NPAP zu halten. Zuvor fragte ich zehn bekannte Analytiker per Telefon: »Würdest du deine Patienten berühren? Wenn nein, warum nicht, wenn ja, warum?« Neun von zehn Antworten waren negativ. Die Gründe waren verschieden: »Weil es sexuell werden würde; weil es außerhalb der Gesellschaftsnormen liegt; weil es nicht nötig ist; weil es ablenkt; weil es Ausagieren ist« usw. – Ich erinnere mich an Theodor Reiks Antwort. Er sagte: »Ja, ich berühre sie manchmal – zum Beispiel, wenn ich Patientinnen in den Mantel helfe.« – »Und sonst?« – »Sonst nicht.« – »Warum nicht?« – »Weil ich sie sonst abhängig machen würde.« – »Wieso? Wir wissen doch, daß Kinder gerade dann abhängig werden, wenn sie zu wenig Körperkontakt bekommen. Nehmen Sie an, daß das bei erwachsenen Patienten anders ist?« – »Ja, weil es dann Übertragung ist!« – *Elizabeth Mintz* war die einzige der Befragten, die schlicht »Ja« sagte. – »Warum?« – »Weil es zum Gesundwerden dazu gehört; man muß sich selbst auch als Körper akzeptieren lernen.«[3]

Ich habe mir Gedanken gemacht, wie es wohl zu der seltsamen Mischung von freiheitlicher und traditioneller Einstellung dem Körper gegenüber gekommen sein mag, die ich sowohl in meinem Elternhaus als auch in der analytischen Theorie und Praxis erlebte. Und warum ich einerseits vom zweiten Schuljahr an zielbewußt die verbotenen Fragen nach Geburt und Sexualität untersuchte und andererseits doch so lange brauchte, bis ich mich klar zu einer ganzheitlich-emanzipierten Theorie, Lebenshaltung und Therapie durchgerungen hatte. Für die Analyse dieses Wirrwarrs möchte ich ein wenig über den selbstgezimmerten Zaun meiner eigenen Geschichte hinausblicken.

Die Aufklärung im 18. Jahrhundert hatte die Ethik Gottes Hand entzogen und menschlicher Vernunft zugeordnet. Im 19. Jahrhundert ließ materialistische und positivistische Einseitigkeit Gott und Geist zusammenschrumpfen in eine von linear-kausalen Gesetzen durchzogene, zwangsläufige evolutionäre Ordnung. Damit war die traditionelle Leibfeindlichkeit der westlichen Kultur ihrer religionsgebundenen Grundlage entzogen worden.

Es gab nun eigentlich keinen Grund mehr dafür, daß Nacktheit, Körperlichkeit und Sexualität unmoralisch sein sollten – es sei denn zum Schutz gegen eine unerwünschte Schwangerschaft. Und vielleicht folgte gerade aus dem Mangel an Begründung für etwas, das so tief in der westlichen Tradition und Kultur lag, der fast unverständlich prüde Viktorianismus und Puritanismus sowie die vielen strikten »Das-tut-man-nicht«-Verbote.

Zwischen der nicht erreichten Freiheit und ungelöster Abhängigkeit entstand ein Klima der Ambivalenz. Diese Unsicherheit äußerte sich auch in einer doppelbödigen Einstellung zur Kirche, einer öffentlichen und einer privaten. – Taufen, Trauungen, Eidesformeln, Steuern und Gott-als-Erzieher-von-Kindern waren Gegenstand des öffentlichen Bekenntnisses, während die private Überzeugung Gott vielfach in den Bereich von Aberglauben, Kindermärchen und Atavismus verbannte. – Die gleiche Ambivalenz sehe ich auch im Aufblühen der Nacktkultur, die den Körper als natürliche und vorzeigbare Gegebenheit befreite, nicht jedoch Eros und Sexualität, die am Freikörper-Kultur-Strand versandeten.

Abspaltung der Körperlichkeit und Entfremdung des Menschen von sich selbst und von seinem Nächsten wurden durch die fortschreitende Arbeitsmechanisierung und Industrialisierung noch verstärkt. Sie liefen parallel zum Verlust der »Religio« – der Rückbeziehung auf Geist oder Gott. Ein Mensch, der Hände, Körper und Kopf nicht mehr als kostbares Gut und Werkzeug spüren kann, durch das er etwas Sinnvolles, Sichtbares schafft, und der statt dessen zum verlängerten Arm einer Maschine wird, hat Mühe, seinen Körper und seine Seele zu respektieren. Eine Familie, die sich meist nur noch mit ermüdeten Körpern und frustrierten Seelen trifft – nach Fließband- und Schulbankzwängen – wird leicht zum Opfer von Beziehungslosigkeit. Ein Mensch ohne Erdboden und ohne Tiere im Stadtgedränge wird es kaum seltsam finden, daß die Körper von Neugeborenen von ihren Müttern getrennt und in Reih- und Gliedbetten gelegt werden und daß Kranke und Alte ohne Zärtlichkeit in Isolation dahinsiechen und sterben.

Der Sinn des Lebens, den Religion und »Gemeinschaft-in-Arbeit« gegeben hatten, und der Glaube an menschliche Vernunft gingen zunehmend in Sinnlosigkeit unter. Je sinnloser das Leben empfunden wurde, um so mehr verselbständigten sich Sätze wie »Man macht das eben so«, »Es ist so, weil ich es dir sage, dazu braucht man keine Begründung«.

Auch Freud löste die Antinomie von Körper und Seele nicht. Die Libido-Theorie verband, die Couch trennte sie. Die Auffassung, daß die Verdrängung sexueller Energie die krankmachende Folge tabuisierender Erziehung sei, wurde zwar Bestandteil der psychoanalytischen Lehre, führte aber nicht zu einer körperfreundlichen pädagogischen Haltung. Auch die Postulierung eines »primären Aggressionstriebs« (das heißt, Aggression ist nicht nur Reaktion auf Schmerz und Frustration, sondern biologischer Trieb) zementierte die Notwendigkeit der Triebverdrängung – und damit der Körperfeindlichkeit. Kultur konnte dann nur vom Triebverzicht her erklärt werden.[4]

Der Name *Wilhelm Reich* muß mir schon in meiner Berliner Zeit, sicherlich aber in Zürich begegnet sein. Soweit ich mich erinnern kann, habe ich nicht im Hörsaal von ihm erfahren, sondern durch Gespräche mit progressiven Studenten. – Jedenfalls wußte ich, daß er ein rebellischer Psychoanalytiker war, der sich für die sexuelle Revolution der Jugend interessierte, und daß er als Kommunist nach Rußland gegangen war, wo er freiere Sexualität und offenere Erziehung erwartet hatte; er war jedoch enttäuscht zurückgekommen. Nun hielt er sich irgendwo in Skandinavien auf und schrieb eine »Massenpsychologie des Faschismus«. Ich hatte den Wunsch, ihn kennenzulernen und war überzeugt, daß er lehren würde, was ich suchte: den therapeutischen Zugang zur Seele vom Somatischen her und die Freigabe des Körpers, dessen Lebenskraft die Sexualität miteinbezog.

Als ich Reich las, fand ich, was ich gesucht hatte. Sexualität sollte nicht unterdrückt werden, sondern war die Grundlage persönlicher wie gesellschaftlicher Gesundheit und Liebe. Reich bestätigte und befestigte meinen Glauben, daß liebesfähige Menschen andere Wege zur Konfliktlösung finden würden als Krieg und Gewalt und daß darum die ganzheitliche Erziehung von Kindern eine der vorrangigen Aufgaben gesellschaftlicher Sanierung sein müsse.

Ich lernte in New York zunächst weder Reich noch einen ihm nahestehenden Schüler kennen. Vielleicht habe ich auch nur halbherzig gesucht, weil ich nicht die Kraft hatte, alles zu tun, was ich gern getan hätte. Als ich in den letzten Jahren Reichs spätere Bücher studierte, wurde mir deutlich, daß nicht nur seine frühen Theorien einen wesentlichen Beitrag zur analytisch begründeten ganzheitlichen Therapie leisten, sondern auch seine späten Forschungen über kosmische Energie (Bio-Energetik) und die dazugehörenden Experimente. Ich halte Reichs Gedanken über Bio-Energie für einen der genialen Anfänge ganzheitlichen Denkens, das die Barriere zwischen Natur- und Geisteswissenschaften abbauen kann. Solche Ansätze, die heute im Zusammenhang mit der Parapsychologie im Vordergrund vieler Diskussionen stehen und auch durch einige Ergebnisse der modernen Physik bestätigt zu werden scheinen, galten damals als Auswüchse eines kranken Geistes. Reichs »Orgonbox«, eine in bestimmter Abfolge aus Metall, Holz und Fellen zusammengesetzte Kabine, die die Lebensenergie von außen anziehen sollte, wurde von Kollegen und Laien gleichermaßen belächelt. Auch ich hielt die Anziehung von Lebensstrahlen durch eine »statische Kiste« für Aberglauben, obwohl eine glaubwürdige Bekannte, deren Mutter Reichs Patientin war, mir erzählte, daß diese durch die Orgonbox von Krebs geheilt worden sei.

Ich halte Reich für einen der größten Denker und Forscher unseres Jahrhunderts. Wie viele andere Menschen seines geistigen Formats in allen Jahrhunderten, landete er im Gefängnis. Glücklicherweise wurden nur seine Schriften und nicht er selbst verbrannt! (Und dies in den Vereinigten Staaten!) Dabei ging ein guter Teil seiner Laboratoriumsaufzeichnungen verloren, während seine übrigen Schriften wohl im Duplikat erhalten sind. Reichs Testament bestimmt jedoch, daß seine wichtigsten Schriften erst fünfzig Jahre nach seinem Tod aus dem Safe genommen und publiziert werden dürfen, da er die Gefährlichkeit der praktischen Verwendung von Bio-Energie erkannt hatte, nachdem in seinem Laboratorium Unfälle geschehen waren.[5]

Zweifellos war Reich nicht unschuldig an seiner Inhaftierung. Mit Arroganz und Penetranz widersetzte er sich dem Aufruf gerichtlicher Behörden, die von ihm eine Darstellung seiner bio-energetischen Experimente verlangten, nachdem er sie als zu gefährlich abgeschlossen hatte. Er kam ins Gefängnis wegen »contempt of court« (Verachtung des Gerichts). Doch auch von wissenschaftlicher Seite hat Reich viel Sarkasmus erlebt; Freud ebenso wie Einstein hatten seine Versuche, mit ihnen in Kontakt zu treten, mit teils sarkastischer, teils höflicher Zurückweisung abgelehnt.

Nur der junge Wilhelm Reich hatte Anerkennung im professionellen Establishment gefunden. Sein Begriff des »Charakterpanzers«, den Menschen sich in Form von organ- und muskelverspannenden Reaktionen als Abwehr gegen frühe psychische Traumata zulegen, war eine große diagnostische Hilfe für Psychoanalytiker ebenso wie die von ihm brillant konzipierte Widerstandsanalyse. Organ- und Muskelspannungen können einen geübten Beobachter auf psychodynamische Vorgänge aufmerksam machen und durch psychoanalytisch-somatische Behandlung oft gelöst werden. Reichs Widerstandsanalyse und die Arbeit am Charakterpanzer sind bis in die heutige Zeit hinein wichtiger Bestandteil fast aller therapeutischen Schulen geblieben. Seine transzendierenden Ideen über Bio-Energie dagegen sind erst relativ spät und vielfach gar nicht als wichtige Elemente psychologischen Denkens aufgenommen worden.

Eine meiner ersten fortlaufenden TZI-Lehr-/Lerngruppen gründete ich 1964 mit erfahrenen Therapeuten verschiedener therapeutischer Schulen, um Körperbewußtheit und Körpertechniken in die Therapie einzuführen.[6] Wir trafen uns drei Jahre lang einmal wöchentlich, um unsere körperlichen und seelischen Probleme und Eigenheiten zu studieren und vom Körper her therapeutisch anzugehen. Wir benutzten viele Techniken. Manchmal führten wir Gespräche mit geschlossenen Augen, manchmal bewegten wir uns im Raum und verständigten uns ohne Worte, manchmal versuchten wir verschiedene Arten der Einzeltherapie, uns dabei hauptsächlich auf den Körper zentrierend, und wir benutzten (ein damals ganz neues Instrument!) einen Videoapparat, um unseren körperlichen Ausdruck während der therapeutischen Versuche zu beobachten. So lernten wir voneinander und miteinander, den Körper in unsere verschiedenen Therapieformen miteinzubeziehen. Einmal verteilten wir untereinander Themen über unsere Arbeit, die wir für ein Buch sammeln wollten. Nichts in meinem beruflichen Leben bedaure ich so sehr wie das Versäumnis, daß wir dieses Buch dann doch nicht geschrieben haben. Es war die Schwäche des beginnenden Experientialismus, der Erlebnistherapien, daß wir »Erlebenden« fast nie zu Schreibenden wurden!

Während dieser Zeit begegnete ich *Alexander Lowen* auf einem Kongreß und in einigen Vorführungsstunden. Er stellte den Körperbau und die Haltung einiger seiner Patienten vor, die er physio/psychodiagnostisch beschrieb. Die Art dieser Vorführung fand ich untherapeutisch und verletzend. Es war mir nicht möglich, diesen Mann als Nachfolger Wilhelm Reichs zu akzeptieren.

Als einige Jahre später Alexander Lowen in New York bekannt wurde, beschloß ich, die Gelegenheit, seine Neo-Reichianische Schule näher kennenzulernen, nicht aufgrund meiner persönlichen Antipathie zu verpassen. So meldete ich mich bei seinem Praxispartner als Patientin an. Während ich im Vorzimmer auf meine erste Stunde wartete, hörte ich aus beiden Praxisräumen dieselben laut geschrieenen Worte: »Leave me alone« (Laß mich in Ruhe!). Ich war erstaunt über diese Gleichzeitigkeit und unangenehm berührt, als ich wenige Minuten später, auf der Couch liegend, selbst aufgefordert wurde, mit beiden Beinen heftig in die Luft zu schlagen und zu schreien: »Leave me alone.« Ich tat dies nach besten Kräften, doch ohne emotionale Beteiligung. – Auf dem Heimweg dachte ich über mein Unbeteiligtsein bei diesen Worten nach und interpretierte es mir so, daß mein »Regressionsschrei« eigentlich nicht »Leave me alone« sein konnte, sondern viel eher »Don't go away!« (Geh nicht weg!). Nach meinen Erinnerungen, nach den Erzählungen meiner Mutter und durch analytische Interpretationen war ich sicher, daß ich als Säugling sehr viel allein gelassen worden war (ich wurde im Vier-Stunden-Takt gestillt und blieb die ganze Nacht allein) und die Anwesenheit meiner Mutter und ihre Zärtlichkeit eher ersehnte als ablehnte. So experimentierte ich in den nächsten Stunden mit meinem »Don't go away«, was mich zweifellos meinen Gefühlen näher brachte. Jedoch blieb der weitere Verlauf dieser bioenergetischen Therapie unbefriedigend. Der Therapeut blieb mechanistisch, und weder die vorgeschlagenen Übungen noch seine Interpretationen fielen bei mir auf fruchtbaren Boden. Es lag ihm viel daran, mich, die er als eine »very important person« bezeichnete, von seiner Art der Arbeit zu überzeugen. Ich wollte mich überzeugen lassen, doch ich war es nicht.

Es ist mir schwergefallen, diesen Absatz wahrheitsgemäß niederzuschreiben, weil ich nach wie vor von der Wichtigkeit des physischen Zugangs zur psychischen und speziell zur psychosomatischen Problematik überzeugt bin.[7]

Während ich dieses Kapitel abschließe, öffnet sich die Tür, und Vivian Guze (meine Freundin, die für zwei Tage aus den USA zu Besuch zu mir gekommen ist) bringt mir einen Artikel von *Stanley Keleman,* den sie eben aus ihrem Koffer geholt hat. Er trägt die Überschrift »A Somatic Image of Wholeness«. Ich lese ihn und bin glücklich. Keleman führt die Bioenergetik aus der Gefahr der Mechanisierung heraus und findet einen ihr ebenbürtigen Ansatz, auf den ich schon so viele Jahre gewartet habe.

Keleman spricht vom »Größenwahn« zeitgenössischer Psychotherapie, nämlich dann, wenn sie das mitgegebene »Heilige« (»holy« – im Gegensatz zu »whole«) übersieht: Das »Heilige« ist das »Nicht-Machbare«, der Pulsschlag des Lebens, der innere Rhythmus, den wir durch Zuwendung erspüren können – die jedem von uns mitgegebene persönliche Qualität. Dieser Rhythmus kann verletzt werden. Unsere Zivilisation und unsere Erziehungsmethoden sind zerstörend, weil sie diesen Rhythmus nicht respektieren. Therapie ist bewußte Hinwendung zum inneren Puls des Lebens, Therapie heißt, diesen inneren Puls erspüren und sich nach ihm richten. – Wir können die Energiestauungen, die durch Leb- und Lieblosigkeit hervorgerufen worden sind, wieder auflösen. Keleman führt vom Individuellen zum Gesellschaftlich-Therapeutischen hin. Die Persönlichkeit ist nicht nur ganzheitliche Einheit in sich selbst, sondern immer verbunden mit der Gemeinschaft, dem Partner, der Familie, den anderen Menschen. Insbesondere beruft sich Keleman auf Alfred Adler als frühen Verfechter eines transpersonalen, sozialen Gemeinschaftsgefühls.[8]

»Ich bin mein Körper« ist in den letzten Jahrzehnten vielfach gesagt worden. Das scheint mir nicht richtig zu sein. Ich bin mehr als mein Körper, doch ich bin nie ohne meinen Körper. Was immer ich bin und erlebt habe, schlägt sich im Physiologischen und auch im Mimischen nieder; und wenn ich »Ich« sage, erlebe ich mich nicht nur als Körper, sondern auch als Psyche, und weder Theorie noch Glauben schalten diese phänomenologische Duplizität aus.

Mit der philosophischen Auffassung vom Menschen als einer Ganzheit habe ich erkannt, daß nicht nur Krankheit von jedem Punkt der Seele oder des Körpers her entstehen kann, sondern auch Gesundheit. Heilung kann durch die Einsicht in psychodynamische Zusammenhänge, durch sexuelle und andere liebevolle Beziehungen, durch alles, was das Selbstgefühl hebt, durch die pharmakologische Herabsetzung von Symptomen, durch schöpferische Arbeit, geographische, soziale und klimatische Veränderung – je nach Situation und Persönlichkeit des Patienten – geschehen. Durch welche Pforte »psychische Gesundheit« auch eintreten mag, spontan oder durch gezielte Therapie, das Heilende berührt immer den ganzen Menschen – ebenso wie ein Virus, ein Gift, ein Unfall, eine psychische Verletzung usw. immer den ganzen Menschen krank machen.

Der therapeutische Prozeß kann vom Körper her eingeleitet werden durch Hinlenken der Konzentration auf körperliche Empfindungen. Bioenergetische Diagnostik und Übungen erleichtern diesen Prozeß, besonders dann, wenn sie im Gesamtkontext einer therapeutischen Beziehung und eines psychodynamischen Verständnisses erfahren werden.[9]

Ich selbst beachte meine körperlichen Empfindungen auch im Alltagsleben. In irritierten oder depressiven Zuständen lenke ich meine Aufmerksamkeit dem Atmen zu, sobald ich soweit bin, mir helfen zu wollen. Ich bin dann »atmende Beobachterin des Atems«. Wenn ich den Weg des Atmens in meinem Körper konzentriert verfolge, lösen sich die Spannungen in den Körperstellen, auf die ich mich bewußt konzentriere. Dann wende ich meine Aufmerksamkeit dem inneren Empfinden der Bewegung zu, dem Fließen, das vom Atemweg zum ganzen Körper hin ausstrahlt. Danach *spüre* ich – nicht durch Überlegung –, ob ich jetzt meditieren oder etwas anderes tun will.

Meditation ist für mich selbst heute ein Erlebnis von »Graulicht-bis-dunkel-bewegter« Raumleere bzw. einer durch Raum nicht beschreibbaren Unabgegrenztheit, wobei ich die Atembewegtheit des Körpers weiter spüre. Irgendwann, meist nach wenigen Minuten, taucht dann ein Bild oder ein Gefühl auf, das ich bewußt auffange, das heißt, ich gehe von der Meditation zur *Kontemplation* über – zur Konzentration auf ein wichtiges Anliegen, die zu gedanklicher Durcharbeitung oder zu einer Aktion führen kann. Oder die Kontemplation führt zum Bewußtsein einer Ruhebedürftigkeit bzw. zum Schlafen. Dies lasse ich geschehen. Manchmal führt mich die Meditation zu körperlicher Bewegung hin, zum Anspannen und Entspannen, zum Strecken und Üben verschiedener Körperteile oder -funktionen – und dann wieder zum Anfang eines Tuns oder zum Ausruhen. Auf diese Weise kann ich Störungen entweder in der Phantasie durchleben oder sie analysieren oder sie ad acta legen; es kann sein, daß die Störung in einer ähnlichen Situation wieder auftritt, es kann aber auch sein, daß sie ein echtes Begräbnis gefunden hat.[10]

Im Prinzip sind die Richtlinien meines *therapeutischen* Vorgehens ähnlich, wenn ich vom Somatischen her arbeite. Nur fügt die Zweisamkeit oder Gruppenarbeit andere zwischenmenschliche Elemente hinzu. Die physische Nähe anderer verändert die innere Welt. – *Ob* ich den therapeutischen Einstieg vom Körperlichen oder vom Seelischen her sehe, hängt sowohl von meiner Wahrnehmung und Einschätzung des Patienten ab als auch von meiner eigenen Befindlichkeit.

Die Beachtung des Körpers in *Lehr/Lernsituationen* ist besonders wichtig. Lehrer haben durchaus die Möglichkeit, bei Kindern und Studenten Interesse an körperlichen Empfindungen zu wekken und Freiräume für Bewegung, Empfindungsbewußtheit, Gefühle und Meditation zu entdecken. Auch in Seminaren mit Lehrern wende ich körperliche Übungen an und spreche über ganzheitliche Ansätze des Lehrens und Lernens – wobei ich »ganzheitlich« als über das Psychosomatische hinausgehend, transpersonal und universal verstehe. – Selbst in Auditorien von Hunderten und mehr Menschen füge ich kurze Selbst-Körper-Wahrnehmungsübungen, Meditation und Kontemplation, wenn auch in »homöopathischer Dosierung«, ein.[11]

8 Therapie in Gruppen: Eine entscheidende Wendung

Jede Neuentwicklung in der Psychotherapie entsteht aufgrund einer *inneren und äußeren Dynamik.* Unter *innerer Dynamik* verstehe ich den Fortschritt im Methodischen, der sich aus der Erkenntnis von Fehlern und Erfolgen in der psychotherapeutischen Praxis ergibt. Als *äußere Dynamik* bezeichne ich jene geschichtlichen Prozesse, die veränderte Bedürfnisse der Bevölkerung in den Vordergrund rücken.

Ein Beispiel für die *innere Dynamik* des Prozesses, der zur Gruppentherapie führte, war die Erkenntnis vieler Kindertherapeuten, daß ohne therapeutische Einbeziehung der Eltern Kindertherapie unökonomisch und nicht befriedigend verlief. Die Eltern fühlten sich ausgeschlossen, und sie waren es auch; oft litten sie unter der Einschränkung ihres erzieherischen Einflusses. Konsultationen zwischen Therapeut und Eltern konnten diese Schwierigkeiten nur teilweise aufheben, da die Therapeuten verpflichtet waren, die Mitteilungen des Kindes geheim zu halten. So kam es vielen Therapeuten in den Sinn, zuerst Konsultationen mit einzelnen Familienmitgliedern und dann mit der ganzen Familie durchzuführen.

Ich selbst hatte meine kindertherapeutische Praxis bereits nach wenigen Jahren aufgegeben (siehe S. 231); einer der Gründe dafür war, daß ich die Arbeit mit den Eltern im Interesse des Kindes für wesentlicher hielt als die Arbeit mit den Kindern selbst. Als ich zum erstenmal durch Kollegen von der Möglichkeit der Familientherapie hörte, leuchtete mir dieses Modell sofort ein. Einen ersten persönlichen Eindruck von Familientherapie bekam ich durch ein Demonstrationsseminar von Virginia Satir[1], die im Postgraduate Center For Mental Health ihre Art der Familientherapie vorstellte, indem sie uns, die Fakultät, Familien spielen ließ. Dies dürfte Mitte der sechziger Jahre gewesen sein. Ich habe danach die Familientherapie als wichtiges Modell der Gruppentherapie in meine Arbeit mit einbezogen.

Ein Beispiel für die *äußere Dynamik,* die zur Entwicklung der Gruppentherapie beitrug, war die Notwendigkeit, nach Therapieformen zu suchen, die nicht nur zwischenmenschliche Hemmungen und hysterische Syndrome auflösen, sondern auch die Kontaktfähigkeit und Kreativität der »lonely crowd« (der einsamen Masse) fördern würden; seit den Weltkriegen war die Zahl schizoider und leer anmutender Persönlichkeiten ständig angestiegen, während die Zahl der Patienten mit hysterisch-sexuellen Syndromen abnahm.

Hinzu kam, daß die Nachfrage nach Psychotherapie im und nach dem Zweiten Weltkrieg in Amerika ständig wuchs. Besonders im Zweiten Weltkrieg wurde die Not der Massen offenkundig. Sowohl bei der Musterung als auch auf den Schlachtfeldern zeigte sich, daß ein großer Prozentsatz der jungen Männer aus psychiatrischen Gründen zurückgestellt werden mußte. Die Armee griff zu Notmaßnahmen. Sie bildete Ärzte aller Fachrichtungen, speziell Gynäkologen und Kinderärzte, in Sechs-Wochen-Trainings zu Psychiatern aus und setzte sie an der Front ein. Doch die Zahl der zu behandelnden Soldaten war immer noch zu groß. So ging man notgedrungen zur *Therapie in Gruppen* über.

Zur großen Überraschung aller waren ihre praktischen Erfolge gut, oft besser als die von Einzelgesprächen und Hypnosen: »It worked!« Es ging! – Was ging? Erlittene Schocks verblaßten, denn die Soldaten fühlten eine heilende Verbundenheit mit ähnlich leidenden Kameraden, und die Therapeuten gaben zu verstehen, daß es legitim war, psychisch krank zu werden, und man dafür nicht als feige abgestempelt würde.

Als sich die Veterans Hospitals mit psychisch Erkrankten füllten, wurden zunehmend auch Zivilpsychiater und -psychologen zur Praxis der Gruppentherapie herangezogen. Diese »first aid«-Gruppentherapie des Schlachtfeldes genügte jedoch für Patienten nach dem Krieg nicht mehr. So entstand das Bedürfnis nach Gruppentherapieausbildungskursen, für die es zunächst nur wenige qualifizierte Lehrende gab.

Persönlich war ich damals an Gruppentherapie nicht interessiert. Die Fortschritte meiner Einzeltherapien befriedigten mich, und ich konnte mir eine Behandlung von mehreren Patienten zu gleicher Zeit im gleichen Raum nicht vorstellen, obwohl mich Sam Slavson, der in New York der »Vater der Gruppentherapie« genannt wurde, schon 1948 bei einem reizenden Kaffeeflirt auf seine Arbeit aufmerksam gemacht hatte. Diese machte mir damals weniger Eindruck als sein strahlend ausgesprochener Satz, der mir unauslöschlich in Erinnerung blieb: »Manche Leute lesen, manche Leute schreiben – *ich* schreibe!«[2]

Eines Tages bemerkte ich in einer Seitengasse am Oberen Broadway, einem damals armseligen Stadtviertel, ein Schild, das die Passanten aufforderte, ins »*Psychodrama-Theater*« einzutreten. Das tat ich. Dort waren eine Bühne, ein Zuschauerraum und zwei »Regisseure«, die es verstanden, jeweils eine Person aus dem Publikum zur Darstellung ihrer eigenen Konflikte zu bringen. Die Rollen der am Konflikt beteiligten Personen, wie zum Beispiel Eltern, Lehrer oder Geschwister, wurden an freiwillig Mitwirkende verteilt. Dann wurde das »Psychodrama« dargestellt. Die Mitspieler bekamen genügend Freiraum, ihre eigenen Konflikte in die ihnen zugeteilten Rollen mit hineinzunehmen.

Ich war hingerissen von der Genialität dieses Vorgangs. Von *Jacob L. Moreno* wußte ich noch nichts Näheres.[3] Zunächst hatte ich mir nicht vorstellen können, wie solches »Zufallsschauspiel« mit Passanten von der Straße, die zu »Patienten« gemacht wurden, therapeutische Auswirkung haben sollte; doch beim Zuschauen fühlte ich, daß für die Mitspielenden Wichtiges in Gang gesetzt wurde. Trotz meines großen Interesses nahm ich mir aber in den darauffolgenden Jahren, in denen ich mit Arbeit überlastet war, nicht die Zeit, Moreno und sein Lehrinstitut aufzusuchen. Erst viel später traf ich *Hannah Weiner* und *James Saks,* hervorragende Repräsentanten des Psychodramas, in ihren und meinen eigenen Workshops wieder.

Der Einfluß Morenos vor allem auf die Gruppen- und Gestalttherapie kann, so glaube ich, nicht hoch genug eingeschätzt werden; und zwar nicht nur in methodischer Hinsicht. Moreno besaß den Mut und die Freude am kindlichen Spiel, um vom rein verbalen Aussprechen von Erinnerungen und Gedanken zum dramatisch Dargestellten überzugehen. Er erkannte, daß Menschen ihren Emotionen sowohl durch Aktion und Bewegung näher kommen als auch durch das Erlebnis, daß andere Menschen sich mit ihren Konflikten identifizieren konnten, weil sie wahrscheinlich ähnliche Situationen durchlebt haben. Dieses gemeinsame Erlebnis bewirkt zusätzliche Erleichterung und Einsichten.

Morenos Genialität und Mut hatten Auswirkungen über seine Kollegen und seine Patienten hinaus: Es war buchstäblich eine »Bewegung« in die Psychotherapie gekommen.

Erst durch meine enge Freundschaft mit *Asya Kadis* († 1971) verringerte sich langsam mein Widerstand gegen Gruppentherapie. Asya, begeisterte Pionierin der Gruppentherapie, war gebürtige Russin, hatte in Wien am Alfred-Adler-Institut gelernt und gelehrt und war, nach ihrer zweiten Flucht nach Amerika, zu einem führenden Fakultätsmitglied am Alfred-Adler-Institut in New York geworden.

Asyas ungewöhnliche Offenheit für Menschen und Menschliches ließ sie mit Leichtigkeit Hindernisse bewältigen, die als unüberwindbar galten. So brachte sie das »Unmögliche« fertig, als Adlerianerin Mitinitiatorin und später Leiterin der Gruppentherapieabteilung im Freudianischen Postgraduate Center of Psychotherapy (später Postgraduate Center for Mental Health) zu werden. Durch sie und *Emanuel Schwartz* sowie durch die Schriften von *Alexander Wolf* wurde die dreijährige Ausbildung in pychoanalytischer Gruppentherapie im Postgraduate Center führend in den Vereinigten Staaten.[4]

»Das mußt du erleben, Ruth«, sagte Asya begeistert, »das kannst du dir einfach nicht vorstellen, was da alles passiert in Gruppen: an Konflikten und Lösungen und Veränderungen. Da ist so viel mehr Leben drin, so viel mehr Realität – es ist ergreifend, was die einander geben, viel mehr, als wir das können – das mußt du mir einfach glauben! Dir würde das gefallen, du wirst es auch machen wollen!« »Du bist eine von acht Geschwistern, und darum liegt dir das«, antwortete ich, »ich kann mir gar nicht vorstellen, wie ich mehr als nur eine Person gleichzeitig therapieren könnte. Ich habe nur *einen* Bruder und bin sehr glücklich mit meinen Einzeltherapien!« Doch Asya war suggestiv, und ich war neugierig. So belegte ich Kurse bei ihr und bei *Alexander Wolf* und *Samuel (Sandy) Flowerman.* Diese Kurse waren interessant, erweckten aber noch immer nicht den Wunsch in mir, selber gruppentherapeutisch zu arbeiten.

Eines Tages im Frühling jedoch fragte mich eine meiner Patientinnen: »Machen Sie auch Gruppentherapie?« Ich *hörte* mich sagen: »Ja, im Herbst fange ich damit an!« Meine Aussage schokkierte mich. Ich wollte der Patientin nachlaufen und sagen, daß ich niemals ernsthaft daran gedacht hätte, mit Gruppentherapie zu arbeiten. Doch im Herbst hatte ich meine erste Gruppe.

Bevor ich diese Gruppe zusammenstellte, fühlte ich mich sehr unsicher. Wie könnte ich denn die Geschichten aller beteiligten Patienten, ihre Charaktereigenschaften und Beziehungen zu anderen Menschen, ihre Weltanschauungen, beruflichen Tätigkeiten usw. behalten und auseinanderhalten? Ich hatte Phantasien von totaler Hilflosigkeit, wenn ich mir vorstellte, wie ganze Gruppen mich auf einmal attackieren würden.

Als ich begann, Gruppensitzungen zu leiten, tauchten konkretere Fragen auf: Was soll ich tun, wenn einer zu spät oder gar nicht kommt? Was sind die Vor- und Nachteile von einheitlichen Honoraren? Sollen die Teilnehmer jedesmal bezahlen oder nur monatlich? Sollen sie einander außerhalb der Stunden treffen dürfen? Wie könnte ich Übertragungen zwischen den Gruppenmitgliedern erkennen, interpretieren und mit ihnen umgehen? Sollte ich in bezug auf Geschlecht, Alter, Beruf, Bildungsstand, klinischer Diagnose homogene oder heterogene Gruppen zusammenstellen? Wie jung und wie alt dürfen Mitglieder sein, das heißt, gibt es Altersgrenzen nach oben oder unten? Ist es gut, normalneurotische und psychotische Patienten in Gruppen zu mischen? Wann soll ich Einzeltherapie, wann Gruppentherapie, wann kombinierte Einzel- und Gruppentherapie vorschlagen?

Vor allem aber fühlte ich mich unsicher, weil ich selber nicht das Erlebnis gehabt hatte, ein Gruppenmitglied gewesen zu sein. So entschied ich mich, als Patientin in eine von Sandy Flowermans Gruppen zu gehen. In kurzer Zeit verschwand meine Unsicherheit. Ich verließ jedoch Sandys Gruppe, als ich eine seltsame Verhaltensänderung bei ihm spürte, die ich für das Anzeichen eines Gehirntumors hielt. Wenige Monate später wurde Sandy operiert, kurz darauf starb er.

Obwohl es noch nicht viele Gruppentherapeuten gab, existierten bereits sehr verschiedene Ansichten: Da war die individuell orientierte Analyse in Gruppen von Slavson, Wolf und Schwartz und die mehr gruppenorientierte Therapie von Foulkes, in welcher die Gruppe als Ganzes beobachtet und interpretiert wurde. Asya Kadis vertrat eine Mischung von Adlers Didaktik und Freuds Interpretation.

Sehr viele Fragen und noch sehr wenige Antworten. Probleme mußten gesehen, mögliche Lösungen noch ausfindig gemacht werden. Zunächst suchte ich alles zu behalten, bis ich in der Praxis herausfand, daß ich gar nicht alle Einzelheiten aller Patientengeschichten im Kopf zu haben brauchte: Das Unerledigte kam von selbst immer wieder auf. Neun Köpfe behalten mehr als zwei, achtzehn Augen sehen mehr als vier, und die verschiedenen Perspektiven, unter denen Patienten einander erkannten und verkannten, sowie deren Klärung erwiesen sich als wertvolles therapeutisches Werkzeug.

Es gehörte zu meinen ersten Entdeckungen, daß ich mich oft in meinen Antizipationen irrte. Die mir aus Einzeltherapien bekannten Patienten verhielten sich in der Gruppe sehr anders, als ich sie eingeschätzt hatte, und wurden auch von der Gruppe anders aufgenommen. Menschen, die in Gesprächen mit mir schüchtern waren, sprachen fließend; andere, die in der Einzeltherapie gut arbeiteten, waren in der Gruppe verschlossen und kommunikationsarm. Patienten, von denen ich fürchtete, daß sie von der Gruppe abgelehnt werden könnten, fanden oft unerwartet viel Zuneigung. Manche Patienten blühten in der Gruppe auf, andere brauchten viel Unterstützung. Andererseits beurteilten viele Patienten auch mich sehr anders in der Gruppe als in ihren Einzelstunden.

Auch meine Erwartung, daß Übertragungsphänomene zwischen den Mitgliedern weniger stark sein würden als die mit den Therapeuten, erwies sich als irrig. Die Übertragungen verteilten sich jetzt nur auf mehrere Personen anstatt auf eine und verloren dabei nichts von ihrer illusionären Kraft – trotz offener Aussprachen und Verhaltensweisen. (Übertragung bedeutet im Wortsinn das Über-Tragen von frühen Erfahrungen auf spätere, was an sich eine lebenswichtige Funktion ist. Sie bietet Abkürzungswege an für Erkenntnisse und Intuitionen. Diese existentielle Nützlichkeit erklärt den tiefen Prägungscharakter von Übertragungen. Nur wenn Früherfahrungen realitätsfremd, d. h. illusionär sind, wirken sie als »parataxische Entstellungen«, also pathogen. Im Sprachgebrauch der Psychoanalyse ist mit »Übertragung« fast immer diese pathogene Modalität gemeint.)

Das Netz von Übertragungen und deren ständig wechselnde Fäden innerhalb der Gruppen brachten neue Perspektiven in den Vordergrund. Beziehungen entstanden und veränderten sich. Es war faszinierend und fruchtbar zu sehen, wie Konflikte aus den ursprünglichen Familien in der Gruppe bearbeitet werden konnten.

So wurde kontinuierliche Arbeit an der Klärung von Übertragungen in der *analytisch fundierten Gruppentherapie* ebenso wichtig wie in der Einzelanalyse. Auch hier zeigte sich, daß Übertragungen auf Therapeuten und andere Menschen weder an Alter noch an Geschlecht noch an Status gebunden sind, sondern eher noch an Eigenheiten und persönliches Verhalten der betreffenden Persönlichkeiten.

Im Laufe längerer Gruppenprozesse verringerten sich die illusionären Übertragungsphänomene. Allmählich kam die »Consensual Validation« (Übereinstimmung in der Beurteilung durch andere) zustande. Kritik und Wertschätzung wurden realistischer. Während sich Patienten in der Einzeltherapie nur durch Worte und Mimik erkennbar machen konnten, wurden sie in Gruppen als lebendig *handelnde* Menschen deutlich. Ich lernte, wie wichtig es war zu entscheiden, ob und wann ich schweigen oder richtungweisend sein wollte, und ob und wie ich mich selbst mehr zu erkennen geben sollte. Ich lernte, den »Energiestrom« der Gruppe zu beachten und mich nach ihm zu richten. Die Energie aufzufangen und zu benützen ist meist wertvoller, als gegen sie zu kämpfen. Andererseits erfuhr ich auch die Bedeutsamkeit eines Satzes, der mir einmal als wesentlich eingefallen war: »Grouptherapy is the art of interruptions – so is life« (Gruppentherapie ist die Kunst, im richtigen Augenblick zu unterbrechen – wie im Leben).

Die meisten Gruppenanalytiker verboten ihren Patienten, einander außerhalb der Therapiestunden zu treffen. Die Begründung war, daß Konflikte und Probleme, die in der Gruppe aufkamen, auch »in der Gruppe bleiben sollten«. Die Patienten wurden angewiesen, außerhalb der therapeutischen Sitzung so wenig wie möglich über ihre Therapie zu sprechen, was ebenso wie in der Einzeltherapie gilt.

Im Gegensatz zu diesem Gebot experimentierten jedoch Wolf,

Schwartz und Kadis mit *alternativen Sitzungen.* Die Gruppe sollte sich jeweils zwischen den vom Therapeuten geleiteten Sitzungen zur eigenen Gruppenarbeit treffen. In diesen Alternativsitzungen (»Peergruppen«) kamen oft andere Probleme in den Vordergrund, speziell Rivalitätskonflikte und entsprechende Aggressionen. Gleichzeitig wuchsen die Eigenständigkeit und die therapeutische Kreativität der Gruppenmitglieder.

Ich glaube, das Wichtigste, was mir die Gruppentherapie gegeben hat, ist die Erfahrung, daß Echtheit, Vertrauen und Verantwortlichkeit fast unabdingbar aus einer Situation erwachsen, in der sich Menschen emotional frei fühlen und ihren Gefühlen ungestraft Ausdruck geben dürfen (siehe Kap. 10, S. 265).

Diese Erfahrung führte mich einige Schritte näher an Gruppenpädagogik. Wenn es möglich ist, durch offenen Gefühlsaustausch weniger Feindseligkeit und mehr lebens- und liebesfreundliche Gruppenatmosphäre zu schaffen, dann besteht die Möglichkeit, dieses Phänomen auch in primär nicht-therapeutischen Arbeitsgruppen zu fördern.[4]

9 Therapeuten im schöpferischen Aufbruch. Von der neutral-abstinenten Haltung zur existentiellen Partnerschaft

In den Gruppentherapien hatte der Analytiker seinen Stuhl in den Kreis der Patienten geschoben. Dies hatte sich nicht als pragmatische Zufallshandlung ergeben, sondern war Ausdruck eines Prozesses, der eine Anzahl von Psychoanalytikern von ihrer neutral-abstinenten Haltung hin zur existentiellen Partnerschaft mit ihren Patienten führte. Nicht alle Gruppenanalytiker wurden dabei zu Erlebnistherapeuten, noch arbeiteten alle Erlebnistherapeuten mit Gruppen.

Viele von uns Psychoanalytikern erkannten übereinstimmend die folgenden Probleme:

- Es gab zu viele »unbehandelbare« Patienten.
- Der Zeit- und Geldaufwand für die analytische Behandlung war sehr groß.
- Die Tatsache, daß der Therapeut hinter der Couch sitzt, den Patienten nur halb sieht und von ihm überhaupt nicht gesehen wird, löste Unbehagen aus.
- Viele von uns stellten den Primat der Übertragungsneurose in Frage: War die tiefe und lange Regression in der Übertragungsneurose nützlich oder schädlich?
- Wir trafen manchmal, meist unbeabsichtigt, unsere Patienten in der Alltagswelt, z. B. bei Konferenzen, gesellschaftlichen Anlässen und in akuten Notsituationen. Es fiel uns auf, daß durch solche Erlebnisse oft besondere Fortschritte in der therapeutischen Arbeit gemacht wurden.
- Wir sahen, daß gegenseitige Wahrnehmung und persönliche Aussagen des Therapeuten Übertragungen nicht aufhoben, sondern nur schneller verdeutlichten.

Noch etwas anderes gab vielen von uns zu denken: Bei Fallbeschreibungen und in der Auswertung psychologischer Tests war die negative Beschreibung üblich. Ich selbst hatte im State Hospital täglich die Aufgabe erfüllt, Berichte zu schreiben, die das

Kranke und Unzulängliche betonten. Es war gar nicht so leicht, diesem Sog zu widerstehen. Wenn ich es wagte, ergaben sich neue Schwerpunkte: Das Fixiertsein auf Krankheit wich der Betonung von Wachstum, Persönlichkeitsentwicklung, schöpferischen Fähigkeiten, Lebendigkeit, Echtheit.

Um 1950 schrieb ich eine Rundfunkskizze über ein Erstgespräch mit einer Patientin. Der Titel war: »What is right with you?« (Was stimmt bei Ihnen?) – ein eklatanter Angriff auf das übliche Erst-Interview, dessen Tendenz hieß: »What is your problem, what's wrong with you?« (Welches sind Ihre Probleme, was stimmt nicht bei Ihnen?)

Die Synchronizität des Auftauchens eines *positiven Ansatzes* in den Praxisräumen in verschiedenen Gebieten der Vereinigten Staaten ist faszinierend. Viele von uns hatten nie voneinander gehört. Die Veränderungsnotwendigkeit war therapie- und weltgeschichtlich gegeben. Viele einzelne lösten eine Bewegung aus. Im nächsten Kapitel möchte ich meinen eigenen Weg zum Experientialismus – zur Erlebnistherapie und -pädagogik – beschreiben.

10 Die Erlebnistherapien

»I throw a spear into the dark –
that is intuition. Then I have to send an
expedition into the jungle to find
the way of the spear – that is logic«
(Ingmar Bergman).
(Ich werfe einen Speer in die Dunkelheit –
das ist Intuition. Dann muß ich eine
Expedition in den Dschungel schicken,
um den Weg des Speeres aufzufinden –
das ist Logik.)

Der Gegenübertragungsworkshop. Mein Weg zur Erlebnistherapie und -pädagogik

Da Gegenübertragungen in analytischen Lehrinstituten lange als »Problem des Analytikers« galten, wurde die Arbeit an persönlichen Gegenübertragungen ausschließlich dem Lehr- und nicht dem Kontrollanalytiker überlassen. Kontrollanalytiker sollten mit Kandidaten nicht über deren eigene Reaktionen auf Patienten, sondern nur über die Dynamik des Patienten und den therapeutischen Prozeß sprechen.

Als Chairperson des Training Committee realisierte ich, daß im NPAP-Programm keine Hilfestellung zum Erkennen und zum Umgang mit Gegenübertragungen angeboten wurde und eine relativ große Anzahl von Kandidaten an dieser Lücke scheiterte. Mein Antrag, ein Gegenübertragungsseminar im Ausbildungsprogramm zu geben, wurde aus besagten Gründen abgelehnt. Mildred Newman-Berkowitz, damals Kandidatin in NPAP, organisierte daraufhin für mich einen privaten Gegenübertragungsworkshop mit neun fortgeschrittenen Analyse-Kandidaten.[1]

Am Abend vor dem ersten Workshop wurde ich unruhig. Ich hatte mir nicht genau überlegt, wie ich denn überhaupt »Mit Gegenübertragung umgehen« lehren könnte! Ich erwartete, daß die Kandidaten ängstlich sein würden, wenn sie von ihren eigenen Schwierigkeiten mit Patienten sprechen sollten. So dachte ich mir, daß es vielleicht ihren Mut stärken würde, wenn ich selbst den ersten Fall vortrüge. Ich mußte mir gut zureden, dies zu tun, da ich der Mißbilligung meiner Kollegen gewiß war. Wenn es schon tabu für Kandidaten war, über ihre Gegenübertragungsschwierigkeiten zu ihrem Supervisor zu sprechen, wieviel »unmöglicher« würde es sein, wenn eine Supervisorin ihre eigenen Schwierigkeiten vor den Studenten bloßlegte! Doch fiel mir nichts anderes ein, wie ich die Kandidaten ermutigen könnte, ihre Gegenübertragungen zu entdecken und zu bearbeiten. Daß ich den Mut aufbrachte, meine Schwierigkeiten mit einer Patientin in freien Assoziationen vorzutragen, war eine schwere, doch zweifellos die *fruchtbarste Entscheidung meines professionellen Lebens.*

Für den Beginn des Gegenübertragungsworkshops bereitete ich mich bewußt für keinen spezifischen Fall vor, um nicht die Spontaneität der Einfälle zu erschweren.

In der ersten Workshopsitzung entschied ich mich für den Fall Irene, einer etwa 52 Jahre alten schizoiden Frau. Ich hatte das Gefühl, daß irgend etwas in meiner Haltung ihr gegenüber befremdlich war, dachte jedoch nicht viel darüber nach, da ich mich mit dieser Patientin und ihrem therapeutischen Fortschritt recht wohl fühlte.

Ich sagte den jungen Kollegen, daß ich ihnen diesen Fall in freien Assoziationen so vortragen würde, wie ich es sonst für mich allein tat. Sie sollten mir zuhören, ohne mich zu unterbrechen, bis ich sie um Reaktionen bäte.

Während ich meine Assoziationen der Gruppe mitteilte, wurde mir bewußt, daß ich mich mit meinen Äußerungen dieser Patientin gegenüber sehr viel vorsichtiger verhielt als bei anderen Patienten. Es fiel mir ein, daß ich öfters gedacht hatte, es könne bei ihr zu einem psychotischen Durchbruch kommen, wenn ich nicht sehr vorsichtig mit meinen Äußerungen sein würde. Ich wollte aus vielen Gründen eine solche Phase nach Möglichkeit vermeiden.

Ich fühlte mich unsicher, als ich dies der Gruppe sagte. Wie ich jetzt erkannte, hatte Irene keine Anzeichen psychotischer Brüchigkeit gezeigt und auch nie zuvor auf Krisen mit psychotischen Phasen reagiert. Welche Gründe hatte ich für meinen übervorsichtigen Behandlungsstil?

Irene war Chemikerin von Weltruf. Ich bewunderte ihren scharfen Verstand. Sie schien bei der Analyse ihrer Verhaltensweisen und deren tieferen Ursachen ebenso erfolgreich zu sein wie bei der Analyse chemischer Ingredienzen. Kein Kommentar und keine Interpretation meinerseits schienen jedoch Anklang bei ihr zu finden, alle wurden von ihr in freundlichster Weise augenblicklich widerlegt. Trotzdem fühlte ich mich in meinen Sitzungen mit ihr wohl und überließ ihr die Führung. Manchmal lag sie auf der Couch, manchmal saß sie mir gegenüber. Sie assoziierte, kommentierte, interpretierte, stellte Fragen. Ich folgte ihrer Initiative. Sie war lebendig, brillant, interessant.

Irene stammte aus einer wohlhabenden und kultivierten aristokratischen Familie. Ihre Kindheit war eingezwängt in formale Etiketten, voll von sexuellen und gesellschaftlichen Tabus und leer an elterlicher Wärme. Als Erwachsene war sie erfolgreich als Wissenschaftlerin, kühl in persönlichen Beziehungen, sexuell frigide und in ständigen Auseinandersetzungen mit ihren Kollegen.

Ich assoziierte über Irenes Leben, ihr Aussehen, ihre Mimik, ihr Verhalten mir gegenüber, über meine Gefühle während der Sitzungen, Erinnerungen, die sie in mir wachrief, Gefühle, die ich mit ihr teilte oder mit denen ich nicht mitgehen konnte; was immer mir bewußt wurde, teilte ich der Gruppe sofort mit, zusammen mit anscheinend nicht dazugehörigen Bildern, Gefühlen und Gedanken. Je länger ich über Irene assoziierte, desto peinlicher wurde das Gefühl in mir, mich in eine Abhängigkeit von der Patientin gebracht zu haben. Gleichzeitig wurde mir immer mehr bewußt, daß mir eine Gruppe von Kollegen zuhörte, und ich fragte mich, was sie wohl dachten.

Ich blickte auf, sah die Kollegen mit ihrem gespannten Gesichtsausdruck und hatte das dringende Bedürfnis, etwas von ihnen zu hören, verstanden zu werden, Antworten zu bekommen. Ich konnte nicht mehr über Irene nachdenken. Ich bat die Gruppenmitglieder, mir zu sagen, was in ihnen vorging. Mir war, als hätten sie alle Antworten, als wüßten sie, was zwischen der Patientin und mir vorging, und sie müßten es mir sagen. Mein Gefühl war: »Sie wissen ja, was vorgeht!«

Die Gruppenmitglieder reagierten mit ihren eigenen Fragen, Aussagen, Vorschlägen, Interpretationen, mit wachsender Spontaneität und Offenheit. Trotz meines Gefühls, »sie wissen ja, was vorgeht«, blieb ich in einer abwägenden Haltung in bezug auf das, was für mich und die Patientin zu stimmen schien und was nicht. Und plötzlich – inmitten aller Aufregungen und Spannungen – kam der erkennende Einfall: Ich hatte Irene so erlebt, wie ich als Kind meinen Vater erfahren hatte: überlegen und, weil ich ein Kind war, mir gegenüber zurückhaltend, allwissend. Ich sah mich auf meinem kleinen mexikanischen Schemel vor meinem Vater sitzen, in der Spannung zwischen dem Gefühl ruhiger Beschütztheit, daß er ja alles wisse und könne, und in Verzweiflung über seine innere Distanz zu mir, da ich ihn Erwachsenen gegenüber als persönlich zugewandt empfand.

Tagelang blieb dieses Erlebnis in mir lebendig. Ich sah die Gesichter meiner jungen Kollegen vor mir, wie sie gespannt zuhörten, helfen wollten und ihre Assoziationen, Kommentare, Interpretationen gaben. Ich erlebte immer wieder die zunehmende Beschleunigung und Bewegtheit, meine sekundenlange Leere vor dem erlösenden Einfall, meine innere Entspannung und die freudige Erregung der Gruppe nach der Lösung. – In den folgenden Stunden mit Irene vertauschte ich den »kleinen mexikanischen Schemel am Knie meines Vaters« mit dem Sessel einer erwachsenen Analytikerin!

Im Gegenübertragungsworkshop entwickelte sich eine vielschichtige Methodik. In jeder Sitzung trugen Kollegen unvorbereitet einen Fall in freien Assoziationen vor. Die Teilnehmer besprachen am Anfang der Stunde, welcher Fall Vorrang haben sollte; den Ausschlag gab jeweils die Dringlichkeit des Falles.

Das Ziel der Gegenübertragungsabende bestand darin, die irrationalen Beziehungsgefühle des Analytikers so weit bewußt zu machen, wie es für die Aufhebung der akuten Arbeitsstörung erforderlich war. Wir benutzten die Technik der freien Assoziation, um unsere Gedanken über die Patienten auf emotionalen Bahnen an die Oberfläche zu bringen. Durch die Verbindung von emotionalen und kognitiven Hier-und-Jetzt- sowie Dort-und-Damals-Elementen waren die Reaktionen und Interaktionen der Gruppe ungewöhnlich lebendig. Wenn Gefühle aufkamen, die vom Fall ablenkten, suchten wir die Gründe dafür zu verstehen, und oft gehörten sie indirekt zur Gegenübertragungssituation. Manchmal jedoch waren sie mit anderen – persönlichen oder gruppenbezogenen – Ereignissen verbunden. Wenn wir sie besprochen hatten, setzten wir unsere Arbeit an den Gegenübertragungsproblemen fort.

Wir erlebten, daß für den vortragenden Therapeuten fast immer der Punkt kam, wo ihm nichts mehr einfiel. Wenn dann die Gruppe konsequent schwieg, selbst wenn der Vortragende um Reaktionen bat, fiel dem Therapeuten meistens der wesentliche Beitrag zur Lösung des Problems ein. Es war, als ob eine Leere entstünde, sobald alles gesagt war, was der Therapeut schon zuvor gewußt hatte, und als ob dann wie von selbst eine Tür zu etwas Neuem aufging. Die Häufigkeit, ja fast Gesetzmäßigkeit dieses Vorgangs brachte mich dazu, methodisch die Forderung zu stellen, daß die Gruppe auch dann ihr Schweigen nicht brechen sollte, wenn der Vortragende nicht mehr weiter wußte und sie bat, etwas zu sagen.

Als ich etwa zwölf Jahre später Fritz Perls und seinen Begriff des »impass« (Engpaß) und den Durchgang zum »organismischen Wandel« kennenlernte, wurde mir klar, daß es sich hier um dasselbe Phänomen handelte wie im Vortragen der Gegenübertragung: Sobald alles Bewußte ausgesprochen ist, kann Neues einströmen und Veränderung stattfinden. Dieser Vorgang wird wesentlich unterstützt, wenn ihn die gespannte Aufmerksamkeit einer empathischen Gruppe begleitet.

Im Gegenübertragungsworkshop lernten wir als Teilnehmer, unsere eigenen Schwächen und Stärken, Fehlbarkeiten und therapeutischen Möglichkeiten besser zu erkennen und zu bewältigen. Die Art und Weise, wie die präsentierenden Therapeuten sprachen, und die Verschiedenheiten der Reaktionen der Gruppenmitglieder brachten wie im Spiegel die Interaktionsmuster in der Gruppe in Zusammenhang mit den Interaktionsmustern zwischen Therapeut und Patient in der Übertragungs-Gegenübertragungs-Situation. So entdeckten wir mit Staunen das damals noch unbekannte »Spiegelphänomen«. Die Gruppe spiegelte sowohl die Charaktere und Probleme der Patienten als auch die des jeweiligen Therapeuten: So kamen die Übertragungs- und Gegenübertragungsprobleme deutlich ins Hier-und-Jetzt des Raums und wurden im Prozeß der Interaktion der Gruppe mit dem Therapeuten behandelbar.

Nach einiger Zeit stellte sich heraus, daß es wichtig war, die

Konflikte zwischen den Gruppenmitgliedern in die Interaktion einzubeziehen. So wurden abwechselnd Fall- und Gruppenübertragungen zum Gegenstand der Seminararbeit. Damit schufen wir eine relativ konfliktarme Atmosphäre, in der Übertragungen als selbstverständlich angesehen wurden und das akzeptierende Gruppenklima sich stabilisierte.

Nach einem Jahr sahen wir zu unserem Erstaunen, daß wir nicht nur viel über Übertragung und Gegenübertragung gelernt, sondern auch persönlich therapeutische Fortschritte gemacht hatten. Das Phänomen war deutlich, doch schwer zu verstehen. Die unbewußten Konflikte der einzelnen waren nur blitzartig beleuchtet worden und nicht, wie wir es aus der Therapie kannten, von vielen Seiten her.

Wie ließen sich die therapeutischen Erfolge des Gegenübertragungsworkshops erklären?

- Im Vordergrund stand der Wunsch, uns gegenseitig und unseren Patienten zu helfen. Wegen der *Gleichgestelltheit* innerhalb der Gruppe und der Ähnlichkeit unserer Bedürfnisse gab es weder Kritisiererei noch Besserwisserei. Wir saßen alle im selben Boot. Selbstgefühl und Ich-Stärke des einzelnen wurden unterstützt und damit auch die Fähigkeit, ein kooperatives und mitfühlendes Mitglied in der Gruppe zu sein.
- Wir nahmen uns selbst, die Kollegen und die Patienten ernst. Niemand war ein »Behandlungsobjekt«, weder die anwesenden Therapeuten noch die abwesenden Patienten. Während wir die Konflikte besprachen, die der Therapeut mit seinem Patienten hatte, behandelten wir jeweils »die Patienten in uns selbst«. So dienten uns alle, Patienten und Therapeuten, auch als Auslöser zur Heilung unserer eigenen fixierten Störungen.
- Zwar wurden Gefühle und Gedanken von uns als gleichwertig behandelt, jedoch gaben wir *zeitlich* unseren Betroffenheiten den Vorrang vor kognitiver Durcharbeitung. Dadurch wurde die theoretische Arbeit relativ konfliktfrei. Die kognitive Nachbesprechung der Fälle erweiterte unseren eigenen Horizont. (Gefühle und Intellekt sind lebendiger und schöpferischer, wenn sie einander unterstützen dürfen und sich nicht gegenseitig ausschließen. Die Balance zwischen gedanklichem und gefühlsmäßigem Erleben ist ein Element der Gesundheit.)

- Ich sprach auch als *Leiterin* meine Gefühle und Standpunkte aus. Zwar leitete ich strukturell, war jedoch wie alle anderen auf der Suche nach meinen blinden Flecken. Ich fühlte mich weder als Expertin noch gab ich vor es zu sein; denn Tatsache war auch, daß die jungen Kollegen in vielem mehr wußten als ich! Durch diese Haltung wurde existentielle Partnerschaft selbstverständlich, so daß Autoritäts- und Abhängigkeitsprobleme in neuer Weise bearbeitet werden konnten.
- Es wurde uns deutlich, warum Übertragungen und Gegenübertragungen nie ganz aufhören: Früherfahrungen hinterlassen ihre Spuren. Erforschung und Abbau von Vorurteilen und Illusionen bleiben für jeden eine lebenslange Aufgabe. Auch als Therapeuten, die immer erneut ihren eigenen Übertragungen Aufmerksamkeit schenken müssen, werden wir nie »übertragungslos« sein. Um so wichtiger ist es, sich dessen bewußt zu sein und die Arbeit an Übertragung und Gegenübertragung als alltägliche Aufgabe zu betrachten. (Dies gilt in gewissem Maß für alle Menschen, speziell im Umgang mit Kindern.)

In den folgenden Jahren leitete ich viele Gegenübertragungsworkshops, sowohl mit Studenten als auch mit erfahrenen Kollegen – nach einigen Jahren auch an Lehrinstituten. Die Lebendigkeit des Gegenübertragungsworkshops weckte in mir die Frage, ob dies Erlebnis nur durch das Thema der Gegenübertragung zustande kommen könne oder ob es möglich wäre, die methodischen Ansätze dieses Workshops auch mit anderen Themen zu verbinden. Die Beantwortung dieser Frage lag in der allmählichen Entwicklung und Erarbeitung der Themenzentrierten Interaktion (TZI – siehe Kap. 14).

Erlebnistherapeuten treffen sich. Treffpunkt: American Academy for Psychotherapists

Auf einer Eisenbahnfahrt im Jahre 1955 besprach Henry Guze, Physiologe und Psychotherapeut, mit einem Freund, Jules Barron, einem Psychotherapeuten, daß es an der Zeit sei, einen Treffpunkt für progressive Psychotherapeuten aller Schulen zu gründen. Es sei eine Notwendigkeit, neue Ideen und Experimente mit Kollegen zu besprechen. Bald darauf trafen sich mit ihnen die Kollegen

George Dolger, Albert Ellis, Rollo May und Jerry Schneck. Sie gründeten die American Academy of Psychotherapists (AAP), die diesen progressiven und integrativen Tendenzen dienen sollte.[2]

Im Frühling 1961 erhielt ich ein überraschendes Flugblatt. Die American Academy for Psychotherapists lud Therapeuten zu einem viertägigen Workshop ein. Das Thema war: »The Continued Growth of the Psychotherapist« (Das stetige Wachstum des Psychotherapeuten).

Eine unerhörte Einladung! In meinen New Yorker analytischen Kreisen sprach man nur von der Gesundung des Patienten und nicht vom Wachstum des Therapeuten. Dies war ja das implizite Thema meines Gegenübertragungsworkshops gewesen!

Die Veranstaltung übertraf sogar meine gespannten Erwartungen. Ich war zum erstenmal außerhalb meiner eigenen Workshops mit geistesverwandten Kollegen zusammen, die neue therapeutische Ideen und Erfahrungen zusammentrugen. Es waren etwa sechzig oder achtzig Teilnehmer. Sie kamen aus allen Gegenden der Vereinigten Staaten – Mediziner, Psychologen, social worker u. a.

Es gab keine Vorträge, doch viele Räume. – Es gab ein Anschlagbrett, an dem jeder, der wollte, seine Lehr- und Lernwünsche bekannt machte. – Wir hatten tage- und nächtelange Diskussionen, Feste, Tanz, Bewegungstherapien aller Art. Wir experimentierten mit »multipler« Familientherapie (mehrere Therapeuten mit einer oder mehreren Familien), mit Übungen und Spielen, und wir lasen gegenseitig unsere Manuskripte.

George Bach aus Kalifornien hielt Therapeuten in Marathongruppen sechsunddreißig Stunden hintereinander wach, war selbst unermüdlich, während er mit allen und jedem experimentierte — mit Witz, Aggression und Originalität.[3]

Albert Ellis propagierte mit prophetischer Sicherheit und pragmatischer Tüchtigkeit seine »Rational Therapy«, zu der er erst später nach vehement geführter Polemik das Wort »emotive« hinzusetzte. – Die »Rational Emotive Therapy« (RET) ist eine Therapie des praktischen Verstandes: »Was ist denn so schlimm, wenn jemand zu dir sagt, du seist ein Schwächling? Oder blöd? Oder wenn er dich nicht mag?«[4]

Fritz Perls nannte alle Therapeuten Scharlatane, inklusive sich selbst, »nur daß er es wisse und wir nicht«. Drei Jahre später war er fröhlich und optimistisch; er hatte eine Entdeckung gemacht – den »impass« (den Engpaß). Er sagte, daß er nun jede Neurose in drei bis vier Monaten heilen könne (s. Kap. 12).

Henry Guze war da, der Mann, in dessen Vorstellung die American Academy of Psychotherapists entstanden war, der Psychotherapeut, der fast nichts geschrieben hat, doch dessen Geist, Liebe, Sorgfalt und Können uns Kollegen und Freunden geblieben sind, auch jetzt noch, viele Jahre nach seinem frühen Tod. Er war Freudianer und Physiologe, Psychosomatiker und Lyriker, Philosoph und Organisationsfachmann, ein einsamer Wanderer und ein Mensch, der immer für andere Menschen da war: für seine Frau Vivian, für seine Freunde – als Helfer und als lustiger Kumpan – und für seine Patienten, die er oft bis weit nach Mitternacht betreute. – Vivian Guze, auch sie von Anfang an Mitglied der AAP, stand damals noch in ihrer psychotherapeutischen Entwicklung.[6]

Auch *Asya Kadis* kam. Auch sie starb früh: die große dynamische Mutter vieler Sicheren und Unsicheren, die mit ihrem feinen Instinkt für menschliche und berufliche Qualität alle wichtigen Neuerer, Pioniere und guten Praktiker mit den Vertretern konservativer Schulen so zusammenbrachte, daß die theoretischen Unterschiede in ihrer Gegenwart verblaßten (siehe S. 258).

Lief Braaten, ein Norweger, brachte bewegt und bewegend Selbstmordproblematik und -therapie in den Mittelpunkt.

Alexander Lowen diagnostizierte und arbeitete bioenergetisch mit uns.

Vin Rosenthal experimentierte im radikalen Hier-und-Jetzt mit neuen Spielen — bis zum späteren »Last Survivor Game« (»Wenn du und dieser Zufallspartner die letzten Überlebenden auf der Erde wäret ...«).[7]

Carl Whitaker, John Warkentin und *Richard Felder* zeigten »Experiential Therapy«.[8] Daß sie als Therapeuten einzelne Patienten oder Patientengruppen behandelten, war fast allen ebenso neu wie die Selbstverständlichkeit, mit der sie ihre Gedanken, Gefühle, Reaktionen in therapeutischen Situationen zum Ausdruck brachten.

Joen Fagan und *Irma Shepherd,* junge Psychologieprofessorinnen an der Georgia State University in Atlanta, waren dabei, den ersten psychotherapeutischen Fachbereich einer Universität zu gründen.[9]

Ich demonstrierte meine »Countertransference-Workshop-Method« (Methode der Gegenübertragungsworkshops). Meine Kollegen erlebten, daß sie ihre blinden Flecken relativ schnell in gemeinsamer Gruppenarbeit aufspüren und bearbeiten konnten. Auch so kritische und kampflustige Geister wie Albert *Ellis* und George *Bach* waren zu meinem großen Erstaunen engagiert und zustimmend.

Elizabeth Mintz aus New York führte in ihrer besonnenen und humorvollen Art ähnliche Encounter- und Marathonexperimente durch.[5]

Dann führten wir zu viert oder fünft Einzel- und Gruppenkonsultationen in psychiatrischen Krankenhäusern durch, um unsere Arbeitsmethoden gegenseitig kennenzulernen, ohne dabei durch Berufsneugier den hippokratischen Eid zu verletzen; wir bemerkten mit Freude, daß unsere Besuche sich eher konstruktiv auf die Patienten auswirkten.

Die nun jährlich stattfindenden viertägigen AAP-Workshops wurden durch ihre warme und elektrisierende Atmosphäre für viele von uns zur professionellen Heimat.

In den ersten Jahren standen die *offenen Gruppen,* die Paul *Frisch* initiiert hatte, im Zentrum. In verschiedenen Zimmern mit offenen Türen fanden sich jeweils bis zu fünfzehn Personen spontan zusammen, die dann über irgend etwas für sie persönlich oder beruflich Wichtiges sprachen. Wenn mehr als fünfzehn Personen in einem Raum waren, schlossen wir für diese Sitzung die Tür. Im übrigen aber blieben die Türen offen. So lernte fast jeder jeden im Laufe der vier Tage kennen. Der Stil der jährlichen AAP-Workshops beeinflußte auch die jährlichen AAP-Kongresse. Workshops gewannen auch dort zentrale Bedeutung und führten Menschen mit neuen Gedankengängen und Methoden zusammen. Symposien und Vorträge verliefen eher am Rande. So wurde der AAP-Kongreß zum vorbildlichen Modell der Nicht-Langeweile.[10]

In meinen ersten AAP-Workshops traf ich mit zwei Mitgliedern der Atlanta Psychiatric Clinic zusammen, die für mich die *wichtig-*

sten aller beruflichen Begegnungen wurden: *John Warkentin* und *Carl Whitaker.*

Im AAP-Workshop 1962 waren John Warkentin und ich in derselben Kleingruppe. Wir besuchten ein Veterans' Hospital und sahen dort einen jungen Patienten aus Texas, der über seine Symptome sprach. John schwieg lange, während wir anderen fragten und zu verstehen versuchten. Plötzlich, wie von weither, sagte John zu dem jungen Mann: »Ich sehe dich auf einem Mistwagen mit einer großen Mistgabel. Die Sonne scheint heiß auf das Land. Und der Mist stinkt. Du wirfst den Mist mit der schweren Mistgabel vom Wagen, eine Gabel nach der anderen, und der Schweiß läuft an dir herab, und die Hitze ist schwer erträglich – – so sehe ich dich!« Dann schwieg er wieder. Ich war perplex, wußte ich doch, daß John den Patienten noch nie gesehen hatte, sowenig wie ich. Doch der junge Mann strahlte und sagte mit Tränen in den Augen: »Ja, ich weiß schon . . .« Wir andern wußten nicht, was geschehen war. Offenbar hatte John etwas existentiell Wichtiges getroffen. Er gab keine Erklärung, sondern sagte nur, es sei ihm eingefallen, als er den jungen Mann ansah.

Ich war fasziniert. Ich fühlte, daß hier auch ein Stück meines eigenen Weges liegen könnte: mich einzulassen auf emotional-bildhaftes Entdecken meiner Reaktionen auf den Patienten.

Carl und John luden mich nach Atlanta in die Atlanta-Clinic ein. Ich war freudig erregt. Mein erstes Erlebnis: Carl Whitaker, Richard Felder und ein junger Patient saßen in einem der bequem möblierten Praxisräume. Als ich einen Augenblick später hinzukam, wurden mir klare Zeichen gegeben, daß ich sagen, schweigen und tun könne, was und wie ich es wollte. Die drei Männer schienen einander gut zu kennen, sprachen langsam, und manchmal schwiegen sie. Mir fiel ihre seltsame Nonchalance auf. Ich selbst fühlte mich fehl am Platze – nicht als dritte Person, sondern als Frau. Verlegen sah ich nach oben und entdeckte über mir ein Mobile, das aus vielen ovalen, schwarzen, fischähnlichen Plättchen und einem zentralen orangefarbenen Oval bestand. Mir ging durch den Kopf: »So many sperms and only one vagina.« (So viele Spermien und nur eine Scheide.) Ich kam von dem Gedanken nicht los. Schließlich sprach ich ihn aus, genau so, wie er mir eingefallen war.

Die Männer sahen sich an. Der Patient fragte mich aufgeregt: »Woher wissen Sie denn, daß *ich* das Mobile gemacht habe?« Ich hatte das wirklich nicht gewußt! Der Gedanke war mir eingefallen, ebenso wie John Warkentin die Mistgabelszene in Texas eingefallen war. – Diese Episode brachte die beiden Therapeuten und den Patienten in ein intensives Gespräch über ihre unterdrückten und jetzt erst bewußtwerdenden homoerotischen Gefühle. Die Nonchalance wich lebhaftem Austausch.

Ich überlegte, daß ich oft Einfälle dieser Art hatte, die ich jedoch Patienten nicht mitteilte. Dies stand im Gegensatz zu der Arbeitsform des Gegenübertragungsworkshops. Dort sprach ich viele meiner Assoziationen und Reaktionen unmittelbar aus. War dies vielleicht einer der Gründe für die mysteriösen Heilerfolge des Gegenübertragungsseminars? Daß ich viel eher wagte, mich spontan auszudrücken, im Vertrauen darauf, daß einiges davon richtig sein könnte, und es den Betroffenen überließ, sich gegen Unrichtiges zu wehren? War es in experientiellen Gruppen einfacher, unrichtige Interpretationen oder spontane Reaktionen auszusprechen, weil sie nicht so gezielt und als gültig angeboten wurden wie analytische Interpretationen, sondern als Bilder und vage Möglichkeiten? – Wir *spielten* nur mit unseren Gedanken und Einfällen. Wir hielten sie nicht für die »wirkliche Bedeutung«, sondern für auszuprobierende Hypothesen oder einfach für Anregungen.

Der Hauch von Freiheit in der Atlanta-Clinic war aufregend und belebend. Die Therapeuten fühlten sich sicher und bereichert durch ihren Austausch. Fehlaussagen und Fehlhandlungen konnten besprochen und korrigiert werden. Ich beneidete sie um die kollektive Struktur ihrer Zusammenarbeit. Ich durfte während meines achttägigen Besuchs in allen Therapiegruppen mitarbeiten und an Teamkonferenzen teilnehmen. Mir schien es, als sei ich für dieser Art der Arbeit geboren.[11]

Ich überzeugte mich von der Überlegenheit der *Erlebnistherapie:*

– Die Patienten hatten durchschnittlich ein bis acht Sitzungen im Monat. Das war ein Viertel bis ein Sechstel der in der Analyse üblichen Stundenzahl. Dabei schien die Gesamtdauer der Behandlung eher kürzer als länger zu sein. Der Wechsel von The-

rapeuten und das Einplanen von Zeitintervallen ohne Sitzungen gehörten zur Norm und begünstigten Autonomie.
- Es schien mir, daß die therapeutischen Erfolge deutlicher erkennbar waren als bei anderen Therapien.
- Die Therapeuten arbeiteten partnerschaftlich mit ihren Patienten. Es gab keinen Professionalismus. Dies entsprach meinen ethischen und politischen Überzeugungen.

Seltsam und sogar komisch fand ich es, daß ich erst durch die Erfahrung in der Atlanta Clinic auf die Idee kam, die therapeutischen Erfahrungen des Gegenübertragungsworkshops von der Lehrtätigkeit in die therapeutische Praxis zu übertragen. Mein ursprüngliches Training und die Zugehörigkeit zum analytischen Ausbildungsinstitut als Fakultätsmitglied hatten mich offenbar gehemmt.

Auf der Heimfahrt beschloß ich, mit den nächsten beiden Patienten, die mir von Kollegen als nicht geheilt überwiesen werden würden, erlebnistherapeutisch zu arbeiten. Wenn diese beiden Versuche gelängen, würde ich meine Praxis ganz auf Erlebnistherapie umstellen.

Die erste Patientin, die zu meinen Plänen zu passen schien, war mit schweren Arbeits- und Beziehungsstörungen zu ihrem Analytiker gekommen. Der Therapeut teilte mir mit, daß er mit dieser Patientin nicht weiterkomme, weil sie sich seit Jahren in einer für ihn unerträglichen Übertragung befinde, die er offenbar mit ihr nicht durcharbeiten könne.

Die Patientin kam zu mir. Ich arbeitete mit ihr erlebnistherapeutisch, und nach einem halben Jahr war sie fähig, die notwendigen Entscheidungen in ihrem Ehe- und Arbeitsleben zu treffen und sich von ihrem Analytiker und auch von mir zu lösen. Als ich sie nach Jahren zufällig wiedertraf, schien sie ihr Leben zur eigenen Zufriedenheit in die Hand genommen zu haben.

Die zweite Patientin war manisch-depressiv. Als sie nach ihrer langjährigen psychiatrischen Behandlung zu mir kam, befand sie sich gerade in einem manischen Schub (damals gab es noch keine Lithium-Therapie). So hatte sie zum Beispiel ungeheure Lebensmittelmengen für ihre kleine Familie eingekauft und den Lieferwagen eines Blumengeschäftes angehalten, um damit zur Konfirmation ihres Sohnes zur Kirche zu fahren. – Auch diese zweite erlebnistherapeutische Behandlung war kurz und führte die Patientin, sehr zu meinem Erstaunen, offenbar zu einem anhaltenden Gleichgewicht. Ich bekam von ihr noch jahrelang zufrieden klingende Weihnachtsbriefe.

Nach diesen beiden Experimenten stellte ich meine Praxis auf Erlebnistherapie um. Sie blieb die Grundlage für meine klinisch-therapeutische Praxis und die gesellschaftstherapeutischen Anfänge der Themenzentrierten Interaktion.

Das erlebnistherapeutische Modell

Ich habe den *Begriff des Experientialismus* respektive der Erlebnistherapie im deutschen Sprachgebiet eingeführt als Übersetzung des amerikanischen Begriffs »experientialism« und diesen zugleich erweitert, um andere Therapien und pädagogische Methoden mit einbeziehen zu können.

Im folgenden werde ich verschiedene Kriterien zusammenzufassen versuchen, die charakteristisch für die Erlebnistherapien sind, obgleich sie sich vielfach mit denen der humanistischen Psychotherapien überschneiden.

Diese Kriterien der Erlebnistherapien *sind*:

- Begegnung in *Partnerschaft:* existentielle Gleichheit von Behandelndem und Behandelten trotz ihrer unterschiedlichen Funktionen;
- größtmögliche *Authentizität* sich selbst gegenüber und klare Kommunikation zu andern (innerhalb und außerhalb der Therapiesituation);
- Betonung des *Hier-und-Jetzt;*
- *Holismus:* Der Mensch ist ein ganzheitliches Wesen und wird als psychosomatische Einheit gesehen;
- Situationen innerhalb und außerhalb von Therapiesitzungen werden auf ihren *Realitätsgehalt* hin besprochen; *Übungen zur Wahrnehmungsfähigkeit* und *Urteilsbildung* können eingeführt werden.

Der Experientialismus *betont*:

- das innere Erlebnis, d. h. das *Subjektive* des Menschen. Der Experientialismus glaubt nicht an die Auflösbarkeit in meßbare Daten oder beobachtbares Verhalten;

- die Förderung von *nicht-hierarchischen Wertmaßstäben* und einer ebensolchen Lebenseinstellung;
- das, was der Patient (bzw. Schüler) ist, kann und tut und nicht das, was er nicht ist, nicht kann, nicht tut – das heißt, der Therapeut wendet sich in erster Linie dem *Potential des Menschen* und erst in zweiter Linie seiner Krankheit zu;
- die nicht-determinierte Komponente des Menschen. Dies begünstigt *autonome Entscheidungen* im Sinne der Selbstverwirklichung.

Begegnung in *therapeutischer Partnerschaft* bedeutet: Der Patient kommt, damit sein Leiden gelindert oder seine Leere gefüllt oder seine Spannweite vergrößert wird. Der Therapeut sucht in der Begegnung Situationen zu erkennen oder zu schaffen, die konstruktive Entscheidungsmöglichkeiten im Sinne der Selbstverwirklichung begünstigen. Durch die persönliche Stellungnahme des Therapeuten und seine mit Takt und Timing ausgesprochenen Gefühle und Gedanken entsteht für beide, auf verschiedenen Ebenen, ein befruchtender Austausch, der nicht, wie Gegner des Experientialismus behaupten, zur Infantilisierung des Patienten führt, sondern zu seinem Wachstum. Subjektive Aussagen des Therapeuten infantilisieren oder verführen nur dann, wenn er sie autoritär oder dogmatisch gibt. Diese Eigenschaften wirken sich jedoch auch dann auf den Patienten aus, wenn der Therapeut schweigt.

Beide Menschen sind somit auf dem Weg zu ihrer Verwirklichung. Der Patient ist keine leere Schale und der Therapeut kein ewig voller Schlauch. Geben und Nehmen sind existentielle Notwendigkeiten. In einer Partnerschaft dem einen oder dem anderen eine dieser beiden Funktionen zu versagen, ist pathogen. Für Erlebnistherapeuten sind die Konzentration des Therapeuten auf den Patienten und sein ernsthafter Versuch, ihm als Partner und nicht als Wissender oder als Guru zu begegnen, unerläßliche Voraussetzung für *emotional korrigierende Erfahrungen*: Heilung geschieht durch die Tiefe neuer Erlebnisse, ganz besonders dann, wenn die Stärke früher erlebter Traumata durch die emotionale Kraft der therapeutischen Beziehung korrigiert zu werden vermag. Diese Kraft entsteht aus der Echtheit der Gefühle und ihrer Kommunikation.

Authentisch zu sein ist nicht leicht. Oft muß ich mir einen Stoß geben, um zu sagen, was in mir wirklich vorgeht, und abzuwägen, ob *dieser* Augenblick geeignet ist, dem Patienten *das* zu sagen. Es gibt Scham- und Schmerzschranken, die nicht durchbrochen werden sollen, sondern sich bei behutsamem Vorgehen auflockern und lösen können. Ich habe dem zuvor gängigen Credo der absoluten Offenheit den Begriff der *selektiven Authentizität* entgegengesetzt. Alles, was gesagt wird, soll echt sein; nicht alles, was echt ist, soll gesagt werden. Zu jeder Intervention gehören Takt und Timing, also die Antizipation möglicher Reaktionen des andern.

Keine Reaktion kann völlig vorausgesehen werden. Der Therapeut muß seine *Intuition* üben und jeweils zwischen Spontaneität und Herantasten abwägen. Je fortgeschrittener die Therapie, um so weiter die Grenzen des Sagbaren. Je größer das Vertrauen, um so geringer die Verletzlichkeit des Patienten.

Die Frage, ob Partnerschaft zwischen Patient(in) und Therapeut(in) *Sexualverkehr* mit einschließen kann, möchte ich (für alle Methoden) verneinen. Ich habe meine Ansicht in der Supervision mit Ausbildungskandidaten und durch Notrufe erfahrener Therapeuten bestätigt gefunden. Bei letzteren waren sexuelle Beziehungen immer ein bewußter Fehler, bei jüngeren oft eine Problematik der »Omnipotenzfalle« (ein von Sibilla Marelli geprägter Ausdruck), der vor allem männliche Therapeuten leicht erliegen, indem sie glauben, durch ihre Potenz und Zärtlichkeit Patientinnen heilen zu können. Dies ist eine unrealistische und darum destruktive Phantasie. Sie ignoriert, daß sich sexuelle Wünsche des Therapeuten nur befriedigen lassen, wenn er seine therapeutische Aufmerksamkeit weitgehend ausschaltet. Eine »postsexuelle« Aussprache mit der Patientin über die sexuellen Erlebnisse verlangt ein Maß an Selektivität, das kaum mehr therapeutisch sein kann. Zudem vermag die Patientin ihre Sexualität nicht frei zu entfalten, solange sie von der therapeutischen Beziehung abhängig ist und »für den Sexualverkehr bezahlen muß«. Wenn sie dagegen für solche Stunden nicht bezahlen soll, zweifelt sie an der »therapeutischen Absicht« des Therapeuten. In Fällen dagegen, wo Therapeut oder Therapeutin nicht therapeutisch handeln wollen, sondern den Patienten oder die Patientin lieben, rate ich, daß das Patienten-Therapeuten-Paar sich trennt; der (die) Patient(in) sollte zunächst einen anderen Therapeuten(in) aufsuchen und erst nach einer angemessenen Trennungszeit eine Beziehung auf privater Basis wieder aufnehmen.

Eine ähnliche Ansicht vertrete ich in bezug auf *soziale Intimität*. Der Sinn einer therapeutischen Partnerschaft definiert sich durch die Übereinkunft der therapeutischen Absicht. Eine solche Übereinkunft ist jedoch nicht tragbar in einer auf Gegenseitigkeit beruhenden intimen außertherapeutischen Freundschaft. Amerikanische Erlebnistherapeuten verfielen oft einem therapeutischen Credo, das heute auch in Europa auftaucht. Ich habe es von Anfang an abgelehnt. Dieses Credo lautet: »Wenn ich echt bin, heilt dies den Patienten.« Ein verführerischer Irrtum! Spontaneität und Offenheit brauchen die Balance sanfter Grenzen.

Ich habe mich oft gefragt, ob ich mit dieser Ansicht dogmatisch sei. Zwar spreche ich aus Erfahrung und aus Überlegung, aber dies bedeutet nicht, daß meine Überzeugung für immer und für überall Geltung haben wird.

Zur Selbstprüfung des Therapeuten

Es ist mir wichtig, hier einige Anregungen zur Selbstprüfung für Erlebnistherapeuten einzuschalten, weil ich dem häufigen Mißverstehen und Mißbrauch des Experientialismus (Erlebnistherapien) entgegensteuern möchte. Dies ist mir besonders deshalb wichtig, weil ein Konzept, das die Subjektivität des Therapeuten als wesentliches Werkzeug der Therapie ansieht, leicht mit »wilder Therapie« verwechselt werden kann. Je disziplinierter der Erlebnistherapeut seine eigenen Gefühle und Perspektiven klärt, um so sicherer kann er arbeiten und um so vertrauenswürdiger wird er für den Patienten.

Anregungen für den Therapeuten:

- Nach innen schauen, eigene Gefühle, Reaktionen, Abschweifungen, Wahrnehmungen klären. Bin ich abgeschweift? Wohin? Warum?
- Bin ich auf diesen Patienten konzentriert? Mache ich mir meine inneren Reaktionen auf ihn bewußt?
- Bestimmen Vorurteile meine Gefühle? Welche? Übertrage ich

Gefühle und Einstellungen von anderen Menschen und Situationen auf diesen Patienten?

- Wie könnte dieser Patient verstehen, was ich ihm sagen möchte? Sage ich es jetzt besser nicht? Soll ich jetzt spontan oder abwägend sein?
- Zuhören, anschauen, einsinken lassen, der Intuition Raum geben, gedankliche Verbindungen herstellen.
- Sind dies jetzt meine eigenen Gedanken, oder habe ich sie unreflektiert übernommen und plappere sie nach?
- Lasse ich mich vom Patienten verführen? Ist er jetzt echt? Bin ich jetzt echt?
- Zeit lassen: Was geht in mir wirklich vor? Was mag diesen Patienten jetzt bewegen? Wirklich Zeit lassen!
- Hemme ich mich jetzt durch mein Nachdenken, weil ich mich nicht traue, etwas zu sagen oder zu tun? Oder ist Nachdenken jetzt adäquat?
- Bin ich jemand, der seine Spontaneität überprüfen sollte, bevor er spricht, oder jemand, der sowieso zu lange wartet und deshalb lernen müßte, ein Risiko auf sich zu nehmen?
- Wie weit reichen meine diagnostischen, psychodynamischen, psychiatrischen, soziologischen Kenntnisse, um diesen Patienten behandeln zu können und ihn nicht durch Mangel an beruflichem Wissen zu gefährden? Welche Kenntnisse und zusätzlichen Erfahrungen brauche ich, um sach- und fachgerecht arbeiten zu können?
- Was kann ich tun, um zu erkennen, ob meine Intuition der Realität gerecht wird? Wie überprüfe ich dies?
- War ich heute sadistisch? Oder verführerisch, zu sehr bei mir selbst? Zu kühl, »objektiv«? Warum hatte ich das nötig? Was kann ich für mich tun, um dies nicht nötig zu haben? Was haben die Patienten mit all dem zu tun? Auf was in ihnen habe ich so reagiert? Was davon werde ich morgen sagen, und warum? Und warum vielleicht nicht?

Die Erlebnistherapie und ich

Durch die Entdeckung und Ausübung der Erlebnistherapie fand ich meine berufliche Heimat und den Anstoß zu einer tiefgreifenden Veränderung im Blick auf persönliche *Wertfragen.*

Ich war weitgehend geprägt von der Tradition der bürgerlichen Welt, die auch ohne bewußte Verankerung in spezifischen Wertsystemen weiß und lehrt, »wie man es macht« und »wie es richtig ist«. Zwar hatte ich mich schon von Kindheit an gegen vieles gewehrt; doch nun bekam ich das Geschenk einer methodischen Hilfe im Kampf gegen Unechtheit und Vorurteil und für eine persönliche Wertüberprüfung. Das »Wer bin ich, und wer bist du?« bedeutete eine existentielle Veränderung gegenüber den abstrakten Normen des »Man macht das so und nicht anders«.

Ich machte es mir zur Aufgabe, jeweils zu prüfen, ob das, was ich tue, mit mir in Einklang steht oder nicht: Ich bin verantwortlich dafür, was und wie ich etwas tue und wie ich mit andern Menschen leben will. Wir leben in *einer* Wirklichkeit, doch unsere Erlebnisse und Perspektiven unterscheiden sich voneinander. Ich muß die Andersartigkeit meiner Mitmenschen anerkennen und sie nicht in meine Normen pressen wollen. Doch ich muß meine Werte vertreten. Wir können uns gegenseitig helfen, unsere Perspektiven zu erweitern, doch nie, sie in Kongruenz zu bringen; denn der Stand-Punkt des einen Beschauers ist auch dann, wenn die realen Vorkommnisse die gleichen sind, nie derselbe wie der eines anderen. Und ebenso unterscheiden sich unsere Wahrnehmungsfähigkeit und unsere Vorerlebnisse voneinander. Daraus wird verständlich, wie wichtig klare Kommunikation und achtungsvolles Zuhören sind.

Dank diesen immer klarer und integrierter werdenden Überzeugungen änderte sich meine Beziehung zur Familie und zu Freunden; bei manchen vertiefte sie sich, von anderen löste ich mich ab, und ich fand neue Freunde.

Seitdem ich nicht nur neutrale oder partizipierende Beobachterin meiner Patienten war, sondern mich mit meiner ganzen Wirklichkeit einsetzte, fühlte ich mich in meiner Arbeit sehr viel lebendiger und erfüllter; und auch in Trauer und Schmerz haben mich Zuversicht und Freude nie mehr ganz verlassen. Das heißt nicht, daß ich nicht immer wieder in alte Bahnen abrutschte: »Sei doch bitte so, wie ich dich haben will«, oder »Ich weiß es doch besser«, »Ich kann mich selbst nicht ausstehen« usw.; doch ich habe gelernt, mein Abrutschen eher zu merken und mit den daraus entstehenden Tiefs besser umzugehen. (Eine Pariser Analytikerin sagte einmal: »Ein Patient ist geheilt, wenn seine Depressionen weniger tief, weniger lang und weniger häufig sind.«)

Ich war erlöst, daß die Erlebnistherapie auch den Körper in seiner Bewegungs- und Ausdrucksfähigkeit und den sexuellen Gefühlen anerkennt und psychosomatische Dynamik in die Therapie mit einbezieht. Es geht nun nicht mehr um den erlaubten Händedruck beim Abschied oder die unerlaubte Umarmung aus zärtlicher Freude, sondern um die prinzipielle Anerkennung des Körpers als Boten seelischen Erlebens. Der Körper gehört wirklich mir, wenn ich ihn enttabuisieren kann.

In meinen Erlebnistherapiesitzungen fixiere ich Themen weder ausschließlich auf das Hier-und-Jetzt noch auf gegenwärtige oder vergangene Lebensprobleme, noch lasse ich mich auf die gängige Ideologie von »mehr Bauch/weniger Kopf« ein. Wichtig ist mir zu beachten, was den Patienten gerade jetzt bewegt und wie ich selbst jeweils reagiere. Konzentrierte Wachheit (»Präsenz«) ist ein notwendiges Werkzeug.

Im allgemeinen überlasse ich die thematische Führung dem Patienten. Ich fühle mich jedoch frei, auch mit eigenen Interessen zu intervenieren, wenn dies für den Patienten förderlich zu sein scheint. Dazu gehört, Aufgaben und Übungen zu erfinden oder passende Geschichten zu erzählen, die den therapeutischen Prozeß begünstigen; oder meine eigenen Gefühle auszusprechen oder politische Tagesfragen bewußt zu machen usw. In seltenen Fällen und eher in fortgeschrittenen Phasen der Therapie bringe ich auch persönliche Probleme mit ein, was dann besonders wichtig für den therapeutischen Prozeß sein kann – wahrscheinlich, weil dies die Balance zwischen Nehmen und Geben herstellt; denn wo immer Menschen zum einseitigen Nehmen verurteilt sind, wird ihr Selbstwertgefühl belastet.

Psychotherapie ist u. a. die Kunst, eigene lieblose, verengende und ungerechte Ansprüche zu überwinden und sie, wenn sie von seiten anderer an uns herangetragen werden, von andern gleichermaßen abzuwehren. Zuwenig geben ist Diebstahl, zuviel geben ist Mord. Dies gilt für die klinische ebenso wie für die pädagogische und gesellschaftstherapeutische Haltung und Handlung.

Schau-Spiele als Lehr-Stücke

In einem AAP-Workshop (1962) fiel mir ein Hobbyberuf zu, an den ich nie zuvor gedacht hätte: der einer Schauspielerin.

Das Workshop-Komitee hatte für uns einen Besuch in einem Psychiatric Veterans' Hospital vorbereitet. Wir beschlossen, in Gruppen von vier bis maximal fünf Psychotherapeuten Gespräche mit einzelnen Patienten zu führen und unseren Kollegen einen Einblick in unsere verschiedenen Arbeitsweisen zu geben. In meiner Gruppe hatte nur Carl Whitaker mit *multipler Therapie* praktiziert, das heißt, mit mehreren Therapeuten gleichzeitig mit einem Patienten oder einer Gruppe gearbeitet. Wir andern wollten ausprobieren, wie denn solch ein multiples Interview überhaupt vonstatten gehen könne. Wir beschlossen, daß einer von uns am Vorbereitungsabend unseres Besuchs im Psychiatric Veterans' Hospital einen Patienten für die anderen Therapeuten spielen sollte. (Rollenspiele für professionelle Zwecke waren uns damals noch unbekannt.) Wir losten den »Patienten« aus. Das Los fiel auf mich. Meine Therapeuten waren Carl Whitaker (Erlebnistherapie), Carl Moore (Sullivanian), Vincent O'Connell (Gestalttherapie) und Albert Ellis (Rational Therapy, später RET, Rational Emotive Therapy; siehe Kap. 10, S. 272).

Ich wurde mir in Sekundenschnelle klar, in welche Geisteskrankheit ich mich wohl am besten einfühlen könnte, und entschloß mich für eine Involutionspsychose, eine Depression, die häufig in den Wechseljahren der Frau vorkommt. – Während des Spiels erfand ich die Anamnese einer Blumenhändlerin: Ihre Ehe war schlecht, der Sohn als Drogenabhängiger weggelaufen. Und nun wurde auch noch ein neuer Blumenladen in der Nachbarschaft aufgemacht! Dort verkaufte man Plastikblumen, die sie haßte. So etwas würde sie nie verkaufen. Dadurch verlor sie viele Kunden. Nur durch Plastikblumen hätte sie ihren Laden retten können. Da dies gegen ihr Wertgefühl ging, bekam sie eine tiefe Depression.

An Einzelheiten dieser Sitzung entsinne ich mich nicht mehr, wohl aber an unsere Freude über das schauspielerische Abenteuer. Wir hatten uns wie eine Jazzband erlebt, die sich gegenseitig zuspielte. Die Therapeuten waren befriedigt über ihre Arbeit, und die »Patientin« fühlte sich verstanden und unterstützt. Als wir am nächsten Tag ins Veterans' Hospital gingen, stand unsere Zusammenarbeit mit Patienten auf sicherem Boden.

Unser Enthusiasmus über das Vorbereitungsspiel war anstekkend. Als im nächsten Jahr die Teilnehmer des AAP-Workshops wieder in ein psychiatrisches Krankenhaus gehen wollten, wurde unsere Gruppe, mit etwas anderer »Rollenbesetzung«, für ein solches Vorbereitungs-Schauspiel »engagiert«. Diesmal waren meine Therapeuten Carl Whitaker, Albert Ellis, Elizabeth Mintz (Psychoanalyse), Fritz Perls. Ich wählte eine Krankheit, deren Symptomatik meiner Persönlichkeit eher fernlag; denn eine mir näherliegende pathologische Möglichkeit wollte ich nicht vor so vielen Leuten darstellen! So entschied ich mich, eine paranoide Schizophrene zu spielen: »Ich« behauptete, daß ich nicht krank sei, und verlangte von den Ärzten, mich sofort aus der Anstalt zu entlassen. Carl identifizierte sich mit mir, gab mir jedoch deutlich zu verstehen, daß ich für eine Entlassung noch nicht gesund genug sei. Elizabeth zeigte Verständnis für mich. Al versuchte, mich von meiner Irrationalität zu überzeugen. »Ich« blieb starrsinnig bei meiner Behauptung, daß ich nicht krank sei und bestand auf meiner Entlassung. Da zog Fritz plötzlich die »Anstaltsschlüssel« aus der Tasche und hielt sie mir hin: »Hier, gehen Sie, das sind die Schlüssel zur Ausgangstür!«

Die »Patientin« war erschüttert und verwirrt. Sie sah auf die Schlüssel und konnte sie nicht an sich nehmen. Sie sprang auf, schleuderte das Päckchen Zigaretten, das sie in der Hand gehalten hatte, Elizabeth ins Gesicht und rannte zum Korridor zurück.

Ich habe oft darüber nachgedacht, warum ich Elizabeth und nicht Fritz die Zigaretten ins Gesicht schleuderte. Vielleicht war der paranoiden Patientin Elizabeth' Verständnis zu nahe gekommen und darum bedrohlich gewesen. Vielleicht war sie als Frau ein ungefährlicheres Angriffsobjekt. Vielleicht – und wahrscheinlich sogar, war sie es, die mir die Zigaretten gegeben hatte. Doch es war Fritz, der mich als Patientin erschreckt und zugleich bewußter gemacht hatte. Er hatte als Gestalttherapeut reagiert. Im Vordergrund der Patientin war ihr »Ich will nach Hause, ich bin nicht krank«. Als Hintergrund (das interpretiere ich) erfaßte er wohl intuitiv, daß ihre Krankheit damit zusammenhing, daß sie kein Zuhause hatte – noch nicht –, weder in sich selbst noch in der Außenwelt. Dieser Hintergrund mag in ihr angeklungen sein, als Fritz ihn in den Vordergrund rückte. Ihre explosive Reaktion enthielt einen Funken von Realitätseinsicht: Draußen erwartete sie noch weniger Sicherheit als hinter diesen Mauern. So rannte sie nicht in die Außenwelt, sondern in den Korridor der Anstalt zurück.

Was in mir selbst bei diesen Schau-Spielen vorging, war ein vielschichtiger Prozeß. Ich spielte jeweils die Rolle einer Patientin, deren Geschichte ich im Blick auf psychiatrische Krankheitssyndrome erfand. Das Spiel war lebendig, weil ich im Geiste viele meiner Patient(inn)en vor mir sah und meine eigenen gelebten oder potentiellen Persönlichkeitsfacetten mit einflossen. Hinzu kamen die Begegnung mit den mich jeweils »behandelnden« Therapeuten sowie das Bewußtsein, interessierte Zuschauer zu haben.

So wurde ich ein paar Jahre lang auf Kongressen und gelegentlich auch in Lehrinstituten zur Patientin/Schau-Spielerin. Ich war Mitgestaltende erlebnistherapeutischer Unterrichtsstunden als Paranoide, Depressive, Soziopathin, Schizoide, Hebephrene, Epileptikerin, Hysterikerin usw. Gewiß, eine gespielte Therapiestunde ist nie das gleiche wie eine wirkliche; aber auch ein Einwegspiegel oder Videoband ersetzen nicht die Wirklichkeit. Jede Lehrform hat Vorzüge und Nachteile. Das Schau-Spiel zeichnet sich aus durch die verdichtete Darstellung von Krankheitsprozessen und Syndromen, die (wie jede gute Dichtung) eine wesentliche Perspektive der Wirklichkeit symbolisiert.

Diese kurzen, intensiven Begegnungen mit bedeutenden Therapeuten waren für mich eine einzigartige Lernerfahrung. Anders als beim Hören einer Vorlesung oder beim Lesen eines Buches erlebte ich als »Patientin« in kürzester Zeit das Wesentliche der verschiedenen Arbeitsweisen hervorragender Kollegen. Die therapeutische Wirksamkeit des Rollenspiels war ebenfalls eine neue Erfahrung für mich: Auch ich könnte mich verfolgt fühlen, mich umbringen wollen, gewissenlos stehlen und betrügen, apathisch sein, inkohärenten Wortsalat von mir geben usw. Es ist etwas anderes, ob man diese Möglichkeiten lediglich intellektuell weiß oder ob man sie in eigener Darstellung erlebt und dabei entdeckt, daß man sie durchaus auch selber in sich trägt.

Eine der Schau-Spiel-Episoden ist mir besonders deutlich im Gedächtnis geblieben. Es war in Los Angeles vor zweitausend Psychologen beim Jahreskongreß der American Psychological Association (APA), des Dachverbandes amerikanischer Psychologen. »Meine Therapeuten« im Symposium waren nacheinander *Howard Mowrer, Harold Greenwald*[12] und *Carl Rogers*[13]. Ich spielte eine schizoide Patientin nach dem Vorbild einer Frau, die ich jahrelang in Behandlung gehabt hatte, und stellte dar, wie sie auf diesen oder jenen Therapeuten reagiert haben könnte.

Harold Greenwald war ein selbstbewußter Therapeut und Amateurschauspieler. Er benützte die Technik der »paradoxen Intervention«, die den meisten Therapeuten noch neu war. Wir nannten sie in New York »paradigmatic approach«. Ich hatte diese Arbeitsweise durch Hyman Spotnitz und Marie Coleman kennengelernt und glaube, daß sie unabhängig von Jackson und Watzlawick zu dieser wichtigen Technik gekommen waren[14]. In ihr verbündet sich der Therapeut nicht mit dem gesunden, sondern mit dem kranken Anteil des Patienten und reizt ihn damit zur Opposition: »Ja, du hast recht, du wirst immer schwach bleiben, nie etwas Vernünftiges tun können«, usw. Der Patient opponiert. Damit wehrt er sich zugleich gegen seine kranke Seite: »Wie können Sie nur so etwas sagen? Ich bin doch gar nicht so schwach! Natürlich kann ich mich aus der Klemme herausholen!«

Harold Greenwald zeigte uns auch die von ihm kreierte Technik, die er »One-Upmanship« nannte und die speziell bei Soziopathen (früher Psychopathen genannt) Erfolg versprach. Der Tenor war: »Alles, was du kannst, kann ich noch besser«, zum Beispiel: »Wenn ich ein Dieb wäre wie du, würde ich mich nicht erwischen lassen.« Durch diese Technik provozierte Greenwald die gewissensgeschädigten Soziopathen so lange, bis sie zu echten Auseinandersetzungen kommen konnten – zwar kaum bis zur sozialen Gewissensbildung, wohl aber zu der rationalen Erkenntnis, daß es sicherere Wege gibt, seinen Lebensunterhalt zu verdienen, als Betrug und Einbruchdiebstahl.

An Einzelheiten von Greenwalds Therapie mit der von mir dargestellten schizoiden Patientin kann ich mich nicht mehr erinnern.

Es kommt mir vor, als habe er »mich« aus meiner hoffnungsarmen Apathie durch Ärger herauslocken wollen, was ihm für den Augenblick glückte, »mich« jedoch zugleich noch hoffnungsloser machte.

Howard Mowrer nahm mich kaum wahr, wandte sich nur dem Publikum vortragend zu und erklärte, daß psychische Krankheiten auf ungelösten ethischen Konflikten beruhten. Er schien völlig zu vergessen, daß er eine »Patientin« im Hier-und-Jetzt behandeln sollte. Ich kam dadurch in eine schwierige Lage und versuchte, möglichst unauffällig die Schau-Spiel-Situation wiederherzustellen. (Howard war gerade erst von einer schweren Krankheit genesen, und ich glaube, die Situation überwältigte ihn.)

Mein dritter Partner war Carl Rogers. Innerhalb weniger Minuten waren wir ein therapeutisches Paar. Er arbeitete nicht als akzeptierender Rückspiegel (wie es aus seiner klientenzentrierten Methode bekannt war), sondern reagierte als echter Erlebnistherapeut mit authentischer Beteiligung und Betroffenheit. Von seiner früheren Überzeugung, ausschließlich durch Empathie, Akzeptieren und Rückspiegelung wirken zu wollen, war er abgegangen. Er begegnete und arbeitete modellhaft als Partner. Die unverbrüchliche Echtheit und Offenheit seiner Reaktionen und Kommunikationen halfen mir, jene Patientin, die ich spielen wollte, wirklich zu *sein.* Wir waren nur füreinander da. Plötzlich lachten ein paar Zuschauer im Auditorium. Carl drehte sich zornig um und schrie die Leute an: »There is nothing to laugh about. This is a very serious matter. Don't disturb us!« (Hier gibt es nichts zu lachen. Das ist eine sehr ernste Sache. Stören Sie uns nicht!) Dann wandte er sich mir wieder mit totaler Konzentration zu.

Carl Rogers beeindruckte mich tief. Er arbeitete ohne Regression, ohne Interpretation, ohne Spiel, ohne Übungen, ohne Gestalttechniken. Er arbeitete mit der Fähigkeit, sich voll auf den andern zu konzentrieren, sich zugleich in sich selbst zu versenken und aus dieser Tiefe heraus den andern zu verstehen. Ich habe keinen begabteren Therapeuten kennengelernt.

Meine Zeit als Patientin/Schau-Spielerin endete, als Mitte der sechziger Jahre Therapeuten ihre eigenen Patienten auf die Bühne mitbringen konnten. Für mich war dies der richtige Zeitpunkt; die Bühne hatte mir gegeben, was sie mir zu geben vermochte: Ich hatte einen lehrreichen Einblick in die Arbeitsweise hervorragender Kollegen bekommen und war ihnen eine Partnerin gewesen, die dank ihrer langjährigen therapeutischen Erfahrung und einem speziellen Talent psychiatrische Syndrome in verdichteter Form spielen konnte. Dies gab den Therapeuten Gelegenheit, ihr Können zu vermitteln. Die als Zuschauer teilnehmenden Kongreßmitglieder identifizierten sich – je nach ihren Lernbedürfnissen – mit dem einen oder andern der Darsteller.

Ich hoffe, daß diese spezielle Form lebendigen Lernen/Lehrens in der Aus- und Weiterbildung mit anderen Darstellern und Auditorien übernommen wird. Sie kann meiner Meinung nach nicht ersetzt werden durch Podiumstherapie mit echten Patienten; denn solche »klinischen« Vorführungen müssen wegen der verletzlichen Situation, in der sich das echte Patient/Therapeut-Paar befindet, unechter sein als ein dichterisch verdichtetes Schauspiel durch geeignete Vermittler.[15]

11 Die Encounterbewegung

In den sechziger Jahren verwandelten sich Menschen nicht nur in den engen Räumen der Therapeuten. In meinem Haus blieben die Stühle in den Teenager-Zimmern leer, während auf wenigen Metern Fußboden eine schier endlose Zahl von jeansbezogenen Knien Platz fanden, über denen sich sitzende und liegende Körper mit Gitarren und Blockflöten hin und her bewegten, wobei es nicht darauf ankam, ob aus dem Radio gleichzeitig andere Musik ertönte. Es war vollkommen »in style«, »to drop out of High School and College«, auch und speziell dann, wenn nur noch ein Semester oder ein Fach vorm Abschluß des Studiums lagen. Schule war »out«, Leben war »in«. Zerrissene Jeans und ungekämmte, lange Haare stritten sich noch eine Weile mit der Welt der »Etablierten« und auch mit mir und siegten in kurzer Zeit. Ein gütiges Geschick, dem ich noch heute danke, ließ den Kelch der Drogen und Injektionsnadeln an meinem Haus vorübergehen.

Das Vokabular änderte sich nicht weniger als die Kleidung. Neue Wörter tauchten auf, und alte wurden neu gehört: Partnerschaft, Offenheit, Spontaneität, Kreativität, Emanzipation, Bewußtseinserweiterung – alles gehörte zur »scene«. »Say it, like it is, man!« (Sag, was wirklich los ist, Mensch), war das überall auftauchende Schlagwort, zunächst als politische Kampfansage der Schwarzen, dann als psychologischer Aufruf zur Wahrheit an alle.

Encounter- und alternative Gruppen schossen plötzlich aus der kalifornischen Erde und sandten ihren frühen Abenteuergeist – vom Kriegerischen befreit –, zusammen mit kalifornischer Gastfreundschaft und indianischer Naturliebe, in Richtung New York.

Ich traf mit der eigentlichen alternativen Bewegung zum erstenmal zusammen, als jugendliche Einzelne und Hippiepaare aus den Felshöhlen am Meer von Esalen schlüpften, um sich von uns, einer Perls-Gestaltgruppe, am Silvesterabend zur Sektfeier einladen zu lassen. Sie erzählten uns, daß man im Hier-und-Jetzt leben und lieben kann, ohne sich Sorgen um Geld und Ausbildung zu machen. Sie schossen Eichhörnchen, fingen Fische, lebten in Paaren oder familienartigen Gruppierungen und lasen westliche und östliche philosophische Bücher. Sie waren »grooving« (beseligt), sie waren ins Leben verliebt, in sich selbst, in die andern, ins Hier-und-Jetzt.

Die Wuschelköpfe der jungen Männer, die sorgfältig gekämmten langen Haare der jungen Frauen und ihre auf dem Fußboden sich selbst überlassenen fröhlichen Babys belebten und begeisterten unsere Neujahrsstimmung. Wurde hier eine neue, einfache, nicht-entfremdete Zeit eingeläutet?

Bald blühten auch in New York partnerschaftliche, offene, spontane Gruppen: Jugendliche mieteten (damals noch billige) »lofts« (leerstehende, große alte Fabrikräume), benutzten sie als »pads« (Bedeutung: Schlafplatz) und verließen, oft ohne eine Adresse zu hinterlassen, ihr Elternhaus. Es waren Schwarze und Weiße, Jungen und Mädchen.

All dies geschah im zeitgeschichtlichen Rahmen der Bürgerrechtsbewegung, des Aufbruchs der Schwarzen und der Frauen im Kampf um ihre Gleichberechtigung und des beängstigenden und faszinierenden »Uni-Sex« in Jeansuniform, einer Sex- und Liebesbewegung des Hier-und-Jetzt. Parallel dazu die wachsende Massenauflehnung gegen den Krieg in Vietnam. »Make love not war«, »If there was a war and nobody came« kamen als Slogans, die jetzt von der europäischen Friedensbewegung übernommen werden, auf. Ansteckknöpfe und Posters schmückten die Wände und Mäntel Jugendlicher und Erwachsener, auch meine. Ich war glücklich, daß ein humaner Wind durch die Straßen wehte, der eine Prise sozialen Empfindens mit sich führte und der das amerikanisch-traditionelle, oft autistisch interpretierte »Take care of yourself« anfing wegzublasen. In diesen Jahren wurde ein großer Schritt gewagt, weg vom lange begangenen Weg der Gefühlskälte und der Unterwerfung unter materielle Werte.

Etwas steckte mich an. Es war ein Gefühl, das ich in Esalen erlebt hatte und das nun auch in New York spürbar wurde: das Gefühl, von Wellen getragen zu werden und zugleich selbständig schwimmen zu können. Dies sagte ich zu Virginia Satir, als ich in der Menschenmenge eines Kongresses auf sie zuging, obwohl ich sie nur flüchtig kannte. Wie selbstverständlich antwortete sie mir, während wir zusammen weitergingen: »Wir sind beide im Tao, es gibt Zeiten, in denen ich das weiß. Das, was von außen auf mich zukommt, und das, was ich tun will, fließen dann einfach zusammen. Das Leben führt uns, und wir führen das Leben. Wenn ich im Tao bin, sind Gefühle und Gedanken im Einklang.«

Blumen gegen Gewalt, lange ungekämmte Haare für Jungen, noch längere für Mädchen; Gitarre, Rock-and-Roll, Massenbegeisterung beim Woodstock-Festival, Schwarz und Weiß zusammen, Sex zusammen – unromantisch, doch oft zärtlich und liebevoll –, fröhlich, unbekümmert, »we shall overcome«, Menschsein, frei von Reglementierungen und dem, was üblich ist oder erwartet wird. Menschen aller Art annehmen, wie sie sind, oder einfach weggehen, wenn es nicht klappt; materiellen Luxus abschütteln, Kastenwesen und tägliche Routine auch. Reisen ins Unbekannte: per Anhalter oder per Drogen. Die meisten blieben bei »Pot« (Marihuana); manche gingen in harten Drogen unter.

All dies stand für das Nein gegen die Entfremdung vom Leben und für das Ja zum Menschsein – mit Sinn, Sinnen und Sinnlichkeit. Diese Kinder haben ihre Spuren in unserer Kultur hinterlassen. Positiv: Ablehnung der Klassifizierung nach Status, Mode, Alter, Geld, Klasse in der Bewertung des Menschen als Mensch; negativ: ein Überspielen von ökonomischen und politischen Fragen der Produktion und Verteilung lebenswichtiger Güter, eine Gleichgültigkeit gegenüber Organisation, Planung, Vergangenheit und Zukunft. Diese Jugendlichen, privilegierte und unterprivilegierte, waren jedoch ein Ferment, das kulturelle Leere aufdeckte und als unwandelbar Angesehenes in Frage stellte.

Ein Beispiel für viele aus meinen Begegnungen mit dieser Jugend, mit der ich mich im Einklang fühlte: Ich hatte Ted, einen sechzehnjährigen schwarzen Jugendlichen, und seinen elfjährigen Bruder Nick unter Gitarre spielenden, singenden Hippies im Park kennengelernt und sie eingeladen, im Auto mit mir mitzukommen.

Aus: »*Hippies im Central Park*«[1]:

Ted strahlte Freude aus. Über was? Oh, über alles: die Fahrt, den Fluß, die Neonlichter, die Autos, das große Funkeln des Riesenrads auf der andern Seite des Hudson River; über Bücher, die er gerade gelesen hatte und von denen er mir erzählte: Hesses *Siddhartha,* Neills *Summerhill* und Lao Tse.

Sein Leben hat zwei Abschnitte. Sie heißen »Vorher« und »Nachher«. Vorher: die Zeit, als sein Haar kurzgeschnitten war, und nachher: die Zeit, als er es wachsen ließ. »Ich lese sehr viel jetzt, immerzu!« sagte er. »Ich war ein dropout, ich bin einfach von der Schule weggelaufen vor anderthalb Jahren. Meine Lehrerin befahl mir, mein Haar kurz zu schneiden. That was it. Die Schule war sowieso gräßlich. Immer schrie die Lehrerin uns an für nichts, und ich konnte nicht lesen. Ich saß herum und tat überhaupt nichts mehr. Und als sie das sagte damals, na ja, du weißt schon, das mit dem Haar, daß ich das abschneiden solle – that was it. Da war Schluß. Basta. Weg von der Misere. Ich lief zu Fuß und manchmal per Anhalter bis nach San Francisco. There I made the scene. Alles, ja alles: die ganze Routine, die Drogen, die Gitarre, das LSD, Speed und Hasch . . .« (Ich: »Und jetzt?«) »You better get it: das mache ich nicht mehr. Nix da. Deswegen bin ich ja eigentlich high, immer. I'm grooving – sagenhaft, die ganze Zeit. Nur so: high vom Leben, ohne Drugs. Früher wollte ich jeden umbringen, der mir im Weg stand – meine Lehrerin, die ging mir immerzu durch den Kopf –, aber jetzt nicht mehr, nix. Ich mag Leute, alle Leute, wirklich alle; die wissen einfach noch nicht, wie es ist – das wahre Leben. Ich hab's vorher ja auch nicht gewußt, ehe ich meine Haare wachsen ließ. Meine Mutter weiß das noch immer nicht. Sie fixt. Nick ist auch bei ihr und meine zwei kleinen Schwestern. Ich nehme jetzt Nick mit. Der ist alt genug, der kann mitgehen – okay, Nick?«
Nick nickt zustimmend. Er sagt fast nichts. Er hat ein zarttrauriges Kindergesicht, etwas hellere Haut als Ted und sanftere Locken. »Nick ist mein Bruder, verstehst du? Ich kam nur für ein paar Tage nach Hause, um ihn abzuholen. Ich konnte auch nicht in San Francisco bleiben; they picked me up – sie holten mich weg von der Straße und steckten mich in den Knast. Weißt du, wegen der langen Haare!« (Ich sah ihn fragend an, über mein Steuerrad hinweg im Vorderspiegel.) »Nein, wirklich – ich hab wirklich nichts weiter getan. Ich saß ganz still auf einer Haustreppe und

meditierte. Ich hab das nämlich bei einem Guru gelernt, einem richtigen Guru. Der hat mir das Meditieren beigebracht. Darum bin ich auch nicht mehr wütend auf die Leute. Die tun mir nur leid, weil sie das Leben nicht verstehen so wie wir. Na ja, und der Bulle, der glaubte mir nicht, daß ich nur so auf der Treppe saß zum Meditieren. Und weil ich kein Zimmer hatte. Sie sperrten mich ein und suchten mich ab nach Drogen. Aber ich hatte keine, natürlich nicht ... Und die Gefängniswärter sagten, ich müsse mein Haar abschneiden. Und ich sagte nein. Also sperrten sie mich in eine Einzelzelle und sagten, wenn ich mein Haar abschneiden würde, dann dürfte ich mit den andern Jungs sein. Aber ich wollte sie nicht abschneiden. Ein anderer Junge schnitt sein Haar ab nach ein paar Tagen, aber ich sagte nein.

Nach fünf Tagen entließen sie mich doch und sagten, ich muß nach New York zurück. Und nun hole ich Nick ab. Nick, du weißt, das ist mein kleiner Bruder. Der läßt sich sein Haar auch wachsen. Ich nehme ihn zu den Music Camps mit. Nächste Woche gehe ich nach Texas – da gibt's viele kleine Kinder so wie ihn, und die lernen Musik machen; und jemand paßt schon immer auf sie auf. Und die sind auch nicht frech und stören Leute. Die lernen lesen, genau wie ich.«

»Wovon lebst du, Ted, die ganze Zeit?«

»Oh, ich kann immer irgendwo was verdienen mit kleinen Jobs, oder hier und da gibt es Leute, die geben mir was. Das ist gar nicht schwer. Ich brauch ja nicht viel. Nur was zum Essen. Das Afro-Shirt hier hat mir ein Mann gegeben, und Bücher krieg ich auch immer so. Aber bald kauf' ich mir einen Lastwagen, und dann fahr' ich Kids von Camp zu Camp.«

Auch die psychologischen Berufsvereinigungen blieben nicht unberührt vom Aufbruch der Jugend. Aus meinen Notizen nach dem Kongreß der American Humanist Psychologists (AHP), 1969:

»Vor zwei Jahren waren auf dem Kongreß Damen und Herren in eleganten grauen Anzügen, allenthalben Verbeugungen und höfliches Lächeln. Diesmal: Der Westwind hat das alles weggepustet. Ein Woodstock-Festival auf Parkett. Alle Stühle entfernt. Wir hocken auf dem Boden. Wichtigste Besprechungen auf Treppen und im Swimming-Pool. Wie im Central Park: Tanz, Plaudern, Küssen, Lachen, Singen, Bärte und Holzperlen; Miniröcke, Afrohemden, ausgefranste Jeans. – Vorträge werden mehr und mehr von Fragen und Diskussionen unterbrochen.«

Diese Auflockerung beeinflußte die nachfolgenden Kongresse der konservativen American Psychological Association (APA) und andere Organisationen und hat Wellen bis nach Europa geschlagen.

Schon viele Jahre zuvor hatten *Daniel Malamud* und *Samuel Machover* ein Buch über Encounterspiele veröffentlicht.[2] Diese Spiele waren erdacht, um Wahrnehmung, Begegnung und klares Denken zu üben. Manche Spiele wandten sich mehr körperlichen, andere mehr Gefühls- und Denkbereichen zu. Diese und andere Spiele wurden jetzt in Encountergruppen populär. Sie kamen zu Hunderten auf den Markt und entstanden auch spontan aus dem erfinderischen Geist des Augenblicks. Solche Spiele verbreiteten sich in magischer Schnelle von Praxisraum zu Praxisraum, von Straße zu Straße, von Stadt zu Stadt. Sie tauchten in Hippielofts, Familien, Kommunen, bei gesellschaftlichen Anlässen und vor allem in den Encountergruppen auf. Dort waren sie meist weniger gezielt, und ich bin bis heute nicht sicher, ob ihre unprofessionelle Anwendung mehr Schaden oder mehr Nutzen gebracht hat. Ich neige dazu, zu denken, daß sie vielen Menschen halfen, sich aus ihrer Einsamkeit hervorzuwagen, auch wenn die Art, wie dies geschah, keineswegs immer meinen Wünschen entsprach.

Bei meinen Versuchen, mich mit der Laien-Encounterbewegung bekannt zu machen, betrat ich einmal für fünf Dollar ein »Encountertheater« in New York. Dort gab es viele »Encounterführer«, die Fremden und Freunden nonverbale Übungen und verbale Kommunikationsspiele in Gruppen anboten. Begegnungen in Anonymität, oft mit spontaner »instant intimacy«. Umarmen, küssen, streicheln, Sexualität in schmetterlingshafter Unverbindlichkeit. Die »lonely crowd« suchte Wege aus der Einsamkeit – immerhin noch akzeptabler als sexuelle Annäherungen in der sardinendosengleich vollgestopften Subway während der Rushhour.

Der vielfach beklagte »Psychoboom« richtete sicherlich viel Schaden an; aber ich glaube, er war geringfügiger als manche Lobotomie, als die Isolierung psychisch Kranker und andere gesellschaftlich erlaubten »therapeutischen Experimente«. Ich plädiere eher dafür, vielen Menschen grundlegende Erfahrungen und Kenntnisse in der Anwendung von Laien-Encountergruppen und -spielen zu vermitteln; nur dann werden diese ihre Aufgabe, Kommunikation, Gemeinschaft und Freundschaften zu fördern, erfüllen. Es ist nach meiner Erfahrung durchaus möglich, Encountergruppen so zu führen, daß die Gefahr einer Schädigung durch unangebrachte Interpretationen und unvorsichtiges Forcieren von Offenheit vermieden wird. Ich bin überzeugt, daß starres, unkommunikatives oder explosives, nichtverstehendes Familienleben oft pathogener ist als Encountergruppen, selbst wenn sie nicht den besten Maßstäben genügen. Carl Rogers erklärte schon damals, seine größte Hoffnung für diese Welt liege in der Encounterbewegung. Ich glaube, daß er seine Meinung nicht geändert hat.

Im erweiterten Sinn stimme ich Carl Rogers zu. Die Encounterbewegung, weitgehend von Laien getragen, doch stark von persönlichen Einflüssen humanistischer Psychologen mitgeprägt, hat vielen Menschen erstmals die Möglichkeit aufgezeigt, die eigenen Fähigkeiten zu entdecken, neue zwischenmenschliche Beziehungsformen zu suchen und durch diese Selbstfindung auch kulturelle und wirtschaftliche Traditionen in Frage zu stellen. – Müssen wir uns Moden in Kleidung und Haarschnitt unterwerfen? Wem ist denn eigentlich damit gedient? – Sind Frauen wirklich nur als Ehe- und Hausfrauen und Mütter am rechten Platz? Brauchen sie überall sonst Abhängigkeit, Bevormundung und Verweigerungen? – Soll man Kinder »nur sehen und nicht hören«, und muß für sie vorbestimmt werden, was sie alle zur gleichen Zeit lernen sollen? – Muß der Arbeitstag der Erwachsenen im Rhythmus von frustrierender Arbeit und entfremdeter Freizeit gelebt werden? – Gibt es außer Ehe- und Familiengemeinschaften Möglichkeiten befriedigenden Zusammenlebens? – Wieviel Arbeit und welche Arbeitsverteilung machen Menschen frei zur Lebens- und Gemeinschaftserfüllung? Welche Scheuklappen müssen wir ablegen, um frei wahrnehmen, fühlen und denken zu lernen?

Ich glaube, daß die Encounterbewegung durch »spirituelle Osmose«, durch Begegnungen von psychologisch geschulten mit psychologisch aufgeweckten Laien, durch die synchron erlebten Schritte zur Befreiung des Geistes einen wesentlichen Beitrag geleistet hat und leistet zur möglichen Therapie der offenbar erkrankten Menschheit des 20. Jahrhunderts.

12 Gestalttherapie: Meine Begegnungen mit Fritz Perls

Im Jahr 1946 fiel mir in New York ein Sonderdruck in die Hände. Titel: *Here and Now*, Autor: Frederick Perls.

In den Bankstreet Schools der Lehrerausbildung 1941/42 (siehe S. 225 f. u. S. 325 f.) hatte ich als Assistant Teacher den Kindern in der Nursery-School Geschichten aus Lucy Sprague-Mitchells *The Here and Now Storybook*[1] vorgelesen: Geschichten aus dem Hier-und-Jetzt des New Yorker Alltags. Dieser Alltag tauchte nun im Klassenzimmer auf als Erinnerung oder als Vorstellung im Hier-und-Jetzt der Kinder. Ihre eigenen Erfahrungen machten sie zu Mitautoren der Geschichten, die sie hörten.

Hier-und-Jetzt im Klassenzimmer – Hier-und-Jetzt in der psychoanalytischen Praxis?

Ich weiß nicht mehr, was in Perls' Sonderdruck stand. Ich weiß nur, daß er mich begeisterte. War es das Hier-und-Jetzt der Wahrnehmung? Der Begegnung? Der Heilung durch die Gegenwart? Wer war dieser Frederick Perls? Jemand sagte, er sei in Südafrika. Doch dann fand ich heraus, daß er nach New York umgezogen war – vor ganz kurzer Zeit. Und er wohnte gerade um die Ecke von meiner Praxis. Ich rief an. Ich sagte, ich wolle mit ihm über seine Schrift sprechen, über das Hier-und-Jetzt in der Praxis. Er sagte: »Come over.« (Wir sprachen nur englisch miteinander, *immer,* wie fast alle deutsch-jüdischen Flüchtlinge.) Perls öffnete selbst die Tür. Ich wiederholte mein Anliegen. Er sagte: »Legen Sie sich auf die Couch.« Ich tat es, doch ich sprang nach einem Augenblick der Unterwürfigkeit wieder auf: »Nein, ich will keine Psychoanalyse. Ich möchte mit Ihnen über den Begriff des Hier-und-Jetzt sprechen.«

Frederick Perls stand auf und ging wortlos aus dem Zimmer. Ich wartete, denn ich glaubte, daß er sofort wiederkommen würde. Als er nach über einer halben Stunde nicht zurückgekommen war, verließ ich die Wohnung. Ich war verwirrt. (Später erfuhr ich, daß Perls selten diskutierte, nie argumentierte, nie zu überzeugen versuchte und oft aus dem Zimmer ging. Er sagte, was er sagen wollte, und so ließ er es stehen.)

Nach diesem »Anfang« sah ich Perls über fünfzehn Jahre nicht mehr. Dann hieß er Fritz. Ich traf ihn zuerst in den jährlichen AAP-Workshops wieder: 1962. Er zeigte uns im Rahmen unserer gegenseitigen Demonstrationen »Hier-und-Jetzt-Spiele«: »Sag deinem Partner, was dir hier-und-jetzt bewußt ist, was du wahrnimmst.« Eine Zufallsbegegnung mit einem mir fremden Kollegen wurde innerhalb weniger Minuten zur spannenden Beziehung. Fritz unterbrach uns, wenn wir der Gegenwart auswichen: »Was erlebt ihr hier-und-jetzt? Nehmt wahr, was *ist,* keine Generalprobe für die Zukunft! Ich phantasiere *jetzt,* ich sehe *jetzt,* ich fühle *jetzt* ...«

Dieses Hier-und-Jetzt-Spiel war etwas radikal Neues, nicht vergleichbar mit dem üblichen Wortgebrauch, z. B., daß ich »jetzt« hier wohne. Hier-und-Jetzt wurde zum kleinstmöglichen Raum/Zeit-Punkt des Erlebens einer Innen/Außenschau, die durch die Einengung der Wahrnehmung auf einen jeweiligen Augenblick diesen Lebensausschnitt maximal intensivierte. Der Hier/Jetzt-Schnittpunkt zwischen Vergangenheit und Zukunft ist der einzige Augenblick im Leben, in dem ich handeln kann.

Wir brauchten viel Konzentration und Übung, um unsere konventionellen Anti-Wahrnehmungsbrillen abzunehmen. Die scheinbar einfachen Fragen: »Was fühlst du jetzt?« und »Was siehst du im Augenblick?« verlangten eine Konzentration auf unsere Sinne, die wir abzuschirmen gelernt hatten.

Fritz' Arbeit erlebte ich als genial. Er selbst jedoch war deprimiert, unwirsch, ablehnend allen Therapien gegenüber – auch der eigenen. Er sagte, daß er nur noch eines wolle in seinem Leben: auf Reisen gehen nach Indien oder nach Israel, um eine geeignete Grabstätte für sich zu finden. Wir, einige Freunde, versuchten vergeblich, ihn aus seiner verbitterten Resignation herauszuholen.

1964: Wir trafen Fritz in Chicago auf einem Kongreß. Er erzählte, daß er sehr krank und dem Tod nahe gewesen war. Eine Frau, Ida Rolf, hatte ihm durch physiotherapeutische Arbeit sehr geholfen und ihm ermöglicht, seine Lebensenergie wiederzufinden. Sie hatte eine Methode gefunden, mit der sie ihrem schwerkranken, als unheilbar angesehenen Sohn das Leben gerettet hatte. Ihre

Technik war eine sehr schmerzhafte, doch wirksame Sehnenscheidenmassage. (»Rolfing« wurde durch Fritz bekannt.)

Nun strahlte Fritz Weisheit, Lebensmut, Zärtlichkeit aus. Er war ein Verwandelter. Einmal sagte er zu mir: »Heute weiß ich, was los ist mit der Psychotherapie: Wir müssen den Patienten durch den ›impass‹ führen, durch den Engpaß.[2] Ich kann das jetzt mit jedem Neurotiker – ich kann ihn in drei bis vier Monaten heilen! Die Leute haben immer gesagt, ich sei ein Genie. Ich habe das nie geglaubt. Jetzt weiß ich, sie haben recht: Ich bin ein Genie.«

Fritz war begierig, uns seine Arbeit erfahren zu lassen. Wir – Renée Nell, Vivian Guze, Natalie Mann, Elizabeth Mintz[3] und ich – luden ihn nach New York City ein. Wir stellten eine Gruppe von erfahrenen Therapeuten zusammen, die im Laufe von zwei Jahren in mehreren Wochen-Workshops mit Fritz arbeiteten. Nur wenige Teilnehmer schieden aus und wurden durch andere ersetzt.

Diese Arbeitsgruppen vermittelten tiefe Erlebnisse. »I am available« (ich bin bereit) war Fritz' übliche Aufforderung. Einer von uns setzte sich ihm gegenüber: »Sieh zu, ob der Stuhl zu nahe oder zu weit entfernt ist für dich, und rück' ihn zurecht.«

Der Patient sagte, was er besprechen wollte. Oder er sagte, was er gerade wahrnahm. Oder er erzählte einen Traum. Fritz hörte zu und sah den Sprechenden an. Er stellte sich speziell auf die Aussagen, Gesten und Mimik ein, die nicht zueinander paßten: ein Lächeln, das Schmerz oder Aggression verdeckte; eine Bewegung, die Flucht verriet, während die Aussage von Zuneigung sprach; ein Traum, der dort abbrach, wo die Lösung hätte kommen können.

Manchmal verstärkte Fritz Unstimmigkeiten, um sie bewußt zu machen. Manchmal forderte er auf, einen Traum zu Ende zu träumen; oft bat er, verschiedene gegeneinander arbeitende Strebungen voneinander zu trennen und sie einzeln zur Darstellung zu bringen. Solche Ambivalenzkonflikte konnten durch die Hände gespielt werden, zum Beispiel linke Hand: Ich *will nicht* mit meinem Mann sprechen, weil . . ., und rechte Hand: Ich *will* mit ihm sprechen, weil . . . Oder die zwei verschiedenen Strebungen konnten als zwei Stimmen auf Stühle gesetzt werden: Eine Stimme war dann die des Patienten von heute oder damals (als Kind), die andere gehörte zu einer anderen Person, z. B. Vater/Mutter oder auch zu einer inneren, noch nicht personifizierbaren Seite des Patienten. Oft teilte Fritz streitende, innere Stimmen in die des »Underdog« und die des »Topdog« (Sollhund) ein. Dann sagte der Sollhund, was sein *sollte,* und unterlag dabei immer dem »Underdog«, dessen (zuvor unbewußte) Aussage in der einen oder anderen Form war: »Ich bin so schwach, daß ich dir nicht gehorchen kann.«

Der Topdog/Underdog-Begriff von Perls zeigt, wie der scheinbar schwächere und unterlegene Underdog den Topdog meistens besiegt. Auch hier geschieht dieser Sieg jedoch nicht durch ein reifes, eigenständiges Gewissen, sondern durch Waffen – hier des Schwächeren –, die er als Reaktion auf den Stärkeren hin entwikkelt. Der Underdog identifiziert sich mit dem Aggressor, der mit dem vermeintlichen Recht des Stärkeren angreift; und so geschieht – wie bei den meisten Revolutionen – eine Verkehrung der Herrscherklassen von oben nach unten und von unten nach oben: Der Underdog gewinnt und macht sich zum Topdog.

Was geschah, war die Trennung von inneren Strebungen, die zuvor ineinander verfilzt gewesen waren und den Lebensstrom zurückgehalten hatten. Mit der Klärung beider Seiten wurde der Konflikt bewußt und damit lösbar. Oft, wenn der Patient sein Gefühl nicht ganz zulassen konnte (wollte!), forderte ihn Fritz auf, sich diesem Gefühl ganz hinzugeben: »Sei angstvoll«, »Sei wütend«, »Laß dich sterben, stirb«. – Sich in die eigenen Gefühle einzulassen, bedeutet nicht, daß sie ausagiert werden sollen oder müssen. Das volle Zulassen von Phantasien und/oder Gefühl befreit die Energie für den nächsten Schritt.

Fritz ermutigte uns, schwierige Gefühle ganz zu durchleben: »Was hast du dagegen, schwach zu sein? Dich anzustrengen? Aufzufallen?« Es galt nicht: »*Werde*, der du bist«, sondern »*Sei*, der du bist«. (Das *Werden* geschieht von selbst, wenn ich *bin,* wie ich bin.)

Die meisten Darstellungen von Konflikten führten zur Aufteilung in deren Elemente. Der Patient konnte z. B. in seiner Phantasie zum eigenen Vater werden und zugleich dessen Sohn bleiben – so wie er die beiden in ihrer Beziehung zueinander in sich erlebt hatte. Er konnte dreijährig, siebenjährig, fünfzigjährig sein und jede dieser Altersstufen als Hier-und-Jetzt erleben. Nie war die

Zeitlosigkeit des Unbewußten mir so deutlich geworden wie in diesen dramatischen Szenen. Das Hier-und-Jetzt in Raum und Zeit verwandelte sich durch das Erleben unerledigter Konflikte und ihrer Lösung ins ursprüngliche Elternhaus, in die jetzige Familie oder in andere Szenen mit Freunden oder Peinigern.

Manchmal spielte Fritz als Therapeut die Rolle des Widerstands – als ein Übertreibender des Vernachlässigten oder Verdrängten, des Verhärteten, des Undurchsichtigen; oder als Nachäffer des Unechten oder Überflüssigen. Und oft übernahm er die Rolle des Unterstützenden – als streichelnde Hand oder durch eine lange Umarmung, speziell wenn ein Suchender die ersten Schritte zu neuen Lebensformen wagte. – Die Gruppenteilnehmer, die nicht »dran« waren, also nicht »auf dem heißen Stuhl« saßen, waren Zuschauer. Manchmal wurden sie von Fritz aufgefordert, die soeben vom Patienten gewonnene Einsicht durch ihre Reaktionen zu verstärken.

Doch mir war schleierhaft, wie Fritz mit fast mathematischer Präzision zu den offenbar lebenswichtigen »unerledigten Geschäften« beziehungsweise »dem« unerledigten, wichtigsten Geschäft des Patienten vordrang. Wie führte er zu *dem* Engpaß, der den Weg zu einer wesentlichen Quelle der Lebensmöglichkeiten blokkiert hatte? Wie kam es, daß die Teilnehmer dieser ersten Monate glaubten – und ich habe dies nun seit mehr als fünfzehn Jahren bestätigt gefunden –, daß dieser Engpaß den Durchgang zum »Sein, die ich bin« und »Werden, die ich werden könnte/wollte/sollte« öffnete?

In den Gruppen konnten wir damals nicht mit Fritz über seine Konzepte sprechen. Theoretische Gespräche brach er ab, oder er verließ einfach das Zimmer. Ebenso verhinderte er jede Interaktion in der Gruppe, die nicht seinen eigenen Direktiven, nämlich Reaktionen auf den jeweiligen Patienten zu geben, entsprach.

Ich war leidenschaftlich motiviert, die Wünschelrute zu finden, mit der Fritz den Zugang zum wesentlichen Trauma und den verdeckten Lebensquellen des jeweiligen Patienten fand. Ich studierte in jedem Workshop, welche Mimik, Laute, Gesten und Aussagen er aus der unbegrenzten Anzahl möglicher Wahrnehmungen, die ein Gegenüber anbietet, aussuchte.

Fritz' Wahrnehmungsfähigkeit war einzigartig. Er erspürte die jeweilige Wichtigkeit eines physiognomischen Ausdrucks oder einer minimalen Bewegung, verbaler oder nonverbaler Zeichen seiner Patienten mit einer geschulten Intuition, die wie Hexerei anmutete. Ich wußte, daß diese »Hexerei« eine Kombination von Genialität, sauberen Konzepten, geschulter Intuition, lebenslangem Fleiß und ungeheurer Erfahrung war. Die Unruhe, dem Rätsel des Engpasses auf die Spur zu kommen, wurde mir immer wichtiger, um so mehr, da ich nach einigen Workshops bemerkte, daß Fritz diese spezielle Engpaßarbeit immer seltener anwandte. Als ich ihn einmal fragte, warum er nicht mehr so konstant und gezielt mit dem »impass« arbeite, den er ja selbst als die wesentlichste Entdeckung seines Lebens angesehen hatte, antwortete er unwirsch: »Soll ich deinetwegen immer das gleiche tun?«

Ich glaube, daß Fritz keine Antwort hatte. Nach Jahren der Resignation in bezug auf jede Art der Therapie muß seine Freude über die erfolgreiche Engpaßentdeckung mit der Überzeugung »Ich kann es, ich habe das Wesen der Therapie gefunden« die Effektivität seiner Arbeit noch gesteigert haben. Zudem fiel dies mit unserer wachsenden Überzeugung zusammen, daß es so war.

Noch heute halte ich die Erkenntnis des Engpasses für einen besonderen technischen Fortschritt in der Geschichte der Therapie: *Nur in der Leere kann »organismischer Wandel« geschehen.* Wenn wir uns einen inneren Konflikt nach beiden (respektive allen) Seiten bis zum Letztmöglichen bewußt gemacht haben, scheinen sich die nun aus ihrer Fixierung befreiten Energien liebevoll zu unserer Verfügung zu stellen. Schöpferische Lösungen geschehen dann wie von selbst; sie »fallen ein«. Dieser Vorgang kann als Friede, als Inspiration, als Gnade erlebt werden. Es ist dasselbe Phänomen, das ich im Gegenübertragungsworkshop entdeckt hatte, ohne mir jedoch über die weitreichenden Implikationen für die psychotherapeutische Praxis klarzuwerden.

Ich glaube, daß ein(e) Therapeut(in) im gestalttherapeutischen Prozeß nur dann zum Engpaß hinführen kann, wenn er/sie in sich zentriert und auf den Patienten konzentriert ist sowie über gute diagnostische und psychodynamische Kenntnisse und intuitive Fähigkeiten verfügt. Weder rein denkerische Leistungen noch rein emotionale Zuwendung genügen. Jemand auf dessen wippenden Fuß aufmerksam zu machen, nur weil man ihn sieht, ohne den

Kontext, in dem gewippt wird, zu erspüren, hat mit Gestalttherapie und einem Wegweiser zu unerledigten, fixierenden Aufgaben wirklich nichts zu tun.

Ein therapeutisches »Impass«-Erlebnis mit Fritz

In einer der ersten Wochen-Workshops arbeitete Fritz mit mir. Meine Erinnerung daran ist bruchstückhaft. Doch diese Bruchstücke zeigen Wesentliches im Blick auf das Erleben des Engpasses.

Meine schnelle, leise, manchmal über alles hinweghuschende Sprache fiel Fritz auf. Ich sagte, daß ich mich immer dann so getrieben fühlte, wenn ich fürchtete, andere zu langweilen. Es gehe mir auch so bei meinen öffentlichen Vorträgen, wo ich mich meist an *ein* interessiert schauendes Gesicht anklammern müsse, weil ich Angst hätte, sonst lauter gelangweilte Leute zu sehen.

Ich besinne mich nicht auf Fritz' Interventionen und den größten Teil des Inhalts dieser Gruppenstunde, nur daran, daß ich am Ende einen »Rundgang« in der Gruppe machen sollte mit den Worten: »Listen to me ...« (Hör mir mal zu!). Ich sollte dann noch irgend etwas hinzufügen, was meiner Beziehung zum jeweiligen Teilnehmer entsprach, und seine Antwort abwarten. Das tat ich. Bei den ersten Teilnehmern sagte ich etwa: »Listen to me ... yet I really have nothing to say« ... (doch ich weiß gar nicht, was ich dir sagen könnte). In der Mitte der Runde änderte sich mein Gefühl, und ich fügte etwas hinzu, das für den Betreffenden wichtig sein könnte, z. B.: »Listen to me ... ich finde dein Kleid sehr hübsch«, oder »Listen to me ... ich möchte, daß du meinen Artikel liest«. Und bei den letzten Teilnehmern sagte ich lachend: »Ich brauche dir gar nichts zu sagen: I know you are listening to me« (Ich weiß, daß du mir zuhörst).

Doch nach dieser Runde fühlte ich mich nicht wohl. Etwas in mir war angerührt. Es drängte mich, weiterzukommen. Aber der Workshop war zu Ende. Es war Sonntag. Ich rief Fritz an und fragte, ob ich eine Privatstunde haben könne. Er sagte ja. (Damals war dies eine große Seltenheit.) Die »Stunde« dauerte drei Stunden.

»*Listen to me* ... Ich bin ein Säugling. Neun Zimmer von meiner Mutter entfernt. Sie glaubt dem Doktor, daß es gut für meine Lunge sei, wenn ich schreien muß. Ich sei ja satt und sauber und hätte keinen Grund zu schreien, sagt der Doktor. Er sagt: ›Es ist auch gut, früh Disziplin zu üben . . .‹« – All das hatte ich schon oft erzählt in meinen Analysen und Gruppen, so wie es mir meine Mutter erzählt hatte. Ich besann mich ja nicht darauf! Aber jetzt war es lebendig geworden – im Hier-und-Jetzt. Ich schrie, ich weinte, ich *war* der Säugling. Und da saß jemand, der hörte mir zu und wollte mich hören. Und das glaubte ich ihm.

Listen to me . . . Ich bin sechs Jahre alt. Mein Vater rasiert sich im Ankleidezimmer. Das ist die einzige Zeit, in der mein Vater je mit mir allein ist. »Sag mir die Wochentage auf!« – »Sag mir die Straßennamen der Querstraßen vom Kurfürstendamm!« – »Sag mir die Opern, die Wagner geschrieben hat, und deren Reihenfolge!« »O ja, ich lern' ja gut, ich kann das alles lernen. Bitte, Papa, frag mich nichts mehr (ich hab dir das nie gesagt) – spiel' mit mir. Ich will mit dir spielen! Du spielst nie mit mir. Ich habe meine Puppe lieb, und du willst sie gar nicht ansehen. Ich will dir etwas von ihr erzählen. Du siehst mich nicht. Ich bin doch so ein niedliches kleines Mädchen, und du siehst mich nicht. Du bist ein Idiot, ein Vollidiot, ich will, daß du mich hören willst. Ich will, daß du hörst, was ich dir erzähle. Bitte, bitte, listen to me, please listen to me« – Tränen, Schluchzen. Wieso kann ich nur so weinen, jetzt, hier? Wieso *bin* ich das kleine Mädchen und erzähle nicht nur von ihm?

Listen to me . . . Nein, nein, das ist keine Phantasie, das *war* so. Er hat es mir ja selbst gesagt an meinem fünfzehnten Geburtstag: »Wie schön, daß du nun erwachsen bist und ich mit dir reden kann. Mit Kindern kann man ja nicht reden, wenn man es nicht gelernt hat. Die haben noch keinen richtigen Verstand. Darum haben wir Kinderfräuleins, Fröbel-Kinderfräuleins für euch gehabt. Die verstehen Kinder. Sie haben's ja gelernt!« (Fritz: »Sei dein Vater!«)

»Es tut mir weh, daß ich nicht mit dir spielen kann, ich habe ja selbst nie gespielt. Meine Mutter war eine Hexe von einer Mutter. Die hat mich gehaßt. Ich sehe, daß du niedlich bist, aber ich kann es dir nicht sagen. Ich weiß nicht, wie. Ich will dir alles geben, was ich nicht gehabt habe, aber ich kann es nicht. Mama kann's dir geben. Das Fräulein kann's dir geben. Ich bin ja selbst kein kleiner Junge gewesen. Niemals. Als ich siebzehn Jahre alt war, mußte ich meine Mutter und Geschwister ernähren.« (Fritz: »Sprich zu ihm!«)

»Ach Papa, ich bin ja noch ganz klein, ich versteh dich nicht. Ich will, daß du mit mir spielst. Du bist Papa, du bist kein kleiner Junge. Ich kann dir gar nichts sagen.« – Und wieder Tränen, Tränen. Und ich erzähle Fritz vom Tod meines Vaters zwei Jahre nach jenem Geburtstag.

Vieles, vieles muß noch gesagt und erlebt worden sein in diesen drei Stunden, an das ich mich nicht mehr erinnere. Ich weiß, daß es irgendwann ganz leer in mir wurde; erschöpft, leer: »Ich bin kataton ...« (Fritz: »Sei kataton!«) Ich blieb stehen, wie ich stand. Aufrecht. Ein Arm aufwärts, einer hing herunter. Totale Leere, totale Steifheit. Nichts. Zeitloses Nichts. – Und plötzlich stand vor mir ein riesengroßer, breiter Laubbaum, mit Blüten übersät, mit Vögeln, die auf Zweigen herumhüpften und an Früchten pickten. Das Nichts war zur Fülle geworden und zu einem lebendigen Baum, einem Lebensbaum, und ich *sah* den Baum und *war* der Baum. Und als ich die Augen aufmachte, war Fritz neben mir. Die Tränen liefen aus seinen Augen in den weißen Bart hinein. Wir umarmten uns lange.

Es war nicht nur mein Erlebnis gewesen, sondern auch seines. Worauf auch immer sein Erlebnis beruht haben mag – er hatte mir zugehört. He »listened to me«.

Es war diese Art des Zuhörens, die wir in seinen Workshops erfuhren – jeder auf seine Weise. Fritz' akzeptierende Haltung am Telephon: »Ja, komm rüber« und sein Akzeptieren in der Sitzung allein hätten nicht genügt. Die Vater-Kind-Puppen-Geschichte hatte ich schon einige Male erzählt – in der Psychoanalyse, privat und in meiner Therapiegruppe; ich war immer auf Verständnis gestoßen: Man hat Empathie mit einem kleinen Mädchen, dessen Vater dummes Zeug fordert! – Doch hier geschah etwas Neues: das Kindheitserlebnis wurde ins Hier-und-Jetzt hereingerufen:

Ich wurde zur Darstellerin meiner Kindheitserfahrungen mit Reaktionen, die ich damals hätte haben sollen. Ich wurde zum verlassenen Säugling, der verzweifelt schrie, bis er verlernte, überhaupt zu schreien. Ich wurde zum sechsjährigen Kind, das jetzt im therapeutischen Erlebnis erfuhr, was und wie es hätte sprechen können, wenn es mutig und bewußt gewesen wäre und zu seinen Wünschen gestanden hätte. Ich wurde zum Vater, so wie ich mir jetzt seine Antwort auf dies sprechende Kind vorstellte. Ich dachte darüber nach, welche Qualen er selbst wohl erlitten haben mochte, daß er mit dieser bizarren Schulmeisterei seine kleine Tochter, die er wirklich liebte, sinnlos quälte. Doch meine »Antwort« auf »ihn« war zurückweisend: »Du bist nicht, wie ich dich haben will, sei doch ein richtiger Vater!«

Das war der Engpaß: nämlich die grausame Wirklichkeit, in der ein legitimer und unabdingbarer Anspruch des kleinen Mädchens und ein sich als impotent erlebender Vater einander in ihrer gemeinsamen Existenznot begegneten. Und jetzt hier eine erwachsene Frau, die diese Tragik explizit macht und sie nicht aufheben kann, weil sich der Konflikt zwischen vergangenen Kontrahenten ereignet hat.

»Den Engpaß durchstehen«: diesen Konflikt durchleben, der durch seine Unauflösbarkeit in eine Leere, in die »Katatonie« führte; das Unvermögen, die gegensätzlichen Ansprüche zu versöhnen, weder im Schmerz noch durch Wut und Auflehnung, auch nicht durch Anklage und gewiß nicht durch Verdrängung, doch vielleicht durch Akzeptieren von Gegensätzen, die nicht aufgelöst werden können, sondern Teil, Anteil des zu lebenden Lebens sind; Abschied zu nehmen vom nicht veränderbar Gewesenen, es anzunehmen als Schicksal und weiterzuleben – zu fließen, zu lieben.

Die Leere wich dem blühenden, fruchtbaren Lebensbaum – mit seinen Blüten, Blättern, Vögeln, Eichhörnchen –, und es entstand ein Gefühl des Erfülltseins, eines lebendigen Friedens, des Rauschens einer inneren Quelle. Und dann in der Gegenwart zu sein, mit einem hier-und-jetzt daseienden anderen Menschen, der ebenfalls Enttäuschung und Erlösung kennt.

Jede Wahrnehmung im Raum sucht nach Gestaltung; ebenso wie jedes Erlebte in der Zeit. Hoffnungen, die nicht erfüllt wurden, Haß und tiefe Konflikte, die keinen Ausdruck fanden, bleiben in uns hängen als »unerledigte Geschäfte«, bis wir Lösungen finden oder Abschied nehmen von unserer Frustration und Enttäuschung.

Was geschah nun in der Therapiesitzung des »Listen to me ...«? Als Kind wünschte ich mir, daß mein Vater mit mir spielen würde, in *meiner* Art spielen, mir nahe sein würde. Daß er dies nicht tat, war enttäuschend und machte mich – das interpretiere ich – aggressiv. Die Aggression war mir entweder nie bewußt, oder ich habe sie verdrängt. Ich muß geglaubt haben, daß ich seine Liebe nur durch totale Anpassung an seine Ansprüche und den Verzicht auf meine Wünsche behalten könne.

War diese Gestalt vollendet? Das »unerledigte Geschäft« erledigt und zu den Akten gelegt? War die Vollendung der Gestalt in der Gruppe und in den Einzelstunden geschehen? Die Versagung der Erfüllung akzeptiert? Ich glaube ja. Das Wesentliche war geschehen, noch ehe ich die Leere, den Engpaß analysiert hatte. – Das geschah viel später. Dann war es leicht. Es war möglich, die unbewußt gewordenen Anklagen und den Anspruch auf Erfüllung durch meinen toten Vater, einen Anspruch, den ich aufrechterhalten hatte, als uneinklagbar abzulegen.

Ich lebe *heute*, und es gibt Menschen, die »mit mir spielen wollen« und mir gerne zuhören. Das ist die Wirklichkeit. Es ist auch wirklich, daß ich mir und anderen Menschen Wünsche erfüllen kann, wo es einem kleinen Mädchen nicht möglich ist; und daß Enttäuschungen und Versagungen durch Nicht-Verstehen oder Nicht-Können nie ganz aufhören werden.

Doch der Kleinmädchen-Anspruch und die Trauer des versagenden Vaters sind nicht mehr im Fluß meines Lebens. Diese Gestalt war und ist beendet. Nur Narben sind geblieben, wie von jedem tiefen Schmerz, und sie tun weh, wenn Menschen, die ich sehr liebe, mich nicht hören können oder wollen. Aber die Quelle ist frei.

Fritz' Arbeit war nie mechanistisch. Sie entstand in ihm im Prozeß der jeweiligen Beziehung zum Patienten. Die »Listen-to-me«-Arbeit geschah zu der Zeit, als ich selbst immer mehr in die Öffentlichkeit trat, mit Vorträgen, mit TZI-Großveranstaltungen und in Symposien. Nach diesen »Listen to me«-Sitzungen litt ich nicht mehr unter dem Gefühl, daß ich nichts zu sagen hätte und daß mir niemand zuhöre. Das Wort »Charisma« war nie zuvor für mich gebraucht worden; nun folgte es mir überallhin nach.[4]

In seinen späten Jahren hat Perls seine Theorie in Tonbandgesprächen aufbewahren lassen. Unter anderem hat er die Behandlung eines neurotischen Vermeidungsprozesses als Ablauf in verschiedenen Stufen beschrieben:

1. Rollenspiel (Darstellung des neurotischen Symptoms),
2. Implosion, Leere (Sackgasse, Starre),
3. Explosion, Gefühlsaufwallung (Aufbrechen der Starre),
4. Veränderung durch Verfügbarkeit des Lebensstroms.

Ich möchte den therapeutischen Vorgang der »Listen to me«-Neurosebehandlung in der obigen Fallbeschreibung nach Fritz' Konzept etwa so beschreiben:

Einleitung

In der Gruppensitzung hatte Fritz eine Unstimmigkeit in meiner Art zu sprechen aufgefangen: Ich huschte mit meinen leisen Worten in rasendem Tempo über etwas mir Wichtiges hinweg, wie zum Ausgang eines Horrorparks. Dies fiel Fritz auf. Er imitierte mein Sprechen und forderte mich auf, nur kurze Sätze zu sagen und hinter jeden Satz das Wort »Punkt« zu setzen. Dies machte mir bewußt, daß ich glaubte, niemand wolle mir zuhören.

Diese Einleitung machte das neurotische Symptom sichtbar. Der Rundgang in der Gruppe mit »Listen to me« verdeutlichte – aber heilte nicht – die Diskrepanz zwischen der Realitätsverkennung und der Wirklichkeit.

1. Rollenspiel

   Symptom: »Ich kann nicht sagen, was euch wichtig sein könnte. Ich rede schnell und leise, damit ich mich nicht unwohl fühle; denn ich glaube, daß ihr euch langweilt.«

   a) *Rückspulung in die Vergangenheit zum »unerledigten Geschäft«.* Dramatisierte Erinnerung (6. Lebensjahr).

Konflikt: »Ich wünsche mir Vaters Liebe und Verständnis für meine Interessen.« (Puppenspiel, kleines Mädchen sein, erotische Bedürfnisse.) – Vater (im Gefühl impotenter Vaterliebe und -pflicht) will das Kind »richtig« zur Lebenstüchtigkeit erziehen und schulisches Lernen vorbereiten.
b) *Erledigen des unerledigten Geschäfts:* Ich gebe hier und jetzt meinen damaligen Gefühlen ihm gegenüber dramatischen Ausdruck.

2. Engpaß und Implosion
a) *Der Konflikt ist im Engpaß festgefahren:* Ich kann meinen Kinderwunsch auch durch jetziges Aussprechen nicht erfüllen. Vater lebt nur in meiner Erinnerungsvorstellung, und die Vergangenheit kann ich nicht ändern. Das Ausagieren des Konflikts führt zum Engpaß: »So ist es jetzt – unwegsam.«
b) *Implosion:* Starre – Unbeweglichkeit, die sich aus der Stärke der einander widersprechenden Strebungen des so nie mehr zu lösenden Konflikts ergibt: Ich will meine Interessen befriedigen, weil ich mein Selbst verwirklichen will, *und* ich will meine Interessen nicht befriedigen, weil mir Vaters Schutz und Liebe wichtiger sind, weil ich in Kindererfahrung und -glauben ihn brauche, um zu leben.

3. Explosion
a) Daß ich jetzt klar die gegensätzlichen Gefühle erlebe und aussprechen kann und damit die festgefahrenen Energien befreie, die durch die Vermeidung des Konflikts gebunden waren.
b) Ich sehe, und »ich bin« ein blühender, reifer Frühlings-Sommer-Baum als ein Symbol der Freude über die Erlösung aus unbewußtem Gefesseltsein. Dies leitet den »organismischen Wandel« ein.

4. Erkennen – Erproben – Üben (ein lebenslanges Geschäft!)

Fritz: Dem Ende zu

Nach 1966 habe ich nur noch an einigen Supervisionsworkshops bei Fritz teilgenommen. Wir arbeiteten abwechselnd als Therapeuten und Patienten. Fritz griff korrigierend ein, wobei seine Korrekturen sich fast ausschließlich auf Wahrnehmungen über uns als Therapeuten bzw. auf unsere blinden Flecken bezogen. Soweit ich mich erinnere, sprach er nie über die Psychodynamik des Patienten.

Erst Mitte 1964, als Fritz nach seiner schweren Krankheit innere Ruhe gefunden hatte, war mir seine Bedeutung als Person und als Begründer der Gestalttherapie bewußt geworden. Zuvor hatte ich ihn meist als abweisend, gequält und verzweifelt kennengelernt. Nun war er sehr offen und schien glücklich zu sein. Ich erinnere mich, wie er in seinem ersten Workshop in Esalen (Big Sur, Californien) in einem tiefen Lehnstuhl inmitten der Gruppe saß und mit Tränen in den Augen sagte: »Hier habe ich endlich meine Heimat gefunden.« Er war zurückgekehrt von seiner Weltreise, auf der er, wie er einigen von uns gesagt hatte, nichts anderes gesucht hatte als eine Grabstätte. Nun hatte er Frieden gefunden. Er habe nur noch ein Ziel im Leben: ein »village idiot« zu werden, einem Blatt, einem Vogel, einer Welle zuzuschauen – und nichts als das.

Wenige Jahre später verließ er auch diese vorletzte Heimat in Esalen, weil er »keinen Faschismus unter Nixon erleben wollte«. Er ging nach Kanada und gründete dort mit einigen Schülern eine »Gestaltkommune« – ein Experiment, mit dem er offenbar über die individuelle Therapie in Gruppen hinaus und zur therapeutischen Gemeinschaft überging. Ich selbst habe ihn dort nicht erlebt.[5]

1970 besuchte er noch einmal New York. Sein Name und seine Arbeit, die zuvor nur relativ wenigen Menschen, meist Berufskollegen, bekannt geworden waren, hatten plötzlich weite Kreise gezogen. Für eine Wohltätigkeitsveranstaltung zugunsten von Israel waren blitzschnell neunhundert Karten verkauft. – Doch am Tag vor der Vorstellung – Fritz pflegte seine Arbeit mit Personen aus dem Publikum zu demonstrieren – wurde er krank, und ich erhielt wenige Stunden vor der Veranstaltung den Auftrag, ihn zu vertreten. Ich vertrat Fritz, nicht indem ich seine unersetzbare Person zu ersetzen versuchte, sondern indem ich in meiner Weise das Thema »Was kann ich hier und jetzt an wichtigen Gestalttechniken vermitteln und erfahren?« interaktionell mit der Plenumsversammlung erarbeitete.

Fritz starb wenige Tage später nach einer Operation in Chicago. Vivian Guze und ich schrieben für den AAP-Newsletter diese Zeilen:

Mutatis Mutandis – Fritz (Frederick Perls † 1970)*

»Jetzt sitzt du auf dem leeren Stuhl. Jetzt ist es an uns, uns vorzustellen, daß du darauf sitzt, um Abschied von dir zu nehmen.

Wir sind dir böse, daß du gestorben bist; denn vielleicht hättest du gar nicht sterben müssen. Doch jedenfalls bist du stilgerecht gestorben! Es war ein Tag nach der Operation. Die üblichen Nadeln steckten in deinem Arm, und du fingst an, aus dem Bett zu steigen. Die Krankenschwester kam rein und befahl: ›Doktor Perls, Sie dürfen doch nicht aufstehen!‹ Du fuhrst sie an: ›Shut up, you aren't going to tell me what to do.‹ (*Sie* wollen mir doch nicht etwa sagen, was ich zu tun habe!) – Standest auf und starbst.

Du bist immer große Risiken eingegangen; und immer hast du gelacht über ›catastrophic expectations‹. Manchmal gelang es dir, manchmal ging es schief. Ich, dein Soll-Hund, sage dir, du hättest damals nicht aus dem Bett aufstehen dürfen!

Wir bewundern deinen Mut und deine Brillanz. Du hast das Dort-und-Dann der Psychoanalyse verlassen und das Hier-und-Jetzt der Gestalttherapie eingeführt. Du hast den Wind der Zeit sehr früh erspürt – Freud, Max Reinhardts Theater, Reichs Begriff vom ›Charakterpanzer‹, Morenos Psychodrama und die östlichen Philosophien aufgenommen. In den letzten fünf Jahren wurdest du sogar zu einem Guru für die Hippies!

Laß uns die Stühle vertauschen. – Fritz: ›Stop your computer!‹ (Hört auf, Geschichtscomputerei zu betreiben!) ›Ich bin jetzt tot. Ihr seid auf euch selbst angewiesen.‹

Wieder Stühle vertauschen. – Wir sind traurig. Wahrscheinlich hättest du das hundertste Lebensjahr nicht erreichen können, was du 1968 noch geglaubt hattest. (Ich, Vivian, neckte dich damit bei

* Von R. C. aus dem Amerikanischen übersetzt.

einer dritten ›Fritz Perls' 75th Birthday Party‹, die ich in der dritten Stadt, in der wir zufällig zusammen waren, mit dir erlebte. Du sagtest darauf: ›Siehst du, ich möchte gern hundert Jahre alt werden, und da muß ich mich ein bißchen mehr beeilen.‹)

Wir nehmen Abschied von dir. Wir wollen unser Leben weiterleben und nicht steckenbleiben bei unerledigten Geschäften, nicht Schmerz oder Freude vermeiden, nicht für die Erwartungen anderer leben, nicht Perlsianer in die Welt setzen, sondern uns selbst. – Jetzt sind wir nicht traurig. Wir danken dir, Fritz, goodbye.«

Vivian und Ruth

P. S. Als ich jetzt, zwölf Jahre später, diesen Nachruf im AAP-Newsletter wieder las, fiel mir ein seltsames Zusammentreffen auf. Direkt unter unseren Zeilen stand ein Nachruf, den Henry Guze für Linda Warkentin, die verstorbene Frau von John Warkentin geschrieben hatte. – Kurz danach starb Henry selbst. Ich möchte seine Worte unübersetzt hinzufügen: »The end of a day is a new beginning and sorrow goes far beyond words. The family, which is all of the Academy, is a moment of eternity. May our memory be our togetherness.«

Henry Guze

Gestalttherapie: Durchblicke, Modell und Geschichte

Fritz Perls sagte, der Begriff »Gestalttherapie« sei etwa um 1949 entstanden. Seine Therapie hatte damals noch keinen Namen, und ihm war klar, »daß es ohne das grundlegende Konzept von Figur und Hintergrund, jenen stetigen Wechsel, unmöglich ist, auch nur das geringste Wissen über die Einheit von Mensch und Natur zu erlangen.«

Der Mensch nimmt wahr und lebt im Erschaffen von *Gestaltstrukturen.* Etwas ist Vordergrund und etwas ist Hintergrund. Alles fließt. Wie das Meer immer wieder Wellen an die Oberfläche bringt, die Wogen wieder in die Tiefe hinabzieht und damit neue Wellen schlägt, so wechseln die Gestalten unserer Wahrnehmung, unserer Erlebnisse und unserer Handlungen. Wenn der Kontakt zwischen uns und unserer Umgebung gestört ist, wenn Energien sich aufzehren im Nebel verwirrter Gestalten, in »unerledigten

Geschäften«, wenn ein verdrehtes Gewissen als »Soll-Hund« den »Unter-Hund« bedrängt und zur Unehrlichkeit verführt; wenn Zwänge und Illusionen aller Art den Lebensfluß behindern, dann sind wir krank. Was wir verdrehen oder vermeiden »kränkt« uns.

Krankheit im psychologischen Sinn heißt, nicht genügend Selbst-Halt zu haben und den lebendigen Kontakt mit der Umwelt zu verpassen. – Psychotherapie gibt Hilfestellungen zur Befreiung der »Selbst-Ständigkeit« und der Kontaktfähigkeit.

»Gestalt« ist ein holistischer, das heißt ein *Ganzheitsbegriff.* Wir nehmen primär nicht Einzelheiten, sondern Ganzheiten wahr, aus denen wir die Einzelheiten dann herausschälen können. Ein Baby fügt nicht aus Nase, Augen und Mund ein Gesicht zusammen, sondern es sieht »ein Gesicht« als ganzes, als freundliches Lächeln oder als bedrohliche Gefahr. – Uns Erwachsenen geht es ähnlich. Wir nehmen Gestalten sinnvoll wahr und erleben lebensgeschichtliche Ereignisse als Gestaltphänomene.

Etwas in uns drängt, das Ungestaltete zu formen und das Unfertige sinnvoll zu vollenden.

Wahrnehmungen oder Ereignisse sind Gestalten in ihrer Ganzheit von Vordergrund und Hintergrund. Dies gilt für Wahrnehmungen im räumlichen Sinn ebenso wie für Lebensereignisse im zeitlichen Sinn. Der Mensch ist ein »Erschaffer von Gestalten«. Die Gestalt eines Lebensereignisses enthält sinnbezogene Erinnerungen (Vergangenheit) und sinnbezogene Phantasien (Zukunft). Eine gegenwärtig als unvollendet erlebte Gestalt aus der Vergangenheit drängt nach Klärung und Vollendung. Ein »unerledigtes Geschäft« läßt uns nicht los, bindet unsere Gefühle, Gedanken und Energien und behindert den Lebensstrom. Wir bleiben stekken und halten uns an unzusammenhängenden Einzelheiten fest, in der Hoffnung, daß sich die Nebel lichten werden. – Der sogenannte Wiederholungszwang erscheint mir nicht als ein starrer Mechanismus, sondern als ein energie- und richtungsgehemmter Versuch, ein unerledigtes Geschäft zu beenden.

Die Gestaltpsychologie und -philosophie wurden wichtig für Perls, als er 1926 eine Assistentenstelle an Kurt Goldsteins Institut für Soldaten mit Gehirnverletzungen übernahm. Sowohl Goldsteins holistische Erforschung psychosomatischer Zusammenhänge als auch die psychologisch-pädagogische Bedeutsamkeit des Gestaltbegriffs (Wertheimer, Koffka, Köhler) waren richtunggebend für Perls' Weg von der Psychoanalyse zur Gestalttherapie. – In Südafrika lernte er die Arbeit von Jan Christian Smuts kennen, der ein der Natur innewohnendes Organisationsprinzip hypostasierte. Die Hypothese ist, daß die Evolution des Lebendigen eine Evolution zu immer höheren Organismen hin bedeutet. Die Natur ist von einem Geist beseelt, der höhere Ganzheiten und größeres Bewußtsein schafft. Der Drang nach Ganzheit und Bewußtheit der Gestalt, so führte Perls fort, ist die Grundlage des »organismischen Wandels«, der ganzheitliche, somato-psychische, therapeutische Veränderungen hervorruft.

In Berlin hatte Perls seine psychoanalytischen Studien begonnen. Er war von Freuds Psychoanalyse sehr beeindruckt, erlebte jedoch in Berlin zu viele »sterile Analytiker«, die ihm nicht gaben, was er sich von Freuds Ansätzen versprach. Erst als er Wilhelm Reich kennenlernte, hatte er »endlich das Gefühl, daß es mir etwas brachte. Ich besuchte sein Seminar und hatte die ersten eigenen Patienten.« Doch Hitlers Machtergreifung beendete diese hoffnungsreiche Arbeit mit einem ebenbürtigen Lehrer.

In späteren Jahren versuchte Perls, allerdings vergebens, mit Freud über seine Arbeit in Südafrika zu sprechen. – Der Einfluß von Freuds Gedanken auf Perls ging nie verloren. Viele wichtige gestalttherapeutische Konzepte sind Modifikationen psychoanalytischer Begriffe.

Im Vordergrund von Perls' Gestalttherapie steht die Betonung des Hier-und-Jetzt und die Notwendigkeit vollkommener Konzentration auf das Erlebnis des Augenblicks; das Hier-und-Jetzt ist der Schnittpunkt zwischen Vergangenheit und Zukunft und der einzige Zeitpunkt/Ort, in dem Handlungen und Veränderungen vollzogen werden können. Die Vergangenheit birgt sowohl unser schöpferisches Reservoir als auch die Stockungen der »unerledigten Geschäfte«, die als Krankheitsherde Energien verzehren und Gift streuen. Darum gilt es, die angestauten Giftherde der Vergangenheit in der Gegenwart zu entdecken und sie durch deutliches emotionales Erleben und neues Verständnis auszulöschen. – Zukunftsplanung ist für Perls »rehearsal«, das Einüben von etwas, das kommen könnte, was in seinen Augen fast immer Zeitverschwendung ist.

Die emotionale Kraft des Vermeidens, die Krankheitsherde festhält, hat sich in der Psychoanalyse als Widerstand auf der Couch deutlich gezeigt. Diese Kraft des Vermeiden-Wollens, wie Perls es ausdrückte, begegnet der Kraft des Gesund-werden-Wollens (die ja auch vom Analytiker unterstützt wird). Die Technik der Couch jedoch, die unter anderem die Bewegung und das Agieren verhindert, wurde von Perls – und vor ihm bereits von Moreno und anderen – in Frage gestellt. Emotionale und physische Bewegtheit gehören existentiell zusammen, und wenn sie im therapeutischen Prozeß getrennt werden, wird damit zugleich therapeutische Energie gefesselt. Nicht jedes Agieren – sich bewegen und handeln –, das psychoanalytisch als »Aus-Agieren« bezeichnet wird, ist eine Flucht vor Einsicht. Vielmehr ist Einsicht nie frei von »Emotion« im Sinne von »emovere«, »herausbewegen«, »heraustreiben«, und Bewegung und Handlung stehen tatsächlich oft am Anfang des therapeutischen Prozesses.

Laura Perls hat mir auf meine Frage hin mitgeteilt, daß sie an der Entstehung der Theorie und Praxis der Gestalttherapie viel stärker beteiligt gewesen sei, als es durch Fritz bekannt geworden ist. Sie habe in den frühen Jahren ihrer Ehe zumindest gleichbedeutenden Anteil an deren Entwicklung gehabt.

Da Laura von den körperbewußten Tanz-, Bewegungs- und Gymnastikmethoden beeindruckt war und die Gestaltpsychologie am Berliner Institut kennengelernt und studiert hatte, halte ich es für wahrscheinlich, daß Fritz' Hinwendung zum körperlichen Ausdruck und zu gestaltpsychologischen Ansätzen zu Beginn der Entwicklung der Gestalttherapie weitgehend Lauras Einfluß zu verdanken ist. Laura bezeugt auch, daß der bedeutendste Theoretiker der Gestalttherapie in den amerikanischen Jahren Paul Goodman gewesen sei.

Sicher hat auch die Begegnung mit Wilhelm Reich Einfluß auf Fritz' Interesse am körperlichen Ausdruck seelischer Symptomatik – an Mimik, Gesten, Haltung und Bewegung – gehabt. Die Arbeit am »Charakterpanzer« (siehe S. 250) ist auch in der Gestalttherapie dominant. Fritz gehörte zu den Vertretern des »Ich bin mein Körper«, einer Aussage, die in ihrer Umkehrung »Mein Körper ist Ich« noch deutlicher macht, daß die Arbeit am Körper gleich wichtig ist wie die Verarbeitung seelischer Zusammenhänge. Auch Elsa Gindlers indirekter Einfluß (via Reich, vielleicht auch via Laura Perls) ist spürbar. Elsa Gindlers Erfahrung und ihre darauf beruhende These, daß auch ohne medizinische Heilmittel oder psychologische Erkenntnisse somatische Heilung möglich ist, wenn der Patient sich auf seine Empfindungen im Hier-und-Jetzt konzentriert, spiegelt sich in der gestalttherapeutischen Forderung, Körperempfindungen, speziell Verspanntheiten, bewußt zu erleben.

Ich glaube, daß der erste, dem die radikale Einbeziehung von Bewegung und Handlung in die Psychotherapie gelang, Jacob Moreno war (siehe S. 257). In Morenos Psychodrama ist alles in Bewegung: Der Patient wird zum Hauptautor und Darsteller (Protagonist), der Therapeut zum Regisseur und eine Anzahl von Gruppenmitgliedern werden zu Schauspielern. Letztere identifizieren sich mit den Bezugspersonen im Leben der Patienten, die in der Geschichte des zu bearbeitenden Konflikts eine wichtige Rolle spielen oder gespielt haben, und stellen sie so dar, wie der Protagonist es ihnen spielend zeigt. Im Rollenaustausch wird der Protagonist von einem der Mitspieler dargestellt, während er selbst die Rolle einer seiner Bezugspersonen übernimmt. So kann er nicht nur sich selbst, sondern auch die wichtigen anderen seiner gegenwärtigen oder früheren Geschichte aus anderen Perspektiven besser erkennen lernen. Jedes Gruppenmitglied ist damit zugleich Hilfsregisseur und Hilfstherapeut. Die Tatsache, daß die Schauspieler die Motive und Handlungen der von ihnen gespielten Personen oft anders interpretieren als der Protagonist, lockert dessen festgefahrene, eingleisige Interpretationen und Reaktionen, die seine unbewußt gewordenen und oft auch seine bewußten Konflikte unlösbar gemacht haben.

So brachte Moreno *psychodramatisches Handeln als therapiezentral* in die Geschichte der Psychotherapie ein. Perls hat viel von Moreno gelernt und manches gleichzeitig mit ihm entdeckt. Er hat jedoch das Psychodrama wesentlich verändert. Die inneren Stimmen des Patienten werden von ihm, dem Therapeuten, gesucht und zur Darstellung gebracht und nicht von anderen Gruppenmitgliedern interpretierend gespielt. Die Konfliktpersonen werden ohne Hilfestellung und Erweiterung durch andere vom Patienten selbst dargestellt. Dies stellt ihm die schwierige Aufgabe, selbst neue Interpretationen für alte Beziehungen und Konflikte zu entdecken, ohne von anderen dazu angeregt zu werden. – Ich sehe in dieser Version des Psychodramas positive und negative Aspekte: Als positiv erlebe ich die Betonung des »self-support« (des »Selbsthalts«, der »Selbstunterstützung«), als negativ die Ablehnung des gemeinsamen, kooperativen Suchens. Beide Wege halte ich für wichtig, den betont autonomen von Fritz, der durch den leeren Übertragungs- und Projektionsstuhl[6] symbolisiert wird, und Morenos die Interdependenz betonenden Weg, der durch die bevölkerte Psychodrama-Bühne sichtbar und fühlbar gemacht wird.

Auch in der *Traumdeutung* zeigt sich Fritz Perls' monodramatische Neigung: Er überläßt es dem Träumer selbst, die verschiedenen Traumfiguren und Traumobjekte darzustellen. Wie für Jung ist auch für Perls jede Person, die im Traum erscheint, sowohl für diesen realen Menschen repräsentativ, wie der Träumer ihn erlebt und einschätzt (»objektive« Deutung), als auch für einen Charakterzug oder eine Eigenschaft des Träumers selbst (»subjektive« Deutung). In einer ausführlichen Traumbearbeitung ließ Fritz den Träumer jede im Traum auftauchende Person, ja sogar jedes Ding und manchmal auch Zeit und Raum oder den Traumprozeß selbst als Anteil seiner eigenen Persönlichkeit dramatisch darstellen.

Der Träumer spielte seinen Traum in Wort und Stimme und manchmal auch in Aktion. Damit wurde er zum Autor, Darsteller und Publikum seines eigenen Traums. Manchmal ließ Fritz den Traum auch im Wachen weiterträumen und weiterspielen.

Ich selbst habe, Fritz' Ansatz weiterführend – vielleicht auch Morenos dramatisches Spiel unbewußt modifizierend –, die gestalttherapeutische Bearbeitung des Traums im Sinne der Interdependenz erweitert. Der Träumer erzählt den Traum. Die Gruppenmitglieder identifizieren sich mit je einer geträumten Person, einem Traumgegenstand oder einer Räumlichkeit im Traum; ich fordere sie nicht auf, sich mit dem Träumer und dessen Gefühlen und Gedanken zu identifizieren, sondern so zu spielen, als hätten sie selbst den Traum geträumt. Ich wähle für diese Traumspiele fast nur Träume aus, die während einer Gruppenklausur oder in einer fortlaufenden Gruppe geträumt werden, wobei ich davon ausgehe, daß jeder dieser Träume nicht nur mit dem individuellen, sondern auch mit dem Gruppenprozeß zu tun hat. Dieser gewinnt durch das Traumspiel neue Anstöße und Perspektiven. Hier liegt die Betonung also deutlich auf der Interdependenz der Gruppe und ihrer unbewußt kollektiven Prozesse.[7]

Für interaktionell arbeitende Gruppentherapeuten war Fritz' Art, die Gruppe nur wie einen »griechischen Chor« miteinzubeziehen – also im Sinne einer verhaltenstherapeutischen Verstärkung – nicht akzeptabel, und für viele TZI-Kollegen wurde die Aufgabe, die Gestalttherapie zu »interaktionalisieren«, zu einer spannenden und wichtigen Sache. Wir fanden, das Minimum an Einbeziehung der Gruppe in den gestalttherapeutischen Vorgang sollten interaktionelle Gespräche nach Beendigung des therapeutischen Gestaltdialogs sein. Darüber hinaus hielten wir aber auch die Einbeziehung der Gruppe in den therapeutischen Prozeß selbst für wünschenswert; dies scheint allerdings nur in gestalttherapeutisch geübten Gruppen sinnvoll zu sein, während sie sonst eher stören. In besonders verdienstvoller Weise hat sich Ruth Ronall mit dieser Aufgabe beschäftigt.[8]

Der Existentialismus (siehe Kap. 16, S. 427f.) in seiner amerikanischen Ausprägung, den Fritz miterlebte und auch mitbestimmte, vertritt das Credo der Hier-und-Jetzt-Begegnung im Leben. Die von Fritz mitgeprägte Philosophie des »I am I and you are you« und des »self-support« (siehe S. 434f.) als vorrangiger Lebensaufgabe – das Erlöstsein von den Erwartungen anderer als Befreiung von erzwungener Anpassung – hat eine Generation von Menschen befähigt, sich von unaufrichtigen Traditionen zu lösen. Dabei ist allerdings die interdependente Perspektive oft zu kurz gekommen.

Auch der vom östlichen Geist ausgehende Wind hat Fritz und die Gestalttherapie befruchtet. Seine Reisen nach Indien und Israel – nicht nur seine überwundene Krankheit und die Nähe des Todes – ließen den kämpfenden, spöttischen, sich isolierenden Fritz in den Hintergrund und den weisen, verstehenden, sozial denkenden Meister und Guru Perls in den Vordergrund treten. Das Gestaltsymbol von Vordergrund und Hintergrund wurde nun wohltuend ergänzt und vertieft durch das »Sowohl-als-auch« und das »Und-und« östlicher Philosophie. Diese sieht Gegensätzliches nicht wie wir als Gegen-Sätze, sondern als Andersartiges, das heißt anders Geartetes, und zusammengehörig. Es ist mir stets wichtig gewesen, verhärtete Gegensätze in ihr »Und-und« aufzulösen, und ich habe dabei sehr oft herausgefunden, wie aus Streit und Antagonismus konstruktive Möglichkeiten erwachsen können. Dies gilt vor allem im Bereich der sogenannten »Sachzwänge«, zu denen »Sachalternativen« zu finden geradezu ein persönlicher, pädagogischer und Kooperation ermöglichender Hochgenuß ist!

Gestalttechniken

Während Gestalttherapie in den Händen von Gesellen und Meistern (nicht von Zauberlehrlingen) ein hervorragendes Instrument ist, gibt es *Gestalttechniken,* die schon in den Schulen allen Kindern beigebracht werden könnten und sollten. Alle Lehrer sollten in ihrer Ausbildung (oder Weiterbildung) Wissen und Befähigung zur Hilfestellung für belastete Kinder bekommen, wobei Gestalttechniken einen wichtigen Beitrag leisten können.

Ich halte das Prinzip der chinesischen »Barfußärzte« für außerordentlich praktisch und nachahmenswert.[9] Diese lernen, mit den alltäglichen, »einfachen« Krankheiten und Unfällen umzugehen, aber auch die Grenzen ihres Könnens zu erkennen. Dazu gehören Kenntnisse, wann und wie sie Kranke an Gemeindekrankenhäuser überweisen sollen. Dort werden die Kranken von Ärzten behandelt. (Diese wiederum müssen entscheiden können, wann Spezialisten benötigt werden und u. U. weitere Überweisungen vornehmen.) – Im gleichen Sinne sollte es bei uns »psychotherapeutische Barfußärzte« geben, die fähig sind, psychische Störungen zu erkennen und nach Möglichkeit zu behandeln. Dies könnten vor allem Eltern, Lehrer und Beratende sein. Gestalttechniken, Encounterspiele, Empfindungs- und Entspannungsübungen usw. gehören meines Erachtens in das Instrumentarium jedes Menschen, der sich für sich selbst und andere mitverantwortlich fühlt.

Spontane Gruppen, die sich um größere Bewußtheit nach innen, um Verständnis für andere und ihre gesellschaftlichen Bedürfnisse bemühen, bilden sich heute in den USA mit wachsender Schnelligkeit. Selbsthilfegruppen können durch professionelle Anleitung Unterstützung finden, so daß die »Barfußarzt«-Techniken im Laufe der Zeit Allgemeingut der Bildung werden könnten.

Einige Gestalttechniken, die in diesem Zusammenhang eine bedeutsame Rolle spielen könnten:

– Vermeide unangenehme Gefühle nicht, sondern akzeptiere sie. Abgedrängte negative Gefühle beschweren Körper und Seele. Darum laß dich auf sie ein, fühle sie, auch wenn sie unangenehm sind. (Nicht grübeln, sondern fühlen!) Wenn zum Beispiel dein Magen von einem Angstgefühl spricht, laß dich auf dieses Gefühl und seine Empfindung ein. Unmittelbar erlebte Gefühle und Empfindungen schaffen nach einer kurzen Weile fast immer einen Freiraum im Inneren, der den Schmerz aufnimmt und vergehen läßt. Dann dämmert ein Verständnis für die Bedeutung der Gefühle auf, und eine sachliche Bearbeitung der beengenden und beängstigenden Situation wird eher möglich. Oft findet sich sogar die Lösung, auch ohne Extra-Arbeit. (Aufpassen: Sich Gefühlen zu überlassen, heißt nicht, sie blind auszuagieren. Die Phantasie, jemanden zu schlagen oder zu töten, ist keine Aufforderung, es zu tun. Gefühle haben Existenzberechtigung als Gefühle, weil sie *sind.* Sie zu fühlen ist das Recht eines jeden von uns und eine seelische Hilfe. Sie schaden niemandem. Für Handlungen jedoch sind wir ethisch verantwortlich.)
– Wenn du im Konflikt bist, mach dir beide Seiten des Konflikts deutlich. Benutze beim Sprechen jeweils eine Hand für die eine Seite des Konflikts und die andere Hand für die andere Seite des Konflikts. Wiederhole beide Standpunkte und füge jeweils neue Einfälle und Begründungen zu jeder Seite hinzu (»Ich möchte dies, weil ...«, »Ich möchte dies nicht, weil ...«). Sei ein geduldiger und liebevoller Zuhörer bei dieser Gegenüberstellung. Wahrscheinlich wird langsam die eine oder andere Seite überwiegen; oder der Konflikt verwandelt sich in andere Fragestellungen, die bis dahin weniger bewußt waren.
– Wenn dir ein Traum völlig undurchsichtig ist und du ihn etwas besser verstehen möchtest, sprich, als ob jeder Traumteil, wie im Märchen, für sich selbst sprechen könnte. Während dieser Traumteil-Darstellungen wirst du wahrscheinlich dich selbst ein wenig in jedem von ihnen wiedererkennen, da du ja der Autor deines Traumes bist.
– Wenn du dir minderwertig vorkommst und dies deiner Umge-

bung dauernd zu verstehen gibst, versuche einmal das Gegenteil: Erzähle dir und/oder anderen, wie großartig du dies oder jenes kannst und in welchen Dingen du dich selbst positiv einschätzt. (Eigenlob stinkt sehr viel weniger als Eigenzerstörung. Sowohl Mord als auch Selbstmord zerstören. Einen anderen Menschen und sich selbst schätzen baut auf.)

Solche Gestalttechniken machen den Eindruck von Tricks. Sie sind es auch. Sie sind ebenso »tricky« wie der Prozeß, durch den krankmachende Giftsätze in unser Leben gekommen sind. »Du wirst das nie lösen können«, »Du sollst keine solchen Gefühle haben«, »Man darf sich nicht fürchten«, »Man muß immer obenauf sein«, »Man soll sich nicht selbst loben« – das alles sind Giftsätze. Hier begegnen die alten Trick-Giftsätze neuen »Gegen-Tricksätzen«. Der pathogene »Trick« der Giftsätze lenkte uns von unseren Gefühlen und von der Lebendigkeit des Lebens ab, während der Trick des »Gegen-Satzes«, wenn er der Realität entspricht, als heilender Satz wirken kann.

Ich habe in diesem Teil des Buches versucht, meine Geschichte als Psychotherapeutin, die mit Patienten als einzelnen oder in Gruppen arbeitet, darzustellen.

Von Anfang an jedoch, seit meinen Erfahrungen in der Nazizeit, wollte ich einen Weg finden, gesellschaftstherapeutisch zu arbeiten, pädagogisch und politisch. Dieser Wunsch blieb in den ersten Jahren in Amerika durch persönlich bedrängende Erlebnisse und Aufgaben im Hintergrund; doch er war stets eine lebendig treibende, innere Kraft, die in den letzten zwanzig bis fünfundzwanzig Jahren meine Tätigkeiten weitgehend bestimmt hat.

Im folgenden möchte ich in meinen Erinnerungen noch einmal zurückgehen zu meinen Zürcher Jahren, um den pädagogisch-gesellschaftstherapeutischen Weg aufzufinden und zu beschreiben.[10]

13 Gelebte Geschichte der Pädagogik

Anfänge als Praktikantin

Auf der Couch in Zürich, in den dreißiger Jahren, dachte ich, daß man viele Kinder und ihre Entwicklung direkt beobachten müsse, um die Theorie der Libidoentwicklung entweder bestätigt zu finden oder zu verändern. »Freud hat sechs Kinder gehabt«, dachte ich, »vieles von seiner Entwicklungstheorie beruht sicher nicht nur auf seiner Selbstanalyse und seinen analytischen Erfahrungen mit Erwachsenen, sondern auch auf direkter Beobachtung der eigenen Kinder.« – Ich jedenfalls wollte als Psychoanalytikerin nicht praktizieren, bevor ich mir meine erwachsenen Patienten nicht als Kinder vorstellen konnte. So beschloß ich, mir eine Gelegenheit zum Studium von Kindern zu schaffen. Es gelang mir, eine Stelle als Praktikantin bei einer Kindergärtnerin in einem städtischen *Zürcher Kindergarten* zu bekommen.

Die Lehrerin, Fräulein Emmi Hürlimann, eine ältere Dame, war sehr freundlich mit ihren kleinen Schülern und Schülerinnen. Diese saßen meist an ihren Tischen, zeichneten, malten, schnitten Scherenschnitte aus, imitierten Buchstaben, und manchmal rückten sie ihre Stühle zu einem Kreis zusammen und hörten Fräulein Hürlimanns Geschichten zu. Die Atmosphäre war immer ruhig, angstfrei und lehrerinzentriert.

Doch ich habe *eine* fürchterliche Erinnerung an diese Kindergartenzeit: den Augenblick, als die Lehrerin aus der Klasse ans Telefon gerufen wurde! In einer Schrecksekunde entstand ohrenbetäubendes und augenentsetzendes Chaos im Klassenzimmer: Die Kinder schrien, rasten zwischen und über Stühle und Tische, warfen Gegenstände durch den Raum und beachteten nicht, daß ich hilflos – wie ein Leuchtturm im Sturm – gebannt in der Mitte des Zimmers stand und vergeblich mit Zurufen Ordnung zu schaffen versuchte. – Jedoch als die Lehrerin die Tür öffnete, waren die Kinder in Elektronenschnelle wieder auf ihren Sitzen.

Mich beunruhigte an diesem Vorfall meine pädagogische Ideenlosigkeit ebenso wie die Tatsache, daß die Kinder sich zwar den

Wünschen der Lehrerin anpaßten, doch kaum auf dem Weg zu einer inneren Ordnungsinstanz waren.

Vor meinem nächsten schulpädagogischen Erlebnis lagen die Überquerung des Atlantischen Ozeans und fünf Jahre. 1941 erklärte mir meine Kollegin vom New York Psychoanalytic Institute, daß mich wahrscheinlich das Gesetz von der analytischen Erwachsenen-, nicht aber von der Kinderpraxis ausschließen würde (siehe Kap. 5, S. 225). Da ich dies glaubte, meldete ich mich zur Lehrerinnen-Ausbildung in den Bankstreet Schools an. – Die Bankstreet Schools wurden zu meiner ersten beruflichen Station in Amerika. Obwohl ich wahrheitsgemäß sagte, daß ich nicht Lehrerin werden, sondern als Analytikerin Kinder und das Land besser kennen- und auch Englisch lernen wollte, nahm die Schule mich an und gab mir zudem ein Studiendarlehen. Diese Toleranz und Großzügigkeit gehörte zu den von mir mit Staunen und Dankbarkeit erlebten Wundern meiner ersten amerikanischen Eindrücke.

Die *Bankstreet Schools*[1] bestanden aus einem Lehrerausbildungsseminar und eigenen Vorschulen (Nursery Schools), Kindergärten und Primarschulen. Es war das bedeutendste Lehr/Lern-Institut der »Progressive Education«. (Später zog es von dem gemütlichen Bankstreet-Sträßchen in Greenwich Village in ein Millionengebäude uptown New York, wo es zum heutigen Bankstreet College wurde.)

»Bankstreet« gab mir die Grundlage für meine spätere pädagogisch-therapeutische Arbeit. Bankstreet befreite mich von meinem Vorurteil, daß Amerika ein pragmatisch-kaltes Wolkenkratzerherz hätte und zeigte mir, zusammen mit seinen lebhaften Kindern, das andere New York: die versteckten schönen Winkel, die alten Häuser, die vielen kleinen Spielplätze, kinderfreundliche Hafenarbeiter, die vier- und fünfjährigen Kindern Schiffe auf dem Hudson River erklärten, und vor allem Lehrerinnen und Lehrer, die aus tiefer Überzeugung und mit dem ganzen Einsatz ihrer Person das Beste der amerikanischen Pädagogik und europäisch-psychologischen Gedankenguts verwirklichen wollten.

Als »student teachers« – etwa 15 bis 20 Studentinnen und Studenten – arbeiteten wir vormittags mit zweieinhalb- bis sechsjährigen Kindern, während wir am Nachmittag Seminare und Vorlesungen sowohl über Vorschulkinder und kindgerechtes Lehren und Lernen als auch über Philosophie und Pädagogik besuchten. Die psychoanalytische Libidotheorie spielte dabei eine wesentliche Rolle.

Unter vielen guten waren auch zwei hervorragende Lehrerinnen: Barbara Biber, die verschiedene Entwicklungstheorien und Grundbegriffe lehrte und uns in die Gedankenwelt von Pestalozzi, Dewey, Piaget, Montessori und vor allem der Psychoanalyse einführte; und Lucy Sprague-Mitchell, die schon 1941/42 in ihren Fächern Geologie und Geographie ökologische Probleme wie Luftverschmutzung, Erosion, Nahrungsmittelverseuchung, Waldsterben und Versiegen der Gewässer anschnitt und ihr wahrscheinlich erscheinende Hungerkrisen in der Zukunft und den Zerfall Manhattans für die Jahre 1965–75 voraussagte.[2]

Die Kinder waren nach Altersgruppen eingeteilt. Sie waren meist lebhaft und kooperativ. Zu ihrem Tagesprogramm gehörten Holzarbeit, Familien- und Doktorspiele, Toben auf dem Dachgarten, Malen und Zeichnen und Tonarbeiten, Kleingruppenarbeit in abgeteilten Räumen, Geschichten anhören und besprechen, Mahlzeiten und Nachmittagsruhe. Die Kinder konnten sich die Art ihrer Arbeit und Spiele innerhalb eines vorgegebenen Tageszeitplanes selbständig auswählen.

In den Bankstreet Schools waren Kinder »richtige und wichtige Menschen« und keine Erziehungsobjekte. Gefühle sollten zugelassen und verstanden werden, wobei jedoch gewalttätige Aggressionen sanft verhindert und später jeweils durchgesprochen wurden; die aggressiven Kinder wurden ebenso geschützt wie die angegriffenen. – Buben und Mädchen gingen gemeinsam auf die Toiletten und wurden bei gegenseitigem neugierigen Anschauen und Betasten nicht gestört. Als Lehrerinnen und Lehrer sollten wir gleichmäßig akzeptierend und freundlich sein. Wenn Kinder nichts verdrängen müßten und wir Erwachsenen geduldig, liebend und gebend mit den Kindern umgingen, würden sie sich, das war die herrschende Auffassung, schon recht entwickeln. (Die Unnatürlichkeit dieses Anspruchs an die Lehrenden war der Schule noch nicht bewußt.)

Für mich, die gerade erst aus einer Welt gekommen war, die im Schatten des Holocaust lebte, war Bankstreet ein überwältigend positives Erlebnis. Was ich als möglich erträumt hatte, war hier Wirklichkeit. Was ich an der traditionellen Erziehung bezweifelt hatte, wurde auch hier bezweifelt: Mußte wirklich das Neugeborene mit einem Schlag aufs Hinterteil, an den Füßchen hängend, ans Licht der Welt gehalten werden? Ist es wirklich gut, wenn Säuglinge nach einem Vier-Stunden-Fütterungsplan – dem Uhrenmechanismus des Unorganischen – gestillt werden? Soll man sein Baby ruhig schreien lassen, um es frühzeitig an Selbständigkeit zu gewöhnen? – Ich bekam den Rückhalt, den ich nie zuvor bekommen hatte: In Bankstreet diskutierten wir über Möglichkeiten des friedlichen In-die-Welt-Kommens, des Rooming-in, des Stillens nach den Bedürfnissen des Kindes im organischen Rhythmus statt im mechanischen Takt und über langsame Entwöhnung vom Stillen und von den Windeln als von »dosing experiences«. Wir sprachen auch vom Muttersein und Vatersein als Berufen, die ebenso wie andere Berufe einer Vorbildung bedürften.

Die Leitlinie für den Lehrplan (Spiele und Stoffe) war das Wachstum der Kinder. Wir sollten ihre Spiel- und Arbeitsfreude, Kreativität und Selbständigkeit ihren Reifungszeiten entsprechend fördern.

Lebendiges-Lernen: Diesen Begriff hatte ich damals noch nicht gefunden, auch nicht von anderen gehört. Rückschauend weiß ich, daß für mich Bankstreet die Quelle Lebendigen-Lernens gewesen ist: den Spuren des Interesses des Kindes folgen, vom Gitterbett zum Fußboden, vom Fußboden zur Schwelle, von der Schwelle zu einem andern Fußboden, dorthin, wo die Füße der Mutter stehen und darüber ihre Knie; und dann der Tisch und der gefährliche Herd; von der Küche zur Wohnungstür, zur Straße – mit ihrem Lärm von vielen Autos, Omnibussen, Bauarbeiten – zu Spielplätzen, Eisenbahnen, Subways, zum Flughafen. Stationen des Weges von *einem* Hier-und-Jetzt zum nächsten, zum nächsten, zum nächsten.

Nicht ein Stadtkind lehren: den Weg der Milch von der Kuh zum Milchkarton oder -flaschenverkauf, sondern den Weg von der Ladenmilch oder der Babyflasche des Schwesterchens zurück zur Weide, zum Stall, zum Bauern mit seiner Kuh. Denn im Hier-und-Jetzt des Erlebens liegt der Ausgangspunkt jeden Lernens, das nicht aufgepfropft wird, sondern lebendig mit Leib, Seele, Intellekt und Geist erfaßt werden kann. –

Doch nicht alles leuchtete mir ein, was ich in den Bankstreet Schools erlebte. Ich entsinne mich an eine Fahrt mit der Fähre zum anderen Ufer des Hudson River. Die Lehrerin sprach über Lotsen- und Fischerboote, große Schornsteine und zu welchen Fabriken sie gehörten; sie sprach über Fässer und Öltanks und wozu sie gebraucht würden; über bunte Bojen und die Taue, mit denen die Fähre am anderen Ufer anlegte. Doch etwas fehlte mir: Die Lehrerin und die Kinder waren so auf die Tätigkeiten der Menschen und die Technologie konzentriert, daß sie nicht die Spiegelung der Sonne im Wasser, die Bäume am Ufer, die vielfarbigen Wolken bemerkten. Schüchtern sagte ich zur Lehrerin: »Es gibt doch auch noch etwas anderes als Verkehrsmittel, Fabriken, Maschinen, Arbeit ...« – Sie sah mich verständnislos an: »Ich weiß nicht, was du meinst«, sagte sie. Ich verwies sie auf die Farbigkeit, Bewegtheit und Schönheit der Natur. – »Das interessiert sie noch nicht«, antwortete sie scharf.

Ich hatte eine noch wesentlichere Kritik an der Bankstreet-Pädagogik. Sie betraf die offenkundige Diskriminierung der Erwachsenen. Wir waren, so empfand ich es, Sklaven der Kinder, deren Ansprüche wir zu erfüllen hatten. Unsere eigenen Gefühle wurden nicht erwähnt; wir sagten und taten nur das, was die Kinder ermutigen und ihnen helfen könnte; nichts über unsere eigene Befindlichkeit und unsere Wünsche. Dies war unerträglich. Die Herrschaft der Kinder über die Erwachsenen schien mir ebenso gefährlich zu sein wie die der Erwachsenen über die Kinder. »Wir sind für die Kinder da«, war Leitmotiv und ständige Ermahnung. »Hier haben wir unseren Job, diese Zeit gehört nur den Kindern – es sind ja nur sechs Stunden«. – Und: »Wer mehr als viermal im Jahr ›nein‹ zu Kindern sagt, ist keine gute Lehrerin.«

Debbie, fünfjährig, stand ganz oben auf dem »Jungle-Gym« (einem Klettergerät). Sie rief mir zu: »Hol mir das Seil« – in herrschsüchtigem, knallhartem Ton. Ich stand unschlüssig da. Die Lehrerin sah mir zu: »Hörst du nicht, was Debbie zu dir sagt?« Ich blieb unschlüssig. »Debbie ist doch Kapitän von ihrem Schiff«, erklärte die Lehrerin laut. – Ich dachte: »Aber ich habe doch gar nicht eingewilligt, Matrose zu sein« – und gehorchte.

Debbie verstand ihre Führerrolle! Ich war verärgert, daß sie mich schikanieren und ich mich nicht wehren durfte. – Eines Tages riß mir der Geduldsfaden. In einem unbeobachtbaren Dachschuppen explodierte ich und gab Debbie einen Klaps auf ihre Cordhose. Ich erstarrte vor Angst. Ich hatte noch nie ein Kind strafend angerührt. Und nun war ich sicher, daß Debbie heulend zur Lehrerin laufen und ich aus der Schule fliegen würde. Beides geschah nicht. Debbie wurde von diesem Tag an zugänglicher, und es entstand ein fröhlicher, partnerschaftlicher Ton zwischen ihr und mir. Ich glaube, daß die Echtheit meines Ausbruchs Debbies Sinn für Gerechtigkeit und Empathie befriedigt hat. Wir sprachen niemals über diesen Vorfall und schieden am Ende des Schuljahrs in vergnügtem Einvernehmen.

Jedes Experiment enthält das Risiko des Irrtums neben der Chance des Erfolgs. »Bankstreets'« Versuch, Kleinkinder schon in der Vorschule als eigenständige Menschen zu betrachten und zu unterstützen, war ein großer Schritt zur Emanzipation der Kinder, die ja auch heute noch immer nicht aus dem Anfangsstadium herausgekommen ist. Daß die Bedürfnisse von Erwachsenen vernachlässigt wurden, war eine schwerwiegende Realitätsverkennung, die »Bankstreet« – ähnlich wie später die deutschen antiautoritären Kindergärten – damals nicht erkannte. Nach jahrhunderte- oder jahrtausendelanger Unterdrückung der Kinder mußte das Pendel wohl nach der anderen Seite ausschlagen. – Ein weiterer pädagogischer Irrweg war meiner Ansicht nach das im Übermaß praktizierte Gruppenleben, also ein Zuwenig an Möglichkeiten, allein zu sein. Diese Kinder entbehrten Situationen, in denen sie still ihren Gedanken, Phantasien und Einfällen nachgehen konnten. Ich glaube, daß ein Mangel an Freiraum für innere Vorgänge die Entwicklung geistiger und schöpferischer Kräfte unterbindet und einer Sozialisation in Richtung auf Konformität Vorschub leistet.

Mutter sein: Lebendiges-Lernen

Nach »Bankstreet« lernte ich über Kinder weniger in Schulklassen und aus Büchern als in meiner eigenen Familie. Es war ein schwieriger Weg zwischen traditionellen und progressiven Erfahrungen und Ideen, denn ich lebte als »single mother« in einer konservativen kleinen Stadt gegenüber von New York City, auf der andern Seite des Hudson River.

Ich wußte damals noch nichts von Kurt Lewin und seiner Theorie des sozialen Feldes, der erweiterten Perspektive von Gruppenprozessen und deren psychodynamischem Einfluß. Ebenso wußte ich nichts von den National Training Laboratories,[3] in denen Gruppendynamik, die Beziehung zwischen Menschen in Gruppen, erforscht wurde. Gruppenprozesse im sozialen Feld jedoch erlebte ich in meinem Haus! Meine Beziehung zu den Nachbarn war freundlich, aber meine nahen Freunde und Freundinnen wohnten in New York. Die Kinder jedoch verbrachten viel Zeit mit den Nachbarskindern, die wie sie unsere Lebensart – mit Vorgarten, Spielzeug, Turngeräten und relativ großer Freiheit – liebten, selber aber zu traditionellen, kleinbürgerlichen Familien gehörten.

Eines Tages sagte eine Lehrerin zu meiner Tochter:

»Warum räumt ihr nicht all das Zeug aus dem Vorgarten in den Hintergarten, wie andere Leute?« So verschwanden die Spielgeräte aus dem Vorgarten, und verärgerte Nachbarskinder rächten sich nicht nur an ihren Eltern, sondern auch an unseren Hecken und Blumenbeeten, die sie vorher sorgfältig behandelt hatten. Doch dieser Sturm legte sich nach einiger Zeit. – Ich glaube, daß meine Kinder immer zwischen Stolz und Scham über ihre andersartige Mutter und unsere Lebensweise geschwankt haben.

Eine Hilfe war mir die Idee einer Art Wohngemeinschaft – ein Begriff, den es damals wohl noch nicht gab. Die Idee war mir gekommen, als ich nach Beendigung des Studiums in Bankstreet als Psychologin in einer Nursery School arbeitete. Dort traf ich viele Mütter von kleinen Kindern. Sie hatten bis zum späten Abend keine andere Gesellschaft als ihre zwei oder drei kleinen Kinder und litten unter dem Mangel an Anregungen und Zusammensein mit Erwachsenen. Selbst wenn mehrere junge Mütter in einem großen Apartmenthaus wohnten, blieb jede pflichtgetreu in ihrer Wohnschublade. Ihre Tageseinsamkeit wurde leidend hingenommen und belastete die Partnerschaft mit dem ebenso frustrierten Ehemann. Nach des Tages Trubel wollte er oft Stille zu Hause, während sie sich nach Erwachsenengesprächen sehnte. Als Beraterin empfahl ich den Müttern, andere Mütter in der Nachbarschaft aufzusuchen und zu sehen, ob sie vielleicht abwechselnd ihre Kinder in Spielgruppen für einige Stunden am Tag betreuen könnten.

Als ich selbst »single mother« war, fand ich mit Hilfe einer Annonce unter einer großen Anzahl von Bewerbern eine reizende Familie, die für viele Jahre einen Teil unseres Hauses mietete. Wir hatten getrennte Haushaltungen; doch häufig gemeinsame Gespräche, speziell über die Kinder. Die Kinder wurden und blieben bis heute nahe Freunde. Für mich lagen die Beziehungen zu dieser Familie in der Mitte zwischen der Andersartigkeit der Nachbarschaft und der Intimität meiner Freundschaften. Für meine Kinder waren und blieben sie eine wichtige Ergänzung zur »unvollständigen Gestalt« der eigenen Familie, zu der jedoch wohltuend auch die hilfreiche Fürsorge von zwei uns besuchenden, liebevollen Großmüttern und der Besuch beim Vater kamen.

Niemand hat mir über menschliche Beziehungen und Pädagogik mehr beigebracht als meine Kinder. Vom Tage ihrer Geburt, bei Heidi bis zu ihrer Heirat, bei Peter bis zu seinem Eintritt ins College, waren sie für mich zugleich geliebte Beziehungen und die wichtigste Aufgabe meines Lebens. – Ich hatte als siebenjähriges Kind nach einer unerwarteten Enttäuschung mit meiner Mutter einen Zettel unter mein Kopfkissen gelegt. Er war mir so wichtig wie meine späteren Gedichte, in denen ich das mir jeweils Wesentlichste auszudrücken versuchte, und auf ihm stand: »Ich verspreche mir, daß ich mein Kind nie so leiden lassen werde!« Und obwohl ich als Erwachsene sehr wohl einsah, daß kein Kind von seiner Mutter vor jedem Leid bewahrt werden kann oder soll, blieb mein Anspruch, »eine ideale Mutter zu sein«, das größte Handikap für mich selbst und meine Kinder – viel länger, als ich es mir gern zugebe. (Als sie Teenager wurden, taten sie alles, um mir zu zeigen, daß sie meine Leichtigkeit und meinen Frohsinn lieber hatten, als wenn ich um ihretwillen etwas versäumte, was mir Spaß machte.)

Oft geriet ich in Konflikt zwischen den traditionellen Erziehungsmethoden und der in Bankstreet erfahrenen Progressive Education. Meine Gedanken kreisten um »Was ist richtig? Was ist falsch?« Mein pädagogischer Maßstab war mehr auf die Zukunft als auf die Gegenwart gerichtet: Was würde es für meine Kinder eines Tages bedeuten, wenn ich dies oder das heute von ihnen verlangte, und was nicht? Ich mußte es »richtig« machen, weil ich mich für die Zukunft der Kinder verantwortlich fühlte. Und ich mußte es ganz richtig machen, weil ich eine »ideale Mutter« sein wollte!

O diese Zweifel damals: Ist es richtig oder ist es falsch, dem zehnjährigen Buben zu sagen: »Nein, Ballspielen erst nach den Schularbeiten!«, wenn er mir doch entgegenhält: »All the other boys play *now*!« (Alle anderen Jungens spielen *jetzt!*)? Ist es ein Vorurteil, »erst die Arbeit, dann das Vergnügen!«, oder ist das nicht tatsächlich richtiger? Hat Bankstreet recht, daß man im Jahr nicht öfter als viermal nein sagen sollte? Und ist es nicht schlimmer, wenn ein Junge nicht tun darf, was »alle andern« tun? Wie befreiend wäre es gewesen, wenn ich schon damals nicht an absolute Normen geglaubt, sondern mich auch nach meinen eigenen Gefühlen und Bedürfnissen und denen der Kinder gerichtet hätte! Heute hätte ich das Vertrauen, daß in ihren und meinen Gefühlen humane Werte genügend integriert waren, um sie in unsere spontanen Entscheidungen mit einzubeziehen.

Erst langsam lernte ich von und mit meinen Kindern auch den Augenblick als solchen zu ehren; zu vertrauen, daß die Richtlinien meines Handelns immer im Werden, im Prozeß des Lebens bleiben müssen ebenso wie die der heranwachsenden Kinder. Die Wahrnehmungen nach innen: »Was möchte ich, was muß/soll ich, und was will ich?« und »Was sind die Gegebenheiten in mir, in den anderen, in meiner Umgebung?« wurden erst später zu Hilfen in meinen Entscheidungsprozessen.

Eltern und Kinder sind gegenseitig Lehrende und Lernende. Wenn Konfliktlösungen in Offenheit, Demut und Liebe gesucht werden, sind Fehler auf beiden Seiten kein Unglück. Innere und äußere Realitätssicht und Werte, nicht Gewalt, dienen als Hilfsmittel im Dialog. Erwachsene haben meist mehr Übersicht und Erfahrung, Kinder mehr Risikofreudigkeit und Kreativität. Es geht ums Ausbalancieren dieser Vorzüge. Erwachsene brauchen sich nicht zu fürchten, in Grenzsituationen von echter Gefahr Grenzwächter zu sein, wenn sie gleichzeitig die Selbständigkeit und Kreativität ihrer Kinder als deren Lebensrecht und -aufgabe liebevoll behüten.

Eine wichtige Lehre erhielt ich von meinem fünfzehnjährigen Sohn auf einer Autofahrt. Ohne erkennbaren Zusammenhang, und nicht während eines Streites, sagte er plötzlich: »Wie kommt es eigentlich: Wenn man alles mögliche gut macht, sagt kein Mensch etwas darüber; aber wenn man etwas falsch macht, you never hear the end of it (kann man nie genug darüber sagen)!« Obwohl ich nicht einmal glaube, daß er damit mich selbst meinte, war ich tief betroffen. Ich bin sehr wachsam geworden in bezug auf das, was ich mit meiner Kritik oder einem Mangel an Aufmerksamkeit anrichten könnte! –

In den vierziger Jahren wuchs die psychoanalytische pädagogische Literatur an. Ich bekam von den Herausgebern des »Progress in Clinical Psychology« den Auftrag, ein bibliographisches Kapitel für den Band »Infancy« (1953) zu schreiben. Dabei entdeckte ich, daß die longitudinalen psychoanalytischen Forschungen, wie ich sie erhofft hatte, bereits erarbeitet wurden. Viele Autoren, René Spitz, Margret Fries und Sibylla Escalona und andere, hatten die Entwicklungsphasen von Kindern durch Beobachtung im Wachstumsstadium überprüft. Ich las etwa hundertfünfzig Schriften, faßte hundert davon zusammen und lernte wohl alles, was über die Entwicklung des Kindes vor und nach der Geburt bekannt war.

Kurz danach nahm ich das Angebot meines psychoanalytischen Instituts (NPAP) an, als Fakultätsmitglied »Psychoanalytic Theories of Child Development« zu unterrichten. Dies tat ich mehrere Jahre lang im Frontalunterricht mit anschließenden Frage-Antwort-Diskussionen. Ich liebte den Stoff, doch ich haßte meine Vorlesungen. Die Tatsache, daß diese sehr beliebt waren, änderte nichts an meinem Unbehagen, weil ich das Mitschreiben der Studenten nicht als deren Interesse interpretierte, sondern als ihre Art, der Langeweile zu entgehen. Ich wußte nicht, wie ich den »Stoff bewältigen« könnte, ohne zwanzig bis dreißig Seiten vorzulesen oder halb auswendig zu lernen.

Ich war sehr glücklich, als ich etwa acht Jahre später vom NPAP aufgefordert wurde, jenes Gegenübertragungsseminar zu geben, das man Jahre zuvor als überflüssig abgelehnt hatte. Kurz danach bekam ich am Postgraduate Center for Psychotherapy (PGC) denselben Auftrag für das Department for Group Therapy. So wurden die ersten pädagogisch-therapeutischen Workshops in zwei psychoanalytischen Lehrinstituten gegeben.[4]

14 Themenzentrierte Interaktion: ein Ansatz zu einer humanistischen Gesellschaftstherapie

Ein Schulungstreffen von Sozialarbeitern in einer kleinen Stadt[1]

Anfang der sechziger Jahre wurde ich als Stellvertreterin der Direktorin des Department for Group Therapy of the Postgraduate Center for Mental Health, Asya Kadis, zu einem Schulungstreffen von Sozialarbeitern eingeladen. Zwei Lehranalytiker und ich sollten achtzig Sozialarbeitern aus vielen Staaten der USA unsere Beratungsmethoden zeigen. Bei Behörden tätige Beamte, ferner Lehrer und Eltern, alle aus einer kleinen Stadt in Vermont, stellten sich als Klienten zur Verfügung. Drei Gruppen waren vorgesehen: 1. Mitglieder der Stadtverwaltung, 2. Lehrer, 3. Eltern, die zwischen zwölf und siebzehn Kinder hatten und Unterstützung von der Social Welfare (Sozialhilfe) bezogen. Diese Gruppen sollten je einen Tag mit einem der Lehranalytiker arbeiten, während die angereisten Sozialarbeiter uns bei der Arbeit beobachteten.

Die beiden ersten Gruppen wurden von klassischen Psychoanalytikern geleitet. Sie schwiegen viel, stellten Fragen und hielten sich mit persönlichen Gefühlen und Meinungen weitgehend heraus. Die Teilnehmer dieser ersten Gruppe waren höhere Beamte in der Gemeinde und Schulverwaltung. Sie fühlten sich zum Narren gehalten und waren verärgert, daß sie ihre Zeit vergeblich »geopfert« hätten. »Der Doktor« habe ihnen nicht einmal auf ihre Fragen geantwortet.

Der Analytiker des zweiten Tages arbeitete ähnlich. Die Lehrergruppe reagierte jedoch wesentlich anders. Sie waren nicht verärgert, sondern niedergeschlagen. Sie klagten über ihre Unzulänglichkeit, nicht einmal verstanden zu haben, was von ihnen verlangt worden sei.

Die Sozialarbeiter waren enttäuscht. So könnten sie sicher keine Gruppenarbeit mit ihren Klienten versuchen. Die Analytiker sagten, daß man an einem Tag nicht mehr erreichen könne, als Menschen etwas von gruppenanalytischen Prozessen zu zeigen.

Die Vorstellung, unter diesen unerfreulichen Umständen am dritten Tag mit einer unterprivilegierten Elterngruppe zu arbeiten, machte mir große Angst. Ich hatte wenig Erfahrung mit Beratungsgruppen. Zudem fürchtete ich, den Dialekt der Teilnehmer nicht zu verstehen. Aber ich hatte den dringenden Wunsch, eine würdige Stellvertreterin Asyas zu sein und aus allem das Beste zu machen. Ich begann den dritten Tag verlegen und unsicher, doch sehr gut vorbereitet. Zur Begrüßung sagte ich, daß ich viel darüber nachgedacht hätte, wie es wohl sei, zwölf bis siebzehn Kinder zu haben, auf Sozialhilfe angewiesen zu sein und doch mit dem Leben zurechtkommen zu müssen. Ich wüßte nicht, wie man das schaffen könne. Ich wäre ihnen, den Eltern, sehr dankbar, wenn sie mir etwas davon erzählen würden – von ihrem Alltag, der Schule, vom Einkaufen, von ihren Erfahrungen und Schwierigkeiten. Wenn ich mehr von ihnen wüßte, würde mir wahrscheinlich auch einiges einfallen, das ihnen von Nutzen sein könnte, da ich seit vielen Jahren mit Eltern und Kindern und deren Fragen beschäftigt sei.

Erstaunlich schnell waren die Eltern bereit, ausführlich zu erzählen, wie sie lebten, was sie für Schwierigkeiten hatten – finanzielle und erzieherische – und wie sie sich zu helfen versuchten. Es war viel Stolz in ihrem »to make do« (mit sehr wenig auskommen), aber auch ein Bewußtsein, daß sie einen gesellschaftlichen Anspruch auf mehr finanzielle Hilfe und vor allem auf bessere Wohnungen hätten.

Ich habe keine Notizen von diesem Tag, doch ich weiß, daß wir sehr angeregt ins Gespräch und in persönlichen Austausch kamen – über menschliche Beziehungen und speziell über Möglichkeiten des Umgangs mit Kindern. Die Anwesenheit der Sozialarbeiter, die als Publikum diese Sitzung miterlebten, war mir schon kaum mehr bewußt; ich glaube, den Eltern auch nicht.

Nach der offiziellen Veranstaltung fragten mich einige Teilnehmer, ob ich sie zu Hause besuchen würde. Sie wollten mir ihre Kinder und ihre Wohnungen zeigen. Ich besuchte zwei Familien.

Erst fünfzehn Jahre später las ich Schriften von Paolo Freire, in denen er über seine Arbeit mit unterprivilegierten Menschen in Brasilien und Chile berichtete.[2] Jetzt, mit Hilfe seines Konzepts der »generativen Themen«, kann ich meine damalige spontane Arbeitsweise mit der Elterngruppe besser verstehen: Ich war für diese Eltern in Vermont keine »Expertin« gewesen. Ich sprach mit ihnen als eine Mitsuchende, die sich nach ihren Problemen erkundigte und eine Situation herbeiführte, die ihnen half, ihre eigenen Fragen klarer zu formulieren – ihre »generativen Themen« zu finden.

Teamarbeit in Betrieben

Etwa zur gleichen Zeit, Anfang der sechziger Jahre, machten sich die Auswirkungen meiner Gegenübertragungsworkshops, die ich auf Kongressen vorstellte, bemerkbar: »Bitte komm nach Kalifornien. Ich arbeite dort in einem großen Konzern. Ich analysiere einige Leute des oberen Managements. Aber sie brauchen jemand wie dich, der mit vielen Leuten arbeiten kann«, sagte William (Bill) Zielonka, Ph. D., ein Psychoanalytiker, der dort angestellt war. »Ich weiß nicht, was ich da soll«, antwortete ich, »ich verstehe nichts von Geschäft und Industrie.« »Das sind auch Menschen, die-da-oben«, sagte Bill, »die brauchen so etwas auch. Die sind *auch* wichtig.« »Verrückt!« sagte ich zu ihm und – akzeptierte. Und dann dachte ich nach. Was konnte denn Bill in meinem kurzen Demonstrationsworkshop in der AAP erlebt haben, das er an seinem Arbeitsplatz glaubte brauchen zu können? Ich hatte nie an Arbeit mit dem Gegenübertragungsworkshop als einer Methode auch für andere Zusammenhänge gedacht. Nun kam die Frage in mir auf: War diese Methode ein Wegweiser zur Erfüllung meines Wunsches, psychodynamische Erfahrungen und Erkenntnisse nicht nur einzelnen Patienten, sondern Menschen in verschiedensten Umgebungen zugute kommen zu lassen? (Der Traum von der Zürcher Couch stieg in mir auf: daß es eine therapeutische Pädagogik geben müsse, einen Weg, durch den verhindert werden könnte, daß Menschen zu Nazis oder ihren Opfern würden, eine Möglichkeit, Wissen von sich selbst auch ohne Couch und Psychoanalyse erfahrbar zu machen.)

So flog ich dreitausend Meilen auf den Flügeln von Bills »Du wirst schon sehen ...« nach Los Angeles – ohne Plan und ohne Betriebskenntnisse. Ich hoffte, daß meine Werkzeuge mir dienlich sein würden: Ich kann gut zuhören und zuhören helfen; ich kann sagen, was ich fühle und was ich wahrnehme – genau wie im Gegenübertragungsworkshop. Ich kenne viele Menschen aus meiner Praxis, die im Betrieb Schwierigkeiten haben und sie lösen müssen.

Das Unternehmen in Kalifornien: ein Riesenbetrieb. Lunch mit dem Präsidenten, zwei Vize-Präsidenten und Bill. Die Wände in den Gängen und Kongreßräumen geschmackvoll mit Rouaults und Picassos ausgestattet. Kalorienbedachtes, leichtes Essen. Neu-englisch anmutende, reserviert vornehme Butler. Small talk. Ich kam mir vor wie in einem Hollywoodfilm; das fand ich amüsant. Mich beunruhigte jedoch, daß niemand von Business sprach. Mir wäre es lieb gewesen zu hören, was man von mir erwartete. »Wollen Sie vielleicht jetzt gleich an der Konferenz teilnehmen?« – »Natürlich, gern.«

Der große Konferenzraum: Siebenundzwanzig Männer springen gleichzeitig kerzengerade von ihren Sitzen auf. Die einzigen Frauen: die Vizepräsidentin und ich. Ich bin verlegen. Ich verstehe kaum, worüber gesprochen wird. Nervös denke ich: »Ich muß ihnen doch irgend etwas bieten! Ich kann doch nicht nur dasitzen und für nichts bezahlt werden! Aber was kann ich denn sagen? Ich weiß kaum, worum es geht!«

Nach einer halben Stunde, während einer kurzen Redepause, gebe ich mir einen Stoß: »Gentlemen, ich möchte mich Ihnen vorstellen. Ich bin Ruth Cohn; ich bin Psychological Consultant. Ich möchte, daß Sie wissen, daß ich von Ihrem Geschäft nichts verstehe. My business is dealing with feelings (Mein Geschäft ist, Gefühle zu verstehen und damit umzugehen). Ich möchte Ihnen deshalb sagen, was ich bis jetzt hier getan habe: Ich habe mir vorgestellt, daß ich hinter einer Glaswand sitze und Ihre Worte nicht hören kann, sondern nur Ihre Gesten und Ihren Ausdruck sehe. Und da habe ich Leute beobachtet, die immer in ihren Papieren blättern und gar nicht zuzuhören scheinen, sondern nur auf ihren nächsten, eigenen Einsatz warten. Und andere haben viel gegähnt und ständig mit dem Fuß gewippt oder mit den Fingern getrommelt. Und jemand, so schien es mir, sagte immer das gleiche – mit demselben Ausdruck! Ich kann mir nicht vorstellen, daß dies eine optimale Arbeitssituation ist!«

Einige Sekunden erstarrte Mienen und Schweigen. Dann eine

Explosion: »Sie hat vollkommen recht«; »Ich langweile mich die ganze Zeit, hier geht nur Unsinn vor sich!«; »Der X sagt immer das gleiche, da hat sie auch recht«; »Meine Frau sagt schon lange, daß unsere Konferenzen anders laufen müßten«; »*Ihre* Frau! Mit der redet meine Frau nicht mehr, die hat ja immer nur etwas zu nörgeln, wie neulich auf dem Golfplatz!« So schwirrten die Stimmen aufgeregt durcheinander – fast eine halbe Stunde lang.

Ich weiß nicht mehr, wann und wie ich intervenierte. Ich weiß nur, daß *nach* der Explosion die Herren konzentriert und aktiv waren, eine lebhafte Diskussion in Gang kam und ich sehr viel mehr verstand. Wahrscheinlich sprachen sie klarer, und bestimmt war ich weniger ängstlich!

Danach im Büro des Präsidenten: »Frau Cohn, sind Sie sich bewußt, daß dies kein Meeting von Gleichgestellten war, sondern von Leuten verschiedener hierarchischer Positionen?« – Nein, das hatte ich nicht gewußt. Ich hatte das nicht einmal bedacht. – Der Präsident war kühl: Nur unter Gleichgestellten könne man solche Diskussionen verantworten. –

Ich wurde danach weiter mit der gleichen freundlichen Höflichkeit behandelt, jedoch nur noch zu kleinen Konferenzen mit »Gleichgestellten« eingeladen. Und einmal wurde ich vom Präsidenten für eine Konsultation über einen »psychologischen Fall« zugezogen. Einige Male bat mich der eine oder andere der Manager, einem Kollegen mitzuteilen, er solle dies oder jenes anders machen. Dies verweigerte ich konsequent: »I am a psychologist and not an errand boy« (Ich bin Psychologin und keine Zuträgerin). Das wirkte: »Gut, dann helfen Sie mir, wie ich diesem X besser verständlich machen kann, was ich will.« Ich half in Konfliktsituationen und bei der Klärung persönlicher Probleme.

Am Ende der Woche wurde mir mitgeteilt, ich solle einen Bericht über meine Arbeit schreiben. Ich schickte ihn aus New York, undetailliert und abstrakt gehalten, und war überzeugt, daß dies mein einziger Besuch bleiben würde.

Ich war überrascht, als ich nach sieben Monaten einen Telefonanruf erhielt, von Los Angeles nach New York City. Der Präsident, Bill und drei andere Executive Manager wollten nach New York kommen, um drei Wochenendtage mit mir zu arbeiten. (Wochenendarbeit als Struktur war mir unbekannt. Ich hatte mit

Therapiegruppen nie anders als ein oder zwei Doppelstunden pro Woche gearbeitet. Solche Neuerungen kamen ausschließlich vom Westen!)

Persönliche Schwierigkeiten und Strukturprobleme wurden besprochen. Die Offenheit, Weitsicht und sogar mitmenschliche Besorgnis des Präsidenten für seine Mitarbeiter erstaunten mich, ja machten mich betroffen. Menschliche Besorgnis in einem Multibetrieb hatte ich für unmöglich gehalten. Die Einsicht, daß es sie gab und humanisierende Ansätze zu spüren waren (auch wenn nicht »alle Blütenträume reiften«), hat dazu beigetragen, daß ich eine Evolution der Menschlichkeit für möglich halte. Es gibt heute sehr viele Gründe für die Annahme, daß auch »die-da-oben« nicht mehr allzu fest an irdische Macht glauben können und daß für sie die Frage nach Schätzen der Innerlichkeit im Gegensatz zu materiellem Reichtum aufdämmert. Damit würde ein Verlust von Über-Luxus, Über-Macht und Über-Geld nicht nur als schmerzlich und bedrohlich erscheinen, sondern auch als eine abenteuerliche Chance.

Ich lernte an diesen Wochenenden viel über Strukturen in Organisationen und auch, wieviel Mißtrauen verursacht wird durch Mangel an guten Kommunikationskanälen, durch ungenügendes oder falsches Delegieren, durch versteiftes hierarchisches Denken, unbewußte und bewußte Machtansprüche und durch Ängste. Ich überlegte, daß es solche Gruppen, wie ich sie jetzt leitete, auch für mittlere und untere Kader geben sollte. Danach könnten sich die Teilnehmer verschiedener hierarchischer Ebenen in gemischten Gruppen treffen und langsam zugänglicher füreinander werden. – Gewiß, das war zunächst nur meine Phantasie – ich wußte noch gar nichts von Organisationsentwicklung, wußte nicht einmal, daß es so etwas schon gab![3] Doch ich lernte Bill Zielonkas Worte verstehen: »Das sind auch Menschen, die-da-oben, die brauchen uns auch.«

Wochenendarbeit in New York fand nun öfters statt. Ich fragte den Präsidenten, als wir einander besser kannten, warum er mich eigentlich wieder zu Konsultationen gerufen habe, nachdem ich mich bei meinem ersten Besuch als ein inkompetentes Ärgernis erwiesen hätte. Seine Antwort war: »Erstens warst du von allen Personen, die wir jemals zur Konsultation riefen, die erste, die nicht so getan hat, als verstünde sie mehr vom Geschäft als wir. Zweitens haben die Leute nicht aufgehört, von dir zu reden; da mußte also etwas dran sein! Und mir ist es mit dir ebenso ergangen. Ich habe angefangen, über vieles nachzudenken – einfach andere Fragestellungen.« Ich: »Und ich habe auch von dir gelernt, zum Beispiel, daß du dich nicht von der Zeit wegschwemmen läßt, sondern über deine Zeit bestimmst. Ich habe mir solche Leute wie dich immer unter Streß und abgehetzt vorgestellt. Du hast dich jedesmal für diese drei Tage völlig freigemacht und bist an all den Wochenenden nur ein einziges Mal von deiner Sekretärin ans Telefon gerufen worden!«

Zwei Jahre lang arbeitete ich mit dieser Firma mehrere Wochenenden jährlich in New York, ein paarmal auch in Los Angeles. Dann verließ der Präsident den Konzern, den er selbst aufgebaut hatte. Seitdem hat er viel von seiner Arbeitskraft und finanziellen Macht auch für künstlerische und erzieherische Vorhaben verwandt.

»Kannst du bitte zu uns kommen, ein paar Wochenenden, in mein Krankenhaus? Wir haben Schwierigkeiten mit der *Teamarbeit:* Ärzte, Schwestern, Krankenpfleger vertragen sich nicht. Da kannst du bestimmt etwas tun«, sagte Sol Rosenberg, MD, Peoria, Ill. »Wieso?« fragte ich zurück. »Ich habe noch nie mit einem Team gearbeitet. Was hat das mit einem Gegenübertragungsworkshop zu tun?« Sol: »Ich weiß es nicht, es scheint mir nur, daß du etwas tust, das unserem Team helfen könnte. Du wirst es schon herausfinden!«

Meine Arbeit für und mit Sol Rosenberg im Psychiatrischen Krankenhaus Peoria fiel mir leichter, denn ich hatte genügend Erfahrung mit diesem Arbeitsbereich und seinen Problemen. Ich arbeitete mit Kleingruppen und zum erstenmal auch in großen Plenarsitzungen (über zweihundert Mitarbeiter in zwei Schichten aufgeteilt). Es ging gut. Für eine Weile blieb ich für das Krankenhaus eine reisende Konsultantin.

»Training Emotional Skills« (Zur Ausbildung des Umgangs mit Gefühlen). Ein Workshop am Tag nach John F. Kennedys Ermordung[4]

John F. Kennedy war, während ich in Los Angeles mit dem Großkonzern arbeitete, ermordet worden. Am nächsten Tag fuhr ich mit dem Auto von Los Angeles nach Santa Monica, wo der Workshop mit Psychotherapeuten stattfinden sollte. Ich wußte nicht, ob überhaupt jemand kommen würde oder die erwarteten Teilnehmer nicht lieber mit ihren Familien und Freunden zusammenbleiben würden. Und wenn sie kämen: Wie sollte ich anfangen? Das einzige, was mir möglich erschien, war Schweigen. Ich konnte mir gar nichts anderes vorstellen. Danach könnte ich das Thema unseres Workshops mit unseren Reaktionen in bezug auf den Mord verbinden: Das Thema war ja »Training Emotional Skills«. Wir würden in derselben Situation sein wie in unseren Therapiestunden: Als Experientialisten wollen wir unsere Gefühle nicht wegschieben, sondern sie in unsere Arbeit konstruktiv miteinbeziehen. Nur war dies eine kollektive Situation, wie sie üblicherweise eher bei Trauerfeiern als in Therapiestunden vorkommt.

Ich bat am Anfang der Stunde um Schweigen. Nach etwa zwei Minuten forderte ich dazu auf, Gefühle im Hier-und-Jetzt bewußt werden zu lassen. Nach einigen weiteren Minuten fügte ich die Aufforderung hinzu, über den Mord nachzudenken – was er für uns bedeute, persönlich und in unserer geschichtlichen Situation. Danach formulierte ich das Thema der Stunde: »Using this Experience for Training Emotional Skills« (Wie können wir diese Erfahrung mit unserem Thema ›Zur Ausbildung des Umgangs mit Gefühlen‹ verbinden?).

Diese Einleitung führte uns zu wichtigen Erfahrungen und gemeinsamem Denken. Miteinander schweigen und kontemplieren gab es damals noch in keinem Unterricht oder Workshop. Meditation und Kontemplation galten als östliche Erfahrungen, die nichts mit westlicher Psychotherapie und Pädagogik zu tun hätten. Schweigepausen, Meditieren, Kontemplieren, Nachdenken wurden seit jenem Seminar zum integralen Teil meiner gruppenpädagogischen Arbeit.

Neben der Wichtigkeit des Schweigens wurde mir durch diesen Workshop bewußt, daß die Einbeziehung einer störenden Situation – sei es als Struktur und/oder als Thema (= die Störung zum Thema machen) – nicht nur in Extremsituationen wirksam ist. Sehr oft kann ein persönliches oder kollektives Engagement für eine scheinbar weit abliegende Angelegenheit in direkten Zusammenhang mit dem gegebenen Thema gebracht werden. Die Affinität individueller Betroffenheit und Störungen zum gegebenen Thema ist mir so oft aufgefallen, daß ich jetzt häufig nach kurzem Eingehen auf die Störung frage, wie der Inhalt dieser Abgelenktheit mit dem Thema zusammenhängen könnte.

Danach fing ich an, im näheren Umkreis von New York mit *Teamgruppen,* vor allem mit *Social Agencies,* zu arbeiten. Doch immer brennender wurde für mich die Frage: »*Was tue ich eigentlich?* Ich weiß, daß es nicht so ist, wie manche Kollegen sagen: ›Du ziehst Leute an, sie haben eine positive Übertragung zu dir, und das benutzt du eben als Methode!‹« Das »Nein, so ist es nicht«, war leicht zu sagen, nicht aber, was ich wirklich tat. Ich fühlte deutlich, daß ich methodisch arbeitete und dies lehrbar sein müsse; aber ich war mir noch nicht über das Was und Wie der Methode klar. So zog ich mich für einen schwierigen Sommer lang mit meiner Schreibmaschine in die Catskill Mountains zurück, um darüber nachzudenken und einen Artikel zu schreiben. Ich kam zu keinem schlüssigen Resultat. Enttäuscht und ohne Antwort fuhr ich nach New York zurück.

Wie leite ich »nicht-therapeutische Gruppen«?

Nun beobachtete ich gezielter, was ich in diesen »Nicht-Therapiegruppen« tat, und fand heraus: Ich setze ein Thema oder ich deduziere es aus dem Gruppenprozeß. Ich beachte, was jede und jeder einzelne sagt und versuche zu erfühlen, wie ihr oder ihm zumute ist. Ich beschäftige mich mit dem Thema, und manchmal erzähle ich den andern, was ich darüber weiß und denke, aber meistens warte ich, was die andern Teilnehmer darüber sagen. Ich fördere Meinungs- und Gefühlsäußerungen, ähnlich wie in Therapiegruppen; nur gehe ich in diesen Themengruppen auf persönliche Probleme nicht länger ein, als für die einzelnen notwendig ist, um sich am Thema beteiligen zu können. Ich lasse jede(n) so sein, wie er/sie ist, solange niemand gegen sich selbst oder andere destruktiv zu sein scheint. Nur dann interveniere ich. So fördere ich ein akzeptierendes, tolerantes Klima. Außerdem verteidige ich das Thema, das heißt, ich lasse weder Personen noch die Aufgabe fallen.

Ich bespreche persönliche Probleme in Nicht-Therapiegruppen nicht in Tiefendimensionen, sondern versuche, sie nur so weit anzugehen, wie es in dieser Arbeitssituation angemessen erscheint. Dies kann manchmal nur aufmerksames Zuhören und Verständnis bedeuten, manchmal Anregungen, wie ein Problem unter anderen Perspektiven gesehen werden könnte, manchmal körperliche Entspannung oder Bewegung usw.

Ich leite also diese Gruppen sehr ähnlich wie den ursprünglichen Gegenübertragungsworkshop. Ich vertrete das Thema und die Wichtigkeit der Personen und ihrer Kommunikation. Gefühle und Gedanken sind mir gleich wichtig. Wenn Störungen oder starke Betroffenheiten oder anderweitiges Engagement jemanden behindern, sich auf die Gruppe und das Thema einzulassen, gebe ich Störungen und Ablenkungen den Vorrang.

Ich bin nicht »Nur-Leiterin«. Ich bin ein Mitglied wie alle anderen, mit einer zusätzlichen Funktion, nämlich der, die Arbeit, die Interaktion der Gruppe und die Betroffenheit oder Störungen der einzelnen wahrzunehmen und mich einzusetzen, wenn ich glaube, daß es angemessen sei. Dann greife ich ein und sage, was mir aufgefallen ist. Ich beachte auch Zeit und Raum und auf wen oder was wir außerhalb der Gruppe Rücksicht nehmen müssen.

Eines Nachts, Monate nach dem »vergeblichen Catskill-Sommer«, träumte ich von einer gleichseitigen Pyramide. Im Aufwachen wurde mir sofort klar, daß ich die Grundlage meiner Arbeit »erträumt« hatte. Die gleichseitige Traumpyramide bedeutete mir: Vier Punkte bestimmen meine Gruppenarbeit. Sie sind alle vier miteinander verbunden und gleich wichtig. Diese Punkte sind:

- die Person, die sich selbst, den andern und dem Thema zuwendet (= Ich);
- die Gruppenmitglieder, die durch die Zuwendung zum Thema und ihre Interaktion zur Gruppe werden (= Wir);
- das Thema, die von der Gruppe behandelte Aufgabe (= Es);

– das Umfeld, das die Gruppe beeinflußt und von ihr beeinflußt wird – also die Umgebung im nächsten und weitesten Sinn (= der Globe).

Ich überlegte, daß diese vier Punkte *jede* Gruppe symbolisieren; das heißt, daß es keine Gruppe gibt, die nicht durch diese vier Punkte definiert wird. Jedoch nirgends – weder in unseren Gruppen noch in der Literatur – fand ich diese Definition der Gruppe. Wichtig aber war mir vor allem die im Traum konzipierte *Gleichseitigkeit der Pyramide,* was bedeutete, daß die vier Punkte gleich wichtig sind. Und *mit dieser Gleichgewichtigkeit von Ich–Wir–Es und Globe war die Gruppenführung mit TZI definiert;* alle anderen Gruppenmodelle betonen jeweils einen oder mehrere Punkte: Encountergruppen das Ich oder Ich-und-Wir; Schulklassen das Es oder Es-und-Ich; Universitäten das Es. Ich veränderte danach das Symbol der Pyramide in ein Dreieck in der Kugel, weil diese Figur optisch deutlicher ist.

Das Workshop Institute for Living-Learning (WILL), New York 1966

Mit dem Arbeitsprinzip der Gleichgewichtigkeit war die Grundlage des lehrbaren Systems gegeben. Norman Liberman[5] erzählt, daß ich in jener Woche nach dem Traum ganz aufgeregt zu meiner Supervisionsgruppe gekommen sei und ausgerufen hätte: »Jetzt hab ich's, jetzt können wir's lehren!«

Einige Zeit später gründeten wir, die Kollegen dieser und anderer Supervisionsgruppen, das Workshop Institute for Living-Learning (WILL) als einen Mitgliederverein, der sich das Lehren, das Erforschen und die Praxis des Gruppenleitens zur Aufgabe gemacht hat. Damals nannten wir die Themenzentrierte Interaktion »The WILL Approach«.

Das Wort »Themenzentrierte Interaktion« wurde von Frances Buchanan[6], einer jung verstorbenen Kollegin, geprägt, um unsere Art der Gruppenarbeit von »themenloser« Gruppentherapie zu unterscheiden.

Der Name WILL entstand bei einer Autofahrt über die Brooklyn Bridge. Norman und ich suchten einen kurzen Institutsnamen, der die Intention der Arbeit mit einbeziehen würde. Norman prägte den Begriff »Lebendiges-Lernen«. Ich definierte das Wort WILL als Entscheidung zwischen den Varianten »Ich möchte« (Es ist mir so zumute), »Ich muß« (der unvermeidbare Zwang), »Ich sollte« (das vom Ich entfremdete Gebot) und »Ich soll« (der vom Ich akzeptierte Wert). *»Ich will« ist die bewußte, integrierte Antwort auf »Ich möchte, muß, sollte und soll«.*[7]

Die ersten Mitglieder von WILL waren Gruppenpsychotherapeuten verschiedener Schulen. Sie gehörten zu den wenigen Therapeuten, die sich damals schon für Lehr- und Beratungsgruppen interessierten und die Nicht-Therapeuten zu Gruppenleitern ausbilden wollten – zum Beispiel Lehrer unterrichten, wie sie pädagogisch-therapeutisch mit Kindern in Klassen umgehen können; Geistliche, wie sie Gemeindearbeit und Feierlichkeiten durch TZI-Prinzipien bereichern können; die weitergeben wollten, wie Teamarbeit arbeitsmäßig und persönlich fruchtbarer gestaltet werden und wie Themen von allgemein psychologischem Interesse in Workshops und nicht nur in Therapie erlebbar werden können.

Nach etwa zwei Jahren wurde deutlich, daß TZI nicht nur von Gruppentherapeuten gelehrt und ausgeübt werden kann und sollte, sondern von Menschen aller Berufe und Tätigkeiten, die sich persönlich und gründlich einer methodischen Ausbildung in TZI unterziehen. Daraus wurde ein neuer Beruf, der des Gruppenleiters oder der Gruppenleiterin, für den es bis dahin noch kein Vorbild gab.

Als mich in den ersten Jahren Teilnehmer aus unseren Workshops fragten, was sie denn mit einem WILL-Gruppenleiterzertifikat anfangen könnten, sagte ich, sie müßten sich diesen Beruf erst erdenken und erarbeiten. In den Gruppen, in denen sie lebten – sei es im erlernten Beruf oder im Privat- und Gemeindeleben –, gebe es sicher genug Gelegenheiten, diese neue Befähigung einzusetzen. Heute wie damals ist es mir wichtig, neben der notwendigen Ausbildung von Therapeuten, Sozialarbeitern, Politikern, Geistlichen, Universitäts- und Schullehrern usw. auch Menschen auszubilden, die keiner speziellen Berufsgruppe angehören, zum Beispiel Eltern, Jugendliche, Kommissionsmitglieder, politisch Interessierte, Mitglieder von Wohngemeinschaften oder Gewerkschaften usw.

Durch WILL bekam der »WILL-Approach«, die TZI, eine Möglichkeit, auf breiterer sozialpolitischer Basis Fortschritte im pädagogisch-therapeutischen Kampf gegen Inhumanität zu erzielen. Diesem Anliegen entsprach einer der ersten *Trainingsworkshops* der im Aufbau begriffenen WILL-Fakultät 1964/65.[8]

Die ersten WILL-Workshops

»Segregation – Collision – Co-Existence – Integration« (1965)
Ich hatte die Absicht, diese vier existentiellen Situationen in der geschützten Atmosphäre einer Trainingsgruppe zu erforschen; das Training sollte der Vorbereitung individueller Aktionsmöglichkeiten in der politischen Außenwelt dienen. Damals bemühten sich viele von uns intensiv um die Integration von Schwarzen und Weißen. Jedoch waren unter den WILL-Aspiranten trotz besonderen Anstrengungen nur wenige Schwarze.[9]

Dieser Trainingsworkshop der Gründungsmitglieder fand in Renée Nells[10] Country Place, Connecticut, statt. Sie hatte ein Half-Way-House für psychisch kranke und drogengefährdete Menschen gegründet. In dem Trainingsworkshop waren etwa vierzehn Teilnehmer; zu einigen der Sitzungen luden wir Mitarbeiter und Patienten des Country Place ein.

Erste Sitzung

ERSTES THEMA: »Wie erfahre ich Segregation?«

STRUKTUR:
Vier Halbstunden mit je zwei Gruppierungen. Die Sektionen waren:

1. Die Bewohner des Country Place (Laien) und die WILL-Gruppe (Professionals).
2. Schwarze und Weiße.
3. Männer und Frauen.
4. Christen und Juden.

Jede Sektion arbeitete eine halbe Stunde lang in den voneinander abgesonderten, korrespondierenden Untergruppen. Jede Person gehörte vier verschiedenen Gruppen mit »ihresgleichen« an.
1. Sektion: Hausbewohner und Professionelle

Die *Hausbewohner* machten ihrem Ärger über die »Tatsache« Luft, daß sie in den schlechteren Raum »verbannt« worden seien, die Bibliothek, während die anderen in »ihrem« Wohnzimmer säßen.

Die *Professionals* sprachen über die uns bedrängende Tatsache, daß wir, als schwarze und weiße Professionals, fast noch nie in einem Raum zusammengesessen hatten. Die Hausbewohner als »die andere Gruppe«, von denen wir abgesondert waren, kamen nicht in unser Blickfeld. (Die Raumeinteilung war nur nach der Anzahl der Gruppenmitglieder und der Größe der Räume geschehen.)

2. Sektion: Schwarze und Weiße

Das beklemmende Hauptthema für beide Gruppen war die Feststellung, daß nur ein einziger schwarzer Hausbewohner und nur drei schwarze Professionals unter etwa 25 Teilnehmern waren.

3. Sektion: Frauen und Männer

Das Thema Frauenbewegung war den anwesenden *Frauen* noch nicht bewußt geworden. Keine von uns hatte sich bisher um »Women's Lib« gekümmert. Die Frauengruppe fühlte sich ausgesprochen wohl, in einer gemütlichen College-Atmosphäre, bis das Thema aufkam, daß nur *eine* schwarze Therapeutin unter uns war, was sofort wieder zum Civil-Rights-Thema führte.

Die *Männer* fühlten sich eingeengt und unglücklich. Ausschließliches Gesprächsthema waren die Frauen; was diese wohl jetzt, von den Männern abgesondert, besprechen würden. Die Männer waren nahe daran, die Trennungsstruktur zu durchbrechen und bei den »Frauen einzubrechen«.

4. Sektion: Juden und Christen

Juden: Schockartig erlebten Renée und ich, die einzigen deutschen Jüdinnen in der Gruppe, daß wir von den anderen, die alle *ost*jüdischer Abstammung waren, diskriminiert wurden. Wir waren verachtete »assimilierte Deutsche«. Deutsche Juden seien gar keine Juden. – Das Thema »Absonderung von Christen« kam nicht auf.

Die *Christen* dagegen sprachen über uns mit Neid, da sie phantasierten, daß wir uns als »eine Familie – wie die Juden eben immer sind« fühlten.

Den Rest des Training-Wochenendes verbrachten wir mit der Fortführung des Themas »From Segregation toward Integration« (Von der Absonderung zur Integration) mit verschiedenen Gruppierungen und Aussprachen über Inhalt, Struktur und Methoden.

Es ist heute kaum mehr vorstellbar, wie revolutionär interaktionelle Gruppen mit psychologischen und sozialen Themen noch 1965 in den USA waren. Vieles, was heute auf dem »Gruppenmarkt« selbstverständlich geworden ist, wurde damals von uns in erregender Interaktion entdeckt. Dazu gehörten auch Themen wie »Freedom and Responsibility« (Freiheit und Verantwortlichkeit), »Freeing Creativity« (Wie befreie ich meine Kreativität?), »The Meaning of Silence« (Der Sinn des Schweigens).

Daß Gruppenprozesse nicht nur durch akzeptierende Haltung, sondern auch durch gute Strukturierung gefördert werden, hatte ich damals intuitiv entdeckt. Erst viel später erkannte ich auf deduktivem Weg die Wirksamkeit solcher struktureller Vorplanungen. Ebenfalls neu war die exakte und balancierte Formulierung und bewußt stimulierende Einführung des Themas als wichtige und über Jahre verfeinerte Technik, um die Wirksamkeit der Gruppenarbeit zu steigern.

The Challenge of Change

Für den ersten durch Flugblätter angekündigten Workshop von WILL-New York 1966 wählten wir das Thema »The Challenge of Change« (Aufforderung zur Veränderung). Es nahmen etwa dreißig Personen daran teil. Zwei größere und ein kleiner Raum meiner Wohnung standen zur Verfügung.

Die Strukturen waren vorsichtig von uns vorgeplant worden. Um das Thema zu verdeutlichen, hatten wir sukzessive Veränderungen vorstrukturiert, sowohl was die Größe der einzelnen Gruppen und ihre Zusammensetzung als auch die Verteilung der Gruppenleiter und -leiterinnen und der zur Verfügung stehenden Räumlichkeiten betraf. Die Unterthemen bezogen sich auf das Erleben und Verarbeiten von kleineren und größeren Veränderungen, die durch innere oder äußere Situationen und Prozesse im Leben jedes Einzelnen hervorgebracht werden. Die vorgeplanten Situationsveränderungen der Gruppierungen, der Räume und der

Zeiteinteilung usw. und die Erinnerung an früher erlebte Situationsveränderungen und die eigenen Reaktionen darauf machten uns allen unsere eigenen »Veränderungsmuster« deutlich bewußt – und damit veränderbar!

Die Befürchtung, daß wir durch die vielen Veränderungen zu wenig Zeit zum Nachdenken haben würden, erwies sich als irrelevant. Es war, als ob die Notwendigkeit, sich umzustellen, Kräfte in den Teilnehmern mobilisierte, die uns selbst erstaunten. – Äußere Veränderungen, die unser Leben immer mitbestimmen, und unsere Fähigkeit, darauf zu reagieren, wurden in den Übungssituationen des Wochenendes erlebt und bewußt gemacht. Flexibilität, selektive Offenheit, Zeit zum Überdenken und Korrekturen wurden gefordert und gefördert: Lebendiges-Lernen im Wechselspiel mit lebendigen Forderungen.

Ich weiß nicht mehr, in welchem Workshop ich zum erstenmal die Worte: »Sei dein eigener Chairman« gebrauchte. Es könnte sein, daß es in diesem ersten WILL-Workshop war. Jedenfalls wurde dieser Ausspruch zum zentralen Leitsatz von TZI. Er erinnert an die Verpflichtung, nach innen und nach außen zu schauen und Verantwortung für sich selbst zu übernehmen. Nichts hat die Teilnehmer je mehr beeindruckt und ihnen zu größerer Bewußtheit verholfen als dieser einfache Slogan. Denn obwohl es eine Banalität ist, daß wir uns selber leiten müssen, wird gerade diese Banalität allzu oft verschleiert durch unüberprüfte Traditions- und sogenannte Sachzwänge und durch allerlei andere »Sollte«-Forderungen von Familien-, Geschäfts- und Staatsgewalt.

Die Kunst des Wahrnehmens. Eine Workshop-Großveranstaltung mit zweihundert Kunstdirektoren/Kunstsachverständigen

Ich möchte über einen weiteren Workshop (Leitung: Peter Hogan [11] und ich) aus den frühen WILL-Jahren berichten, der erste, an dem mehrere hundert Leute teilnahmen.

STRUKTUR:

1. Ein Workshop mit acht Kunstdirektoren, in dem ein Film aufgenommen wurde.
2. Einige Tage später Erweiterung des kleinen Kreises von Kunst-

direktoren auf ein Auditorium von etwa zweihundert Personen aus Kunstbetrieben, die ersten Teilnehmer eingeschlossen.

1. Im kleinen Workshop forderte ich die acht Direktoren auf, »einfach wahrzunehmen, was sie natürlicherweise zwanglos wahrnehmen würden«. Nach ein paar Minuten verlangte ich das Gegenteil: Wahrzunehmen, was sie bisher in diesem Raum nicht wahrgenommen hätten und normalerweise auch nicht spontan wahrnehmen würden.

Die Diskussion ergab Aufschluß über geübte und vernachlässigte Fähigkeiten dieser Männer und Anregungen für die Erweiterung und Differenzierung ihrer Talente. Peter filmte interessante Einzelheiten der Wahrnehmungsübungen und des Gesprächsprozesses. (Es waren keine Frauen in dieser Gruppe außer mir!)

2. Im Auditorium mit den zweihundert Teilnehmern eröffneten wir die Diskussion in der gleichen Weise. Wir forderten das Publikum zuerst auf, in diesem Raum wahrzunehmen, was sie zwanglos wahrnehmen könnten, und danach zu versuchen, etwas wahrzunehmen, was sie zuvor nicht gesehen oder gehört hatten und normalerweise auch nicht wahrnehmen würden. Danach zeigte Peter Hogan den Film und forderte die Teilnehmer auf, ihre eigenen Erfahrungen mit denen, die auf dem Film mitgeteilt wurden, zu vergleichen.

Im freien Austausch über die Erlebnisse während des schweigenden Wahrnehmens stellten wir fest, daß *alle,* die sich vom Publikum her äußerten, über ihre eigenen Wahrnehmungen sprechen wollten und das Videoband kaum erwähnten. Das Publikum kam ins Gespräch über Fragen wie: »Wie nehme ich wahr? Was übersehe ich? Was verliere ich durch meine blinden Flecken? Wie behindern sie mich bei Wahrnehmungsaufgaben in meinem Beruf? Wie können wir unsere Wahrnehmungsfähigkeit erweitern?«

Wir waren gerührt und begeistert darüber, daß zweihundert Leute ohne die geringste Gruppenerfahrung über persönlich wichtige Wahrnehmungen ins Gespräch kamen (und dies zu einer Zeit, als selbst der Versuch, in kleinen Gruppen offener über sich zu sprechen, den meisten Menschen noch unbekannt war). – Wir glaubten, daß dieses Mitteilen der persönlichen Erlebnisse durch die Vorführung des Videofilms stimuliert worden war, obwohl dieser Film in den Gesprächen kaum erwähnt wurde. Das Auditorium hatte durch die Videoaufnahme erfahren, wie frei ihre Kollegen in der kleinen Gruppe gesprochen hatten, und diese Offenheit, auch gegenüber Schwächen, war sehr wahrscheinlich ansteckend gewesen.

Das Modell der themenzentrierten Interaktion

Anliegen der TZI

Die Tatsache, daß wir leben, gibt uns Wichtigkeit – mir, dir, uns. Je mehr wir unsere menschlichen und sachlichen Abhängigkeiten voneinander, unsere Interdependenz, verstehen und zugleich unsere eigenständigen Möglichkeiten und unsere Verantwortung im Zusammenleben bejahen, um so realitätsgerechter und befriedigender sind persönliches und gemeinschaftliches Leben. Dies gilt auch für kleinste Gruppen wie Familien, Wohngemeinschaften, Freundschaftsgruppen und Teams. Es gilt auch für Völker, Kulturen, Schichten, Rassen und unsere planetarische Gemeinschaft. Je sinnvoller unsere gewählten Aufgaben sind, d. h. je mehr sie sich nach persönlichen ebenso wie nach sachlichen, gemeinschaftlichen Bedürfnissen richten, um so größer sind Lebenshoffnung und -freude.

TZI entstand aus dem Bewußtsein, daß es notwendig ist, Individualität und Gemeinschaftlichkeit dem Werte nach als ebenbürtig zu sehen, das heißt, aus »individualistisch« und »kollektivistisch« keine Gegensätzlichkeiten zu machen, weil Persönlichkeit und Gemeinschaftlichkeit untrennbar miteinander verbunden sind. Wir müssen die Diktatur der Diktaturen, die Feindbilder und Grausamkeiten aufoktroyiert, überwinden. Zu diesen Diktaturen gehören staatliche, ökonomische und kulturelle Mächte ebenso wie unsere eigene »Gleich-Gültigkeit«, die Lebens-Gültiges von Lebens-Ungültigem nicht unterscheiden.

Methodik

DAS PRINZIP DER DYNAMISCHEN BALANCE

Jede Gruppe ist durch vier Faktoren bestimmt:
1. die Person (Ich),
2. die Gruppeninteraktion (Wir),

3. das Thema oder die Aufgabe (Es),
4. das Umfeld im engsten und weitesten Sinn (Globe).

TZI beruht auf der Arbeitshypothese, daß jede Person (Ich), die Interaktion der Gruppe (Wir) und die Arbeit an einer Aufgabe (Es) als gleichgewichtig angesehen werden sollen und der gegenseitige Einfluß von Gruppe und Umfeld beachtet werden muß. Symbolisch kann diese Konstellation als gleichseitiges Dreieck in einer vielschichtig-transparenten Kugel ausgedrückt werden: Ich, Wir und Es sind gleich wichtig, ebenso wie unsere nahe und ferne Umgebung, der »Globe«.

Die Anerkennung und Förderung der Gleichgewichtigkeit der Ich–Wir–Es-Faktoren im Globe ist die Basis der TZI-Gruppenarbeit und -leitung. Es geht darum, die Wichtigkeit jeder einzelnen Person, die Wichtigkeit der Interaktion, die Wichtigkeit des Themas (resp. der Aufgabe) und die Wichtigkeit der Wirkungszusammenhänge in und mit der Umwelt in dynamischer Balance zu halten. Das Bewußtsein dieser Arbeitshypothese wird in allen Gruppenmitgliedern gefördert; an ihrer praktischen Verwirklichung mitzuwirken, ist Aufgabe des TZI-Gruppenleiters.

Im Prozeß der Gruppenarbeit steigt und fällt die Betonung der einzelnen Faktoren; jedoch die dynamische Balance als Prinzip und Kompaß ist konstant und wird in kürzestmöglicher Zeit immer wieder hergestellt. Dies bedeutet: Es muß beachtet werden, ob zum Beispiel gekränkte Gefühle oder sich versteifende Körper, schlechte Luft oder quälender Lärm die einzelnen und die Interaktion stören und ob etwas dagegen getan werden kann; meistens ist dies möglich, wenn Beachtung erlaubt wird! Oder das Dachthema kann durch das Übergewicht eines Unterthemas verlorengehen, oder umgekehrt; dann muß das Gleichgewicht zum Es hin wiederhergestellt werden. Oder Diskussionen über äußere Vorgänge mögen übermäßig lange im Vordergrund stehen und ein interaktionelles Wir-Problem oder die Arbeit selbst verdecken usw.

DYNAMISCHE BALANCE als Begriff geht über das Dreieck in der Kugel hinaus. Gleichgewichtsstörungen entstehen auch in jedem Einzelnen durch Mißachtung des Wechsels von Arbeit und Ruhe, Geben und Nehmen, durch zuviel Zeit mit Kindern und zuwenig Zeit mit Erwachsenen, oder umgekehrt, durch zuviel Training und zuwenig Ausübung usw.

Dynamische Balance ist ein allgemeiner Lebensbegriff, die Notwendigkeit, Gegenpole im Leben einzubeziehen, wie es auch der chinesischen Yin-Yang-Philosophie entspricht. Leben ist gekennzeichnet durch sich bewegende Neuorientierung und nicht durch Statik. Der Begriff der dynamischen Balance ist eine Aufmerksamkeitshilfe, lebendiges Lernen/Lehren und lebendiges Leben zu begünstigen.

Das Ich: Ich kann mich als Person empfinden, erspüren und erkennen wie niemand sonst, nämlich subjektiv. Je mehr ich mich nach innen wende und je klarer ich mir meine eigene Perspektive von der Außenwelt schaffe, um so sinnvoller kann ich entscheiden, wie ich Mitwirkender an meinem Lebensprozeß bin und/oder sein möchte. Nur ich und niemand sonst kann meine Wahrnehmungen, Vorstellungen, Gefühle und Gedanken für mich erleben und vertreten, niemand außer mir hat meine Erinnerungen und Sehnsüchte und entscheidet für mich. Ich kann mein Bewußtsein erweitern durch Nachdenken, Nachspüren, Suchen nach Wahrhaftigkeit, Bitten um Hilfe und Kooperation. Doch ich bleibe ich selbst, die/der sich ändert. Je mehr ich diese offene, suchende Haltung in mir bewahre, um so leichter wird es mir, offen und tolerant mit anderen zu sein: »Liebe deinen Nächsten wie dich selbst – er ist wie du« – eigenständig *und* interdependent.

Je mehr ich mein Bewußtsein für mich selbst erweitere, um so deutlicher wird mir die Vielfalt innerer Strömungen und Motivationen; um so einfacher wird es auch zu verstehen, daß jeder Mensch anders ist und sein muß in der Vielfältigkeit seiner Erlebnisse und Fähigkeiten; denn seine Anlage und die von ihm durchlebte Geschichte ist nie meine eigene. – Wir sind wie Inseln, verwurzelt im Grunde des Ozeans, uns treffend in der Weite des Himmels. Ich bin nur ich, weil ich auch Wir-Anteil bin: Wir-Anteil meiner Eltern, meiner Kinder, meiner Nächsten, meiner Fernsten, Wir-Anteil der Menschheit und Wir-Anteil des Universums.

Das Wir: Das Wir ist kein psycho-biologischer Organismus wie das Ich, sondern eine Gestalt, die durch die jeweiligen Ichs in deren Interaktion entsteht und, wie jede Gestalt, mehr ist als die Summe ihrer Teile. Im engeren Sinn ist das Wir eine Anzahl von Menschen im selben Raum und in derselben Zeit, die sich aufeinander und auf ein gemeinsames Thema beziehen, d. h. akut interaktionell sind. Im weiteren Sinn kann eine Gruppe durch ein gemeinsames Anliegen auch über Raum und Zeit bestehen.

Eine Gruppe wird nicht dadurch gestärkt, daß Personen ihre Individualität aufgeben, sondern dadurch, daß diese sich in der jeweiligen Gemeinschaft aktualisieren. Jeder Mensch verwirklicht sich in der Beziehung zu den andern und in der Zuwendung zur Aufgabe. *Das Wir wird stärker nicht durch Mitglieder, die sich selbst aufgeben, sondern durch die, die sich eingeben.* Nicht: Ich gebe mich *auf* für meine Gruppe (Familie, Freunde, Volk, Menschheit), sondern: Ich gebe mich *ein.* Jedes Ich hat zentrale Verantwortlichkeit für sich selbst und partielle Verantwortung für die Gruppe. Wenn ich meine eigenen, gruppenunabhängigen Bedürfnisse vernachlässige, verliere ich einen Teil meiner Energie in Selbstaufopferung, und wenn ich die anderen Gruppenteilnehmer oder unsere Aufgabe nicht ernst nehme, verliere ich etwas von meinem Wir-Anteil, der zu meiner Selbsterfüllung gehört. Doch ich bleibe Wir-Anteil selbst dann, wenn ich mein Potential in mir selbst und für die anderen nicht erfülle. Denn ich bin wirksam bereits durch meine bloße Existenz als Atmende(r) und Anteil-Seiende(r).

Das Es: Das Es ist das Thema der Gruppe, der kleine Teil oder Aspekt der Welt von Dingen und Geschehnissen, um die sich eine Gruppe zentriert. Wenn das Thema, die Aufgabe, von allen Ichs als eigenes Anliegen und in Bezogenheit aufeinander gewollt und getragen wird, besteht eine optimale Arbeitssituation. Ob das betreffende Thema jedoch konstruktiv für die einzelnen und die Umwelt ist, muß durch Realitäts-und Wertbestimmung beurteilt werden. Ohne solchen Kompaß können selbst Gruppensolidarität und Arbeitsfähigkeit lebensschädlich sein. – Beispiele: »Ein militärisches Team bespricht einen Raub- oder Vergeltungsangriff.« »Möbelfabrikanten erarbeiten günstige Bedingungen für den Einkauf von Holz aus tropischem Regenwald.« – Generative, lebensfördernde Themen sind dagegen solche, die sowohl allgemein-humanistische Werte als auch die Lebensbedürfnisse einer Gruppe einbeziehen und nicht auf die Leichen eines anderen Erdteils oder der Zukunft ihr Haus bauen.

Der Globe: Zum Globe gehören die Menschen und Geschehnisse außerhalb der Hier-und-Jetzt-Gruppe. Diese Außenwelt –

familiäre, berufliche, hierarchische, ökologische usw. – ist jedoch in ihrem Außensein auch immer in der Gruppe wirksam. Für das nähere Umfeld ist dies offenbar: für die abwesenden Partner, den Stundenplan, die Überlegungen der Einwirkungen von außen usw. Jedoch gehören zum wirksamen Globe auch die fernsten Menschen, gehören geschichtliche, planetarische und astronomische Gegebenheiten. *Der Globe weitet sich zum Kosmos aus; denn alles hängt mit allem und allen zusammen, wann und wo es auch geschah, geschieht und geschehen wird.* Zum Globe gehören auch Überlieferungen in Wort und Schrift, vergangene und heutige Institutionen, sichtbare und unsichtbare Gestirne, bekannte und unbekannte materielle und geistige Kräfte.

Die Ich-Wir-Es-Faktoren sind TZI-Studenten und -praktikern fast immer schneller bewußt als die Wichtigkeit des Globe. Die Abwehr sagt: »Man kann doch wirklich nicht *alles* berücksichtigen. Wir haben schon genug mit uns selbst zu tun. Was können wir schon anfangen mit diesem unheimlich großen Globe, der um das Gruppenzimmer herum liegt und in es hineinwirkt? Man muß sich bescheiden.« Die Zuwendung sagt: »Wir müssen uns mit den Einwirkungen des Globe auf uns und unsere Einwirkung auf ihn beschäftigen. Sonst sind wir wie ein Kapitän, der zwar sein Schiff kennt, sich jedoch um die Meeres-, Wind- und geographischen Situationsbedingungen nicht kümmert. Wer den Globe nicht kennt, den frißt er.«

Ich möchte dies unterstreichen: *Das Bewußtsein der Globe-Faktoren ist für jede Gruppe so wesentlich wie das der Ich-, Wir- und Es-Faktoren.*

ERKLÄRUNG:

- Wenn wir nicht antizipieren, wie Ort, Zeit, die Zusammenstellung der Gruppenmitglieder (soziale Schicht, Geschlecht, Alter, Bildung usw.) die Gruppeninteraktion beeinflussen, werden inadäquate Gruppenstrukturen den Vertrauenspegel senken, weil die Prozesse behindert werden.
- Wenn wir die Hierarchien, von denen Kurs, Lehrplan, Betriebsveränderung, Gottesdienst, politische Aktion abhängen, nicht beachten, sei es akzeptierend, reformierend oder revolutionierend, wird die Gruppenarbeit wahrscheinlich zerschellen – finanziell, sachlich oder politisch.

- Wenn wir die ökonomische, politische, soziale, gesellschaftliche Landkarte einer Schule oder eines Betriebes oder Landes nicht genügend kennen und die weitere Umgebung nicht mit in die Informationsvorgabe und unsere Entscheidungen einbeziehen, sind Aktionen von Gremien irrelevant oder schädlich. Wenn wir zum Beispiel einer Rezession nicht ins Auge sehen, suchen wir nicht nach alternativen Lösungen und bleiben statt dessen in irrelevanten Themen stecken, die uns daran hindern, kreative neue Möglichkeiten zu entdecken.
- Wenn wir vergessen, daß die Beziehung Gruppe–Globe keine Einbahnstraße ist, sondern wechselseitige Auswirkungen hat, die wir zum Teil voraussehen können, dann entziehen wir der Gruppenarbeit einen großen Teil ihrer Möglichkeiten. Wenn wir z. B. verneinen, daß wir Einfluß haben können, schaffen wir sich selbst erfüllende Prophezeiungen (self fulfilling prophecies), während gezieltes Bewußtsein die kooperative Stärke von Möglichkeiten erhöht.

TZI beruht auf humanistisch-holistischen Grundsätzen

TZI-Axiome sind der Boden, auf dem die TZI-Methodik verstanden werden muß, und die entscheidenden Voraussetzungen für die gruppentherapeutische und -pädagogische Intention der TZI. Ohne diese Axiome kann TZI so »wirksam« sein wie ein in einem Heuschober angezündetes Streichholz.

SYSTEM-IMMANENTE AXIOME

(Voraussetzungen, auf denen TZI beruht.)
Ohne die Anerkennung dieser Grundsätze wird TZI-Methodik zur sich selbst verneinenden Technologie.

1. *Der Mensch ist eine psycho-biologische Einheit und ein Teil des Universums.* Er ist darum gleicherweise *autonom und interdependent.* Die Autonomie des einzelnen ist um so größer, je mehr er sich seiner Interdependenz mit allen und allem bewußt wird.

Ausführung: Wenn ich mir die reale Situation, einschließlich der Fähigkeiten und Abhängigkeiten der Teilnehmer einer Lebens- oder Arbeitsgruppe bewußt mache, habe ich mehr Möglichkeiten, mich und meine Werte realistisch zu vertreten, als wenn ich unbekümmert um das situative Feld und die Charaktere und Beziehungen von Menschen untereinander draufloshandle. *Ich bin um so autonomer, je mehr ich die Welt bewußt in mich einlasse.*

Es geht in diesem *anthropologischen* Axiom um personale und soziale Identität und Kompetenz, die sich jedoch nicht im Personalen und Sozialen erschöpft, sondern beide geistig und existentiell transzendiert.

2. *Ehrfurcht gebührt allem Lebendigen und seinem Wachstum.* Respekt vor dem Wachstum bedingt bewertende Entscheidungen. Das Humane ist wertvoll, Inhumanes ist wertbedrohend.

Ausführung: Human sein bedeutet zum Beispiel, keine Lebewesen zu quälen und nie mehr von ihnen zu töten, als zur Lebenserhaltung und -förderung (speziell der Menschen) nötig ist; wobei der Begriff des Tötens auch das Abtöten von seelischen und geistigen Fähigkeiten einbezieht.

Es handelt sich hier um ein *ethisches* Axiom, wobei dieses Axiom rein ethisch oder auch religiös aufgefaßt werden kann. Da der Mensch nichts über absolute Seinsweisen wissen kann, ist der Wertkompaß nur im Hinblick auf den Bereich des menschlich Unabdingbaren zu verstehen.

3. *Freie Entscheidung geschieht innerhalb bedingender innerer und äußerer Grenzen; Erweiterung dieser Grenzen ist möglich.*

Ausführung: Freiheit im Entscheiden ist größer, wenn wir gesund, intelligent, materiell gesichert und geistig gereift sind, als wenn wir krank, beschränkt oder arm sind oder unter Gewalt und mangelnder Reife leiden.

Dieses pragmatisch-politische Axiom weist auf die Verzahnung des Innen und Außen hin. In diesem Sinn sind die drei Axiome untrennbar miteinander verbunden.[12]

Aus der Klärung grundlegender existentieller Phänomene und Axiome ergeben sich die existentiellen Postulate der TZI. Sie sind nicht auswechselbare Spielregeln. Ihre Forderungen sprechen aus, wie die Axiome im persönlichen Leben und im Gruppenleben zum Ausdruck kommen sollen.

1. *Sei dein eigener Chairman/Chairwoman, sei die Chairperson deiner selbst.* *

Dies bedeutet:

– Sei dir deiner inneren Gegebenheiten und deiner Umwelt bewußt.
– Nimm jede Situation als Angebot für deine Entscheidungen. Nimm und gib, wie du es verantwortlich für dich selbst und andere willst.

Als meine eigene Chairperson bin ich der/die »Vorsitzende meiner inneren Gruppe«, meiner verschiedenen Bedürfnisse und Bestrebungen. Ich versuche, mir diese auch in der Gruppensitzung bewußt zu machen: die körperlichen Empfindungen, die wechselnden Gefühle und die tief verankerten Grundstimmungen, die Wahrnehmung im Gruppengeschehen, die gedanklichen Eingebungen, Phantasien, Intuitionen, Urteile, Wertungen, Ansichten. Ich akzeptiere mich, wie ich bin – was meine Wünsche, mich selbst zu ändern, mit einschließt. Ich mache mir meine Gefühle bewußt und wäge ab: mein »ich soll« gegen mein »ich möchte«; und ich versuche meine Entscheidungen auch von körperlichen Fähigkeiten und Begrenztheiten abhängig zu machen, denen ich ebenso unterliege wie anderen natürlichen und sozialen Gegebenheiten: Menschen, Natur, soziale Wirklichkeit.

Die Aussage »Sei deine eigene Chairperson« in interaktionellen Gruppen bedeutet: »Übe dich, dich selbst und andere wahrzunehmen, schenke dir und andern die gleiche menschliche Ach-

* Der Begriff »Chairman« war im damaligen amerikanischen Sprachgebrauch eindeutig bestimmt. Der Chairman übernimmt die Verantwortung für die Gruppenleitung, ohne sich selber als neutral ausschließen zu müssen. »Sei dein eigener Chairman« war eine unmittelbar einleuchtende Aufforderung. Heute ist »chairman« ein antiquiertes Wort, und »*chairperson*«, durch das es ersetzt wurde, hat nicht denselben traditionell bekannten Klang. — Trotzdem halte ich das Fremdwort »chairperson« auch heute noch für günstiger als eine deutsche Übersetzung wie etwa »Sei dein(e) eigene(r) Führer(in), dein(e) eigene(r) Leiter(in), Vorsteher(in), Steuermann oder Steuerfrau« u. ä. Eher noch: »*Sei deine eigene Leitperson*« oder »Bestimme dich selbst« — nur daß keine dieser Wendungen den Charakter eines emotionalen Slogans hat.

tung, respektiere alle Tatsachen so, daß du den Freiheitsraum deiner Entscheidungen vergrößerst. Nimm dich selbst, deine Umgebung und deine Aufgabe ernst. Meine eigene Chairperson zu sein bedeutet, daß ich mich als einzigartiges, psycho-biologisches, autonomes Wesen anerkenne – begrenzt in Körper und Seele, in Raum und Zeit und lebendig im lernenden, schaffenden Prozeß. Ich bin verantwortlich für meine Anteilnahme und meine Handlungen, nicht aber für die der anderen. Ich kann jedoch anbieten und biete an, so gut ich kann. Ich bin nicht allmächtig; ich bin nicht ohnmächtig; ich bin partiell mächtig. Und ich bin immer nur meine eigene Leitperson und nie die des andern, außer wenn dieser seine Bewußtheit verliert oder noch nicht erreicht hat.«

2. *Störungen und Betroffenheiten haben Vorrang.*

»Störungen fragen nicht nach Erlaubnis, sie sind da: als Schmerz, als Freude, als Angst, als Zerstreutheit; die Frage ist nur, wie man sie bewältigt. *Antipathien und Verstörtheiten können den einzelnen versteinern und die Gruppe unterminieren; unausgesprochen und unterdrückt, bestimmen sie Vorgänge in Schulklassen, in Vorständen, in Regierungen.* Verhandlungen und Unterricht kommen auf falsche Bahnen oder drehen sich im Kreis. Leute sitzen am Pult und am grünen Tisch in körperlicher Gegenwart und innerer Abwesenheit. *Entscheidungen entstehen dann nicht auf der Basis realitätsbezogener Überlegungen, sondern unterliegen der Diktatur von Störungen:* Antipathien zwischen den Teilnehmern, unausgesprochenen Interessen, persönlichen depressiven und angstvollen Gemütsverfassungen. Die Resultate sind dementsprechend geist- und sinnlos und oft destruktiv. Die unpersönlichen ›störungsfreien‹ Klassenzimmer, Hörsäle, Fabrikräume, Konferenzzimmer sind dann angefüllt mit apathischen und unterwürfigen oder mit verzweifelten und rebellierenden Menschen, deren Frustration zur Zerstörung ihrer selbst oder ihrer Institutionen führt.«

Das Postulat, daß Störungen und leidenschaftliche Gefühle den Vorrang haben, bedeutet, daß wir die Wirklichkeit des Menschen anerkennen; und diese enthält die Tatsache, daß unsere lebendigen, gefühlsbewegten Körper und Seelen Träger unserer Gedanken und Handlungen sind. Wenn diese Träger wanken, sind unsere Handlungen und Gedanken so unsicher wie ihre Grundlagen.

Ich weiß nicht, wann, wo, wie und zu wem ich diesen Satz: »Disturbances and passionate involvements take precedence«, zum erstenmal gesagt habe. Ich weiß auch nicht, wie viele tausendmal ich ihn inzwischen wiederholt habe, und wie viele ungezählte Male er inzwischen von anderen gesagt und in ihr Leben integriert worden ist. Dieser Satz schlug überall elektrisierend ein, weil er so neu war – und vielfach noch ist; denn er wendet sich gegen fast alles, was wir in Schulen, Betrieben, Familien und in uns selbst fälschlich integriert haben: daß wir geneigt sind, was stört, beiseite zu schieben, und damit unsere Energien und unsere Lebendigkeit vermindern. Nicht nur unbewußte Fixierungen berauben uns unserer Lebenskraft, sondern auch bewußte Störungsvermeidung. Der Umgang mit Störungen gehört zur Lebens- und Gruppenkunst. Er ist eine Gratwanderung zwischen vielen Faktoren – der eigenen inneren und der gegebenen äußeren Situation. »Gib dir überall einen Augenblick lang Zeit, dich auf deinen Körper und deine Gefühle einzulassen – sieh, wie, wann, wo und warum du dich nicht auf deine Aufgabe oder das Thema einlassen kannst oder willst. Wenn du unfähig bist, dich für die anderen und die jeweilige Aufgabe zu interessieren, wenn du zu ärgerlich, gelangweilt, in Schmerzen oder zu aufgeregt über etwas bist, das dich freut, so daß du dich nicht konzentrieren kannst, akzeptiere es zunächst selbst als Störung oder Betroffenheit. Dann entscheide, ob und wie du es den anderen sagen willst.«

Manchmal muß man Störungen abwägen und Prioritäten setzen. Es gibt Augenblicke, wo verschiedene Störungen zur gleichen Zeit auftreten, z. B. Gefühlsstörungen, Strukturstörungen und Terminstörungen. Gruppen können lernen, über Prioritäten gemeinsam und realitätsgerecht zu entscheiden, wenn das Störungspostulat als effizient und menschlich wichtig anerkannt worden ist.

Psychische und sachliche Störungen entstehen zum Beispiel durch schlechte Informationskanäle, inadäquate Arbeitsverteilung und unzulängliche Gruppen- oder Raum- und Zeitstrukturen, die individuelle und Kooperationsprobleme schaffen und Arbeitsineffektivität zur Folge haben.

In der *Hierarchie von Störungen* – persönlichen und sachlichen – lohnt es sich fast immer, persönliche Störungen zuerst anzugehen. Doch es gibt Ausnahmesituationen, in denen diese zurückgestellt werden müssen: *Never Analyze in a Burning House* (Analysiere niemals in einem brennenden Haus); jedoch: *Steck' auch kein Haus an, um Sachzwänge als Vorwand für die Außerachtlassung von persönlichen Störungen zu benützen.* (Sonst brennt das Haus gleich morgen wieder!)

Das Störungspostulat ist ein wesentlicher pädagogischer und politischer Wegweiser. Störungen den existentiellen Vorrang abzusprechen, den sie de facto einnehmen, behindert Persönlichkeitsentwicklung, Gruppenzusammenhang und Arbeitsbewältigung. Dies betrifft auch Störungen auf nationaler und internationaler Ebene. So verlangen auch gesellschaftliche, wirtschaftliche und ökologische destruktive Tendenzen oder das Aussterben eines Volkes Vorrang in unserer Beachtung. Eine ausgezeichnete Produktionsleistung zerstäubt in nichts, wenn die Produktionsverteilung auf der Erde zum Hunger führt und Rohstoffquellen, Schönheit und Gemeinschaftlichkeit vernichtet werden.

DIE HILFSREGELN

»*Hilfsregeln helfen, wenn sie helfen!*« Sie helfen nur, wenn sie menschengerecht angewandt werden. Seelenlose, mechanische Kommunikation ist nicht menschengerecht.

Meine ursprüngliche Begeisterung für Kommunikations-Hilfsregeln legte sich unter dem Eisregen mechanisierter Anwendungen des »Cohnschen Regelsystems«, das in vielen Institutionen an die Wand angeschlagen und in die Hirne eingebrannt wurde, ohne den Geist der Axiome und Postulate zu kennen oder zu erkennen, denen die Regeln helfen sollen.

Ein Beispiel: »Vertritt dich selbst in deinen Aussagen; sprich per ›Ich‹ und nicht per ›Wir‹ oder per ›Man‹.« – Diese Hilfsregel hilft, Versteckspiele zu vermeiden und selbstverantwortliche Aussagen zu fördern. Sie wendet sich auch gegen die kulturelle Hypokrisie, daß man nicht von sich selbst sprechen soll. – Mißbrauch der Hilfsregel: Eine Frau hatte mehrere Sitzungen lang in der Gruppe kein Wort gesagt. Dann begann sie einen Satz mit: »Man hat es schon schwer, in einer so großen Gruppe zu sprechen . . .« Der mißleitete Gruppenleiter unterbrach sie: »Sprich per ich und nicht per man.« Die Frau erschrak, wurde rot, schüttelte den Kopf und schwieg. Ihr schüchterner Versuch, in der Gruppe zu sprechen, war mit einer *Maßregelung* und nicht mit einer *Hilfsregel* beantwortet worden!

Wenn Hilfsregeln im verstehenden Geist gebraucht werden, sind sie sehr hilfreich!

Beispiele von Hilfsregeln:

»*Sei zurückhaltend mit Verallgemeinerungen.*« Begründung: Verallgemeinerungen haben die Eigenart, den Gruppenprozeß zu unterbrechen. Sie sind jedoch angemessen, wenn ein Unterthema ausreichend diskutiert worden und der Wechsel des Gegenstandes angezeigt ist (z. B. um dynamische Balance herzustellen und zu einem anderen Unterthema überzuleiten).

»*Wenn du eine Frage stellst, sage, warum du fragst und was deine Frage für dich bedeutet. Sprich für dich selbst und vermeide das Interview.*« Begründung: Echte Fragen verlangen Informationen, die nötig sind, um etwas zu verstehen und Prozesse weiterzuführen. Authentische Informationsfragen werden durch das unausgesprochene Anliegen des Fragenden persönlich und klar. »Sokratische Fragen«, also Denkanregungen, sind interessant, wenn sie als solche verstanden werden. Doch oft sind Fragen Vermeidungsspiele, eigene Erfahrungen herzugeben, oder dienen als Werkzeug inquisitorischer Machtkämpfe. Die befragten Personen, die solche Tendenzen mehr oder minder klar empfinden, nehmen sie nicht ernster, als sie gemeint sind. Unechte Antworten und Gegenfragen folgen unechten Fragen. Interview ersetzt Dialog. Dagegen inspirieren eigene Aussagen, Gedanken und Interaktionen den persönlichen und sachlichen Austausch. Echte Kommunikation ist ebenso ansteckend wie defensives Gerede.

»*Sei authentisch und selektiv in deinen Kommunikationen. Mache dir bewußt, was du denkst, fühlst und glaubst, und überdenke vorher, was du sagst und tust.*« Begründung: Wenn ich alles ungefiltert sage, beachte ich nicht meine und des anderen Vertrauensbereitschaft und Verständnisfähigkeit. Wenn ich lüge oder manipuliere, verhindere ich Annäherung und Kooperation. Wenn ich selektiv und authentisch bin (»selective authenticity«), begünstige ich Vertrauen und Verständnis. Wenn Vertrauen geschaffen ist, wird Filterung zwischen meiner Erfahrung und meiner Aussage zunehmend überflüssig. Je weniger solche Filter nötig geworden sind, desto einfacher, produktiver und froher ist die Kooperation von Partnern. Solches Vertrauen kommt nicht durch Konformitätsdruck oder in Übereilung zustande.

Kommunikationen verlangen Takt und Timing. Aufrichtigkeit ohne Selektivität kann schaden. Es kommt nicht nur auf den Aussprechenden, sondern auch auf den Empfangenden an. »Selektive Authentizität« war, historisch gesehen, meine passionierte Antwort auf den diktatorischen, undifferenzierten Anspruch vieler experientieller und Encountergruppen auf »totale Offenheit«.

»Halte dich mit Interpretationen von anderen so lange wie möglich zurück. Sprich statt dessen deine persönlichen Reaktionen aus.« Begründung: Interpretationen können korrekt und zeitlich angebracht sein. Wenn sie richtig und taktvoll sind (zeitadäquat), unterstützen sie das, was der Interpretierte ahnt oder weiß; wenn Interpretationen zwar richtig sind, aber nicht zeitgerecht, erregen sie Abwehr und verlangsamen den Prozeß. Häufig dienen jedoch Interpretationen als Selbstbewunderungsspiel. Nicht-interpretative, direkte persönliche Reaktionen auf das Verhalten anderer führen zu spontaner Interaktion. (»Du redest, weil du immer im Mittelpunkt stehen willst«, kann richtig oder falsch sein und ist oft ein pseudo-analytischer Angriff. Dagegen: »Bitte rede jetzt nicht, ich möchte nachdenken« oder »Ich möchte selbst reden« ist wahrscheinlich echter und daher annehmbarer.)

»Beobachte Signale aus deiner Körpersphäre, und beachte diese auch bei anderen Teilnehmern.« Begründung: Die Körpersprache sagt viel über bewußte, aber auch unbewußte Gefühle aus. Die non-verbale Sprache ist oft ausdrucksvoller als das gesprochene Wort. So kann der eigene Körper uns darauf hinweisen, daß wir Gefühle beachten und Gedanken überdenken sollen. Die Körpersprache, gerade weil sie meist unbewußter ist als Worte, ist zwar eher authentisch, darf jedoch von andern nur als möglicher Wegweiser und nur mit viel Bescheidenheit und Takt interpretiert werden.

Es gibt in meinen verschiedenen Schriften eine Anzahl verschiedener Hilfsregeln. Manche von ihnen sind fast überall anwendbar, andere ergeben sich aus bestimmten Situationen und sollten immer wieder neu kreiert werden. Die Idee eines »Regelsystems« widerspricht der Vielfältigkeit von Lebens- und Gruppensituationen und dem Geist der TZI.

Ich führe Hilfsregeln nur dann explizit ein, wenn sie mir im Augenblick hilfreich zu sein scheinen, und nicht als programmierte Gebote. Ohne Eingebundenheit der Hilfsregeln in eine humane Haltung und ohne Verständnis für die Axiome und Postulate dienen sie dem Antigeist, den sie bekämpfen wollen; der Antigeist heißt Intoleranz und Dogmatismus.

DAS TZI-THEMA

Im TZI-System bedeutet »Thema« das formulierte Anliegen. In einer Gruppe ist es der zentrierte, meist *verbal formulierte Fokus* der Aufmerksamkeit. Im günstigen Fall entspricht das Thema dem Anliegen der Teilnehmer; das Anliegen wird meist von dem (der) Leiter(in) oder einer kleinen Kommissionsgruppe formuliert. Wenn aus äußeren Gründen ein Thema vorgegeben ist, das nicht den Anliegen der Gruppenteilnehmer, sondern einem Lehrplan, einem hierarchiegebundenen Betriebsanliegen oder unreflektierter Tradition entstammt, kann eine gute Themenformulierung das Gruppeninteresse wachrufen.

Sowohl die Formulierung des Themas als auch seine *Einführung* soll den Teilnehmern individuell erleichtern, die eigene Eingangstür zu finden. Da alle Menschen verschieden sind, unterschiedliche Bedürfnisse und Anliegen haben und mit jedem Thema unterschiedliche Erinnerungen verbinden, sollen sie nicht gezwungen werden (wie es fast überall üblich ist), denselben Zugang zum Thema zu benützen. Es gibt Menschen, die am besten lernen, wenn sie sich bildlich etwas vorstellen können; andere, die Bewegungsvorstellungen haben; dritte, die zunächst mechanisch auswendig lernen wollen; manche, die Freude daran haben, abenteuerliche Versuche zu machen, und so weiter. *Das Thema ist wie ein runder, zu erkundender Raum, der sehr viele Eingangstüren hat, weil es viele Wege zu ihm gibt.*

Die Möglichkeit, durch Themenformulierungen Interesse zu erwecken, bedeutet *Vorzug und Gefahr. Inhalte können interessant werden, die es nicht verdienen, und Inhalte können vernachlässigt werden, die lebenswichtig sind.* Darum haben Gruppenleiter die Aufgabe, das Postulat der Eigenverantwortlichkeit auch auf das Gebiet der Themenfindung und -formulierung anzuwenden und, vor allem, das Thema mit der Gruppe zu besprechen. Es muß den Gruppenmitgliedern klar werden, daß bereits mit der Themenfindung, Themensetzung und Themenformulierung eine wesentliche Vorarbeit für die Gruppe geleistet wird. Das Thema selbst ist Teil verantwortlicher Arbeit.

Wie wichtig die Themenformulierung ist, ging mir bei einem der ersten TZI-Workshops auf. Das Thema des Workshops war »The Writer's Block« (Der blockierte Schriftsteller). Mehrere Stunden lang drehte sich das Gespräch zwischen den »blockierten« Schriftstellern um die Schwierigkeiten, die ihnen beim Schreiben begegneten. Es war eine verbale Orgie über das Blockiertsein. Da kam mir der Gedanke, das Thema umzuformulieren in »Freeing Creativity in Writing« (Wie setze ich meine schöpferischen Kräfte beim Schreiben frei?) Im Nu verwandelte sich die gemeinsame Klage über blockiertes Denken in ein Nachdenken darüber, wann der eine oder andere seine Blockierung wenigstens temporär überwunden hatte, und mit welchen Ideen es sich lohnen könnte zu experimentieren.

Ein adäquat formuliertes und eingeführtes Thema unterstützt die Gruppenbildung und das gemeinsame Arbeiten. Das Thema übernimmt einen Teil der Leitungsfunktion, denn es hilft dem Einzelnen wie der Gruppe, die Sache, um die es geht, im Auge zu behalten.

Ein adäquat formuliertes Thema

- ist kurz und klar formuliert, so daß es dem Gedächtnis stets präsent bleibt;
- ist nicht abgedroschen und langweilt deshalb auch nicht;
- ist in bezug auf Sprache und Wissensanforderungen auf die Teilnehmer zugeschnitten;
- ist so gefaßt, daß es niemanden ausschließt und niemandes Gefühle verletzt;
- ist nicht so eng (konkret) gefaßt, um nicht Raum zu lassen für freie Einfälle, Gedanken und Bilder, und
- nicht so weit (abstrakt) gefaßt, daß es *alles* zulassen und nichts fokussieren würde;
- hat auch gefühlsmäßigen Aufforderungscharakter (Gruppen-

jargon, witzige oder lyrische Formulierung, Anklingen an aktuelle Geschehnisse u. ä.);
- eröffnet und begünstigt neue Horizonte und Lösungswege;
- ist jedoch nicht so einseitig formuliert, als daß es andere Möglichkeiten ausschlösse und dadurch manipulativ wäre;
- verstößt nicht gegen die Wertaxiomatik der Menschenrechte und die Wertaxiome der TZI;
- begünstigt den Prozeß der Gruppe, insofern es, sowohl logisch als auch psycho-logisch, in die Sequenz der zu bearbeitenden Themen paßt und die dynamische Balance zwischen den verschiedenen Anliegen der Teilnehmer und den Sachnotwendigkeiten in Betracht zieht;
- beachtet die verbale Ausdrucksfähigkeit und die Sprachgewohnheiten der Gruppenteilnehmer und bezieht die Möglichkeiten nonverbaler Themendarstellung ein (Bilder, Pantomime, Materialien mit Aufforderungscharakter usw.).

Es gibt Situationen, in denen Themen überhaupt nicht formuliert werden können oder sollten. Dies sind Ausnahmen. Zu ihnen gehören unter Umständen Therapiegruppen, in denen Themen eher aus dem Unbewußten oder aus spontanen Beziehungssituationen entstehen sollten, aber auch Zwangs- und Widerstandsgruppen (Strafgefangenengruppen, von der Firmenleitung entsandte Betriebsgruppen, Autonomie suchende Jugendgruppen usw.), die Themen grundsätzlich mißtrauen müssen. Auch in fortlaufenden Kursen kann die routinemäßige Themenfestlegung überflüssig und langweilig werden.

In Kindergruppen und in manchen Behindertengruppen sind bildliches Anschauungsmaterial oder Spiele, unter Umständen auch ein Text notwendig, in anderen Gruppen gelegentlich wünschenswert.

In der Regel jedoch sind verbal gut formulierte Themen, die gut vorbereitet sind, den Anliegen der Gruppen optimal entsprechen und jedem Teilnehmer einen eigenen Einstieg erlauben, vorrangiges Mittel der Gruppenarbeit.

Themenfindung, Themensetzung, Themenformulierung und Themeneinführung nehmen relativ viel Zeit in Anspruch, wirken sich aber für die Arbeit selbst erstaunlich effektiv aus.

Eine *Einführung oder Hinführung zum Thema* durch den Leiter oder die Leiterin ist fast immer nötig, weil die Teilnehmer selten direkt vor einer Sitzung oder vor einer Unterrichtsstunde das zu besprechende Thema im Kopf haben. Die Hin- oder Einführung soll ein Sichzentrieren auf das Thema erleichtern und den eigenen Einstieg in die Aufgabe fördern.

Es gibt unzählige Einführungstechniken. Einige Beispiele:

- Mehrere Punkte zum Thema aufzeigen, ohne Schwerpunkte zu setzen;
- ein Brain- und Heartstorming (Wörter oder kurze Sätze von den Gruppenmitgliedern einwerfen lassen, die ihnen zum Thema einfallen)
- eine persönliche »Phantasiereise« (z. B. das »Drei-Schritt-Schweigen«) zum Thema:
  1. frühere Erinnerungen und Gedanken (Schweigen),
  2. jetzige Gedanken und Gefühle (Schweigen),
  3. danach die Frage, wie sich jeder Teilnehmer zu diesem Thema aktivieren könnte;
- ein kurzer Dialog zwischen den Leitern und/oder einem der Gruppenteilnehmer über mögliche Perspektiven des Themas;
- ein kurzes Referat oder Text.

Es ist sehr selten gut, wenn der Leiter oder die Leiterin eine einzelne Geschichte oder Meinung zur Einführung bringt, weil dies die Gedankengänge und das Interesse der Teilnehmer auf das Leiteranliegen konzentriert anstatt den eigenen Einstieg zu erleichtern. Leiter sollten ihre eigenen Geschichten und Meinungen erst später einbringen.

Gruppenleiter(innen)

Jede Gruppe mit mehr als fünf oder sechs Personen braucht einen oder zwei Gruppenleiter. Wenn niemand delegiert wird, sinkt erfahrungsgemäß nach einiger Zeit das Niveau der TZI-Arbeitsgruppe; denn wenn alle ihre Konzentration auf das Wahren der dynamischen Balance und auf andere Leitungsfunktionen richten, wird zuviel Energie für die Leitungsaufgabe verwandt und zuwenig auf den individuellen Bezug der einzelnen zur Gruppe und zum Thema. Wenn dagegen niemand die dynamische Balance konsequent vertritt oder auf das Wohlbefinden der andern achtet, entsteht entweder ein Verlust an Gruppenkohäsion (wie z. B. im Hörsaal) oder ein Themenverlust (wie in der Encountergruppe).

Gruppenleiter sind jedoch in erster Linie Teilnehmer, also Menschen mit eigenen Interessen, Vorlieben, Gedanken und Gefühlen, und erst in zweiter Linie Gruppenleiter mit einer speziellen Funktion. Diese Funktion besteht primär darin, die dynamische Balance zwischen Ich-Wir-Es und deren Zusammenhang mit dem Globe zu beachten. Die Aufmerksamkeit auf alle Ichs zu lenken bedeutet, daß die einzelnen Beachtung finden. Das Ich oder die Ichs sollen nicht auf Dauer wichtiger werden als die Gruppeninteraktion, das Wir, und beide zusammen dürfen nicht die »dritte Sache«, nämlich das Thema, die Aufgabe, zu kurz kommen lassen. Wenn die dynamische Balance zwischen den drei Gruppenfaktoren Ich-Wir-Es und deren Einbettung im Globe respektiert wird, kommt das Es nicht zu kurz. Das Es gewinnt, weil die Energien der einzelnen und deren Kooperation zusammenfließen und die Arbeit gemeinsam befruchten. Dies kann dort nicht geschehen, wo Rivalitäten und Antagonismen keine Kooperation aufkommen lassen.

Gruppenleiter sollen nicht mehr und nicht weniger Unterstützungshilfen in der Gruppe geben als nötig, sondern versuchen, neben ihren Funktionen als Hüter der dynamischen Balance innere Zeit für das Thema zu gewinnen. Die Aufgabe, »in erster Linie Mensch und nicht Funktion« zu sein, fällt neuen TZI-Leitern schwer, da übliche Gruppenleitungen als neutrale oder als autoritäre Funktionen ausgeübt werden. TZI-Gruppenleitung dagegen ist Leitung in Partizipation.

Die Strukturierung der Arbeitsgruppe in Zeit und Raum, die Themenfindung, die Auswahl des Wichtigen sollen den Anliegen der Situation und der Gruppe entsprechen; die Ausführung dagegen ist in Disziplinierung und Detail Aufgabe der Gruppenleitung.

Gruppentechniken

TZI kann alle Gruppentechniken mit einbeziehen, die ihren Axiomen nicht widersprechen und die für die jeweilige Lebens- und Arbeitsgruppensituation hilfreich sind. Die Anwendung solcher Techniken muß dem Vorhaben der Gruppe und den Vorkenntnissen, Fähigkeiten und Interessen der jeweiligen Gruppenleiter(innen) entsprechen (z. B. für bestimmte Fachbereiche, Gewerkschaften, Bürgerinitiativen, Kommissionen, Jugend- und Kindergruppen). TZI-Praktiker können je nach ihrer eigenen Situation und Fähigkeit hilfreiche Techniken anwenden: Meditationsübungen, Rollenspiele, bestimmte Gestalttechniken, Gestaltungstherapie (Selbst- und Wir-Erfahrung mit Farben, Musik und Ton), verbale und nonverbale Kommunikations- und Wahrnehmungsübungen (nach innen und außen), Bewegungs- und Entspannungsübungen, Stoffvermittlungstechniken (Didaktik, Medien) und andere Hilfen aller Art für die jeweiligen Wissens- und Aktionsbereiche. Unerläßlich sind für professionelle TZI-Gruppenleiter Flexibilität im schöpferischen Ansatz sowie Kenntnisse, *wie Gruppenprozesse und Arbeitsklima durch Strukturen gefördert und wodurch sie behindert werden können.* Dazu gehören präzise Techniken der Aufteilung und Zusammenführung von großen und kleinen Gruppen, Beziehungsklärung mit Ko-Leitern und Assistenten, Errechnen oder Ermessen der Relation zwischen verfügbarer Zeit und Personenanzahl; Homogenität und Heterogenität in der Gruppenzusammensetzung je nach Art oder Schwierigkeit des Themas oder der Aufgabe. Die meisten Mißerfolge bei der TZI-Gruppenarbeit resultieren aus Unkenntnis des jeweiligen Globe und nicht genügend durchdachtem Strukturieren im Prozeß. Wenn das menschliche und räumlich/zeitliche Umfeld, Vorbeziehungen und hierarchische Situationen nicht beachtet oder falsch beurteilt werden oder wenn die Aufteilung der Gruppe verwirrt, werden Aggression und Resignation gefördert und das Vertrauen geschädigt; der Prozeß wird so lange destruktiv bleiben, bis die Mängel behoben werden.

Einzelne Techniken, die aus psychotherapeutischen Methoden wie Gestalttherapie, Psychodrama, Bioenergetik, TA, Verhaltenstherapie usw. stammen, müssen in ihren Modifikationen erkannt und erlernt werden, wenn sie von Nicht-Therapeuten in nicht-therapeutischen Gruppen TZI-gemäß angewendet werden sollen. Dazu gehört die Fähigkeit, sich selbst und den Teilnehmern Grenzen aufzuerlegen und die TZI-Störungsregel (Störung gegen das Thema) einzuhalten.

Methode und Haltung gehören in der TZI so untrennbar zusammen wie Form und Gehalt bei einem Kunstwerk oder Leib und

Seele beim Menschen. Ohne genügende Kenntnisse und ohne integrierte humanistische Haltung können TZI-Techniken in demagogischer und destruktiver Weise verwandt werden – ebenso wie Streichhölzer im Heuschober.

Auch ohne delegierte Funktion des Leitens gibt es Möglichkeiten, durch die eigene Einstellung und aufmerksame Betrachtung der Realität die Atmosphäre einer Kommissionssitzung oder einer Schulklasse zu beeinflussen und oft günstig zu verändern. Dies kann unter Umständen eine ungewöhnlich direkte Gefühlsaussage sein oder die Beachtung eines Teilnehmers, der etwas sagen möchte und nicht zum Sprechen kommt, ein mutiger Vorstoß gegen manipulatives »Überfahren« u. ä. . . . Auch die Beachtung der dynamischen Balance kann, ohne daß dies ausgesprochen werden müßte, hergestellt werden durch klärende Gedanken, Hinlenkung auf emotionale Gegebenheiten, die Beachtung von Zeit und Raum, selektiv-authentische Aussagen usw.

Alles, was ich sage, soll echt sein, nicht alles, was echt ist, soll ich sagen. Mit Takt und Timing läßt sich, bei stetigem Üben der eigenen Wahrnehmungsfähigkeit nach innen und außen, oft auch Einfluß in solchen Gruppen gewinnen, in denen man nicht selbst leitet.

Zur klinischen Anwendung der TZI

Die Haltung der TZI, die in der humanistischen Form der Erlebnistherapie bereits angelegt ist, wurde durch diese noch nicht explizit gemacht. Ich glaube, daß die Klarstellung der TZI-Axiome und was daraus für die Gruppenarbeit folgt, auch für die klinische Psychotherapie wertvoll sein kann. Insofern hat TZI, ursprünglich ein Abkömmling der Erlebnistherapie, auch zu deren Weiterführung beigetragen.

Während es jedoch selten vorkommt, daß Lehrer, Manager oder Geistliche TZI als Fachberufsausbildung ansehen, geschieht es häufig, daß Menschen aus anderen Berufen oder auch Berufslose die Ausbildung zum TZI-Gruppenleiter mit einer Ausbildung in Psychotherapie verwechseln. Dies ist ein gefährlicher Irrtum. Ebensowenig wie TZI einem Mathematiklehrer Mathematik beibringt oder einem Manager Organisationslehre, bietet TZI einen Ersatz für ein professionelles Studium von Krankheitsbildern und deren organischen und psychologischen Grundlagen, das heißt, für den Erwerb eines spezifischen klinischen psychotherapeutischen Wissens und Könnens.

TZI ist nur dann klinisch anwendbar, wenn TZI-Gruppenleiter bereits psychotherapeutisch ausgebildet sind oder, während der Ausbildung, zumindest psychotherapeutische Supervision erhalten.

Die TZI-Axiomatik hat Gültigkeit als humanistisches Manifest. Darum sind ihre Postulate auch in klinischen Patientengruppen in entsprechender Formulierung anwendbar. TZI erweist sich – in der Hand von klinischen Therapeuten – als besonders hilfreich bei bestimmten Patientengruppen. Dazu gehören:

- Patienten, die – bedingt durch ihre Krankheitssyndrome – Mühe haben, ohne Themenführung auf intrapsychische und interpersonale Fragen einzugehen.
- Patienten, denen durch den Schutz der TZI-Gruppe der Schritt, ihrer Einsamkeit zu entgehen und Gemeinschaft mit anderen Menschen zu finden, leichter gemacht wird (Borderline-Fälle aller Art).
- Adoleszente, Drogensüchtige, Verhaltensgestörte, die Einzeltherapie oder themenlose Gruppen oft ablehnen. Sie sind meist an bestimmten Themen sehr interessiert, die sie gern in einer homogenen oder auch in bestimmten heterogenen Gruppen besprechen. Dies macht sie auch zugänglich für therapeutische Interventionen.
- Patienten, bei denen ein zu tiefes Eintauchen in unbewußte Phantasien und Bilder überfordernd wäre, während sie durch interaktionelle Gespräche, die thematisch abgegrenzt und interaktionell dosiert sind, in ihrer Realitätssicht therapeutisch gestärkt werden (psychotische und prä-psychotische schizophrene, manisch-depressive, auch manche organisch-psychotische Patienten).
- Kinder, die allgemein die Grundhaltung der TZI sehr schnell erfassen (speziell im Alter von sieben/acht Jahren), so daß die Hypothese naheliegt, daß Kinder in Spitälern in besonderem Maß Hilfe durch TZI-Gruppen erhalten könnten. Mir ist nicht bekannt, ob dies schon geschehen ist. Jedoch glaube ich, daß Kranken- oder Sterbehilfegruppen für Kinder und deren Eltern therapeutisch eine besondere Bedeutung zukommen könnte.

- Gemischte Gruppen, an denen Patienten einer Klinik gemeinsam mit ihren Therapeuten teilnehmen. Dabei kann der Unterschied zwischen menschlicher Gleichwertigkeit und beruflicher Funktionsverschiedenheit sehr deutlich werden.
- Verhaltensgestörte in therapeutisch ausgerichteten Maßnahme-Gefängnissen oder Halfway-Houses.

Kenntnisse über psychische Verstörtheiten sind auch in nicht-klinischer Praxis notwendig. Ich war von Anfang der WILL-Ausbildung an überzeugt, daß jeder Gruppenleiter mit medizinischen und psychiatrischen Krankheitsbildern genügend vertraut sein muß, um entscheiden zu können, ob bei einem verstörten Gruppenmitglied psychotherapeutische, medizinisch-ärztliche oder psychiatrische Hilfe angezeigt ist. Er sollte sich über die Möglichkeiten solcher Hilfestellungen in der Region orientieren.

TZI-Gruppenleiter sollten lernen, auch mit verstörten Menschen in Gruppen zu arbeiten, da Schulen, Betriebe, Organisationen keineswegs nur von sogenannten Normalen bevölkert sind. Obwohl TZI pädagogisch-therapeutische Qualitäten hat, die oft einen heilenden Einfluß ausüben und eher stabilisierend wirken, ist es wichtig, sich Wissen anzueignen und die eigene Intuition zu üben. Nur so läßt sich jeweils ermessen, ob menschliches Verständnis, persönlich positives Miteinander sowie TZI-Fachkenntnisse ausreichen, um mit einem psychisch belasteten Schüler oder Gruppenmitglied und mit akuten Krisen umgehen zu können. Nach meiner Erfahrung treten psychische Notfälle in TZI-Gruppen allerdings sehr viel seltener auf als in den meisten häuslichen und betrieblichen Situationen, denn TZI-Gruppen können akute Belastungen und Krisen eines verstörten Mitgliedes eher auffangen.

Was möchte ich mit TZI?

Ich möchte, daß jeder Mensch ganz »Ich« sagen lernt, weil er nur dann seine Erfüllung finden kann; und in jedem Ich ist bereits das Du und das Wir und die Welt enthalten. Wenn ich mich tief genug in mich einlasse, meinen Augen und anderen Sinnen traue, sehe ich auch die Welt draußen – meine Nächsten, Frau, Mann, Kinder, Freund und Freundin, Menschen auf der Straße, auf dem Bildschirm, Bäume, Tiere, Häuser, Berge, Meer und Himmel. – *Wenn ich mich ganz auf mich und meine Augen einlasse, sehe ich die Welt, und wenn ich mich ganz auf die Welt einlasse, komme ich zu mir.*

Wenn ich mich ganz auf meine Ohren einlasse, höre ich die Stimmen der Kinder und der Autos, der Grillen, der Düsenjäger, das Schreien von Gepeinigten, das Flüstern von Bedürftigen, den Jubel der Frohen, die Meereswellen, den Wind.

Wenn ich mich ganz auf meine Gefühle und Sinne einlasse, freue ich mich über den Geruch der Maiglöckchen, die Sonnenstrahlen auf den Locken eines Kindes, die Anerkennung von Freunden und Fremden, den Besuch von Menschen, die ich gern habe, eine liebende, zärtliche, elektrisierende Umarmung eines Geliebten, das Bewußtsein, daß ich einem Menschen Hilfe geben konnte, daß jemand zu mir kam, als ich ihn brauchte. Ich bin traurig, wenn ich mich mit meinen Gedanken und Gefühlen allein gelassen fühle, wenn ein geliebter Mensch stirbt oder mich verläßt, wenn etwas, an dem mir viel liegt, nicht gelingt, wenn ich an Kriege denke und Gewalt und wenn ich Abfall in Gebirgsbächen sehe oder den grausigen Schmutz in den City-Straßen, wenn ein Kunstwerk mutwillig oder nachlässig zerstört wird. Meine Freude und meine Trauer sind um so tiefer, je mehr ich der Welt zugehöre mit meinem Gefühl. *Wenn ich mich tief in mein Gefühl einlasse, komme ich zur Welt.*

Und wenn ich mich in meinen eigenen Körper einlasse? Zunächst scheine ich wirklich nur mich zu spüren, meine Haut, mein Gewicht, meine Schmerzen, mein Nachgeben, meinen Atem. Ja, zunächst scheine ich nur das Spüren zu sein. Doch gerade wenn es Schmerzen sind und Spannungen und ich mich tief genug auf sie einlasse, geschieht etwas, was ich nicht mache, was in Richtung Heilung geht und in Richtung Raum und Luft und einer zeitlichen Zeitlosigkeit, einer räumlichen Raumlosigkeit – ein Getragenwerden.

Ich habe nie verstehen können, warum der Körper so abgelehnt wurde von unseren Religionen. Gerade der Körper scheint mir der sicherste Bote des Geistigen zu sein; und dieses Geistige, das durch mich hindurch geschieht, kann ich nur religiös verstehen – ebenso wie Inspirationen (das Eindringen des Geistes) im Dichten oder Denken.

Und wenn ich mich nicht dem Körper, sondern dem Außen zuwende – wenn ich die Welt betrachte, das Licht, das Holz, die Wände, die Wellen, die Regenwürmer, die Schmetterlinge, die Eisenbahn, die Flugzeuge, dann sehe ich sie mit meinen Körper-Augen und erkenne, daß ich Augen habe; und wenn ich dem Lärm der Straße zuhöre, dem Quietschen der Autos, den Signalen der Feuerwehr oder dem Wind in den Bäumen und dem Rufen der Kinder oder Vögel, dann weiß ich, daß ich Ohren habe, dann bin ich »ganz Ohr«. Und wenn ich das Licht im Haar des Kindes sehe, finde ich meine Freude. – Was ich sagen will, ist, *daß Drinnen und Draußen – die Selbstverwirklichung, die Weltverwirklichung – sich in mir in Autonomie und Interdependenz treffen. Ich erlebe, daß ich um so autonomer bin, je mehr ich mir unserer Interdependenz bewußt werde, und um so gemeinschaftlicher, je mehr ich meine Eigenart pflege.*

Ich möchte aus meinem Zimmer, aus meiner Blumen- und Wasserfall- und Vogelwelt heraus Augen haben, die über die Wiesen und Berge und über nationale Grenzen und Meere hinausschauen können zu den Booten, die auf kalten Wellen schwimmen, mit Frauen und Kindern, die von Piraten vergewaltigt und des letzten Reiskorns und der letzten Kleidung beraubt werden. Ich möchte Ohren haben, die Schreie der Versinkenden zu hören, und die Schreie von Männern in Folterkellern, denen hungrige Hunde ihre mit Fett bestrichenen Penisse abfressen, und die Schreie der Kinder und Eltern, die gegenseitig die Pein des Marterns ihrer Geliebten mit anschauen müssen.

Ich möchte Menschen, die all dieses Leid nicht wollen, ermutigen, nicht zu resignieren und sich ohnmächtig zu fühlen, sondern ihre Vorstellungskräfte und ihr Handlungsvermögen einzusetzen, um sich solidarisch zu erklären und zu verhalten, solange wir selbst noch autonome Kräfte in uns spüren.

Das ist das Eigentliche, was ich mit TZI möchte.[13]

15 Meine Rückkehr nach Europa

Kongresse und Workshops: 1968–1974

Internationaler Kongreß für Gruppenpsychotherapie, Wien 1968

Anfang der fünfziger Jahre hatte ich einen Artikel »Ein Ansatz zur psychosomatischen Analyse« veröffentlicht.[1]

Auf diesen Artikel hin lud mich Helmuth Stolze, damaliger Leiter der Lindauer Psychotherapiewochen, zu einem Symposium über psychosomatische Psychotherapie beim Vierten Internationalen Gruppenpsychotherapiekongreß in Wien ein. Ich lehnte diese Einladung mit der Begründung ab, daß ich nicht viel Neues über das, was ich in den frühen fünfziger Jahren geschrieben hatte, hinaus sagen könne, da ich mich in den letzten Jahren mehr auf »community psychiatry« und Supervisionsfragen konzentriert hätte. Er antwortete, daß er beim Wiener Kongreß auch ein Supervisionssymposium leiten werde; er lade mich ein, daran teilzunehmen.

So fuhr ich im September 1968 nach Wien. Ich nahm zum erstenmal an einem internationalen Psychotherapiekongreß teil. Sechs der Symposiumsredner sprachen deutsch, einer französisch und ich englisch. Ich fühlte mich im deutsch-österreichischen Milieu und der mir seit Jahrzehnten ungewohnten deutschen Sprache reichlich beklommen, was sich aber durch die herzliche Begrüßung der Kollegen sehr schnell besserte. Auf der Straße jedoch und speziell in der Tram hatte ich das Gefühl, daß ich den Leuten auffiel und sie mich scheel ansahen. War meine amerikanische Kleidung daran schuld? War es mein jüdisches Aussehen? Jedenfalls machte ich die unangenehme Erfahrung, daß mehrere Leute auf der Straße mir Fragen nach dem Weg nicht nur nicht beantworteten, sondern an mir vorbeigingen, als ob ich Luft wäre. Beim Kongreß jedoch kamen Menschen auf mich zu: Walter Schindler und Ilse Seglow aus London, Annelise Heigl-Evers und Franz Heigl aus Göttingen, Helmuth Stolze aus München und Ingeborg von Plotho aus Bonn. Sie luden mich zu Kongressen und Workshops nach Deutschland und England ein.[2]

Bei dem Symposium sprach ich über den Gegenübertragungsworkshop und TZI-Supervision. Danach wurde ich aufgefordert, auf diesem Kongreß noch einen Workshop über TZI zu geben. Ich tat es gern – zweisprachig. Gegen Ende der Sitzung fragte mich ein junger deutscher Psychiater, ob ich mir denn selbst von dieser Stunde das »genommen« hätte, was ich für mich wollte, und nicht nur »gegeben«, so wie ich über die Notwendigkeit der Balance zwischen Nehmen und Geben zu den Teilnehmern gesprochen hätte. Ich sagte etwas zögernd: »Nicht ganz. Ich bin zum Teil auch hierher gekommen, um von Ihnen zu erfahren, was Sie während der Nazi-Zeit gemacht haben. Und wie Sie darauf reagieren, daß ich als deutsche Jüdin jetzt in Wien bin und Ihnen etwas aus Amerika bringe.« Die Antworten kamen schnell und ohne erkennbare Emotionen: Sie hätten bereits wieder Kontakt zu Juden gehabt, sie hätten damals ja gar keine Juden gekannt, es mache ihnen überhaupt nichts aus, der Krieg und das alles sei ja längst vorbei usw.

Der junge Psychiater kam nach der Stunde zu mir und sagte, er würde gerne allein mit mir sprechen. Ich verabredete mich mit ihm zum Frühstück. Er brachte mir eine Orchidee: »Sie haben gefragt, was wir in Österreich oder in Deutschland während der Nazi-Zeit gemacht haben. Ich will Ihnen etwas erzählen: Am ersten Schultag gab uns unsere Lehrerin eine kleine Hitler-Statue in die Hand. Sie sagte, wir sollten sie auf unseren Arbeitstisch oder aufs Pult zu Hause stellen, wenn wir Schularbeiten machten. Der Führer freue sich, wenn wir gut arbeiteten. Als ich voller Stolz und Freude mit der Statue nach Hause gelaufen kam, nahm mir mein Vater das Geschenk sofort weg: ›In meinem Haus gibt es keine Hitler-Statuen. Das will ich nicht haben. Und wenn du das der Lehrerin oder sonst jemand sagst, werden sie mich abholen und umbringen.‹«

Der junge Mann erzählte diese Geschichte ganz schlicht. Ich war erschüttert. Ich hätte dies keinem Kind antun können – und doch: Welch ungeheurer Mut und welcher Glaube gehörten dazu, daß ein Vater dies wagte! Daß er die Überzeugung hatte, einem Kind die Wahrheit sagen zu müssen und sich ihm mit seinem Leben anzuvertrauen! Zum ersten Mal wurde mir bewußt, wie viele Deutsche in jener Zeit gelitten, wie viele Mut bewiesen hatten, und wie wichtig es war, Brücken zu schlagen zwischen allen Menschen, die gegen das Böse und die Verzweiflung Widerstand leisten wollen.

Der DAGG-Kongreß in Bonn, 1969

Ein Jahr später, sechsunddreißig Jahre nachdem ich Deutschland verlassen hatte, stand ich in Bonn zum erstenmal wieder auf deutschem Boden. Annelise Heigl-Evers, als Vorsitzende der DAGG (Deutsche Gesellschaft für Gruppentherapie und Gruppendynamik), hatte mich eingeladen. Die herzlichen Begegnungen mit den Kollegen in Wien, speziell mit Annelise und Franz Heigl-Evers, erleichterten mir diesen ersten Besuch. Ich hatte jedoch nicht verstanden, daß ich in Bonn das Kongreßplenum über »Sensitivity Training« leiten sollte, sondern glaubte, für die Vorführung eines TZI-Workshops eingeladen worden zu sein. Als ich wenige Stunden vor Kongreßbeginn von meinem Irrtum erfuhr, wurde mir der Zu-Fall zum Schicksal.

»Wenn ich Vorsitzende sein soll, dann werde ich *meine* Art von Chairman sein«, dachte ich. »Ich will keine Redner vorstellen, die ich nicht einmal mit Namen kenne! Ich möchte das Publikum mit einbeziehen und so die Philosophie und eine Ahnung von den methodischen Ansätzen der TZI nach Deutschland bringen. Die Nazi-Zeit führte mich nach Amerika. Jetzt habe ich die unerwartete Chance zurückzubringen, was ich dort in all den Jahren gelernt und selbst beigetragen habe.« – Ich hatte ein nie zuvor oder danach empfundenes Gefühl von einmaliger Wichtigkeit und missionarischem Eifer. Ich spürte, daß ich die Chance, die mir dieser unerwartete Vormittag gab, ergreifen wollte.

Ich bat die sechs Symposiumsmitglieder kurz vor der Veranstaltung, ihre Papiere wegzulegen oder stark zu kürzen. Die Plenumssitzung würde sicher viel lebendiger sein, wenn das Publikum mitsprechen könne, statt nur Monologe von den Rednern zu hören. Durch die Kürzung der Referate bliebe dann noch Zeit für eine allgemeine Diskussion. – Ich hatte keine Ahnung, *wie* unmöglich eine solche Aufforderung in Deutschland klingen mußte! Doch ohne irgendwelchen sichtbaren Widerstand stimmten mir alle sechs Redner zu!

Im großen Hörsaal stellte ich mich dem Publikum vor: »Ich möchte Ihnen zuerst sagen, daß ich sehr aufgeregt und froh bin, daß ich nach sechsunddreißig Jahren zum erstenmal wieder in Deutschland bin und zu Ihnen sprechen kann ...« Nach einigen weiteren Einleitungsworten zeichnete ich den TZI-Kompaß des Dreiecks in der transparenten, vielschichtigen Kugel an die Tafel und erklärte seine Bedeutung. Dann sprach ich über Möglichkeiten, wie die vielen Ichs, das Wir und das Es auch in diesem Auditorium zur Geltung kommen könnten. – Wir hatten nur *ein* Mikrophon, und ich sagte, daß nach der Symposiumsdiskussion jeder, dem etwas sehr wichtig sei, zum Mikrophon kommen und etwa zwei oder drei Minuten sprechen könne. Natürlich müsse »jedes Ich« in dieser Massensituation selbst aufpassen, daß es von dem, was die Kollegen sagten, etwas für sich Wichtiges aufnehmen könne. Aber auch durch Nachdenken und Stille könne man ja sein »Ich« betreuen! –

Nach dem Symposium legte ich eine Schweigepause ein. Dann forderte ich zur gemeinsamen Mikrofondiskussion auf. Einige Kongreßteilnehmer kamen zum Mikrofon. Alle sprachen länger als drei Minuten. Mein Versuch, sie zu unterbrechen, blieb jeweils ohne Erfolg. Jedoch blieb alles im Rahmen des Friedlichen, bis eine Gruppe von fünfzehn jungen Leuten links von der Bühne anfing, angeregt und nicht sehr leise miteinander zu sprechen. Als ich sie aufforderte, doch lieber ans Mikrofon zu kommen, als Seitengespräche zu führen, antwortete ihr Sprecher: »Gnädige Frau, es ist uns wichtiger, was *wir* miteinander zu besprechen haben.« Ich wehrte die Anrede »Gnädige Frau« ab, weil ich sie – und das sagte ich – als Spott empfand. Ich sei Frau Cohn oder Ruth.

Das Publikum reagierte mit Empörung auf die Studenten: »Schmeißt sie raus!« Ich selbst war sehr gelassen und bat um Ruhe. Diese jungen Leute hätten ja nichts anderes getan als andere auch – nämlich eine Regel verletzt. Andere Teilnehmer hätten ja auch Regeln verletzt, zum Beispiel zu lange am Mikrofon gesprochen. – Das Publikum beruhigte sich. Die jungen Leute (linke Berliner Studenten, wie ich nachher hörte) kamen geordnet zum Mikrofon. Sie sprachen nicht länger als zwei Minuten. Sie vertraten die These, daß Gruppendynamik und Sensitivity Training nur den Ausbeutern dienten und nichts anderes als neue Waffen des Kapitalismus seien. Es gab eine lebhafte verbale Auseinandersetzung zwischen ihnen und Teilnehmern, die gegenteilige Meinungen vertraten. Diese Gespräche wurden auch nach der Sitzung weitergeführt.

Nach Schluß der Veranstaltung kam ein älterer Herr begeistert auf mich zu: »Ich weiß, warum Sie uns schweigend nachdenken und per ›Ich‹ sprechen ließen. Auf diese Weise vermeiden Sie Massensuggestion und Massenhysterie.« *So* hatte ich über das Schweigen noch nie nachgedacht. Ich wollte »nur« die Autonomie des einzelnen und sein Bei-sich-Sein fördern. Daß gerade dies die erste Aussage eines Teilnehmers in Deutschland über TZI war, gab mir mehr als nur ein vorübergehendes Glücksgefühl. Es war eine Bestätigung, daß meine Arbeit politische Auswirkungen haben könnte. – In WILL-New York war diese mir wichtige Dimension: daß TZI-Ansätze einen therapeutisch-politischen Einfluß haben könnten, bereits auf dem Flugblatt über die Eröffnung des WILL-Institutes von meinen Kollegen als inopportun aus meinem Entwurf gestrichen worden. Ich hatte ihrem Konsens, daß wir dies nicht in unser Programm schreiben sollten, damals sehr traurig nachgegeben. Für mich jedoch blieb das tragende Element der TZI eine politisch-therapeutische, vom Pädagogischen her umzusetzende Verpflichtung, die ich seit meiner Flucht vor den Nazis empfand: »Here but for the grace of God go I.« (Für mich übersetzt: Es ist nicht mein Verdienst, daß ich gerettet wurde.)

Ich habe seither viele Menschen getroffen, die an jenem Vormittag dabei waren. Sie haben ihn nicht vergessen: daß Hunderte von Menschen in einem Saal minutenlang zum Schweigen und zum Nachdenken aufgerufen wurden und dann miteinander sprechen konnten, daß ich selbst Gefühle und nicht nur Gedanken äußerte, daß radikale Studenten und die ältere Generation sich in eine offene Auseinandersetzung einließen – das alles war eine in jeder Beziehung ungewöhnliche Situation, die von den Teilnehmern teils skeptisch, teils wütend, teils begeistert erfahren wurde. – Vieles, das zu der schnellen Verbreitung des TZI-Interesses beitrug, wurde durch diesen Kongreß ausgelöst.

Die Lindauer Psychotherapiewochen, 1970–1972

Ein halbes Jahr später, 1970, war ich Mitarbeiterin der Lindauer Psychotherapiewochen. Dort kam ich in Kontakt mit Hanscarl Leuners katathymem Bild-Erleben und J. H. Schultz' autogenem

Training. Ich traf Graf Dürckheim, der mich im Hotelzimmer in seine Meditationstechnik einführte; ich hörte von Szondis Schicksalsanalyse durch seinen Interpreten Werner Huth und erfuhr etwas über Binswangers und Medard Boss' Daseinsanalyse.[3] Mir wurde auch bestätigt, daß der Hauptstrom der Psychoanalyse und der Gestaltpsychologie in Deutschland durch den Nationalsozialismus versandet und daß das Interesse an der internationalen Entwicklung der Psychoanalyse erst jetzt wieder wachgeworden war.

Ich gab bei der jährlichen Tagung in Lindau von 1970 bis 1972 die ersten Gestalttherapie- und TZI-Workshops. Meine privat gegebenen Workshops wurden von Annelise Heigl-Evers in Deutschland und Louis Lambelet in der Schweiz arrangiert. Die meisten Teilnehmer waren Psychoanalytiker. Wegen des großen Nachholbedarfs, was die neueren Entwicklungen der Psychotherapie betraf, stellte ich zuerst in einwöchigen Kursen sechs Modelle der Gruppenarbeit vor: Das psychoanalytische, das erlebnistherapeutische, das gestalttherapeutische, die Gruppendynamik, die Encounterarbeit und die TZI. Bis 1973 gab ich diese Kurse, von Amerika anreisend, in meinen Ferien.

Ich hatte nie den leisesten Wunsch verspürt, nach Europa zurückzukehren. Die USA hatten mir viel gegeben: Ich hatte sehr gute Freunde, meine Kinder hatten dort ihre Wurzeln, meine Praxis war ausgezeichnet, TCI (TZI) und WILL in New York waren in schnellem Aufstieg begriffen. Ich fing bereits an, meine Praxis zu verkleinern, um TZI in anderen Städten Amerikas einzuführen, und hatte die Absicht, ein WILL-Institut in den Bergen – vielleicht in Maine oder Vermont – aufzubauen. Doch jetzt – die Intensität meiner Erlebnisse in der neuen alten Welt berührte mich tief. Die deutsche Sprache, die ich in verdrängender Anästhesie aufgegeben hatte, stieg aus verschlossen gewesenen Schächten in mir auf – in Worten, Versen, Liedern. Die Menschen, die ich kennenlernte, ihre Arbeits- und Lebensweise und ihre Wohnungen bewegten Erinnerungen und Gefühle, die mir nie wieder bewußt gewesen waren. Der Klang von Worten, die Form einer Kaffeetasse, ein altes Bauern- oder Stadthaus oder auch das schockartige Erleben, daß Kinder deutsch oder schweizerdeutsch sprachen, was ich drei Jahrzehnte lang nicht gehört hatte, nicht einmal von meinen eigenen Kindern – all dies rührte längst Vergangenes in mir an.

Der Sprachenwechsel auf meinen Reisen war jedes Jahr ein aufrührendes Erlebnis für mich. Ich war innerlich jeweils eine andere, wenn ich deutsch oder wenn ich englisch sprach. Diese Wandlung durch den Sprachenwechsel ist für mich bis heute ein wundersames und zugleich erschreckendes Erlebnis geblieben. – Doch die Verdrängungsmauer in mir hat sich abgebaut.

Fast alle Teilnehmer in meinen Gruppen hatten im Krieg oder auf der Flucht geliebte Angehörige verloren. Die Ängste, die sie als Kinder während der Bombenangriffe erlebt hatten, kamen in den Gruppenprozessen wieder hoch. In mir wuchs eine leidenschaftliche Sehnsucht, Feindseligkeiten und Vorurteile in mir zu überwinden und auch anderen überwinden zu helfen.

1971 demonstrierte ich TZI in Lindau, im Plenum des Theatersaals. Das Thema war: »Wie lerne ich? Wie lehre ich?« Ich bat eine Anzahl freiwilliger Teilnehmer zu einem Gruppengespräch auf das Podium. Bei der Einführung des Themas gab ich Anleitungen, wie das Gespräch durch sorgsame Aussagen, aufmerksames Zuhören und einige TZI-Gesprächshilfen gefördert werden könne. Nach etwa zwanzig Minuten lud ich das Auditorium ein, das Thema, das die Podiumsgruppe eingeführt hatte, in kleinen Gruppen weiterzuführen. Je drei Teilnehmer der gradzahligen Stuhlreihen sollten mit den drei hinter ihnen sitzenden Menschen zusammen Sechsergruppen bilden.

Mehr als hundert kleine Gruppen entstanden so in wenigen Minuten. Ich sah aus der Entfernung zu, wie die Menschen angeregt miteinander sprachen, sich einander zuneigten und gestikulierten. Die Stimmen klangen wie Wellen am Strand zu mir herüber. Ich war freudig erregt.[4]

Nach einer halben Stunde bat ich die Gruppen ins Plenum zurück. Plötzlich war es totenstill. Ich forderte zum gemeinsamen Gespräch und Fragen auf. Und mitten in meine fröhliche Stimmung hinein schossen Fragen nach statistischer Verifikation, nach der Definition von Begriffen und historischen Vergleichen, nach anderen Autoren usw. Der Ton der meisten Fragen kam mir feindselig vor und schien kaum sachlicher Wißbegier zu entstammen. Ich war völlig unvorbereitet auf diesen Stimmungswechsel, der vielleicht aus einer Abwehr gegen den soeben erlebten emotionalen Austausch entstanden war. Zwischen Schock und Unwissenheit verließ mich meine Geistesgegenwart. Das einzige, was mich noch aufrecht hielt, war meine Überzeugung, daß ich nicht lügen würde. So sagte ich ein paar Mal hintereinander: »Ich weiß es nicht.«

Helmuth Stolze begrüßte mich strahlend nach diesem Fiasko: »Und wenn du nichts getan hättest für die deutsche Akademia als dreimal hintereinander ›Ich weiß es nicht‹ zu sagen – das war das Beste, was du für uns tun konntest. Das hat es noch nie an einer deutschen Universität gegeben.« Ich blieb jedoch bedrückt. Es wurde mir klar, daß mich die berechtigte und/oder feindselige Frage-Kritik nicht nur eingeschüchtert hatte, sondern daß ich selbst wirklich mehr wissen wollte, als ich wußte. Daß ich zum Beispiel seit Jahren fünf Modelle der Gruppeninteraktion in praxi gelehrt, aber ihre geschichtlichen Zusammenhänge und ihre wissenschaftlich/philosophische Bedeutung nicht studiert hatte.

Obwohl mir diese Erkenntnis sehr zu schaffen machte, war meine Zeit, während sich meine Reisen nach Europa häuften, weiterhin mit beruflichen Begegnungen und auch mit Umstellungen in meinem persönlichen Leben ausgefüllt. Ich blieb aber bei dem Vorsatz, daß ich einmal Zeit finden müsse, das zu lesen, was ich lesen wollte.

TZI und WILL in Europa

Bei meinen ersten Kongreßbesuchen und in meinen Ausbildungsworkshops in Europa 1968/69 stellte ich mit Erstaunen fest, daß kaum einer meiner psychoanalytischen Kollegen etwas von Gestalttherapie, Transaktionsanalyse (TA), Bioenergetik, Erlebnistherapie usw. gehört hatte. Die Psychoanalyse war im blühenden Stadium einer Renaissance; neofreudianische Methoden, Gruppendynamik, Psychodrama und psychoanalytische Gruppentherapie fingen an Fuß zu fassen und faszinierten die Neuerer im deutschen Sprachraum.

So stellte ich mich darauf um, mein TZI-Interesse zunächst etwas zurückzustellen und das Bedürfnis der deutschsprechenden Kollegen, neue amerikanische Therapiemethoden kennenzulernen, zu respektieren. Die Therapeuten waren fasziniert von diesen verschiedenen psychotherapeutischen Methoden und Interaktionsmodellen, wobei ich Gestalt- und Erlebnistherapie – einzeln und in Gruppen – den Vorrang gab. Erst nach dieser Anfangsphase gab ich meinem Interesse, auch TZI bekannt zu machen, Raum. Von da an verbreitete sich TZI unter Therapeuten, Lehrern, Geistlichen und Sozialarbeitern, aber auch in privaten und öffentlichen Institutionen und Organisationen, erstaunlich schnell.

Das öffentliche Interesse wurde auch durch eine wachsende Zahl von Artikeln in Fachzeitschriften geweckt. Das erste TZI-Buch, Matthias Kroegers *Themenzentrierte Seelsorge. Über die Kombination Klientzentrierter und Themenzentrierter Arbeit nach Carl R. Rogers und Ruth C. Cohn in Theologie und schulischer Gruppenarbeit,* machte speziell Theologen und Kirchen auf TZI aufmerksam. Dort bestand das Bedürfnis, Gemeindemitglieder, die sich der Kirche entfremdet hatten, erneut für religiöse Anliegen zu interessieren. Der Konfirmationsunterricht, aber auch andere Gemeindeveranstaltungen gewannen durch interaktionelle Gespräche, wie sie durch TZI möglich wurden, an Lebendigkeit, ob es dabei nun um biblische Texte oder um Lebens- und Glaubensfragen ging.

Was mir, wie gesagt, in Deutschland am meisten auffiel, war das Bedürfnis von Psychologen, Ärzten, Sozialarbeitern und ähnlichen Berufsgruppen, Wissens- und Erfahrungslücken, insbesondere im psychotherapeutischen Bereich, die durch die Nazizeit und den Krieg entstanden waren, auszufüllen. – Ich bemühte mich verstärkt darum, deutsch sprechende WILL-Kollegen aus Amerika in den Ferien nach Europa einzuladen.

Als erste beendete Elisabeth von Godin, die früher eine Weile in New York studiert hatte und wieder nach Deutschland zurückgekehrt war, ihre TZI-Ausbildung. Dann kam Ruth Ronall direkt aus New York. Sie verwandte ihren jährlichen Urlaub darauf, zuerst TZI und später dann auch Gestalttherapie in interaktionellen Gruppen in Europa bekannt zu machen. Später folgten Helga Aschaffenburg, John Brinley, Vivian Guze, Norman Liberman, Yitzrak Zieman und Jean Zion mit ihren verschiedenen fachspezifischen Ausrichtungen.

Ende 1971 wurde mir endgültig klar, »that you can't burn the candle at both ends« – daß ich auf Dauer nicht alles bewältigen konnte: eine Privatpraxis in New York, die Leitung von WILL-New York und meine Lehrtätigkeit auf zwei Kontinenten. So beschloß ich, meinen Wohnsitz in New York aufzugeben und drei Jahre lang in Amerika und Europa zu lehren und mich umzusehen, wo und wie ich in einer Schule oder Institution mit TZI arbeiten könnte, und einen Ort zu finden, an dem ich gerne leben würde.

1972 wurde von einer Reihe deutscher und schweizerischer Kollegen WILL-Europa gegründet.[5] Anita Ockel und ich übertrugen den für WILL-New York entwickelten Lehrgang auf die andersartigen Gegebenheiten der deutschsprachigen Länder und Regionen.[6]

Nachdem die ersten Vorarbeiten für WILL-Europa geleistet waren, hielt ich mich in der WILL-Organisation im Hintergrund. Ich wollte nicht wie zu Anfang in New York zuviel persönliche Verantwortung auf mich nehmen, weil Organisationen, die nicht von der Basis her aufgebaut werden, meist nicht über die Lebenszeit ihrer Gründer hinaus vital und schöpferisch bleiben.

Meine Privatpraxis gab ich nach und nach auf. Ein Komitee übernahm meine Organisationsarbeit bei WILL-New York, und ich akzeptierte 1973 zunächst einmal eine Stellung als Visiting Professor an der Clark University, Massachusetts. Obwohl meine Arbeit dort geschätzt wurde, fühlte ich mich an der konservativen Universität einer neuenglischen kleinen Stadt nicht heimisch und nahm die angebotene Verlängerung nicht an. Danach arbeitete ich einige Monate lang im Westfälischen Kooperationsmodell (WKM) in Vlotho, Nordrhein-Westfalen, einer von Werner Rietz gegründeten Organisation für Jugend-, Lehrer- und Familienbildung. Werner Rietz, der durch seine eigenen Jugenderfahrungen in Nazi-Deutschland tief erschüttert war, hat zeitlebens seine Energie, Arbeit und Geld der Organisation von humanisierenden Erziehungsstätten gewidmet. Er und Annedore Schultze, berufliche Leiterin des WKM, luden mich zur Mitarbeit ein. Ich fand die Arbeit mit den Behörden, Lehrern, Eltern, Jugendlichen und Kindern sehr wichtig und lohnend, überzeugte mich jedoch nach einigen Monaten, daß diese Arbeit nur bei vollem Einsatz über viele Jahre hin – mehr als mir zur Verfügung stehen würden – sowohl für diese Organisation als auch für mich selbst sinnvoll sein könnte. Ich verließ Vlotho, wo jedoch mit und durch Annedore

Schultze TZI als wesentlicher Bestandteil der Organisationsentwicklung, der Ausbildung von Mitarbeitern und der pädagogischen Praxis im WKM und auf dem Jugendhof weitergeführt wird.[7]

Meine Arbeit in der Ecole d'Humanité im Berner Oberland

1974 fand ich meine Arbeits- und Wohnstätte in der Ecole d'Humanité in Goldern am Hasliberg im Berner Oberland. Diese Entscheidung fiel in weniger als einem Nachmittag.

Ich saß neben dem Telefon bei meiner Zürcher Freundin Elisabeth Bollag, als Hans Näf, Psychologe und Lehrerfortbilder, anrief. Er wußte, daß ich für einige Monate in den USA sei, und wollte von ihr meine Adresse erfahren. Ich war jedoch wegen einer wichtigen kurzen Konferenz des WKM von New York nach Deutschland zurückgerufen worden und jetzt auf der Rückreise nach den USA! – Hans Näf erzählte, daß er seine Freunde, Armin und Natalie Lüthi-Peterson, Schulleiter der Ecole d'Humanité, für mich interessiert habe. Diese hatten ihm erzählt, daß neue Lehrer(innen) selten länger als ein Jahr an der Ecole blieben, was zu Schwierigkeiten geführt hatte. Er glaubte, daß wir uns gegenseitig nützlich sein könnten. »Würdest Du sie einmal besuchen? Du willst doch TZI gern in eine andere Organisation einführen, und Du liebst die Schweiz und die Alpen!« – »Ja, aber es müßte heute nachmittag sein, denn ich fliege morgen zurück nach New York.«

Wenige Stunden später holte mich Armin Lüthi am Bahnhof Brünig am Hasliberg ab. Ich erzählte ihm, daß mir die Idee und der Name der Ecole d'Humanité bekannt seien als die frühere Odenwald-Schule im Taunus, deren Lehrer und Schüler während der Nazizeit 1934 in die Schweiz geflüchtet waren. Ich hatte von diesem internationalen, humanistischen »Landschulheim« (einem alternativen Internat) schon als Kind viel durch meine zehn Jahre ältere Kusine Ella gehört. Sie war dort während des Ersten Weltkrieges, kurz nach seiner Gründung 1910, Schülerin gewesen. – Wenn sie von den Gründern Paulus und Edith Geheeb-Cassirer sprach, war es immer voller Begeisterung über diese Menschen und das Leben und Lernen in ihrer Schule.[8]

Armin meinte, daß Edith sich sehr freuen würde, etwas über

meine Kusine Ella Levi-Auerbach zu hören; Edith sei trotz ihrer 89 Jahre körperlich und geistig völlig gesund und in der Ecole tätig. Paulus war 1961 mit 93 Jahren gestorben. Das Landschulheim sei 1946 nach mehreren schwierigen Versuchen in Goldern heimisch geworden.

Nach der fünfzehnminütigen Autofahrt durch Bergtannenwälder und das kleine Dorf Hohfluh waren wir in Goldern. Natalie nahm sich meiner an und führte mich über den Sport- und Spielplatz zunächst zum sogenannten »Haupthaus«. Dieses, zusammen mit dem benachbarten »Turmhaus«, war einst ein christliches Hospiz, ganz aus Holz gebaut, das bis heute Klassenzimmer, Bibliothek, Büros und Schülerzimmer beherbergt; von zentraler Bedeutung jedoch erschien mir das Arbeitszimmer des verstorbenen Paulus Geheeb, in dem sich noch immer sein Philodendron an den Holzwänden und der Zimmerdecke hoch- und weiterrankt und auf dessen Schreibtisch, anscheinend unberührt, einige vergilbte Papiere liegen. Daneben steht ein gerahmtes Photo von Edith und andere Photographien von Freunden. Eine Eckholzbank, davor ein runder Tisch, einige Stühle, ein Kachelofen. Natalie erzählte, daß dieses Zimmer weiter benützt würde – für Besucher, Besprechungen mit Eltern oder einzelnen Schülern und manchmal kleine Konferenzen.

Der Raum sprach zu mir mit seinen Anzeichen der lebendig gebliebenen Verehrung für einen Verstorbenen und der Ausstrahlung einfacher Schönheit aus einer vergangenen Zeit, die ohne Bruch in die Gegenwart des heutigen Schulalltags hineinführt.

Ich glaube nicht, daß Natalie, gebürtige Amerikanerin, damals etwas von sich selbst erzählt hat. Das geschah später: Wie sie nach dem Zweiten Weltkrieg als amerikanische Studentin mit einer Freundin zusammen internationale Jugendcamps gründete, damit sich junge Menschen vieler Länder kennen- und verstehenlernen würden. Ihre »Lüthi-Peterson-Camps« werden noch heute in den USA und in Europa weitergeführt und gehören zu Natalies engagiertem Leben ebenso wie ihr Interesse an der Frauenbewegung, die sie Mitarbeiterinnen und Schülern nahebringt: Sie wendet sich gegen die äußere legale und sexistische Unterdrückung ebenso wie gegen die persönlich-seelische Gefangenschaft von Frauen, welche die männlichen, respektive hierarchisch unterdrückenden

Werte verinnerlicht haben. – Ja, das war auch Natalies ursprüngliches Interesse an TZI: Anstöße zu bekommen für Mitarbeiterinnengruppen und zur Förderung des weiblichen Selbstbewußtseins der jungen Frauen.

Natalie kam als Lehrerin an die Ecole d'Humanité und heiratete den Lehrer Armin Lüthi, mit dem sie nach Paulus Geheebs Tod – zunächst noch mit Edith Geheeb – die Schulleitung übernahm. Sie trägt besondere Verantwortung für die amerikanischen Schüler und Schülerinnen, die sich in der Ecole oft auf den Eintritt ins College vorbereiten.

Natalie zeigte mir an jenem Nachmittag auch das alte große Turmhaus mit seinem Balkonrundgang aus schon splitterndem und doch so schön aussehendem Holz (das inzwischen im alten Stil erneuert worden ist) und wies mich auf die drei großen, neuen, relativ stilgerechten Schul- und Wohnhäuser hin und die kleine Straße mit Häusern für ältere Mitarbeiter und deren pädagogische Familien. Unter diesen war auch Ediths Haus.

Edith war früher in der Odenwald-Schule und später in der Ecole d'Humanité das Herz und der Genius der Praxis gewesen und besuchte auch jetzt noch immer jede Schulkonferenz. Sie kannte, 89jährig, alle Mitarbeiter und fast alle Schüler und wandte sich jedem, der es brauchte, liebevoll zu. Das war Edith, die 1934 einige gefährdete Schüler aus der Odenwald-Schule mit auf die Flucht in die Schweiz genommen hatte; die ihnen half, ihre Ängste und ihr Heimweh zu überwinden, und sie lehrte, ihre magere Kost mit Pilzen, Beeren und Kräutern, die sie im Wald suchten, aufzufüllen. Sie war es auch, die sich jahrelang nach mehreren Fehlschlägen um eine gute Wohnstätte für die Ecole bemühte, bis sie nach großen Anstrengungen die passende Gemeinde, Häuser und Geld zum Aufbau der Ecole d'Humanité in Goldern fand. Nach Paulus' Tod und nur am Rande Ecole-Verpflichtungen tragend, lebte sie mit einem alten indischen Freund, den sie liebevoll bis zu seinem Tod betreute. (Sie selbst starb, 96jährig, zwei Jahre nach ihm.)

An jenem Nachmittag begrüßte mich Edith, wie sie es mit allen Gästen tat, mit Tee und Kuchen. Sie wollte immer alles wissen, und sie vergaß selten etwas. Sie erzählte von den frühen schönen Zeiten in der Odenwald-Schule und den schwierigen Zeiten der Emigration. »Paulus hat gesagt« – ich hörte diese Worte zum ersten Mal; sie sind der Refrain, der in den Zimmern, auf dem Schulhof, in den Wäldern um die Ecole weiterklingt.

Edith war und blieb – auch nach ihrem Tod – der geliebteste Mensch der Ecole und *das* tief verwurzelte Symbol der Menschlichkeit. Paulus dagegen lebt weiter als der, »der gedacht und gesagt hat«, ein Pionier der humanistischen Schulidee und des Landschulheims – einer Idee, die er in ihrer Komplexität in wechselnden Experimenten verwirklicht hat. »Paulus hat gesagt« – er hat sehr vieles, auch Verschiedenes, auch sich Widersprechendes gesagt, weil er einer Idee nachlebte, die immer wieder neu gestaltet werden muß.

Doch vieles ist erhalten geblieben, das Wichtige, das Prinzipielle, nämlich daß die Schüler – »Kameraden« werden sie hier genannt – zu freien, schöpferischen Menschen heranwachsen sollen, das heißt »werden, was sie sind«. Lehrer (sie heißen »Mitarbeiter«) und Schüler sollen von der Natur lernen, in der Natur leben, selbständig werden und tolerant sein für die Unterschiedlichkeit der Menschen. Sie sollen sich nicht bedienen lassen, sondern die alltäglichen Hausarbeiten selbst besorgen, miteinander aufräumen, säubern (»putzen« genannt) und Reparaturen machen. Die Mitarbeiter sollen begleiten, nie strafen, »allenfalls Konsequenzen aufzeigen«, nicht tote Leistung, sondern lebendige Leistungsfreude inspirieren, denn Wachstum ist die Grundidee der Ecole d'Humanité, die in eigener Version die humanistische Psychologie und Pädagogik vertritt.

So wurden verschiedenartige Programme gestaltet, die das Leben in der Ecole in »pädagogischen Familien« strukturierten, meist in Gruppen mit zwei Familienhäuptern und sechs bis zwölf Kameraden, selbstverständlich Jungen und Mädchen gemeinsam. Dazwischen kam es zu kurzen, unbefriedigenden Versuchen, Jugendliche ohne Erwachsene im selben Haus wohnen zu lassen. Erhalten blieben »die Schulgemeinde« als Forum des Gedankenaustauschs aller Schüler und Mitarbeiter über theoretische und praktische Schulfragen; die »Sonntagabendandacht« zur Vermittlung von kulturellem, überkonfessionellem Gedankengut; und der »Kameradenrat«. Er dient dem Prozeß der Selbstfindung und liegt in der Mitte zwischen demokratischen Prinzipien und Familientraditionen; zwischen risikoreichen Experimenten des Los-

Lassens erwachsener Leitung und unbestritten autoritativer, zuweilen auch autoritärer Einflußnahme. Und manche Eingriffe der Mitarbeiter und Schulleitung beruhen nicht nur auf pädagogischen Wünschen, sondern auch auf pragmatischen Überlegungen; die Ecole ist keine Insel, sondern eingebettet in die Kultur der Gemeinde, des Landes, der Länder und der geschichtlichen Prozesse. – Neue und andere Ideen zu vertreten, bedeutet immer eine Gratwanderung zwischen dem Möglichen und dem Wünschbaren.

Praktisch unverändert blieb die Schulprogrammgestaltung, die in ihren Grundzügen nie verändert werden mußte. Das Schularbeitsjahr ist, außer den Ferien, in fünf- bis sechswöchige Schulabschnitte eingeteilt. Das Programm wird für jeden Schüler und jeden Lehrer in diesem Zeitabschnitt individuell eingeteilt und innerhalb dieser Kursperiode selten verändert. Vor der Kursperiode geben die Mitarbeiter ihre jeweiligen Interessen und Fähigkeiten bekannt, und die Kameraden haben freie Studienwahl und äußern eigene Lernwünsche, die jedoch mit den Anforderungen der jeweiligen Herkunftsländer und Berufswünsche verglichen und in Einklang gebracht werden müssen. Innerhalb dieses Rahmens besteht jedoch große Freiheit.

In der Ecole gibt es keine Noten, sondern nur Berichte. Die Schüler haben »olivgrüne Hefte«, in die sie ihre Selbstbewertung eintragen, die Mitarbeiter »blaue Hefte«, in die sie ihre Beobachtungen und Beurteilungen notieren. Die blauen Hefte helfen den Schulleitern in ihren Besprechungen mit den Eltern; die olivgrünen Hefte können von den Schülern freiwillig ihren Lehrern oder der Schulleitung gezeigt werden.

Am Vormittag gibt es jeweils drei lange akademische Unterrichtsstunden, am Nachmittag Zeiteinheiten, die für Kunst, Musik, Sport, Handwerk, Naturerleben vorgesehen sind. Es gibt Wandertage, Skitage und Wanderwochen. Seit den Anfängen gibt es unverändert zudem die tägliche und wöchentliche »Putzpause«, in der alle Schulräume und das Schulareal geputzt werden; die »stille Stunde« zum Ruhen oder Studium; »den Morgensport« und Einschränkungen, was Geld und Konsum aller Art angeht, inklusive privater Radio-, Kassetten- und Fernsehgeräte, weil angenommen wird, daß schöpferisches Schaffen und Denken durch sie abgelenkt werden können. So ist die Ecole d'Humanité wirklich eine »alternative«, im echten Sinn andersartige Schule geblieben. »Paulus hat gesagt«: 1910 – 1920 – 1940 – 1980...

Als Edith und ich eine halbe Stunde miteinander geplaudert hatten, sagte Armin, der ebenfalls gekommen war, daß es nun wohl an der Zeit sei, über »business« zu sprechen. Und er müsse vorbeugend erklären, daß die Ecole kein Geld habe. – »Habt ihr eine so schöne Aussicht für mich wie die hier bei Edith?« fragte ich zurück. »Noch viel schöner«, strahlte er. – Und dann fuhr er mit mir zu der etwas abseits gelegenen Chaletwohnung, die wenige Monate später frei werden würde.

Ich beachtete die Wohnung kaum; nicht einmal, daß sie außer einem Zimmer noch zwei schräge Kammern hatte, denn ich ging direkt zur Balkontür und stand vor der wirklich »noch viel schöneren Aussicht«: Gletscher, von sanften Berglinien umrahmt, von dunklen Wäldern fast bis oben hin begleitet; ein Wasserfall und darunter das schneebetupfte, große Winterlandtal zwischen den Bergen und dem Balkon, auf dem ich fassungslos stand. Zwei Gedanken kreuzten sich in meinem Kopf: »Das kann es doch nur für Bauern geben!« und »Hier kann ich vielleicht Gott finden.«

»Ja, Sie haben recht, Armin, das ist noch schöner –«, sagte ich. »Aber wir haben kein Geld«, sagte Armin. »Und ich habe keine Zeit«, antwortete ich. – Und so zog ich im Juni 1974 in die »große Aussicht mit kleiner Wohnung« ein.

In den ersten anderthalb Jahren war Marianne Zollmann[9], wie schon zuvor im WKM, meine Assistentin. Und wir hatten wirklich keine Zeit! Sie war ja noch wissenschaftliche Assistentin an der pädagogischen Fachhochschule Göttingen und konnte nur in ihren Urlaubs- und Freizeiten nach der Schweiz kommen; und ich hatte mein ganzes Jahr vorgeplant, bevor die Ecole in mein Leben trat.

So begann ich mit einem mir selbst auferlegten Zeitdruck – daß ich doch schnell etwas Vorzeigbares leisten müsse –, zwar mit guten Ideen, aber viel zu schnellen Ausführungen: Fehler, die ich später nur noch bedauern, aber nicht zurücknehmen konnte. Ich versuchte nämlich, in den kurzen Zwischenräumen des schon zusammengedrängten Jahresplans Themen zu erarbeiten, für die es sehr viel mehr Zeit bedurft hätte. So wurde ein Teil dieser Tage als obligatorisch für alle Mitarbeiter angekündigt, ein anderer nur für kleine Gruppen, die durch Auswahl bestimmt wurden. Diese Tage selbst waren intensiv, und ich fand sie als solche ergiebig (zu ergiebig!). Ich nahm auch als Zuhörerin an Konferenzen teil. Dieser überschnelle Anfangsstil, der eigentlich sowohl meinem eigenen als auch dem der Ecole zuwiderlief, hinterließ einen später spürbar werdenden Antagonismus bei einem Teil der Kollegen, die schon lange in der Ecole waren. Dazu kam, daß ich in den ersten Jahren noch sehr viel Zeit in den USA verbrachte und TZI und WILL in Europa mich auch sehr in Anspruch nahmen. So hatte ich zunächst persönliche Kontakte nur mit Armin und Natalie Lüthi-Peterson, zu Rosemarie Varga[10], der Verwalterin, die sich für TZI interessierten, und den Lehrern, die sich direkt an mich wandten. Dies waren meist jüngere Mitarbeiter, die schon auf dem Weg »nach draußen« waren, und andere, die sofort von unserer Arbeit angesprochen waren.

Die Klagen dieser Mitarbeiter waren ähnlich: Speziell die jüngeren, unverheirateten unter ihnen fanden wenig Möglichkeiten, anderen Lehrern privat oder beruflich näher zu kommen. Marianne und ich fanden, daß dies großen Teils daran lag, daß die räumlichen Gegebenheiten und die zeitliche Organisation wenig Treffmöglichkeiten gaben, speziell für die Mitarbeiter, die nicht schon Freunde in der Ecole hatten. Für die Unverheirateten bedeutete dies Einsamkeit und Frustrierung. Jüngere Mitarbeiter waren auch enttäuscht, daß es kein Fortbildungsprogramm in der Ecole gab, so daß sie nicht von der Erfahrung und den Gedanken der älteren Mitarbeiter lernen konnten. (Auf beiden Seiten fehlte die Initiative, einen Lehr/Lernaustausch zu initiieren und zu institutionalisieren.)

Marianne und ich erklärten uns die Diskrepanz zwischen der sorgfältigen Beachtung der Schülerbedürfnisse und der unbefriedigenden Situation neuer Mitarbeiter zum Teil aus der Geschichte der Ecole, die so viele Opfer von den älteren Mitarbeitern verlangt hatte, daß sie die jetzige Situation als luxuriös ansehen mußten. Mich erinnerte ihre aufopferungsvolle Haltung an das »Wir-sind-doch-nur-für-die-Kinder-da«, an die einseitig erschwerende Philosophie, die mir von den Bankstreet Schools bekannt war, die ebenso wie die Ecole d'Humanité zu den Pionieren der »Kinderrechte« gehörten. Doch wer nur für die Kinder da ist, verliert sich selbst; und *wen* kennen dann die Kinder?

Marianne und ich verbrachten viele Stunden damit, nach Ideen zu suchen, wie wir die Initiative der Mitarbeiter, Veränderungen und Erleichterungen zu bewirken, fördern könnten. Dabei fühlten wir uns vom guten Willen der Schulleitung, speziell auch Armins, bestärkt und getragen.

Armin, wie Paulus, ist eine charismatische Figur, jedoch anders. Kaum jemand wird von ihm sagen »Armin hat gesagt«. Seine Wirkung liegt in einer schwer zu beschreibenden Präsenz. Sie läßt sich weder aus seiner Weltanschauung noch von seinen Stimmungen her erklären. Armin strahlt Autorität aus, nicht aufgrund von Ideen und Maßnahmen, sondern weil er – paradox klingende – Polaritäten in seiner Persönlichkeit vereint: »selbstsichere Bescheidenheit«; »distanzierte Wärme«; eine oft bis ins Unverständliche gehende Toleranz bis zum plötzlich scharfen »Nein, so nicht«; eine unbestechliche Integrität. Armins Wirkungskraft ist kaum erklärbar durch seine Position als männlicher Schulleiter. Wenn er aus einem Buch vorlesen will oder wenn er als Chorleiter schweigend die Hand hebt, wird der große Andachtsraum totenstill; vielleicht, weil er sich nicht umdrehen wird, bis diese Stille eintritt. Sein Schulchor, der sich aus Mitarbeitern und Kameraden zusammensetzt, hat professionelle Qualität.

Im Herbst 1974, kurz vor meiner mehrmonatigen Abwesenheit, glaubten Marianne und ich, einen guten Plan zustande gebracht zu haben, der die Ecole von der geschichtlich erworbenen unklaren Führungsstruktur der familiären Kleinorganisation zu einer demokratisch klaren Struktur führen könnte. Wir schlugen dem Kollegium für die Zeit meiner Abwesenheit vor, sich in sieben heterogenen Kleingruppen mit einem Thema auseinanderzusetzen. Die Unterthemen entnahmen wir der zuvor gemeinsam geleisteten Arbeit. Marianne würde zwei oder drei Mal zu Supervisionssitzungen kommen.

Dies waren die ausgehändigten Vorschläge:

DACHTHEMA: TRADITION UND REFORMATION IN DER ECOLE

Unterthemen:

1. Prinzipien und Richtlinien für Regeln und Kameradenleben

2. Tagesablauf
   a) Arbeit und Ruhe, echte Ruhepausen für Mitarbeiter
   b) Das Wochenende
   c) Wo hat der Mitarbeiter seine private Lebenssphäre?
3. Der neue Mitarbeiter
   a) Welche Hilfe hat er?
   b) Welche Hilfe braucht er?
4. Arbeitsverteilung – Balance in der Belastung
   a) Sind mehr Verantwortungsgruppen erwünscht – so wie die »Skikommission«?
   b) Effektivität der Konferenz, Zeitpunkt, Tagesordnung
   c) Führung, Mitbestimmung, Funktionsplan
5. Der Unterricht
   a) Zusammenarbeit unter den Mitarbeitern
   b) Größe der Klassen
   c) Prinzipien und Richtlinien
6. Zusammenleben mit den Kameraden
   a) Welche Formen haben wir?
   b) Welche anderen wären möglich?
7. Mitarbeiter untereinander
   a) Zusammenkommen
   b) Offenheit und Ehrlichkeit
   c) Vertrauen

Jede Gruppe behandelt während drei Wochen ein Thema, gibt dann das Thema und ein Ergebnisprotokoll einer anderen Gruppe weiter (Vorschläge und eventuelle Wege dazu). Alle Themen sollten behandelt werden.

Die kleinen Gruppen hielten sich nicht an die Struktur des Weitergebens, blieben aber beim Gedankenaustausch über diese oder andere ihnen wichtige Themen zusammen.

Als ich dann wiederkehrte, wurde ich mit mehreren konkreten Vorschlägen begrüßt. Zu diesen gehörten:

– eine Betreuungskommission für neue Mitarbeiter;

– eine Veränderung des Konferenzprogramms: statt der täglichen Morgenkonferenz für alle wichtigen Ansagen und für alle wichtigen Probleme, wozu nie die Zeit reichte:

1. eine »Morgenansagekonferenz« (z. B. über Erkrankungen

von Kameraden oder Mitarbeitern, Abendaktivitäten, Änderungen im Programm usw.)

2. für längere Problembesprechungen und wichtige Themen eine »Zusatzkonferenz« (z. B. Diskussion über einen schwierigen Schüler; über Übertretungen von Schulregeln wie z. B. Rauchen, Lärm in der stillen Stunde usw.)

– eine Begegnungspause für die Mitarbeiter jeden Vormittag zwischen zwei Unterrichtssitzungen in verschiedenen Wohnungen;
– Fachaustauschgruppen der Mitarbeiter usw.

Die Vorschläge wurden nach einigem Zögern und mit Vorbehalten angenommen. Diese Änderungen sind inzwischen so selbstverständlich geworden, daß sich wohl kaum jemand mehr vorstellen kann, daß neue Mitarbeiter »einfach ins Wasser springen und schwimmen sollen« oder daß es keine Freizeit für informelle Begegnungen und Besprechungen in der Mitte des Morgens gab. Es ist heute viel leichter, Veränderungen und Neuerungen vorzuschlagen und zu bearbeiten als früher.

Dem Wunsch einiger Schüler und einer Anfrage Natalies folgend, ließ ich mich 1975 auf einen weiteren vorschnellen Versuch ein, nämlich eine Veranstaltung für die gesamte Schule zu gestalten. Marianne und ich strukturierten einen Drei-Tage-Workshop, zu dem wir 20 WILL-Europa-Kandidaten einluden, um mit den 140 Schülern und 40 Mitarbeitern in Gruppen zu arbeiten. Wir strukturierten für die drei Tage drei verschiedene Arbeitsbereiche:

1. Die pädagogische Familiengruppe (etwa zwei »Familienoberhäupter« und acht bis zehn Kameraden)
2. Eine Unterrichtsgruppe (ein Lehrer mit seiner üblichen Klasse)
3. Homogene Mitarbeiter- und altershomogene Schülergruppen.

Vor und nach diesen drei Tagen fand je ein Supervisionstag mit den WILL-Gruppenleitern statt, zusätzlich zu den Zwischensitzungen an den drei Veranstaltungstagen. Dies war viel zuviel für alle Beteiligten: die Ecolianer, die WILL-Gruppenleiter und die Supervisorinnen.

Die unmittelbare Reaktion auf diese Tage war unterschiedlich. Es gab gute und schlechte Stimmungen und Urteile. Ich selbst war unglücklich, weil ich den Prozeß, in dem ich positive und negative Möglichkeiten sah, anschließend nicht weiterführen konnte; ich mußte direkt nach der Veranstaltung wieder abreisen (was ich zuvor zwar gewußt, aber in der Planung nicht als schwerwiegend berücksichtigt hatte). Nun sah ich voraus, daß dies die negativen Gefühle verstärken müsse, speziell beim skeptischen Teil des Kollegiums. Doch statt dies direkt nach meiner Rückkehr mit dem Gesamtkollegium zu bearbeiten, zog ich mich weitgehend zurück. Ich überlegte, daß ich jetzt nur mit *jenen* Mitarbeitern arbeiten sollte, die ausdrücklich am Austausch von Theorie und Praxis der TZI im Unterricht und an entsprechenden pädagogischen Fragen interessiert waren. Ich erwartete irrtümlicherweise, daß sich langsam die meisten Kollegen anschließen würden.

Seitdem hat es immer zwei bis drei wöchentliche Unterrichtsaustauschgruppen unter spezieller Anwendung von TZI-Konzepten und -Techniken gegeben, die zum Teil von mir, zum Teil von meinen WILL-Assistenten geleitet wurden. Im Lauf der Zeit haben etwa zwei Drittel der Mitarbeiter an diesen Kursen oder an verschiedenen, thematischen Wochenenden teilgenommen. So hat sich eine kooperative, kameradschaftliche und freundschaftliche Atmosphäre unter diesen Teilnehmern ergeben, die unter anderem dazu führte, daß etliche der jüngeren Teilnehmer mehrere Jahre auch aus Fortbildungsgründen an der Ecole geblieben sind. Gleichzeitig hat diese Konstellation jedoch zu »Loyalitätsspaltungen« zwischen »TZI-Anhängern« und »TZI-Ablehnern« geführt, die den eigentlich erfreulichen Tatsachen einen unerfreulichen Beigeschmack gegeben haben. Dies hätte zweifellos vermieden werden können, wenn ich das »Störungsprinzip« befolgt und die Abwehr rechtzeitig besprochen hätte. Diese hat sich speziell gegen die kontinuierliche TZI-in-der-Ecole-Gruppe gerichtet, an der zuerst nur TZI-Assistenten und ein oder zwei TZI-Interessierte, später aber auch Armin, Natalie und Rosemarie Varga teilgenommen haben.

Nachdem Marianne Zollmann 1976 ihre Assistenz beendet hatte, hatte ich für jeweils ein bis zwei Jahre einen TZI-Assistenten oder Assistentin. Diese waren Pater Johannes Pausch, Pädagoge und Theologe[11], Irene Amann, Studienrätin[12], und Franck Wolff, Lehrer[13]. Sie waren zugleich TZI-Praktikanten und Lehrer an der

Ecole. Sie haben sehr viel dazu beigetragen, die TZI-Gruppenarbeit in schöpferischem Prozeß weiterzuführen, andere Mitarbeiter zu interessieren und immer neue Wege zu finden, wie Gruppenarbeit den Persönlichkeiten von Lehrern und Schülern und der Ecole nützlich sein kann.

Im letzten Jahr hatte ich zum ersten Mal keinen persönlichen Assistenten. Es gibt jetzt genügend Mitarbeiter in der Ecole, die zur Zeit unter meiner Supervision einen großen Teil der TZI-Gruppenleitungsarbeit übernehmen. Ich glaube, die alte Handwerker-Ausbildungsstruktur, daß ein Anwärter im selben Betrieb vom Lehrling zum Gesellen und vom Gesellen zum Meister wird, ist noch immer eine hervorragende Möglichkeit der Ausbildung. Ich habe das jedenfalls bei meinen TZI-Assistenten und einigen sich kontinuierlich weiter in den Gruppen beteiligenden Mitarbeitern erfahren. Ich glaube jedoch, daß eine Zusatzausbildung durch betriebsexterne Kurse erforderlich ist, um den Horizont des Gruppenleiters zu erweitern.

Die Ecole d'Humanité ist nicht zur »TZI-Schule« geworden, doch Konferenzen, Kurse und Zusammenkünfte aller Art sind durch TZI weitgehend beeinflußt worden. Die Teilnahme der Mitglieder an den verschiedenen TZI-Gruppen (zu denen auch ad hoc gesellschaftspolitische Gruppen, Emanzipationsgruppen, Skigruppen, Familiengruppen u. a. gehören) hat direkten und indirekten Einfluß auch auf die Schule als Ganzes und die Schüler ausgeübt.

Ich selber habe in dieser Zeit viel gelernt, vieles, »was ich schon gewußt hatte« und immer wieder verlerne, und anderes, was aus den Beziehungen und Erfahrungen in der Ecole entstand. Vor allem lernte ich wieder, daß mit persönlichem Vertrauen und »dem langen Atem« sehr viel Positives in Organisationen und Institutionen geschehen kann; und daß durch nicht aufgearbeitete Störungen aller Art, speziell durch Vertrauensstörungen aufgrund eines zu ungeduldigen Reformationsbedürfnisses, Abwehr und Mißtrauen entstehen oder verstärkt werden. Das ist wahr für alle Institutionen – auch für diese Ecole d'Humanité, deren Loyalität zu Altverwurzeltem mit meinen eigenen Auffassungen prinzipiell übereinstimmt. Die themenzentrierte interaktionelle Gruppenarbeit mit ihrer dynamischen Balance und Bewußtheit von humanen

Werten ist eine direkte Fortführung der pädagogischen Anliegen von Paulus und Edith Geheeb.

Ich freue mich, hier einige Absätze aus einem Artikel von Armin Lüthi aus einer Festschrift zitieren zu können.[14]

»Ruth Cohn ist seit sechs Jahren im Landeserziehungsheim Ecole d'Humanité, Goldern, Schweiz, als Consultant Psychologist tätig. In dieser Funktion werden mit ihr zusammen immer wieder Aspekte der Schulkonzeption durchdacht, die organisatorischen Formen überprüft, Konflikte bearbeitet; vor allem aber hat Ruth die didaktische Schulung der Lehrer geformt.

Ich könnte das Ergebnis der Begegnung mit Ruth in einem kurzen, lapidaren Satz ausdrücken: Ich bin lebendiger geworden. Das bedeutet: Ich bin milder und härter, mutiger und vorsichtiger geworden. Ich zwinge mich, klarer zu denken und wage, tiefer zu fühlen. Ich bin jünger und älter geworden; jünger, indem ich mich weniger hinter einmal erarbeiteten Positionen verschanze, älter, indem mir deutlicher ist, welche Werte ich vertreten will und muß.

Ich verdanke Ruth direkt und indirekt (durch ihre Einwirkung auf die Institution, in der ich lebe und arbeite) in verschiedenen Bereichen einen Zuwachs an Kompetenz. Es ist aber nicht bequem, sich mit jemandem auseinanderzusetzen, der keinen Respekt vor heiligen Kühen hat. Mein Leben hat sich kompliziert: ein Stück von dem, was ich meine nachtwandlerische Sicherheit empfand, ist mir abhandengekommen.

Hier einige Stationen auf dem Weg dieser Veränderung.

Unsere »Familie« (12 Jugendliche, 4 Erwachsene) hatte beschlossen, einen Abend darauf zu verwenden, unser Zusammenleben zu bedenken: Wie geht's mir mit mir, wie geht's mir mit Dir? Es zeigte sich sofort die Tendenz, Sachfragen, Es-Fragen, in den Vordergrund zu schieben und damit massive Emotion zu kaschieren. Es gehört mit zum von Ruth erlernten *Handwerk,* solche Spiele zu durchschauen und mit Hilfe des *Themas* und mit geeigneten *Hinweisen* das festgefahrene Gespräch wieder in die gewünschte *Richtung* zu bringen.

Eine neue Mitarbeiterin ist sprachlos über die ungefilterte Art, wie in der täglichen Konferenz Meinungen aufeinanderprallen, Konflikte aufbrechen, Ärger ausgedrückt wird. Sie kam aus einer vergleichbaren Arbeitssituation, wo die Beteiligten sehr viel vorsichtiger miteinander umgehen, ihre Konflikte nicht offen zulassen, wo in sehr gewandter Form die Botschaften nur verschlüsselt weitergegeben werden.
Ich hatte früher auch die Tendenz, Spannungen sofort zu entschärfen, Gegensätze zu vertuschen, zu harmonisieren. Ruth hat uns gezeigt, daß damit nichts erreicht ist, im Gegenteil: Die Luft wird nicht klarer, die unausweichlichen Spannungen durchdringen den ganzen Organismus, schaffen Cliquen, Fraktionen, verfestigen Gräben.
Es ist wohl zwangsläufig, daß Menschen, die in einer Institution arbeiten, mit der sie sich weitgehend identifizieren, eine Betriebsblindheit entwickeln, die immer auch komische Aspekte hat. Auch wir haben die Unterschiede zwischen den der Schule zugrunde liegenden Prinzipien und den daraus abgeleiteten Regeln nicht mehr scharf wahrgenommen. Außenstehend genug und doch persönlich engagiert, war es Ruth möglich, uns aus einer Unbeweglichkeit herauszuholen, die wohl auch mit Loyalität den Gründern der Schule gegenüber zu tun hatte. Uns wurde deutlicher, daß man z. B. legitimerweise über die Form der Schülerbeurteilung diskutieren, hingegen den Grundsatz der möglichst weitgehenden Angstfreiheit um nichts schmälern kann.
Die Banalität, daß Menschen verschieden sind, ist sicher nicht von Ruth entdeckt worden. Solche Einsichten aber haben bei ihr Konsequenzen. In unseren Didaktikgruppen haben wir uns immer wieder mit dem »eigenen Einstieg« in ein Problem beschäftigt. Der eine Schüler geht gerne von einer gegebenen Regel aus, der andere ist beglückt, wenn er nach einer Phase des Experimentierens die Regel selbst findet, ein Dritter unterzieht sich am liebsten der strengen Führung des Lehrers usw. So kann der Lehrer auch den Lernwillen des Schülers stärken, und er muß nicht allein die Verantwortung für den Unterrichtserfolg tragen.«

Stimmen aus Europa

In diesen Jahren in Europa habe ich vor allem an der Ausbildung respektive Fortbildung von TZI-Kandidaten der verschiedenen Lebens- und Arbeitsbereiche gearbeitet. Es gibt mehrere hundert ausgebildete Gruppenleiter und viele graduierte Lehrende an Universitäten, Fachhochschulen, Lehrerseminaren, in sozialen und kommerziellen Betrieben, in Krankenhäusern, Gefängnissen, Berufsschulen aller Art, in Gewerkschaften, Parteien, Bürgerinitiativen, Emanzipationsbewegungen. Am meisten Freude bereiten mir die Workshops respektive Gruppenarbeiten, deren gesellschaftliche, im weitesten Sinn politische Wirksamkeit deutlich ist.

Zuerst geschah dies in Europa durch Dr. Friedrich Belz, der mir die Möglichkeit gab, an der Psychosomatischen Klinik in Bad Honnef TZI-Teamarbeit und therapeutische Gruppen einzuführen. Im Kanton Basel-Land gibt es den Arxhof, eine »Maßnahmen-Anstalt« für jugendliche Straffällige, wo diese gemeinsam mit ihren Betreuern unter dem Psychiater und TZI-Kollegen Roberto Lobos nach TZI-Gruppenkonzepten pädagogisch-therapeutisch leben und arbeiten. Auch in verschiedenen Krankenhäusern, etwa in Heidelberg, arbeitet Klinikpersonal unter dem Einfluß von Josef Mayer-Scheu in teambildenden TZI-Gruppen und mit mehr Verständnis füreinander und die Patienten. Ich selbst nahm 1980 an einem Hundert-Personen-Workshop, den Josef Mayer-Scheu organisierte, in Ludwigshafen teil, wo sich Krankenhauspersonal verschiedener Spitäler, vom Pflegehelfer, Studenten, Bademeister bis zu Oberschwestern, Chefärzten und Verwaltungspersonal zwölf Tage lang in einem Ausbildungsworkshop mit uns und sechs WILL-Kandidaten traf. Darunter waren Menschen, die jahrelang im selben Spital zusammengearbeitet hatten, ohne irgend etwas voneinander persönlich oder arbeitsmäßig erfahren zu haben. In wenigen Tagen lernten die Teilnehmer mehr über das Leben von Patienten, sich selbst und ihre Arbeitskollegen kennen als in vielen Jahren zuvor. Es freut mich natürlich besonders, daß die Spuren dieser Arbeit nicht untergegangen sind.

In meinen Supervisionsworkshops lehre/lerne ich mit Krankenschwestern und Pflegern, Sozialarbeitern, Lehrern und Lehrerfortbildern, Managern, Psychiatern, Psychotherapeuten usw. Therapeutische und Supervisionsgruppen halte ich möglichst klein (6 bis 12 Personen), Lehrer- und Organisationsgruppen realistisch groß (12 bis 30 Personen), da dies Klassen- und Organisationssituationen entspricht und dadurch Gruppenstrukturen für die Teilnehmer erfahrbar werden.

Ich habe einige meiner TZI-Freunde gebeten, ihr eigenes Erleben und ihre Ansichten über die Art und Schnelligkeit der TZI-Verbreitung in Europa zu beschreiben.

Aus Briefen

Karl Horst Wrage/Mein Kommen und Bleiben. 1969. Es war ein Samstagabend. Distinguierte Analytiker, Paare, einzelne treffen sich, um moderne Literatur miteinander zu lesen. So ganz distinguiert sind sie schon nicht mehr, insbesondere nicht, wenn sie unter sich sind. – Heute abend läuft alles ganz anders. Eine Teilnehmerin, Anita Ockel, war zu einem Gruppenseminar bei Ruth Cohn. Ihre Mitteilung, unser Erstaunen über ihre Erfahrungen, unser Erleben ihrer Veränderung, das Hin und Her der Bedenken und Hoffnungen, die klassische, oft so frustrierende analytische Gruppendynamik zugunsten eines gemeinsamen erlebenden Lernens von Teilnehmern und Leiter, Patienten und Therapeut zu überwinden, unsere Ängste vor den Konsequenzen für die klassische Therapie und zugleich unsere Sehnsucht, das hintercouchlerische Poker Face aufgeben zu dürfen – alles das ist aufregender als der neue Krimi von Dürrenmatt, den wir mit verteilten Rollen lesen wollten. Der Abend dauert bis in die Nacht.

Zwei Teilnehmer verlassen die Runde und sind fest entschlossen, diese themenzentrierte interaktionelle Methode selbst kennenzulernen. Einer davon bin ich.

Am Freitag, dem 1. Mai 1970, begegne ich Ruth Cohn zum ersten Mal in Wasserburg am Bodensee. Sein eigener Chairman sein: Ist doch selbstverständlich, bin ich doch immer – und es ist doch so schwer, es wirklich zu sein, keine Rolle zu spielen, nicht den gewohnten und oft doch so hilfreichen professionellen und persönlichen Klischees zu erliegen, sondern unmittelbar die aktuellen Gefühle, Wahrnehmungen und Gedanken zu beachten. Es ist schwer, sich darauf einzulassen, und zugleich befreiend. Wenn ich es tue, werde ich verletzbar und – ich werde nicht verletzt. Die Begegnung wird unmittelbarer. Keine Bilder und Masken hindern die menschliche Kommunikation. Das Arbeiten, hartes Arbeiten, Mammutsitzungen, ist direkt. Nicht *über* eine Sache, *zu* einer Sache wird gearbeitet.

Ich bin fasziniert, und je mehr ich erkenne, daß diese Arbeitsweise, jedes einzelne Ich, die Gruppeninteraktion und das Thema im Rahmen des sachlichen Bezugsfeldes ehrfürchtig und gleichwertig berücksichtigt, um so mehr frage ich nach dem Transfer. – Übungen, Anleitungen helfen mir, erste eigene Erfahrungen zu machen. Aber was wird sein, wenn ich mit Menschen arbeite, die nicht auf dem Background einer fundierten psychoanalytischen Ausbildung lernen und lehren wollen? – Es bleibt vieles offen. Nur eins weiß ich am Schluß des Seminars eigentlich mit ziemlicher Sicherheit: Dies ist eine Methode – eigentlich viel mehr eine innere Einstellung und ein Verhalten –, nach der ich schon lange gesucht habe.

Nach zehnjähriger Ausbildungsarbeit von Vikaren, Pastoren, Gemeindehelferinnen, Diakonen, Sozialarbeitern an dreizehn landeskirchlichen Ausbildungsstätten gerade im Begriff, eine neue Form pastoralpsychologischer Ausbildung in einem zweijährigen Modell zusammen mit anderen analytischen Kollegen innerhalb der Ev.-luth. Landeskirche Hannovers zu erproben, gerade bei der Abschlußredaktion einer mehrjährigen Arbeit zu einer »Denkschrift der evangelischen Kirche zu Fragen der Sexualethik« und dringend daran interessiert, die dabei gewonnenen Erkenntnisse aktiv für die Arbeit in den Gemeinden und mit den Gemeindegliedern umzusetzen – gerade an dieser Grenze bin ich glücklich und dankbar, eine Erfahrung gemacht und eine Methode kennengelernt zu haben, die das geistig-seelische Erleben mit mir und mit anderen genauso wichtig nimmt wie das rationale Erkennen und Verarbeiten.

Es folgen Wochen des eigenen Erprobens, des Scheiterns und kleiner Erfolge. Gerade diese kleinen Erfolge sind es, die trotz der Resignation über das eigene Versagen ermutigen, weiter zu lernen. Und diese kleinen Erfolge sind gekennzeichnet durch die Erfahrung, daß ich nicht alles allein machen muß, daß ich mich verlassen kann auf die Gefühle, Erkenntnisse, Einstellungen, Ideen und Gedanken der Teilnehmer, die die Sache, die es zu bearbeiten gilt, voranbringen. Voraussetzung ist, daß ich mich einlasse. Glauben wird erfahrbar. Das Dogma der Väter wird in mir lebendig. Die religiöse Unterweisung ist erlebte Gemeinde. Die gemeinsamen Konflikte werden zu lebensfördernden Krisen, in denen die gemeinsame Arbeit an den Störungen und Schwierigkeiten verbindet und weiterführt.

Der Besuch eines neuen Seminars mit Ruth Cohn und eines anderen mit ihrer damals engsten Mitarbeiterin, Ruth Ronall, folgt im Wechsel mit eigenen Veranstaltungen, Erfahrungsaustausch, Versuchen der Systematisierung.

Fragen nach dem Menschenbild – psychoanalytisch? humanistisch? jüdisch? christlich? –, Fragen nach der reinen Lehre und der Verwirklichung dieser lebendigen Interaktion in Organisationen und Großgruppen bewegen und beschäftigen mich weiter.

Für mich wird TZI – die Themenzentrierte Interaktion nach Ruth C. Cohn – *die* »Methode«, Irrationales und Rationales, Glauben und Wirklichkeit, Gefühlshaftes und Verstehbares gemeinsam und für alle erlebbar zu bearbeiten, um Verkündigung und Seelsorge der Kirche neu zu tun in einer Welt, in der die Menschen unter der Technologie vereinsamen und aus der sie – ohne recht zu wissen wohin – fliehen. TZI wird in den Folgejahren zu einer anerkannten kirchlichen Aus- und Fortbildungs-Richtung unserer Landeskirche, die heute viele Anhänger hat.

Und mein therapeutisches Handeln verändert sich, ohne die psychoanalytischen Grundlagen und Erkenntnisse zu verlassen. Zunächst wird insbesondere meine Gruppen-Psychoanalyse lebendiger und – wie ich meine – auch erfolgreicher, dann auch die Einzeltherapie, bei der ich zwar immer noch hinter der Couch sitze, bei der ich aber mehr ich selber bin als nur Spiegel.

Heute, zwölf Jahre danach, dünkt es mich wie eine »kleine Ewigkeit«, seit ich TZI anwende und vertrete. Ich war in der glücklichen Lage, aufgeschlossen und von meinem Erleben her bereit zu sein, auch andere später in Deutschland bekanntwerdende psychoanalytische Erkenntnisse, wie die von Heinz Kohut, Margaret S. Mahler, James F. Masterson, Fritz Perls, Eric Berne, George R. Bach, William C. Schutz und nicht zuletzt von Alice

Miller und Erich Fromm, lebendig aufzunehmen, durch mich hindurchzulassen und in meine Arbeit zu transferieren. Andere haben dies vielleicht auf anderen Wegen getan. Ich bin dankbar dafür, daß ich durch die Begegnung mit Dir, Ruth, die innere Lebendigkeit zu der Wachheit des Geistes wieder neu hinzugewonnen habe. Und ich werde deshalb nicht müde werden, Deine Entdekkung durch meine Erfahrung weiterzugeben.

Hannover, Juli 1982 Karl Horst Wrage*

Josef Mayer-Scheu/Die Bedeutung von TZI für die Entwicklung einer klinischen Seelsorgeausbildung in Heidelberg.

1. Theologie und Seelsorge können auf das Thema nicht verzichten. Sie leben geradezu davon, ihr Thema weiterzuerzählen, wo Glaube und Hoffnung Geschichte gemacht haben oder gar zu einer Geschichte der Liebe geworden sind. Und dennoch kranken Theologie und Seelsorge an der Vermittlung ihres Themas. Das habe ich als Student der Theologie erfahren, darunter ächzen und leiden alle Studierenden – nicht nur der Theologie – jedes Jahr mehr, weil der Wissensstoff ständig wächst und auch die Gefahr einer Computer-Theologie gar nicht so leicht vom Tisch zu wischen ist.

Nach meinen 1. Juristischen Staatsexamen im Jahr 1961 hatte ich mich voller Hoffnung 1962 der Theologie zugewandt und in einem Grenzbereich zwischen Theologie und Rechtswissenschaft promoviert. Nur in seltenen Ausnahmefällen ist es mir gelungen, die Ochsentour toten Lernens zu umgehen und mit lebendigen Lehrern und Kollegen zusammen so zu studieren, daß das Lernen Spaß machte. Das sind die wenigen Stunden in meiner gesamten »offiziellen Lernzeit«, die ich nie vergessen werde und aus denen ich auch heute noch mehr Substanz ziehe für meine Praxis der Seelsorge und die Vermittlung von Theologie als aus den vielen

* Dr. med., Psychotherapeut, Psychoanalytiker, Direktor des Sozialmedizinisch-Psychologischen Institutes der Ev.-luth. Landeskirche Hannover.

Aktenordnern voll totem Papier, das, gefüllt mit den gescheiten Gedanken anderer, von meinen eigenen Händen geschrieben ist.

2. Als ich 1969 als Krankenhausseelsorger an den Universitätskliniken in Heidelberg auch begann, Theologie im Fach Berufsethik für Krankenpflegeschüler zu unterrichten, mußte ich eine zusätzliche Erfahrung machen: Mein Thema (Theologie und Seelsorge) schien die Schüler zunächst überhaupt nicht zu interessieren. Das fehlte nun gerade noch, daß sie zu allen Wissensfächern, in denen sie geprüft wurden, auch noch in Ethik – oder wie sie fürchteten: in Religion – sich etwas einpauken lassen müßten!

Aber eigentlich hatte ich gar nicht vor, ihnen den befürchteten Religionsunterricht alter Prägung zu geben, sondern es ging mir um den Menschen im Leben und im Sterben, im Kranksein und im Gesundsein, vor allem um den kranken Menschen im Krankenhaus und was er und sein Kranksein mit uns, den Therapeuten und Seelsorgern machte. Aber wie konnte ich das methodisch realisieren: mein Thema nicht verraten, sondern einbringen und zugleich auf die ungeheuren Störungen junger Krankenpflegeschüler nach ihren ersten Begegnungen mit dem Krankenhaus eingehen?

3. Nachdem ich jahrelang nur Lernstoffe, *totes Lernen* von Sachthemen gekannt hatte, war ich 1970 zunächst in die Schule der Gruppendynamik geraten, in der Themen nur noch sehr indirekt vorkamen, weil sich die gesamte Arbeit fast nur auf der Beziehungsebene, vor allem in der Konfliktbearbeitung abspielte. Die Entdeckung der Themenzentrierten Interaktion auf Grund eines kleinen Aufsatzes von Ruth Cohn, der mir als Manuskript 1971 in die Hände kam, war für meine Arbeit ein Wendepunkt. Hier wurden von einer Therapeutin Thema und Störung verbunden, die einzelnen »Ichs«, die Gruppe und das Thema als gleichgewichtige Faktoren einer jeden Gruppe postuliert und mit dem Prinzip der dynamischen Balance zugleich ein Instrument zur Herstellung eines lebendigen Pendelschlags zwischen diesen drei Faktoren aufgezeigt. Ich habe daraufhin an Ruth Cohn geschrieben und kam auch sehr schnell in ihre ersten Workshops in Europa. Dort hat ein Prozeß des Umlernens und Umdenkens bei mir begonnen, insbesondere aufgrund der Erfahrungen mit dem Prinzip der dynamischen Balance.

Diese Erfahrung ist es gewesen, die mir am meisten in Fleisch und Blut überging und die ich deshalb auch am lebendigsten in meinem Berufsalltag als Seelsorger und als vermittelnder Theologe, zum Beispiel im Fach Berufsethik für Krankenpflegeschüler, umsetzen konnte. Zunächst merkten die Krankenpflegeschüler, daß sie selbst in den von mir gesetzten Themen im Unterricht vorkamen, *sie* in ihren täglichen Begegnungen mit den Kranken, in ihren Konflikten mit Stationspflegern, Ärzten und anderen Therapeuten; sie – mit ihren Schwierigkeiten mit der Kirche, mit ihrer Ablehnung von Religionsunterricht alten Stils und ihren Autoritätsproblemen, die sich nun hervorragend mit Theologen austragen ließen. Das Thema im Sinne der TZI wurde für uns nicht nur zum Vehikel der Lehrplanerfüllung, sondern zum Ausdruck eines offenen Meinungsaustauschs.

4. Als ich mit meinen Kollegen 1970 an den Krankenpflegeschulen in Heidelberg im Durchschnitt eine bis zwei Doppelstunden zur Vermittlung meiner Anliegen zugesprochen bekam, war die Vermittlung ethischer oder religiöser Fragen oder Einstellungen ohnehin illusorisch. Mit Hilfe der TZI – was ja zunächst einen Verzicht auf weiteren Stoff bedeutete – vermochten wir das Interesse der Schüler an unseren gemeinsamen Fragen im Umgang mit dem kranken Menschen, den Fragen von Geburt, Lebenskrisen, Sterben und Tod so zu wecken, daß binnen weniger Jahre diesem Unterricht ein Vielfaches an Zeit eingeräumt wurde. Trotz der »Explosion« der medizinischen Fächer *wurde dem Fach Berufsethik plötzlich der zehn-, zwölf-, ja zwanzigfache Raum eingeräumt.* Einige der Fachlehrer begannen sich für TZI zu interessieren. *Ethik wurde also nicht mehr separat gelehrt, sondern in Verbindung mit Körperpflege, Psychologie, auch in Verbindung mit Innerer Medizin und Psychiatrie.* Zunächst waren es nur einzelne Lehrer, die diesen Zusammenhang begriffen und uns auch die wachsenden Räume und Zeiten eröffneten. Wir spürten, daß wir uns nicht gegenseitig die Stunden abnahmen, wenn wir zusammen unterrichteten, sondern daß alle mehr Gewinn hatten und daß keiner mehr so allein mit diesen riesigen Klassen war, die von anfangs zwanzig Schülern inzwischen auf vierzig Schüler pro Klasse angewachsen sind. Wir konnten endlich in Gruppen unterrichten und kehrten trotzdem an einigen Vormittagen nach mehreren Blockeinheiten auch wieder gemeinsam ins Plenum zurück, wo wir

einander Rückmeldungen gaben. Wir Lehrer haben dabei gelernt, uns bewußt zu werden, was an Stoff überhaupt lernbar ist und zu welcher Lernbereitschaft lebendiges Leben und Lernen im Unterricht anstiftet. Inzwischen kommen die Kandidaten für den Pflegeunterricht schon in Scharen zur TZI-Ausbildung. Auch in anderen Fächern ist Unterricht mit TZI – trotz der bekannten »Sachzwänge« – eingeführt worden, nicht nur in Heidelberg, sondern auch an vielen anderen Krankenpflegeschulen.

5. Interessanterweise hat diese Arbeitsweise inzwischen auch einzelne Bereiche des medizinischen Unterrichts erfaßt. Wir wurden als Seelsorger und Ethiker auch in Hauptvorlesungen der Inneren Medizin und der Psychiatrie eingeladen, wir sind an Ärztefortbildungsveranstaltungen der Klinik und inzwischen sogar am Fortbildungsprogramm der Deutschen Krebshilfe beteiligt. Natürlich hat dies auf Dauer auch die Frage aufgerührt, ob wir Seelsorger eigentlich als Theologen oder Pädagogen der TZI erwünscht sind. Es stellte sich heraus, daß für manche Träger der medizinischen Fortbildungseinrichtungen diese beiden Dinge nicht mehr so leicht zu trennen sind, daß es keineswegs nurmehr um unsere Person als Lehrer ging, sondern darum, daß wir Lebendiges Lernen mit TZI und der Vermittlung von Theologie verbanden. Immer wieder spürten wir deutlich, daß eine vertikale Theologie, ein Dogmatik- oder Moralunterricht alter Schule unerwünscht waren, daß jedoch für eine lebendige, partnerschaftliche Vermittlung ethischer Fragen im Krankenhaus ein wachsender Bedarf ist. Wo immer dieser Prozeß stattfand, hat er Türen geöffnet: von unten nach oben wie von oben nach unten, aber auch horizontal unter den verschiedenen Berufsgruppen im Krankenhaus. Er hat da und dort neue Formen der Entscheidungsfindung möglich gemacht, auch in den alltäglichen Grenzsituationen des Krankenhauses, wenn es zum Beispiel um die intensive Weiterbehandlung von Sterbenden ging. Die Entwicklung dieser Praxis hat viel dazu beigetragen, daß wir die Vermittlung eines entsprechenden Seelsorgestils in einem Ausbildungsinstitut für Krankenhausseelsorger realisieren konnten. Fünf Jahre nach unseren ersten Kursen in klinischer Seelsorgeausbildung mit Hilfe der Themenzentrierten Interaktion wurde unsere Arbeit auch von der Kirche anerkannt in Form eines Instituts für klinische Seelsorgeausbildung,

das die Erzdiözese Freiburg an den Universitätskliniken in Heidelberg errichtete. Dort werden jedes Jahr Kurse zur Einführung in die Krankenhausseelsorge, zur Zusammenarbeit zwischen Therapeuten und Seelsorgern und dreimonatige Kurse in klinischer Seelsorgeausbildung durchgeführt. Es ist das bisher einzige katholische Institut dieser Art in Deutschland, zugleich auch das einzige deutsche Seelsorgeinstitut, das vorwiegend mit der Themenzentrierten Interaktion arbeitet.

6. Unsere Arbeit mit TZI hat aber nicht nur zu einer Beteiligung, ja Zusammenarbeit von Theologen mit Medizinern und anderen Therapeuten in der Krankenhausarbeit geführt. Der fachübergreifende, holistische, ja einfach der mitmenschliche Ansatz der TZI hat auch umgekehrt ermöglicht, Interessen der Therapeuten in die Vermittlung der Seelsorge einzubringen und die Auseinandersetzung von Kirchengemeinden mit Ärzten und Psychologen ermöglicht, die dem kirchlichen Leben ansonsten fernstehen. Ich denke da zum Beispiel an das TZI-Projekt über den »Umgang mit Sterbenden zu Hause und im Krankenhaus«. Das Seminar wurde von unserem Institut initiiert und von Seelsorgern, Ärzten, Pflegenden und Psychologen an vier Abenden jeweils gemeinsam in etwa 100 Gemeinden des südwestdeutschen Raumes durchgeführt. Es hat schätzungsweise fünfzigtausend Menschen erreicht, darunter viele Angehörige von Sterbenden. Es war für viele der von uns vorbereiteten Referenten eine überwältigende Erfahrung, wie relativ einfach es war, mit Hilfe der wichtigsten Postulate und Hilfsregeln der TZI einfache Menschen auf dem Land, die in Gruppenmethoden völlig ungeübt waren, mit unserem lebensnahen Thema über das Sterben zu erreichen. In der Mehrzahl der Pfarrgemeinden war es ein völliges Novum, mit Kleingruppen und Plenum von 40 bis 100 Besuchern, darunter vielen alten Menschen, in Pfarrsälen nicht nur zu arbeiten, sondern bewegende, lebendige Erfahrungen zu machen, bei denen eben nicht nur der Referent zu Wort kam, sondern Menschen, deren Stimme man in dieser Gemeinde nie zuvor gehört hatte.

7. Abschließend möchte ich erwähnen, daß in der gegenwärtigen Methoden-Diskussion in der Seelsorge der Themenzentrierten Interaktion eine wichtige Rolle zukommt, weil sie in einmaliger Weise zwei Hälften miteinander verbindet, deren Extreme

sich unsinnigerweise verselbständigen und miteinander um die Monopolstellung rivalisieren: die thematische mit der interaktionellen (deren Störungsimplikationen eingeschlossen). So wie die dogmatische Theologie den intersubjektiven Ansatz fast völlig außer acht läßt und zu Störungen in ihrer eigenen Methodik kaum ein Verhältnis hat (weshalb ihr vielleicht auch die lebendige Beziehung zu einem ihrer Zentralthemen, nämlich ausgerechnet der »Sünde« verlorengegangen ist), so sehr steht eine rein gruppendynamisch orientierte Seelsorge in der Gefahr, ihr Thema zu vergessen. Und dieses Thema in seinem anthropologischen und theologischen Sinn in den konkreten Beziehungen der betroffenen Gruppe und ihrer Umwelt ist meines Erachtens für Seelsorge und Theologie immer noch der Angelpunkt lebendigen Lernens und weiterführender Erkenntnis.

Heidelberg, Sommer 1982 — Josef Mayer-Scheu*

Helmut Ockel/Meine Erfahrungen in der Begegnung mit der Themenzentrierten Interaktion (TZI).

Ruth Cohn hat die Themenzentrierte Interaktion vor ihrem Erfahrungshintergrund als Psychoanalytikerin entwickelt. Diese Herkunftsbasis war es, die mir als Psychoanalytiker das Vertrautwerden und die Auseinandersetzung mit der TZI zugleich erleichterte und erschwerte. Die Betonung der Eigenverantwortlichkeit, die geforderte Authentizität des Gefühlsausdrucks und die Handlungsbereitschaft bestätigten und bestärkten mich in meiner psychoanalytischen Identität und gaben mir zusätzliche Impulse in meiner psychoanalytischen Arbeit.

Zugleich veranlaßte mich die Begegnung mit der TZI auch zur kritischen Überprüfung der psychoanalytischen Positionen der Widerstandsbearbeitung und Übertragungs/Gegenübertragungshandhabung. In diesem Bereich steht jedoch die Methode der TZI

* Dr. Josef Mayer-Scheu ist katholischer Krankenhauspfarrer an den Universitätskliniken in Heidelberg, Supervisor in der Deutschen Gesellschaft für Pastoralpsychologie und Leiter des Instituts für Klinische Seelsorgeausbildung der Erzdiözese Freiburg in Heidelberg.

im Gegensatz zum klassischen psychoanalytischen Verfahren. Hier bekam ich eine Fülle von Anregungen zur Klärung und partiellen Korrektur der psychoanalytischen »Standardtechniken«. Dadurch verbesserte sich zugleich meine Fähigkeit zu der notwendigen methodischen Abgrenzung von anderen neuen therapeutischen Methoden, die mit der Entwicklung des »Psychobooms« auf uns zukamen.

Neben diesen persönlichen Erfahrungen mit der TZI war es für mich und meine Kollegen von ausschlaggebender Bedeutung, daß wir als Team unseres Psychoanalytischen Ausbildungsinstitutes Gelegenheit hatten, in mehreren Workshops mit Ruth Cohn und ihren Mitarbeitern die TZI gemeinsam kennenzulernen. Wir hatten dadurch die gleiche Grundlage zur Prüfung der Verwendbarkeit der TZI für unseren Arbeitsbereich. In erster Linie haben wir sie als sehr nützlich und hilfreich für unsere Ausbildungs- und Fortbildungsaktivitäten erlebt, und die TZI ist ein wesentlicher Bestandteil unseres didaktischen Vorgehens geworden. Das »lebendige Lernen« machte den Teilnehmern, den Lernenden und den Lehrenden, mehr Freude.

Die TZI beeinflußte außerdem unsere therapeutische Grundeinstellung und manche unserer therapeutischen Maßnahmen, die im Bereich der Kinder- und Jugendlichenpsychotherapie ohnehin vielfach vom Standardverfahren abweichen müssen. Sie wurde uns auch wichtig für die präventive und begleitende psychotherapeutische Gruppenarbeit mit den Eltern.

Schließlich erleichterte uns das Erlernen der TZI auch die notwendige Auseinandersetzung mit den Kommunikations- und Systemtheorien sowie den verschiedenen Formen der Familientherapie, die in den siebziger Jahren auf uns zukamen.

Das Erlernen der TZI brachte uns jedoch nicht nur Anregungen und Vorteile für unser theoretisches Verständnis psychischer Probleme und unsere praktische Arbeit – sie beeinflußte darüber hinaus in unserer Arbeitsgruppe das Miteinanderleben und -arbeiten ganz außerordentlich. Zwar brachte das Infragestellen mancher traditioneller institutioneller Umgangsformen nicht nur emotionale Befriedigung und Freude, wie ja auch die Infragestellung mancher therapeutischer Positionen ihre unangenehmen und labilisierenden Seiten hatte. Vorherrschend blieb jedoch das Erleben, zu sich selbst und in der Beziehung zu anderen lebendiger geworden zu sein. Die Notwendigkeit, ein gutes Gleichgewicht in der Befriedigung von arbeits- und selbstbezogenen Bedürfnissen zu finden, war uns deutlicher geworden. Aus meiner Position des Leiters kann ich sagen, daß meine Arbeit durch diese Veränderungen ungleich befriedigender wurde, auch wenn oder gerade weil Konflikte häufiger und direkter ausgetragen werden konnten als früher.

Diese Erfahrungen veranlaßten mich, die Verbreitung der TZI an unserem Institut und im Raum Hannover zu fördern.

Hannover, Juli 1982 Helmut Ockel*

Zeyde-Margreth Erdmann/Erlebnistherapie und TZI.
Auf dem Psychotherapiekongreß 1970 in Lindau sah und erlebte ich Ruth zum ersten Mal. Ich hörte, was sie als Analytikerin in Amerika entwickelt hatte, und ich erlebte ihre TZI-Demonstration im Theatersaal mit. Vor allem erweckte mein Interesse, wie sie als Analytikerin mit Themen umging. Seit Jahren hatte ich als Psychotherapeutin die Erfahrung gemacht, daß sich besonders in Gruppen, in welchen ich psychotherapeutische Körperarbeit mit einbezog, Themen bildeten. Von Ruth erhoffte ich mir nun Anregung und Klärung, wieweit eine Themenvorgabe den psychotherapeutischen Prozeß hindern oder fördern kann. Diese Gedanken kamen mir damals für meine Gruppenarbeit am Institut für Psychagogik in Heidelberg, welche – parallel zur Lehranalyse – obligatorisch zur Ausbildung gehörte.

Anfang Mai 1971 gelang es mir endlich, erstmals an einem TZI-Workshop von Ruth teilzunehmen. Der sogenannte Zufall wollte es, daß sie in diesem Seminar über die philosophische Grundlage ihrer Arbeit sprach: den Holismus. Ruth sagte, daß Kurt Goldstein diese Idee Anfang der dreißiger Jahre von Deutschland nach Amerika gebracht habe. In Deutschland hatte in jenen Jahren mein Vater, der Philosoph und Biologe Adolf Meyer-Abich, den naturphilosophischen Holismus entwickelt. Mit dieser Holismus-Auffassung war ich also aufgewachsen, und sie lag mehr oder weniger bewußt auch meiner psychotherapeuti-

* Dr. med., Psychoanalytiker, Psychotherapeutisches Institut Hannover.

schen Arbeit zugrunde. So kam es, daß sich meine vertrauensvolle Erwartung an Ruth bereits im ersten Seminar verdichtete.

Ruths TZI-Modell ICH-WIR-ES-GLOBE in seiner Gleichgewichtigkeit zu beachten, erlebte ich organisch: im Gehen wachsam Balance bewahren zwischen dem, was vor mir und hinter mir liegt, was rechts und links von mir und über mir da ist – und den Boden erspüren, auf welchem ich mich bewege ... die inneren Organe des Organismus, welche nicht bewußt gesteuert werden, sind Träger meiner inneren Bewegung, welche die äußere Bewegung des Gehens initiiert.

Ursprünglich entstand Ruths Dreieck-in-der-Kugel aus der gleichseitigen Pyramide, die ihr in einem Traum eingefallen war. Sie, die als Analytikerin soviel mit Träumen umging, gewann ihre Idee als Einfall aus dem Unbewußten. So sehr ich die später erdachte Dreieck-in-der-Kugel-Struktur verstehe, geht mir doch das Pyramidenbild besonders ein. Ich sehe die Pyramide ägyptisch: mit der Öffnung an der Spitze, durch welche zu jeder Zeit, ob sichtbar oder unsichtbar, der Polarstern hineinwirkt – ein Fixstern des Kosmos. Für die Ägypter hatte dies geistige Bedeutung. Hier wirkt Ewigkeit ins Zeitliche ein. Wenn ich mir Ruths Pyramidentraumbild vorstelle, dann sehe ich, mit der Öffnung in diesem Punkt, in welchem alle vier Seiten der Pyramide zusammenlaufen, die geistige Vertikale, Ruths explizite Ethik.

Ruth bot in den ersten Jahren in Europa die verschiedenen Gruppenmodelle praktisch und theoretisch nebeneinander, das heißt unabhängig voneinander, an. *Ihre* Erlebnistherapie und ihre TZI gehörten für mich jedoch zusammen, und zwar immer mehr, je mehr ich damit arbeitete. Obwohl sich die Entwicklung von WILL in den siebziger Jahren (nicht zuletzt durch Ruth selber!) mehr der Pädagogik zuwandte, unterstützte Ruth mich in meiner Ausrichtung, die Beziehung zwischen Erlebnistherapie und TZI zu entwickeln. Ich glaube, das Kriterium dieser Verbindung, so wie ich beide Modelle von Ruth erfahren habe, liegt vor allem in der Haltung des Therapeuten-Gruppenleiters: Seine selektive Authentizität weckt im Teilnehmer-Partner autonome authentische Reaktionen. Auch die weiteren Kriterien betreffen die Erlebnistherapie und TZI gemeinsam: Situationen schaffen, in denen Veränderungen ermöglicht werden im Hier/Jetzt, sowie das

Einbeziehen des körperlichen Wahrnehmens und Handelns. Die tiefenpsychologisch fundierte Erlebnistherapie verbindet sich mit den TZI-Prinzipien zur interaktionellen Gruppenarbeit, welche explizit den Globe und die axiomatische Ausrichtung mit einbezieht.

Ich glaube, daß die Verbindung von Erlebnistherapie und TZI von den Psychotherapeuten je nach ihrer Herkunft (Schule) und eigenen Ausrichtung verschieden entwickelt werden kann. Als Jungianerin habe ich die tiefenpsychologisch fundierte Atemtherapie als psychotherapeutische Körperarbeit in der Gruppe schon in meiner Ausbildung erfahren. Im Grunde blieb dies damals aber noch ICH-zentriert ausgerichtet, Einzelarbeit in der Gruppe, Katharsis im Gruppenerleben. Den Sinn für Interaktionen und das Bewußtsein, daß ein GANZES im Austausch einer Gruppe entsteht, hatte ich aus meiner Theatererfahrung mitgebracht: Jede Rolle eines Stückes ist in sich eine ganze Figur; jedoch erst im Ensemblespiel kann der einzelne zeigen, daß er MEHR vermittelt als nur seinen TEIL (= Rolle): Mit jedem Auftritt fügt er sich in das erwachende GANZE ein. (»Das GANZE ist mehr als die Summe seiner TEILE«, »Eine Melodie ist mehr als die Summe ihrer Töne« sind Holismus-Sätze!)

Auf Grund meiner Theatererfahrung interessierte mich Ruths spezielles Umgehen mit Träumen in der Gruppe besonders: Sie ließ den Traum eines Teilnehmers von der ganzen Gruppe »weiterträumen«. »Alles ist jetzt möglich, wie im Märchen«, sagte Ruth. »Identifiziert euch jeder mit irgendeinem Teil des Traumes, den ihr gehört habt, der euch jetzt bewegt ...« Mit diesem WEITERTRÄUMEN im »Ensemble« entstand eine Veränderung des ursprünglichen Traumes. Im Nachgespräch stellte sich oft heraus, daß das vom Träumer im Traum »Vermiedene« (Perls) von der Gruppe ans Licht gebracht worden war. Es war Fritz Perls' Idee gewesen, das im Traum Vermiedene vom Träumer selbst – und zwar nur von ihm selbst – durch verschiedene Identifikationen mit einzelnen Traumteilen zur Bewußtwerdung zu führen. Die Katharsis geschah im Miterleben der Gruppe als Chorus (wie in der griechischen Tragödie). Ruth ging dann den methodisch nächsten Schritt: Sie ließ alle Gruppenteilnehmer aktiv mitspielen durch Identifikationen mit Traumteilen, die sie nicht selbst geträumt hatten, welche sie aber im Zuhören der Traumerzählung bewegt haben, die sie mit ETWAS in sich selber verbanden. Dieses eigene Etwas wurde nun weiterbewegt im Ensemble der Identifikationen, was eben zu der Überraschung führte, daß der Träumer, der seinen Traum an die Gruppe hergegeben hatte, das von ihm Vermiedene entdecken konnte. Durch diese Modifikation von Ruth entstand eine interaktionelle Traumbearbeitung im WIR.

Hieraus hat sich nun im Laufe der Jahre für mich eine Gruppenarbeit mit Träumen entwickelt, in welche meine verschiedenen methodischen Erfahrungen zusammenfließen. Hinzu kam die Anregung von C. G. Jung, daß die meisten Träume »wie ein Drama« aufgebaut sind. Träume sind kein Kunstdrama, und doch gestaltet das Unbewußte nach den Gesetzen des Dramas. Ich bin diesem Geheimnis in seiner geschichtlichen Entwicklung zum Drama hin nachgegangen und konnte feststellen, daß hier sowohl im Künstler als auch in jedem Träumer von Natur aus ein WACHSTUMSGESETZ wirkt. Auf dem Wege dieser Erkenntnis, in Verbindung mit meiner Praxis, bin ich zu GRUPPENTRAUM-SPIELEN gelangt. Diese entstehen meist gegen Ende der Gruppenarbeit aus dem gesamten Prozeß. Der Unterschied zum Weiterträumen eines Traumes in der Gruppe besteht vor allem darin, daß im Gruppentraum-Spiel nicht ein einzelner Traum die Ausrichtung bestimmt, sondern jeder sich aus seinem bisherigen Gruppenerleben hier ETWAS auswählt: sei es aus irgendeinem Traum, welcher ihm jetzt einfällt, oder sei es eine Begebenheit, die ihn jetzt bewegt. Wichtig ist dies: Es geht jetzt nicht mehr um Identifikationen, sondern um Identität. Damit wird sowohl ein Zentrieren aus dem erlebten Gruppenprozeß heraus auf das gewonnene Eigene bestärkt als auch ein Weiterführendes eröffnet, aus dieser Gruppe heraus zu sich: die Heimkehr in den persönlichen Globe.

Inzwischen arbeiten Ruth und ich weiter an der Beziehung zwischen Erlebnistherapie und TZI. – Ein gemeinsames Buch hierüber ist in Vorbereitung. –

Darmstadt, April 1983 Zeyde-Margreth Erdmann*

* Psychotherapeutin, Darmstadt

Dietrich Stollberg/TZI als hochschuldidaktische Hilfe.

Liebe Ruth,

ich habe mich gefreut über Deinen Brief vom 10./21. Juni ['82] und will gleich darauf antworten. Natürlich kann die Antwort auf *Deine Frage, was mir die TZI bedeute,* nur in Auswahl und also recht unvollständig erfolgen. Aber, wie Du inzwischen auch mitbekommen haben wirst, es kommt ja demnächst mein Buch heraus, und da steht dann genauer drin, wie ich TZI verstehe und was mir daran so wichtig ist: Einstweilen lege ich Dir die Vorankündigung bei, die zugleich die Vorfreude auf Deinen Geburtstag anregen möge.

1. Daß dieser Brief mit dem Wörtchen »*Ich*« nach der Anrede beginnt, obwohl wir in der Schule gelernt haben, so etwas Egozentrisches tue »man« nicht, ist nicht zuletzt eine Folge der Haltung, die ich mir durch die TZI erworben habe.

2. Freilich fand mich die TZI nicht unvorbereitet: Meine »Lehrjahre auf der Couch« bei V. E. von Gebsattel waren bereits abgeschlossen, ich hatte intensive Erfahrungen in analytischen und »gruppendynamischen« Gruppen gesammelt; aber mein erster TZI-Kurs (bei Ruth Ronall in Celle Anfang 1972) brachte doch ganz neue Perspektiven und Erlebnisse, die sich während der folgenden TZI-Ausbildung und durch intensive eigene Praxis vertieften und zu einem klaren Konzept formten.

3. Schon bei dem erwähnten ersten TZI-Kurs löste eine mir heute eher harmlos erscheinende Übung Herzklopfen bei mir aus: Wir sollten doch tatsächlich aufstehen und einander in permanenter Bewegung, also gehend, grüßend usw. begegnen. Ich war es gewohnt, über alles, auch die stärksten Tabus, zu reden, auch hier und da einmal hinter den Kulissen etwas auszuagieren; aber ich hatte nicht gelernt, sozusagen auf offener Bühne mein Verhalten wahrzunehmen, zu steuern und zu verantworten. Die wichtigsten Schritte in dieser Richtung verdanke ich der TZI.

4. Das TZI-Grundpostulat, »Jeder ist sein eigener Chairman«, wurde für mich in diesem Zusammenhang enorm bedeutungsvoll. Hier wird eine anthropologische Grundkonstante auf den Nenner gebracht, die mir, als theologischem Lehrer, vom Credo wie von der Didaktik her vertraut und doch stets äußerst abstrakt erschie-

nen war. Verantwortung als zentraler Begriff in Theologie und Pädagogik wurde und wird doch oft autoritär mißverstanden: »Ich übernehme Verantwortung für dich!« TZI ermöglicht mir einen Umgang mit Partnern, die jeder für sich selber – freilich gerade auch im Hinblick auf die anderen! – Verantwortung übernehmen. TZI ermöglicht mir insofern Abschied vom autoritären »diakonischen« Stil des Sichherabbeugens zu hilflos Gemachten und Mut, Autorität zu zeigen, die verantwortet, was sie tut, statt sich auf andere Autoritäten und/oder Prinzipien zu berufen (Prinzipien sind die moderne und abstraktere Form des alten Autoritätsglaubens und gerade im Verwaltungsstil das Machtmittel Nr. 1, hinter dem sich Unterdrücker und Ausbeuter aus dem Kleinbürgertum verstecken).

5. Daraus ergibt sich allerdings auch, daß mir TZI nicht nur mehr Freiheit und Verständigungsmöglichkeiten mit Gleichgesinnten gebracht hat, sondern auch mehr Konflikte und — noch mehr — Unzufriedenheit mit dem verklemmten und hinterfotzigen Konferenzstil in Gremien, immer wieder Hoffnung auf bessere Verständigung, immer wieder Enttäuschung und Notwendigkeit des Abschieds von offenbar zu hoch angesetzten Idealen. Von daher wurde mir die Arbeit an einer besonders realitätsbezogenen TZI wichtig, die uns hilft, mit Dunklem, Bösem, Enttäuschendem *um* uns *und in* uns umzugehen: Ich habe daher den Begriff des Schattens von C. G. Jung in die Theorie der TZI aufgenommen. Daß Du, liebe Ruth, Dich auch mit diesem Problem herumschlägst und nicht einem unrealistischen humanistischen Optimismus das Wort redest, zeigt sich für mich u. a. an Deiner mit Anita Ockel veröffentlichten Arbeit zum Widerstand, in deren Vorarbeiten Du mich ja durch ein intensives Gespräch zum Thema einbezogen hattest.

6. Im Zusammenhang mit dem Widerstand – durchaus psychoanalytisch verstanden — fallen mir Deine Hilfsregel, den eigenen Körper und auch den körperlichen Ausdruck anderer zu beachten, ebenso wie Wilhelm Reichs »Charakteranalyse« ein, die ich in engem Zusammenhang verstehe. TZI war für mich in dieser Hinsicht Wegbereiter für das Verständnis der Arbeit W. Reichs, dessen Lebenswerk ich erst in den letzten Jahren zu schätzen gelernt habe. Auch die Arbeit von F. Perls, die mir zunächst durch Ruth

Ronall nahegebracht wurde, ist hier zu nennen. Daß der Mensch Körper *ist* und nicht einen Körper *hat,* war mir als Theologen schon seit meinem Studium, das eben doch auf hebräischem Denken fußt, klar – aber nur theoretisch. Was es praktisch bedeutet, daß ich Körper bin und mit Körpern kommuniziere, habe ich durch die TZI und ihr benachbarte Schulrichtungen erfahren.

7. Für mich, der zunächst eher klassisch psychoanalytisch begonnen hatte (das »eher« weist darauf hin, daß schon mein erster Analytiker, V. E. von Gebsattel, alles andere als orthodox war, und das gilt auch von meiner späteren Analytikerin I. von Viebahn), bedeutete die TZI auch eine enorme Ausweitung der psychoanalytischen Perspektive. So viele und wichtige Impulse, welche die Psychoanalyse für die Entwicklung des einzelnen und – vielleicht – der Gesellschaft auch gegeben hat und geben kann, so sehr hat sie doch ihre Grenzen, wenn der Analytiker in dem Moment mit der Arbeit aufhört, wo das Ich des Klienten so weit gestärkt ist, daß eine eher symmetrische als (die typische) asymmetrische Beziehung fällig *und zu bearbeiten* wäre. Da kann dann nicht mehr alles mit Widerstand und Übertragung erklärt und therapiert werden, sondern da muß die Echtheit und mutige Konfrontation seitens des Analytikers als Therapeutikum ins Spiel kommen: *Das* bietet die TZI als Chance an – *wenn* der/die Gruppenleiter/in dazu in der Lage ist. Anders gesagt: Anna Freuds ichpsychologischer Ansatz, der später von Hartmann, Kris und Loewenstein, E. H. Erikson und anderen weitergeführt wird, findet in der TZI eine konsequente und um die sozialpsychologische Komponente (des Wir) angereicherte Praxis. In einer konventionellen psychoanalytischen »Patientenkarriere« kann ein Umschlag von der Stufe des Es (im Freudschen Sinne) zur Identifikation mit dem auf den Analytiker projizierten Überich passieren und fatalerweise als Therapieerfolg mißdeutet werden; bei der TZI kommt durch Gruppe und partizipierende Leiterschaft rechtzeitig so viel Realität ins Spiel, daß die Übertragung korrigiert und das verantwortliche Ich im sozialen Kontext trainiert wird. Die psychodynamischen Vorgänge und »Techniken«, um die es hier geht, sind freilich komplizierter, als sie hier dargestellt werden können.

8. Hier wurde ich unterbrochen: Meine hochbetagten Eltern

riefen an. Und da sie beide ursprünglich Pädagogen waren, möchte ich auf die Synthese hinweisen, die TZI zwischen Psychologie und *Pädagogik* (und, last not least, Theologie, letztere implizit durch die Art des prozeßhaften Denkens und die daraus resultierenden weltanschaulichen Folgerungen) ermöglicht. Meine Eltern, bereits zu ihrer Zeit progressive Pädagogen, hatten uns schon während unserer Schulzeit ein gesundes Mißtrauen gegen die schulische Institution gestattet und unser Selbstvertrauen gegen alle demoralisierenden Tendenzen pädagogisch unfähiger Lehrer und didaktisch absolut defizienter Schulerfahrungen gestärkt. Die TZI lag in der Konsequenz dessen, was ich vom Elternhaus her als »Reformpädagogik« u. ä. kannte. TZI kam mir geradezu vertraut vor, denn in gewisser Weise wurde sie bei uns zu Hause schon praktiziert, ohne daß man unseren für damalige Zeiten insgesamt recht freien und partnerschaftlichen Stil so oder ähnlich genannt hätte, aber eben von unseren Eltern her durchaus reflektiert. In der TZI fand ich sozusagen eine moderne Form der Intentionen meiner Eltern *und* das, was diese Intentionen erweiterte und so, wie ich es brauchte und suchte, auch überwand.

Heute ist Alexander Mitscherlich gestorben. Ich erfuhr durch das Radio davon, nachdem ich den Brief an Dich begonnen hatte. Ein Stück Geschichte der Psychotherapie nach dem Zweiten Weltkrieg und ein Stück des Versuchs, Psychoanalyse stärker gesellschaftsbezogen zu betreiben, ist damit beendet. Die TZI sehe ich als eine Erbin gerade auch der gesellschaftlichen und politischen Relevanz der Erkenntnisse S. Freuds und seiner Nachfolger, indem sie Individuum, Gemeinschaft und jeweiligen Sachbezug miteinander zu verbinden trachtet. Vor allem hinsichtlich des Wir hat sie in nächster Zeit große und schwere Aufgaben mit zu lösen. Das nicht zuletzt macht sie für mich weiterhin äußerst attraktiv.

Mit herzlichen Grüßen, auch von Elfi,

Marburg, Juni 1982 Dein Dietrich*

* Dietrich Stollberg, Professor für praktische Theologie, Marburg

P.S.

9. Warum sich TZI so rasch verbreitet hat? Weil

a) die Lehr-Konvention absolut frustrierend war und ist,

b) gesamtgesellschaftlich ein enormes Defizit hinsichtlich der Balance von Intellekt und Emotion besteht,

c) die Grundaxiome der TZI vieles, was theoretisch seit längerem gefordert war, praktisch und anschaulich werden lassen (gerade auch in der Theologie),

d) TZI sich, im Gegensatz zur Psychoanalyse und Gruppendynamik (im engeren Sinn des Wortes), *nicht* exklusiv und hierarchisch versteht bzw. gibt,

e) man – ob zu Recht oder Unrecht, sei dahingestellt — sich Therapie erhofft(e), ohne Patient sein/werden zu müssen,

f) man — fälschlicherweise — TZI für leicht und überall anwendbar hält.

Ich schätze die TZI als hochschuldidaktische Hilfe, die freilich von fünfzig Prozent meiner Studenten als Überforderung abgelehnt wird. (»Da muß ich zuviel Verantwortung übernehmen.«)

TZI für den Lehr- und Lernprozeß. Ruth Cohn interviewt Hans Näf, Lehrerfortbilder und Psychologe, Basel und Reuti, 1982. Statt eines Briefs.

Ruth: Warum hat Deiner Ansicht nach TZI in Europa so schnell Erfolg gehabt? Was war für Dich selbst ausschlaggebend, und was hast Du bei andern Leuten beobachtet?

Hans: Ich möchte das zuerst von meinem Erleben aus erzählen. Bei mir war es so, daß ich in traditionellen Lehr- und Lernweisen, wo wir einfach frontal unterrichtet wurden, groß wurde und als Individuum nur den Kopf gebrauchen durfte und alles andere in meiner ganzen Schulung überhaupt nicht berücksichtigt wurde. Ich habe dann während meines Studiums Mängel gespürt. Als Lehrer habe ich selber nach Wegen gesucht, wie man Lernen und Lehren lebendiger machen könnte, und auch als ich einen Psychologie-Lehrauftrag am Lehrerseminar Basel bekam, versuchte ich lebendig und dialogisch zu unterrichten. Die Studenten waren bis zirka 1966 begeistert von diesem Unterricht, bei dem sie sehr stark mit dem Lehrer ins Gespräch kamen. Doch das wurde ihnen allmählich zu wenig. Ich war zwar lebendiger als andere Lehrer, aber den Studenten war es irgendwie nicht genug. Meine Lehrweise sei zu »dozierend«. Und eine Stimmung kam auf, in der niemand mehr so recht zufrieden war. Das hat wahrscheinlich einen Zusammenhang gehabt mit der antiautoritären Welle, die damals anfing. Die jungen Leute merkten, daß sie sich auch selbst bestimmen konnten und sich nicht dauernd unterordnen müßten. Und sie wurden für Langeweile bei entfremdetem Lernen sensibler. Ich konnte wohl die Langeweile im Unterricht allmählich abbauen, aber ich hatte kein neues Konzept; und das offerierte mir TZI.

Dazu kamen sicher auch noch all diese Bewegungen und Nachkriegseinflüsse aus Amerika, die viel in mir auslösten, auch das Kennenlernen der Gruppendynamik; und auch meine Teilnahme an einer analytisch geführten Selbsterfahrungsgruppe. Hier fand ich ein Lernen, das ganz anders war als alle meine bisherigen Erfahrungen. Ich lernte einen ganz anderen Umgang mit Leuten kennen als je zuvor. Von da an versuchte ich dieses Erfahrungslernen mit schulischem Lernen zu verbinden. Ich habe damals schon in der Lehrerfortbildung themenzentrierte Selbsterfahrungsgruppen angeboten, bevor ich Dich kannte. Aber als ich Dich kennenlernte, ging mir ein Licht auf. Vieles von dem, was Du machtest, leuchtete mir unmittelbar ein für die Lösung meiner Probleme. So konnte ich vorher noch nicht das Thema und das Individuum zusammenbringen, weil ich noch keinen neuen anthropologischen Hintergrund hatte. Dies brachte mir dann die Humanistische Psychologie. Beim ersten Kurs bei Dir wußte ich: Genau das ist es, was ich suche! Der Klick war: Die Idee paßt mit dem System zusammen. Ich sollte als Unterrichtender die Entwicklung von einzelnen Menschen in der Gruppe fördern, und ich kann das, wenn ich immer wieder zum Sich-selber-Sein auffordere; und auch Vertrauen habe, daß keiner abschwirren wird oder die ganze Stunde schwänzt oder überhaupt nicht mehr kommt. Du bist davon ausgegangen, daß Menschen von sich aus lernen wollen und für ihr Lernen selber verantwortlich sein können. Du hast Deine Gruppen konsequent nach diesem Prinzip geführt.

Ich habe hierzu noch eine eindrucksvolle Erinnerung. Du schlugst eine Körperübung vor, ich glaube, man sollte irgend jemanden schaukeln, und das war für mich etwas Gräßliches. Leute anzufassen war mir unangenehm, ich bekam Angst, protestierte dagegen, nahm aber meine Angst nicht wahr, sondern rationalisierte sie sofort und erklärte die Übung für blödsinnig. Dann fiel die Gruppe über mich her. Und Du sagtest einfach: »Das ist Hans' Ansicht, *er* hat ein Recht auf seine Ansicht wie *wir* auf unsere, und wir brauchen uns nicht stören zu lassen. Ich habe diese Übung vorgeschlagen, und wer mitmachen will, macht mit.« Ich ging hinaus, und als ich in der nächsten Stunde wiederkam, erwartete ich, daß mit mir geschimpft würde. Das war ich nämlich gewohnt, wenn ich etwas tat, das den Lehrern oder der Gruppe nicht gefiel. Du empfingst mich ohne Aufsehen und genauso freundlich wie zuvor, und als jemand aus der Gruppe mir Vorwürfe machte, hinterfragtest Du ihn, was es ihm denn ausmache, daß ich mich Deinem Angebot an die Gruppe entzogen hätte. Dann erklärtest Du, daß ich ja mein eigener Chairman sei, und so sei das in Ordnung gewesen.

Für mich war das ganz neu, jetzt nicht das Gefühl haben zu müssen, daß ich ein Sünder sei, sondern daß ich ein genuines Recht hätte, selbstverantwortlich zu entscheiden. Mich hat das ungemein erleichtert, und es war ein ganz tiefes Erlebnis. Vor allem, daß man als Leiter einer Gruppe eine Norm einführen kann, die jedem die Freiheit gibt, sich selbst zu entscheiden; und gar keine Katastrophe eintreten muß. Das war ein Umsturz meiner bisherigen Werte, ein Schlüsselerlebnis, wie ich mit meinen Studenten so umgehen könnte, wie ich es eigentlich gewollt hatte, aber es noch nicht formulieren und schon gar nicht handhaben konnte.

Ruth: Und was hast Du dann damit gemacht?

Hans: Ich dachte, daß eine ganze Reihe von Leuten ähnliche Bedürfnisse hätten wie ich. So habe ich sofort nach dem ersten Seminar gesagt: »Das müssen wir in der Schweiz haben«, und habe Dich gefragt, ob Du im nächsten Jahr wieder ein solches Seminar anbieten würdest. Es wußten viele Lehrer damals, daß wir die Menschen in der Schule kaputtmachten und daß wir das gar nicht wollten – sie so zu Befehlsempfängern zu erziehen. Und darum wollte ich auch andere Menschen, speziell Lehrer, Ausbilder und Fortbilder, mit TZI bekannt machen.

Ruth: Nun würde ich gerne noch wissen, welches Deine heutige Erfahrung mit Studenten und Lehrern und TZI ist. Wann geht es gut, wann nicht?

Hans: Ich will Dir ein Beispiel geben: In einem Lehrerfortbildungskurs brachte mir ein zirka fünfunddreißigjähriger Lehrer, der schon länger als zehn Jahre eine Klasse geführt hatte, eine schriftliche Entschuldigung, daß er am folgenden Tag zum Zahnarzt gehen müsse. Als ich ihm sagte, er müsse mir doch keine schriftliche Entschuldigung bringen, er könne selbstverständlich selbst entscheiden, wann er zum Zahnarzt gehe und wann er in diesem Kurs sei, antwortete er, das sei ihm noch nie passiert! Fast alle Leute, auch die, denen ich heute in der Erwachsenenbildung begegne, waren Schüler in Schulen, die auf Mißtrauen basierten. Mit TZI arbeite ich auf der Basis von Vertrauen, und das erschüttert sehr viele Leute enorm. Für einen ist es eine herrliche Erfahrung, eine Erleuchtung, eine Hoffnung. Im andern löst es Angst aus: »Man kann doch Menschen nicht soviel Vertrauen schenken, dann bricht doch das Chaos aus!«

Ruth: Vertrauen wird zum Fokus?

Hans: Ja, das ist ein Fokus. Und er führt auch zum Gruppenvertrauen bei erwachsenen Schülern: »Es ist unglaublich, mit welcher Offenheit wir nach drei Tagen miteinander reden können.« Dies höre ich immer wieder. Viele sagen, sie hätten das noch nie erlebt, daß in einer Gruppe so offen, so rücksichtslos und doch so rücksichtsvoll miteinander umgegangen wird.

Ruth: Und doch ist es eben nicht nur eine Selbsterfahrungsgruppe, sondern auch eine Themengruppe. Welches ist denn Deine Erfahrung in bezug auf Stoffvermittlung mit TZI?

Hans: Das ist verschieden. Stoff vermitteln mit TZI ist nicht so leicht. Ich erinnere mich jetzt an einen Kurs, an dem vor allem Physik- und Mathematiklehrer teilnahmen. Sie sagten: »Wie machen wir das als Physiklehrer? Wir können doch nicht auf alle Störungen eingehen! Wir bereiten eine Lektion oft bis zu zwei Stunden lang vor, da müssen wir Apparaturen aufbauen, Demonstrationen vorbereiten, und dann müssen wir alles wegräumen, weil ein Kollege wieder andere Apparaturen aufbauen muß. Wie soll das funktionieren mit Störungen?« Dann haben wir zusammen beraten, wie wir, obwohl wir Lektionen erteilen müssen, human unterrichten können. Einer bemerkte: »Ich kann ja meine Situation den Schülern erklären. Ich muß auch nicht auf jeden Furz der Schüler eingehen.« Das habe ich bei Dir gelernt, und das finde ich auch typisch für TZI. Man muß sich getrauen, Vorschläge zu machen, und der Gruppe erklären, warum; und manchmal auch Forderungen zu stellen, seine eigenen Ansprüche nicht aufzugeben, sondern sie unter Umständen, in Ausnahmefällen, sogar durchzusetzen.

Durch die antiautoritäre Welle war ich total verunsichert worden, was meine eigenen Ansprüche betraf. Ich ging dauernd auf alle Wünsche der Klasse ein und konnte deswegen nicht mehr richtig unterrichten. Dadurch entstanden viele Störungen bei den Schülern. Du hast Deine Gruppen immer ganz stark geführt. Ich weiß, daß ich Dir am Anfang Vorwürfe gemacht habe; vielleicht erinnerst Du Dich? Du seist autoritär, und das alles sei nur eine Scheindemokratie. Aber dann habe ich gemerkt, daß Du zwar Deine Anliegen sehr stark vertrittst, mir aber die Freiheit läßt, auch meine zu vertreten und gemeinsame Lösungen zu suchen. Das war für mich sehr wichtig. Und genau das tue ich heute in der Erwachsenenbildung auch. Für viele Lehrer ist es eine enorme Befreiung, daß TZI das Leiten für notwendig erklärt. Leiten kann menschenwürdig oder menschenunwürdig sein; es kommt eben darauf an, *wie* man leitet. Die Physiklehrer hatten zum Beispiel kein schlechtes Gewissen mehr, wenn sie erklärten, daß in dieser Stunde der Vorbereitung wegen eben diese Lektion unterrichtet werden *müsse*; sie könnten *jetzt* nicht auf die Störungen der Schüler eingehen, würden sie aber sicher nachher mit ihnen besprechen. Diese Lehrer berichteten mir auch immer wieder, wie gut ihre Schüler darauf eingingen.

Ruth: Wenn ein Lehrer mal sehr gestört wird in so einer Stunde, wo die Schüler keine Störungen anmelden sollen, was passiert dann?

Hans: Einer der Physiklehrer hat zum Beispiel mal berichtet, er habe zu einem Schüler gesagt: »Du, geh doch spazieren oder mach sonst etwas, das Dir hilft. Aber jetzt störe uns bitte nicht!« Nachher hätten sie dann miteinander besprochen, was da passiert sei und wie man damit umgehen könne. – Auch das ist etwas, das ich bei TZI gelernt habe: daß die Normen, wie man sich in einer Klasse verhält, nicht einseitig vom Lehrer festgelegt werden sollten. Ohne Normen geht es nicht. Die Lehrer und Schüler müssen darüber reden, welche Normen sie miteinander durchführen wollen und können. Wenn es Störungen gibt, müssen eben die Lehrer mit den Schülern darüber sprechen. Heute finde ich das einleuchtend und selbstverständlich, aber damals war mir das noch nicht klar. Auch andern Lehrern und auch Managern in Betrieben geht es sehr ähnlich wie mir: Hat man erst einmal angefangen, den inneren Sinn von TZI zu verstehen, dann ist es viel leichter, Normen zu vertreten, wenn man sie gemeinsam findet und bespricht. Wenn also die Leitung von innen her akzeptiert wird. TZI war auch wichtig für uns, weil wir durch Neill und durch die Gruppendynamik verunsichert waren, ob Leiten überhaupt noch eine vertretbare Funktion sei.

Ruth: Und speziell das TZI-Axiom »Störungen und Betroffenheiten haben Vorrang« kann nur mit viel Verständnis und Durcharbeiten angemessen angewandt werden. Es geht natürlich bei Störungen meist um solche durch Personen, und es ist eine schwierige Gratwanderung zwischen dem Zulassen des Emotionalen und dem Überschwemmtwerden davon. Da sind sehr viele Faktoren zu beachten, und es bedarf einer gewissen Reife und Intuition und vor allem Erfahrung, damit umzugehen. Auch da geht es um die Balance, die Störung einerseits nicht zur Ausrede werden zu lassen und sie andererseits nicht zu verdrängen. Es gibt auch Störungen gegen das Thema, die jeweils den Vorrang haben müssen. Nur darf das nicht zur Ausrede gegen das Persönliche werden. Das muß jeweils gleich besprochen werden – in Kürze! (Du weißt: »Analysiere niemals im brennenden Haus!«)

Hans: Ja, manche getrauen sich nicht, den Stoff zu verteidigen, und manche tun das zwar, erklären aber nicht genügend, wann sie was und warum tun. Dazu will ich ein Beispiel geben: In einem Schulhaus, in dem ich regelmäßig Kurse für Mittelschullehrer gab, sprachen mich einige Schüler in der Pause an, was ich denn hier immer wieder machte mit ihren Lehrern. Als ich es ihnen erklärt hatte, sagte einer: »Ach so, deswegen probieren die Lehrer immer wieder etwas Neues!« Als ich sie fragte: »Was denn?«, ging mir auf, daß die Lehrer ihre neuen Führungstechniken einführten, ohne sie den Schülern zu erklären. Damit steuern sie selbst einen neuen Kurs an, während die Schüler auf dem alten weitersegeln und die Lehrer für eigenartig halten, weil sie immerzu etwas Neues ausprobieren. Die Schüler meinten, sie müßten selber einen

TZI-Kurs mitmachen, damit sie die Idee besser verstehen könnten. – Aus dieser Erfahrung lernte ich, daß Experimentieren nur funktionieren kann, wenn die Lehrer ihre Kehrtwendungen erklären und sie mit den Schülern und Studenten besprechen.

Ruth: Zur Verbreitung der TZI hat also beigetragen, daß sie gerade zu dem Zeitpunkt nach Europa kam, als das Bedürfnis wuchs, etwas zu finden, das zwischen der antiautoritären und der traditionsautoritären Einstellung in der Schule lag. Leute wie Du suchten danach, weder autoritär noch antiautoritär zu unterrichten. Es gibt da auch ein sehr selten gebrauchtes deutsches Wort, das ich benutze: »autoritativ«. Wer mit Sachkenntnis lehrt, muß diese Sachkenntnis doch nicht verstecken, und zwar weder in bezug auf den Fachbereich noch auf das Verständnis für die Interaktion einer Gruppe. Es ist möglich, freiheitlich miteinander umzugehen und doch eine autoritative Haltung einzunehmen.

Ich habe, als ich zum ersten Mal Gruppen in Deutschland hatte, gestaunt, daß es dort ein solches »antiautoritäres« Dogma gab. Ich hörte zum Beispiel von einem psychiatrischen Krankenhaus, in dem die Patienten die Leitung des Spitals übernehmen sollten und die Mitarbeiter praktisch nichts mehr zu sagen hatten. Das ging natürlich total in die Binsen. Zunächst freute ich mich über die starke Gegenbewegung gegen die Möglichkeit eines »Führers«; und dann sah ich, daß damit das Problem nicht gelöst war, sondern die Abhängigkeit in eine »Gegenabhängigkeit« umgewandelt war und somit nicht nur dem Diktatorischen Widerstand geleistet, sondern auch Funktionelles abgelehnt wurde.

Hans: Ja, ich habe schon gesagt, daß mir das genauso ging. Von den Theorien der Gruppendynamik her glaubte ich, daß ungeleitete Gruppen sich einpendeln würden. Aber das war oft nicht der Fall oder dauerte unendlich lange. Du brachtest für mich die Lösung, als Du sagtest: »Mein wichtigstes Leiten besteht darin, daß ich die Teilnehmer oder Schüler immer wieder an das Chairman-Postulat erinnere.« Das habe ich auch konkret bei Dir so erlebt. Wenn Du eine Übung vorgeschlagen hattest, fügtest Du jeweils hinzu: »Ich möchte jetzt diese Übung machen; aber wer nicht mitmachen will, muß nicht.« Ich erinnere mich sogar daran, daß wir alle schon von den Stühlen aufgestanden waren und Du sagtest: »Halt, setzt Euch bitte noch mal hin. Überlegt Euch erst einmal.

ob Ihr alle wirklich mitmachen wollt: Bin ich jetzt mein eigener Chairman, wenn ich mitmache, oder folge ich nur der Ruth oder dem Gruppenfluß?« Das ist für mich eine drastische Formulierung, wie sich Gruppenleitung mit Selbstentwicklung des Menschen vereinbaren läßt.

Ruth: Auch Regierende müssen sagen, was sie möchten, und das Volk muß ebenso die Kraft gewinnen, sich selbst auszudrücken ...

Hans: Ja, damit erhält für mich TZI eine zentrale gesellschaftspolitische Bedeutung. Es ist enorm wichtig, Dialoge nicht wegen Meinungsverschiedenheiten abzubrechen, sondern Ausdauer zu haben. Es ist ja keine Kunst, miteinander zu sprechen, wenn man gleicher Meinung ist! Gerade dann, wenn wir verschiedener Meinung sind, müssen wir lernen, weiter miteinander zu sprechen; wenn unterschiedliche Bedürfnisse da sind und unterschiedliche Ideologien. Das ist ein weiterer Grund für mich, warum ich die Haltung von TZI und deren Technik für so wichtig und brauchbar halte.

Ruth: Techniken sind Dir als Leitendem wichtig? Stark zu leiten und doch nicht autoritär zu sein?

Hans: Dialoge zu führen, echt zu sein, sich selbst zu sein. Einfach sich selbst sein – mit Gefühlen, Gedanken; nicht unbedingt alles sagen, aber echt sein mit dem, was man sagt. Und vor allem auch zuhören können. Ich finde, das ist auch eine politische Technik, die man erlernen kann. TZI verlangt, daß jemand, der leitet, sich selbst ernst nimmt und das, was er durchdacht hat, ernsthaft vertritt und nicht so tut, als ob er nichts davon verstünde. Und dann eben den anderen ebenso ernst nimmt. Ich habe früher mein Licht dauernd unter den Scheffel gestellt, um ja nicht Leute zu überfahren. Jetzt versuche ich, mir bewußtzumachen, was ich jeweils möchte und wie mir zumute ist, und doch dem andern gut zuzuhören. Das ist ein ewiger Lernprozeß.

TZI hat einen Nachteil. Sie leuchtet so unmittelbar ein und scheint so einfach zu sein, daß es eine ganze Weile dauert, bis jemand merkt, wie differenziert sie im Grunde ist.

Ruth: Ja, die erste Reaktion ist sehr oft: »Das weiß ich doch längst, das ist doch gar nicht neu!«

Hans: Ja, das stimmt. Und ich merke: Je länger ich damit arbeite, um so mehr ist da noch herauszuholen.

16 Es geht um Werte

Es geht um Werte ...
– bei der Klärung der Begriffe Existentialismus, Experientialismus und humanistische Psychologie

Ein Jahr nach der halb geglückten, halb peinlichen Demonstration der TZI im Theatersaal von Lindau hielt ich auf dem gleichen jährlichen Psychotherapiekongreß für Ärzte ein Referat über die verschiedenen neuen amerikanischen Therapien und Gruppenmethoden. Ich suchte nach einem Oberbegriff für die verschiedenen Methoden und entschied mich, mit einigem Vorbehalt, für das Wort »Erlebnistherapie« bzw. »Experientialismus«. Es fiel mir kein anderer Begriff ein, mit dem ich Gestalttherapie, Bioenergetik, Transaktionsanalyse, Psychodrama, Erlebnistherapie und -pädagogik und TZI zusammenfassen konnte.

In den nächsten Jahren verbreitete sich das Wort »humanistische Psychologie« im deutschen Sprachgebiet. Es überraschte mich, daß ich als Exponentin dieser »dritten Kraft« angesehen wurde. (Als erste Kraft bezeichnete Maslow die Psychoanalyse, als zweite die Verhaltenstherapie, als dritte die humanistische Psychologie.) Bis dahin hatte ich mich selbst »experiential analyst« oder »experientialist« genannt.

Mir wurde nun sehr wichtig, zwischen Existentialismus, Experientialismus und humanistischer Psychologie unterscheiden zu lernen. Doch erst die Aufforderung, Faraus Buch zu beenden, verlieh meinem theoretischen Interesse die Kraft zum Tun.

Die Bergeinsamkeit wurde zum Wohnsitz meines Lesens und Denkens. Welchen Weg bin ich gegangen, ohne ihn bewußt zu den welt- und geistesgeschichtlichen Prozessen in Beziehung zu bringen? Welche Strömungen haben mich getragen, und was ist mein Beitrag? Sind Existentialismus und Experientialismus zwei verschiedene Wörter für dieselbe Sache? Oder gibt es Unterschiede? Wie kam es zur Encounterbewegung? Und warum hatte Fred den Existentialismus für resignativ und destruktiv gehalten, während ich ihn als aktiv und schöpferisch erlebte? Was ist gemeint, wenn man mich jetzt »humanistische Psychologin« nennt?

Existentialismus – ein Wort und zwei Begriffe

Viele Monate lang studierte ich Faraus Notizen über den Existentialismus und fand heraus, daß wir aneinander vorbeigeredet hatten, wenn wir dies Wort benutzten; und Fred brachte es fast immer auf, gleichgültig, ob wir von Kindererziehung, Tagespolitik, Theater oder unserem Beruf sprachen. »Der Existentialismus ist schuld an der Hitlerisierung der Welt. Er hat die Vorbedingungen für sie geschaffen. Die Verneinung des Lebens macht alles möglich.« Ich aber verband mit Existentialismus die positive Haltung von Psychologen wie Rollo May und Carl Rogers oder meiner AAP-Freunde, die sich der experientiellen Richtung zurechneten und deren Ansichten und Arbeit der »Hitlerisierung« sicherlich keinen Vorschub leisteten.

Nun entnahm ich Freds Notizen, daß er unter »Existentialismus« eine Geistesrichtung vor und im Zweiten Weltkrieg meinte, deren Stimmung hieß: Wir sind hineingeworfen in ein Sein, das wir nicht verstehen. Das ist absurd und angsterregend. Wir sind gezwungen, Entscheidungen zu treffen in einer Welt, die wir nicht erkennen und verstehen können. Blind entscheiden zu müssen ist absurd. Doch das müssen wir. Diesen Mut aufzubringen inmitten der Angst und Verzweiflung des Leben- und Sterben-Müssens, ist unser Schicksal. Wir sind absurde Entscheider in einer absurden Welt von Phänomenen.

Solche gedankliche Bestimmung und Begrifflichkeit *kann* man Kierkegaards, Sartres und Heideggers Schriften entnehmen. Sie waren zeitgemäßer Ausdruck einer Enttäuschung über den Glauben der Aufklärungszeit, daß menschlichem Verstande und Vernunft keine Grenzen gesetzt seien und daß die Beherrschung der Naturgesetze der Anbeginn einer glücklichen Zeit für die Menschen sein würde.

Spätestens um die Jahrhundertwende wurde diese Hoffnung bitter enttäuscht. Die Industrialisierung brachte vielen Menschen materielle Armut, schlechte Arbeitsbedingungen und den Niedergang des Familienlebens. Je mehr Natur*gesetze* in die Gewalt von Menschen kamen, um so entfremdeter wurden ihnen die *Natur* und natürliche Beziehungen zueinander. Zugleich versagte die Entthronung Gottes einer ungläubigen Generation jede religiöse Hoffnung auf Gnade oder auf eigene, göttlich bestimmte Kraft.

Doch das Leben läßt sich nicht wie eine Verlustbilanz abschreiben. Aus der Krise der Verzweiflung und Angst erwuchs der Glaube, daß es darum gehe, die Schrecklichkeit der Situation, in eine absurde Welt hineingeworfen zu sein, als unvermeidlich zu akzeptieren, nicht zu bagatellisieren und zu verstehen, daß es um den Mut geht, Entscheidungen auch in dieser Dunkelheit zu fällen. Die Authentizität dieser Erkenntnis und des Dennoch des Mutes zur Entscheidung erschienen als der Weg, das Leben »dem Tode zu« erträglicher zu gestalten.

Alfred Farau war überzeugt, daß dieser Mut, sich authentisch zu einem als sinnlos angesehenen Dasein zu bekennen, alle Schranken zum Bösen hin öffnen müsse. Der »Hitlerisierung« der Welt könnten keine Grenzen gesetzt werden, wenn es nicht auf den Inhalt der Entscheidungen ankäme, sondern nur auf den Mut zum Entscheiden. Er sah den Existentialismus als die philosophische Grundlage und Aufforderung zu Massengleichgültigkeit und -verbrechen, zur Verrohung der Jugend, zum Bildungszynismus, zur Gleichgültigkeit gegen das Leben selbst. Diese seien Vorboten der Weltzerstörung. «Existentialism is the non-philosophy of the masses of isolated individuals who are marching together in no direction« (Existentialismus ist die Nicht-Philosophie der Massen isolierter Individuen, die zusammen richtungslos zu keinem Ziel marschieren). Farau: »Bei den Existentialisten habe ich immer das Gefühl, daß sie mutig sind mit zusammengebissenen Zähnen. Weil eben nichts anderes übrigbleibt. Sei ein anständiger Soldat! Erfülle deine Lebens- und Sterbepflicht! Der existentielle Mut ist aus aschgrauer Verzweiflung geboren. Er ist ein puritanischer Mut, der die puritanische Sexualmoral abgelöst hat. Wenn ich an den individualpsychologischen Mut denke, habe ich ein ganz anderes Bild. Er ist ein Jasagen zum Leben, er ist ein Bekenntnis mit ausgebreiteten Armen. Zum Leben, das schön ist, *trotz alledem.* Der individualpsychologische Optimismus *ist* gar nicht rosenrot, aber er ist halt auch nicht nur grau. Daß der Mensch ein soziales Wesen ist, ist nicht nur eine mannhaft ertragene Notwendigkeit, sondern auch ein wirklich humaner Trost und *manchmal* sogar eine wirkliche Freude. Es ist ausgeschlossen, daß Adler jemals einen Satz wie den folgenden von Sartre geschrieben hätte: ›Der Mensch ist das Wesen, das Gott sein will. Aber die Idee eines Gottes ist ein Widerspruch, und so ist der Mensch eine nutzlose Leidenschaft.‹ Und zwar hätte Adler ihn nicht geschrieben, nicht weil seine kosmische Religiosität es verhindert hätte, sondern gerade seine Menschengläubigkeit.«

»... und da schiebt sich nun selbstverständlich das Phänomen des Existentialismus in den Vordergrund. Wo sind die Verbindungslinien? — Gar nicht so einfach zu beantworten, weil der Existentialismus leider keine Philosophie ist, sondern ein philosophisches Syndrom. Er enthält an Symptomen alles, was gut und teuer ist: den ergebenen Christen Kierkegaard und den fanatischen Christen byzantinischer Prägung Dostojewski; Nietzsche, den antideutschen Übermenschen; Heidegger, den deutschesten aller deutschen Denker bis in den unverständlichen Stil hinein; zarte Dichternaturen wie Rilke und Kafka, Religionsgelehrte wie Tillich und Buber; Metaphysiker wie Jaspers und Marcel; Atheisten wie Jean-Paul Sartre — mit einem Wort: konfus wie das 20. Jahrhundert.«

Doch nicht nur Alfred Farau beurteilte den (europäischen) Existentialismus als destruktiv. Abraham Maslow, wohl der bekannteste amerikanische Existentialist, schrieb: »Wir sollten das europäische Dauerreden über Furcht, Angst, Verzweiflung und ähnliches nicht zu ernst nehmen — so als ob das einzige Heilmittel eine bitterernste Tapferkeit wäre. Dieses IQ-Gewinsel auf kosmischer Grundlage passiert nur dann, wenn eine äußere Quelle von Werten versagt hat. Der Existentialismus sollte von den Psychotherapeuten lernen, daß der Verlust von Illusionen und die Entdekkung der eigenen Identität wohl zuerst schmerzlich, letztlich jedoch belebend und stärkend sind.«

Welches war diese »äußere Quelle von Werten«, die versagt hatte, von der Maslow spricht? Die entfremdete, inhumane Industrialisierung und die damit verbundenen Weltkriege waren beredte Leichenträger des angebeteten Verstandes. Der für tot erklärte Gott konnte nicht als moralische Instanz zum Leben erweckt werden. Er war speziell unglaubwürdig in Schützengräben und in vaterarm oder vaterlos gewordenen Wohnungen der Großstädte, wo

Frauen und Kinder um Brot und ums Überleben kämpften und die inmitten der vielen Menschen einsam wurden. Es war kaum möglich, in solch elenden Verhältnissen Quellen von Werten zu finden. Die zerrüttenden Phänomene jedoch überhaupt als zerrüttend zur Kenntnis zu nehmen – als existentielle Gegebenheiten ohne mildernde Umstände –, erschien als die einzig erstrebenswerte, nämlich realistische Haltung, die den Mut zum Ertragen von Lebens- und Todesangst zur Tugend erhob.

Ich sehe im *europäischen Existentialismus* nicht nur den Niedergang, sondern auch die Aufwärtsbewegung des Geistes, der sich vom positivistischen Materialismus und Determinismus befreien und humane Werte finden wollte; denn es *sind* humane Werte, wenn wir von Entscheidung, Mut und Autonomie sprechen. Auch bei einem noch so kleinen Entscheidungsfreiraum ist die Möglichkeit gegeben, Einfluß zu nehmen, zu bestimmen, zu determinieren, statt nur determiniert zu sein. Wenn wir uns als total determiniert ansähen, lohnte sich *nichts*! Und diesem Nihilismus widersetzte sich der europäische Existentialismus mit dem belebenden Funken eines indeterministischen Elements: Wir können uns wenigstens entscheiden, mutig zu unserer Angst zu stehen; wir sind zwar hineingeworfen in eine kausal bestimmte sinnlose Existenz, doch so absurd dies sein muß, wir müssen frei zu dieser Absurdität und zu unserer Angst stehen.

Mit der Definition des klassischen europäischen Existentialismus, daß das Humanum in unserem Echt- oder Unechtsein, unserem Ja- und Neinsagenkönnen liegt, war der Mensch einen Schritt aus dem Gefängnis des Verdinglichtseins hinausgegangen; wenn auch zunächst nur auf einem blutarm-reduktionistischen Weg: gepflastert, asphaltiert, gräserlos, blumenlos, vogellos, lichtlos; das Leben reduziert auf Tapferkeit und Echtheit (übrigens eine Charakterisierung, die keineswegs die philosophischen Existentialisten als *Menschen* selbst kennzeichnete).

Der *amerikanische Existentialismus* der fünfziger und sechziger Jahre war alles andere als ein »kosmisches Gewinsel«. Er war die Ode an das Leben, das goldene Credo eines zu liebenden, zu genießenden Daseins. Ganz im Hier-und-Jetzt leben, sich voll einsetzen für das, was dem einzelnen als wertvoll erscheint – sei es ästhetisch oder materiell, seien es sexuelle oder freundschaftliche

Beziehungen oder persönliche Leistungen. Hier-und-Jetzt lautete das große Feiertagswort für das »carpe diem« (Nutze den Tag!) von glücksuchenden Jugendlichen, für welche die Vergangenheit eine vergessene Quelle, die Zukunft eine lange, leuchtende Kette von Hier-und-Jetzt-Möglichkeiten und Abenteuern war oder werden könnte.

Das Hier-und-Jetzt-Credo war die Erlösung von der puritanisch-viktorianischen Erbsünde und ihren sexuellen Verboten, von Traditionen um der Tradition willen, von Fleiß um des Fleißes willen, von Geld um des Geldes willen und von den unentfliehbaren Ansprüchen von Eltern und Großeltern, die sie nur darum stellen konnten, *weil* sie Eltern und Großeltern waren! Das Hier-und-Jetzt führte zu neuen Begegnungsweisen mit Menschen, die Freunde werden konnten für einen Tag oder für einen Monat oder für so lange, wie sie in der Nähe waren. Wohnstätten wechselten oft und schnell. Hundert oder tausend Meilen Entfernung brachten neue Freunde und neue Freude.

In diesem Hier-und-Jetzt liegt die Möglichkeit zur Oberflächlichkeit eines sinnentbehrenden, parasitischen Hedonismus. Im Hier-und-Jetzt liegt aber auch der Ansatz zu einer echten Bewußtseins- und Handlungserweiterung, ein Angebot zur Bejahung des Schöpferischen, des menschlich Sozialen, des transzendierend Religiösen in Freiheit und Bindung. Das Hier-und-Jetzt kann heißen: »Ich bin da, um alles zu verschlingen«, oder: »Hier-und-Jetzt ist der köstliche, nicht zu vergeudende Augenblick meines Lebens, meiner Freude.«

Durch diese prinzipielle — wenn auch unzulängliche — Unterscheidung zwischen europäischem und amerikanischem Existentialismus war für mich ein wesentliches »unerledigtes Geschäft« mit Fred Farau zu Ende geführt. Ich verstehe jetzt, warum er den Schritt vom klassisch-europäischen zum amerikanischen Existentialismus nicht miterleben und unterscheiden konnte und warum er von Maslow, May, Rogers, Bühler, Satir usw. kaum Kenntnis nahm und Frankl und mich als Ausnahmen bezeichnete, welche die Regel bestätigten.

Als die Nazis die Regierung in Wien übernahmen, hatte Farau beruflich gerade eine Stellung am Wiener Rundfunk übernommen, die er sich von Herzen gewünscht hatte. Durch die Besetzung

Österreichs wurde er jäh aus dieser Stellung herausgerissen und nach Dachau verfrachtet. Dort scheint Fred nach Aussage mehrerer Mithäftlinge *der* Mensch gewesen zu sein, der den anderen Mut zum Durchhalten gab – mit Liebe und Liebenswürdigkeit und mit seinem glänzenden Humor. Doch später, als er befreit war und auswandern mußte, konnte er seine Eltern nicht vor der Gaskammer retten. Die Angst und Verzweiflung, die er in Dachau noch ertragen konnte, wurde er danach nie mehr los. Ich glaube, daß er seine eigene tödliche Bitterkeit auf den Existentialismus übertrug, von dem er sagte, dieser sei nur im Weltkrieg als Ausdruck der Verzweiflung berechtigt gewesen. Fred hatte mit dem Mut des europäischen Existentialismus das Leben im Konzentrationslager ertragen; doch als Hoffnung in der Außenwelt für Emigranten wieder möglich wurde, war er ein Seismograph für Anzeichen einer erneuten und vielleicht noch größeren menschlichen Katastrophe. In den fünfziger Jahren, in denen viele von uns, ich selbst mit inbegriffen, ein Zeitalter der Emanzipation und wachsender Humanität heraufkommen sahen, wurde Fred gepeinigt durch Visionen einer noch schrecklicheren Zeit, in der sich durch die »Dummheit der Liberalen und die Grausamkeit der Faschisten« die ganze Erde hitlerisieren würde, die im übrigen bereits auf dem Weg dazu war. Die »Dummheit der Menschen«, die dies nicht sehen konnten, obwohl das Höllentor schon weit geöffnet war, brachte ihn in eine Dauerkrise der Verzweiflung. Dazu kam, daß Fred in den ersten Jahren des Exils seine schriftstellerischen Ausdrucksmöglichkeiten – die deutsche Sprache – nicht mehr und noch nicht wieder benutzen konnte, um seinen Schmerz und Zorn aus sich herauszustellen.

Ich habe in den letzten Jahren zunehmender Bewaffnungssucht, Racheakte, Zerstörungssadismus, Apathie und Planetenverstümmelung den Zorn und die Trauer um einen »drohend-grausamen, dummheit-verursachten« Untergang der Abend- und Morgenländer viel tiefer nachfühlen können als zu Freds Lebzeiten vor zwölf und fünfzehn Jahren.

Fred hatte, wie die meisten Juden, deren Angehörige nach der eigenen Auswanderung ermordet worden waren, in einem unaufhörlichen inneren Kampf gegen Schuldgefühle gelebt. Sie konnten sich nicht verzeihen, daß sie ihre Eltern, Geschwister oder Geliebten nicht wie sich selbst hatten retten können. Existentielle Freude und Hoffnung blieben ihnen lebenslänglich verschlossen.

Fred Farau starb an Leberkrebs. Er konnte seine Krankheit »dem Tode zu« bis zuletzt nicht anerkennen. Doch in einem unserer letzten Gespräche sagte er, daß er gewiß nicht zu den Menschen gehöre, die jede Krankheit psychosomatisch nennen; doch er wisse, daß seine Bitterkeit über die Hitlerisierung der Menschen ihn verzehre.

Selbstverwirklichung und Experientialismus (Erlebnistherapien und Erlebnispädagogik)

In der Zeit meiner Bemühungen um die Unterscheidung zwischen Existentialismus, Experientialismus, Selbstverwirklichung und um die Frage, wie die Encounterbewegung und die humanistische Psychologie ihnen zugehörten, fiel mein Besuch eines AAP-Kongresses (American Academy of Psychologists) in New York. Durch meine Europareisen hatte ich den jährlichen Kongreß einige Zeitlang versäumt.

Meine Enttäuschung war groß. Das Schlagwort: »Do your own thing, I do mine« (Kümmere dich um deine Angelegenheiten, ich kümmere mich um meine!), schien mir vom früheren Ermutigungscharakter, selbständig zu werden und sich der eigenen Spontaneität und Kreativität zuzuwenden, ins Kraut der Rücksichtslosigkeit geschossen zu sein. Vielleicht war ich in der Zwischenzeit kritischer und sensibler gegen Superindividualismus geworden, vielleicht hatte das Zunehmen einer wohlhabenden Therapie-Klientel die finanziellen Möglichkeiten vieler Therapeuten von sozialen Fragen auf Reisen, Häuser und Sammlungen aller Art abgelenkt. Jedenfalls beobachtete ich in den Kongreß-Workshops einen Mangel an persönlicher Empathie für verletzliche und verletzte Teilnehmer und einen isolationistisch gefärbten Trend sozialer Unverantwortlichkeit auch bei Kollegen, die ich zuvor als sozial zugewandt gekannt hatte. Ich war verärgert und schrieb einen aggressiven Brief ans Mitgliederblatt der AAP, in dem ich meinem Zorn Ausdruck gab. Ich sagte, daß Autonomie und Autismus nicht dasselbe seien.

Auf diesen Brief bekam ich mehr Zuschriften (enthusiastische und empörte) als auf irgendeine andere meiner Veröffentlichungen. Zu diesen Zuschriften gehörte auch eine Aufforderung des Herausgebers des »Journal of Humanistic Psychology«, meinen Brief zu einem Artikel für diese Zeitschrift zu erweitern. Ich schrieb ihn unter dem Titel »Erlebnistherapien – Autismus oder Autonomie?« Durch diese Arbeit wurde mir klar, daß Experientialismus nicht unbedingt an humanistische Haltung gebunden war. Es konnte ihm – neben der Freude am Hier-und-Jetzt und der Intensität des Wahrnehmens und Bewußtwerdens – eine definitive Bindung an ethische Werte fehlen. So schrieb ich, bewußt werbend um diese Verbindung, die ich als für a priori gegeben gehalten hatte:

»Humanismus ist das Fundament des Experientialismus: zu wissen, daß ich zähle, zu wissen, daß du zählst. Zu wissen, daß jeder Mensch zählt, ob schwarz, weiß, rot, gelb oder braun. Die Erde zählt. Das Universum zählt. Mein Leid zählt. Dein Leid zählt. (Wenn du dich nicht um mein Leid scherst und mir dein Kummer gleichgültig ist, werden wir beide durch Hunger, Krankheit und Massenmord ausgelöscht werden.) Achtung vor dem Leben ist wichtig. Fähigkeiten und Wissen sind wichtig. Wissen ohne Achtung vor den Menschen baut Gaskammern und Napalmfabriken. Menschlichkeit ohne Wissen kann kein Brot backen, keine Häuser, Spitäler oder Schulen bauen und keine gebrochenen Knochen oder Seelen heilen. Wenn der Experientialismus seine humanistische Grundlage und seine berufliche Ausbildung verliert, ist er nur noch ein hedonistischer Nachfahre altmodischer Kurpfuscherei.« [1]

Mir wurde im Laufe der Zeit immer deutlicher, daß der Experientialismus ursprünglich nicht auf humanistischem Gedankengut basierte, sondern sich durch seine Herkunft von der Psychoanalyse und dem Existentialismus als individualistisch und wertneutral verstand. Der Experientialismus jedoch betonte mehr als die Psychoanalyse, für die es um Heilung geht, die Förderung des Wachstumspotentials. Ihm ging es um die Selbstverwirklichung des Menschen.

Experientielle Selbstverwirklichung kann jedoch von zwei Aspekten her *definiert* werden:

1. *Individualistisch:* Die Person verwirklicht sich durch die Entwicklung ihrer Wünsche, Talente, Fähigkeiten, Kreativität; sie

ist selbstgerichtet, selbstbezogen – froh, Normenballast abzulegen, frei zu werden für Lust und Liebe und eine (ego-zentrische) Bewußtseinserweiterung. Sie ist im Prinzip sozialpolitisch desinteressiert: »Ich bin ich, und du bist du.« Sie verlangt radikale Echtheit und Offenheit ohne antizipatorische Rücksicht und vertraut einer Art »monistischer« Selbsterfüllung.

Dieser individualistische Experientialismus entspricht im politischen Bereich der »splendid isolation» – einem wertentfremdeten Isolationismus, den es auf ökonomischen, sozialen, rassischen, klassen- und schichtgebundenen Ebenen gibt: »Gut ist, was dem deutschen Volke nützt« (Goebbels). »What is good for General Motors is good for the country« (Wilson). (Was gut ist für General Motors, ist gut für den Staat.)

2. *Humanistisch:* Die Person verwirklicht sich im Zusammenhang mit ihrer Umgebung, mit Menschen und den gemeinschaftlichen Gegebenheiten. Selbstverwirklichung bedingt auch Bewußtheit und Förderung der Selbstverwirklichung anderer: Ich bin ich, du bist du, und wir sind wir. Wir-Sein bedeutet die transpersonale Realität und Wichtigkeit jedes einzelnen mit anderen; mein inneres und äußeres Dasein existiert nicht ohne dich und uns.

Soziale Eingebundenheit bedeutet Grenzsetzung durch die Ansprüche anderer Menschen und anderer Leben. Doch diese Grenzen sind durchlässig: Andere Menschen und Situationen dringen osmotisch in mich ein, so wie sie aus mir herausfließen.

Die Erkenntnis dieser Tatsachen hat auch für die Erlebnistherapie und -pädagogik große Bedeutung. Die Berücksichtigung der anderen bedeutet Rücksichtnehmen und Erweiterung des Selbstseins. Absolute Offenheit ohne Berücksichtigung und Rücksichtnahme auf die jeweilige Tragfähigkeit und Verletzlichkeit anderer ist von gegenseitiger Schädlichkeit. Authentizität muß selektiv sein, sowohl in Aussagen wie in der Art des Handelns.

Diese Version der Selbstverwirklichung ist individuell, sozial und politisch realistisch. Wir können uns weder von Luft noch von Pflanzen, Tieren oder Menschen isolieren, wenn wir uns selbst verwirklichen wollen. Die einzelne Person ist mit der Menschheit transpersonal verbunden; Selbstverwirklichung und Menschheitsverwirklichung sind untrennbar miteinander verknüpft.

Autismus ist nicht Autonomie. Individueller Autismus zerstört das Kollektiv der Menschheit; kollektiver Autismus zerstört Persönlichkeiten. Die Autonomie der Persönlichkeiten und die Fruchtbarkeit des Kollektivs gewinnen durch wachsendes Bewußtwerden der universellen Interdependenz.

Humanistische Psychologie: Menschsein und Menschlichwerden

Die humanistische Psychologie fügt den existentiellen Weltbildern Werte hinzu, die der allgemeine Sprachgebrauch als human, das heißt als menschlich bezeichnet. Es geht also nicht nur um die Anerkennung der Existenz, sondern um die bewußte Förderung humaner Werte. Egoistische und destruktive Gefühle gehören zum Menschsein. Jedoch zum Menschsein gehört es auch, daß wir nicht nur auf Grund von impulsiven Gefühlen handeln müssen, sondern innehalten und abwägen können. Förderung humaner Werte bedeutet, den Menschen ganzheitlich und nicht als aus Anteilen zusammengesetzte Maschine zu betrachten, die gesetzten Impulsen gehorchen muß. Wir sind keine Automaten, wir können fühlen und denken und Impulse verschiedener Ebenen integrieren. Denn wir haben die Fähigkeit, zu abstrahieren und zu urteilen und sind daher auch fähig, Verantwortung zu übernehmen. Wir können analysieren und Zukünfte bedenken. Daher können wir Situationen fördern, in denen Liebe und Gerechtigkeit wachsen können.

Abraham Maslow hat den weitverbreiteten Begriff der humanistischen Psychologie als einer »dritten Kraft« der zeitgenössischen Psychologie geprägt; wobei er die Psychoanalyse als erste und die Verhaltenspsychologie als zweite Kraft bezeichnete. Die humanistische Psychologie geht von der Person und ihrem Wachstumspotential aus und nicht von einzelnen Beobachtungen und Fähigkeiten. Sie ist mensch- und nicht fähigkeitszentriert und ganzheitlich, holistisch im psycho-somatischen und sozialen Sinn. Sie definiert sich von subjektiven und wertdifferenzierenden Aspekten her.

Durch meine Arbeit an begrifflicher Klärung entdeckte ich, daß meine humanistischen Überzeugungen die persönlich wichtigste Grundlage für die Entstehung und die Entwicklung der TZI gewesen sind. Mir war ursprünglich nur bewußt, daß ich eine Methodik zum Selbst- und Gruppenleiten erarbeitet und weitergegeben hatte, die ein gutes pädagogisch-therapeutisches und therapeutisch-politisches Potential besaß, ohne daß ich viel über die Ethik, die der TZI zugrunde liegt, nachgedacht hatte. Dies wurde wichtig, als ich sah, wie das Chairman-Postulat von manchen Menschen fälschlich als Aufforderung zu individualistischer, sozial indifferenter Haltung uminterpretiert wurde: »Ich tue jetzt, wozu ich Lust habe, denn ich bin ja mein eigener Chairman!« Dies geschah, obwohl überall in meinen Schriften das Chairman-Prinzip als »Wahrnehmung nach innen *und* außen und als Achtung für den anderen« beschrieben worden war. Es war notwendig, die Bindung an die ethische Wertaxiomatik als TZI-systemimmanent explizit auszusprechen. Damit wollte ich zugleich die Möglichkeit vermindern, daß Struktur- und Prozeßtechniken sich technokratisch verselbständigen könnten.

Das Vierfaktoren-Modell des Dreiecks in der Kugel enthält die Grundlage humanistischer Ethik. Vom ethischen Standpunkt her bedeuten die vier Faktoren des TZI-Symbols:

1. daß wir uns selbst als Person wahrnehmen und achten; daß wir uns unserer Wünsche, Fähigkeiten und Möglichkeiten, ihres Lichtes und ihres Schattens, in Verantwortung uns selbst und anderen gegenüber bewußter werden, um persönlicher und ganzheitlicher entscheiden und handeln zu können (Faktor: Ich);

2. daß wir dieselbe Wichtigkeit der Selbstführung jedem anderen zuerkennen und uns dementsprechend zu verhalten suchen (Faktor: Wir);

3. daß wir Gemeinschaftlichkeit einer Gruppe als Zuwendung zu unseren gemeinsamen relevanten Aufgaben ansehen (Faktor: Es);

4. daß unsere Bewußtseinsfähigkeit und Verantwortlichkeit erweiterungsfähig ist und sich über die jeweilige interaktionelle Gruppe hinaus auf Nachbarschaft, Nation, Völker, das Leben auf der Erde — transpersonal und transzendental — erstreckt (Faktor: Globe).

Ich glaube, daß die in der TZI enthaltene ethische Axiomatik nicht nur der TZI, sondern der humanistischen Psychologie und ihrer Wertauffassung als Ganzer entspricht. Die humanistische

Wertaxiomatik kann über sich selbst hinaus erweitert werden zu einem transzendierenden Holismus, der die religiöse Realitätsperspektive miteinbezieht. Dies würde nicht den ethischen Gehalt der Axiome verändern, sondern nur deren Rückbeziehung (religio) zur Transzendenz hinzufügen. Aus dieser Position heraus würde die Unabdingbarkeit der Ethik einem religiösen Glaubensgrunde überantwortet.

Die Worte »Humanismus« und »humanistische Bewegung« waren mir in Amerika zunächst nicht im Zusammenhang mit Psychologie, sondern mit dem sozialen Anliegen einer Laienbewegung bekannt geworden. Es gab diese humanistische Bewegung schon vor der Jahrhundertwende. Ihre Arbeitsgruppen entstanden dezentralisiert in vielen Städten. Menschen können vielleicht eine Weile lang ohne den Begriff oder die Erfahrung von Gott und Göttlichkeit leben, nicht aber ohne Ethik. Aus der Not des »Gott ist tot« entstand die Notwendigkeit, ethische Prinzipien auch ohne religiöse Rückverbindung als unabdingbare (lebensnotwendige) Normen verbindlich zu machen.

Daß es bereits eine *American Humanist Psychological Association* (AHP) gab, die von Carl Rogers, Abraham Maslow und Charlotte Bühler gegründet worden war, wußte ich 1962 nicht, als ich per Zufall während eines allgemeinpsychologischen Kongresses an einer Tür im Vorbeigehen das Schild mit den Worten »American Humanist Psychologists« las. Ich war neugierig und ging hinein. Ich stand in einem recht leeren großen Saal mit vielen runden Tischen, an denen ich von weitem Charlotte Bühler und Carl Rogers entdeckte. Ich wunderte mich und war zugleich erfreut, daß sich hier (endlich!) Laien und Psychologen zusammenzufinden schienen, denen sozialpolitische Fragen wichtig waren.[2]

Neben den »Humanists« entstand in New York die *Ethical Culture Society*, die im wesentlichen die gleichen Ziele verfolgte, jedoch deren dogmatischen Atheismus ablehnte. Die Ethical Culturists lehnten sich sogar in ihren Zeremonien an religiöse Traditionen an. Dazu gehörten unter anderem Sonntagsandachten, die in einem kirchenähnlichen Raum mit Musik und Ansprachen stattfanden, Begräbniszeremonien ohne Gebete sowie die Sitte, Kinder in ihre Sonntagsschulen zu schicken, die nicht den Glauben an eine Religion, sondern die Religionsgeschichte vieler Kulturen und Prinzipien ethischen Zusammenlebens lehrten. Daneben gründeten Ethical Culturists auch Privatschulen, die außer von den Kindern der Humanists und Ethical Culturists auch von Schülern anderer pädagogisch interessierter Eltern besucht wurden.[3]

In den therapeutischen Praxisräumen mußte die Frage nach Werten und Wertbewußtsein aufkommen; denn in der Beziehung zwischen Therapeut und Patient und in der Beziehung beider zur Außenwelt stellten sich immer Wertfragen ein, die nicht nur mit dem Verständnis der Psychodynamik oder dem Hinweis auf das Wohlbefinden des Patienten beantwortet werden können. Auch wurde in der psychotherapeutischen Praxis deutlich, daß der gängige Wertrelativismus und Nihilismus zur Einsamkeit und Beziehungsarmut beitrugen. Die meisten Patienten klagten weniger über sexuelle Schwierigkeiten, Arbeitsprobleme, Phobien, ungezügelte Impulse und Zwänge als über eine »innere Leere«: »Es ist ja doch alles egal, ich fühle mich leer«, »Mich langweilt alles, ich halte auch Menschen nicht aus«, »Alles ist so grau und unattraktiv, und es hat doch auch keinen Sinn.«

Diese Massenerscheinung, die uns amerikanischen Therapeuten seit den fünfziger Jahren immer häufiger begegnete, hatte freilich nicht nur individuell-psychologische und philosophische, sondern vor allem auch gesellschaftliche und ökonomische Ursachen. Die Herrschaft des Menschen über seine technischen Erfindungen hatte sich in ihr Gegenteil verkehrt: Maschinen beherrschten die Menschen, die sich wie Charlie Chaplin in ihren Rädern verfingen. Die Technik machte eine Überfülle materieller Güter möglich und schuf kaputte Familien, kaputte Arbeitsbeziehungen und kaputte Seelen. Diese Not führte zur aufdämmernden Einsicht, daß es auch in der Psychotherapie um Werte gehen muß.

Ethische Grundfragen standen in den ersten Jahrzehnten der Psychotherapie nicht im Vordergrund. Freuds relativierender Begriff des »Überich«, der die Kulturanpassung des Kindes durch seine Unterwerfung als eine notwendige Entwicklungsstufe beschreibt, sagt weniger über den inhaltlichen Wertgehalt des Überich aus als über dessen psychologischen Stellenwert für die Anpassung des einzelnen an die jeweilige Kultur.

Obwohl sich die Psychoanalyse als wertneutral verstand, entpuppte sie sich als ein besonders feines Forschungsinstrument für ethische Fragen. Sie verhilft Analysanden und Analytikern zur wahrheitsgetreuen Selbstwahrnehmung und macht unbewußte Dynamik erfahrbar und durchschaubar. Kommunikationen über solche subjektiven Erfahrungen stehen in ihrer relativen Korrektheit und Korrigierbarkeit den Werkzeugen der »objektiven« Naturwissenschaft nicht nach. Sofern es sich um Wissenschaft menschlicher Erfahrung und Beziehung handelt, ist die subjektive Beobachtung sogar *das* ausschlaggebende Forschungsmittel. Innere Wirklichkeit kann aus äußeren Verhaltensweisen nur deduziert werden, während sie für die subjektive Beobachtung des Erlebenden Überzeugungskraft (self-evidence) hat. Weder innere noch äußere Beobachtung vermitteln absolute Wirklichkeit, jedoch erlangt subjektiv wahrhaftige Beobachtung innerer Vorgänge wahrscheinlich einen größeren Richtigkeitsgrad als »objektive« Beobachtung oder Interpretation. Ob ich traurig bin, mich auf etwas freue oder zweifle und was ich denke, ist nur subjektiv erfahrbar und verstehbar. Die wissenschaftliche Untersuchung persönlichen Erlebens – zum Beispiel das von Marie oder Hans – ist nur durch deren Bewußtheit oder Bewußtseinserweiterung in bezug auf ihre eigenen inneren Vorgänge möglich. Diese können zusätzlich Hilfe von Freunden oder Therapeuten sowie durch Hypothesen, Theorien und interpretative Angebote erhalten.

Der Mensch ist das einzige Wissenschafts*objekt*, das privilegiert ist, zugleich auch Wissenschafts*subjekt* zu sein, so daß innere psychologische Befindlichkeit und äußerlich erkennbare Prozesse als zusammengehörige Phänomene erforscht werden können. Durch Statistiken, Messungen und verhaltenspsychologische Beobachtungen lassen sich wohl subjektive Geschehnisse mit empirisch-naturwissenschaftlichen Methoden erschließen, nicht aber Subjektivität und deren Dynamik selbst. Die wesentliche empirische Quelle des Wissens um die Subjektivität bleibt die Bewußtheit.

Alfred Adler war wohl der erste Tiefenpsychologe, der Ethos und Pädagogik in die therapeutische Arbeit als deren Bestandteil miteinbezog. Es ist ein interessantes sprachliches Phänomen, daß er trotz dieser Weiterführung der analytischen Arbeit ins Gesellschaftliche bis hin zum Begriff des »*Gemeinschaftsgefühls*« seiner Schule den Namen »*Individual*psychologie« gab. Ich nehme an, daß dieser Name eher dem Wunsch entsprach, einen empirischwissenschaftlichen Ausdruck wie Psychoanalyse zu vermeiden und die Person ganzheitlich zu erfassen, als eine Gegenüberstellung von »Individuum und Gemeinschaft« zu schaffen. Das gleiche gilt wahrscheinlich für Jungs Begriff »Individuelle Analyse«; auch dieser wird dem Inhalt seiner Arbeit, die sich über die individuelle Psyche hinaus an Völkern, Mythen und kollektivem Unbewußten orientiert, nicht gerecht.

Von Afred Adler hatte ich in meinem Psychologiestudium nicht viel mehr gehört, als daß er den Minderwertigkeitskomplex entdeckt habe und daß die Geschwisterreihe in der Dynamik des Aufwachsens eine große Rolle spiele. Dann gab es einige abfällige Bemerkungen über seinen »Moralismus« und daß er eigentlich ein einfacher Lehrer sei, der sich mit der Tiefe der Seele doch wohl nicht auseinandersetzte. So las ich in meinen Studienjahren, den Jahren so vielen Lesens, nichts von Alfred Adler. Und in den darauffolgenden mageren Lesejahren in Amerika wurde er weder in analytischen noch in erlebnistherapeutischen Kreisen erwähnt. Und obwohl drei meiner nächsten Freunde Adlerianer waren – Alfred Farau, Asya Kadis und Ruth Ronall – und insbesondere Ruth immer wieder betonte, ich solle Adler doch endlich lesen, weil ich in ihm einen Verbündeten finden würde, nahm ich bis zu den Studien für das vorliegende Buch seine Schriften nicht in die Hand. – Ich erwähne dies, weil ich es als Symptom der »gelebten Geschichte der Zeitgeschichte« erlebt habe: In psychotherapeutischen Kreisen, abgesehen von den wenigen Adlerianern, begegnete ich zwei Tabus, die auch als solche nicht erwähnt wurden: Werte und Religion. Die Tatsache, daß ich trotzdem – von Freunden eingeladen – einige Vorlesungen im New Yorker Adler-Institut gab, erregte dort Erstaunen; die Adlergruppe erlebte sich weitgehend als Außenseiter, und mir als »klassifizierter Freudianerin« schien, daß ich dort eher einem »Minderwertigkeitskomplex« als irgendwelcher Feindseligkeit begegnete.

Heute sehe ich die weitverbreitete, jahrzehntelange »Verdrängung« Adlers, des ersten humanistischen Tiefenpsychologen, aus der Anerkennung der Psychotherapeuten als ein Pausenzeichen in der Geschichte der Tiefenpsychologie und -pädagogik an. Erst in den siebziger Jahren kam Adlers Individualpsychologie zum Tragen. Meines Erachtens spielen die Namen der späteren einzelnen humanistischen Pioniere wie Abraham Maslow, Charlotte Bühler, Carl Rogers, Rollo May, Viktor E. Frankl, Erich Fromm, Virginia Satir, mein eigener und die sehr vieler anderer keineswegs die große Rolle wie die der großen Pioniere der Frühzeit der Tiefenpsychologie. Ich sehe vielmehr das verspätete Aufblühen der humanistischen und der ihr auf den Fersen folgenden transpersonalen und religiösen Psychologie als eine zeitgesundende Reaktion auf eine verödende oder verendende Kultur an. Ich sehe die humanistische Psychologie als den Ausdruck der zeitgeschichtlichen Auflehnung gegen die Einseitigkeit der Aufklärungswerte wie Rationalität, Fleiß, Sparsamkeit, Tradition und »Man macht das doch so« – Auflehnung gegen die Philosophien des Positivismus, des Negativismus, des Nihilismus, des Relativismus.

Ich erachte die humanistische Psychologie nicht als Werk von einzelnen, sondern als Zeichen des Protestes gegen die Zivilisation, die zur Entfremdung, Entseelung, zur Sinnen- und Sinnlosigkeit geführt hatte. So entstand der Wunsch nach Echtheit, nach authentischer Begegnung, nach Ausdruck von Gefühlen, der Wunsch, natürlich zu leben, Floskeln und Masken fallen zu lassen: »Say it like it is, man!« (ein Ausdruck, ursprünglich der Schwarzen, der etwa besagt: »Laß doch das Drumherumgerede, sag, wie's wirklich ist!«). All dies war und ist die Ablehnung gegen eine Welt, die weder mit noch ohne Geld das innere Gefühl der Sinnlosigkeit bekämpft.

Damals und zunehmend heute werden Rohstoffe, Land, Maschinen, Material und schöpferische Leistungen zum Vorteil weniger Menschen und zum Untergang vieler benutzt. Sich selbst oder andere körperlich oder seelisch, direkt oder indirekt zu töten, gehört zum Lebensstil. Ausbeutung, Angst, Flucht, Konsumwut und Sinnlosigkeit äußern sich unter anderem in der Anhäufung von Waffen und Giften, in Massakern und Genoziden und dem Zerstören von Wasser, Luft und Erde. Dazu kommen Gewalttaten wirtschaftlicher Kolonialisierung, Enteignungen und die alltägliche Gewalt gegen Körper, Sinne und Verstand. Das Gefühl der Sinnlosigkeit zeigt sich auch zunehmend und erschreckend in der Abstinenz vom Gebrauch des demokratischen Wahlrechts und anderen öffentlichen Aktivitäten; denn die eigentliche politische Gemeinschaftsaufgabe, sich gegen den fast unvermeidlich erscheinenden absoluten Tod zu wehren, erscheint den einzelnen als zu gigantisch, und jene Bewußtheitsstufe, die für die Solidarität des Handelns nötig wäre, ist erst von einer unbedeutend erscheinenden Minorität erreicht. Die Furcht äußert sich in Gefühlen von Sinnlosigkeit, in Zynismus, Resignation oder Wut und Terror.

Für den Menschen ist Leben-zu-erhalten ein Grundwert. Humanistische Wertbestimmung beruht auf der unabdingbaren Voraussetzung, daß Menschsein eine Realität ist, die erhalten und gefördert werden soll. Menschsein bedeutet nicht, sinnlos in die Welt geworfen zu sein, sondern Sinn zu finden in der Verwirklichung des individuellen Selbst, das ein Teil der Gemeinschaft aller ist.

Menschsein ist eine lebendige Realität, die im Kosmos nicht am gleichen Tage wie die ersten Formen lebendiger Elemente entstand. Dazwischen lag die Evolution von Pflanzen und Tieren. Menschsein ist eine spätere Evolutionsstufe, die wir als höher einschätzen, weil uns schöpferische und ethische Erfahrungen und Handlungsweisen möglich sind. Wir können erfinden, wählen und entscheiden und uns zum bewußten Veränderer von Gegebenheiten in dieser Welt machen. Dies bedeutet Lust und Last. Es führt zur Frage: »*Wie* will ich/wollen wir verändern? Und welches sind meine/unsere Maßstäbe der Entscheidung?«

Diese Maßstäbe nennen wir Werte.[4]

Es geht um Werte ...
– bei der Entscheidung zwischen dem Recht des Stärkeren und dem der liebenden Gerechtigkeit

Mich beschäftigt die Tatsache, daß ethische Werte der Menschlichkeit, wie die Ehrfurcht vor der Natur und die Nächstenliebe, trotz jahrtausendelangem Bemühen philosophischer und religiöser Lehren so wenig praktische Auswirkung gehabt haben, daß sie durch physische, kriegerische und ökonomische Gewalt immer wieder vom »Recht des Stärkeren« verdrängt wurden. Selbst im Privatleben sind Gewalt und Rache nicht verschwunden, obwohl öffentliche Meinung und Gesetze sie mäßigen. Individuelle Gewalttätige werden zwar nicht wie Krieger und Sieger gefeiert, doch dem Stärkeren, respektive Reicheren, wird seit eh und je »mehr«

Gerechtigkeit gezollt als dem Schwächeren und Ärmeren. Daran haben auch Mahnungen und Drohungen seitens der Philosophen, Künstler, Dichter, Propheten und Religionsstifter noch sehr wenig geändert.

Im Zeitalter einseitigen Darwinismus' ist es besonders schwierig, das Recht des Stärkeren als ein Unrecht im Sinne der Gerechtigkeit und Nächstenliebe zu erkennen; denn Darwinisten können mit Zeigefingern, Augen, Ohren und Intellekt darauf hinweisen, daß die Evolution der Pflanzen- und Tierwelt auf dem Recht des Stärkeren beruht, weil nur die stärkeren Pflanzen und Tiere überleben und den nächsten Entwicklungsschritt vollziehen können.

Gegen dies darwinistische Argument läßt sich vom axiomatischen Standpunkt her vorbringen, daß Ethik, Gerechtigkeit und Nächstenliebe nur dem Menschen möglich sind, also aus Bereichen stammen, die Pflanzen und Tiere als Bewußtheitserlebnis nicht kennen. Intellekt und Geist, in ihren abstrahierenden, reflektierenden und ethischen Möglichkeiten, gehören zur Spezies Mensch – einer Evolutionsstufe, die etwas Neues, nämlich »bewußte Geistigkeit« enthält. Evolution vollzieht sich zwar oft in kleinen Schritten, doch es ist bekannt, daß es auch plötzliche Transformationen gibt, die noch Atavismen früherer Evolutionsstufen enthalten. Ist das »Recht des Stärkeren« ein Atavismus aus dem ungeistigen Tierreich?

Seit etwa einem Jahrhundert sind quantitative und qualitative Veränderungen des Planeten, des Lebens und der Lebensweise von Menschen in rasender Geschwindigkeit vor sich gegangen. Menschliches Wissen und Können haben Veränderungsmöglichkeiten ins schier Unendliche gesteigert. Was in den letzten Jahrzehnten jedoch zu kurz kam, war die Reflektion über die Qualität dieser Veränderungen. Förderung des Lebens kann nicht nur mehr Wissen, mehr Können, mehr Menschen bedeuten, sondern muß das Humanum, die Verwirklichung des Menschen als Menschen mit verantworten; denn das Wesentliche des Menschen als Mensch ist seine Geistigkeit, durch die er Verantwortung trägt.

Tiere haben meist nur *eine* Möglichkeit der Anpassung an die Gegebenheiten. Sie leben in vorgegebener Gesetzlichkeit mit relativ kleinen Freiheitsräumen für ihre Tätigkeiten und in ihren ökologisch begrenzten Revieren. Sie verteidigen diese jeweils in ihrer erbspezifischen Weise. Evolutionäre Veränderungen geschehen ohne ihre bewußte Mitwirkung.

Menschen dagegen können mehr, als sich vorgegebenen Gesetzlichkeiten anzupassen. Sie haben Mitschöpfungsfähigkeiten; zum Beispiel in der Erhaltung und Förderung der Ökologie des Lebens bzw. seiner Vernichtung. Die Tier-Evolutionsstufe mag für den Menschen eine regressive Versuchung bedeuten: Er kann danach streben, der Stärkste des Reviers zu sein, er kann die Über-Sicht über die Ganzheitlichkeit seiner Person und die Ganzheitlichkeit der Menschheit verleugnen. In diesem Sinn haben wir als Menschheit im ganzen vernünftige Möglichkeiten, uns und den Planeten zu erhalten und zu pflegen, bisher unbeachtet gelassen und sind, als einzelne wie als Nationen, bei der Zerstörungstendenz geblieben, als ob es uns nützen würde, unsere »Reviere« zu verteidigen. Dabei ist es für unseren Intellekt und Geist leicht einsehbar, daß unsere Möglichkeiten, Nahrung und Rohstoffe zu beschaffen, für alle Menschen reichen würden, wenn wir die Genialität unseres Denkvermögens dafür einsetzen würden statt für die Verteidigung von »privaten Revieren« – seien diese nun geographischer, finanzieller oder ideologischer Art, rassen- oder schichtzugehörig. Wir sind nicht wie die Dinosaurier dem Schicksal ausgeliefert, sondern können entscheiden, ob wir die Katastrophe unseres Untergangs mitverantworten oder bekämpfen werden. Viele kleine Schritte könnten zu einem *Quantensprung des Geistes* führen.

Es gibt jedoch in der Geschichte der Evolution auch Anhaltspunkte dafür, daß sich plötzliche Totalmutationen vollziehen und nicht nur kleine Schritte, die langsam zu Veränderungen führen. Es gibt den Sprung vom Reiben des Steines bis zum Funkenschlag und den vom heißen bis zum kochenden Wasser. – Nicht alle Tierarten lassen sich ohne die Hypothese der Plötzlichkeit erklären; wahrscheinlich auch nicht das Auftauchen menschlichen Geistes.

Auch in der Psychotherapie vollzieht sich Heilung meist in kleinen, korrigierenden Schritten, doch manchmal gibt es plötzliche »therapeutische Sprünge«, wie beim Durchbruch durch den Engpaß der Leere, der zu plötzlichen heilenden Veränderungen im Menschen führen kann. Ich halte es für möglich – fast möchte ich sagen für wahrscheinlich –, daß die Gesamtpsyche der Menschheit sich in einem Engpaß befindet, der zu einem Durchbruch durch diese Enge, unsere Angst, führen kann. Ich halte es für wahrscheinlich, daß sich die Mehrheit der Menschen sehr bald dagegen auflehnen wird, daß Milliarden für teuflisch ausgeklügelte Overkill-Maschinen ausgegeben werden, während für so viele Menschen nicht genügend Geld da ist für Nahrung, Wohnung, Kleidung, Bildung – für das, was lebens- und nicht todeswert ist. Ein heilendes Engpaß-Erlebnis könnte zum Aufdecken von Irrlehren – wie Feindbilder und unbegrenzter Luxus – und zur Heilung der Erde führen und das Recht des Stärkeren überwinden helfen.

Wir Menschen sind durch unsere Entscheidungsfähigkeit aus dem Paradies der Unbewußtheit von Gut und Böse entlassen. Aufgrund unserer Fähigkeiten, zu abstrahieren, vorauszudenken, uns mit anderen zu identifizieren, zu lieben und verantwortlich zu sein, sind Humanwerte pragmatisch und geistig unabdingbar. Gebote wie »Du sollst nicht töten!«, »Du sollst nicht foltern!«, »Du sollst nicht unnötigerweise (sadistisch) verletzen!« gehören zu unserem Kompaß.

Jede böse Tat, die lebens-, liebes- oder gemeinschaftszerstörend ist, entspringt vielen Quellen, ebenso wie sie in viele Flüsse einmündet. Unsere persönliche Verantwortlichkeit ist eingebettet in unsere Umgebung, in die Gemeinschaft, in der wir leben, die uns gefördert hat und fördert und/oder gehindert hat und hindert. Wir werden liebevoll geborgen und/oder haßerfüllt oder gleichgültig verletzt. Manche Menschen müssen schwer für ihre Autonomie kämpfen, anderen wird sie, eher beschützend, geschenkt.

Das Maß an gereifter Autonomie des einzelnen Menschen ist mitbestimmt durch das, was er auf die Welt mitbringt und was ihm in der Welt begegnet. Wir sind weder allein schuldig für unsere bösen Taten noch sind unsere guten Handlungen allein unser Verdienst, ebensowenig wie wir total verantwortlich sind für das, was in unserer Umgebung und in unserer Gesellschaft an Gutem und Bösem geschieht. Da jeder Mensch eigenständiger Teil der Gemeinschaft ist und zugleich Anteil an ihr hat und abhängig von ihr ist, ist die Gemeinschaft auch mitverantwortlich für das, was der einzelne eigenständig-interdependente Mensch erfährt und tut.

Richtlinien zu haben bedeutet nicht, Richter zu sein. Warum ein Mensch so und nicht anders handelt, ist durch zu viele Faktoren bestimmt – persönliche und systembedingte, mitgegebene und frei gewählte –, als daß wir andere Menschen verurteilen sollten. Sogar uns selbst richten können wir nur sehr bedingt. Dies bedeutet jedoch nicht, daß wir keine ethischen Richtlinien und Maßstäbe hätten, die unabdingbar gelten. Nur sind die Grenzen unserer ethischen Beurteilungsfähigkeit eng gezogen; denn Schuld und Schicksal sind ineinander verflochten, und *der Weg zur Bewußtheitsstufe, auf der wir »wissen, was wir tun«, bleibt immer im Werden.*

Diese Gedanken sind mir wichtig. Sie bedeuten, daß wir maßhalten sollen, wenn wir uns selbst oder andere für schuldig oder unschuldig erklären, daß wir nicht selbstgerecht anschuldigen, aber auch nicht alles und jedes begütigen sollen. Sie bedeuten auch, daß wir weniger Kraft damit vergeuden sollten, uns selbst und andere zu verurteilen, und mehr Energie darauf verwenden, Situationen zu finden und zu erfinden, die es uns und anderen erleichtern, das jeweils Bessere in uns zu verwirklichen.

Humanistische Pädagogik versucht, fixierten Reaktionen aller Art entgegenzuwirken. Feindseligkeit und Apathie sind Gefühle, die wir als Gefühle akzeptieren sollten. Zugleich können wir versuchen, einerseits unsere Frustrationstoleranz zu erhöhen, andererseits Überfrustration zu bekämpfen oder zu vermeiden. Die Frustrationstoleranz erhöht sich zum Beispiel, wenn wir lernen, negative Gefühle als Gefühle, das heißt als Mitteilungen von innen zu erkennen, auf die wir verschiedene Reaktionsmöglichkeiten haben: Wenn es gut geht, können wir die gegebene Situation überdenken, umlenken, kathartisch abreagieren, aussprechen usw.; wenn es jedoch schlecht geht, handeln wir destruktiv. Dabei scheint mir der Sündenbock »Sachzwang« ein besonders schwieriger Teufel zu sein, der sich immer wieder als unumgänglicher Handlungsdiktator aufspielt und sich nicht leicht einer Untersuchung unterwirft. Sehr viele Sachzwänge lösen sich in eine Anzahl alternativer Möglichkeiten auf, wenn wir uns erst einmal fragen, was geschehen würde, wenn wir uns ihnen nicht unterwürfen. »Welche Alternative gibt es, wenn ich das, was der Teufel ›Sachzwang‹ jetzt von mir erzwingen will, durch andere Ziele oder Wege ersetze oder feststelle, daß dieser Sachzwang weder meinen Wegen noch meinen Zielen entspricht?«

Es ist wichtig, sich seiner *eigenen Schatten bewußt zu werden, nicht aber, sie als zwingend für Handlungen zu akzeptieren.* Die

Integration der Schatten heißt nicht, daß »böse so gut ist wie gut« (sowenig wie der Schatten eines Baums so »gut« ist wie der Baum). Der Schatten gehört zu uns. Er ist immer da, und wenn wir bereit und wach sind, können wir ihm ins Auge schauen und bewußt mit ihm verhandeln. Das Böse in uns ist vorgegeben durch das Gewirr widersprechender Bedürfnisse in unserem Inneren und im zwischenmenschlichen Bereich. Das Böse in uns fordert uns immer wieder heraus, »die Heiterkeit zu gewinnen, zu ertragen, was nicht geändert werden kann, den Mut zu finden, das zu verändern, was veränderbar ist, und die Weisheit zu erlangen, zwischen beidem zu unterscheiden«.

Die sogenannte »Natur des Menschen«, die das Recht des Stärkeren propagiert, erweist sich als »unnatürlich«, weil sie die *Natur* zerstört. Der erforderliche Quantensprung zum Recht liebender Gerechtigkeit ist eine zu erhoffende Möglichkeit, daß wir die eigentliche Natur des Menschen und der Menschenrechte erst kennenlernen.

Die bisher blind gehaltene, mächtige Technologie der Stärkeren verleitet dazu, daß ihr fürchterlich verlängerter Tötungsarm, ungesteuert durch ethische Werte, die Menschheit mitsamt dem Planeten vernichten wird, wenn wir nicht den eigentlich menschlichen Weg finden.

Ich wage einen Vergleich zwischen individueller Therapie und *Menschheitstherapie*: Das Recht des Stärkeren halte ich für eine Menschheitskrankheit. Selbst Menschen, die heute im Überfluß leben, sind selten glücklich in ihren verschlossenen und numerierten Betonwohnungen, in ihren Hochhäusern oder ihren von Wächtern umsäumten Villenfestungen – obwohl es sicher den »armen Reichen« bedeutend besser geht als den armen Armen in haifisch- und piratenumlagerten Hungerbooten, in verseuchten Massenlagern hinter Stacheldraht oder den Eltern, deren Kinder verhungert in ihren Armen sterben. – Daß heute nicht nur Dritte-Welt-Hungernde auf tropischen Straßen schlafen, sondern auch arme und alte Leute der Ersten Welt auf sommerheißem und winterkaltem Pflaster nächtigen, würde vor wenigen Jahren kaum jemand für möglich gehalten haben; und doch hindert auch diese heutige Wirklichkeit Bewohner und Regierende der ersten Weltgroßstädte noch immer nicht, schlichte und billige Altwohnungen zu zertrümmern oder für Privilegierte komfortabel zu renovieren.

Individuelle Therapie und Menschheitstherapie: Es geht in beiden um Bewußtwerdung des Wesentlichen und um Veränderungen. Es geht um bewußtes Erleben innerer Strebungen und äußerer Gegebenheiten. Humanistische Psychologie und Pädagogik haben viel dazu beigetragen, einer großen Anzahl einzelner Menschen zu solcher Bewußtheitserweiterung zu verhelfen. Jetzt geht es darum, Bewußtheitserweiterung der Massen zu ermöglichen. Es geht um Austausch und Verbreitung. Es geht darum, Feindseligkeit als das zu verstehen, was sie ist: die Seligkeit, das Böse auf Feinde projizieren zu können und sie zu töten, anstatt sich mit den inneren Feinden bekanntzumachen und sie zu erziehen. Diese Feinde haben wechselnde Namen wie »Minderwertigkeitsgefühl«, »Resignation«, Lust am »Verletzen«, am »Opfersein«, an »ungehörigem Luxus«, an »Selbstbetäubung« usw. Es geht darum, mit der »Macht der Seele« um Menschlichkeit zu kämpfen, nach innen und nach außen – in sich selbst, im kleinsten Kreis, in sich erweiternden Kreisen –, und vielleicht wird sich ein Bewußtheits-Lichtnetz über die Erde breiten. (Gandhis »Satyagraha«, »Macht der Seele«, wurde fälschlich als »passiver Widerstand« übersetzt. – Gandhi: »Ich war nie passiv, nur provokativ.«)

Es ging um Werte ...
– als ein autonomes Jugendzentrum
nicht zustande kam
(Eine Fahrt nach Zürich, Frühjahr 1981)

Die Bergketten strahlen im Schneelicht. Der Zug fährt langsam zu Tal. Ich sitze im bequemen Fenstersessel zwischen der Freude über die sonnige Alpenlandschaft und der beunruhigenden Aufgabe, die ich mir stelle. In zwei Stunden werde ich in Zürich sein.

Diese Woche wollte ich ungestört am »Werte-Kapitel« bleiben. Sibilla Marelli würde die Woche bei mir verbringen und »mich organisieren« – mit ihrer intelligenten, einfühlsamen Assistenz durch Strukturhilfen, Ideenaustausch und Eisschrankunterbrechungen.

Und nun habe ich diese Woche zerstückelt, reiße mich heraus, fühle mich herausgerissen. Ich muß etwas *tun*, will nicht nur hilflos am Bildschirm zusehen, wie vor zerschmetterten Schaufenstern und hinter verbergenden Schilden und Helmen die Hoffnungen und Sehnsüchte von Menschen zerschlagen werden. Auf beiden Seiten sind Menschen, die ihr Leben sinnvoll erfüllen wollen – Jugendliche und Polizisten –, beide überzeugt von ihrer gerechten Sache, beide in ohnmächtiger Wut:

- Die rebellierenden *Jugendlichen*, weil viele von ihnen keine befriedigenden Beziehungen zu ihren Eltern, einer größeren Familie oder anderen Erwachsenen haben oder hatten oder keinen Raum zum Spielen als Kinder, zum Experimentieren, kein Feld, keinen Wald oder Hügel oder großen Spielplatz zum Herumtoben, keine kontinuierlichen Beziehungen zu Nachbarn; und statt dessen Bildvorführungen von Krieg, Gewalt, vielen albernen Geschichten, leerem Sex, von Erfolgen, die auf Computerwissen, Sport-Spitzenleistung und Glücksregel-Zufall beruhen. (Ja, es gibt im Fernsehen sehr viele gute Naturfilme, Reisebeschreibungen, manche wichtigen dokumentarischen und Theatervorführungen – doch das sind Sternstunden und nicht der Alltag.) Viele dieser Jugendlichen haben in kinderunfreundlichen Wohnungen gelebt, und fast alle lernen in leistungsbedrängten und -bedrängenden Schulsystemen. So wachsen sie weder in eine zufriedene Arbeits- und Lebenskultur einer Gemeinschaft hinein, noch haben sie viel Hilfe bekommen, eigene, neue Kulturwerte zu finden. Vielen dieser Jugendlichen fehlt es nicht an materiellen Notwendigkeiten – manche hatten sogar mehr, als ihnen bekömmlich war –, sondern an Selbst- und Lebenswertgefühl und an der Hoffnung auf eine freudige Zukunft. Bestenfalls würde diese sowenig zufriedenstellend sein wie die Gegenwart, und wahrscheinlich würde es nur noch schlimmer werden bis zu einem frühen und schmerzvollen Tod.
- Die *Polizisten*, weil sie für Ordnung und Friede in der Stadt engagiert sind und die Zerstörungswut der Jugendlichen aufhalten wollen, wenn sie Schaufenster, Straßen, Autos und die gewachsene Ordnung der Stadt gefährden – vielleicht sogar auch Menschenleben. Die Polizisten stehen fassungslos vor der Tatsache, daß Jugendliche, die es so viel »besser haben« als die

vorigen Generationen, nicht zufrieden und arbeitsam sind, und sich statt dessen ein Erwachsenen-freies »Autonomes Jugendzentrum« wünschen, wenn es doch Zeit für die Jugendlichen wäre, etwas Vernünftiges in ihrer Freizeit zu tun. Die Polizisten vertreten Ansicht und Anliegen der großen Mehrzahl der entsetzten Zürcher Bürger.

Die Rebellion entzündete sich, als Zürichs Opernhaus für -zig Millionen Franken renoviert werden sollte, während das seit Jahrzehnten versprochene Geld für die Instandsetzung eines autonomen Jugendzentrums, speziell für die alternativen Kulturinteressen der Jugendlichen, noch immer nicht bereitgestellt worden war. Die Jugenddemonstration vor dem Opernhaus wurde mit polizeilicher Schärfe und Tränengas abgebrochen. Seitdem ist Zürich ein Kampfschauplatz. »Wir haben nichts zu verlieren als unsere Angst!« sagen diese Jugendlichen. »Sie sollen zuerst zeigen, daß sie vertrauenswürdig sind«, hallen viele Bürgerstimmen, oder auch: »Stellt sie alle an die Wand!«

Es gibt keinen Dialog. Jedenfalls sind Ansätze bisher gescheitert. Tauziehen zwischen Bedingungen, welche die jeweils andern nicht erfüllen wollen.

Darum fahre ich nach Zürich. Vielleicht kann ich irgend etwas zum Zustandekommen eines Dialogs beitragen. Ich habe mich mit Menschen verabredet, die mehr von der Situation wissen oder darüber erfahren können als ich. Ich selbst lebe fern von Zürichs Unruhen, doch ich habe Erfahrung im Leiten von Konfrontationsgruppen. Dies hatte ich am Anfang der Black-Power-Bewegung gelernt: »You take care of you whites – we take care of us« (Kümmert euch um eure Angelegenheiten, wir kümmern uns um unsere. Gemeint war: »Kümmert euch um die Civil-Rights-Sache mit euren Möglichkeiten so wie wir mit unseren.«). Konfrontationsgruppen müssen zunächst getrennt zu ihrem Selbstverständnis finden, ihre eigene Angst und Wut verstehen und ihre Anliegen unter sich klären. Erst wenn man in der eigenen, homogenen Gruppe gelernt hat, auf andere zu hören, sich klar auszusprechen und Unstimmigkeiten zu bereinigen, besteht eine Möglichkeit, zur konstruktiven Kommunikation mit einer Gegengruppe zu gelangen.

Die Werte dieser rebellierenden Jugend sind vielleicht gar nicht so weit entfernt von denen vieler Älterer: Weniger Streß, mehr

Freiraum; weniger Beton, mehr reine Luft und grüne Wiesen; weniger Gifte und mehr Fahrradwege; weniger Leistungsdruck und mehr Leistungsfreude; weniger Werbung und mehr Einfachheit; weniger Spitzensport und mehr Bewegung; weniger Verbote und mehr Geselligkeit; weniger Engherzigkeit und mehr liebevolles Lachen. – Diese Jungen denken selten in solchen Worten. Sie glauben nicht an Worte. Es tönen ihnen so viele leere Worte von Kanzeln, von Pulten, aus behördlichen und Regierungsräumen, aus Zeitungsmitteilungen und kommerzieller Werbung entgegen – und auch in den eigenen Familien! Das Jugendzentrum war vor Jahren versprochen worden. Die Jugend, der man es zugesagt hatte, ist längst im Elternalter.[5]

Ich habe weniger Angst vor der rebellierenden Jugend als vor der schweigend-apathischen. Die Wut der Apathie ist unsichtbar und kann tödlich explodieren.

Die Apathie geht um die Welt; die Apathie der Sinnlosigkeit, welche in totaler Wertkarikatur mit »Reiner als rein«-Phosphatwäsche unsere Seen in Fischleichentümpel verwandelt und mit »männlicher als männlichen Zigarren«, mit »modischer als modischem« Jacqueline- oder Nancy-Damenluxus echte Probleme vermeidet und mit mörderischeren als mordenden Waffen zur totalen Weltvernichtung übergeht. Jugend ohne ehr-würdige Vorbilder, ohne vorgelebten Lebenssinn und mit wenig Überlebenshoffnung – wie gut und erstaunlich, daß einige von ihnen noch für einen Gitarrensaal rebellieren können und noch mit Steinen *nur* nach Glas werfen! Ich fürchte mich vor den stillen, sich an den Trend der Hoffnungs- und Sinnlosigkeit anpassenden Jugendlichen, die mit Gleichgültigkeit oder Zynismus über alles und alle, die noch Hoffnung und Werte haben, spotten und gewaltsame Vernichtung tatenlosem Zuwarten vorziehen.

Ich bin in Zürich. Ich bin froh. Mein Werte-Sinn-Kapitel muß warten. Ich möchte nicht über Werte schreiben, wenn ich einen noch so kleinen Schritt tun kann, um vielleicht zu etwas, das mir wertvoll erscheint, einen kleinen Beitrag zu leisten. Ich weiß noch nicht, was dies sein kann. Ich fühle die Energieverminderung des Alters und zugleich die Chance, die ein Hintergrund von reicher Erfahrung gibt.[6]

Es geht um Werte...
– bei meinen Kindheits- und Flüchtlingserinnerungen

Ich habe mich im Prozeß der Arbeit an diesem Buch gefragt, wie ich eigentlich zu meinem Interesse an Ethik (und humanistischer Psychologie) gekommen bin. Läßt sich diese Frage allein von gelebter Psychodynamik her beantworten? Sind Inhalt und Wichtigkeit des Gewissens nur kindheitsbedingt? Oder gibt es auch mitgebrachte ethische Schwingungsempfänger, die ebenso wie die musikalischen von der Umgebung gefördert oder mißachtet werden und dementsprechend ihre Entfaltung positiv oder negativ mitprägen?

Ich möchte eine Anzahl von Erinnerungen, die mit Werten zusammenhängen, mitteilen und hoffe, daß Kollegen verschiedener therapeutischer Schulen dies auch tun werden. Ich vermute, daß solche »gelebten Geschichten« Zusammenhänge über Person, Ausbildung und Methodenwahl der verschiedenen Therapeuten und damit auch der Geschichte der Psychotherapie aufdecken würden.

Ich suchte in meinen vielen Kindheits- und Jugenderinnerungen nach Erlebnissen, die mit Werten zusammenhängen. Ich fand, daß überraschend viele von ihnen etwas mit Gewissen zu tun haben, und ebenso, daß Nachdenklichkeit eine relativ große Rolle in meiner Kindheit gespielt hat.

Bleiben leuchtende Bilder unserer Früherinnerungen nur deshalb leuchtender, weil sie Erinnerungen an Ereignisse sind, die uns damals besonders wichtig waren? Oder sind wir auch genetisch und geistig vorbestimmt durch Empfängnismuster, die auf bestimmte Ereignisse anspringen? So daß wir die Welt so auffassen, wie sie in unseren geistigen Vor-Bildern in Rastern vorskizziert ist? Sind Früherinnerungen aus der Kindheit nur seelische Deck- und Aufdeckerinnerungen der psychodynamischen Zusammenhänge, oder haben sie auch etwas zu tun mit Schicksal, das unentrinnbar vorbestimmt ist oder aber Möglichkeiten zuläßt, transzendentale Kräfte zu beeinflussen oder zu besiegen und es damit zu verwandeln?

Auf den ersten Blick: ein Elternhaus wie eine Ansichtskarte an einem blauen Sommersonnentag. Die Eltern waren zweiundzwanzig Jahre lang verheiratet, und davon war ich siebzehn Jahre – bis mein Vater starb – dabei. Die Eltern stritten fast nie; und wenn es einmal vorkam, ging es nicht weiter als bis zu erhobenen Stimmen mit ärgerlichem Ton. »Wir haben uns versprochen, nie einen Ärger über Nacht stehenzulassen.« — Meine Mutter fast immer fröhlich, mein Vater fast immer ernst und entweder zufrieden oder nervös. »Das Anständige versteht sich von selbst« und »Harmonie und Liebe« waren Lieblingsworte meiner Mutter. Sie kamen in fast jeder ihrer gedichteten Geburtstagsaufführungen, die wir auswendig lernten, vor. Klare Hierarchie: Vater kommt zuerst, dann die Mutter, dann eine Weile gar nichts und dann die Kinder.

Alles war »richtig«. »Man hatte« zwei »Dienstmädchen«, ein »Kinderfräulein«, einfache Mahlzeiten (natürlich bis auf Sonntag!), noch einfachere Kleidung, nie Geschenke zwischendurch, doch sehr viele an Geburtstag und Weihnachten. Täglich zwei Stunden Spazierengehen, weil frische Luft gut ist. Danach Schulaufgaben. Immer eine Stunde Klavier üben. Und danach die Frage: »Was war in der Schule los?« Alles war ordentlich und sauber, ohne daß es zum Problem wurde. Viele Bücher, doch kaum intellektuelle Gespräche. – Meine Mutter wechselte fast nie die Köchin oder das Hausmädchen, jedoch zweiundzwanzig Mal unsere Kinderfräuleins. Sie fand nämlich, daß sie selber viel besser mit den Kindern umgehen würde. Das stimmte auch. Doch: Man hatte eben ein Kinderfräulein! Selbst das »Man hatte« brauchte nicht gesagt zu werden. Es war einfach alles selbstverständlich.

Es gab auch Worte, die Werte etikettierten. Dazu gehörten »Gerechtigkeit«, »Wahrheit«, »Liebe«, »Gehorsam«, »etwas werden« und vor allem: »die Mutter nicht traurig machen«. Letzteres war zweifellos der Vordergrund meines Ethiksystems.

Zunächst verstand ich das Wort »Gerechtigkeit« nur als ein Wort für Erwachsene. Die Eltern sagten, sie seien gerecht mit uns Kindern; sie sagten auch, daß Gott alles wisse und in die Herzen der Menschen hineinsehe. Gott sei gerecht. So empfand ich Gott als einen Richter, noch eine Stufe höher als die Eltern. Und wenn ich gut sei, das heißt vor allem: meine Mutter nicht kränke, sei er auf meiner Seite. Ich sprach viel intimer mit Gott als mit irgendeinem Menschen. Jedenfalls in der Vorschulzeit.

– Mein drei Jahre älterer Bruder und ich sind fürs abendliche Gebet zusammen in meinem Gitterbett. Meine Mutter ist bei uns. Wir falten die Hände. Mein Bruder will nicht beten, sondern schneidet Fratzen. Meine Mutter hat ein entsetztes Gesicht. Ich erwarte, daß Gott meinen Bruder schrecklich strafen wird. Es geschieht nichts. Meine Mutter bleibt nur entsetzt. »Was ist denn mit Gott? Hat er es nicht gesehen?«
– Gehorsam ist eine Kindertugend. Ich war etwa zweieinhalb Jahre alt, als ich begeistert durchs Haus lief und rief: »Will nicht – muß!« Ich besinne mich tatsächlich auf den Stolz in diesem Ausruf: Ich war gehorsam! Wenn ich so war, wie ich sein sollte, strahlte die Sonne auf der Sommertags-Sonnenschein-Ansichtskarte. Auch wenn ich etwas gut konnte, zum Beispiel auf der Eisenstange, die den Rasen vom Fußweg trennte, balancieren oder Schlittschuhlaufen.
– Es war Yom Kippur: Versöhnungsabend. Die Eltern und mein Bruder gingen zur Synagoge. »Du bist noch zu klein. Du kannst nicht so lange still sein.« – Die Eltern gehen nur dreimal im Jahr zur Synagoge. »Was macht ihr dort?« – »Beten.« – »Die ganze Zeit?« – »Ja, die ganze Zeit.« – Sie gehen ohne mich zum Tempel. Ich denke: »Ich bin nicht zu klein. Ich kann *auch* lange beten.« Ich decke ein weißes Tischtuch auf meinen Tisch, stelle eine kleine Blumenvase darauf, mache es feierlich für mich und bete. Ich kenne nur ein einziges, kurzes Gebet. Ich wiederhole es ununterbrochen, bis die Eltern und mein Bruder wieder heimkommen. – »Ich bin nicht zu klein, ich habe die ganze Zeit gebetet. Darf ich morgen mitkommen?« – »Ja«.

Wenn ich mich »richtig« verhielt, erreichte ich, was ich wollte. Die Eltern waren gerecht, Gott war gerecht. Ich muß nur gut sein. Und weil Gott doch offenbar so gerecht war, »wußte« ich, daß er nicht so ungerecht sein könnte, mich immer ein kleineres Mädchen und meinen Bruder immer einen größeren Jungen sein zu lassen. So war ich felsenfest davon überzeugt, daß ich an meinem sechsten Geburtstag zu einem Jungen und drei Jahre älter werden würde. Ich weiß auch, daß ich dies jemandem erzählte und darüber gelacht wurde. Entsetzen, als ich an meinem sechsten Geburtstag aufwachte und sich nichts an meiner Situation verändert hatte! Nun mußte ich also selbst die Gerechtigkeit in die Hand nehmen: Ich wußte, daß, obwohl die Eltern gerecht waren, ältere Jungen wichtiger sind als jüngere Mädchen! So müßte ich eben in allem besser werden als er, und dann würde *ich* wichtiger sein. Ich beobachtete, was er alles »falsch« machte: zum Beispiel »trödeln« nach der Schule; nicht die »richtigen« Freunde nach Hause bringen; jähzornig sein – ich war erstaunlich konsequent. Nicht nur konsequent, sondern berechnend und provozierend, weil ich ganz sicher immer dann recht bekam, wenn mein Bruder gewalttätig wurde.

- Ich wurde nur ein einziges Mal in meinem Leben von meiner Mutter geschlagen – und auch dies noch fast spielerisch –, nie von meinem Vater. Doch er schlug oft meinen Bruder, wofür ich ihm sehr böse war. So böse, daß ich die Tatsache, daß er es getan hatte, für lange Zeit verdrängte.
- In meiner Klasse gab es keine Jungen, aber Klassenunterschiede. Die armen Mädchen in meiner Klasse waren anders als ich. »Eine stinkt sogar«, dachte ich. »Sind sie dümmer, weil sie ärmer sind?« – Hildegard wird von ihrer Mutter geschlagen, wenn sie schlechte Noten hat. Sie bettelt die Lehrerin an wegen der Noten und weint vergebens. »Wie können Eltern so grausam sein und Kinder schlagen?« denke ich. – Diese Mädchen sind mir fremd, und doch fühle ich mich zu ihnen hingezogen. Es ist, als hätte ich ein schlechtes Gewissen, das ich ausgleichen muß.
- Ein Onkel ist Richter. Ich bin selten in seinem Haus, denn er wohnt in einer anderen Stadt. Er spricht viel über seine Fälle. Er ist mit ganzem Herzen dabei. Es darf kein Unschuldiger für schuldig erklärt werden, keine Straftat zu hoch bestraft. Er überprüft das kleinste Detail, bevor er Recht spricht. Er ist beinahe so fern wie Gott; und sicher ebenso gerecht! Ich verehre ihn.
- »Juden und Christen sind gleich gut oder schlecht«, sagen die Eltern. »Es kommt darauf an, Gutes zu tun.« – In der jüdischen Religionsstunde kommt Jesus nicht vor. »Er geht uns nichts an, wir glauben nur an *einen* Gott.« Irgendwo höre ich: »Die Juden haben Christus ans Kreuz geschlagen, und darum sind sie schlecht.« Niemand, den ich kenne, würde so etwas tun.

– Ehrlich sein, wahrhaftig sein, das ist ebenso wichtig wie Gerechtigkeit. Ich singe mit Mama am Klavier ein Kinderlied: »Kirre kirre keere, nehmt es euch zur Lehre, kirre kirre ka, alles weiß Mama, kirre kirre ku ku ku ku, kleiner Finger trägt's ihr zu.« Sie weiß alles, Gott weiß alles, und doch muß man alles selber sagen. Ist Verschweigen auch Lügen? Wie kann ich verschweigen, wenn Mama doch alles weiß? Erst etwa mit acht Jahren stelle ich fest, daß ich lügen kann, ohne daß Mama es weiß. Auch Verschweigen geht. Doch ich tue es nur mit schlechtem Gewissen.
– Mein Vater sagt: »Wenn der Herr Schulze etwas Böses tut, sagt man: ›Herr Schulze ist böse.‹ Wenn der Herr Levy etwas Böses tut, sagt man, es seien die Juden. Darum müßt *ihr* immer gut sein!« Etwas in mir lehnt sich auf. Papa spricht immer von Antisemitismus aus seiner Schulzeit. So etwas gibt es doch gar nicht mehr! Er soll damit aufhören!
– Es gibt Geheimnisse: Haben sie mit Gut und Böse zu tun? Ich soll offenbar nicht wissen, wie Kinder zur Welt kommen. Die Eltern sagen: »Du bist noch zu klein.« Meine Großmutter sagt: »Mein Kind, es gibt Dinge zwischen Himmel und Erde, die wir nicht verstehen.« Mein Bruder grinst und sagt »etwas Blödes«. Ich sehe im Brockhaus nach. Ich finde »Geburt«. Meine Mutter kommt unerwartet ins Zimmer. Ahnt sie etwas? Ich lüge: »Ich suche ›Geranien‹.« Ich lüge mich weiter durch, bis ich »alles« weiß. Dann trumpfe ich auf: Ich werde zum Sexuallexikon in meinem Freundinnenkreis.
– Und so steigen Zweifel in mir auf, Zweifel an der Gerechtigkeit und Wahrheitsliebe der Erwachsenen. Warum soll ich denn nicht wissen, was wahr ist, zum Beispiel über »Geburt«? Mama sagt mir wahrheitsgemäß, daß ich in ihrem Bett geboren wurde; jedoch sie antwortet, als ich weiterfrage, wo *sie* denn gewesen sei: »Am Schreibtisch«; sie habe mich schreien hören. Und ihre Mutter sagte: »Mein Kind, es gibt Dinge zwischen Himmel und Erde, die wir nicht verstehen.«
– Pubertät: Wie kann Sexualität denn *nur* zur Ehe gehören? Wie kann Sexualität außerhalb der Ehe schlecht sein, wenn sie innerhalb der Ehe gut ist? Das glaube ich einfach nicht! Ich glaube, daß Sexualität gut ist, wenn man einander liebt. Mein Vater

droht mir: »Ein Mädchen, das so etwas tut, kommt auf die schiefe Ebene.« Ich lehne seine Sexualmoral ab, doch sie geht mir jahrelang nach – besonders nach seinem Tod, als ich siebzehn Jahre alt war. Ich verteidige mich, indem ich Benjamin Lindseys *Kameradschaftsehe* (Probeehe) und andere Bücher über Sexualität lese.

- Die Eltern sprechen tolerant und respektvoll über Menschen. Doch unsere Berliner Neun-Zimmer-Wohnung hat ein »Dienstmädchenzimmer«, das ein Drittel so groß ist wie meines. Zwei erwachsene Frauen schlafen darin, und noch dazu ist ein Klo eingebaut. Die Eltern sagen: »Die Wohnung ist halt so gebaut!« Der monatliche Lohn eines Dienstmädchens reicht nur dazu aus, einen Mantel zu kaufen. »Das ist ungerecht!« Ich bin enttäuscht über die Eltern, den Hauswirt, über soziale und ökonomische Ungerechtigkeit. Warum sagen die Angestellten »Gnä' Frau« zu meiner Mutter, und sie sagt »Marie« und »Rosa« zu ihnen?
- Ich nahm die Werte meiner Eltern sehr ernst. Wahrheit, Gerechtigkeit, Schönheit, Liebe, Güte – ich fand das alles richtig. Ich hatte hohe Ansprüche an sie und an mich. Ich stellte sie und mich in Frage. Doch nicht die Werte.
- Mein Vater sagt: »Ein guter Schuhmacher ist mir lieber als ein schlechter Arzt.« Doch warum akzeptiert er die Zelle mit Klo für unsere »Mädchen«? Warum sollen wir nicht mit ihnen in der Küche reden, und warum gibt es unten im Mietshaus ein Schild »Aufgang nur für Herrschaften«?

Doch es war einfach alles richtig! Und als ich anfing, manches nicht richtig zu finden, kaufte mein Vater sich ein Buch über Adoleszente und versuchte, mich zu verstehen.

Er war ein Jahr lang krank, kein Arzt sagte ihm oder meiner Mutter, daß es Krebs war. Wenige Tage vor seinem Tod, am 31. Dezember 1929, sagte er: »Wir gehen schweren Zeiten entgegen. Deutschland steht vor einer Katastrophe. Ich sollte das Geschäft liquidieren. Wir kämen besser dabei weg. Doch was wird aus meinen sechzig Angestellten? Ich kann das nicht tun.« Zwei Tage später lag er im Koma. Er starb am 4. Januar 1930.

So also war es um Werte bestellt gewesen im Hause dieses deutsch-jüdischen Mädchens, in dem »das Anständige sich von selbst verstand« in einer bürgerlichen Atmosphäre, in der Werte nicht in Frage gestellt wurden, einer Familie, in der Kammermusik selbstverständlich war, Kinder finanziell kurzgehalten wurden, auch wenn langsam wachsender Wohlstand anderes ermöglicht hätte (»Man soll Kinder nicht verwöhnen«).

Richtig fand ich: Nicht verwöhnen ist wertvoll; zu viel haben wollen ist schlecht. – Wütend sein gehört zu Männern; Frauen sind lieb. – Trödeln heißt »dem lieben Gott die Zeit wegstehlen«; fleißig sein ist gut. – Warten können muß ein Mädchen lernen. – Lügen ist das Schlimmste, was es gibt.

Mein Kindergewissen war ein überempfindlicher Seismograph. Wenn ich etwas Unrechtes getan hatte, war ich untröstlich, oft tagelang. Manchmal war es selbst den Eltern zuviel. »Nun ist's gut, tu's nicht wieder und laß es gut sein!« Auch das nützte nicht immer. Ich war verzweifelt über meine Sünden und konnte mir nicht vergeben. Ebenso untröstlich war ich, wenn ich ungerecht angeschuldigt wurde. Ich verteidigte mich stets, als ob es um mein Leben ginge – und genau das empfand ich: Es ging um mein Leben.

Meine Kindheitserinnerungen von Recht und Ungerechtigkeit; von sinnlosen Normen und Wahrheitsliebe, von Schuld, Reue und Vergebung – sie alle fanden Platz im Heimatrahmen eines ökonomisch sicheren und menschlich im wesentlichen liebevollen Elternhauses. Und doch schrieb ich mit achtzehn Jahren meinen ersten Beitrag für eine Kinderzeitung »Siddhartha Gautamas Jugendgeschichte« (frei nach Hermann Hesse): Wie Siddhartha das Schloß seiner Eltern verließ, das Leiden der Menschen außerhalb der schützenden Mauern erfuhr und seine Lebensaufgabe darin fand, der Gerechtigkeit für die Armen zu dienen.

Als Siebzehnjährige arbeitete ich in den Ferien in der »Zentralstelle für private Fürsorge« in Berlin. Diese sollte mit kleinen Gaben dort einspringen, wo die öffentlichen Fürsorgestellen kein Geld mehr gaben. Davon habe ich nur eine einzige Erinnerung: Ein sehr alter Vater bittet um sechzig Pfennig für ein Stück Stoff, damit seine dreizehnjährige Tochter sich auf ein altes Kleid einen neuen Kragen nähen kann, um zum Tanz zu gehen. Die Zentralstelle lehnt ab. Ich selbst darf dem Mädchen auch kein Geld geben. Der Vater weint.

Ich schreibe in Berlin, 1930:

Erzählung einer jungen Arbeitslosen

Eemal haa'k mer ooch schon jedacht:
»Nu hälste's nich mehr aus«
Un da haa'k mer fortjemacht
aus'n Haus
Un bin wie toll immer weita jeloofen
Irgendwohin, um'n Strick oder sowat zu koofen –

Denn wovon soll mer nu wirklich lebn
Wo Vattern keene Arbeet nich hat
Un unsereen tut keen Mensch nich wat jebn
Un von so'n Stück Brot wer'n 5 Kinda nich satt!?

Von det ville Loofen bin ick denn müde jewesen
Un setzte mir hin uf ne Bank
Un wollte jleich wieda jehn
Da sitzt nebn mir 'n Mann
un is bein Lesen
un sart nur:
»Ach nee, is det scheen.«

Det Buch hat er mir denn ooch mal jejebn,
Un et stand so ville drin
Von'n janz andres und scheenres Lebn
Als ick's jewehnt bin. –

Denn jing der Olle.
Ick hab noch jesessn –
Uf eemal war's dunkel
un icke kalt
un schließlich hatt' ick ooch Hunger nach Essen
un dachte halt:

»Wenn ick ooch jetz in Not bin
Valleicht kommt doch mal 'ne bessre Zeit
Un et wär schade,
wenn ick denn tot bin
Wenn's denn wirklich soweit –«

So jing ick denn wieda zu Hause bei Muttern
– die hatte sich schon sehr jebangt
un sarte nur: »Nimm dir zu futtern
wie's langt« —

Un nu jeht's ebent weiter mit'n Pfandhaus
  und Pumpen
– Bis zum Halse steht ee'm der janze Dreck –
Ick schrubbe die Jöhren un flicke Lumpen
Un so'n Stück Strick looft mer ja ooch nich weg –

Ich begreife, warum die Menschen nach dem Führer aus der Not schreien. Ich verstehe, warum es Raub und Kriege geben muß: Die Ungerechtigkeit ist schuld! – Es darf keine jungen Mädchen geben, die nicht zum Tanz gehen können, weil ihnen sechzig Pfennig fehlen, und keinen armen, alten Vater, der darüber hilflos weinen muß.

Als der Nationalsozialismus um sich griff, hatte ich »arische« Klassenkameradinnen, die mich beruhigen wollten: »Dich meint er ja nicht, nur die schlechten Juden, die andern, die Ostjuden, die dreckigen ...« – Es war nicht beruhigend.

Ich muß für »mal 'ne beßre Zeit« mitsorgen: Befreiung von Armut, Befreiung von Klassenunterschieden, von Antisemitismus, von sexueller Doppelmoral. (An die Emanzipation der Frauen dachte ich noch nicht. Ich hatte die Ungerechtigkeit gegen Frauen noch nicht bemerkt! Ungerechtigkeit gegen ein kleines Mädchen hatte ich ja mit sechs Jahren bekämpft und gesiegt.)

1931: Sommersemester in Heidelberg. Schloßweg über dem Neckar. Wir sind verliebt, ein Student und ich. Wir haben uns gerade erst kennengelernt. Ein erster Kuß.

Am nächsten Morgen kommt er in meine »Bude« – kreidebleich, schlotternd. Stockend kommt es heraus: Seine studentische Verbindung habe ihn mit Ausschluß bedroht, wenn er sich noch einmal mit diesem Judenmädchen sehen ließe!

Gedächtnisfragment aus einem damaligen Gedicht:

»Als du gingst, damals, dacht' ich,
Es müßte so sein.

Und dann stand ich allein
An der Tür
Und dachte: Wie kann man so einsam sein
und wofür?...
War's wirklich nur das ewige Lied
Vom unüberbrückbaren Rassenunterschied?«

Ich lernte während eines langen Semesters, daß es dies war – durch seine angstvoll an mir vorbeischauenden Augen und die kalten Gesichter seiner ihn umrahmenden »Brüder«.

Nach der Machtübernahme 1933. Berlin: Der Völkische Beobachter, Der Stürmer und *Der Angriff* hetzen auf. Ich denke, daß niemand bestraft würde, wenn er Juden auf der Straße umbrächte. Es steht ja auf breiten Bändern quer über die Straße: »Juda verrecke!« und »Niemand soll hungern, niemand soll frieren, aber die Juden sollen krepieren!« Seltsam – sie morden gar nicht, obwohl sie nicht bestraft würden! Die meisten Leute schütteln nur millimeterhaft den Kopf. Ich gerate versehentlich mit unserem Auto mitten in eine Nazi-Kolonne hinein. Rechts und links braune Uniformen. Ich habe fürchterliche Angst. Nichts passiert.

Ich lese Hitlers *Mein Kampf*. Er will uns vernichten. »Es wird alles nicht so heiß gegessen, wie es gekocht wird«, sagt meine Mutter, sagen fast alle älteren Leute, »in einem halben Jahr ist der Spuk vorbei.« Ich kann sie nicht überzeugen, mit mir zu fliehen. Hitlers Buch entnehme ich eine Ahnung der fürchterlichen Zukunft.

Gegenüber fehlt plötzlich das Anwaltsschild von Herrn Levy. Der Anwalt ist verschwunden. »Der hat sicher etwas verbrochen!« sagt meine Mutter. »Vielleicht mit Steuern oder so.« – Nach wenigen Tagen kommt er zurück. Bleich, wortlos. Andere Männer verschwinden, kommen wieder, niemand sagt etwas. Jetzt wissen wir es, auch meine Mutter: Gefängnis, Gewalt, Drohung. Das »Warum« verschwindet aus meinem Wortschatz. Die Leute suchen noch immer nach Begründungen! Ich weiß, daß es keine Gründe braucht. Das Wort »Folter« fällt zum ersten Mal.

In der Uni, jeden Donnerstag um zehn Uhr morgens, stürzt eine Bande von Nazi-Studenten in den Saal und zerrt jüdische Studenten aus den Bänken. Studentinnen fassen sie nicht an. – Der große

Philosoph Professor Nicolai Hartmann[7], der seinen Satz unterbrochen hat, macht eine Handbewegung.

Die Tür wird geschlossen, und der Professor beendet seinen Satz. In der Pause sehe ich, wie die jüdischen Studenten in der Gosse blutig geschlagen werden. Ich sehe keine Polizei; und wenn man sie einmal sieht: Sie sehen nichts.

Mein Freund, von dem ich mich gerade getrennt hatte, wird als Geisel für seinen berühmten Physiker-Onkel inhaftiert. Zum ersten Mal begegnet mir das Wort »Geisel« außerhalb meines Geschichtsbuchs. Schuldgefühle über die Trennung; Angst um den Freund. Ich beschwöre noch einmal meine Mutter und meinen Bruder, mit mir in die Schweiz zu gehen. Noch ist es möglich. »Wenn ihr nicht mitkommt, gehe ich ohne euch.« – »Was allen geschieht, wird mir auch geschehen«, sagt meine Mutter und »Nichts wird geschehen, es wird bald vorüber sein.«

Für den ersten April ist ein Boykott jüdischer Geschäfte angesagt. Am 31. März stimmt meine Mutter zu, mich in der Eisenbahn nach Zürich zum Studieren und »über Ostern« zu begleiten und dann wieder zurückzufahren.[8]

Der Zug ist voller Flüchtlinge. Ich kenne einen Zeitungsredakteur im Zug, der von den Nazis gesucht wird. Er hat tausend Mark bei sich. Das ist verboten; doch er fürchtet sich, ohne Geld ins Ausland zu gehen. Ich habe Angst, was an der Grenze mit diesem Flüchtlingszug geschehen wird.

Ein südländisch aussehender Mann flirtet vom Gang her in unser Coupé. Ein kleines Vergnügen darüber verbindet sich mit meinen Ängsten. Schließlich stehe ich auf und gehe zu ihm in den Gang. Er ist leidenschaftlich und rührend: Ob ich etwas brauche: »Will Fräulein helfen – tue alles für Fräulein mit traurigen Augen.« Er öffnet sein Portefeuille, zeigt mir seinen Diplomatenpaß und viel Geld. Mich durchzuckt eine Idee: Wenn er ein Diplomat ist, dann könnte er die tausend Mark über die Grenze mitnehmen! Aber ist er wirklich ein Diplomat? Oder ist er ein Nazi-Spion? Was, wenn ich ihm das Kuvert mit den tausend Mark des Redakteurs gäbe? Ich setze mich mit ihm in ein anderes Abteil und versuche zu erkennen, ob er »echt« ist. Mein Vertrauen siegt. Ich erbettle mir heimlich das Kuvert mit dem Geld und gebe es dem Diplomaten: »Es ist ein Brief an mich, von meinem Vater. Er ist gerade gestorben. Würden Sie das für mich hinübernehmen?« Der Mann strahlt: »Alles tun für Fräulein mit traurigen Augen; hab ich gesagt, tu ich!«

Das Warten auf dem Basler Badischen Bahnhof ist unvergängliche Angst. Sie war überflüssig. Keine besondere Kontrolle. – Als der Zug sich zum Schweizer Bahnhof bewegt, gibt mir der Diplomat strahlend das Kuvert zurück. (Jetzt, im Schreiben, denke ich, wie schön es wäre, wenn er diese Zeilen lesen würde – irgendwo in der Welt.)

Von einem Monat zum andern wurde mir Schmuggeln über die Grenze zur Selbstverständlichkeit. Jeder geschmuggelte Gegenstand, jede Leica, jedes Autowerkzeug, in das Gold hineingegossen war, konnte Leben retten. Auf meinen Grenzfahrten hatte ich keine Gewissensbisse, nur Angst. Gesetze, die das Recht schänden, müssen gebrochen werden – um der Gerechtigkeit willen. Ich lernte, Gesetze zu übertreten, ohne in Konflikte zu geraten. Es gibt Verschwiegenheit und sogar Lügen, die wertvoller sind als Gesetzesbefolgung, wenn diese sich gegen die Menschenrechte wenden. – Mein Interesse für Philosophie verstärkte sich, das an Theologie erwachte. Ich ging in Zürich, wo ich immatrikuliert war, zwei Jahre lang morgens um sieben Uhr in Emil Brunners theologische Vorlesungen. Als ich hörte, daß Paul Häberlin in Basel Vorlesungen über das Gewissen hielt, fuhr ich deswegen zweimal wöchentlich nach Basel.

In Zürich verbrachte ich unzählige Stunden in Konsulaten, wo ich um Einreiseerlaubnis und Durchreisevisa für Freunde und andere Gefährdete anstand. Es war wie auf einer Menschenbörse. An manchen Tagen gab es »Kuba«, an anderen »San Domingo«. Auch »Nordafrika« wurde gehandelt. Argentinien und Brasilien tauchten zu Zeiten auf. Wer nahe Angehörige in den Vereinigten Staaten hatte, konnte mit langem Warten und großem Glück unter die (deutsche) Einwanderungsquote fallen. Alles kostete unendlich viel Zeit und Geld.

Es gab Schweizer und auch nationale und internationale Organisationen, die mit Geld und Umschulung halfen. Doch es blieb schwer, gültige Visa zu bekommen. – Einige Zeitlang wurden Flüchtlinge von Schweizer Grenzbeamten zur französischen Grenze gewiesen oder gebracht. Dort gab es Fluchtübergänge für die illegale Einwanderung nach Frankreich. Später schlossen sich auch diese Freiheitstüren. Alle wußten es, oder sie hätten es wissen müssen: Wer zurück nach Deutschland geschickt wurde, war verloren – und dies schon vor der Kristallnacht 1938.

Mai 1940: Nach der Besetzung der Niederlande wurde eine Zangenbewegung der Nazi-Armee durch die Schweiz nach Frankreich wahrscheinlich. – Mein Mann und ich waren im Psychiatrischen »Asyl Littenheid« in Thurgau angestellt. Unsere kleine Heidi war drei Monate alt. Da kündigte ein telefonischer Alarm an, daß die Deutschen die Grenze überschritten hätten. Man schätzte, daß die Armee in einer dreiviertel Stunde in unserer Gegend sein würde. Wir hatten immer gehofft, daß wir als »feindliche Ausländer«, die wir durch unsere Geburt trotz des Verlusts der deutschen Staatsbürgerschaft für die Schweiz geblieben wären, in ein Konzentrationslager der Innerschweiz gebracht werden würden. Diese an sich groteske Hoffnung zerschellte, als alle Zufahrtsstraßen in der Nähe der Grenze gesprengt wurden.

Was könnten wir tun? Mein Mann war sicher, daß er versuchen würde zu überleben. Ich selbst hatte zuviel Angst vor Folter und war zudem durch eine Post-partum-Polyneuritis unfähig, meine Arme und Beine normal zu gebrauchen. Ich wußte, daß ich mich umbringen würde. Ich war im Besitz einer tödlichen Morphiumspritze. Doch das Baby?

In unsere qualvollen Überlegungen hinein öffnete sich die Tür. Die Verwalterin des Spitals, die wir kaum kannten, war den fünfminütigen Weg von ihrem zu unserem Haus gerannt, um anzubieten, daß sie unser Kind als das uneheliche Baby ihrer achtzehnjährigen Tochter bei sich aufnehmen würde. Wir waren von dieser Menschlichkeit erschüttert. Doch sollten wir das Angebot annehmen? Würden die Nazis nicht von irgendeinem Patienten oder Angestellten hören, daß dieses drei Monate alte Kind Heidi jüdisch war? Und dann? Würden sie es zerfleischen, an einen Felsen schmettern, lebendig begraben? War es nicht unsere Pflicht, es vorher schmerzlos zu töten? Die gräßlichste Entscheidung mußten wir nicht fällen: Der Alarm war falsch.

In jener Nacht erlebten wir für fünfundvierzig Minuten das, was viele Menschen damals monate- oder jahrelang durchgemacht haben. Ich spüre es, wenn Menschen in kahlen Booten ins Meer gestoßen werden, wenn ihnen ihr nahrungbringendes Stückchen Land »abgekauft« wird, wenn sie Feuer oder Napalm erwarten, das vom Himmel regnen könnte oder regnet – seien es Vietnamesen, afrikanische Schwarze oder amerikanische Braune, seien es israelische oder palästinensische Familien. Und ich vergesse auch nicht jene Frau, die sich inmitten ihrer eigenen Ängste persönlich für das Leben von ihr fast fremden Menschen einsetzte.[9]

Mit dieser andeutenden Beschreibung einer Nacht, in der wir fast zwischen Freitod oder Folter und zwischen schmerzloser Tötung unseres Kindes und der Möglichkeit seines grausamen Ermordetwerdens wählen mußten, möchte ich die Kette von Erinnerungen, die zu meiner Werte-Entwicklung beigetragen haben, schließen. Es war *die* Grenzerfahrung, von der ich spüre, daß sie mein Leben mitbestimmt hat. Es geht in der Humanistischen Psychologie und der angewandten humanistischen Pädagogik um das Wie der Lebensförderung und Liebe gegen Mord und Grausamkeit. Alles andere ist recht nebensächlich.

Es geht um Werte ... – in der Hypothese eines organismischen Werte-Sinns

Ob wir bewerten wollen oder nicht, steht uns nicht zu. Wir fühlen, denken, empfinden und bewerten, weil wir als Menschen so geboren sind. Wir können pragmatisch oder idealistisch, materialistisch oder ästhetisch, tolerant oder dogmatisch bewerten oder verschiedene Wertskalen vermischen. Wir können Individualismus oder Kollektivismus oder eine Balance von beiden höher schätzen. Wir können Kriege und Siege feiern oder Gewalt ablehnen. Was wir niemals können, ist: nicht zu bewerten.

Gibt es absolute Werte, die einem angeborenen »natürlichen Gewissen« zugehören? Steht ihre Erkenntnis oder Befolgung jedem offen? Oder zwingen uns Werte, so wie Tiere gezwungen sind, ihre Jungen zu füttern?

Sind ethische Werte nur durch echte religiöse Offenbarung erfahrbar, die nur Auserwählte erleben und weitergeben können? Sind diese Werte absolut? Oder sind sie die allmählich anerkannten Grundlagen des Zusammenlebens, die von Generation zu Generation weitergegeben werden durch elterliche Traditionen?

Grundlagen, die eine Kultur erhalten und Neuerungen nur langsam zulassen? Gibt es für jede Ebene humaner Evolution »unabdingbare« Werte, die jeweils gültig sind für eine bestimmte Epoche?

Jede Antwort, die alle anderen ausschließen würde, wäre Hybris. Es erleichtert mich, daß wir im Zeitalter eines Umdenkens leben, in dem Unsicherheitsfaktoren und Paradoxien erkenntnistheoretisch zugelassen werden. Dieses Geschenk verdanken wir vor allem der neuzeitlichen Physik und deren Hilfestellung für Dichter, Denker, Mystiker sowie einer neuen Wissenschaftssicht, die Natur- und Geisteswissenschaften zusammenführt, weil sie die Subjektivität der Wahrnehmung und des Denkens als Miterzeugerin aller Phänomene und deren Interpretation anerkennt.

Ich glaube nicht, daß Auserwählten ein *absolutes* Gut und Böse offenbart wird. Doch ich glaube, daß uns ein »unabdingbares« Gut und Böse führt, dessen Richtung nicht statisch und unbeweglich gebunden, sondern inneren und äußeren Gegebenheiten zugeordnet ist. Tat und Täter können nur in ihren Gesamtzusammenhängen ethisch verstanden werden. Ethische Werte sind unabdingbar, *und* sie sind prozeßabhängig. Wer sich als perspektivisch, also begrenzt erkenntnisfähigen Menschen ansieht, weiß, daß Gut und Böse von verschiedenen Perspektiven her verschieden aussehen. Ich kann nur *meine* Wahrheit sagen und nicht *deine*. Doch ich glaube, daß es gar keine verschiedenen Aspekte des Ethos geben könnte, wenn sie sich nicht auf die Realität eines unabdingbaren Zentrums beziehen würden; sowenig wie die vier Blinden der Legende, die den Elefanten von vier verschiedenen Seiten her betasten, den Rüssel, ein Ohr, ein Bein, den Schwanz des Elefanten hätten mißinterpretieren können, wenn dieser Elefant nicht existierte! Ich glaube, daß alle Interpretationen von Gut und Böse sich auf ein interpretiertes, unabdingbares Zentrum beziehen; obwohl die Interpretationen selbst irreführend sein können.

Wenn es stimmt, daß ohne Überwindung des Rechts des Stärkeren unsere Welt zugrunde gehen wird, dann ist die Frage relevant, ob und aus welchen heutigen Erfahrungen und Erkenntnissen heraus ein Evolutionssprung geschehen könnte, der dem unabdingbar Guten die notwendige tragende Kraft verleihen könnte. An Bestätigungen, daß Menschen sich nach Gerechtigkeit, Liebe und Frieden sehnen, hat es nie gefehlt, sondern nur an der Fähigkeit, diese Sehnsucht zu befriedigen.

Aus der heutigen Not der Menschheit ist die Frage nach der Möglichkeit, wie liebende Gerechtigkeit zur energetisch tragenden Kraft werden kann, vorrangig. Ich versuche, eine Antwort zu geben durch die *Hypothese eines organismischen Werte-Sinns:*

Menschen haben einen angeborenen organismischen Werte-Sinn, der ebenso wie andere Sinne entwickelt werden kann oder verkümmert. Er dient der Bewußtheit und Förderung des Lebens und seiner universalen Verbundenheit. Dabei ist die Annahme einer qualitativen Höherentwicklung unabdingbar. Der Mensch ist höher entwickelt als der Einzeller, der humane Mensch höher als der inhumane.

Ich führe das Wort Werte-Sinn statt Wertsinn ein, weil diese Aussprache und Rechtschreibung den inhaltlichen Kern des Konzepts eher auszudrücken scheinen als »Wertsinn«. *Ich fasse den Werte-Sinn auf als eine organismisch geerdete geistige Potenz*, die sich entfalten kann, und nicht nur als eine früh determinierte Prägung oder indeterminierte Zufallsmöglichkeit.

Der Begriff des Werte-Sinns entspricht der Auffassung vom Menschen als einem autonom-interdependenten Wesen. Wir sind bestimmt durch Abhängigkeiten und Schicksalsgebundenheiten. Wir sind frei durch unsere Entscheidungs- und Handlungskompetenz innerhalb der Grenzen der interdependenten Realität.

Sowohl die Intensität angeborener Fähigkeiten als auch die Verschiedenheiten äußerer Gegebenheiten sind ausschlaggebend für die Entfaltung jeden Sinnes, auch des ethischen Werte-Sinns. Die Entwicklung des Werte-Sinns entspringt organismischen Quellen, die das heranwachsende Gewissen in der Interaktion mit seiner Umgebung und Ereignissen energetisch füllen. Ein nicht vom Gefühl getragenes, nur verbal-rational fundiertes Gewissen spricht zu uns in Geboten und Verboten, die in einem sehr feinen Stromnetz angelegt sind, welches aber nur über Schwachstrom verfügt.

Mit dieser Hypothese klärt sich die Frage, warum unsere Gewissensfähigkeiten ethische Verkümmerung erleiden müssen. Solange die Stimmen des Körpers und der Gefühle bagatellisiert und boykottiert werden – besonders die der Kinder –, werden Verbote und Gebote jahrhundertelang in die Luft geschmettert – und wenn's drauf ankommt, verdrängt, vergessen und/oder mißachtet; denn ein Gewissen, das nicht *ganzheitlich* gestützt wird, ist nicht tragfähig. Sinnlichkeit und Sinn sind nicht nur sprachlich, sondern auch erlebnismäßig nahe verwandt. Sie sind körperlich verwurzelt und sind mehr als körperlich. Wir brauchen unsere Ohren *und* eine geistige Verinnerlichung des Gehörs, um Laute als Musik zu hören und Musik zu schaffen. Ich glaube, daß in gleicher Weise auch unser ethischer Sinn organismisch verwurzelt ist. Ein schlechtes Gewissen wird als Magendruck oder Körperschwere erlebt, ein gutes als Leichtigkeit und Beschwingtheit. So wie uns Kopf und Ohren bei gräßlich quietschenden und kreischenden Lauten weh tun, während wir Musik als angenehm empfinden, so ist auch das Gewissen durch Körperempfindungen wahrnehmbar. Auch das Gewissen kann unterentwickelt sein, kann verführt oder geschädigt werden, das heißt verdreht reagieren. Übermäßige Frustration oder Verwöhntheit, Gewalt oder Vernachlässigung, elterliche oder Massensuggestion können das Gewissen daran hindern, »zu sich selbst« zu kommen.

Nach meiner Überzeugung ist das Kratzen eines Messers auf einer Säge musikalisch weniger wertvoll als Lieder, Volksrhythmen, Tanzmusik oder Sinfonien, die durch Jahrhunderte hindurch lebendig geblieben sind. Und noch sicherer bin ich, daß Inquisitionsfolter, Genozid, hämisches Verächtlichmachen usw. böser sind als liebevolles Verstehen und therapeutische Hilfe. Die Tatsache, daß wir uns im Einzelfall irren können, ungerecht sind und den hilfsbedürftigen Täter oder sein Opfer vergessen über der Verurteilung der bösen Tat, widerspricht nicht der Möglichkeit oder Wirklichkeit von flexiblen organismischen Werten und einer Werte-Hierarchie.

Ich halte es für möglich, daß eine Werte-Sinn-Entwicklung nicht nur mit evolutionärer Langsamkeit, sondern mit einem transformativen Quantensprung geschehen kann. Wenn die jüdisch-christliche und die humanistische Ethik Werte der Güte und Menschlichkeit lehren und dennoch durch Jahrtausende lächelnde Pessimisten beteuern, die menschliche Natur, die das Recht des Stärkeren vertritt, lasse sich nicht ändern, dann möchte ich dagegenstellen: Die Tatsache, daß etwas bis heute so gewesen ist, bedeutet nicht, daß es immer so bleiben muß. (Es gab einmal eine Zeit, wo Liebende oder Geschäftsleute nicht durch Drücken von ein paar Tasten in Sekunden mit Partnern über den Ozean hinweg Gespräche führen konnten!) Heute stehen wir am Anfang einer Zeit, in der alles Wissenswerte von jedem elektronisch abgerufen werden kann. Wenn wir Datensammlungen nicht mehr als Verräter fürchten müssen und sie nicht *gegen* sondern *für* Menschen angewendet werden, dann können schöpferische Kräfte freigesetzt werden, die dem menschlichen Zusammenleben nutzbar sind. Wenn Fakten, Daten, Theorien via Knopf zur Verfügung stehen, dann sind die beiden Möglichkeiten, im Großen zu denken und im menschlichen Maß zu leben, sehr viel näher gerückt.

Ist die Fähigkeit, Werte zu entdecken und zu schaffen, uns Menschen ebenso mitgegeben wie die Möglichkeit zur Musik? Sind ein universeller Werte-Sinn und eine ihm jeweils entsprechende Ethik spürbar und entfaltbar, so wie unser Musiksinn die Musik aufnehmend entdeckt? Sind wir in der Welt mit einer Gabe, Werte zu erfassen und zu bilden, so wie wir Musik-Erfassende und -Schaffende sind? Gesetzt, dies wäre so, dann würde es bedeuten, daß sich unsere Selbstentfaltung und mit ihr unsere Verbundenheit mit Menschen, Pflanzen, Tieren und der lebendigen Erde durch die Ausrichtung auf ethische Werte erst aktualisiert, ebenso wie Musik erst aktualisiert wird durch unsere Ausrichtung auf Töne, Klänge und Rhythmen. Dann würde die Gemeinschaftlichkeit des Universums durch unsere geistigen Fähigkeiten mitgeformt, und wir wären Mitkomponisten einer Solidarität, so wie wir Mitkomponisten der Musik sind; denn wir könnten Musik nicht hören, ohne sie mitzuschaffen, so wie wir die Sonne nicht sähen, »wär' nicht das Auge sonnenhaft«.

Tiere mögen Ahnen unserer ethischen Potenz sein; sie mögen Ethik »ahnen«. Der Vogel, der pfeift und singt, ist auf dem Weg zur Musik, der Vogel, der seine Jungen füttert, auf dem Weg zur Ethik. Doch zwischen ihnen und uns besteht ein qualitativer Unterschied, der uns Freiheit und Verantwortung, Musik und Ethos anbietet und uns der Aufgabe überläßt, Gemeinschaft zu bilden oder uns zu zerstören.

Es gibt eine universale Verbundenheit allen Seins und Lebens. Diese kann sich bei Pflanzen als Zuwendung zum Licht, bei Tieren als Suche nach Futter für sich selbst und die Jungen oder als Ruf nach einem Geschlechtspartner äußern. Wir Menschen jedoch *sind* nicht nur in universaler Verbundenheit, wir können und müssen sie in Freiheit *wählen*.

»Sünde« heißt sich »absondern« oder »abgesondert werden«. Solch erlebte unbewußte oder bewußte Absonderung ist leidvoll und schädlich, weil sie eine Realitätsverkennung der Gemeinschaftlichkeit des Lebens ist. Eine ethische Haltung und Handlung muß die Sünden der Absonderung vermindern oder verhindern.

Zur Förderung der Entfaltung des organismischen Werte-Sinns

In den letzten Jahrzehnten scheint es zum gesicherten Wissen geworden zu sein, daß unser Gehirn in zwei Hemisphären gegliedert ist. Die linke Hälfte beherbergt verstandesmäßige, theoretische, verbale Fähigkeiten, die rechte die intuitiven, bildhaften, fühlenden. Physiologisch scheint unsere rechte Gehirnhälfte weniger ausgebildet zu sein als die linke. Ein emotional »unterbelichtetes« Gewissen entspricht der physiologisch-psychologischen Hypothese, daß unsere rationale, »linksseitige« Kultur emotionale, »rechtsseitige« energetische Grundlagen weitgehend entbehrt. Unsere vorwiegend verbal-normative Ethik kann nur dann tragfähig werden, wenn die Verbindung mit den sinnlichen Seiten des Gefühlsbereichs hergestellt wird und ein organismisches Gleichgewicht zustande kommt. Auch Kopf und Bauch, ebenso wie linke und rechte Gehirnhemisphären, brauchen Anerkennung und Übung in dynamischer Balance!

Ich stelle mir den ethischen Werte-Sinn als eine zu übende Fähigkeit vor. Wenn wir diese Fähigkeit aus der Isolierzelle des rational Bewußten herausholen und ihr zur Entwicklung verhelfen wollen, müssen wir eine Umgebung sein und schaffen, die emotionale Verwurzelung fördert, statt sie zu stören. Absonderung, auch innerpsychische, ist »Sünde«. Wir sündigen gegen uns selbst und gegen die Gemeinschaft, wenn wir unseren eigenen Organismus nicht als Ganzheit ernst nehmen und unsere emotionalen Fähigkeiten verdorren lassen.

Der erste Anstoß für meine Frage, ob es einen angeborenen

ganzheitlichen Werte-Sinn gebe, und ob wir dessen Entwicklung fördern können, war meine Beobachtung, daß ein Baby, dem man einen Keks reicht, diesen nach einiger Zeit gern in den Mund des freundlichen anderen steckt – sei es ein Mensch oder ein Tier. Es empfindet offenbar große Freude daran, wenn sich solch Füttern abwechselnd vollzieht. Ähnlich verhält sich ein Kind mit Spielsachen bis zu etwa anderthalb Jahren. Es gibt sie gern aus der Hand, wenn es sich sicher fühlt, sie wiederzubekommen. Geben und Nehmen von Eß- und Spielsachen ist für Kleinkinder ein freudiges Spiel, ebenso wie das Guck-Guck des Gesicht-Versteckens und -Wiederfindens.

Kinder scheinen zunächst kein Gefühl für Eigentum zu haben; sie freuen sich über Geben und Nehmen im wechselseitigen Prozeß. Sie lernen nur langsam Mein und Dein zu unterscheiden, wenn größere Kinder und Erwachsene ihr Eigentum als Eigentum verteidigen. Kleinkinder benehmen sich Gegenständen gegenüber so, wie wir uns Liedern gegenüber verhalten, die niemandem gehören und die jeder für sich oder gemeinsam mit anderen benutzen kann.

Ich behaupte damit nicht, daß Freude am Eigentum keine primäre, zu entwickelnde Anlage sei. Anhänglichkeit an Räume, Gegenstände, Kleidung und Spielsachen sind durchaus konstruktive Lebenselemente (weswegen leicht zu zerstörende Spielzeuge lebensfeindlich sind). Doch glaube ich, daß Eigentumswerte im Verhältnis zur Freude am gemeinsamen Gebrauch von Dingen in unserer Kultur überbetont werden.

Die intrauterine Symbiose scheint mir Symbol und Saatbeet des sich entfaltenden Ich-und-Wir-Gemeinschaftssinns zu sein. Zu diesem gehören Geben und Nehmen. Nach der Geburt geht es darum, diesen Sinn zu beschützen, wachsen zu lassen und weder Eigentumsgefühle und Rivalität zu unterdrücken noch den Gemeinschaftsgebrauch und die Solidarität abzuerziehen.

Hierzu die Erinnerung einer Kindergärtnerin: Sie schlug den Kindern vor, wie Hunde auf vier Beinen so schnell wie möglich zur gegenüberliegenden Wand zu kriechen, um zu sehen, wer sie als erster erreicht. Die Kinder spielten mit Freude. Als ein Junge merkte, daß er sehr viel schneller vorwärtsgekrochen war als die anderen, wartete er einen Augenblick, bis auch die anderen nachgekommen waren. Er fühlte die Freude, Hund zu spielen, als Sinn des Spiels. Die ihm vorgegebene Aufgabe – eine Anleitung zur Rivalität – war ihm fremd. Die Kindergärtnerin war darüber so gerührt wie ich beim Beobachten eines kleinen Kindes, das seinen Keks in den Mund eines anderen steckt.

Offenbar bringen Kinder den Sinn für Gemeinschaft mit. Wir müssen lernen, ihn zu sehen und zu ehren. Wenn wir Gemeinschaftssinn bestätigen und fördern, anstatt ihn mit unseren Wünschen und Geboten zu verführen, haben Kinder eine Chance, ihr organismisches Gleichgewicht zu erlangen. Dann dürften sie Selbstverwirklichung bewußter mit ihrer Anteilhaftigkeit an der Gemeinschaft verbinden und weder in herdenhaften Kollektivismus noch in isolationistische Tendenzen verfallen.

Unterdrücken wir dagegen als Ältere und Rivalitätsgeprägte die Ansätze eines ethischen Werte-Sinns im Kind, so verringern wir die Hoffnung auf eine bessere Zukunft. Es wäre etwa so, wie wenn wir einem Kind von Anfang an nur Blechkratzer und Eisenquietscher als Musik vorsetzen und damit seinen Musiksinn belasten oder verderben würden.

Das »Trauma der Geburt«, von dem psychodynamisch soviel abgeleitet worden ist, könnte zum Teil eine Kulturerscheinung sein. Wahrscheinlich ist das eigentliche Trauma nicht die natürliche Geburt selbst, sondern der medizinisch-kalte Empfang des Kindes in einer empathiearmen Umwelt mit ihren entseelten, mechanisierten Aufnahmeriten, die das wärme- und bewegungsgewöhnte Baby auf den Popo schlägt, auf eine kalte Waage legt, mit hautfremden Tüchern umhüllt, es mit Lärm und kaltem Licht überschüttet und vom Wellen- und Strahlenkreis der Mutter fernhält. Vielleicht erklärt diese entfremdete Weltbegrüßung einen Teil der späteren Sehnsucht nach dem Mutterleib einerseits und nach Gewalttätigkeit andererseits. Und vielleicht könnte im sich verbreitenden Versuch, lebens- und babyfreundliche »sanfte Geburten« einzuführen, ein Stückchen Hoffnung für die Entwicklungsmöglichkeit zum Froh- und Werte-Sinn unserer Kinder liegen.

Babys bringen Ansätze autonomer Fähigkeiten aus ihren embryonalen Erfahrungen mit. Sie bewegen sich, sie reagieren auf verschiedene Geräusche und bereiten sich auf das Außenleben vor. Je babygerechter sie im Halblicht des Gebärraums in den Armen ihrer Mutter und auf deren Bauch ihr eigenes Atmen kennenlernen, um so weniger Trennungsschmerz von der zu eng gewordenen inneren Wasserheimat und dem miterrungenen Ausgang dürften sie in der Licht- und Luftwelt empfinden. Ein nachgeburtliches leichtes Lächeln des Wohlbefindens zeugt von einem existentiell sicheren Grundgefühl des Geborgenseins, das sie in utero geschenkt bekommen hatten (trotz des gar nicht so paradiesischen Aufenthalts im Mutterleib, von dem Legenden des Gebärmutterparadieses träumen; es dürfte auch dort recht unterschiedlich lieblich und schmerzlich für den Embryo zugehen!).

Durch die Geburt erweitert sich die lichtlose Symbiose mütterlicher Umhüllung zur immer bewußter werdenden, lichtvollen Zugehörigkeit zur Welt. »Wir können nicht aus dieser Welt fallen« ist das Grundgefühl des Menschen, dessen Urvertrauen der Eingebettetheit in die Gemeinschaft nicht durch Gewalt oder Vernachlässigung verwundet worden ist.

Während unsere Babys meist erst in der fünften oder sechsten Woche lächeln, scheinen die wenigen privilegierten, denen ein freundlicher Empfang zuteil wurde – ohne grelles Licht, ohne an den Füßen zu hängen, ohne den obligatorischen Klaps auf den Hintern –, direkt nach der Geburt zu lächeln.

Wenn Babys um sich schlagen, bevor sie wissen, daß sie damit anderen weh tun können, werden sie durch Strenge und Gewalt nicht zum Lernen, sondern eher in Bedrängnis und Wut geführt. Gewalt lehrt, daß der Stärkere siegt.

Während ich dies niederschreibe, schaudert es mich. Es wird mir bewußt, wie fast alle unsere Kinder früh geprägt werden durch Anschreien, Drohungen, gewaltsames Festhalten bis hin zum verletzenden Schlagen und zu deformierenden Mißhandlungen. Was am eigenen Leib erfahren wird, ist »schlagender« als Worte. Je jünger die Kinder, desto prägender sind Gefühlserfahrungen. Ihre eigenen Gefühle von Zorn, Roheit und Apathie werden gefördert, Gefühle der Zuneigung und Geborgenheit geschwächt.

Wir fördern die Musikalität des Kindes, wenn wir es an unseren eigenen Musikinteressen teilnehmen lassen; wir helfen ihm auch durch unsere Freude an seiner Begeisterung für Töne, Rhythmen,

Lieder, Tanz usw. Ebenso fördern wir die Entwicklung des ethischen Werte-Sinns des Kindes, wenn wir Ehrfurcht vor seinem und unserem eigenen Leben bezeigen. Dazu gehört, daß wir die Anzeichen des Wunsches, zu geben und zu nehmen, beim Kind entdecken und ernst nehmen.

Auch die Schulsysteme der mächtigen Nationen des 20. Jahrhunderts trainieren Schüler vorwiegend entweder zum individuellen oder zum kollektiven materiellen Egoismus. In diesen Zivilisationen überwiegen die Werte der Technologie die des Geistigen. Den intuitiven menschlichen Fähigkeiten, einem liebenden Selbstgefühl und empathischem Verhalten, wird in unserem leistungsbeflissenen Schulwesen kaum freundliche Aufmerksamkeit gewidmet (obwohl sich sehr viele Lehrerinnen und Lehrer diesem Mißbrauch ihrer selbst und ihrer Schüler zu entziehen versuchen). Kunst und Musik, Theatererlebnisse und eine Erweiterung des sozialen Horizonts werden allenfalls Nebenfächern zugewiesen, Werte von Schönheit und Güte also als Nebensache behandelt.

Kinder unserer Kultur arbeiten nicht mehr in Webereien und anderen Sachproduktionsfabriken wie noch am Ende des vorigen Jahrhunderts, sondern in Kinderschulfabriken, die von Rivalitäts- und Uniformitätsansprüchen geprägt sind. Sie sind gleichgeschaltet in einem Schul-Taktsystem, nicht anders als Stechuhr- und Fließbandarbeiter, die sogar noch eher Berufswechselchancen haben als Schulkinder! Die Kinder werden für Talent, Geschwindigkeit und Fleiß belohnt und für Mangel an Talent, Langsamkeit und Uninteressiertheit bestraft; wobei Lohn und Strafe nicht immer aktiv ausgeteilt werden, sondern die Notengebung oft mechanischen oder ungerechten Urteilen überlassen bleibt. So werden Kinder in ihrer Autonomie, ihrem Gemeinschaftsgefühl, ihrer Kreativität, ihrem Froh- und Werte-Sinn geschädigt. Sie verlassen die Schule, die sie oft als lebhafte, lebenslustige Kinder betraten, als Verdinglichungsprodukte, von denen sich nun viele zynisch oder apathisch zur weiteren Verdinglichung und als Konsumenten bereitstellen oder als Rebellen (auch terroristisch) aufbegehren.

Es gibt für Erwachsene und für Kinder Notsituationen, wo ein kurzer Schlag oder ein Sichabwenden verständlicher und sympathischer sind als frommes Getue. Ich denke beispielsweise an einen Jungen im Heim, der einen anderen beinahe erwürgte und von seinem Erzieher gewaltsam daran gehindert wurde; oder an ein dreijähriges Kind, das immer wieder aus dem Garten weglief, auf der Hauptverkehrsstraße spazierenging und schließlich von der verzweifelten Mutter geschlagen wurde. Hier kommt es darauf an, daß das Kind die echte Sorge des Erwachsenen um sein Leben erfährt, bevor ein unglückseliger Unfall passiert.

Ich möchte pädagogisch keinem ethischen Perfektionismus das Wort reden. Perfektionismus führt zu Frustration und daher leicht zu Gewalttätigkeiten. Eine zornige Reaktion des Erwachsenen auf lästiges Verhalten von Kindern, und umgekehrt, ist manchmal fruchtbarer als Versuche, Ärger in sich hineinzufressen, was weder Erwachsenen noch Kindern bekömmlich ist. Es ist wichtig, die Frustrationstoleranz zu erhöhen und Überfrustration zu vermeiden; beides gelingt natürlich nicht immer.

Immer wieder erstaunlich finde ich es, wie selten Kinder andere Kinder ernsthaft verletzen. Trotz aller Eifersucht, Wut, größter Frustrierung kommt es nur selten vor, daß Säuglinge von ihren Geschwistern getötet oder verstümmelt werden. Ich glaube nicht, daß dies nur den Vorsichtsmaßnahmen der Erwachsenen zu verdanken ist, obwohl diese sicher oft nicht überflüssig sind. Jedoch ist es glücklicherweise selten nötig und angemessen, Kinder im Spielalter vor der Aggression anderer Kinder zu beschützen. Es gilt auch hier mein oft zitierter Grundsatz, »daß zuwenig geben Diebstahl ist, zuviel geben jedoch Mord«. Ein Zuwenig an elterlichem Schutz hindert, ein Zuviel beschneidet die Eigenkraft des Kindes. Den Mittelweg zu finden ist jedoch speziell in Großstädten heute sehr schwierig geworden. Kinder sind tatsächlich in vielen Städten durch den Verkehr, durch Verbrecher und das Überhandnehmen von Verrohung so gefährdet, daß sie mehr behütet werden müssen, als es ihrer sich entwickelnden Eigenständigkeit entsprechen würde.

Unterbewertung von Schmerz, Leid und Eingeengtheit ist für Kinder noch schwieriger zu ertragen als Verzärtelung. Entwertung geschieht, wenn Gefahren, Schmerzen oder Leiden verneint werden: »So schlimm ist es doch gar nicht« oder: »Es tut dir doch gar nicht so weh.« Verdrehungen der Wirklichkeit verletzen die Möglichkeit von natürlichem Wachstum eines Realitäts- oder Werte-Sinns. Jedoch habe ich beobachtet, daß Kinder, die nicht allzusehr und nicht allzulange verzärtelt wurden, doch eher noch soziale Gefühle und ein Gewissen entwickeln als Kinder, die vernachlässigt, betrogen oder mißhandelt worden sind.

Es ist zehn Uhr morgens. Ich liege im Bett und freue mich, daß mir Ideen kommen. Doch mein Magen sagt mir, daß ich ängstlich bin. Warum eigentlich? O ja, die Nachbarn könnten denken, ich sei faul, weil ich um diese Zeit noch im Bett liege! Blödsinn, wenn mich das stört!

Ein Erinnerungsblitz: Die größte Sünde war es, meine Mutter zu kränken; und wenn sie durch mich gekränkt war, schlug mein schlechtes Gewissen nach mir aus. Jetzt phantasiert es also, daß meine Nachbarn zu meinen (Übertragungs-)Müttern werden und ich ein Kind bin, das die Mutter nicht kränken darf; und Faulheit kränkt sie! – Mein Werte-Gefühl, das durch den Gewissensmagen spricht, ist also jetzt verdreht! Es ist einem verdrehten Gebot treu. Mein Magen sagt, daß mein Werte-Sinn nicht mir gehört, sondern meiner Mutter.

Halt, ich bin nicht nur mein Magen! Das ist auch gut zu wissen. Ich kann ihm widersprechen. Ich bin mehr als mein abhängiges Kind-Gewissen. Das ist erleichternd. Ich kann mich auf mich selbst einstellen.

Ich liege im Bett und schaue den Vögeln zu. Zum Erziehen fällt mir ein: »Biete deinem Kind deine eigenen Werte an, denn du kannst sowieso gar nichts anderes tun – außer sie zu überprüfen. Zusätzlich kannst du dich dem taufrischen Werte-Sinn deines Kindes zuwenden und davon lernen. Der Vorzug des Erwachsenseins ist: mehr Übersicht zu haben. Du kannst deine eigenen Werte vertreten und zugleich die Werte deines Kindes beobachten, darauf eingehen und nicht über deinen eigenen und über seinen Schatten springen wollen. Veränderung braucht Zeit – deine Veränderung und sein Wachstum.«

Ein gut entwickeltes Gewissen hat den Auftrag, sich selbst und andere – im Dienste des Gemeinschaftssinns – zu fördern: »Ich bin ich und als solches ein Wir-Anteil.« Dies Ich-ich-Sein und Ich-Wir-Anteil-Sein bildet die Grundlage eines nicht verdrehten organismischen Werte-Sinns. Ist er jedoch verdreht, dann leuchtet sozusagen das rote Licht auf, obwohl das grüne dran wäre, und umgekehrt. – Wenn ich jetzt im Bett liege und besser arbeite als am Tisch, steht dem im Augenblick gar nichts im Wege außer meinem verdrehten Kindergewissen. Und selbst wenn ich jetzt gar nicht arbeiten würde und nur den Vögeln zuschaute, wäre ich berechtigt, mich wohlzufühlen. Meine Gedanken urteilen im Augenblick realitätsgerechter als mein »Magengewissen«.

Notierte Gedanken:

- Vielleicht müßte ich irgendwo den Vernunftbegriff klären, nämlich daß der organismisch verankerte Verstand Vernunft genannt wird. Vernunft ist der Ausdruck der dynamischen Balance zwischen Verstand und Gefühl.
- Der ethische Mensch wird nicht allein von Gedanken und Logik, nicht allein von Empfindung und Gefühl, sondern vom ganzheitlichen Gewissen geleitet. Dazu gehören bewußt oder unbewußt transpersonale und spirituelle Strebungen.
- Es kann keine ethischen Rezepte geben. Jede Situation ist verschieden je nach Persönlichkeiten, deren Umständen und allen übrigen Gegebenheiten.
- Die Anlage, bewerten zu müssen, ist uns mitgegeben; konkrete Wert-Bestimmungen werden durch Reifung und Beeinflussung erworben. Dabei können wir Werte, an die Kinder glauben, nicht überspringen, sondern müssen sie in der Beziehung zu uns mitreifen lassen.
- »Du sollst nicht töten!« Dieser Satz wurde gesagt, gehört und geglaubt. Ob Jehova ihn sagte, ob er aus dem Göttlichen im Menschen oder aus einer pragmatischen Ethik kam: Der Glaube, daß wir nicht töten sollen, wird bei allem Zuwiderhandeln nie ganz ausradiert. – Ist es vielleicht Bestimmung des Menschen, der unschuldigen Grausamkeit der Tiere das engagiert Gütige entgegenzusetzen? Ist im Menschen die Entwicklungsmöglichkeit des Guten als Werte-Sinn angelegt, der es uns ermöglicht, uns zum Humanum hin zu entwickeln? Wenn doch seit Jahrtausenden Menschen vom verlorenen und wiederkommenden friedvollen Paradies auf Erden träumen, muß es dann nicht eines Tages eine Entsprechung dieser Phantasie geben, so wie wir jetzt »Sesam-öffne-dich«-Türen und »Fliegende Teppiche« haben, Besuche auf dem Mond machen und so vieles andere, das Menschen früher erträumten?
- In fast allen Situationen entstehen *Konflikte,* die sich aus Prio-

ritätsfragen ergeben. Welcher Person oder welcher Sache soll in diesem oder jenem Augenblick Vorrang eingeräumt werden? Eine dynamische Wertehierarchie ist nie absolut, sondern steht immer im Verhältnis zu den beteiligten Personen und der jeweiligen Sachlage. Das bedeutet praktisch, daß es immer schwierig ist, Prioritäten und Kompromisse zu finden; und daß jede Lösung und Entscheidung auch partielle Frustrierung und die Risiken eines wesentlichen Irrtums enthalten.

- Wenn die Hypothese des Werte-Sinns korrekt ist, dann besteht Hoffnung, daß er sich fördern und entwickeln läßt und wir dabei einen Teil unserer Verfallenheit an das Recht des Stärkeren von uns tun und humanen Werten näherkommen können. Die Schwierigkeit, Prioritäten zwischen eigenen widerstreitenden Bedürfnissen und den Wünschen anderer zu setzen, wird dadurch nicht verringert, sie wird nur sorgfältiger beachtet.
- Wertmaßstäbe stehen immer in vielfältigen Zusammenhängen. Wertprioritäten verlaufen nicht nur linear von oben nach unten. Sie haben viele Faktoren und Facetten. Oft muß unsere Intuition über Prioritäten entscheiden, wobei ich Intuition als einen Abkürzungsweg sehe, wobei früher Erlebtes, Gedachtes, Gefühltes, Erfahrenes in die Intuition einfließt. Heute glaube ich, daß die Möglichkeit von Intuition auch auf bestimmten persönlichen Fähigkeiten und von außen aufgefangenen Strahlungen beruhen kann.
- Zum Prioritätensetzen gehört *Timing*: wann, wo, was wie gesagt oder getan werden kann und sollte. Oft ist es besser, etwas *jetzt* nicht zu sagen, was *später* gut sein kann, oder umgekehrt. Es gibt dafür keine konkreten Rezepte, sondern diese Frage muß situationsbedingt entschieden werden. Es geht um ein Abschätzen der Risiken, welche die sich Entscheidenden eingehen oder vermeiden. Es geht auch um das Abschätzen der Frage: Liegt hier ein Sachzwang vor, oder bin ich mein eigener Sachzwang?
- Prioritäten der Wert-Entscheidungen zu erspüren, hat politische Relevanz. Jeder einzelne, der sich und seine Kinder und seine Umgebung in diesem Sinn fördert, wird zum Mitträger einer humaneren Zukunft (oder einer Zukunft überhaupt).

- Wir müssen den Kompromiß finden zwischen Tun und Sein-lassen. Sein-lassen kann auch Sinn-geben heißen. – Zuhause-sein heißt im humanistischen und im religiösen Sinn, uns und andere sein-zu-lassen und ge-lassen zu werden. *Sein* wird auch getan. *Tun* wird auch ge-lassen.
- Es gibt Gewissensgefühle, die dem rationalen Gewissensanteil, dem Denken, nachhinken – und umgekehrt. Vergib dir, wenn die beiden Gehirnhälften, wenn Herz und Kopf nicht zu einer harmonischen Partnerschaft kommen! Warum sollte gerade dir, dem einzelnen, der Quantensprung über Jahrhunderte gelingen? Es ist besser, den Konflikt zu akzeptieren, als ihn zu verschleiern. Kinder verstehen dies auch viel leichter, als wenn du alles konfliktlos weißt und »richtig« machst. Du wirst für sie glaubwürdiger sein, und sie lernen, ehrlich sein zu dürfen.
- Wie lange wird es dauern, bis sich das Weltgewissen ändert, wenn selbst das Gewissen einzelner, sehr bewußt daran arbeitender Menschen nur so langsam wächst? Welche Hoffnung besteht dann überhaupt für eine Vermenschlichung des Weltgewissens? Ist vielleicht die »Summe der einzelnen Bewußtheiten« mehr als deren Teile und bewirkt mit diesem »mehr« den Evolutionssprung zu einem höheren sozialen und geistigen »Gesamtgewissen«?
- Es ist Aberglaube anzunehmen, »daß etwas immer so sein muß, weil es immer so war«. Wir sollten uns nicht einer so negativen »self-fulfilling prophecy« (sich selbst erfüllenden Prophezeiung) schuldig machen und damit jede Gewalttätigkeit legitimieren. Es wäre doch denkbar, daß der Glaube an die Möglichkeit eines Evolutionssprungs sich als eine nützlichere »self-fulfilling prophecy« erweist! Wir haben viele Beweise dafür, daß »der Glaube Berge versetzen kann«. Und wir haben etliche Gründe für die Wichtigkeit und Richtigkeit der Hypothese eines »evolutionären geistigen Quantensprungs«.

In unseren Schulen werden überwiegend die logischen und verbalen Fähigkeiten, also die linke Gehirnhälfte, geübt: Schreiben, Lesen, Aufsagen, Fakten lernen, intellektuelle Übungen – fast alles geht verbal vor sich, mit und ohne Lernmaschinen. Die zur Ganzheitlichkeit führenden Kräfte, zum Beispiel die Fähigkeit,

Farben und Formen zu Bildern, Töne und Rhythmen zu Musik zu gestalten, die, ebenso wie das Gefühlsleben, der rechten Gehirnhälfte zugeschrieben werden, haben in den meisten Schulen kaum eine andere Chance, sich auszuleben, als in nicht erwünschten Tagträumen, in Kritzeln und Kichern, Frustration und Aggression. In der Schule wird die rechte Gehirnhälfte allgemein »links liegengelassen«. Da fast alle Zeitgenossen unserer Zivilisation die computerhafte Gehirnüberfüllung mit Fakten und Techniken und den Mangel an bildhaftem, phantasievollen, intuitiven Gefühlsausdruck erlebt haben – könnte es sein, daß unsere Kultur Anzeichen einer »gehirngeschädigten« Zivilisation trägt?

Könnte dies mit ein Grund sein für die große Müdigkeit, Passivität, Gleichgültigkeit des apolitischen »Da kann man ja doch nichts machen« oder »Die da oben machen ja doch, was sie wollen!«, die im Alltag oft überhandnehmen, und für die katastrophale Grausamkeit des Krieges, der Folter und des Terrors? Für Selbstmorde, Morde und Genozide, die vor nichts haltmachen? Ich denke an die Mißachtung von Gefühlen und Körpern der kleinsten Menschen vom ersten Jahr an; und von Kindern im Schulalter, die weder in ihren Wohnungen noch auf der Straße toben dürfen, noch Blumen betreuen und Tiere pflegen – Kinder, deren Körper allenfalls noch für Medaillen im Leistungssport, nicht aber für ihre Jugend und Lebendigkeit geehrt werden – wie können solche Kinder sich selbst und andere als wertvoll erleben?

Und doch scheinen sieben- und achtjährige Kinder meist noch einen entwicklungsbereiten Werte-Sinn zu haben. »Fair sein« verstehen sie sofort; unfair sein ärgert sie. Chairmanship im Sinne von Gerechtigkeit lernen sie schnell, sie scheinen sie de facto parat zu haben. Es ist für sie leichter zu verstehen, daß Menschen mit Achtung behandelt werden sollen als die von ihnen verlangte halsabschneiderische Rivalität.

Es gibt Kulturen, wo Kinder eine weniger traurige Gewissensbildung erfahren. Die in den letzten Jahren bekanntwerdende Indianerliteratur berichtet dies: Bei den Yequana-Indianern, über die Jean Liedloff berichtet, unterstützt der ganze Stamm die Eltern und ihre Kinder. Die Mutter trägt ihr Kind im Tragetuch oder auf dem Arm und geleitet es so von der ursprünglichen Symbiose im Mutterleib zum Gefühl des Geborgenseins in der Welt. Erst wenn das Kind so gut kriechen und laufen kann, daß es nicht mehr getragen werden will, hört sie mit dem Tragen auf. Dann wird die natürliche Mutter abgelöst durch die Naturmutter Erde, die der erwachsene Indianer als ebenso gütig, nährend und tragend erlebt wie einst das Kind seine Mutter, als sie es durch Wälder, über Felder, bei der Arbeit mit sich trug und nachbarlich im Schlaf bei ihm blieb.

Wenn die Mutter übermüdet oder krank ist, lösen sie der Vater oder Nachbarn ab. Der Herzschlag der Mutter oder der Herzschlag der Natur bleiben für Indianer Zeichen einer sicheren Güte, die sie mit Ehrfurcht und Liebe erwidern. Ein Yequana-Indianer tötet kein Tier und zerstört keine Pflanze, es sei denn, daß er sie zur Ernährung oder Bekleidung braucht. Selbst dann entschuldigt er sich bei dem getöteten Lebewesen. Diese Menschen, deren Leben mit der Natur, dem Kosmos und den humanen Werten des Stammes verbunden bleibt, erfahren allem Anschein nach eine ungestört-kulturelle Entwicklung ihres Werte-Sinns und ihres geistigen Verstehens.

Zitat aus dem Buch von Jean Liedloff: »Ein Kind, das noch nicht sprechen kann, ist sehr gut in der Lage, seine Bedürfnisse klarzumachen, und es ist sinnlos, ihm etwas anzubieten, das es nicht braucht; schließlich ist das Ziel der kindlichen Aktivitäten die Entwicklung von Selbstvertrauen. Bietet man entweder mehr oder weniger Unterstützung an, als es braucht, wird dieses Ziel vereitelt... Weder gibt es den Begriff des ›unartigen Kindes‹, noch wird umgekehrt irgendeine Unterscheidung hinsichtlich ›braver Kinder‹ getroffen. Es wird angenommen, daß das Kind in seinen Motiven in Übereinstimmung, nicht im Gegensatz zur Gesellschaft steht. Was immer es tut, wird als Handlung eines von Geburt an ›richtigen‹ Geschöpfes anerkannt.« (Weder Triebbeschneidung noch Erbsünde stehen ihm im Weg!)

Ebenso wesentlich wie die Annahme eines angeborenen Gemeinschaftsgeistes ist die Achtung der Yequana-Indianer vor der Selbstbestimmung eines jeden Einzelwesens. Diese Indianer denken nicht daran, daß man andere Menschen besitzen könnte. Die Vorstellung, daß dies *mein* Kind oder *dein* Kind ist, gibt es nicht. »Einem Kind werden keine Befehle erteilt, die seinen eigenen Neigungen, was und wie es spielen will, wieviel es essen oder wann es schlafen möchte, zuwiderlaufen. Wo jedoch seine Hilfe benötigt wird, erwartet man von ihm, daß es auf der Stelle Folge leistet. Befehle wie ›Bring mir etwas Wasser!‹ ›Hack' etwas Holz‹ ... werden aufgrund eben dieser Annahme eines angeborenen Gemeinschaftsgeistes erteilt, in der Gewißheit, daß ein Kind nützlich sein und an der Arbeit teilnehmen möchte. Niemand überwacht, ob das Kind gehorcht – es besteht kein Zweifel an seinem Willen zur Zusammenarbeit.«

Jack de Forbes zitiert aus dem Buch *Heilige Pfeife* des Autors Schwarzer Hirsch: »Wir sollten verstehen, daß alles ein Werk des Großen Geistes ist. Wir sollten wissen, daß er in allen Dingen ist: in den Bäumen, in den Gräsern, den Flüssen, den Bergen und all den vierbeinigen Tieren und den geflügelten Völkern ... Daß er auch *über* all diesen Dingen und Wesen ist. Wenn wir all das tief in unserem Herzen erfassen, dann werden wir den Großen Geist fürchten, lieben und kennen; und dann werden wir uns bemühen, so zu sein, so zu handeln und so zu leben, wie er es will ... Frieden kommt dann in die Herzen der Menschen, wenn sie ihre Beziehung zum Universum, ihr Einssein mit ihm und seine Mächte erkennen, wenn sie sehen, daß im Zentrum des Universums Uakan-Tanka lebt und dieser Mittelpunkt überall ist, in jedem von uns.«

Es ging um Werte ...
– bei Konflikten um
den kleinen Ruedi und sein Kälbli

Ich bin auf dem Balkon beim Notizenschreiben über den Werte-Sinn. Ruedi, ein dreieinhalbjähriges Dorfkind, öffnet die Wohnungstür. Ich höre es, sehe ihn, bin freundlich, weil ich ihn gern habe, und zugleich gestört, weil er meine Gedanken unterbricht.

Er ist sehr fröhlich und zeigt mir ein Glöckchen, das er offenbar gerade geschenkt bekommen hat. Ruedi und ich kennen uns seit seiner Geburt, doch wir kennen uns nicht sehr gut. Manchmal kommt er, so wie jetzt, um mir etwas zu zeigen oder um mir Blumen zu bringen, und er bekommt oft etwas zum Naschen oder eine Kleinigkeit zum Mitnehmen. Seine Zeigefreude ist heute sehr groß. Er klingelt mit dem Glöckchen, und ich bewundere es. Es hängt an einem Bändchen. – Ich möchte Ruedi nicht wegschicken und möchte doch mit meinen Werte-Gedanken und Notizen weiterkommen.

»Willst du auch schreiben?« frage ich. Er nickt vergnügt. Ich hole Buntstifte, gebe ihm einen Stuhl, ein Stück von meinem karierten Schreibpapier und ein zweites, meinem ähnlich sehendes Schreibbrett. Da die Buntstifte nicht auf dem Brett liegenbleiben können, lege ich sie auf das breite Balkongeländer etwas über ihm. Er hat Schwierigkeiten, die Buntstifte jeweils herunterzuholen und zurückzulegen. Ich bin in Versuchung, ihm dabei helfen zu wollen; doch er klettert ganz unbeschwert vom Stuhl rauf und runter, ohne ungeduldig zu werden oder mich um Hilfe zu bitten. Ich weiß, daß dieses Kind zu einer liebevollen Bauernfamilie gehört, wo es nicht mehr oder weniger Hilfe bekommt, als es braucht. So halte ich meinen akuten Helferwillen zurück und transponiere ihn in eine Zukunft, indem ich weiterschreibe, jetzt aber über das, was hier geschieht im Sinn des Werte-Sinns – zwischen diesem Kind und mir –, ohne zu ahnen, was der Zufall bringen wird.

Ruedi zeichnet. Ein Buntstift fällt hinunter. Er klettert ihm nach, hebt ihn auf, hat große Mühe, ihn in den Kasten zurückzulegen, und zeichnet dann weiter. Er beobachtet mein Schreiben und imitiert es. Nun fängt er an zu singen. Sein Singen scheint jetzt mit dem Zeichnen verbunden zu sein. Es sieht aus, als ob er sich mit seiner bunten Strichzeichnung unterhält. Ein- oder zweimal nikken wir uns zu. Jetzt ist er mir doppelt wertvoll geworden: er selbst, als ein Kind, das seine Freude und sich selbst wichtig genug genommen hat, um mir das Glöckchen zeigen zu wollen; und eine Situation, in der etwas »Werte-volles« geschehen könnte. Das Kind erlebt, daß ich seine Freude für wichtig halte und sie mitempfinde, und daß ich ein Eigenleben habe, an dem er teilhaben kann, mich aber nicht stören darf. Dies ist ein Stück seiner Werte-Entwicklung: daß er Macht und Geschicklichkeit hat, die schwierige Balance mit Buntstiften, Geländer und Buntstiftkasten durchzuhalten, und wir beide etwas tun, etwas schreiben, was für uns wichtig ist. (Ich habe mich auf ihn umgestellt, ohne meine Aufgabe aufzugeben.)

Ruedi weiß von den Erwachsenen, daß ich etwas tue, was alle anderen hier nicht tun: »Schreiben als Arbeit«. Das interessiert ihn sehr. Neulich kam er, um mir ein besonders interessantes Bilderbuch zu zeigen, weil er mich mit »Buch« verbindet. Ruedi hat nun zwei Bilder gezeichnet. Dann bringt er sie nach Hause, um sie seiner Mutter zu zeigen. Auf dem Weg dorthin läutet er das Glöckchen.

Wir waren Partner. Die Welt war schön und heil für uns für eine halbe Stunde. Wir haben uns gegenseitig respektiert und ein wenig liebgehabt, und jeder hat etwas aus Leistungs*freude* getan.

Wenige Tage später. Die Mutter des Kindes, Anneli, ist traurig erregt: Sie weiß nicht, wie sie es dem Bub leichter machen könnte: *Sein* Kälbli soll in den nächsten Tagen zum Metzger geschickt und geschlachtet werden. Das hat er gehört, und er hat getobt und geschrien. Es ist eine spezielle Art von klein gezüchteten Kälbern, das später weder als Milchkuh noch als Schlachtvieh von Nutzen sein kann. Ruedi hat dieses Kälbchen von Anfang an geliebt, vielleicht weil es so klein war. Sofort nach der Geburt hat er gesagt, es sei »seins«. Er hat mit ihm im Stall gespielt, auf allen vieren, und das Kälbli hat sich alles gefallen lassen.

Das Kälbchen – es wurde nur mit Milch gefüttert, nicht wie kommerzielle Kälber – ist zum Eigenverzehr vorgesehen: »Das Schlachten ist das Schlimme in unserem Beruf, für alle Kinder von Bauern«, sagt Anneli. »Unsere großen Kinder haben früher auch getobt – aber diesmal – der Ruedi tobt mehr als die anderen. Doch es geht nicht anders, die großen Kinder haben's auch gelernt. Es ist nicht gut, es ist immer schwer für Bauernkinder. Der Ruedi hat mich angeschrien: ›Wenn du das Kälbli schlachten läßt, schlacht ich dich!‹« Anneli klagt nicht. Sie ist nur traurig.

Sie fragt mich nicht nach meiner Meinung, was ich über das Schlachten des Kälbchens denke. Die Bauern brauchen Fleisch, »und dies ist milchgefüttertes, gutes Fleisch, ohne kommerzielles Futterzeug. Wir brauchen es für uns selbst.« Sie selbst sei durch gleiche Tragödien in ihrer Kindheit gegangen. »So geht's allen.«

»Schlachte alle anderen Kälbli, nur dies nicht, das ist meins«, hat Ruedi geheult. – Ich sage zu Anneli, daß sich das Kind mit dem Kälbchen identifiziert. Es ist für ihn vielleicht wirklich so, als ob sie *ihn* schlachten würden ... »Genauso ist es«, sagt Anneli und ist selbst den Tränen nahe, »sie müssen alle drüberwegkommen. Die großen Kinder stört es auch nicht mehr. – Ruedi wird nicht dabeisein, wenn das Kälbli abgeholt wird, er wird's auch nicht wissen, wenn wir's essen. Wir brauchen doch das Fleisch.« Die Mutter erzählt es, um meinen Rat zu hören, *wie* sie es Ruedi erleichtern könnte, nicht *ob* das Kalb geschlachtet werden soll.

Und ich, mein Konflikt? Ich schreibe über die Entfaltung des Werte-Sinns. Ich könnte jetzt sagen: »Es ist doch das Wichtigste, daß das Kind, das sich mit dem Tier identifiziert, dich nicht mit Haß und Verzweiflung als Mörderin sieht. Wenn ihr das Kälbchen jetzt schlachtet, wird er es euch nachtragen oder auch das Ganze verdrängen.« Ich sage das nicht. Sie weiß das schon fast selbst. Doch es gibt für sie noch ein anderes Gefühl, und das ist: »Es *muß* sein, das ist Bauernleben, und er muß es lernen.« – Ich kann keinen Rat erteilen, daß es vielleicht nicht nötig wäre, *dieses* Kalb zu schlachten, das ja für Ruedi ein Haustier und Freund ist; oder daß die Familie, wenn sie sich kein kommerzielles Fleisch kaufen will oder kann, vielleicht auf kurze Zeit es einmal mit Soja, Eiern und Käse versuchen könnte. Aber ich kann doch überhaupt nicht beurteilen, was da alles folgen könnte an Verletzlichkeiten in der Familie, an physiologischem oder psychologischem Widerstand gegen den Fleischmangel, an Verächtlichmachung durch Nachbarn oder Verwandte und im eigenen Selbstgefühl. Wie kann ich Bauernweisheit angreifen, die zu diesem Land und seiner Tradition gehört, und einen Rat geben, der weder erfragt worden ist noch von mir beantwortet werden könnte. Ich kann die wirtschaftliche und emotionale Bedeutung dieses Kälbchens verstehen. Denn der Verdienst ist karg, und die Bauern hier in den Bergen können ja keinen Ackerbau betreiben. Doch es stimmt auch, daß ich sagen könnte: »Stell dir vor, das Kälbchen würde heute krank und stürbe, und ihr dürftet das Fleisch nicht essen. Was würdet ihr dann machen?«

Ich sage ihr, daß es gut sei, daß Ruedi so geliebt wird und daß sie keine Angst hat vor seinem Zorn, sondern ihn für berechtigt hält. Und daß niemand sagt, er sei ein »zimperliches Baby«.

»Ja«, sagt Anneli, »ich glaube, er denkt wirklich, daß er das Kälbli *ist*. Ich habe ihm das Glöggli geschenkt vor ein paar Tagen für sein Kälbli, wenn es auf die Alp geht, aber er hat es sich selbst um den Hals gehängt! Und als ich ihm dann vom Metzger erzählt habe, hat er so geheult, und dann hat er es dem Kälbli doch umgehängt, und nun hat er es nicht mehr. Er will es auch nicht zurückhaben. Es hat auch meinen Mann traurig gemacht, das mit dem Kälbli, und er hat darüber nachgedacht, ob man das Kälbli vertauschen könne und es jemand anderem geben und dem Ruedi sagen, daß es woanders lebt. Aber dann hätte er es ja auch nicht, und die großen Kinder sind drüber weg, so wird es später auch mit ihm sein. – Aber wir können ihm jetzt ein Kätzchen geben, das wirklich seins ist, das kann er sich selbst aussuchen, bevor wir die anderen Kätzchen wegtun müssen. Wir haben ja schon sieben.« Ich erinnere sie daran, daß die großen Kinder doch noch immer sehr leiden, wenn die jungen Katzen oder jungen Hunde getötet werden.

Ich habe auch mit einigen erwachsen gewordenen Bauern»kindern« darüber gesprochen. Sie haben es alle so erlebt, speziell die ersten Male; sie haben sich alle daran gewöhnt – mehr oder weniger. Nur einige meiner Patienten in New York, deren Väter Metzger waren, haben es nie überwunden. (Ich glaube nicht einmal, daß es Zufall ist, daß ich relativ viele Patienten behandelt habe – psychotische und neurotische – deren Väter Metzger waren!)

Ich denke nach, wie schwer es ist, über den Werte-Sinn zu schreiben, weil mir klar ist, wie schwer es für jeden Erwachsenen sein muß, den Werte-Sinn seines Kindes zu beobachten und Konsequenzen daraus zu ziehen. Was kann er davon lernen? Welche Rücksichten müßte er nehmen, wenn er das Kind als Partner mit eigenen Werten anerkennt? Welche Rücksichten kann und sollte er vom Kind erwarten, wenn dieses Partner der Eltern werden soll? Welche Werte muß er selbst überprüfen – im bezug auf Tradition, Umgebung, Sachzwänge? Wie entscheidet er über Prioritäten? Wie unterscheidet er vermeintliche von echten Sachzwängen? Gibt es Alternativen?

Nachtrag: Alles Vieh ist jetzt auf der Alp. Auch das Kälbchen ging hinaus. Ruedis großer Bruder ist auf der Alp und Mit-Hüter auf der Allmend – wo alles Vieh der Dorfgemeinde weidet. Ruedi hat das Vieh und den Bruder besucht. Sein Kälbchen ist nicht mehr dabei. »Es ist sicher in den Wald gelaufen«, hat er gesagt und hat mit den anderen Kälbern gespielt. – Als das Fleisch vom Metzger geliefert wurde, sagte er: »Das ist von unserm geschlachteten

Muni«, dem Stierkalb, nicht *seinem* Kuhkälbchen, und er hat gegessen wie alle anderen. – So deutlich wie hier habe ich noch nie eine Verdrängung mitverfolgen können. Er mußte das verdrängen, er hätte tatsächlich die Wahrheit im Augenblick nicht ertragen.

Auch die Mutter hat das gespürt, der Vater und die anderen Kinder auch. Niemand hat ihm widersprochen. Weder bei der Phantasie vom spielenden Kalb im Walde noch bei der vom Muni.

»Ich werde es ihm im Herbst erzählen«, sagt die Mutter. »Ich möchte ihn wirklich nicht belügen. Aber ich konnte ihm das jetzt nicht sagen, er hätte das nicht ausgehalten.« Ich stimme ihr zu. Ich freue mich, daß Gefühle sehr viel mehr beachtet werden, als dies noch in der vorigen Generation der Fall war. Dies *ist* ein Schritt auf dem Weg zur Beachtung des Werte-Sinns von Kindern!

Ich habe darüber nachgedacht, was es in dieser ganzen Geschichte mit der Beachtung des kindlichen Werte-Sinns auf sich hat. Was hat es mir gebracht?

– Ein Kind identifiziert sich mit einem, seinem Tier. Die Liebe zu diesem Tier ist ganz persönlich. Wer dieses Tier tötet, tötet ein Stück des Urvertrauens, das weiß, daß Eltern ihr Kind nicht töten werden und daß es darüber absolute Sicherheit gibt. Und die verzweifelte Angst und Enttäuschung darüber sagt: »Wenn du das Kälbli schlachtest, schlacht' ich dich.« Ein eigener Hund, eine eigene Katze, ein eigenes Kalb sind etwas anderes als Jagdtiere, von denen ein Indianerkind weiß, daß man ihnen Abbitte leistet, wenn sie getötet werden, weil man ja essen muß. Ein Bauernkind kann lernen, daß es Schlachttiere gibt, die nie gelebt hätten, wenn sie nicht vom Menschen gezüchtet worden wären. Aber nicht mit drei Jahren und nicht, wenn es das »eigene« ist.
– Ich habe hier kein Bauernkind ein Tier quälen sehen; auch die befragten Erwachsenen können sich an Tierquälerei nicht erinnern. Natürlich gibt es sie – aber vielleicht nicht hier, wo Tiere noch beim Namen genannt und gestreichelt werden. Wie wohl Kinder neben Hühnerbatterien, Kuhdrahtböden, Forellenaufhängesäcken Ehrfurcht vor dem Leben erlernen können?
– Ganz selten gibt es echte *Sachzwänge*, die etwas in uns und im

Kind töten müssen. (Ich denke mit Grauen an eine Flüchtlingsfrau, die ihr dreijähriges Kind in Nazi-Deutschland viele Nächte lang in einem offenen Grab auf einem Friedhof versteckte und es lehrte, nicht zu schreien und sich nicht zu bewegen, selbst wenn sie nachts weggehen und Nahrung holen mußte.) Doch wieviele Sachzwänge sind nur die Phantasielosigkeit der Tradition, daß es nicht anders gehen könne als es geht?

- *Wenn* Fleischessen nötig ist, wie nötig ist es, *dieses* Fleisch zu essen? Oder wie wichtig ist es, nicht anders zu sein, als Tradition es vorschreibt? Wann sind Traditionen gut, wann sollte ich sie durchbrechen und wie? Wieviel Anders-Sein könnte für mich und andere hilfreich sein, und wann wird es schädlich?
- Was bedeutet es, wenn Kinder sich daran gewöhnen sollen, daß Tiere getötet werden? Ist es für sie ein Unterschied, ob sie gegessen oder zu Pelzmänteln gemacht oder als Sport gejagt werden? Ist es ein Unterschied, ob sie gesund oder krank sind? Wann können sie die Gedanken der Erwachsenen verstehen und sich mit ihnen auseinandersetzen? Wann können die Erwachsenen die Kinder verstehen mit ihrem wachsenden Werte-Sinn und zwischen ihrem eigenen und dem des Kindes Prioritäten setzen? Es lohnt sich, Kinderwerte in erwachsene Entscheidungen miteinzubeziehen, denn das Kind hat frischere Augen, Ohren, Empfindungen und wachere Gefühle und Gedanken. Wir haben das Privileg des Erwachsenen und die große Verantwortung, daß wir als Gereiftere mit weiteren Perspektiven Entscheidungen fällen müssen.

17 Von der humanistischen Psychologie zur holistischen Schau

Es ist Abend. Ein Aprilabend auf meiner Couch mit dem Schreibbrett auf meinen Knien. Es ist zum sechsten Mal April, seit ich das »Notdach« des Farau-Buches übernahm. Sechs Jahre nachdem ich den wutentbrannten Trauerbrief an Fred schrieb, daß ich mich seinetwegen entschieden hatte, dies Buch für ihn zu Ende zu schreiben. Doch schon damals hatte ich eine leise Ahnung, daß ich wohl nicht nur ihm zuliebe, sondern auch »einem mir noch unbekannten Sinn folgend« ja sagte zu dem mir sehr wesens- und wissensfremden Auftrag.

Diese Ahnung vom unbekannten Sinn hat sich mir inzwischen in doppelter Gestalt enthüllt: Erstens war ich brennend daran interessiert zu wissen, was Fred über unsere Gespräche hinaus über Psychologie und die Zukunft und ihren Zusammenhang mit Metaphysik und Physik dachte; zweitens wirkte der »Notdach«-Auftrag wie ein »Sesam, öffne dich« auf meine über vierzig Jahre hindurch zurückgedrängte Sehnsucht zu wissen, zu lernen, mir Zeitschriften und Bücher zu erlauben und diese als so wichtig und lebendig zu erleben, wie ich sie als Kind und Jugendliche vor der Katastrophe der Nazi-Zeit erlebt hatte. Später hatte ich kaum je wieder tiefe »Aha-Erlebnisse« im Lesen erfahren. Die geistige Sehnsucht danach hatte ich mir wegen Prioritäten des Alltags und aus Freude am direkten Umgang mit Menschen versagt.

Nachdem ich ein Jahr lang im Wechsel von Mühe, Enttäuschung und Begeisterung Freds Notizennachlaß studiert hatte, wußte ich, daß sein Buch ein Fragment bleiben müsse. Das Fragmentarische und Unvollendbare entsprach sowohl der Genialität von Faraus Persönlichkeit als auch dem existentiellen Bruch seines Lebens durch den Holocaust. So war er ein Exponent des Chaos der heutigen Zeit, das Zusammenbruch und Aufbruch zugleich bedeutet.

Ich nahm mir vor, für das von Hubert Arbogast (Verlag Klett-Cotta) verlangte »Notdach« nur *einen* Faden, *meinen* Faden, aus dem Teppich der Psychotherapiegeschichte zu verfolgen und zu beschreiben: meine erlebte Vergangenheit. Dabei merkte ich, wie schwierig es war, auch nur *einen* Faden aus dem eigenen Erleben herauszusuchen. Nur meine tiefe Überzeugung, wie wichtig es ist, das Subjektiv-Persönliche als wichtige Quelle der Geschichtsschreibung anzuerkennen, gab mir am Anfang den Halt, bei meinem Vorsatz zu bleiben. Dabei wurde mein Wissensdurst hinsichtlich der »anderen Fäden« immer größer, doch die Erkenntnis wuchs, daß das Bild eines Teppichs mit vielen Fäden nicht stimmig ist: Es geht bei geistigen Zusammenhängen der Geschichte der Psychotherapie, auch der eigenen, um so viele transpersonale, wissenschaftliche, universalgeschichtliche und transzendentale Faktoren, die sich in der eigenen autonom-interdependenten Persönlichkeit spiegeln und verändern (nähren und zerstört werden), daß ein rein statisches Bild nicht hilfreich ist. Je näher meine Darstellung der Gegenwart kommt, desto mehr erlebe ich die Ganzheitlichkeit autonomer Interdependenz als Durchlässigkeit zwischen meinem subjektiven Sein, den zwischenmenschlichen (transpersonalen) Begegnungen und den über den Menschen hinausgehenden (transzendentalen) Bezügen; und um so wichtiger erscheinen mir meine subjektiven Perspektiven der Vergangenheit und Gegenwart für die (intersubjektive) Zukunft.

Ursprünglich beabsichtigte ich, die Rückschau mit dem Jahr 1975, dem Ende meiner gelebten Geschichte in Amerika, abzuschließen, weil ich die europäische Psychotherapiegeschichte nach 1940 nicht miterlebt hatte. Auch war ich sicher, daß die amerikanischen Perspektiven der Psychotherapiegeschichte für europäische Leser wichtiger und interessanter seien, da die Psychotherapie in Deutschland und seinen Nachbarländern durch den Zweiten Weltkrieg und den Holocaust bzw. die erzwungene Emigration vieler Psychotherapeuten sehr gelitten hatte. Bei meinen ersten Begegnungen mit europäischen Kollegen 1968/69 wurden Psychoanalyse und Gruppendynamik gerade erst (wieder) bekannt und trafen auf gespanntes Interesse. Als ich in Workshops mit Kollegen Gestalt- und Erlebnistherapie praktisch darstellte, begegnete ich Bewunderung und Abwehr, wie sie »Zauberern und Hexen« zuteil werden, weil diese neuen Therapieformen, bevor ihre Methodik verstanden wird, anderen als etwas »Magisches« erscheinen können.

Während ich studierte, lehrte und schrieb, lief die Zeituhr munter weiter, und die Gegenwart Europas, seine Landschaft und Ereignisse, webten ihre Spuren in meine Geschichte ein. Gleichzeitig wurde die amerikanische Literatur in Europa bekannt, wechselseitige Besuche zwischen Kollegen der beiden Kontinente fanden statt, und die neuen Therapieformen verloren das Odium der »Hexerei«. In mir wuchs auch der Wunsch zu dokumentieren, daß Freds Zukunftsvisionen zum Teil schon eingetreten sind und zum andern für die Zukunft bedeutend werden können. Dazu gehört die Entwicklung von Wissensbereichen, die inzwischen weitgehendes Interesse sowohl in Laien- als auch in Fachkreisen der Psychologen gefunden haben, vor allem die Entwicklung der Parapsychologie.

Parapsychologie: Gedanken und Erfahrungen (Alfred Farau/Ruth C. Cohn)

Im Vordergrund von Alfred Faraus Vorstellungen, wie sich die Psychotherapie entwickeln müsse, stand die Parapsychologie – eine Tatsache, die er vor allem seinen Notizen anvertraute.

»Aufschluß über die Natur des Weltalls und ebensosehr die der menschlichen Seite – Kosmos der Seele, Seele des Kosmos. Astronautik wird die Parapsychologie nicht nur beweisen, sondern einfach in ihrer Existenz darstellen, während umgekehrt die Parapsychologie die Sternfahrt begünstigt. Die Sternfahrt entsteht zur Erforschung des psychischen Kosmos. Parapsychologie wird der innere Ausdruck der Astronautik werden – des Menschen, der im Weltall lebt. Astronautik ist der äußere Ausdruck der Parapsychologie. Beide sind zusammengehörig, und mit ihnen beginnt die große Wanderung gemeinsam und zu gleicher Zeit. Ich weiß, daß die Psychologie der Zukunft in Parapsychologie einmünden wird. Von den zeitgenössischen Tiefenpsychologien hat das die Jungsche bereits getan.«

Freud: »If I had my life to live over again I should devote myself to psychical research rather than to psychoanalysis.« (Wenn ich mein Leben noch einmal zu leben hätte, würde ich es lieber für parapsychologische Forschung als für die Psychoanalyse verwenden).

Farau: »Es ist an der Zeit, Freuds ursprünglichem Interesse Respekt zu zollen. Es gibt nichts Anregenderes für die zukünftige Forschung als die Probleme der Parapsychologie. Sie gehört wie alle anderen Zweige der Wissenschaft einem größeren Ganzen an ... Sie beginnt dort, wo die Phänomene durch keine Physiologie mehr erklärt werden können. Bei diesen Phänomenen handelt es sich um einen Qualitätsunterschied.«

»Man sollte sich als Parapsychologe klarsein, daß nur ein ganz neuer Weg, an und mit der menschlichen Psyche zu arbeiten, zu neuen Resultaten führen wird ... Der kosmisch orientierte Mensch der Zukunft, von dem ist zwar im Alltag noch sehr wenig zu bemerken, aber das ändert nichts an der Tatsache, daß er auf dem Wege ist. In jedem Zeitalter stehen andere Dinge im Zentrum der Weltbedeutung. Heute ist es die Wissenschaft. In Physik, Biologie, Psychologie, Mathematik werden transzendente Wege immer deutlicher.«

Fred suchte für seine Vision der Psychologie der Zukunft eine weitgespannte und präzise Basis. Ich entsinne mich jedoch, wie er einmal traurig sagte – so ganz nebenbei, als wir über sein Buch sprachen: »Ich komme nicht nach mit allem, was man wissen müßte; es ist ganz ausgeschlossen.« – Kurz danach wurde er krank.

Mich selbst hatte Parapsychologie nicht besonders interessiert, bis ich durch ein Ereignis, das mir nur durch Telepathie erklärbar schien, meine wohl vorurteilsvoll bestimmte Gleichgültigkeit aufgab. Rückschauend ist mir klar, daß ich viele Gelegenheiten gehabt hätte, parapsychologische Phänomene zu erkennen und daß ich sie sehr schnell wegrationalisiert hatte. Im November 1963 behandelte ich in einer Therapiegruppe eine Patientin, Dora, die überzeugt war, daß sie telepathische Fähigkeiten hatte. Mir erschienen jedoch ihre PSI-Berichte durch »Zufall« genügend erklärt. Dann aber erlebte ich folgendes:

Ich besuchte über das Thanksgiving-Wochenende meinen Sohn in Denver, etwa viertausend Kilometer von meinem Wohnort New York City entfernt. Für einen kurzen Abstecher nach Mexico legte ich in der Nacht nach dem Thanksgiving Day eine kleine goldene, von meiner Mutter geerbte Perlenbrosche in eine Metall-Pillendose, die ich in meiner Handtasche behalten, also nicht mit dem Gepäck aufgeben wollte. (Ich konnte die Nadel nicht anstecken, weil ich ein Lederkostüm trug.)

Als ich bei meiner Heimkehr nach New York die Wohnungstür aufschloß, klingelte das Telefon. Es war Dora. Sie wollte mich um eine Einzelstunde bitten, weil sie mir einen Traum zu erzählen hätte, den sie lieber mit mir allein als mit der Gruppe besprechen würde. Ich schlug ihr diesen Wunsch ab, aus Zeitgründen und weil ich übermüdet war, und ermutigte sie, den Traum doch in der Gruppe zu erzählen.

So erzählte Dora wenige Tage später ihre Erlebnisse und den Traum in der Gruppe. Ihr Freund, dreißig Jahre älter als sie, war vor wenigen Wochen an Krebs gestorben. Er hatte ihr einige Gegenstände vermacht. Doch seine Familie hatte diese Freundschaft nie gebilligt und hinderte Dora daran, die ererbten Gegenstände zu sich nach Hause zu nehmen. Diese Begebenheit hatte sie mit großem Ärger der Gruppe in der letzten Sitzung vor meiner Abreise erzählt, dabei jedoch ihre tieferen Gefühle der Trauer um den geliebten Mann verschwiegen. Dies hatte sie mir in der erbetenen Privatstunde erzählen wollen.

In der Nacht vom Thanksgiving-Day zum Freitag hatte sie einen Traum: »Ich war bei Ruth in einer Privatstunde und fing an, ihr meine Trauergefühle, die ich der Gruppe verschwiegen hatte, mitzuteilen. Plötzlich unterbrach sie mich. Sie sah sehr blaß aus und bat mich, ihr ihre Pillendose vom Fensterbrett zu holen, da sie einen Herzanfall habe. Ich erschrak und holte die Dose; doch als ich sie öffnete, waren darin keine Pillen, sondern eine goldene Perlennadel.«

Während Dora sprach, erschrak ich natürlich sehr über das Zusammenfallen ihres Traumes mit meiner Wirklichkeit. Ich wollte meine Erregung nicht gleich zeigen, um Doras Assoziationen zu der Nadel zu erfahren. So bat ich sie um ihre Einfälle zu allen Details des Traums. Dora fand diese mit Leichtigkeit, doch sie vergaß, Assoziationen zur Perlennadel zu suchen. Als ich sie darauf aufmerksam machte, sagte sie nachdenklich: »That doesn't seem to belong« (Dies scheint nicht dazuzugehören). Im selben Augenblick fiel mir ein, daß ich diese Worte schon einmal in ähnlichem Kontext gehört hatte, und zwar eine Woche nach dem Tod meiner

Mutter, sieben Jahre zuvor. Ein New Yorker Patient, der wie ich als Kind in Berlin gelebt hatte, träumte, daß er im Flugzeug nach Berlin beim Dinner Wein in einem Kristallglas vorgesetzt bekam: »You know that kind of Berlin crystal glasses with a long stem that we had over there« (Du weißt schon, diese Art von Berliner Kristallgläsern mit langem Stiel, wie man sie drüben hatte). – Ich hatte nach dem Begräbnis meiner Mutter einige ihrer Sachen aus ihrer Wohnung in Kisten gepackt und zu mir nach Hause genommen. Darunter waren solche »Berliner Kristallgläser mit langem Stiel«. Ich hatte diese Gläser aus dem Elternhaus nur sehr selten in der New Yorker Wohnung meiner Mutter in der Hand gehabt. Der Patient, der diesen Traum während meiner Trauerwochen-Abwesenheit träumte, hatte auf meine Frage nach Assoziationen zu diesem »Kristallglas« mit denselben Worten geantwortet, die jetzt Dora gebrauchte: »That doesn't seem to belong.«

Nach diesem zweiten »That doesn't seem to belong«-Erlebnis stellte ich die Möglichkeit von telepathischen und anderen parapsychologischen Ereignissen nicht mehr in Frage. Es war mir klar, daß ich meinem Anspruch auf Wissenschaftlichkeit nicht genügen könnte, wenn ich diese Perlennadel-Episode als »zufällig« behandelte, wie ich es noch mit dem Kristallglas etliche Jahre zuvor (1957) getan hatte.

Doch auch diese Erlebnisse veranlaßten mich nicht, mich mit Parapsychologie zu befassen; auch nicht, als Renée Nell etliche Male nach Deutschland fuhr, um bei dem Parapsychologen Hans Bender in Freiburg zu studieren.

1972 bewirkte Renée Nell, daß der Executive Board der Academy of Psychotherapists (AAP) das Thema »Beyond the Senses« (Extra Sensory Perceptions – ESP, das heißt Außersinnliche Wahrnehmungen – ASW) als Kongreßthema akzeptierte. Für die meisten Psychotherapeuten – selbst dieser progressiven Organisation – war Parapsychologie ein befremdliches, wenn nicht anstößiges Thema.

Zu dieser Veranstaltung wurden parapsychologische Forscher, die Medien und Experten der Psychologiegeschichte als Referenten eingeladen. Ich ging zu diesem ASW-Kongreß mehr aus Anhänglichkeit für Renée und die AAP als aus sachlichem Interesse. In einer der hintersten Reihen jedoch, in der dunkelsten Ecke des

Kongreß-Auditoriums, entdeckte ich Fred. »Ja, ja, ja, das ist schon interessant«, murmelte er unwirsch, ohne seine leidenschaftliche Beschäftigung mit diesem Thema zu offenbaren.

Der Kongreß war für mich ein umwerfendes Erlebnis. Nach wenigen Minuten war ich völlig im Bann dessen, was ich erfuhr: In beleuchteten Glaskästen wurden Diapositive von Aufnahmen vorgestellt, welche in der UdSSR und anderen Oststaaten gemacht worden waren. Es waren die inzwischen sehr bekannt gewordenen Kirlian-Fotografien, die bisher Unsichtbares sichtbar machten. Sie waren erstaunlicher als die farblosen Röntgenbilder unserer Organe und Knochen; denn schon vor Röntgens Erfindung wußten Menschen, daß sie diese Körperteile hatten! Kirlians Bilder dagegen zeigten prinzipiell Neues. Man sah Lichtstrahlen, die zuvor nur von Propheten, Hysterikern, Malern, Dichtern, Psychotikern geahnt und Heiligen zugesprochen worden waren: die »Aura«. Die meisten Menschen sahen diese »Aura« nicht für real an, sondern interpretierten sie eher als ein Symbol der Erleuchtung, als »Heiligenschein«.

Auf diesen Diapositiven sah ich zum ersten Mal transparente Hände, deren Finger Strahlen aussandten, als ob sie selbst Lichtgeneratoren wären oder vieldochtige Kerzen, aus denen sich züngelnde Flammenspitzen reckten. Die flammenstrahlenden Finger »brannten« mit unterschiedlicher Leuchtkraft. Die strahlendsten gehörten zu den Händen von Heilern, wenn diese sie in Heilungsposition über kranke Menschen hielten. Wenn die Hände nach der Arbeit ruhten, waren sie nur noch von einem sanften, nicht sprühenden Licht umgeben – wie das von Nachtlämpchen im Kinderzimmer.

Wir sahen in den beleuchteten Glaskästen auch Dias von lebenden Blättern am Zweig, die in annähernd gleicher Lichtfülle wie die lebendigen Hände zu glühen schienen. Bei verwelkten Blättern jedoch war das Licht erloschen. Diese dokumentarischen Fotografien schienen zu bezeugen, daß alles Lebendige von einer Aura umgeben ist.

Noch aufregender waren Erzählungen über fotografische Aufnahmen von Menschen, deren Körper im Sterbensprozeß Lichtkugeln in den Raum sandten, auch noch mehrere Stunden nach ihrem medizinischen Tod. Diese Lichtkugeln glühten im Raum weiter, bis sie schließlich im Unsichtbaren verschwanden.

Zuerst war ich mißtrauisch: Trickfotos? Die wären sicher einfach herzustellen! Phantasieerzählungen? Die kann ja niemand nachprüfen! Doch dann überließ ich mich meinem Vertrauen zu Kollegen, die sich mit Parapsychologie befaßt hatten und die die Echtheit der Aufnahmen und Berichte nicht anzweifelten. Die meisten Dokumentationen kamen aus Laboratorien der Sowjetunion und anderen Oststaaten. Dagegen gab es parapsychologische Forschungen in Amerika und Europa erst spärlich. Kurz nachdem ausführliche Berichte über die Forschungen in der Sowjetunion bekannt geworden waren, wurde 1968 der Eiserne Vorhang über alle parapsychologischen Forschungen in den Oststaaten gezogen. Es ist anzunehmen, daß zu jener Zeit die Trainierbarkeit, Informationen auf parapsychologischem Wege zu übermitteln, entdeckt und weiter studiert wurde, wobei die Möglichkeit, diese als Kriegs- und Spionagewaffe zu benützen, militarisierten Köpfen als wertvolles Geheimnis erscheinen mußte.

Der AAP-Kongreß vermittelte noch unglaublicher anmutende Informationen. Auch aus England und Amerika kamen Stimmen, die von Seelenreisen außerhalb des eigenen Körpers berichteten. Robert A. Monroe behauptete, daß er als »Astralleib« von der Zimmerdecke seines Schlafzimmers auf seine Frau und sich selbst heruntergeschaut habe, körperlos aus dem Fenster geflogen sei, der Nachbarin – um ein Siegel der Wirklichkeit zu hinterlassen – einen blauen Fleck gemacht habe und dann wieder zurück ins Schlafzimmer geflogen sei. – Viele der Kongreßteilnehmer hielten die übliche Interpretation, daß es sich hierbei um ein halluzinatorisches Erlebnis oder um eine geschickt erfundene Ausrede für einen Seitensprung handele, nicht für die einzig mögliche Erklärung!

Das Konzept des »Astralleibes« – eines Strahlenleibes im Körper – ist inzwischen in den Bereich wissenschaftlicher Untersuchungen einbezogen worden, speziell im Zusammenhang mit Akupunktur-Energiepunkten und Sterbensforschungen. Es ergibt zum Beispiel eine Möglichkeit, das Phänomen des »Phantomgliedes« zu erklären. (Als Phantomglied wird ein Körperteil bezeichnet, der dem Betroffenen durch Operation oder Unfall verloren gegangen ist, während er weiterhin über Empfindungen in diesem Arm oder Bein berichtet, ganz so, als ob er sie noch hätte.) Das

Konzept des »Astralleibes« ist östlichen und antiken Ursprungs. Heute könnte man die Hypothese aufstellen, daß der betreffende Körperteil als Strahlungsmuster des Leibes erhalten bleibt, ähnlich wie ein Muster des künftigen Lebewesens bereits bei der Fusion von Samen und Ei entwickelt wird. Berichte über Telepathie, Telekinese, Prophezeiungen usw. erschienen bei diesem Kongreß als relativ harmlos und wurden bereits als diskutabel angesehen. Auch das Konzept eines rudimentären Pflanzenbewußtseins wurde akzeptiert. Es wurde berichtet, daß Pflanzen auf die bloße Androhung des Zerschnittenwerdens reagieren, selbst wenn es andere Pflanzen betrifft; ebenso auf das Zerbrechen von Eiern oder anderen lebenden Zellgeweben. Später las ich, daß Pflanzen auf Musik reagieren, und zwar unterschiedlich je nach Art der Musik: zum Beispiel positiv auf Barockmusik, negativ auf atonale Musik und Rock, indem sie sich, je nachdem, in die Richtung neigen, von der die Musik kommt, oder aber auf die andere Seite. (Dies wurde als empirisch gesichert dargestellt, wobei ich allerdings meine, daß solche Versuche noch der Bestätigung bedürfen, wenn ich sie nicht für ein Vorurteil von seiten der Gegner der Rockmusik halten soll!) Auch auf menschlichen Zuspruch und selbst auf freundliche Gedanken reagieren Pflanzen positiv.

Daß liebende Gedanken über viele Kilometer hinweg heilen können, wurde zwar glaubwürdig dargestellt, doch ich habe immer noch Mühe, mich davon überzeugen zu lassen. Heilung durch Hände, die einen leidenden Menschen berühren oder liebevoll über ihn gehalten werden, hatte ich selbst schon erlebt, auch bei meinen eigenen Kindern, als sie noch Babys waren. Zum ersten Mal jedoch hörte ich bei diesem Kongreß, daß manche Blinde mit den Fingerspitzen Farben unterscheiden können und daß Krebskranke und andere Leidende durch bildliche Autosuggestionen bessere Heilungschancen haben.

Tief berührt las ich wenig später das Buch von Jacques Lusseyran, *Das wiedergefundene Licht*. Nachdem er als Achtjähriger erblindet war, sah er ein inneres Licht und lernte hellsehen: »Anstatt mich hartnäckig an die Bewegung des Auges, das nach außen blickt, zu klammern, schaute ich nunmehr von innen auf mein Inneres ... Unversehens verdichtete sich die Substanz des Universums wieder, nahm neue Gestalten an und belebte sich. Ich sah, wie von einer Stelle, die ich nicht kannte und die ebensogut außerhalb meiner wie in mir liegen mochte, eine Ausstrahlung ausgeht oder ein Licht – *das* Licht... Ich sah das Licht, ich sah es noch, obwohl ich blind war... Ich nannte es ›mein Geheimnis‹.«

Im Zweiten Weltkrieg wurde Lusseyran zum hervorragenden Widerstandskämpfer, der durch die Stimme der Sprechenden und mit Hilfe seines inneren Lichts zuverlässige und unzuverlässige Kandidaten für den Widerstand auswählen konnte. Er erlebte, daß »mein Bewußtsein mit dem Bewußtsein von Hunderten anderer in Verbindung getreten war und ich mit deren Leiden und Hoffnungen wuchs. Diese Eingebungen waren alltäglich; ich ertappte mich dabei, daß ich Sachen wußte, die man mir nicht gesagt hatte.«

Nachdem der blinde Lusseyran etwa zweitausend Widerstandskämpfer auf diese Weise korrekt ausgewählt hatte, irrte er sich zum ersten und letzten Mal, wozu ihn sein eigenes Wunschdenken und ein zweiter Ratgeber verführten, da an jenem Tag und Ort eine wichtige Position besetzt werden mußte. Zweitausend Franzosen der Résistance kamen durch diese Fehlleistung mit Lusseyran zusammen ins Konzentrationslager. Er, der als Blinder besonders Gefährdete, gehörte mit nur 29 anderen Gefangenen zu den Überlebenden.

Nach dem AAP-Kongreß sah ich mich nach bekannten Wahrsagern um, weil ich Prophezeiungen erleben und überprüfen wollte und sie für den Augenblick entweder ad acta legen oder endgültig als Möglichkeit anerkennen wollte. Ich beschloß, Vergangenheits- und Zukunftsfragen ins Gespräch zu bringen.

Mein erster Versuch in Atlanta, Georgia, mißlang. Als ich dies dem Wahrsager beim Abschied mitteilte, sagte er ruhig, dies passiere ihm in etwa zehn Prozent der Fälle. Er ließ sich nicht bezahlen. Danach versuchte ich es, im Frühling 1972, in New York mit der Wahrsagerin Beulah Brown. Sie konnte mir vor meiner Abreise nach Europa keinen Termin geben. Das früheste Datum war der 10. November am frühen Nachmittag.

Dieses Datum wurde später bedeutungsvoll: Als ich New York im Frühling verließ, wußte ich, daß Fred Krebs hatte und bei meiner Rückkehr vielleicht nicht mehr leben würde. Als ich zurückkam, war er bettlägerig. Wenige Tage später, Anfang November, verlangte der Arzt seine Überführung ins Spital. Seine Frau und ich verhinderten dies, weil ein Spitalaufenthalt nur Einsamkeit und Qual bedeuten würde, während Sylvia ihren Mann zu Hause liebevoll bis zum Ende pflegen konnte.

Fred verfiel zusehends. Er schwebte zwischen Bewußtsein und komatösem Schlaf. Oft waren seine Bewegungen heftig und unkoordiniert. Er war in Gefahr, sich zu verletzen. Ich übernahm die Aufgabe, ein Spitalbett mit Seitengittern zu besorgen. Das Bett wurde noch am selben Morgen, dem 10. November, geliefert. Nachdem es aufgestellt worden war, fuhr ich zur verabredeten Zeit zu Beulah Brown.

Sie lebte in einem grauen, verlotterten Hotel am Broadway. Ich brauchte einige Minuten, um ihr Apartment zu finden, und kam darum etwas zu spät. Beulah Brown öffnete die Tür. Ich hatte eine uralte, erschreckend häßliche und zunächst gehässige Frau vor mir: Was mir einfalle, so spät zu kommen? Sie habe mehr zu tun, als mich zu bedienen! Es gebe noch andere Leute, die auf sie warteten! »Na, das kann ja gut werden, Erfahrung Nummer zwei«, dachte ich, »die wird mir's jetzt heimzahlen mit bösen Prophezeiungen!« Zu ihr sagte ich jedoch lediglich, daß ich sie in ihrem Hotel nicht sofort gefunden hätte und mir dies leid tue.

Sobald wir im Praxisraum der Hellseherin waren, änderte sich ihr Gesichtsausdruck. Ihre verspannte Häßlichkeit löste sich. Sie schloß die Augen und legte ihre linke Hand auf eine Bibel. Sie verlor ihre direkte Beziehung zu mir. Dann sprach sie fließend wie zu sich selbst: »I see you write. You are writing a book. (Ich sehe Sie schreiben, Sie schreiben ein Buch.) Aber es ist seltsam, es ist kein Roman und kein Lehrbuch. Ich weiß nicht, was es ist. Ich weiß, daß Sie viele Leser haben werden. Sie werden bekannt werden.« Und nach vielen Aussagen über meine Vergangenheit, von denen etwa 75 Prozent eindeutig und korrekt waren, der Rest zweideutig oder falsch, sagte sie: »Somebody very close to you is in the hospital. He will die very soon« (Jemand, der Ihnen sehr nahesteht, ist im Spital. Er wird bald sterben). In spontaner Abwehr fiel ich ihr ins Wort: »No, nobody is in the hospital – nobody I know!« (Nein, niemand ist im Spital, niemand, den ich kenne.) Worauf sie mit Erstaunen und der Gekränktheit eines kleinen Kindes, dem man ein geliebtes Spielzeug wegnimmt, sagte: »But I see a hospital bed – (Aber ich sehe ein Spitalbett), er ist im Spital. Er wird sterben.«

Als ihre berufliche Arbeit beendet war, zeigte sie keine Eile mehr. Wir sprachen noch eine Weile miteinander. Ich bewunderte ihr Hellsehen. Sie sagte, sie könne gar nicht unrecht haben, da sie Gestalten sehe und mit diesen spreche. Ich fragte sie, seit wann sie sich dieser Gabe bewußt sei, und sie antwortete: »Von jeher.« Ihre Großmutter und ihre Mutter seien Wahrsagerinnen gewesen. Sie hätten das Kind einfach aufmerksam beobachtet und etwa vom dritten Jahr an seine »normalen hellseherischen« Fähigkeiten betreut, »so wie man eben Kinder lobt, wenn sie etwas recht machen!« Sie meinte, daß jedes Kind diese Gabe habe, man dürfe sie nur nicht unterdrücken.

Fred starb am 14. November – vier Tage danach.

Alfred Faraus utopische und empirische Gedanken zur Raumfahrt und Astropsychologie

Daß Alles mit Allen und Allem verbunden sei, war meine Überzeugung, lange bevor ich Parapsychologie und Astrologie als Forschungsbereiche mit in den Kreis meiner Gedanken aufnahm. Mir war eine mystische Beziehung zur Welt als All-Einheit ebenso selbstverständlich wie die gedankliche Gewißheit, daß im Universum kein Teil für sich allein existiert. »Alles mit Allen und Allem verbunden«, so lautete die Formulierung des ersten TZI-Axioms, wobei ich das Gefühl habe, daß dies einer Schau oder einem A-priori-Wissen entsprach, das ich nicht erarbeiten mußte, sondern das mir geschenkt wurde (»in die Wiege gelegt?«).

Als in meinem Freundes- und Bekanntenkreis Astrologie als Gesprächsthema auftauchte, war mir der Gedanke nicht fremd, daß es Verbindungen zwischen Menschenschicksalen und Sternkonstellationen gibt – die jedoch mit einer solchen Vielfalt andersartiger Verbindungen zusammenhängen, daß ich dies zwar für eine theoretisch gute Annahme hielt, die praktisch zu erforschen sei, für die Praxis jedoch noch nicht gesichert genug erschien. Allerdings war mir diese Meinung schon seit einiger Zeit etwas fragwürdig geworden, seit ich das Experiment gemacht hatte, die Geburtsdaten meiner Kinder einer mir unbekannten Astrologin zu-

zuschicken, deren Aussagen über die Persönlichkeiten der (erwachsenen) Kinder mir erstaunlich zutreffend zu sein schienen.

Alfred Farau: »Können Sie sich eigentlich vorstellen, daß dieses Zimmer von einem Erdbeben erschüttert wird, und Sie würden es nicht bemerken? Und die billionenfach stärkere Durchschüttelung, die von der Auswirkung der Sterne vor sich geht, sollte ohne Einfluß auf das Leben der Menschen sein? Sie wird bloß darum nicht ständig aufgenommen, weil sie einfach über jedes Menschenmaß hinausreicht. So wie die Bewegung der Erde nicht gespürt wird, weil sie zu schnell ist. Wir bemerken ja nicht einmal mehr die Geschwindigkeit mancher Flugzeuge, weil sie über die sinnliche Perzeptionsfähigkeit hinausgeht. Die extrasinnliche bemerkt es: Reisende klagen nachher über psychische Störungen!«

»Die Individualpsychologie, diese rationale Philosophie der praktischen Vernunft, könnte eine wesentliche Rolle in der Gesamtrolle der Psychologie in diesem astrologischen Zeitalter spielen. In dieser Psychologie akzeptiert der Mensch nicht blindes Schicksal, sondern empfindet sich selbst als eine der kosmischen Schicksalsmächte unter anderen ... Ich möchte fast sagen, er würde den Respekt der Schicksalsmächte gewinnen, wir würden ihn als einen wertvollen Gegner, oder sagen wir vielleicht besser: als einen wertwürdigen Kräftepartner betrachten. Ein weiter Weg von der Individualpsychologie zu diesen metaphysischen Gedankengängen. Es ist auch nicht Individualpsychologie! Aber in deren Entwicklung könnten sie eine Rolle spielen und ihren Platz einnehmen ... Warum sollten die Millionen von Kräften, die auf unsere Atome solchen Einfluß ausüben, gar keinen auf unseren Gesamtorganismus haben? Auf jede Zelle sollten sie Einfluß haben und keinen auf unsere Seele! Unser ›Schicksal‹, das doch ohne unseren Körper gar nicht wäre, sollte ganz unabhängig von diesen Einflüssen sein? Was für ein schrecklicher metaphysischer Aberglaube wäre doch das, eine solche Freiheit der Seele anzunehmen!«

»Lao-tse hat einen Satz gesagt, den in mehr irdischer Art Adler hätte sagen können: ›Die Sterne zwingen nicht, sie zeigen nur.‹ Der mystische Astrologe hat also genau das gleiche gesagt wie der sozialbetonte Psychologe: Es kommt nicht auf die Vererbung an noch auf das Milieu – sondern darauf, was ein Mensch daraus macht. Mehr hat ja die Astrologie nicht behauptet, als daß es kosmische Strahlungen gibt; was heute nicht mal mehr die exakte Wissenschaft leugnet.«

»Die Frage taucht auf: Wenn es keinen Zufall gibt, ist alles prophezeibar, wenn auch nicht immer prophezeit, und die Astrologie gibt die Erklärung: Die Sterne zeigen, sie zwingen nicht. Das würde meiner Theorie nach zweierlei erklären:

1. Die Grundlinie ist gegeben (Geburt, Tod).
2. Die Strahlungen sind gegenseitig. Wir wirken mit. Auch wenn unsere Strahlung unendlich kleiner ist: Sie existiert und mag an Intensität sogar stärker sein als die unendlich größere. Eine Wahrsagerin prophezeite die Ermordung Kennedys – wo ist die Andeutungsmöglichkeit für das, was sie sieht, was geschieht, was geschehen wird, *muß*?

Hier setzt meine Theorie ein. Der Prophet sieht nicht, was geschehen wird, weil es geschehen muß . . . Er sieht den Zeitmoment, der in der Gesamtexistenz immanent vorhanden ist, er sieht also das Zusammenwirken von allen Einflüssen, inklusive unserer Zukunftshaltung, in ihrem Resultat. Unser eigenes Wirken, unser Einfluß, unsere Aktion ist in seinem Sehen bereits eingeschlossen. Er verkündet nicht die Zwischenstadien, sondern das Endresultat, wie es sich aus dem Wirken aller Influenzen, inklusive unserer eigenen historischen, zeigen wird. Mit einem Wort: Die Prophezeiung ist nicht kausalistisch. Die Dinge sind veränderbar, und unser Wirken ist mitverbunden. Der Prophet befindet sich auf einer anderen Ebene als auf der zu beeinflussenden. Die Verstrickungen und Verknüpfungen der zum Resultat führenden Zeitmomente, an denen wir beteiligt sind, überspringt er nicht noch gehört er ihnen an. Er ist Ausdruck jenes Zeitmoments, in dem alle Wirkungen bereits geschehen *sind*.«

»Ich glaube, die Möglichkeit der Prophezeiung ist trotz der Tatsache der Willensfreiheit vorhanden. Wie? Der Prophet läuft unserer Zeit voraus und holt sie in einem bestimmten Zeitmoment (Zeit in unserem Sinn) ein. Er trifft sie, er schneidet ihre Bahn. In der Zusammengehörigkeit der Entwicklung – im Netz kosmischer Dynamik, irgendwo im Raum – sieht der Prophet das Bild des Geschehens, das für uns noch graue Zukunft ist, als bereits vorhanden; so wie das Bild der grauen Vergangenheit irgendwo vorhanden bleibt und aufgefangen werden kann. Er hat die Fähigkeit, unsere Zukunft historisch zu sehen, so wie wir die Fähigkeit haben, die Vergangenheit historisch zu sehen. Deshalb ist der Weg in die Zukunft doch offen und nicht vorherbestimmt, das heißt, nicht fatalistisch. Aber in der Zusammengehörigkeit aller Zeiten sind Vergangenheit, Gegenwart und Zukunft eines ... Er sieht das Gesamtkräftespiel, bei dessen Entwicklung wir schon dabei sind – nur sieht er schon das Resultat. Er ist nur in der Lage, das, was wir aus freiem Willen tun, das heißt, das Maß dessen, wie wir im allgemeinen Kräftespiel mitspielen, als Ganzes bereits zu übersehen. Er sieht in eine andere Richtung der Zeit, in unserem Sinn nach vorn. Die Möglichkeit der Entwicklung, bei der wir mitzureden haben.«

»Die Gesetzmäßigkeit scheint mir darin zu liegen, daß sich das gesamte Kräftespiel auf eine gemeinsame Ordnung bezieht, in deren Rahmen sich unsere Entwicklung entfaltet. Innerhalb dieser Grundordnung vollzieht sich auch die Entwicklungsgeschichte unserer Seele.«

Alfred Faraus Interesse an Astrologie und Raumschiffahrt war enthusiastisch und offen. Schon in seiner Kindheit hatten die abenteuerlichen und technischen Seiten einer Mondfahrt seine Fantasie mit Beschlag belegt. Seine Lehrer und Kameraden hänselten den linkischen Jungen mit seiner »Mondsüchtigkeit«. Später fügte Farau seine humanistischen Überzeugungen und seine Raumutopie mit Adlerianischen Gedanken zu einer metaphysischen Theorie des Gemeinschaftssinns zusammen: Wir würden im Weltraum Lebewesen finden, deren Gemeinschaftssinn fortgeschrittener sei als der unsrige. Denn es könne doch kaum sein, daß nur die Erde geistbegabte Lebewesen hervorgebracht hätte und es nicht schon kultiviertere Intelligenzen mit fortgeschrittenerem Gemeinschaftssinn irgendwo im Weltraum gäbe. – Den Zweifel anderer Menschen über diese Utopie wies er mit der Begründung zurück, daß das unwahrscheinlich Aussehende sich sehr oft als das Wirkliche erwiesen habe: »So sah man um die Jahrhundertwende das Leben als einen chemischen Prozeß an und dementsprechend die sogenannten seelischen Erscheinungen als Funktion des Gehirns. Geschichte bestand aus ökonomischen Verhältnissen, die

Elemente aus Molekülen und Atomen. Elemente waren unverwandelbar. Atome unteilbar. Die biologische Zelle war ein Elementarorganismus. An der ›Tatsache‹ zu zweifeln, daß Masse und Energie zwei grundverschiedene Phänomene seien, wäre um 1870 eine solche Blasphemie gewesen wie im Mittelalter, die Existenz des Teufels zu leugnen ... Außerdem wird der Mensch die Erde nie verlassen können, weil es keine Möglichkeit gibt, die Schwerkraft zu überwinden, und weil es sich physikalisch-mathematisch beweisen läßt, daß es auch in Zukunft nie eine solche Möglichkeit geben wird.«

Im Jahre 1923 schrieb der 19jährige Farau dem 83jährigen Gelehrten Camille Flammarion, der sich auch für Giovanni Schiaparellis *Leben und deren Kanäle auf dem Mars* interessierte und einschlägige Experimente vorschlug, einen Brief, in dem es hieß: »Was für ein lächerlicher Unsinn anzunehmen, daß die Vielfalt des Lebens sich überall nur so äußern sollte wie auf unserem Planeten, Leben immer wieder auf die wenigen Grundbegriffe, die wir gefunden haben, zu beschränken, wie Bewegung, Atmung, Verdauung und Fortpflanzung, und auf die Beschränktheit von fünf oder seien es selbst ein Dutzend Sinnesorganen. Vielleicht ernähren sich die Siriusbewohner durch uns völlig unzugängliche Schwingungen ... Aber wer darf annehmen, daß Leben, selbst so wie wir es kennen, sich nur auf diesem winzigen Planeten entwikkelte, solange unser Wissen über diese Dinge nicht tausendfach gewachsen ist.«

Alfred Farau: »Der Mensch ist klinisch verrückt, doch es liegt noch eine Hoffnung darin, daß er überhaupt ins Universum vorstoßen will. – Welch tiefer Zwang, tiefer als alles Bewußtsein, hat uns diese unabweisbare Sehnsucht gegeben? – Der Mensch ist ein blutrünstiges Tier und ein Geschöpf des Geistes. Ein soziobiologisches Wesen *und* ein transzendentales Phänomen ... Das Leben kam auf jeden Fall aus dem Kosmos, weil der Mensch im Kosmos lebt. Denn dies ist der tiefste Grund unserer Sehnsucht: Der Sohn der Erde ist ein Kind des Weltalls. Wenn der Mensch die Sterne grüßt, grüßt er die Heimat.«

»Im Oktober 1957 eröffnete der Präsident der britischen Interplanetary Society in London eine Sitzung mit: ›Ladies and Gentlemen! Since our last meeting space travel has taken place!‹ Die

Raumschiffahrt war zur Wirklichkeit geworden! Es war geschehen! – In diesen wenigen Worten liegt eine Geschichtswendung: Sehen Sie, hier hat man einmal das Recht, von einem historischen Ereignis zu sprechen. Hier ist wirklich eines jener Ereignisse in der Entwicklung der Erde, wo es nur ein Vorher und ein Nachher gibt. Es ist eben nicht so, daß es einmal den Menschen geben wird, der nicht anders ist als wir – bloß wird er *auch* auf den Sternen leben! (Wahrscheinlich wird er gar nicht sein, weil er sich vernichtet hat!) – Oder er könnte zwar Mensch sein, mit allem Guten und Bösen, wie wir ihn kennen, aber er würde nicht bloß *auch* auf den Sternen leben, sondern im ganzen anders sein. So wie zwischen Tier- und Menschenwelt Gleichheiten sind und trotzdem fundamentale Unterschiede, so ist die Sternfahrt des Menschen keine quantitative Stufe in seiner Geschichte, sondern eine qualitative Wesensveränderung in seiner schöpferischen Entwicklung. Sie ist ein Quantensprung in der Gesamtpsyche des Menschen.«

»Wir wissen nicht, wie sich die menschliche Psyche in neuen planetaren Behausungen verändern wird. Aber wir können sicher sein, *daß* sie sich verändern muß – ebenso wie Wassertiere sich nur zu Erdtieren entwickeln konnten, indem sie Füße bekamen!«

Fred war beglückt über jeden Schritt, mit dem Mathematik und Physik die Raumschiffahrt dem Mond näher gebracht hatten. Als der Bildschirm am 21. Juli 1969 uns Erdbewohnern zeigte, wie Neil Armstrongs großer Stiefel vom Raumschiff auf den Boden eines anderen Himmelskörpers trat, erlebte Fred den wohl glücklichsten Augenblick seines Lebens. Die beiden ersten Astronauten wurden seine geliebten und idealisierten Phantasiebrüder. Die Möglichkeit der Existenz geistiger Wesen auf anderen Planeten wurde ihm zur Gewißheit. Die Ufos bedeuteten ihm sichere Zeichen einer kosmischen Intelligenz. Er regte sich über Staatsmänner und Gelehrte auf, die nicht verstehen wollten, daß der Schritt auf den Mond ein neues Zeitalter der menschlichen Geschichte angebahnt hatte, in dem wir nach seiner Überzeugung extraterrestrische Existenzen kennenlernen würden. Von seinem Standpunkt aus mußte daher der Raumforschung die oberste Priorität eingeräumt werden.

Heute wissen wir, daß es auf Mars, Venus und Saturn keine für uns entdeckbaren Lebewesen gibt. Dies bedeutet jedoch nicht, daß Flammarions oder Faraus Ideen falsch sein müssen! Vielleicht haben sich beide Gelehrte nur in der Adresse geirrt und außerirdische Wesen leben in anderen Galaxien auf Planeten, die ein paar Milliarden Lichtjahre weiter von der Erde entfernt sind; vielleicht graben sie dort ihre »Marskanäle«! Wenn sich heutige Theorien als richtig erweisen sollten, denen zufolge Materie nichts anderes ist als verdichtete Schwingungen, so würde dies bedeuten, daß nicht nur wir Menschen, sondern auch Siriusbewohner von »verdichteten Schwingungen« leben, deren chemische Zusammensetzung uns unbekannt ist. Jedenfalls scheint mir Faraus Hypothese einleuchtend, daß Leben sich nicht notwendigerweise von den uns bekannten Elementen ernähren muß. Die reduktionistische Annahme, Leben sei nur dort möglich, wo es Sauerstoff, Stickstoff und Wasserstoff gibt, ist höchstwahrscheinlich revisionsbedürftig.

An Faraus Utopien und Phantasien ist mir wesentlich, daß er den Mut zum Risiko aufgebracht hat, den Mut, wissenschaftliche Dogmen in Frage zu stellen und nach alternativen Wegen Ausschau zu halten, die zwar nicht die »Tugendhaftigkeit« der empirischen Forschung und deren selbst auferlegte Beschränkungen haben, dafür aber den Abenteurergeist der »Trampelpfadpioniere«.

Freds Euphorie über die erste Astronautenlandung auf dem Mond folgte seine letzte, lange und tiefe Depression.

Farau: »Statt der erhofften Anfänge einer kosmischen Gefühls- und Sichtweise und zumindest einer weltweiten Beschäftigung mit den Möglichkeiten, die der Kosmos der Menschheit bietet, reagiert die Astronautengeneration nur mit Stolz über die technischen Errungenschaften und mit Rivalität, ob die Amerikaner oder die Russen schneller, besser oder militärisch raffinierter den Kosmos ausnützen werden. Nicht die Menschheitsflagge wurde auf dem Mond gehißt, sondern die amerikanische. Die Geste der UNO-Flagge blieb eine bloße Geste. Das kosmische Zeitalter hat nichts zur geistigen Entwicklung beigetragen, sondern die Kräfte des Nihilismus und des Ungeistigen und die Seuche der Apathie verstärkt ... Der große Eroberer Mensch steht vor den Toren des Kosmos wie der Ochs vorm Berge. Und weil er alle Demut verloren ..., hat er nichts als Angst vor dem, was da aufsteigt.«

»Ein Buch über Gesetzgebung im kommenden Zeitalter der Raumschiffahrt hieß: *Wem gehört das Universum?* ... und der Gesetzgeber weiß nicht und spürt nicht einen Augenblick, daß das Universum nicht *uns*, sondern wir *ihm* gehören. – As long as technology conquers our souls, our souls will not conquer space. (Solange Technologie unsere Seelen beherrscht, werden unsere Seelen den Raum nicht erobern.)«

Der heimatlose Alfred Farau hatte eine neue Menschenheimat im Sternenhimmel gesucht. Solange er diese Hoffnung hatte, glaubte er auch noch an die Möglichkeit, daß der Hitlerismus untergehen würde – trotz der »Dummheit der Menschen«. Als auch die Raumfahrt trotz ihrer technisch-materiellen Erfolge geistig scheiterte, begann Freds Lebenskraft zu erlöschen.

Ich schaue hinüber zu meinen Schneebergen, ihrem Mond und ihren Sternen. Die Nacht ist dunkel und still wie vor Tausenden von Menschenjahren. Doch vor wieviel Lichtjahren waren diese sichtbaren Sterne dort, wo ich sie jetzt vor mir zu sehen meine?

Unsichtbar für mich, sausen zwischen ihnen und mir Satellitenfestungen um die Erde, von denen Fred noch nichts wußte. Mein Blick zu den Sternen muß sich durch Festungen von Feuer, Gift und Todesstrahlen hindurchwinden. Der Himmel ist für mich nicht mehr ein Raum mit Ampeln der Geborgenheit. Ich kann Sterne nicht unterscheiden von den kleinen und großen Raumschiffen, die – mit Todeswaffen bestückt – von Menschen gesteuert werden, die darauf aus sind, Unheil zu stiften. Mein Blick zu den Sternen ist verschleiert durch die Vorstellung eines fliegenden Festungswalls von sich medusenhaft vermehrenden Hunters, Killers und anderen offenen und versteckten Satellitenwaffen. Regierungen bedrohen sich gegenseitig mit zerschmetternden, auflösenden, brennenden, zerhackenden Strahlen – wesenlose Zerstörer, die sich auf die Ausrottung von Lebewesen spezialisieren. Angesichts des Overkill-Potentials ist es erschreckend, daß die Mehrzahl der Menschen noch immer dem Aberglauben huldigt, daß das Spiel, sich gegenseitig immer größere Angst zu machen, anders als mit einer Katastrophe enden könne.

Es ist sehr schwer, Frühprägungen und Schulwissen zu überwinden, speziell wenn diese unseren Wunsch, eigene Schwächen auf andere zu projizieren, verstärken. »Der Feind« ist ein schwer zu überwindender Archetyp. Er ist böse und wird uns vernichten, wenn wir nicht aufpassen. Vor allem kann der Feind nicht belehrt werden. Er wird nie einsehen, daß *wir* gern kooperieren und in Frieden leben würden, wenn er nicht aggressiv wäre. – Und wenn es diesen Feind nicht gäbe, wo kämen wir denn da hin? Wenn wir uns selbst den Spiegel vorhalten müßten? Vielleicht, vielleicht können wir einen Schritt zur Kooperation mit »Feinden« tun? Zur Überwindung des Revier-Atavismus? Zur Einsicht, daß wir alle mitverantwortlich sind für Frieden auf Erden? Gewaltlosigkeit mag ein nur langsam zu erreichendes Ideal sein – doch vielleicht könnten uns schon erste Schritte in dieser Richtung zu der Einsicht verhelfen, daß das scheinbar unentrinnbare Schicksal nichts anderes ist als unsere eigene Dämonie, die wir noch zügeln lernen könnten.

Es ist noch nicht zu spät. Es gibt Schneeberge, und es gibt den Sternenhimmel – auch wenn er vom Unrat der Menschen belästigt wird. Es gibt diesen Himmel, zu dem die Not von Millionen schreit. Er ist nicht nur ein sich bewegendes, bedrohliches Heer von feindlichen Geschossen, sondern er ist auch die Unendlichkeit von Galaxien mit ihren Sternen, Planeten, Sonnen und Monden. Noch immer bleibt der Himmel ein Symbol für den Wohnsitz anthropomorpher Götter und für die bildlose, nur im Symbol und in der Seele erfahrbare Gottheit oder Göttlichkeit. Und noch immer bleibt der Himmel Symbol einer geistigen Hoffnung, die das »Dennoch« beherbergt.

Farau: »Die Metaphysik, wie ich sie konzipiere, ist nicht eine Weltanschauung oder Philosophie, sondern einfach eine Funktion des Zukunftsmenschen so wie die Atmung. Ich atme nicht, weil es mir paßt, sondern weil diese Funktion eine Teilfunktion dessen ist, was wir in unserem Erleben und unserer Perzeption ›Mensch‹ nennen. Die Metaphysik der Zukunft gehört so zum Menschsein wie das Sich-gelb-Färben einer Flamme durch Natrium. Der Mensch, der realistisch und praktisch im Kosmos lebt, ist einfach durch diese Funktion seiner Existenz metaphysisch – im irdischen Sinn astrophysisch. Wie sehr das vor allem durch die Funktion der Zeit in heute noch unvorstellbarem Maße bewiesen werden wird, nämlich *gelebt*, das begreift heute noch kaum einer unter Millionen.«[1]

Meine eigene Hoffnung wendet sich vom realen Himmel mit seinen Gestirnen meinem inneren Seelenraum zu mit dem inbrünstigen Wunsch, jeden auch noch so kleinen Schritt auf dieser Erde zu tun, der uns helfen könnte, sie zu erhalten. Um diesen Bruchteil der Chance geht es heute für uns alle. Adler hatte seine Hoffnung auf die Erziehung des sozialen Gemeinschaftsgefühls gesetzt. Farau hat Adlers Andeutung des Transzendentalen, das dem sozialen Gemeinschaftssinn innewohnt, als Zentrum der Psychologie der Zukunft verankern wollen.

Extraterrestrische Wesen spielen in meiner eigenen Phantasie keine Rolle. Ich halte für wahrscheinlich, daß es sie gibt, doch ich erwarte nicht, daß wir durch sie ethischen und religiösen Fortschritt erringen werden. Ich vertraue dagegen auf eine intrapsychische Entwicklung zu größerer Freude- und Liebesfähigkeit, weil ich dies Tausende von Malen mit Patienten, Freunden, Gruppenteilnehmern und mit mir selbst erlebt habe und erlebe: Wir können lernen, mit destruktiven Kräften umzugehen. Sie enthalten Energien, die so nützlich und so schädlich sein können wie Wasser, Feuer und Sprengkraft. Und ich glaube auch an unsere Fähigkeit, den Sinn für Werte, mit dem wir ausgestattet sind, in uns zu entwickeln und in unseren Kindern zu fördern oder aber zu verderben. Ich glaube, daß wir mit der Erweiterung des Bewußtseins und der Einbeziehung viel größerer Bereiche des Unbewußten die »sanfte Revolution« der Friedens-, Frauen- und Männerbewegung vorantreiben und dem Durst nach Liebe und Gerechtigkeit näherkommen werden. Ich glaube, daß ein »geistiger Quantensprung«, den Farau durch Begegnungen im Sternenraum erhoffte, auf Erden geschehen kann und wird, wenn wir in letzter Minute aufgrund neuer Kenntnisse von der äußeren und inneren Welt und der Erkenntnis unserer unbewußt-verankerten illusionären Fixierungen zu weniger grausamen und gewalttätigen und dafür zu gerechteren und gütigeren Menschen werden, deren Selbstverwirklichung sich im sozialen und kosmischen Gemeinschaftssinn als schöpferische Solidarität statt als destruktive Rivalität äußern wird.

Alfred Faraus Metaphysik

Alfred Faraus Notizen sind kein zusammengefügtes oder zusammenfügbares Vermächtnis. Sie sind wichtige Gedankenwege, um das, was er als seine Berufung erlebte, erreichen zu können. Er wollte nachweisen, daß Alfred Adlers Begriff »Gemeinschaftsgefühl« transzendental zu verstehen sei, daß es eine Entwicklung gebe »from social to cosmic embeddedness« (vom sozialen zum kosmischen Gemeinschaftsgefühl). Es sei die Aufgabe der Psychologie der Zukunft, diese Zusammengehörigkeit von Metaphysik und Psychologie zu verstehen und Konsequenzen daraus zu ziehen. Die Tiefenpsychologie könne und müsse die geistige Fundierung des Kampfes gegen die sich in der Welt krebsartig verbreitende »Hitlerisierung« erarbeiten.

Farau gebrauchte das Wort »Metaphysik« nicht in einem eindeutigen Sinne. Er verwendete es im Sinne des »noch nicht Gewußten« oder »des nicht Wißbaren«. Sein Interesse an Parapsychologie beruhte auch darauf, daß diese manches »nicht Wißbare« zum »noch nicht Gewußten« umwandelte. Und manchmal verwendete Farau das Wort Metaphysik auch gleichbedeutend mit Transzendentalität oder »Astropsychologie«. Doch in seinen klarsten Ausführungen schien aus dem chaotisch-kreativen Gewirr von Bedeutungen die Nähe zu den Begriffen Religiosität, Spiritualität und Gott immer deutlicher zu werden.

Alfred Farau: »Es muß eine völlig neue Metaphysik geschaffen werden ... Das Göttliche muß ohne jede menschliche Eigenschaft gedacht werden ... Der Mensch muß das für den anderen tun, was die Natur unterläßt. – Das, was eigentlich das Leben sein sollte, muß er tun. Er muß ihre Unbarmherzigkeit, Grausamkeit, Ungerechtigkeit gutmachen ... Vielleicht ist die Liebe eine menschliche Aufgabe, von einer höheren Macht gestellt, um einander geben zu lernen und die Eiseskälte der Gegebenheiten gutzumachen ... [Ich weiß, daß] auch dieser Gedanke noch immer am Menschlichen krankt; denn Aufgabe und Ziele müssen gar nicht im Wesen dieser Macht liegen.«

»Daß es noch immer eine, wenn auch alljährlich sich verringernde Anzahl von Wissenschaftlern geben kann, die die metaphysische Tendenz aller Wissenschaften verleugnet, verstehe ich einfach nicht. Die heutigen Mathematiker arbeiten mit Formeln jenseits ihres Intellekts, die dennoch so ›wirklich und konkret‹ sind, daß sie in ihren Folgen unseren ganzen Planeten sprengen können ... Heute weiß die Physik, daß die Materie gleich Energie ist, daß die Atome (in der subatomaren Welt) nicht Gesetzen von Ursache und Wirkung, sondern von Wahrscheinlichkeit und Neigung folgen – was meines Erachtens bedeutet, daß wir vielleicht eines Tages wissen werden, daß die Atome sich nicht nur wie psychische Kräfte *ver*halten, sondern sie *ent*halten oder, besser gesagt, ein anderer Aspekt des Seienden sind, so wie Masse und Energie als Einheit konzipiert werden können.«

»Metaphysik ist nicht ein vergrößerter oder erweiterter Materialismus, sondern eine grundlegend andere Lebensschau. Wenn eines Tages Materialismus und Metaphysik als eine Einheit erlebt und alle Lebensphänomene als Manifestation der spirituellen Realität erfaßt werden, dann wird es nicht länger wichtig sein, von Metaphysik zu sprechen, denn alles wird spirituell sein! Für den Augenblick ist es absolut nötig, die metaphysischen Trends zu betonen, denn deren Entwicklung könnte die Menschheit erretten, und ich meine das buchstäblich. – Die organisierten Religionen haben in der westlichen Welt seit der Jahrhundertwende ständig an Boden verloren. Ironischerweise war der schockierende Atheismus des 19. Jahrhunderts, der die Religion als Institution so leidenschaftlich ablehnte, immer noch ein religiöses Gefühl, wenn man an die spätere geschichtliche Entwicklung denkt. Denn wir sind vom ethischen Atheismus zum Grund der Absurdität gegangen. Heute sind die Kirchen selbst bereits revolutionär und wollen Brücken zur modernen Welt finden. Aber die Rahmen der alten Religionen sind zu eng für unser sich stetig erweiterndes Universum. Mitten in unserem Elend klären sich Visionen von unerhörter Größe. Während wir mit unseren kindischen täglichen Anliegen beschäftigt sind und die Kriegsschreie von fünftausend Jahren vor Christus fortsetzen, entwickelt sich ein großartiges kosmisches Gefühl, viel größer, als irgendeine Religion dies bisher verstanden hat. Doch nur sehr wenige Menschen spüren die Hoffnung, die in dieser visionären Größe liegt: Eine neue Kraft, ein neuer Lebenssinn könnte aus ihm erwachen.«

»Der Mensch war zuerst gläubig aus Schwäche, dann wurde er

ungläubig aus Stärke. Ich warte auf den Tag, da er gläubig sein wird aus Stärke.«

»Ich glaube, daß diese beiden Erlebnisse im Menschen, das Psychisch-Soziale und das Geistig-Universale, einander nicht treffen, sondern sich ineinander spiegeln. Sie werfen ihre Schatten ineinander. Der Mensch ist ein sozial-biologisches Lebewesen und ein transzendentales Phänomen.«

»Und eines Tages könnte es passieren, daß die Wissenschaft so lange das Ende des Gotteskonzepts bewiesen haben wird, daß zu ihrem grenzenlosen Entsetzen oder Staunen aus einer letzten, wissenschaftlich-unanfechtbaren mathematischen Gleichung als Lösung die Realität Gottes herausfallen wird. – Daß Schöpfer und Geschöpf zusammenarbeiten; der Schöpfer schafft zwar das Geschöpf, aber sobald es geschaffen ist, wird es im gesamten Universum zu einem mitschöpferischen Anteil.«

Während ich mich um die Lösung der Aufgabe bemühte, Faraus Ideen für mich zu klären, wurde mir bewußt, daß Freds und meine Religiosität die gemeinsame Grundharmonie unserer abgebrochenen Melodien blieb, eine Religiosität, die wir zu jener Zeit nicht klären konnten. Diese Harmonie trug den Klang, daß etwas uns zur Hoffnung berechtigte – ein Glaube, daß Menschlichkeit letztlich siegen wird. Und dies trotz Freds Zorn über die Gleichgültigkeit der Menschen, über die Hitlerisierung der Welt und die verengende Naturwissenschaft, die nicht ahnte, daß sie selbst eigentlich schon seit Einstein und Heisenberg tot war, jedenfalls sehr viel toter als Gott!

Es ist mir nicht möglich festzustellen, wie weit das, was ich in den letzten Jahren durchdacht und durchlebt habe, auf Faraus Anregungen beruht und wie weit ich mit meinen heutigen Freunden und Zeitgenossen weitergegangen bin auf ähnlichen Wegen, weil diese Gedankenwege synchron (oder, wie Fred es ausgedrückt hätte, »durch geistige Osmose«) beschritten werden mußten.

In diesem Zusammenhang sagte einmal Matthias Kroeger zu mir: »Es passiert mir so oft, daß ich nach langem Denken und vielen Erfahrungen zu einem ganz neuen Gedanken komme, den ich mir selbst erarbeitet habe; und dann treffe ich mit andern Menschen zusammen, die zur gleichen Zeit fast das gleiche gedacht haben und zu ähnlichen Resultaten gekommen sind.«

Im Vorraum des Unergründlichen

Lange Zeit hatte Parapsychologie für mich nichts zu tun mit Religiosität. Es fiel mir daher auch schwer zu verstehen, daß Fred die Wörter Parapsychologie, Metaphysik, Spiritualität und Religiosität – ebenso wie Astropsychologie – oft synonym verwandte. Für mich waren parapsychologische Phänomene wie Telepathie, Vorahnungen, Hellsehen, »Pendeln« oder Wünschelrutengänge nur Erweiterung von bekannten oder Hinzufügung noch nicht bekannter Sinnesfähigkeiten.

Religion hatte und hat für mich mit Fragen der Schöpfung, der Welt- und Sinnfindung im Leben zu tun. Die physikalische Erklärung, daß das Universum aus dem Urknall entstanden sei, halte ich zwar theoretisch für möglich, sie beantwortet jedoch nicht die Frage nach Schöpfung und Sinn. (Analogie: Die transzendentale Sinnfrage, aus welchem Grunde Samen und Ei zusammen ein Kind erzeugen, wird durch die biologische Beschreibung von Zeugung und Empfängnis nicht berührt.)

Ich hatte die Frage der Religiosität für mich ad acta gelegt, seit ich meinen Kindheitsgott verlassen hatte und in meiner Begeisterung für Goethe eine überzeugte Pantheistin geworden war. An Göttlichkeit innerhalb und außerhalb meines Leibes zu glauben, war für mich so selbstverständlich, daß ich dieser Tatsache nicht viel Bewußtsein zollte. Ich empfand auch kein Bedürfnis, der Frage eines »Gottes von außen« nachzuspüren oder zu beten, und war jedesmal sehr erstaunt, wenn meine Gedichte zu Gebeten wurden.

In meiner Analyse, in meinen neo-freudianischen Studien und in den Erlebnistherapien blieben Gott und Religion weitgehend ausgeklammert. Ich entsinne mich nicht, daß meine Patienten je über Religion oder Gott gesprochen hätten, außer wenn ihnen diese in ihrer Kindheit als bedrohliche Mächte zu schaffen gemacht hatten. (Dabei möchte ich offenlassen, wieweit sich hier nur die Erfahrung bestätigt, daß Patienten oft bewußt oder unbewußt ihr Verhalten und ihre Träume den Theorien und Überzeugungen ihrer Therapeuten anpassen, und wieweit die Patienten religiösen Fragen damals tatsächlich fernstanden.)

Religiöses Bewußtsein, welches in der ersten Hälfte dieses Jahrhunderts seinen Tiefstand erreicht hatte, erwachte in sehr vielen Menschen in den sechziger und siebziger Jahren neu. Dies geschah zunächst meist auf persönlich-privaten Wegen oder in intimen Gesprächen, und erst allmählich wurde daraus ein kulturelles Phänomen. Fred hat diesen Vorgang nicht mehr bewußt miterlebt. Heute sehe ich die individuellen religiösen Erfahrungen als Teil eines gemeinsamen geschichtlichen Weges, der jetzt von der Gesamtpsyche der Menschheit begangen wird.

Ich weiß nicht genau, wann ich selbst anfing, mich wieder religiösen Fragen zuzuwenden. Es muß etwa im Jahr 1968 gewesen sein, als ich von Virginia Satir die Worte hörte: »Ich bin jetzt im Tao.« Das Wort »Tao« kannte ich damals noch nicht. Ich interpretierte es als »geführtes Schwimmen« in einem göttlich-tragenden Schicksalsstrom. – Dann begegnete mir überall, auch in professionellen Kreisen, die Überzeugung, daß es »keinen Zufall gibt«. Diese Idee als solche war mir nicht fremd, da ich schon lange »Alles mit Allen und Allem« verbunden gesehen hatte. Doch hier entstand eine neue Variante: daß diese Verbundenheit einer göttlichen Intention oder einem Schöpfergott zuzuschreiben sei. Dies hatte zuvor kaum jemand in meiner gebildeten Umgebung zu denken oder gar zu sagen gewagt – oder ich hatte es nicht gehört.

Unter meinen Patienten gab es einige junge Leute, die mit Drogen experimentierten. Ohne Ausnahme erlebten sie sich unter deren Einfluß als »Allverbunden«. Ich grübelte damals lange darüber nach, was sie mit »spacing out« meinten (zu deutsch würde das ungefähr heißen: »sich im Raum erweitern«). Auch befreundete Kollegen, die bei Stanislav Grof studiert und an seinen legal durchgeführten Experimenten mit Drogen teilgenommen hatten, berichteten von solchen Erlebnissen. (Ich selbst vermied – mit der einmaligen Ausnahme eines LSD-Erlebnisses – alle Drogen, weil ich wegen früherer negativer Erfahrungen mit Antibiotika und anderen medizinischen Drogen meinen Körper seither nach Möglichkeit keinen Experimenten aussetze.)

Zu meinem größten Erstaunen fingen Anfang der siebziger Jahre etliche Kollegen an, über Reinkarnation zu sprechen, und zwar nicht so, als handle es sich dabei um eine von vielen Möglichkeiten, sondern als von einer selbstverständlichen Wirklichkeit. Manche von ihnen gingen sogar so weit, von Wiedergeburtserlebnissen und Ahnenerinnerungen aus früheren Jahrhunderten und aus verschiedenen Erdteilen zu erzählen – Kollegen von Status, Namen und bürgerlicher Lebensführung!

1973, nachdem ich meine New Yorker Praxis als Therapeutin aufgegeben hatte, war ich ein Semester lang Visiting Professor an der Clark University in Worcester, Mass. Dort war der Drogenkonsum der Studenten sehr groß. Doch schon ziemlich früh im Semester fingen viele dieser jungen Leute an, einen jungen Guru aufzusuchen, der ihnen Anleitung zum Meditieren gab. Sie bestürmten mich, ihn kennenzulernen, aber »mein Stundenplan kollidierte mit seinem«. Ich beobachtete jedoch den positiven Einfluß des jugendlichen Weisen auf die Studenten. Diese versuchten, den Drogenkonsum gegen Meditation und liebevolles Leben einzutauschen. Es gelang vielen. Sie sagten, daß ihnen dies durch transzendentale Meditation (TM) möglich geworden sei. Als ich für kurze Zeit nach New York zurückkehrte, benutzte ich die Gelegenheit, an einem Kurs in TM teilzunehmen.

Ich war, wie so oft, die Älteste unter lauter jungen Leuten. Sie sagten, daß es sich hier um keine Religion handle, sondern um Entspannung. Im Vorraum des Studios jedoch standen ein großes Bild des Guru Maharishi Mahesh Yogi und eine Fruchtschale mit Weihrauchkerzen. Jeder Neuling mußte eine Frucht und eine Blume in die Schale legen. Aufmachung und Weihrauch waren zeremoniell religiös. Schuhe wurden abgelegt. Was mich störte, weil es mir unwahr erschien, war die Behauptung, daß all dies nichts mit Religiosität oder Religion zu tun habe.

Nach dem täglichen Besuch von Vorträgen und Meditationsübungen – sich ruhigstellen, den Kopf entleeren, störende Bilder und Gedanken wie Rauch vorbeiziehen lassen – bekam ich ein Mantra.[2] Ein junges Mädchen sprach es vor, dann sagten wir es gemeinsam, und dann sollte ich es ohne Laute in mir selber sagen. Dies sollte ich täglich zweimal zwanzig Minuten lang üben. Ich tat dies nur kurze Zeit. Etwas in mir schien nicht zur Methodik oder zum Mantra zu passen. So versuchte ich es mit einem kontemplativen Satz: »Was ist mir jetzt wichtig?« Dies gelang mir etwas besser.

Das TM-Erlebnis fügte sich den Erfahrungen der Gindler-Schule an, wo ich gelernt hatte, mich dem Atmen und anderen körperlichen Empfindungen bewußt zu überlassen. Ich hatte erfahren, daß Konzentration auf Körperempfindungen, speziell bei Schmerzen, entlastende Veränderungen bewirkt.

Langsam wurde ich durch den Umgang mit meinen religiös-sensibilisierten Freunden und Patienten auf transpersonale und transzendentale Fragen jenseits der Schulpsychologie aufmerksam. Dazu gehörten Parapsychologie und Religiosität. Eine Brücke bildete meine Arbeit über Intuition.

In meinem ersten TZI-Workshop mit Laien untersuchte ich, was Intuition sei und wie man sie verbessern könne. Diese Frage resultierte für mich aus der Erfahrung, daß die Teilnehmer der Gegenübertragungsworkshops intuitiver wurden. Nun wollte ich das Warum dieser Tatsache untersuchen, um herauszufinden, ob und wie Intuitionstraining auf direkterem Wege möglich wäre. Bei dieser kurzen Forschungsarbeit hatte ich entdeckt, daß das Talent zu intuieren nicht identisch ist mit dem Talent für außersinnliche Wahrnehmung. Intuition scheint ein Abkürzungsweg zu sein zwischen früheren Erfahrungen und ihrer jeweiligen Verfügbarkeit. Außersinnliche Wahrnehmungen dagegen setzen die Fähigkeit voraus, »Sendungen von außen« zu empfangen, und nicht alle Menschen haben oder verfügen über diese Fähigkeit. Das Wort »außersinnlich« halte ich übrigens für falsch. Es handelt sich hier entweder um verfeinerte oder um besondere Sinne für Wellen, die für die meisten Menschen nicht erfahrbar sind.

Hier scheint mir nun die nahe Verbindung zwischen Parapsychologie und Religion zu liegen. Wenn ein ASW-sensibler Mensch sich zu einem bestimmten Punkt »geführt« fühlt, so kann er, wenn er religiös ist, dies als eine innere »göttliche Führung« oder als eine von Gott bestimmte Fügung deuten. Und wenn sich ein solcher Mensch nach innen konzentriert oder zu Gott betet und eine Antwort empfängt, so hängt es von seinem Erleben ab, ob er sie als intrapsychisch-intuitiv auffaßt, ob er sie als transpersonale telepathische Botschaft von lebenden Menschen oder von Verstorbenen deutet oder als eine Offenbarung Gottes erfährt.

Während ich mich bei meinen Reisen zwischen Amerika und Europa (1969–1974) noch nicht bewußt mit der Unterscheidung von parapsychologischen und religiösen Fragen beschäftigte, hatte ich nach meiner Entscheidung, in Europa zu bleiben, neue religiöse Erfahrungen. Zuvor hatte ich immer im Kreise der Familie oder in der Nähe guter Freunde gelebt. Die Möglichkeit, daß ich je »sterbenseinsam« sein könnte, war mir allenfalls in neurotischen Augenblicken, nicht aber als etwas, das einmal Realität für mich sein könnte, in den Sinn gekommen. Nun hatte ich mich auf einen Kontinent begeben, wo ich vor wenigen Jahren buchstäblich noch keinen Menschen gekannt hatte, und wußte, daß tiefere Beziehungen sich nur langsam bilden. Die überwältigende Anerkennung und Begeisterung, die mir entgegenkamen, waren kein Ersatz für Nähe. Doch meine Entscheidung, in Europa zu leben, war mit einer Gewißheit gefallen, die für mich über das psychodynamisch, intellektuell und praktisch Verständliche hinausging.

In New York hatte ich kaum je mit Theologen, Pfarrern oder Rabbinern zu tun gehabt. In Europa kam ich plötzlich durch meine Arbeit mit vielen Theologen und Geistlichen zusammen. Ich war seltsam davon berührt, daß ich als pantheistische Jüdin unter diesen und anderen gläubigen Menschen einige meiner engsten Freunde und Freundinnen fand.

Die Intensität meines religiösen Suchens wurde mir blitzartig bewußt, als Armin Lüthi mich zur Balkonaussicht auf die Berglandschaft führte, die »meine« sein würde, wenn ich »ja« zu der Arbeit an der École d'Humanité sagte; damals fiel mir der Satz ein: »Hier, mit diesen Bergen vor mir, kann ich vielleicht Gott finden.« – Und mit derselben Aussicht auf dieselben Berge entschied ich mich mit dem gleichen Gefühl einer transzendentalen Notwendigkeit, »einem mir noch unbekannten Sinn folgend«, Freds Buch als meine Aufgabe zu übernehmen. Beide Male fällte ich keine abwägende »Ich-Entscheidung«, sondern erlebte diesen Augenblick als »In-spiration« – qualitativ ähnlich einer künstlerischen Inspiration –, wobei ich mich mehr als eine Auffangende denn als eine Gestaltende empfand.

1978, nach etwa einem Jahr anstrengender und oft deprimierender Studien von Faraus Notizen, geriet ich, ohne zunächst einen Zusammenhang zu erkennen, in eine religiöse Krise. Die

Frage verfolgte mich Tag und Nacht, ob ich »Du« sagen könne zu einem personhaften Gott, so wie es einige meiner neuen Freunde taten: Gibt es ein transzendentes Du, das sich uns offenbaren kann, einen anrufbaren Gott? Oder gibt es in jedem Teilchen des Universums – oder auch nur in allen Lebewesen – ein Göttliches? Oder vielleicht nur im Menschen, der transzendentalen Sinn erahnen kann?

Ich wollte religiöse Gewißheit und ich hatte Angst, daß ich durch die Intensität meines Wunsches nach personaldialogischer Erfahrung zu einem Glauben verleitet werden könnte, den ich nicht wollte, und »Opium fürs Volk« rauchen würde. Lieber wollte ich gar nichts glauben und elend sein, als mich glaubend zu betrügen.

Fragen und Antworten, Gespräche und Argumente und Workshops mit Matthias Kroeger über das Thema »Gott und ich« gehörten in dieser Zeit zentral zu meinem Leben. Selten hatten mich seit meiner Adoleszenz religiöse Inhalte gedanklich beschäftigt. Mein Pantheismus war mir so selbstverständlich wie am Autolenkrad zu sitzen und nicht darüber nachzudenken, wie ich schalte oder bremse. Mir fiel nur die Ausnahme auf: daß ich Gedichte schrieb, »als ob« ich an einen ansprechbaren Gott glaubte. Ich hatte mich vor mir selber verteidigt, daß meine Lyrik nicht wörtlich, sondern nur bildlich zu verstehen sei; und daß das Pantheistisch-Göttliche sich kaum in Bildern ausdrücken ließe.

Die religiösen Fragen ließen mich nicht mehr los. Ich suchte, fragte, weinte und betete – obwohl ungläubig – aus der verzweifelten Hoffnung heraus, eine erlösende Antwort aus meiner qualvollen Unsicherheit finden zu wollen. Ich analysierte mich: Diente die Frage nach einem transzendenten Du der Vermeidung anderer, unerledigter Geschäfte? Gehörte die Angst zur Besorgnis, liebe Menschen zu verlieren, oder zur Furcht vor dem Sterben oder vor einem einsamen Tod? Ich ließ keinen Faden meines Bewußtseins und keinen Boten meines Unbewußten unbeachtet vorüberziehen. Ich bat meine Freunde um Hilfe. Sie versuchten, mir zu helfen.

Ich fragte sie, ob und wie sie beteten. Ich sagte, ich könne mir ein individuelles Leben nach dem Tode – sei es als Auferstehende oder durch Reinkarnation – ebensowenig vorstellen wie die Möglichkeit, daß ein persönlicher Gott meinen Gebeten zuhöre. Die Antworten waren verschieden: »Ich bin im ständigen Dialog mit Gott.« – »Ich kann gar nicht anders leben; er zeigt sich mir in meinen Gefühlen, die seine Boten sind; diese zeigen mir, was für mich stimmt und und was ich verändern muß.« – »Ich kann keine schlüssige theologische Antwort geben. Doch sie ist in den Chorälen, und denen gebe ich mich hin. Sie sagen das über Gott aus, was ich begreifen kann.« – »Ich glaube einfach an die Offenbarung Christi; dafür brauche ich keine Begründung.« – »Ich kann mir nicht vorstellen, daß all meine Arbeit an mir selbst überflüssig war; es muß ein Leben nach dem Tode geben.« – Ich hörte meinen Freunden und Freundinnen zu, doch nichts durchbrach die Tiefe meines Dunkels. Ich fand keine Antwort.

Dann kam totale Leere. Keine Fragen und keine Antworten. Ich war im Engpaß, dem toten Punkt. Und aus dieser Leere des Engpasses, der zum organismischen Wandel gehört, fand ich meinen Weg zurück: in den mir vertrauten Glauben an das Göttliche in allem. Doch ich war inzwischen ein Stück weitergegangen in gleicher Richtung, nur mit einem neuen, einem paradox wissend-unwissenden Lächeln. Dies Lächeln sagte, daß mir Beten guttat, ob mir nun jemand zuhörte oder nicht. Ich wunderte mich darüber, daß ich Gebete um Kraft als entlastend und hilfreich erleben konnte, obwohl ich nicht an einen personal-zuhörenden oder hilfegebenden Gott glaubte. (»Autosuggestion« war für mich keine Erklärung, sondern nur ein nichtssagendes Wort.) Ich spekulierte: Wenn das Göttliche alles durchwebt, dann finde ich es nicht nur in mir, in anderen Menschen, in Tieren und Pflanzen, sondern dann muß – oder zumindest kann – das Göttliche auch ansprechbar sein, wenn es sich unseren Sinnen auch nicht direkt offenbart. Die unsichtbare Geistigkeit in mir, die in meinem Bewußtsein punktuell als Subjektivität erscheint, könnte einem Subjektiv-Göttlichen oder einem Gottes-Bewußtsein zugehören; und doch zugleich eine »personale Zelle« sein, die andere personale Kräfte anziehen und abstoßen kann. Dies könnte zum Beispiel durch Gebete bewirkt oder als Gnade erlebt werden. Später, nachdem ich etwas über neue Ansätze der Physik gelesen und Fritjof Capra gehört hatte, fiel mir ein, daß Konzentration vielleicht wie eine Art Magnet wirken kann, der dem bewußten

Willen Energie zuführt. Dies wurde zu einer bildhaft auftauchenden Hypothese: »Kleinstteil-Wellen[3] oder Schwingungen innerhalb und außerhalb eines Menschen können durch Konzentration quasi magnetisch von außen angezogen werden und/oder Kräfte von innen stärken oder vertiefen.« Diese Hypothese kann als eine physikalische oder personal-pantheistische Erklärung für das Phänomen dienen, daß Gebete, Suggestion, Telepathie, Homöopathie, Handauflegen usw. Heilendes bewirken können.

Im Gefühl einer vorsichtigen Gratwanderung über Abgründen – auf der einen Seite die Blindheit für Göttlichkeit oder Gott, auf der andern der Hochmut eines verabsolutierenden Gewißheitsglaubens – verstehe ich jetzt auch besser Faraus und mein jahrelanges Schweigen über »Metaphysik«. Ich glaube, daß in ihm die religiöse Fragestellung schon früher gärte als in mir, doch nicht klar genug hervortrat, als daß er darüber hätte sprechen können.

Wenn das Göttlich-Geistige das Universum durchwebt, bewegend und bewegt, dann sind wir sowohl Bewirkte als auch Bewirkende im göttlichen Werden und Wandel. Theologisch könnte diese Paradoxie eine gedankliche Hilfestellung sein, um die These eines zugleich ewigen und doch werdenden Gottes zu vertreten. Göttlichsein wird uns vielleicht zugleich geschenkt und abverlangt. Die bewegende Kraft im All *ist*, und sie wird von uns mitbewegt. Unsere Gebete und unsere Handlungen können Mitbewegende im Göttlichen sein. Wir sind autonom *und* interdependent.

Ich glaube, daß *Sinn ist*. Ein unergründliches, jedoch erahnbar Geistig-Göttliches *ist*. Doch wir sollen uns kein Bildnis machen, weil wir es nicht können. Gottes Bildnisse sind sterblich. Sie können und müssen vergehen.

Noch gibt es Bäume, Menschen und Psychotherapie – noch können wir viele kleine Schritte tun um einer Hoffnung willen[4]

Hinter meinem Haus gibt es einen Wiesenpfad, einen noch nicht gekiesten oder asphaltierten Pfad, den einzigen weichen Pfad im Umkreis. Er ist sechs Minuten lang und führt zur Scheune meiner

Nachbarn. Die Scheune ist aus altem Holz, klein und schön. Unten fünf bis sieben Kühe, oben Heu, dazwischen eine Leiter, daneben ein Brunnen mit einem Misthaufen davor. Ein an der Hauswand festgenageltes Brett ist »meine« Bank, auf der meist noch ein paar Werkzeuge liegen – ein Hammer, ein Tuch oder eine Axt. Wenn die Kühe weiden, bin ich hier ganz allein. Wenn sie in der Scheune sind und ich komme, klirren Ketten oder muht ein Muh; es hört gleich wieder auf, sobald sie merken, daß ich nicht der Melkbauer bin.

Heute sind sie schon auf der mittleren Alm. Ich kam, um meinen kleinen Spaziergang zu machen, mich hier zu sammeln und meinen Faden der »Gelebten Geschichte der Psychotherapie« zu Ende zu spinnen. Ich möchte zusammenfassen, was ich schon geschrieben habe und was ich mir als mögliche zukünftige Geschichte der Psychotherapie vorstellen kann. –

Diese Geschichte fing mit einem plötzlichen Lichtstrahl an: der Information durch die Mutter meines Freundes, daß es außer Dichten noch einen Beruf gebe, der sich mit der Seele des Menschen beschäftigt; dieser Beruf heiße Psychoanalyse. Und in diesem Beruf könne man Menschen helfen, die mit ihrem Innenleben oder mit dem anderer Leute Schwierigkeiten haben. Jener Lichtstrahl leuchtete sofort in mir weiter: das ist *mein* Beruf! Und das Licht begleitete mich durchs plötzlich verfinsterte Deutschland zum Studium nach Zürich und wurde zum brennenden Schmerz, weil es zu schwach, viel zu un-scheinbar schwach war, um diesem großen Dunkel irgend etwas anzuhaben. – War es wirklich zu schwach? Wie schnell ging's doch, bis an vielen Stellen der Landkarten, speziell der Vereinigten Staaten, Lichtpunkte und Lichtstrahlen aufleuchteten, die größtenteils vom verdunkelten Wien und von deutschen Städten kamen, auch von Schweden und Südafrika, und die ihren Weg zurückfanden – zehn, fünfzehn, zwanzig Jahre später.

Ich spürte das Licht auch in »Bankstreet«, wo es keine Analytiker oder Therapeuten gab, sondern Lehrer, die im Schein dieses Lichts überzeugt waren, daß Kinder, die ohne Verdrängungen aufwachsen dürfen, nicht neurotisch werden. (Gab es einmal Schwierigkeiten, so sagten diese Lehrer mit Überzeugung: »Wenn nur die Eltern nicht so vieles verderben würden ...«)

Und dann strahlte das Licht von Jahr zu Jahr heller in meinem Therapie-Praxiszimmer aus Gesichtern und dem Ausdruck von Bewegungen der einzelnen Patienten, wenn sie anfingen, ihr Leben zu lieben und Freude und Schmerzen, Begeisterung und Trauer, Wut und Zärtlichkeit, Enttäuschung und Mut, Angst und Zuversicht zu bejahen – wenn sie sich nicht nur am einen oder anderen Gefühl festhalten mußten –, und versuchten, im Fluß des Lebens zu bleiben und den inneren Wegweiser auch im äußeren Sein und Tun zu finden. Doch so groß das kleine Licht im Zimmer schien – noch schien es nicht für viele. –

Ich spürte die Dynamik meiner subjektiven Wahrheit, daß ich nicht neutral, nicht lediglich Spiegel sein wolle und dürfe, weil etwas in mir brachliegen mußte, wenn ich nicht geben und nehmen durfte im offenen Austausch mit meinen Patienten, so wie ich es mit Studenten tat. Existentielle Realität zu verneinen, dachte ich, kann weder therapeutisch noch pädagogisch sein. Realität ist Autorität; dies zu verkennen und Menschen methodisch als Behandlungs-»Objekte« einzustufen, hat unrealistische, daher pathogene Züge. – Als ich mir erlaubte, die Wechselseitigkeit der existentiellen Beziehung nicht nur als Übertragung zu bearbeiten, sondern als gemeinsame Hier-und-Jetzt-Aufgabe von Patient(in) und Therapeutin, und diese Wirklichkeit als Beziehung zwischen Menschen in die therapeutische Aufgabe mit einzubeziehen, fühlte ich, daß ich als Therapeutin bei mir selbst angekommen war. Und ich traf – wie es innerem Schicksal entspricht – die Kollegen, mit denen ich mich solidarisch fühlen und arbeiten konnte.

Paradoxerweise half uns experientiellen und anderen Gruppentherapeuten die amerikanische Armee. Die Anzahl seelisch verwundeter Soldaten war zu groß, als daß es möglich gewesen wäre, allen individuelle Psychotherapie zu verschaffen. So griff die amerikanische Militärpsychiatrie nach dem Strohhalm möglicher Hilfe durch die gerade im Entstehen begriffene Gruppentherapie.

Das Experiment glückte und machte Schule, als auch im Zivilleben deutlich wurde, daß psychisches Leiden nicht mehr nur einzelne Kranke betraf, sondern zum Massenphänomen geworden war. Doch obwohl solche kleinen Therapiegruppen einen großen Fortschritt in der klinischen Therapie bedeuteten, wuchs doch das

Verlangen nach Prävention (»antizipierender Therapie«) und nach Hilfe für die vielen einsamen, verstörten, behinderten, psychotischen Menschen – von denen viele zusätzlich zu oder anstatt ärztlich verschriebener Drogen zu illegalen Drogen griffen.

Kurz vor der Jahrhundertwende, um 1900, entstand die Psychoanalyse als Hilfe für einzelne, wenige. Das kleine Licht im kleinen Raum. Und fortlaufend: neue Einzeltherapie-Methoden. Viele kleine Lichter in vielen kleinen Räumen.

Kurz vor der Jahrhundertwende, um das Jahr 2000: kleine und große Therapiegruppen, homogene, heterogene Gruppen, Familien- und Sippengruppen, Teamgruppen, therapeutisch-pädagogische Gruppen, Emanzipationsgruppen – wird all dies die vielen kleinen Lichter zum großen Licht werden lassen? Werden die kleinen Lichter das große Licht auf dem Planeten Erde anzünden? (Sehr schwach ist es jedenfalls heute nicht mehr, das Licht, das sich kurz vor 1900 nach innen richtete!)

Die Wiese vor mir endet an den Wurzeln der großen Ahorn- und Lindenbäume, die zwischen mir und dem Tal wachsen. Sie waren schon groß, als ich zum ersten Mal auf diesem Brettbänkchen saß. Doch damals gab es in der Mitte zwischen den Bäumen noch einen Durchblick zu den weißen Bergen hinterm Tal. Dieser ist jetzt beinah zugewachsen, mit Blättern, Zweigen und Ästen. Doch in jedem Winter kommen die Berge wieder.

Ich will den Faden meiner Geschichte der Psychotherapie in eine Zukunft weiterspinnen, selbst wenn ich sie nicht mehr erleben werde. Welche Zukunft? Wie kann ich an Psychotherapie der Zukunft denken, da ich doch nicht weiß, ob es eine Zukunft für diese Berge geben wird? »Prometheus«-Worte steigen auf: »Mußt mir meine Erde doch lassen stehen und meine Hütte, die du nicht gebaut« – Goethes Worte gehören in eine vor-nukleare Zeit! Zukunft der Psychotherapie? Ja, wenn es Menschen gibt, Erde gibt, Hütten gibt. –

Zukünfte sind Phantasien, bis eine von ihnen, oder eine andere unerwartete, Gegenwart wird. Ich schaue von meiner Gegenwart durch die großen Bäume hindurch in die Vergangenheit, um mögliche Zukünfte zu erspähen.

Es ist auf den Tag genau heute, am 14. Juli 1983, neun Jahre her, daß ich in meine »Aussicht mit Wohnung«, sechs Minuten von dieser Bank entfernt, einzog, fünf Monate, nachdem ich sie zum ersten Mal gesehen hatte. Und ich sah sie wieder – immer wieder –, diese blumenmattenreiche, hell- und dunkelgrün umwaldete, wasserfallsprühende – diese in den weiß-blauen Himmel oder in graue Wolkenballwinde hineinragende Berglandschaft.

Damals sah ich junge Männer und Frauen mit kleinen Motormaschinen säend und mähend durch die Wiesen gehen, ein, zwei, drei Stunden lang, hin und her. Ich sah sie Heubündel formen, die sie auf offene Lastwagen oder manchmal sogar noch auf Holzkarren warfen. Ich sah alte Männer mit Sensen an Steilhängen Gras schneiden und große Milchkannen wie Rucksäcke von oberen Matten zur Dorfsammelstelle bringen. Ich sah Kinder überall mithelfen und überall spielen; ganz kleine und ganz große, fast immer zusammen, mit unglaublich viel weniger Streit, als ich es aus Städten kannte – sie spielten auf dem Sträßli, auf den Hügeln, am Bach; auch die ganz Kleinen durften schon überallhin mitkommen, und sie fühlten sich sicher in der Gewißheit, daß die großen Geschwister oder Nachbarskinder sie nicht vergessen würden, wenn ein Auto in der Ferne hörbar wurde. In Blitzesschnelle hob sie jemand vom Sträßli mitten auf die Wiese.

Der Weg von meiner Haustür zur Hauptstraße führte abwärts auf einem schmalen Pfad, kaum breit genug für zwei Füße, und ich beging ihn zaghaft, um ja kein Gras und keine Blume am Rande zu zertreten. Von der anderen Seite des Tals hörte ich das stetige Rauschen des großen Wasserfalls; und neben mir spazierten Kühe mit ihren großen, kunstvoll verzierten Kupferglocken und Eisentreicheln. Sie kamen nahe an mich heran und leckten meine Hand. (»Sie sind stolz auf die Glocken«, sagte die Bäuerin, »sie mögen gar nicht aus dem Stall gehen ohne sie ...«)

War dies Wirklichkeit? Eine heile Land-Insel, wo alles Lebende während meiner 33 Jahre in Amerika in einen Dornröschenschlaf gesunken war?

Ich rieb mir die Augen und sah, daß alles wirklich da war in aller Schönheit – die auch bei untergründigem Streit und trotz Sorgen nicht verging. Und ich schloß die Augen wieder, um sicher zu sein, daß in mir andere Bilder nicht verlorengingen von Kriegen und

Morden und Überfallenwerden wegen Geld oder Vergewaltigung und das Bild vom schwarz-braunen Gischt des Novembermeeres an der Jones Beach und die Bilder von skelettösen, von Giftfliegen zerstochenen Babys und von Kindern, die mit acht Jahren noch zu schwach sind, um auf der Waage zu stehen. Und ich wollte sicher sein, daß ich auch die alltägliche Gewalt in Schulen nicht vergessen würde, wo man um kindferner Fakten und toter Lehrpläne willen Körperrhythmus, Lebenswärme und -liebe, Kreativität und die Stille geistiger Entwicklungsmöglichkeiten junger Menschen zerstört; nicht vergessen, wie Frauen und Männer in Haushalt und Betrieben sich nach Geld- und Zeittakt bewegen, um eines illusionären Luxus willen, weil sie Mitgefangene sind im Konsumbetrieb oder unter ökonomischen und politischen Zwängen leben müssen; Männer und Frauen, die auch in ihrer Freizeit selten frei sind füreinander, weil es zu viel »totes Tun« zu erledigen gibt. – Und wieder Bilder von Stacheldraht, Einzelhaft, Lebensvernichtung durch die Diktaturen des Innen- und Außenlebens, durch introjizierten und äußeren Zwang. Nur nicht vergessen: denn ohne bewußten Einsatz von Menschen, die nicht im Elend leben --- Wenn ich meine Privilegien vergäße, als Ansporn zur Veränderung, wäre ich hoffnungslos –

Heute, neun Jahre später, muß ich meine Augen weder nach innen noch nach außen, auf die Tagesnachrichten, lenken, um nicht zu vergessen. Der kleine untere Wiesenpfad, der zum Dorf führt, ist zur traktorenbreiten Straße geworden. Es geschah langsam: vom Zwei-Fuß- zum Vier-Fuß-Pfad, zum steinigen, holprigen Sandweg, zur Kiesstraße – und ich erwarte, daß sie bald asphaltiert wird, denn der Kies rutscht, und die großen Räder spuren sich ein.

Heute tragen die Kühe nur selten noch ihre sanft läutenden Schmuckstücke; diese müssen zu Hause bleiben. Manche Touristen, auch solche, die sich nicht über den Glockenlärm beschwert haben, stehlen Kuhglocken. Sie sind auch überflüssig geworden, weil die Weiden von elektrischen Drähten umrahmt werden! Menschenhand und Kuhmaul fürchten sich voreinander, weil der elektrische Draht sie trennt.

Die Hauptstraße ist sehr viel breiter geworden und die Wiesenhänge um ebensoviel schmäler; mancher waldige Felsrand voller Farne und Moosblumen lebt nur noch in der Erinnerung, weil er ersetzt wurde durch riesige graue Betonplatten. Der uralte Wasserfall gegenüber sprüht und rauscht nur dann, wenn weniger Wasser-Energie für den Elektrizitätsbedarf gebraucht wird. Meist starrt das trockene Felsloch wie ein blindes Auge zu mir herüber. Die kleinen Motorsäer und -mäher sind verschwunden, und die jungen Bauern steuern jeder seinen eigenen Riesentraktor über Gräser und Blumen – mit aufgelöstem Kuhmist oder mit Riesengabeln und Riesenschleudern –, ja, ja, das Gras richtet sich schon wieder auf nach einigen Tagen, und die plattgedrückten Grasspuren werden unsichtbar. Doch es gibt weniger Blumen und weniger arbeitende Hände auf dem Wiesenland; auch weniger Kühe und fast keine Schweine und Ziegen. Das Futter ist zu teuer, und Kleinbauern können mit ihren wenigen Schweinen oder Ziegen nicht gegen die Tierfabriken konkurrieren. Sie brauchen Nebenverdienste (oder einen Hauptverdienst?) bei den Bergbahnen oder in den Geschäften der nächsten Kleinstadt. Ja, und die Kinder brauchen auch mehr als früher – zum Beispiel Plastikspielsachen, wenn die vom Großvater geschnitzten Farmtiere langweilig geworden sind, und natürlich auch aufziehbare oder batteriegeladene Spielautos. Und »Töffs«, wenn sie älter sind. Skiausrüstungen kosten viel Geld. Den ganzen Winter üben Kinder, wie man Olympiasieger werden kann!

Die Bauersleute sind Menschen, die ihr Land und ihre Kinder lieben. – Doch ihre Arbeit ist schwer; vielleicht brächte das Land noch etwas mehr, wenn man es kunstdüngen und nicht nur mit Kuhmist versorgen würde? Ich sehe den alten Bauern mit einem Eimer Kunstdünger über die schon vom Traktor mit Kuhmist gedüngte Weide gehen. Er streut, streut, streut weißes Pulver über das grüne Gras und den im Winter gesammelten Mist. Wird die Weide, werden die Kinder es ihm danken? – Das Frühlingsgras wird sehr früh im Jahr geschnitten und in Silos aufbewahrt. Die Frühlingsblumen haben keine Zeit, ihre Samen reifen zu lassen. Wie viele von ihnen mögen Heilpflanzen sein? Werden sie den Kühen fehlen wie uns die Vitamine und Mineralien im weißen Mehl?

O nein, nicht verzweifeln, es ist doch wirklich noch immer so schön hier! Es gibt diesen Wiesenpfad, es gibt noch blühende Blumen und spielende Kinder, und nicht alle Bergmatten sind zu Skipisten und Bergbahnen geworden. Noch ist der künstliche Dünger nicht bis zur oberen Alm getragen worden, obwohl man schon davon spricht. Noch haben nicht viele Bauern ihre Wiesen und Abhänge an Städter verkauft, die dort ihre Zweitwohnungen bauen – obwohl sie von dem Geld besser leben könnten als von ihrer Arbeit. Noch gibt es hier anscheinend kein Tannensterben, und der Wald ist nicht verstummt. Noch singen Vögel und bauen ihre Nester, und der Himmel strahlt Sonnen-, Mond- und Sternenlichter über die Pracht der Jahreszeiten.

Noch – noch – noch –

Noch ruhen Kriegsgeräte hier friedlich in den Bergschächten unter Kinder- und Rehfüßen; nur die Düsenjäger brausen, gefolgt vom vielfachen Echo der Berge, über unseren Ohren – so häufig, daß wir lärmtaub geworden sind und sie nicht bewußt wahrnehmen, sondern nur ganz automatisch unsere Gespräche unterbrechen und die Fenster schließen; auch die Lehrer und ihre Schüler. Wir haben uns daran gewöhnt. Auch an den Gedanken des Ernstfalls! (Ja, Luftschutzkeller werden unter jedes neue Haus gebaut!)

Noch – noch – noch –

Noch habe ich Hoffnung. Nie haben Menschen so viel entdeckt, erfunden, einander mitgeteilt wie in diesem Jahrhundert. Das neue Wissensgut ist enorm, und unsere Kommunikationen reichen über Kontinente hinweg und in den Himmelsraum hinein. Wir können denken, berechnen und Instrumente zur Hilfestellung hinzuziehen, die unsere Augen-, Ohren-, Gedächtnis- und Bewegungskräfte um ein Vielfaches verstärken. Und wir können auch die leisen Türen nach innen öffnen und wagen, uns im Bösen wie im Guten zu erkennen, Gefühle und Gedanken nicht zu verleugnen und uns gegen Destruktives zu wehren.

Auf dem Weg nach Hause dachte ich über meine Zweifel und meine Zuversicht nach, und mir fiel ein, daß ich gern andere Menschen fragen würde: »*Warum resignierst du eigentlich nicht? Worauf beruht deine Zuversicht, deine Hoffnung?*« Und ich würde diese Frage nur solchen Menschen stellen, von denen ich annehmen kann, daß sie nicht ganz resigniert haben, denn ich suche Solidarität mit Gleichgesinnten.

Mit Antworten auf diese Frage könnte ich konsequent die *Gelebte Geschichte der Psychotherapie* abschließen; denn letztlich war es diese Frage, die Alfred Faraus Seele bewegte, als er dieses Buch vor mehr als dreißig Jahren ins Leben rief. Sein eigentliches Anliegen, Adlers psychologisch-philosophische Theorie vom sozialen zum transzendentalen Gemeinschaftsgefühl weiterzuführen, war getragen von dem Glauben, daß nur durch tiefenpsychologisches Verstehen und Bewußtwerden der Einheit und Beseeltheit des Kosmos die Entwicklung des sozialen und transzendentalen Gemeinschaftsgefühls eine Chance hätte. Ohne Kenntnis der tiefenpsychologischen Dynamik der Kindheit und ohne Glauben an eine mitgegebene Transzendentalität wäre ein Verständnis für ein »Mehr-als-ich-selbst-Sein« undenkbar. Gemeinsam dagegen könnten Psychologie und Metaphysik, wohl auch mit Hilfe der neuen Physik, ein Zeitalter verantwortlicher Menschlichkeit einleiten.

Ich machte keinen Plan, wem ich die Frage stellen würde. Ich fragte einfach Freunde und Freundinnen, die mich in dieser Woche zufällig anriefen oder denen ich begegnete – aktive Menschen in lehrenden, therapeutischen und beratenden Berufen –, warum sie nicht resigniert haben und worauf ihre Zuversicht und Hoffnung beruht.*

Ursula (Sozialarbeiterin, Mutter, Großmutter):

Die erste Antwort, die ich auf meine Frage bekam, fast bevor ich von der Frage aufs Zuhören umschalten konnte, erhielt ich von Ursula, einer Frau, die sowohl Freude an ihren eigenen Kindern (Erwachsene und Teenager) als auch an ihren kleinen Enkelkindern hat. Ursula arbeitet beruflich mit jugendlichen Straftätern und deren staatlich eingesetzten Betreuern.

»Ich habe Hoffnung, weil ich überall Leute finde, die bewußter leben, Einsicht haben, um mehr Lebensqualität bemüht sind. Ich brauche mich gar nicht nach ihnen umzusehen. Sie begegnen mir einfach überall. Man erkennt sich. Das hat interessanterweise in den letzten Jahren zugenommen – in fast unbegreiflicher Geschwindigkeit.

* Alle Namen der Befragten sind fiktiv, der Stil der Sprechenden und ihre Berufe sind erhalten.

Es geht allen diesen Menschen um Vermenschlichung, um mehr Selbstverantwortung, gegen reflexionslose Unterwürfigkeit oder Dominiersucht, um Lebensqualität in Beziehungen statt um Quantität von Luxus und Konsum.«

Auf meine Frage, wie sie in ihrem schwierigen Beruf mit den verurteilten Jugendlichen, mit Polizisten und Richtern umgehe, die ja oft nicht zu den Gleichgesinnten gehören, sagte sie: »Da höre ich vor allem zu. Und wenn ich gut zuhöre, merken sie, daß ich sie achte und verstehen will. Und sehr oft wollen sie dann auch sprechen. Ich nehme einfach immer an, daß auch Gegner begründete Meinungen haben. Und wenn ich das irgendwie zum Ausdruck bringe, entsteht sehr oft auch beim andern eine Art Durchlässigkeit, selbst bei den Härteren; sie wollen dann wirklich zuhören. Da gibt es oft tolle Überraschungen. Türen gehen plötzlich auf, von denen man gar nicht glaubte, daß Schlüssel überhaupt noch existieren könnten.

Dagegen versuche ich nie zu missionieren; das ist mir zu unproduktiv und zu anstrengend. Ich passe eigentlich immer auf, daß ich meine Kräfte nicht total verschleiße und verbrauche. Wenn ich erschöpft bin, dann resigniere ich nämlich doch. Und da habe ich eben einige Rezepte: Ich versuche, mich mit Leuten zusammenzutun, die auch ›energiebewußt‹ in diesem Sinne sind. Ich übe mich, Aufgaben zu delegieren, Wichtiges von Unwichtigem zu trennen, in meinem Tagesablauf vernünftiges Essen, Turnen beziehungsweise Bewegung und Schlafen nicht zu vernachlässigen, und vor allem Freunde zu haben, die mir Unterstützung und Kraft geben. Das klappt natürlich nicht immer alles so, wie ich das jetzt sage, aber es ist mein ganz großes Anliegen, dies immer besser zu können.

Natürlich habe ich oft Angst, daß die große Katastrophe doch noch kommen wird, aber ich lasse mich nicht davon lähmen. Ich gehe sogar so weit in meinem Glauben, daß die Fortentwicklung, selbst wenn der Zusammenbruch käme, nicht aufhören wird; es muß dann eben für die Fortentwicklung nötig gewesen sein. Doch ich glaube wirklich nicht, daß es so weit kommen wird.

Ich fühle mich von so vielen Gleichgesinnten getragen. Mein Sohn sagte mir gestern: ›Ich bin Bauer geworden. Und Vater arbeitet jetzt als Arzt immer mehr ganzheitlich. Und du arbeitest für die Rehabilitierung von Jugendlichen – siehst du, wir wollen doch alle dasselbe – auch meine Freunde. Das ist doch Hoffnung!‹«

Toni (Lehrerin und Leiterin von Familien-, Lehrer- und Gemeindegruppen):

»Ich habe Vertrauen auf die sich verbreitende Einsicht, daß wir die Grenzen des Wachstums erreicht haben. Die Natur weigert sich, bei unserem Blödsinn mitzumachen; sie macht unsere Ansprüche machtlos; und weil dies jetzt schon viele Menschen sehen, habe ich Vertrauen, daß meine Hoffnung berechtigt ist.

Ich arbeite viel mit Gruppen von Zwanzig- und Dreißigjährigen. Ich bin erstaunt, wie jedes Jahr immer mehr junge Menschen an eine über-individuelle Kraft glauben. Es gibt Sätze, die man früher kaum gehört hat: ›Ich muß etwas beitragen. Ich kann nicht alles aufs System schieben.‹ – ›Ich muß selbst Initiative ergreifen.‹ – ›Ich muß lernen, Verzicht zu leisten, denn ohne das wird es nicht gehen.‹ – ›Ich will nur etwas Sinnvolles arbeiten; das Geld ist mir weniger wichtig.‹

Ich kenne wirklich erstaunlich viele junge Leute, die heute auf einen halben Arbeitsplatz verzichten oder verzichten wollen, um die Arbeitslosigkeit zu vermindern und um selbst Zeit für Sinnvolles zu haben. ›Zeit ist Geld‹ stimmt nicht mehr. Zeit ist für sie Natur oder Liebe oder Handwerk und so weiter. Kreativität ist eines ihrer Hauptworte. – Und ich selbst fühle eine Kraft zwischen mir und diesen jungen Leuten. Ich glaube, daß das, was ich tue, Sinn hat. Wir stecken uns gegenseitig an. Und außerdem glaube ich nicht, daß sich alles Leben selbst ganz auslöschen wird. Irgendein Gott oder kosmischer Geist, oder wie man es auch nennen will, ist sicher da, mit dem wir alle unbewußt oder bewußt verbunden sind.«

Nicole (Gruppenleiterin, Beraterin für Organisationen und Lehrer):

»Ich habe Vertrauen gewonnen durch die alternativen Bewegungen. Da ist soviel mehr Energiebewußtheit als noch vor wenigen Jahren. Energieerzeugung durch Kuhmist oder Sonnenwärme! Ich kenne einen Landwirt, der Jauchegas als Treibstoff für sein kleines Fahrzeug verwendet. Und so viele Leute benutzen Fahrräder statt Autos oder gehen zu Fuß! Dann die ganze Abfallverwertung. Man trägt Flaschen geduldig in den Laden zurück oder wirft sie zumindest in die Glassammelkästen. Das zeigt doch alles, daß ein Geist im Menschen aufwacht, der das Materielle wieder an seinen Platz rückt. Man will die Erde nicht einfach verbrauchen.

Und daß es jetzt auch eine Bewegung gegen die Tierfabriken gibt, die sogar Erfolg hat! Die Tierquälerei in den Tierfabriken und in den Schlachthöfen ist doch einfach unvorstellbar. Zudem werden sich die Tiere bald an den Menschen rächen und sie alle krank machen! Tiere, die sich nicht bewegen dürfen und statt dessen mit Chemie vollgepumpt werden, damit sie nicht krank werden – das kann doch auch an den Menschen, die ihre Eier essen oder ihre Milch trinken, nicht spurlos vorübergehen. Auch darüber haben die Menschen noch vor wenigen Jahren kaum nachgedacht. Und jetzt ist das ganz anders.

In all dem sehe ich eine humanistische und politische Bedeutung. Doch für mich ist die wesentliche Quelle meiner Hoffnung meine tägliche Arbeit, die immer voll freudiger Überraschungen bleibt. Es geht ja in allen Gruppen um Bewußtseinserweiterung im Sinn der Chairmanship.

Ich komme zum Beispiel gerade jetzt von einer fünftägigen Frauengruppe. Da ging es, wie immer in solchen Gruppen, um Probleme des Hausfrauenseins, um Partnerschaftsprobleme, Kindersorgen. Oder auch um die ärgerlichen Berufssituationen, in denen Talent und Fleiß nur selten zu der beruflichen Anerkennung führen, die Männer sehr viel leichter bekommen. Die meisten Frauen waren Hausfrauen, und diese kämpfen immer mit denselben Problemen. Sie haben ihre Kinder zwar sehr lieb, aber Kinder können einen Erwachsenen nie ganz ausfüllen; und Hausfrauen haben Schwierigkeiten, mit befreundeten Erwachsenen zusammenzukommen. Und am Abend ist es immer die alte Geschichte, daß beide Partner zu müde sind, um sich richtig aneinander freuen zu können. Und dann war es in dieser Frauengruppe wie meist, daß zuerst eine große Resignation herrschte und dann langsam Hoffnung aufstieg. Das kommt zustande, weil die Frauen bemerken, daß es nicht ihre eigene Schuld ist, wenn Dinge nicht so sind, wie sie sein sollten, sondern eine allgemeine Notlage, die sie mit fast allen Frauen in der gleichen Situation teilen. Plötzlich merken sie, daß sie weder schuldig noch hilflos sind. Diese Frauen entdeckten, daß die andern Frauen in der Gruppe nicht ihre Rivalinnen sind, deren Selbstwertgefühl vom Anerkanntwerden durch Männer abhängt, sondern Menschen gleicher Art, die ihren Weg besser miteinander finden können als allein.«

Richard (Universitätslehrer, Pädagoge, Ehepartner, Vater): »Ich habe Hoffnung, weil ich die Wirkung meiner Arbeit sehe. Es geht bei mir und bei meinen Studenten um das Erkennen, Wachsen, Aufgeklärtsein im Alltag. Wenn ich mit mir besser umgehe, geht es auch mit den andern besser. Auch Frieden ist keine Sache, die nur draußen ist, sondern eine, die in der täglichen Arbeit innerlich abläuft. Es ist eine Hoffnung, daß viele Menschen es heute merken; Selbsterkenntnis und Friedensmöglichkeit liegen nahe beieinander.

Am schwierigsten ist für mich die Arbeit in Institutionen. In meiner großen Institution bin ich oft sehr niedergeschlagen, speziell in Kommissionen. Aber gestern kam mir zum Beispiel zum Bewußtsein, daß ich mich in einer Sitzung sehr unzulänglich verhalten hatte. Und dann ging es mir gut in einer Beratungssituation, in der es um ganz ähnliche Dinge ging, nur daß ich nicht durch die akute Kommissionssituation beschwert war. Ich sprach mit meinem Klienten darüber und wie wir uns beide zu verhalten lernen müßten, um uns nicht niederdrücken zu lassen und nicht unterzugehen. Es geht wirklich in jeder Situation darum, die eigenen Gefühle mit zu beachten, selbst dann, wenn man sich angespannt oder ausgebeutet fühlt. Dies ist sehr schwierig, aber ich lerne es. Ich kämpfe sehr gegen den Widerstand, meine Gefühle wahrzunehmen. Wenn ich es kann, dann kommt immer der Moment, wo ich auch im Sachlichen zum Fortschritt beitragen kann. Das ist meine Erfahrung mit mir und auch mit denen, die ich berate. Das gibt mir wirkliche Zuversicht: Wir können etwas lernen, das uns Gewähr gibt, nicht unterzugehen.

Eine andere Hoffnung ist für mich die Friedensbewegung. Die Deutsche Bischofskonferenz blieb gerade vor dem Entscheidenden stehen. Aber heute sagten die Amerikaner im Repräsentantenhaus ganz klar ›stop!‹ zu Reagans Rüstungsplänen. Das war im Anschluß an das amerikanische Bischofsmanifest, in dem erklärt wird, daß heute Kriege nicht mehr zu rechtfertigen seien. Ich glaube, daß Reagan nicht mehr darüber hinwegsehen kann. So gibt es überall Hoffnung.«

Angelika (Psychotherapeutin, Ehepartnerin, Hausfrau):

»Meine Hoffnung hängt mit meinem Glauben zusammen, der sehr tief ist. Das gibt mir mehr Kraft, als ich es als einzelner Mensch haben könnte; denn der Einzelne ist an seinen Leib gebunden, und die Hoffnung geht über alle einzelnen Menschen hinaus.

Die Bedrohung durch die Katastrophe sehe ich als Herausforderung an. Mir ist, als befände sich die Menschheit heute in einer unentrinnbaren, letzten Entscheidungssituation, in der es ums Ganze geht. Das ist vielleicht falsch, es kann natürlich auch nur Durchgang sein zu etwas anderem. Aber es trägt die Züge eines Endkampfes, der bestanden werden muß. Ich glaube daran, daß wir dazu geschaffen sind, uns für Werte einzusetzen, und ich glaube auch an eine Erlösung.

Unser Leben hindurch geht es um die kleinste Begegnung und Tat, die uns als ganzen Menschen herausfordert. Was ich mit ganzem Ernst und mit ganzer Hingabe tue, gibt Hoffnung. Doch ich muß meine Grenzen erkennen. Je mehr ich das tue und mich nicht verzettele, um so mehr Kraft habe ich.

Jede Therapie ist Begegnung, und jede echte Begegnung kann therapeutisch sein; auch das macht mich hoffnungsvoll. Die Wärme, die in der Therapie wirksam wird, ist ein Licht, das über die augenblickliche Beziehung hinaus auf einen geistigen Bereich hinweist. Ich glaube, daß das, was innen ist, auch nach außen strahlt, gleichviel ob in einer Zweierbegegnung oder auch in einer großen Versammlung. Es hat eher etwas mit Hingabe zu tun als mit der Anzahl der Menschen. Die Menschheit gehört irgendwie zusammen in ihrer geistigen Entwicklung; jeder ist nur für seinen kleinen Teil verantwortlich, doch er gehört zum Ganzen.«

Hildegard (Schriftstellerin, Ehepartnerin):

»Ich glaube einfach, daß wir als biologische Grundlage einen starken Lebenstrieb haben, der sich durchsetzen wird. Dieser Trieb ist irgendwie im Körperlichen und im Seelischen verankert. Wir wollen das Leben, wollen nicht alles untergehen lassen, wollen Kinder haben.

Die ganze Natur will leben. Und daraus schöpfe ich meine Lebensfreude. Das gibt mir Kraft. Ich fühle es speziell, wenn ich in den Wald gehe. Und obwohl ich weiß, daß die Wälder jetzt gefährdet sind, kann ich mir nicht vorstellen, daß sie zugrunde gehen werden. Du siehst ja, wie die verschiedensten Leute aus allen Parteien sich plötzlich für die Erhaltung des Waldes einsetzen; ob das nun die Grünen sind in Hamburg oder die CSU in Bayern oder die Linke in Schleswig-Holstein: alle setzen sich für den Wald ein! Auch die Friedensbewegung sehe ich als eine Lebensbewegung, die jetzt besonders stark wird, wo das Leben so gefährdet ist.«

Daniel (Sozialpädagoge, Vater und Partner):

»Ich resigniere nicht, weil ich lebe und weil ich lebendig bleiben möchte. Ich habe kein Ziel darüber hinaus. Ich lebe, will erleben, und ich bin traurig, wenn ich etwas nicht erleben kann. Ich habe Hoffnung, weil ich zum Beispiel an Nicaragua sehe, daß Utopien nicht sinnlos sind. Da passieren zum Beispiel Sachen wie ›sich nicht an Gegnern rächen und Gefangene zurückschicken, anstatt sie zu töten‹. – Ja, das haben sie wirklich gewagt. Und die große Alphabetisierung in Nicaragua; die Leute unterrichten sich gegenseitig. Oder daß Prostituierte die Möglichkeit bekommen, andere Berufe zu erlernen. Ich kenne Leute, die drüben arbeiten. Es ist sehr schwierig, aber nicht alles wird verlorengehen. Jedenfalls nicht in dieser Generation. Und meine Hoffnung ist, daß es immer wieder möglich sein wird, solche Aufbrüche zu erreichen und daß es irgendwie weitergehen wird.

Ich war immer wieder beeindruckt durch das Pfingstereignis. Die Leute fühlten sich ohne Jesus vereinsamt. Sie brauchten eine Zu-Gabe, daß Jesus ihnen noch einmal zusprach. Und dann konnten sie erwachsen werden, das heißt für ihre Überzeugung eintreten.

Ich akzeptiere deinen ›Quantensprung des Geistes‹. Dazu gehört auch die Friedensbewegung, die etwas anderes ist, als was Frieden vorher war. Und es ändert sich doch auch manches. Zum Beispiel, daß die deutsche Volkszählung abgeblasen wurde; es war nicht erst das juristische Karlsruher Urteil, sondern weil so viele Leute nicht mitgemacht hätten, und das juristische war nachträglich. Und die Tatsache, daß ein Repräsentantenhaus für ›Nuclear Freeze‹ gestimmt hat, das hatte mit den Bischöfen zu tun, die sich für den Frieden ausgesprochen haben. Die sind auch weiter gegangen als je zuvor.

Vor zwei Jahren hat ein Freund von mir Fotos vom Schwarzwald gemacht. Sie zeigten, wie die Bäume sterben. Der Forstbeamte war wütend über diesen ›diskreditierenden, übertreibenden Journalismus‹. Jetzt sind im Schwarzwald über fünfzig Prozent der Bäume krank oder mußten gefällt werden, und das Forstamt führt Spaziergänger durch den Wald, um zu zeigen, wie schlimm es ist. Dieser Freund fragte denselben Forstbeamten, was er zu der damaligen Situation jetzt sagen würde. Der Mann antwortete: ›Es ist viel schlimmer, als Sie es damals beschrieben haben.‹«

Nadja (Fortbildnerin in einem kommerziellen Betrieb):

»Wenn ich zulasse, was in mir strömt, muß ich viel von meinem Schulwissen loslassen. Ich nehme heute sogenannt Gegebenes, Bewiesenes, Absolutes nicht mehr als absolut an. Wenn ich die Augen schließe und in mich hineinhorche, merke ich immer besser, was für mich stimmt. Ich durchschaue dadurch immer klarer, wo ich noch abhängig von Normen und Ideen und Vorurteilen bin, die nicht wirklich zu mir gehören.

Was mir Hoffnung gibt, ist, daß heute schon so viele Leute sehen, wie einengend und vorurteilsvoll wir erzogen worden sind. Sie sind viel offener für die Welt als früher, und sie fangen an, persönlich und gesellschaftlich ganzheitlich zu denken.

Für mich ist durch TZI sehr viel geschehen. Ich glaube jetzt wirklich, und kann auch danach handeln, daß ich als Person wichtig bin und meine Leistung in der Welt auch, obwohl ich nur ein ganz kleiner Teil dieser Welt bin und daher auch nur einen ganz kleinen Teil der Verantwortung trage für das, was geschieht. Früher war ich, wie die meisten Leute, so überwältigt von dem, was alles in der Welt zu tun ist, daß es schwierig war, überhaupt einen Platz für mich zu finden. Da stand ich immer vor der Wahl, entweder zuviel zu tun und zuviel Verantwortung zu übernehmen oder zu resignieren. Jetzt weiß ich wirklich, daß ich nicht alles allein bewirken kann. Ich muß die Solidarität mit andern bestärken und lernen, daß wir Rivalitätsansprüche herabsetzen müssen. Die jungen Leute sind sehr ansprechbar darauf und haben sehr viel mehr Freude am solidarischen Verhalten. Ich bin viel glücklicher, seit ich meine Machtansprüche herabsetzen konnte und dies auch vermitteln kann. Seit ich in TZI-Workshops mitmache, finde ich mein Leben so viel bunter, farbiger, reichhaltiger und kann das auch weitergeben. Die Betonung des Positiven hat mich lebendiger und aktiver und mutiger gemacht. Und weil ich mutiger bin, mute ich mir mehr zu, mute auch den andern mehr zu, und ich kann viel deutlicher entscheiden, was wichtig ist und was nicht. Ja, das sind jetzt fünf Jahre – und bei den jungen Menschen geht diese Entwicklung sehr viel schneller vor sich!«

Beat (Zeichenlehrer, Vater, Ehepartner):

»Ein Urstein-Gefühl: ›So kann's doch wohl nicht gemeint sein.‹ Woher das Gefühl kommt, weiß ich nicht. Vielleicht gibt es eine Selbstheilungstendenz, die die verlorene Balance wiederherstellt. Ich sehe es wie ein biologisches Gesetz. So wie vor kurzer Zeit noch alle Leute von neuen Autobahnen begeistert waren, und jetzt geht ihnen ein Licht über die Zerstörung der Landschaft auf!

Oder in der Medizin. Man war so stolz auf all die Apparaturen, die Laboratoriumsuntersuchungen, die Krankheitskurven, die Wundermedizinen und so weiter. Aber die Patienten waren keine Menschen mehr, sondern nur noch zu bearbeitende Objekte. Der Arzt orientierte sich nicht am Leben, sondern an der Technik. Er hörte nicht darauf, was der Patient sagte. Und das ist in den letzten Jahren doch plötzlich aufgegriffen worden: Der Arzt ist kein Wundermann, kein Super-Vater, sondern er muß ein persönlich-interessierter, ärztlicher Fachmann sein, der seine Patienten ernst nimmt als Personen. Natürlich schwingt jetzt das Pendel nach der andern Seite; und man hat soviel Mißtrauen gegen den Arzt, daß viele Leute gar nicht mehr zu ihm gehen wollen und Naturheilmethoden suchen und Menschen, die ihnen zuhören und ihnen auch sagen, was mit ihnen los ist. Unsere Ärzte müssen das erst wieder lernen. Und in Krankenhäusern muß man mehr Zeit schaffen für Ärzte und Schwestern, daß sie ihre Patienten kennenlernen können. Und Angehörigen und Freunden oder Seelsorgern viel größeren Platz einräumen. Aber alles Geld geht in irrsinnig teure Maschinerien, die dann auch benutzt werden müssen, selbst wenn die Patienten sie nicht brauchen. Ich bin ein paarmal operiert worden und habe mir, wenn es mir besser ging, Mühe gegeben, mit Assistenzärzten und Schwestern zu sprechen. Wenn man an sie herankommt, erfährt man schon, wie unglücklich sie selbst sind, daß sie für das Wesentliche, warum sie den Beruf gewählt haben, keine Zeit haben dürfen. Die Medizin muß von dem Blödsinn der Spitzenmedizin wegkommen, die nur wenigen Leuten hilft und alle andern vernachlässigt. Wenn man *einen* Patienten für ein paar Jahre länger rettet, wird er zum Symbol, daß man den Tod besiegen kann. Selbst wenn es gegen den Willen des leidenden Patienten ist. – Kranke verstehen und Krankheit vorbeugen – das wünsche ich mir von Ärzten.

Ich habe viel Hoffnung, weil die alternative Medizin um sich greift, und das ist mir ein Symbol für leben und sterben dürfen – nicht eigentlich alternativ, sondern natürlich! Ich finde das phantastisch, daß es Akupunktur gibt und Homöopathie und Interesse an Ernährungsforschung und Kneippkuren, und daß Kräutlisuchen und -verstehenlernen, unsere alte Volkskunst, wieder zu Ehren kommt! Die Alten und die Homöopathie sagten: ›Der Mensch muß nicht krank werden zum Sterben, er soll auslöschen dürfen wie eine Kerze.‹ Das alles läuft doch darauf hinaus, daß ein neues Verständnis für den Menschen als Menschen wächst. Er ist eben keine Maschine, deren Teile man reparieren kann. Und es macht mir auch Hoffnung, daß es schon offizielle Untersuchungen über natürliche Anbaumethoden gibt, die staatlich unterstützt werden. Und daß man sogar leise Andeutungen darüber macht, daß man mit biologischen Produkten sogar preismäßig konkurrieren kann!«

Nathan (Theologe, Universitätslehrer, Vater):

»Die Frage ist für mich selbst leichter zu beantworten als für meine Kinder. Ich habe im Falle einer Katastrophe doch schon ein ganz gutes Stück Leben hinter mir. Ein schönes und erfülltes Leben. Schwieriger wäre es für meine Kinder. –

Doch so sicher können wir ja gar nicht sein, ob es überhaupt zur Katastrophe kommen wird. Der Gesamtzustand der Welt ist so kompliziert und so vielen Einwirkungen ausgesetzt, daß es durchaus noch zu einer Wende kommen kann. Ich sehe die Welt wie ein System mit tausend kleinen Adern. Und wenn man gerade an der richtigen Schaltstelle säße, könnte schon eine leichte kleine Handbewegung eine große Veränderung schaffen.

Ich glaube nicht, daß der ganze Planet umkommen wird. Ich bin eher pessimistisch für Europa. Ökologisch und kriegerisch wird die Welt wahrscheinlich dort nicht so zerstört werden, wo Menschen arm sind und sich gar nicht soviel Industrialisierung und Waffen erlauben können – zum Beispiel China und Indien. Es sind immer die mächtigen Kulturvölker, die zugrunde gegangen sind. Die andern haben weitergelebt. Das dürfte auch in der Atomzeit nicht anders sein.

Mein Glaube: Die göttliche Realität hat uns so viel Schöpfungsmöglichkeiten gegeben, daß wir wirklich von der Gnade Gebrauch machen könnten, diese Wende zu vollziehen. Die Lebendigkeit der Welt gibt uns die Chance, zwischen Chaotischem und Schönem wählen zu können. Ich habe das Gefühl, daß die vielfach verkündete Katastrophenvoraussicht zu einer ›self-fulfilling prophecy‹ werden könnte. Wenn wir das noch nicht wissen können, ist es sicher besser, so zu handeln, als ob Hoffnung da wäre, und ich habe sie auch!«

Gabi (Lehrerin, Gilberts Ehepartnerin, Hausfrau, Mutter, École d'Humanité):

»Meine größte Hoffnung liegt in der veränderten Landwirtschaft in meiner Nachbarschaft. Die Bergbauern hier wollen besser mit der Erde umgehen und sich nicht mehr von der chemischen Werbung fangen lassen. Vor ein paar Jahren gab es zum Beispiel kaum Gemüsegärten. Und jetzt schneiden sich die Bauern, nein meistens die Bäuerinnen, ein ganzes Stück Land von den Wiesen ab, um Hühner zu halten und eigenes Gemüse ziehen zu können. Das war hier früher recht selten. Ich glaube, daß dies mit der Frauenbewegung zu tun hat: Bäuerinnen denken jetzt auch selbständiger als früher und wollen weniger Chemie im Essen.

Und was mich sehr hoffnungsvoll stimmt, sind Informationen, die früher nur alternative Leute wie ich selbst von überallher gesammelt haben, die aber jetzt sogar schon in den Medien veröffentlicht werden. Da hat auch Amnesty International viel geholfen. Früher wußten nur sehr wenige Leute, wie entsetzlich Tausende und Hunderttausende von Menschen überall in der Welt in Gefängnissen und Verstecken mißhandelt werden. Heute weiß das schon fast jeder, und viele Leute schicken Geld oder auch Briefe an Regierungen; ich weiß, daß sehr viele Leute dadurch freigekommen sind oder zumindest nicht mehr gefoltert werden. Und dann gibt es zum Beispiel auch die ›Gesellschaft für bedrohte Völker‹ in Hamburg. Die tun für ganze ethnische Bevölkerungsgruppen, was Amnesty International für einzelne tut. Da geht es um die Ausrottung von ganzen Völkerstämmen, zum Beispiel Indianer in Guatemala oder Kurden in Asien oder Aborigines in Australien. Ich hatte früher keine Ahnung, daß es all diese Völker gab, geschweige denn, daß man sie ausrotten könnte.

Und was mich am meisten aufregt, ist, daß wir viele Nahrungsmittel aus der Dritten Welt kaufen, zum Beispiel Kaffee oder Ananas und andere tropische Früchte, was den Leuten dort Hunger bringt, weil man ihnen ihr eigenes Land für billiges Geld abgeschwatzt hat und sie nun als Saisonarbeiter ihren Lebensunterhalt oft nicht mehr verdienen können, weil die Saison eben kurz ist. Es ist doch Wahnsinn, daß wir den Reis oder die Bananen solchen Leuten wegessen, die früher davon gelebt haben. In ›Brot für Brüder‹ stand einmal der Satz: ›Das Vieh der Reichen frißt das Brot der Armen.‹

Ich habe wirklich Hoffnung, weil so viel Information das Gewissen der Menschen einfach wachrütteln muß! Und vielleicht ist es auch meine innere Kraft, die mich nicht hoffnungslos werden läßt. Ich habe ein Jahr lang Tagebuch geführt, als ich in einer Frauengruppe war und meine eigenen Minderwertigkeitsgefühle überwinden wollte. Das ist mir zum großen Teil gelungen, und Gilbert und ich sind viel glücklicher dabei geworden, von den Kindern ganz zu schweigen. Ich möchte mein Wissen, das ich jetzt von überallher bekomme, weitergeben. Ich kann es in der École, das tut mir gut. Doch mit den erwachsenen Leuten draußen kann ich es noch nicht so gut. Doch ich werde das lernen, denn ich glaube wirklich, daß eine gute Kraft im Menschen ist, die von Gott kommt und die man eben irgendwie finden muß.«

Gilbert (Primarlehrer, Gabis Ehepartner, Hausmann, École d'Humanité):

»Ich glaube, ich werde nie resignieren, solange ich staunen kann. Und die Kinder helfen mir zu staunen – wir erleben so viel zusammen in der Natur – beim Wandern, Kanufahren und Beobachten von Tieren und Pflanzen; und dies Staunen über das Wunderbare, Geheimnisvolle in der Natur, solange ich das habe, werde ich nicht resignieren.

Die Kinder staunen und entdecken und lernen so leicht, wenn ich ihnen Zeit lasse und sie nicht durch Lernstoff hindurchjage. TZI hilft mir sehr zu verwirklichen, was mir am Herzen liegt: lebendig zu bleiben und lebendig zu lehren und zu lernen. Kinder wollen ja wirklich lernen; sie strahlen, wenn sie etwas entdecken, das ihnen wichtig ist. TZI hilft mir, die Stunden so vorzubereiten, daß der Stoff und die Kinder gut zusammenfinden können, natürlich jedes auf seine Art! Und dann stecken wir uns immer wieder gegenseitig an, die Kinder und ich, mit unserer Entdeckungs- und Lernfreude! Wir haben natürlich auch viele Gruppengespräche, über unsere Interessen und Arbeit, was uns liegt und was uns nicht liegt, und was uns ärgert und freut. Es ist mir auch wichtig, daß die Kinder merken, daß jeder seine Schwächen und Stärken hat und daß sie sich damit gegenseitig helfen können. Das tun sie gern. Und sie lernen auch, daß alle Menschen Konflikte haben und daß es gut ist, über sie zu sprechen und sich verstehen zu lernen.

Bei den jüngeren Kindern, etwa bis zu zehn Jahren, kommt es mir vor allem darauf an, daß sie immer mehr Selbstvertrauen gewinnen. Ich glaube, es gibt da ein Urvertrauen, das man stärken kann. Und wenn sie das haben, erleben sie, daß man auch in schlechten Situationen noch etwas machen kann, sich für etwas Wichtiges einsetzen.

Ich resigniere nicht, weil ich sinnvoll finde, was ich jetzt tue. Wenn ich wüßte, daß die Welt morgen zugrunde ginge, wäre das, was ich jetzt tue, immer noch sinnvoll für mich – auch ohne Zukunft.

Eben rufen mich meine Kinder (zwei, fünf, sieben Jahre alt). Sie haben Gabi und mich heute länger schlafen lassen und ein Pfingstfest-Frühstück für uns vorbereitet. – Tschau!«

Unmittelbar bevor ich begann weiterzuschreiben, habe ich die Gedanken meiner Gesprächspartner noch einmal im Zusammenhang gelesen. Dabei erging es mir wie beim Lesen von Marylin Fergusons Buch *Die sanfte Verschwörung* und Fritjof Capras *Wendezeit* wie auch beim Lesen der Zeitschriften *Brain/Mind* und *Leading Edge.* Diese Bücher und Schriften geben mir neuen Auftrieb, wenn meine Hoffnung in Zweifeln unterzugehen droht. Dann helfen mir solche Bücher und Schriften und deren positive Informationen und schöpferische Ideen, mein Selbst- und Weltvertrauen wiederzufinden; denn es fällt mir oft schwer, gegen alle ökologischen, technischen und militärischen katastrophalen Wahrscheinlichkeiten meinen Mut und Frohmut zu bewahren. Die »Macht der Seele« braucht die »Macht der Gedanken«, um sich im Kampf gegen äußere Widerstände und eigene Resignation aufrechtzuhalten. Sie braucht die Zuversicht der Solidarität mit anderen, die Hoffnung in Taten umsetzen kann.

Inmitten der Gewalt blinder Mächtiger, der Qualen der von Armut und Terror Verfolgten, der in Wohlhabenheit Steckengebliebenen und der Apathie gelangweilter, sinnen- und sinnentfremdeter Jugendlicher keimt die »sanfte Revolution der Nicht-Gewalt«, die Auflehnung vieler bewußter Menschen gegen den Ausverkauf des Lebens.

Die Geschichte der Psychotherapie von der Psychoanalyse zur holistischen Ganzheitsschau ist Teil dieser Bewußtseinsbewegung. Das Wissen um psychodynamische und systemgebundene Vorgänge ermöglicht es uns, uns für Situationen einzusetzen, in denen es weniger Angst, weniger Elend, Einsamkeit und Erniedrigungen gibt. Wir verstehen in viel stärkerem Maß als frühere Generationen, wie Böses in Menschen entfacht oder vermindert und kontrolliert werden kann. Es gehört viel innere Bereitschaft dazu, mühselig erworbene therapeutische Erkenntnisse bis in den tiefsten Grund der Seele und bis hin zu den klarsten Wahrnehmungen und Gedanken über die Umwelt zuzulassen. Wenn wir verstehen, daß ich und du böswillig oder gütig werden können, von klein auf oder auch später, und wenn wir wissen, welche Faktoren zu unserer ethischen Entwicklung beitragen, dann können wir wacher werden für unsere Möglichkeiten, gesellschaftstherapeutisch einzugreifen. Veränderungen zum Frieden müssen in uns selbst und beim Verständnis für unsere Nächsten, speziell für Kinder, beginnen; sie setzen die Erkenntnis voraus, daß Frieden ohne soziale, universale Empathie und Gerechtigkeit nie möglich werden kann.

Wir müssen unsere Zusammengehörigkeit als Gemeinschaft auf der Erde nicht nur erkennen, sondern sie auch zu spüren beginnen. Wir sind schicksalhaft an denselben Lebensatem, dieselbe Lebensluft und denselben Lebensrhythmus gebunden. Wir müssen versuchen, diesen Atem nicht der Gewalttätigkeit unserer autistischen Seite des Privilegiertseins oder der von uns gewählten oder über uns diktierenden Regierungen zu opfern.

Meine Auffassung von psychotherapeutischen Prozessen fügt sich dem Bild alter Philosophen und der neueren Physik ein, dem Bild des ewigen Fließens und Schwingens des Universums, eine Bewegung, die keine Statik kennt, in der alle Schwingungen (bzw. Kleinstteil/Wellen) Einfluß aufeinander ausüben. Unser subjektives Erleben ist Teil der Bewegtheit des Universums, und unsere subjektive Kraft hat Anteil an und ist mitverantwortlich für die Richtung der Veränderungen. »Befreiung des Geistes« (Marylin Ferguson) heißt für mich: mutig zu erkennen, was erkennbar ist, zu verändern, was der Entfaltung des Lebens und menschlicher Gerechtigkeit entgegensteht, und einen konstruktiven Weg zwischen Macht und Ohnmacht zu suchen.

Wo immer wir zuviel Not und Frustration erleiden oder aggressive Reaktionen verschleiern, ohne daß wir versuchen, innere und äußere Veränderungen zu bewirken, nimmt die Versuchung, zu resignieren oder gewalttätig zu explodieren, zu. Als Privilegierte und Nichthungernde haben wir es leichter, »Pioniere der Trampelpfade« (Erhard Eppler) zu werden. Es wird für uns alle schlimm, wenn wir diese Chance nicht nützen.

Es gibt keine Einbahnstraße zwischen Ursache und Wirkung. Alle Be-Wirkungen sind ineinander verwoben. Die Vielfältigkeit und die Verwirrtheiten, die aus diesem Reichtum von Faktoren und Einwirkungen entstehen, zu leben und aktiv zu bejahen, die inneren Widersprüchlichkeiten und äußeren Widerwärtigkeiten zu bewältigen, ist die therapeutische Aufgabe einer Menschlichkeit suchenden Gesellschaft.

Es hat seit Jahrtausenden weise Menschen gegeben, die diese Spannungen und den Prozeß der mühsamen, aber lohnenden Selbstwerdung und der Besorgtheit um andere erlebt und gelehrt haben. Die Menge, die jeweilige Gesellschaft, hat sie bewundert und/oder zu Märtyrern gemacht und über ihre Leichen hinweg die Geschäfte der Unterdrückung und Kriege weitergeführt. Die Tatsache, daß heute auch manche Mächtige zu ahnen anfangen, daß der Boden unter ihnen und ihren Kindern nicht nur schwankt, sondern sich in nichts auflösen wird, wenn wir so weitermachen wie bisher, kann vielleicht helfen, den Quantensprung zur Menschwerdung zu vollziehen.

Die Tendenz, daß sich heute viele Menschen transzendentalen und religiösen Fragen zuwenden, hat Impulse aus der Tiefenpsychologie erhalten, die früheren reduktionistisch-materialistischen und atheistischen Tendenzen entgegenwirken. Wer bis an die Grenzen seiner eigenen Seelenforschung kommt, stößt an Fragen, die Antworten nur jenseits unserer Wahrnehmungs- und Denksicherheit, nur in Hypothesen oder im Glauben finden können. Es gibt Probleme und Paradoxien, die wir, als Menschlich-Begrenzte, akzeptieren können, ohne sie in dogmatischen, pseudowissenschaftlichen Fanatismen zu negieren.

Die Tiefenpsychologie hat in der neuzeitlichen Physik einen unerwarteten Partner bekommen. Diese bestätigt, daß der Blick nach außen und der Blick nach innen zusammengehören. Subjektivität wird als existentieller Anteil jeder wissenschaftlichen Evidenz anerkannt: Beobachtetes und Beobachtender sind unauflösbar miteinander verknüpft. Die Komplexität der Wahrnehmung in Raum und Zeit ist an unsere menschliche Subjektivität gebunden ebenso wie alle Berechnungen, die über Wahrnehmungs- und Vorstellungskraft hinausgehen. Dies gilt auch für Theorien, die als Vorboten neuer Erkenntnisse in erweiternde Dimensionen führen: zum Beispiel für Erkenntnisse der Unschärfe von kausalen Berechnungen in sub-atomaren Bereichen; für die erstaunliche Kongruenz von meßbaren Tonfrequenzen und erlebbarer Hörfähigkeit, aber auch für die jahrtausendelang dokumentierte Einsicht von gefühlsoffenen Völkern, Mystikern, Dichtern und Meditierenden, daß die Einheit von »außen« und »innen« erfahrbar ist (siehe Th. Schwenk, E. Jantsch, H. Kayser).

Ich glaube, daß die Leistungsfähigkeit des Menschen und seine Erfindungskraft, wenn er etwas erreichen will, sich nach den ungeheuren Erfolgen der Technologie auch in dem Wunsch, sich selbst und den Planeten zu erhalten, erweisen kann. Ich glaube, es ist möglich, daß jedes Schulkind und jeder Regierende begreifen wird: Überleben und Leben ist für alle möglich, wenn wir es wirklich wollen. Wir haben die emotionalen und die intellektuellen Fähigkeiten – Hände, Herzen und Köpfe –, uns zu solidarisieren und uns von unserer Besitzmanie zu heilen.

Angstmachen und Gewalttätigkeit sind unreife Verhaltensweisen. Menschwerdung vollzieht sich in der Entwicklung eines erweiterten Selbstverständnisses; Menschwerdung heißt einsehen, was uns zu Menschen als Menschen und was uns zu Tötern und Leichen macht. Menschwerdung bedeutet, daß wir die Verflechtung von Schuld und Schicksal anerkennen und weder dem Schicksal noch der Schuld einseitig die Macht zur Last legen.

Vor vielen Jahren gab es im Museum of Modern Art in New York eine Ausstellung »The Family of Man«. Wir wissen oder können es wissen, daß die Menschheit eine Familie ist. Doch immer noch nicht haben wir den Geschwistermord der Genozide überwunden. Die immer größer werdende Gefahr der absoluten Vernichtung hat jedoch dazu geführt, daß wir Aufklärung darüber suchen, und damit Befreiungskräfte gegen ökologische, psychologische und ökonomische Unwissenheit und gegen blinden Gehorsam geweckt. Das »Recht des Stärkeren« und seine Macht sind ins Wanken gekommen, auch wenn deren Brüchigkeit in der politischen und militärischen Entwicklung noch nicht sichtbar wird. Immerhin hat ein hohes Gericht nach dem Holocaust geurteilt, daß es ethische Grenzen gibt, die unabdingbare Geltung haben. Kein Gesetz und kein Befehl darf Menschenrechte verletzen. Kein Mensch soll menschenunwürdige Gesetze und Befehle befolgen. (Gib dem Kaiser nicht, was nicht des Kaisers ist.)

Als Psychotherapeuten helfen wir, Gefühle und Beziehungen deutlicher zu erkennen und dadurch zu einem höheren Maß an bewußter Entscheidungsfähigkeit zu gelangen. Ich glaube, daß es zu unseren Aufgaben gehört, auch solche Verdrängungen zu erkennen, die uns einem über unseren engsten Familien- und Freundeskreis hinausgehenden weiteren Familienkreis gegenüber taub werden lassen. Wenn wir nicht taub und blind wären, könnten wir ja unsere Geschwister der Dritten Welt nicht hungern, krankwerden, verzweifeln und sterben lassen. Wir könnten nicht unseren Reichtum auf anderer Menschen Armut aufbauen. Die Tatsache, daß wir sie ökonomisch versklaven, durch ökologische Schäden verarmen lassen und unsere Märkte in vieler Weise durch sie bereichern, ist heute schon sehr vielen, vielleicht sogar den meisten Menschen bewußt. Oft denke ich beschämt, daß es schwer zu verstehen ist, wie wir damit leben können. Wollen wir nicht wirklich lieber etwas ärmer sein, dafür aber sehr viel weitsichtiger und humaner? Können wir wirklich nicht begreifen, daß wir als kooperative Völker alle sowohl materiell als auch physisch gesünder leben könnten, wenn wir die ausgefahrenen Schienen von Feindbildern und Besitzgier verlassen würden? Wenn wir Feinde und

Feindbilder nicht mehr im andern Revier suchen würden, sondern in unserem eigenen Spiegelbild – weil die einzigen Menschen, auf die wir therapeutischen Einfluß haben könnten, wir selbst sind? Und vielleicht noch einige andere, die uns vertrauen, wenn wir vertrauenswürdig sind? Ist es wirklich zu schwer für uns, das Jahrtausende hindurch geprägte Revier-Besitz-Denken und den damit verbundenen angenehmen Trick aufzugeben, den Trick, das Böse dem andern zuzuschieben, um selbst rein zu erscheinen? Können wir nicht um unseres Gewissens und unserer Vernunft willen und auch aus Angst vor der sicheren Rache den ständigen geheimen Multimillionenmord an den »Dritten Welten« aufgeben und die uns mitgegebenen großen Fähigkeiten menschenwürdig verwenden? Sind wir bereit, unser Bewußtsein von der Technik und der Organisation von Maschinen und Menschen-als-Maschinen auf die Vermenschlichung unserer selbst und damit auf die Rettung der Erde zu lenken?

Die Antwort ist für viele Menschen: ja. Sie drückt sich leise aus in den großen Emanzipationsbewegungen unseres Jahrhunderts und auch in den immer stärker anwachsenden, kleinen bewußtheitserweiternden Gruppen überall in der westlichen Kulturlandschaft, auch in der ständig wachsenden Zahl der wissenden und Bewußtheit ersehnenden Menschen in den Staaten des Ostblocks. Diese Gruppen, die sich wie ein Lichtnetz über die Welt verbreiten, entstanden nicht unabhängig von psychologischen Erfahrungen und Erkenntnissen. Die psychologische Bewußtheit hat sich im Laufe dieses Jahrhunderts von der Einzel- zur Gemeinschaftsschau und deren universalen Verknüpftheiten erweitert.

Jesu Worte können in diesem Zusammenhang hilfreich sein: »Wer unter euch ohne Sünde ist, der werfe den ersten Stein...« Wenn man von der Notwendigkeit spricht, sich auf den »Erstschlag« von Atombomben (»Steinen«) vorzubereiten, so sollte man sich vergegenwärtigen, daß »Erstschläge« schon seit langem geschehen sind: der Erstschlag auf die Wälder durch sauren Regen, auf die Luft durch Ozonlöcher und Smog, auf die Menschenwürde durch verhängnisvolle Spiele mit elektronischen Datensammlern, durch akzeptierte Korruption usw.

Ich bin am Ende meiner *Gelebten Geschichte der Psychotherapie* angelangt. Ich bin heute in der Phantasie meiner Zukunft, im Schnittpunkt zwischen Vergangenheit und zukünftigen Möglichkeiten.

Meine vor fünfzig Jahren in fünf Minuten gefällte Entscheidung, Psychoanalytikerin zu werden, habe ich nie bereut. Die Wissenschaft von der Seele und die Kunst der Therapien sind mir Beruf und Berufung gewesen – von der Couch zum Sessel, vom Sessel zum Kreis der Stühle, von diesen hin zu Auditorien, Kirchen, Schulen, Betrieben und zu diesem Buch. Für mich ist die Psychotherapie der einzelnen, der Menschen in Gruppen und der Gemeinschaft aller Menschen von gleichgewichtiger Bedeutung.

Ich habe gelernt, daß jedes Wachstum Grenzen hat; so wie die Reifung der Frucht durch Wachstum dazu führt, daß sie zur Erde zurückfällt. Die letzten sechs Jahre meines Lebens, die ich vor allem für und mit diesem Buch verbrachte, waren durch Gedächtnisschwäche des Alterns sehr erschwert. Die Leidenschaft bei dieser Arbeit jedoch war nicht geringer als die aller früheren therapeutischen Arbeiten: Ich wollte »sicherstellen«, daß etwas von meiner psychotherapeutischen Substanz ein bißchen länger auf der Erde bleibt als ich selbst!

Wie ich mir mein zukünftiges Leben als Therapeutin vorstelle, wenn es mein Organismus zuläßt und unser Planet weiterleben darf?

Ich glaube, daß TZI jetzt Wurzeln gefaßt hat und von vielen Menschen weiterentwickelt wird. Ich selbst möchte mich vermehrt Gemeinschaftsfragen in aktuellen Situationen zuwenden und zusammen mit Freunden und in kleinen Gruppen Wirksamkeit suchen. Ich möchte auch gern am Konzept des TZI-Gruppenleitens für Selbsthilfegruppen weiterarbeiten, etwas, was Dan Malamud und ich vor zwanzig Jahren anfingen und noch nicht zu Ende bringen konnten.

Zudem habe ich den Wunsch, den harten Schnitt, durch den ich mich von meiner psychotherapeutischen Praxis trennte, ein wenig zu heilen. Als ich in den letzten Jahren vor meiner Rückkehr nach Europa meine therapeutische Privatpraxis in New York aufgab, war ich mir bewußt, daß ich durch die Erfahrung vieler Formen der Psychotherapie, durch die Mitgestaltung der Erlebnistherapie und auch durch die Arbeit mit Fritz Perls meinen Höhepunkt als Psychotherapeutin erreicht hatte. Ich empfand jede Therapiestunde als Geschenk. Doch TZI war neu, war mir sehr wichtig, und die Methodik brauchte gesicherte Grundlagen und Erfahrungen in verschiedenen Tätigkeitsbereichen, wenn sie optimal wirksam sein sollte. Jetzt, wo dies weitgehend geschehen ist, erwacht in mir immer mehr der Wunsch, noch einmal – neben der Arbeit in der Ecole d'Humanité – in mir altersgemäßer Stille und in meinem kleinen Raum die innere Bewegtheit therapeutischer Dialoge mit einzelnen Patienten zu erleben und Anregung und Anstrengung großer Säle, großer Organisationen, großer Gruppen anderen zu überlassen.

Ich freue mich, daß ich noch lebe und lebenswichtige Aufgaben für mich phantasieren kann.

Ich freue mich ebensosehr, daß unter meinem Balkon an einem wunderschönen, sommerlichen Spätherbsttag Kuhglocken von grasenden Kühen läuten, eine Fuchsie auf meinem Fensterbrett noch immer blüht und einige Meisen vom letzten Winter ab und zu nachschauen, ob das wintergewohnte Vogelfutterhäuschen bereitgestellt ist.

Noch scheint die Sonne warm in mein Zimmer.

Nachworte in Briefen

Lieber Fred, Du weißt, daß auch dieser Brief an Dich – wie der erste in diesem Buch – nur in meiner Seele an Dich geht; denn ich glaube heute ebensowenig wie damals an post-irdische Post! Doch ich schreibe an Dich in meiner Seele, wo Du nicht gestorben bist. Als ich Dir den letzten Brief vor sechs Jahren schrieb, war ich zornig; jetzt bin ich dankbar.

Du hast mir zugemutet, Dein Buch zu beenden, und damit die Aufgabe verflochten, mein eigenes Buch zu beginnen, das Du über mich schreiben wolltest, wenn Du mit dem Buch *Die Zukunft der Psychologie* fertig wärest. – Ich selbst wollte nie ein ganzes Buch verfassen. Mir genügten Gedichte und Artikel, die man nachträglich sammeln und zu Büchern machen kann. Du gabst mir durch Deinen Tod den Auftrag, zurückzuschauen, um das Fragment bis zum Jahre 1975 zu ergänzen. Ich hatte nie zurückgeschaut. Ich lebte immer nur in der Gegenwart mit Perspektiven zur Zukunft. Wie fremd mir Rückschau war, welcher Luxus es mir zu sein schien, rückwärts zu schauen, wurde mir deutlich, als ich vor etwa zwanzig Jahren für meinen erwachsenen Sohn Peter – als Begleitgeschenk zu einem Kassettenrecorder – ein Bändchen besprach: »I remember Peter.« Das Aufleben des Kindes in meiner Erinnerung wurde zum glücklichen Erlebnis für mich, ebenso wie das Geschenk für den erwachsenen Mann.

Doch Rückschau auf meine *Gelebte Geschichte der Psychotherapie?* Das war sehr viel schwerer, zumal diese ja nicht nur aus Bildern und Erlebnissen bestehen konnte, sondern Bezüge zur Geschichte der Psychotherapie darstellen mußte. Jedoch, nur als sehr junger Mensch hatte ich viel gelesen und studiert; später teilte ich das Schicksal vieler anderer Frauen, die ein neues Land, eine neue Sprache, äußere Schwierigkeiten und ein unemanzipiertes Frauenschicksal durchlebt haben. Ich lernte und las das praktisch Notwendige, und ich tat nur das Nötigste. Mehr Kraft hatte ich nicht.

Lieber Fred, ich danke Dir, daß Du mich nicht zu einer Zeit zum Lesen genötigt hast, wo ich mir diesen tieferen Wunsch nicht hätte erfüllen können, sondern daß Du Dich selbst auf die ungelesenen

Bücher und Zeitschriften in meinem Haus stürztest, Dich mit ihnen zurückzogst, bis Du dann etwa plötzlich aus Deinem Versteck – in rote Tücher und weißen Bart gehüllt – vom arktischen Eismeer her mit Schlitten und Rentieren ins Kinderzimmer hineinklingeltest; oder an meinem Geburtstag als Goethes getreuer Ekkehart vom Nachthimmel herabflogst – natürlich im schwarzen Rock, Spitzenkragen und -manschetten –, um des Herrn Geheimrat von Goethe neuestes Gedicht an seine liebe Charlotte (»seine Schwester oder seine Frau«) abzuliefern, weil der Herr Geheimrat zur Zeit im Himmel leider unabkömmlich sei (nebenbei, das C. in Ruth C. Cohn steht für Charlotte).

Fred, ich danke Dir, daß Du mir jetzt, gerade noch zur Zeit, eine Rückschau abgefordert hast und daß sie mich – wie Dich Deine eigenen Studien – zur Vorschau auf eine mögliche Zukunft geführt hat; und ich glaube, daß ich durch meine Arbeit zur Ausführung Deines und Alfred Adlers Auftrag beitragen konnte. »Es gibt nichts Praktischeres als eine gute Theorie«, sagte Kurt Lewin; und vielleicht gibt es nichts Lehrreicheres für das Tun im Hier und Jetzt der Gegenwart, als mit dem Fernglas das Dort und Dann der Vergangenheit und der Zukunft zu suchen.

Liebe *Ruth Liepman,* Freds gute Freundin und Agentin für sein Buch, und liebe *Buchinitiatoren vom Klett-Cotta-Verlag:* Ich danke Euch, daß Ihr mir das Vertrauen geschenkt habt, ein »Notdach« für Alfred Faraus »Buchhaus« zu zimmern, und mir verzeiht, daß ich statt dessen ein erweitertes Fragment daraus gemacht habe.

Liebe *Sylvia Farau-Hernfeld* und liebe *Irmela Köstlin,* es ist mir unmöglich, ein ausreichendes »Dankeschön« zu finden für Eure immer wieder verlängerte Bereitschaft, mich in meiner endlos erscheinenden Buchschwangerschaft zu behüten, dem Geist und nicht nur der Zeit vertrauend, daß dieses Warten sinnvoll sein würde (Thoreau: »Nichts kann einem Menschen nützlicher sein als die Entschlossenheit, sich nicht drängen zu lassen. Wenn ich nicht unendlich Raum habe, kann ich nicht denken oder meine Gedanken ausdrücken.«) Du, Irmela, hast nicht nur gewartet; Du wurdest von der mir unbekannten neuen Lektorin zur freundschaftlichen Begleiterin meiner gedanklichen Bemühungen und meiner – nach über dreißig Jahren deutschsprachiger Abstinenz –

langsam wiedererwachenden Elternsprache; geduldig bis zum Tag, wo Deine eigene Schwangerschaft mit der Geburt Eurer kleinen Natascha zu Ende ging – und selbst noch danach, als junge Mutter, die vom Verlag beurlaubt war. Mein Dank an Euch, Sylvia und Irmela, ist in sehr viel Wärme und Liebe eingehüllt.

Nun müßte ich mehrere Absätze mit Namen von Menschen füllen, die auf vielerlei Weise – einzeln und in Workshops – dieses Buch mitgeformt haben; und von Freunden und Freundinnen, die bei Besuchen zum Hasliberg-Goldern und durch Telefongespräche und Briefe von so weit her wie München, Heidelberg, Darmstadt, Stuttgart, Hamburg und sogar von Amerika oder aus der relativen Nähe von Basel, Zürich und Bern meine Freude und Verzweiflung mit durchgestanden haben und mir ihre Gefühle und Gedanken schenkten. Ich will nur einige Menschen stellvertretend für alle anderen beim Namen nennen und Euch andere bitten, um meinen Dank zu wissen und ihn zu fühlen, auch wenn ich keine vollständige Liste herstellen kann.

Dir, liebe *Ruth Ronall,* möchte ich zuerst danken – für die vielen, vielen Stunden, in denen wir in New York neben unseren Alltagsfreuden und -sorgen unsere Gedanken austauschten, uns gegenseitig befruchtend mit unseren Kenntnissen und Ideen. Laß mich Dir auch und vor allem danken, daß auch nach meiner Rückkehr nach Europa Du die Freundschafts- und Arbeitsbrücke nie verlassen hast.

Lieber *Matthias Kroeger,* die beiden letzten Kapitel sind nur durch unsere Gespräche möglich geworden, in denen Du mir manches von Deinen Kenntnissen der Theologie »untheologisch« und manches von der neuen Physik »unphysikalisch« nahegebracht hast. Und mehr als das: Deine mitternächtliche Telefonstimme hat mich fühlen lassen, daß sich auch Bergeinsamkeit via Schallwellen in Wellen gefühlter Nähe und Gleichgestimmtheit verwandeln läßt.

Liebe *Sibilla Marelli,* Du hast in den ersten Stadien meiner Verzweiflung über die organisatorischen Schwierigkeiten meines Schreibens etliche Wochen bei mir gewohnt, gelitten und gelacht und mir vielfach beigestanden, angefangen bei der Herstellung von Erinnerungskarteien bis hin zu inhaltlichen Beiträgen. In dieser Miniwohnung, wo nicht nur Menschen, sondern auch Geschirr und Schuhe, Bücher und Papiere Mühe haben, einen Platz zu finden, und wo es doch so gemütlich in papierfreien Zonen und Zeiten sein kann! Ohne Deine Wegweiserfunktion wäre ich wahrscheinlich frühzeitig unter Freds und meinen eigenen Notizzetteln erstickt.

Andere liebe Gesichter und Gestalten steigen in mir auf: *Zeyde Erdmann, Joseph Mayer-Scheu, Heike Straub, Paul Matzdorf* – Ihr wart da für mich mit Einfällen, Korrekturen und gutem Zureden, an der Telefonmuschel oder in Person. Du, *Irene Amann,* fuhrst für ein paar Tage von München nach Goldern, weil du fürchtetest, daß ohne Geburtshelferin dies Buch ohne TZI-Kapitel erscheinen würde!

Dann Du, *Dorothee Freudenreich,* die als Professorin in Reutlingen wußte, wo sie Bücher für mich finden konnte, Du, *Silvia Schätzle,* die eine Suchaktion nach Büchern bei mir und in Zürich veranstaltete, Du, *Jürgen vom Scheidt,* der zu mir kam, damit wir miteinander herausfinden konnten, über was alles ich mangels Kenntnissen, aufgrund von Vorurteilen oder Urteilen besser nichts schreiben sollte – z. B. Verhaltenstherapie, Primärtherapie, Rebirthing etc. –, ich danke Euch allen für Eure liebevolle Hilfe; ebenso wie *Maya Sonderegger, Annemarie Maag, Sabine Högger, Franck Wolff*, weil Ihr soviel Freizeit geopfert habt, um meinen fünften, zehnten oder fünfzigsten Entwurf zum sechsten, elften und einundfünfzigsten Mal mit mir zu ordnen oder zu korrigieren. Und in ähnlichem Sinn möchte ich ganz besonders Euch beiden Sekretärinnen dafür danken, daß Ihr jahrelang im Teilzeit-Pendelverkehr von Basel resp. Bern zu mir kamt und nicht nur Tage, sondern oft auch Nächte liebevoll und lernfreudig bei der Tipp- und Korrekturstange geblieben seid: bis Du, *Evi Osswald,* als Sekretärin und auch mit Gruppen schaffend, in Basel tätig wurdest und Du, *Ruth Gempeler-Blatter,* Heirat und Baby dem Reisependelverkehr zu mir vorzogst! Und selbst seitdem Ihr beide dem Hasliberg fern seid, habt Ihr mir per Post geholfen, das Manuskript zu beenden; und für den allerersten und den allerletzten Schliff des Tippens danke ich Euch, *Hannelore Kraus* in Penzberg und *Ruth Behling* in Stuttgart. (Und *Greti*, Du und die Haslizwerge, Ihr seid natürlich auch zwischen den Buchstaben zu finden!)

And I want to thank you very especially, my dear children, *Heidi* and *Peter,* my grand children *Eric* and *Betsy,* and also *Artie, Charles, Bruce, Kim* and *Robert* and some other American friends and relatives that you have shared with me the sacrifice of postponing and/or shortcutting our visits for this book's sake.

Und nun möchte ich noch ein Wort des Dankes aussenden zum geheimnisvollen Urgrund und Sinn des Seins und Lebens, von dem wir uns kein Bildnis machen können und doch wissen, daß das Eigentliche, welches jedes menschliche Werk möglich macht, ein Nicht-nur-Machbares, sondern auch ein Geschenk ist.

Euch allen widme ich Freds und mein Buch mit dem Wunsch, daß Love and Peace, Liebe und Frieden sei und komme.

Ruth C. Cohn, Hasliberg-Goldern, Januar 1984

Anhang

Dieser Anhang enthält Anmerkungen zu dem im Text Gesagten, verspätete Einfälle und Literaturangaben von Büchern und Schriften, die mir wichtig sind, wobei ich die klassische Literatur meiner Studienjahre nur in wenigen Fällen erwähnt habe.

Für die Bibliographie der beiden letzten Kapitel habe ich vor allem solche Schriften ausgesucht, die meiner humanistisch-holistischen Wissenschafts- und Welteinstellung nahe sind.

Ich habe, soweit ich konnte, die Erstausgaben der Beiträge und Bücher zitiert, weil ich dies im Hinblick auf die geschichtliche Einordnung von Gedanken und Ereignissen für fruchtbarer halte als die jeweils letzte Ausgabe. Die Auswahl der Bücher entspricht der Subjektivität meines Anliegens der »gelebten Geschichte«; sie reflektiert meine subjektiven Maßstäbe, persönliche Unsicherheiten und Überzeugungen; last not least führe ich eben die Schriften auf, derer ich habhaft werden konnte. Mit den Zitaten möchte ich anregen, nicht dokumentieren.

1 Brief an Fred

1 Diesen Brief an den Verstorbenen schrieb ich kurz nachdem mir erklärt worden war, daß Faraus Buch vom Klett-Cotta-Verlag nicht herausgegeben werden könne, wenn ich nicht ein Notdach dafür schriebe. Das Buch bräche doch vor der Mitte des Jahrhunderts ab und Alfred Farau sei in Europa noch nicht so bekannt gewesen, daß ein Fragment seines Buchs veröffentlicht werden könne. Fred stand kurz vor dem Vertragsabschluß mit dem Verlag, als er schwer erkrankte und zwei Jahre später starb. Als nahe Freundin von Alfred Farau fühlte ich mich verantwortlich dafür, daß das Buch, das ihm so viel bedeutete, veröffentlicht werden konnte. Darum unterschrieb ich den Vertrag.

3 Auf dem Weg zum Studium

1 Elizabeth Tomalin ist jungianische Gestaltungstherapeutin, die in Berlin an der einzigartigen kunstgewerblichen Reimann-Schule studierte und als Flüchtling in Paris und England Entwerferin von Textilmustern und Innendekorateurin wurde. Schon zuvor lernte sie C. G. Jung bei einer der ersten Eranos-Tagungen kennen, studierte individuelle Psychotherapie und verband ihr künstlerisches Talent mit ihrem Interesse an Psychotherapie. Sie erarbeitete selbständig einen gestaltungstherapeutischen Weg zur Psychotherapie, den sie in London praktizierte und später in New York während ihres TZI-Studiums in WILL durch Klinikpraktika und andere Formen der Gestaltungstherapie erweiterte.

Ein Buch über ihre Arbeit ist in Vorbereitung (Elizabeth Tomalin und Peter Schauwecker). Sie empfiehlt auch:
Biniek, Eberhard: Psychotherapie mit gestalterischen Mitteln. Wissenschaftliche Buchgesellschaft, Darmstadt, 1982.
Schottenloher, Gertrud: Kunst und Gestaltungstherapie in der pädagogischen Praxis. Don Bosco Verlag, München, 1983.

4 Meine klassische Lehranalyse

1 Aus einem Brief von Medard Boss: »Es gibt nur zwei Punkte in Ihren Ausführungen, die mir einige Bedenken machen. Der eine betrifft die ausschließliche Nennung von Ludwig Binswanger. In Wirklichkeit bin ich wohl durch ihn auf die Fundamentalontologie Martin Heideggers aufmerksam gemacht worden. Doch habe ich sehr bald – und zwar vor allem durch die persönliche Hilfe von Martin Heidegger – das grundlegende Mißverstehen Binswangers von Heideggers neuer Sicht gesehen und habe mich von dann an nur noch durch den zu meinem Freund gewordenen Martin Heidegger selbst philosophisch polieren lassen.«
Boss, Medard: Der Traum und seine Auslegung. Verlag Huber, Bern, 1953.
–: Psychoanalyse und Daseinsanalytik. Huber, Bern, 1957.
Boss, M., und Holzhey-Kurz, A.: Das Phänomen des Widerstands in der Daseinsanalyse. In: H. Petzold (Hrsg.): Widerstand. Ein strittiges Konzept in der Psychotherapie. Verlag Junfermann, Paderborn, 1981.

> »Sich nicht von der Vernunft leiten zu lassen, um die Wahrheit zu finden; diese alte Devise steckt auch in Freuds Aufforderung an den Analysanden, den eigenen Einfällen als leidenschaftsloser Beobachter gegenüberzutreten . . .« Dagegen Heidegger: ». . . daß wir in der Tat ontologisch grundsätzlich die primäre Entdeckung der Welt der ›bloßen Stimmung‹ überlassen müssen . . .« Boss: ». . . daß wir stimmungsfrei gar nicht offen wären, überhaupt etwas zu vernehmen.«
> »Die Daseinsanalyse . . . weiß, daß im Annehmen der eigenen Grenzen eine echte und damit beglückende Nähe zu den Dingen wie zu den Mitmenschen möglich wird . . .«

Binswanger, Ludwig: Grundformen und Erkenntnis menschlichen Daseins. Verlag E. Reinhard, München, 1942.
Heidegger, Martin: Sein und Zeit. Verlag Niemeyer, Halle, 1927.
–: Vom Wesen des Grundes. Niemeyer, Halle, 1929.

5 Emigration – Immigration

1 Mir ist der Gedanke gekommen, ob nicht die Mischung zwischen »Take care of yourself« und »Ich darf nicht etwas fordern, was mir nicht angeboten wird« zum Chairmanprinzip geführt hat (s. TZI-Kapitel). Dieses verlangt, daß wir nach innen *und* nach außen schauen und uns entscheiden, wie es der jeweiligen Situation und unseren Werten entspricht.
Das Chairmanprinzip als Ausdruck bewußter Autonomie und Interdependenz hätte für mich in dieser Situation bedeutet, daß ich nicht höflich darauf gewar-

tet hätte, ob sie mich fragen würde, um dann enttäuscht und ärgerlich zu sein, daß dies nicht geschah; und für sie hätte es heißen können, mich nach meinen konkreten Bedürfnissen zu fragen, anstatt der – für sie – traditionellen Forderung zu gehorchen, daß man sich nicht aufdrängen soll.

2 Ich hatte Bruno Klopfer in Zürich kennengelernt, als er noch Anfänger im Erlernen des Rorschach-Tests war, während ich diesen bereits – auf Anraten von Hans Behn-Eschenburg – studiert hatte. Als ich Bruno kurz nach meiner Ankunft in New York auf der Straße traf und ihn fragte, was ich denn tun müsse, um in den USA als Psychologin praktizieren zu können, sagte er, daß ich zur freien Praxis den »Master Degree« brauche; doch ich könne bei ihm assistieren, wenn er mich anfordere. »Was brauche ich für den Master Degree?« fragte ich zurück. »Sechsunddreißig Punkte in der Columbia University«, sagte er mit Überzeugungskraft. So ging ich zur Columbia University. Später, viel später fand ich heraus, daß mir meine Zürcher Studien weitgehend angerechnet worden wären, so daß ich mit derselben Anzahl Punkte, für die ich den Master Degree bekam, und einer Dissertation den Doktortitel bekommen hätte. Daß dies nicht geschah, lag an meiner Emigrantenmentalität, der nicht nur ich verfallen war: Jeden Ratschlag, der vielleicht zum erhofften Ziel führen konnte, nahm ich ohne weitere Erkundigungen an. Es war sehr schwer, ohne Doktortitel als Analytikerin arbeiten zu können. Doch da es damals noch möglich war und unsere finanziellen Rücksichten Priorität haben mußten, war mir nur wichtig, daß ich praktizieren konnte. Als der Psychologenberuf nur für Dr. phil. lizenziert wurde, hatte ich bereits acht Jahre praktiziert, was mir nach amerikanischer Verfassung eine Lizenz durch die »Großvaterklausel« garantierte. So wurde ich zum lizenzierten »Großvater« – zum Doktor jedoch erst neununddreißig Jahre später als Ehrendoktor durch die Universität Hamburg. Als mir diese Nominierung telefonisch mitgeteilt wurde, hatte ich nur eine gedankliche Reaktion: »Now I never have to say again: ›I am not a doctor‹ (Jetzt werde ich nie wieder sagen müssen: Ich bin kein Doktor oder ich habe keinen Doktortitel) – weder zum Fahrstuhlführer noch zu Kollegen und gegenüber Organisationen. – Titel sind so wenig wichtig wie ein Paß. Sie sagen nichts über die Person aus. Man merkt ihre Wichtigkeit erst dann, wenn man sie nicht hat. – Bruno Klopfer ist gestorben. Er hat nie etwas von dem merkwürdigen Erfolg und Mißerfolg unserer Begegnung auf der Straße gehört.
Klopfer, Bruno, und Kelley, Douglas: The Rorschach Technique. World Book Company, 1942.
Behn-Eschenburg, Hans: Rorschach-Test, Text-Band und Karten. Huber Verlag, Bern, 1941.

3 Das Wort »Snakepit«, Schlangengrube, stammt meines Wissens aus einer Reportage, die eine frühere Patientin des psychiatrischen Krankenhauses, in dem mein Mann und ich arbeiteten, schrieb. Dies Manuskript wurde zur Grundlage eines Films, der nach meiner Erinnerung auch »Snakepit« hieß. Ich glaube, daß dieses psychiatrische Krankenhaus nicht besser oder schlechter war als die meisten anderen. Der Ausdruck »Snakepit« wurde von der Bevölkerung schnell aufgegriffen.

4 Theodor Reik war vom Standpunkt des Mediziners ein »Laie«, da er Psychologe und nicht Arzt war. Er gehörte jedoch zu Freuds ersten und sehr geschätzten Schülern, was diesen veranlaßte, seine Schrift »Zur Frage der Laienanalyse« zu schreiben. In diesem Aufsatz begründete Freud, warum nicht nur Mediziner Psychoanalyse erlernen könnten und sollten. Daß Freud das Wort »Laie« statt »im Sozialbereich Tätige« gebrauchte, obwohl es sich vor allem um Psychologen, Pfarrer und Sozialarbeiter handelte, spiegelt die Tatsache einer damals ausschließlich physisch eingestellten Medizin wider, für die Nicht-Mediziner »Laien« waren; parallel dazu müßten wir Mediziner als »Laien« bezeichnen, sofern es um das Studium der psychischen Entwicklung von Kindern, um anthropologische, pädagogische, ethische, ökonomische und theologische Fragen geht.

Weder Mediziner noch Psychologen noch andere Fachleute erhielten und erhalten meines Wissens eine adäquate Ausbildung als Therapeuten. Psychotherapeutische Lizenzen werden fast überall nur Ärzten oder Psychologen verliehen, deren akademisches Studium kaum auf einen Beruf vorbereitet, in dem es um seelische Leiden geht. Nach einem vollständigen Medizin- oder Psychologiestudium bleibt wenig Enthusiasmus, Energie und Geld für eine freiwillige Zusatzausbildung übrig, die mehr wäre als nur »Zusatz«. Der vermeintliche Zusatz ist jedoch das *Eigentliche* für den Therapeuten: die Tiefenkenntnis vom ganzheitlich-psychobiologischen, spirituellen Menschen unter den Einflüssen der familiären, sozialen, kulturellen, ökonomischen und universellen Umgebung. Würde eine Institution ganzheitliche Psychotherapie lehren, so müßte sie dies auf einer breiten medizinischen, psychiatrischen, natur- und humanwissenschaftlichen und spirituellen Grundlage tun.

Reik, Theodor: Der überraschte Psychologe. Über Erraten und Verstehen unbewußter Vorgänge. Leiden, 1935.

–: Hören mit dem Dritten Ohr. Hoffmann und Campe, Hamburg, 1976.

5 Paul Federn war einer der ersten Psychoanalytiker, der sich mit der Ich-Psychologie auseinandersetzte.

Federn, Paul: Ich-Psychologie und die Psychosen. Verlag Huber, Bern, 1956. Orig. amerik.: Ego-Psychology and the Psychoses. Imago, London, 1953.

6 NPAP (National Psychological Association for Psychoanalysis). NPAP ist meines Wissens noch immer das größte nicht-diskriminierende, psychoanalytische Lehrinstitut; angeschlossen ist die Theodor-Reik-Klinik, die in New York relativ preiswerte psychoanalytisch-ambulante Therapie anbietet.

6 Der Therapeut: ein teilnehmender Beobachter und empathischer Begleiter

1 Über Harry Stack Sullivans Leben und Werk berichtet in einem ausführlichen Artikel Gerard Chrzanowski in Bd. 3 der Psychologie des 20. Jahrhunderts, im Kapitel über Karen Horney, Harry Stack Sullivan und Erich Fromm. Hrsg.: Dieter Eicke, Kindler Verlag, Zürich, 1977.

2 Clara Thompson, Fromm und Horney wurden neben vielen anderen als Neo-Freudianer bekannt, als sie das New York Psychoanalytic Institute unter Protest verließen. Clara Thompson war persönlich und beruflich Sullivans Freundin und Helferin. »Schon früh erkannten wir, daß wir beide den Patienten mit den gleichen Gefühlen gegenüberstanden, mit echter Zuneigung und tiefem Respekt. Harrys Gedanken über Patienten schienen mir immer irgendwie sinnvoll zu sein, und ich habe sie intuitiv und fast unbewußt in mich aufgenommen.«

Ich habe Sullivans Lehre – wie viele von Sullivans Schülern – durch Clara Thompson kennen und schätzen gelernt. Ihre eigenen klärenden Worte standen im Kontrast zu den sehr schwer verstehbaren Äußerungen ihres Freundes.

Thompson, Clara: Psychoanalysis: Evolution and Development. Hermitage House Inc., New York, 1950.

3 *Fromm-Reichmann, Frieda:* Psychoanalyse und Psychotherapie. Klett-Cotta, Stuttgart, 1978. Orig. amerik.: Psychoanalysis and Psychotherapy. The University of Chicago Press, Chicago, 1959.

–: Intensive Psychotherapie. Hippokrates Verlag, Stuttgart, 1959. Orig. amerik.: Principles of Intensive Psychotherapy. University of Chicago Press, Chicago, 1950.

–: In: Mullahy, Patrick: A Study of Interpersonal Relation. Hermitage Press. New York, 1949:

»Ich stimme mit Sullivan überein, daß den geistig oder physisch Kranken eine Gesundheitstendenz innewohnt, so wie es einen inneren Drang nach Nahrung und Flüssigkeit im Hungrigen und Durstigen gibt. In manchen psychisch Kranken findet man den spontanen Wunsch nach Genesung. In anderen kann dieser Wunsch auf der Basis des inneren Gesundungswillens von anderen angeregt werden, es sei denn, daß ihre Lebenszukunft ihnen so wenig zu bieten scheint, daß man nicht von ihnen erwarten kann, sie könnten ein Interesse daran haben, mit ihren schwierigen Lebensumständen umgehen zu können.« (Übersetzung von RCC)

Eine Brücke zwischen Frieda Fromm-Reichmann und mir war meine Bekanntschaft mit Gertrud Schwing, die in Zürich in sehr ähnlicher Haltung mit Schizophrenen arbeitete wie Frieda Fromm-Reichmann in Chestnut Lodge; nur daß Gertrud Schwing mit den Patienten in ihrer eigenen Wohnung lebte. Ich konnte Frieda Fromm-Reichmann über Gertrud Schwing berichten, die ihr noch unbekannt war, als ich in die Vereinigten Staaten kam, kurz bevor die Kommunikation zwischen der Schweiz und den Vereinigten Staaten durch den Zweiten Weltkrieg unterbrochen wurde.

Schwing, Gertrud: Ein Weg zur Seele des Geisteskranken. (Nicht aufgefunden. Wahrscheinlich erschienen 1939 oder 1940 in Zürich.)

Gertrud Schwing war Krankenschwester, die von Paul Federn ausgebildet und von ihm ermutigt wurde, auf Geisteskranke im Zusammenleben mit ihnen therapeutisch zu wirken.

Aus einem Brief von Rollo May an mich:
»Ich schreibe Dir gern ein paar Worte über Frieda Fromm-Reichmann. Sie war für kurze Zeit meine Therapeutin und dann über längere Zeit hinweg meine Supervisorin. Ich halte sie in mancher Hinsicht für die einsichtsreichste Person, die ich jemals gekannt habe. Ich würde sie eine existentielle Therapeutin nennen, im Sinn meiner Überzeugung, daß ich jeden guten Psychotherapeuten existentiell nennen würde. Ich weiß jedoch nicht, was sie über diesen Gebrauch des Begriffs ›existentiell‹ gedacht haben würde. Ich bin auch weitgehend von Harry Stack Sullivan beeinflußt worden. Ich habe ihn ein paar Mal gesehen und getroffen, aber ich habe keine Supervision bei ihm gehabt noch mit ihm persönlich längere Gespräche geführt. Doch seine Ideen über die Beziehung zwischen Kultur und Biologie sind mir immer viel tiefer begründet erschienen als diejenigen von Erich Fromm oder Karen Horney.« (Übersetzung von RCC)

Literatur von Rollo May: siehe letzte Kapitel.

Green, Hanna: Ich hab dir nie einen Rosengarten versprochen. Radius Verlag, Stuttgart, 1973. Orig. amerik.: I Never Promised You a Rose Garden. Holt, Rinehart & Winston, New York, 1964.
(Vielfach wurde in der Figur der Psychotherapeutin im Roman Frieda Fromm-Reichmann gesehen. Andere sagen, Green sei das Pseudonym für Greenberg.)

4 Rollo May habe ich in den vierziger Jahren durch einige Vorlesungen im William Alanson White Institute, dessen Mitbegründer er war, kennengelernt. Ich muß danach verschiedenenorts mit ihm Gespräche gehabt haben, wobei er mir als Persönlichkeit einen tiefen Eindruck hinterließ. »The Meaning of Anxiety« und »Existentialism«, zwei frühe Bücher, machten mir tiefen Eindruck, und sie gaben mir wohl den Anstoß, mich von da an »Existential Analyst« zu nennen, und erst nach der Bekanntschaft mit der Atlanta Clinic kam die Unklarheit zwischen »Experiential« und »Existential Analyst« in mir auf. Da diese beiden Begriffe im Sprachgebrauch anscheinend beliebig verwandt werden, wurde mir die Wichtigkeit dieser Begriffsklärung erst beim Schreiben dieses Buches bewußt.
Ich verlor den Kontakt mit Rollo May für viele Jahre und habe seine Entwicklung erst in allerletzter Zeit über seine Bücher der achtziger Jahre kennengelernt. Ich bin – ebenso wie damals – beeindruckt von seiner Klarheit, die sich mit Gefühlsintensität paart, und finde die meisten meiner Überzeugungen in seinen Ausführungen wieder.

5 Lewin, Kurt: Siehe Kapitel 13, »Gelebte Geschichte der Pädagogik«.

6 Die »schizophrenogene« Mutter war in Amerika jahrelang ein gängiges Konzept der Psychiatrie und Psychologie; es bedeutete nichts weniger, als daß Mütter die Krankheit der Schizophrenie in ihren Kindern verursachen. Obwohl Mütter zweifellos meist einen Anteil an der Entwicklung der Schizophrenie von Kindern haben, halte ich diesen linear-kausalen Begriff selbst für pathogen, da er nur einen von vielen Punkten in Betracht zieht. Er hat im Leben vie-

ler Mütter von schizophrenen Kindern verzweifelte Selbstanklagen und in deren Umgebung grausame Anschuldigungen verursacht.
Ich glaube, daß Sybilla Escalona, die ich als gute Psychologin und Pädagogin kannte, bereits in den vierziger Jahren dokumentiert hat, daß manche Kinder mit besonderen Sensitivitäten geboren werden, mit denen Mütter oder andere Angehörige ohne psychiatrische Anleitung kaum konstruktiv umgehen können. Die Schuldgefühle, die von unangemessenen Anschuldigungen hervorgerufen werden, können zu »self-fulfilling prophecies« werden; denn die unsicher gewordene Mutter verunsichert auch ihre Kinder. Dies ist mir wichtig zu betonen, weil die Körnchen Wahrheit, die solchen und ähnlichen Interpretationen zugrunde liegen und die zu einseitigen Kausalitätsperspektiven führen, recht oft als »Giftsätze« wirken (Beispiele: »Das ist *Dein* Problem«; »Du bist nur so, weil . . .«.)

7 Ein »Giftsatz« (»injunction« – Begriff der Transaktionsanalyse) ist ein Satz, den ein Kind oft gehört und/oder ihn zutiefst aus Erfahrungen mit »wichtigen anderen« erschlossen und in sich aufgenommen hat, als ob er stimme. Giftsätze können ein Leben vergällen: »Du bist immer im Weg«, »Wenn du nicht wärst, könnte mein Leben schön sein«, »Du hast zwei linke Hände, Du kannst nichts richtig machen«, »Du wirst nochmal ins Gefängnis kommen«. Heilung kann eingeleitet werden durch »emotional korrigierende Erfahrungen« (Franz Alexander), wobei solche »Giftsätze« durch Selbsterkenntnis, konstruktive Erfahrungen und psychotherapeutische Behandlung aufgelöst werden können.

7 »Mein Körper gehört mir«

1 Elsa Gindler war bis vor wenigen Jahren fast unbekannt, obwohl sie als erste westliche Körpertherapeutin gelten kann, die Bewußtsein von Empfindungen mit Heilung von Krankheiten systematisch zusammenbrachte. Sie hat großen Einfluß auf viele Psychotherapeuten gehabt, obwohl sie ihre Arbeit selbst nur »Arbeit am Menschen« nannte und sich von Psychotherapie fern hielt. Einige ihrer Schülerinnen und Schüler verließen Deutschland während der Nazi-Zeit und haben ihre Arbeit verbreitet, speziell in Amerika. Sie selbst blieb in Berlin und unterrichtete im stillen weiter und sammelte Unterlagen für spätere Publikationen. Dabei verbarg sie einige ihrer jüdischen Freunde und Studenten in ihrem Haus. Eine Woche vor Ende des Krieges warf ein Nazi eine Brandbombe in das Haus, wodurch die jüdischen Freunde den Nazis in die Hände fielen und umgebracht wurden. Gindlers schriftliche Unterlagen fielen dem Feuer zum Opfer.
Elsa Gindler hat den Krieg noch etwa fünfundzwanzig Jahre überlebt, arbeitete noch eine Weile mit ihrem Freund Heinrich Jacobi zusammen, hat sich jedoch nie wieder ganz erholt.
Ich selbst traf Heinrich Jacobi in Zürich während meiner Studienzeit, wo er Vorträge über seine von Gindler beeinflußte Musikarbeit hielt.
In den USA verbreiteten Carola Speads und Charlotte Selver in New York und Claire Fenichel in Los Angeles Gindlers Methodik. Charlotte Selver, mit der ich mich auch persönlich anfreundete, während ich in Carola Speads Wohnung

praktizierte, siedelte später in den Westen um und verband ihre Gindler-Arbeit mit Zen-philosophischen Ideen und Zen-Praktiken. Claire und Otto Fenichel (Analytiker) waren mit Wilhelm Reich befreundet, und Claire hat mir bestätigt, daß Reich zumindest indirekt von Elsa Gindler beeinflußt war.
Bernie Gunther, kurze Zeit ein Schüler von Charlotte Selver, hat Anregungen aus der Gindler-Arbeit nach Esalen und in seine Veröffentlichungen gebracht.
Ich selbst habe über Gindlers Arbeit in »Ein Ansatz zur psychosomatischen Analyse« (In: Von der Psychoanalyse zur Themenzentrierten Interaktion. Klett-Cotta, Stuttgart, [6]1983. Orig. engl.: An Approach to Psychosomatic Analysis. In: Psychoanalysis, Journal of Psychoanalytic Psychology, Vol. 3, Nr. 2, 1955) berichtet. Mir wurde gesagt, daß Gertrud Locher, mit der ich kurze Zeit in Zürich meine Studien fortgesetzt hatte, und andere Schüler sich jetzt organisatorisch als Gindler-Vertreter zusammenfinden.
Speads, Carola: Atmen, eine illustrierte Anleitung zur natürlichen Atmung. Kösel Verlag, München, 1983. Orig. amerik.: The ABC of Breathing. Harper and Row, New York, 1978.
Brooks, Charles: Erleben durch die Sinne. Junfermann, Paderborn, 1979. Orig. amerik.: Sensory Awareness. The Viking Press, New York, 1974.

> »Unsere Vorfahren spürten oft, daß ihr Geist darum kämpfte, sie aus den fleischlichen Fesseln zu befreien. Sind wir nicht vielleicht Fleisch, das darum kämpft, uns aus den intellektuellen Banden zu befreien? Denn wenn wir das Fleisch neurologisch, chemisch, funktionell betrachten, dann repräsentiert es mit Sicherheit am ehesten die ›geistige‹ Seite des Kosmos! ... Unser Studium der Wahrnehmung ist einfach ein Studium der Bewußtheit. ... Wir können fühlen, wann unsere Bewußtheit frei fließt und wann sie auf Widerstände stößt und stockt oder zaudert. ... Wir erkennen, daß Klarheit der Wahrnehmung allem Verstehen und allem intelligenten Verhalten zugrunde liegt.«

2 Es ist über dreißig Jahre her, seit ich Marys Behandlung abschloß. Sie wurde eine erfolgreiche Kinderschriftstellerin, heiratete und hat zwei erwachsene Töchter, die ihr Freude machen. Ihr Mann starb vor einiger Zeit, als sie sechzig Jahre alt war. Zwei Jahre später fand sie einen neuen Freund. Dies alles geschah trotz einer Kindheit, die von ungünstigen Familienverhältnissen und pränatal erworbenen Behinderungen geprägt war, wozu schlechtes Sehvermögen, schlechtes Gehör und andere Gebrechen gehörten.
Ich habe Mary seit etwa 1950 nur zwei- bis dreimal gesehen, im Lauf der Jahre jedoch einige Briefe erhalten. Den Vorwurf einer »Nur-Übertragungsheilung« kann ich nach über dreißig Jahren der Gesundung einer so schwer belasteten Patientin endgültig zurückweisen. Die Frage, ob körperliche Berührung heilend oder pathogen wirkt, muß dem verantwortlichen Ermessen, der Intuition des Therapeuten und der Reaktion des Patienten überlassen bleiben. Irrtümer sind nie auszuschließen; dies trifft auch zu für die Berührungsabstinenz.
Der Fall Mary ist etwas ausführlicher beschrieben in »Ein Ansatz zur psychosomatischen Analyse«, a. a. O.

3 Elizabeth Mintz, erlebnistherapeutische Psychoanalytikerin, wurde von George Bach in Kalifornien inspiriert, im Osten der USA Encountergruppen im Marathonstil einzuführen. George hatte um die Jahrhundertmitte die Idee, daß pausenlose Therapie- und Encountersitzungen (36 und 72 Stunden) – durch Müdigkeit, die den Widerstand vermindere – eine besondere therapeutische Wirkung haben müßten. Elizabeth folgte dieser Anregung in New York, ließ zwar später die Idee der »Müdigkeitstherapie« fallen, behielt aber die Wochenendarbeit mit Encountergruppen bei. Sie ist den Weg von der klassischen Analyse zur experientiellen Analyse und Encountergruppe bis hin zur transzendental-orientierten Psychotherapie gegangen, ohne ihre früheren Erkenntnisse und Fähigkeiten zu verlieren. Sie ist an der Fakultät von NPAP und eine immer wieder neu inspirierte und inspirierende Freundin.

Mintz, Elizabeth: Marathongroups – Reality and Symbol. Avon Books, New York, 1971.

–: Über die Rolle der Berührung in der Psychotherapie. In: Handbuch der Ehe-, Familien- und Gruppentherapie, Bd. 1. Kindler Verlag, Zürich.

–: Siehe auch Literatur der letzten Kapitel.

4 Ich habe früher nie an einen primären Aggressionstrieb geglaubt und sehe auch heute gewalttätige Aggression eher als Reaktion auf Frustration. Ich begann eine Dissertation in Zürich, die sich mit dem Aggressions- und Todestrieb Freuds auseinandersetzte, die ich jedoch aufgrund der Welt- und persönlichen Geschichte nicht beenden konnte (siehe die Erinnerungen im Kapitel »Es geht um Werte«).

5 *Reich, Wilhelm:* Die Funktion des Orgasmus. Internationaler Psychoanalytischer Verlag, Wien, 1927.

–: Charakteranalyse, Technik und Grundlagen. Sexpol Verlag, Berlin, 1932.

–: Die Massenpsychologie des Faschismus. Sexpol Verlag, Berlin, 1933.

–: Die Sexualität im Kulturkampf. Sexpol Verlag, Berlin, 1936.

–: Listen Little Man. Orgone Institute Press, New York, 1948.

–: Ausgewählte Schriften: Eine Einführung in die Orgonomie. Kiepenheuer & Witsch, Köln, 1975.

Über Reich:

Baker, Elsworth: Man in the Trap. Macmillan, New York, 1967.

Boadella, D.: Wilhelm Reich – Leben und Werk. München, Scherz, 1981. Orig. amerik.: Wilhelm Reich: The Evolution of his Work. Vision Press, London, 1973.

Büntig, Wolf: Das Werk von Wilhelm Reich und seinen Nachfolgern. In: Die Psychologie des 20. Jahrhunderts. Hrsg.: Dieter Eicke, Kindler Verlag, Zürich, 1977.

6 Mitglieder meines Body Awareness Workshops waren: Abraham Brody, Frances Buchanan †, Vivian Guze, Peter Hogan †, Elsa Haudek † (Kurt Goldsteins Tochter), Norman Libermann, Ed Ross, Rosalea Schonbar, Tom Tierney †.

7 *Lowen, Alexander:* Körperausdruck und Persönlichkeit. Grundlagen und Praxis der Bioenergetik. Kösel Verlag, München, 1981. Orig. amerik.: The Language of the Body. Macmillan, New York, 1958.

–: Bioenergetik. Rowohlt, Reinbek/Hamburg, 1979. Orig. amerik.: Bioenergetics. Coward, McCann & Geoghegan, New York 1975.

8 *Keleman, Stanley:* The Human Ground. Lodestar Press, San Francisco, 1973. –: Dein Körper formt Dein Selbst. Kösel Verlag, München, 1980. Orig. amerik.: Your Body Speaks its Mind. Simon & Schuster, New York, 1975. –: Weitere Literatur im letzten Kapitel.

9 *Cohn, Ruth C.:* The Sexual Phantasies of the Therapist and their Use in Psychotherapy. In: The Journal of Sex Research, Vol. 2, Nr. 3, 1966.

10 Meditation war bis vor etwa 25 Jahren ein Fremdwort für mich. Jüngere Leser dieses Buches werden sich kaum mehr vorstellen können, wie fern dies Wort, geschweige denn die Möglichkeit, sich mit dem, was dahinter liegt, zu beschäftigen, den meisten westlichen Menschen war.

Ich kam zuerst durch Maria Fleischl, eine Kollegin des Postgraduate Center for Psychotherapy, mit Meditation in Berührung. Das war etwa Mitte der fünfziger Jahre. Sie erzählte mir, daß sie meditiere. Ich verstand nicht, was das bedeutete. Ein Jahrzehnt später sah ich, daß Fritz Perls einem Workshopteilnehmer verständnisvolle Blicke zuwarf, als dieser mit geschlossenen Augen und gekreuzten Beinen auf einem Stuhl saß. Dann sprachen die beiden Männer leise miteinander über Meditation. Ich hatte zuvor Fritz' Eigenart, während der Arbeit gelegentlich die Augen zu schließen, als eine Entspannungsgeste bewertet.

Ende der sechziger Jahre hörte ich das Wort Meditation schon öfter, vor allem von einem jungen Mann, Michael Ronall, der täglich zweimal zwanzig Minuten lang meditierte. Auch er gab mir keine verständliche Antwort für das, was er tat. Mit gekreuzten Beinen zu sitzen und nicht zu denken, schien mir wenig attraktiv oder wichtig zu sein. Erst Anfang der siebziger Jahre wurde ich neugierig genug, um mich mit Meditation zu beschäftigen.

Dabei fand ich heraus, daß das Schweigen, das ich seit Jahren in TZI-Themeneinführungen benutzt hatte, und auch Themen wie »Was bedeutet mir Schweigen?« ebenso wie Atem- und Entspannungsübungen Vorstufen der Meditation waren. Letztere hatte ich von Carola Speads gelernt.

Geschichtlich interessant erscheint mir auch hier, daß von einzelnen Menschen wie Graf Dürckheim oder Suzuki, Gurdjeff, Watts und Ouspenski Anstöße kamen, die sich zuerst nur im stillen verbreiteten, dann aber zu einer Welle wurden, die wenige Jahrzehnte später Millionen Menschen im Westen erfaßt hat. Es ist wohl ein Zeichen dafür, daß Lärm und Streß unserer Zeit nach einem Gegengewicht suchen – nach Nicht-Lärm, Nicht-Rivalität, einem Platz für Spiritualität, Innehalten, Loslassen, Freigeben. Daß bei dieser Empfänglichkeit auch autistisches Verweilen und verantwortungslose Abhängigkeiten eine Rolle spielen, spricht nicht gegen meditative Prozesse, sondern ist Ausdruck dafür, daß Meditation auch mißverstanden werden kann.

Literatur über Meditation: Siehe letzte Kapitel.

11 *Weitere Literatur:*

Alexander, Gerda: Eutonie, Haltung und Bewegung in psychosomatischer Sicht. Verlag Hauk, Ulm, 1964.

Dürckheim, Karlfried: Hara, Die Erdmitte des Menschen. Otto Wilhelm Barth Verlag, Weilheim, 1967.
Enelow, Gertrud: The Joy of Physical Freedom. Einführung durch Karl Menninger und Jules Massermann. Henry Regnery Comp., Chicago, 1960.
Ich machte die Bekanntschaft von Gertrud durch Virginia Satir. Enelow war eine schon recht alte Frau, die in völlig erhaltener Vitalität Körperarbeit auch mit jungen Menschen machte. Sie half mir mit »leichten Tricks«, z. B. einen Hexenschuß über Telefonanweisungen in wenigen Stunden zu kurieren. (Sie starb 1983 in Chicago.)
Feldenkrais, Moshé: Abenteuer im Dschungel des Gehirns. Insel Verlag, Frankfurt a. M., 1977. Orig. amerik.: The Case of Nora. Harper & Row, New York, 1977.

> »Ein Baum orientiert sich, alles, was überhaupt lebt, orientiert sich ... Um sich zu orientieren, bedarf es also der Bewußtheit nicht. Körperbewußtheit ermöglicht uns zu wissen, *daß* wir uns orientieren. Der Unterschied: ein Erwachsener weiß, wie er ›hin‹kommen kann und ›in‹ ›welcher‹ ›Zeit‹.«

Goldstein, Kurt: Der Aufbau des Organismus. Nijhoff, Den Haag, 1934.
–: Human Nature in the Light of Psychopathology. Harvard University Press, Cambridge, 1947.
Oaklander, Violet: Gestalttherapie mit Kindern und Jugendlichen. Klett-Cotta, Stuttgart, 1981. Orig. amerik.: Windows to our Children. Real People Press, Moab, 1978.
Petzold, Hilarion: Psychotherapie und Körperdynamik. Junfermann, Paderborn, 1974.
Schultz, J. H.: Das Autogene Training. Thieme Verlag, Stuttgart, 1970.
Vester, Frederic: Denken, Lernen, Vergessen. Deutsche Verlags-Anstalt, Stuttgart, 1975.
–: Vorwort in Kükelhaus: Organismus und Technik. Fischer, Frankfurt, 1979.

> »Wir werden daher auch weniger hilflos denken und handeln, wenn wir unseren Organismus als Heimat unseres Denkens betrachten ... Erziehung, Unterricht und Umwelterfahrung nicht mehr vorwiegend indirekt, d. h. symbolisch und abstrakt verfolgen, sondern unter Einbeziehung dieses Organismus und überdies auch der Umwelt.«
> Goethe: »Die Glieder der Erkenntnis, das Auge, das des Leibes Licht ist, wollen durch Taten entwickelt werden. In Untat verkümmern sie.«

8 Therapie in Gruppen: eine entscheidende Wendung

1 Kurze Zeit danach trafen Virginia Satir und ich uns auf einem Kongreß und gingen aufeinander zu wie alte Freundinnen. Unsere Gedanken und Sorgen waren ähnlich. Wir machten es uns zur Aufgabe, uns jährlich mindestens einmal zu treffen. Die schönste Erinnerung habe ich an einen düsteren Novemberabend, an dem wir im strömenden Regen downtown New York einen Platz suchten, wo wir uns gemütlich hinsetzen konnten, und statt dessen im

»Electric Circus« landeten. Dies war für uns beide die erste Erfahrung mit überlautem musikalischem Lärm, wo man kein Wort mehr verstehen kann und die bunten Neonlichter umeinander schwirren, so daß auch visuelle Kommunikation schwierig ist. Das erstaunlichste war, daß wir, wohl wegen des schlechten Wetters, die einzigen Gäste in diesem großen mehrräumigen »Circus« blieben.

Einige Jahre später folgte ich Virginias Einladung zu einem Treffen der »Hundred Beautiful People« nach Cuernavaca in Mexico. Sie wollte gesellschaftliche und politische Fragen mit uns besprechen und sich gleichzeitig in der Sonne erholen. Da ich etwas später als die anderen ankam, fand ich die ganze Gesellschaft nackt um den Swimmingpool sitzend. Ich fühlte mich in meinen Kleidern so, als wäre ich nackt in einer völlig bekleideten Gesellschaft! Ich fand es erstaunlich, wie schnell sich die Umkehrung des Schamgefühls vollziehen kann! Bitter war es, am nächsten Tag am dekorativen Gittertor der Hacienda eine Anzahl Kinder in armseligster Kleidung um Gaben betteln zu sehen. Diese Armut zu sehen und zu versuchen, dagegen anzukämpfen, das bestimmt wohl Virginias Leben. Ich erlebte sie als seelenverwandt mit mir in ihrem Wunsch, Einfluß auf weitere Kreise der Bevölkerung zu bekommen.

Satir, Virginia: Familienbehandlung. Verlag Lambertus, Freiburg, 1973. Orig. amerik.: Conjoint Family Therapy. Science and Behavior Books, Palo Alto, 1967.

–: Selbstwert und Kommunikation. Pfeiffer, München, 1975. Orig. amerik.: Peoplemaking. Science and Behavior Books, Palo Alto, 1972.

2 Samuel R. Slavson gründete schon 1943 die American Group Psychotherapy Association (AGPA), nachdem er bereits über acht Jahre mit Gruppentherapie experimentiert hatte, also schon lange vor dem Zweiten Weltkrieg. Er war dabei überzeugter Freud-Anhänger in seinem gruppenanalytischen Ansatz. In New York galt er als »Vater der Gruppenpsychotherapie«. Slavson starb 1981 mit 90 Jahren. Zuletzt arbeitete er an einem Manuskript »Toward a New Godhead«, indem er soziale und Gruppenwerte als Fokus der möglichen Errettung der Menschen ansah. (Bericht von Zanvel Liff im International Journal of Group Psychotherapy, Vol. 31, Nr. 4, 1981.)

Slavson, Samuel R.: Einführung in die Gruppentherapie. Verlag für Medizinische Psychologie, Göttingen, 1956. Orig. amerik.: An Introduction to Group Therapy. International University Press, New York, 1943.

3 Jacob Moreno entwickelte aus den Anfängen seines Kindertheaters in Europa über das »Theater der Spontaneität« in den Vereinigten Staaten nach 1925 das Psychodrama. (Siehe Kapitel: Gestalttherapie.)

Moreno, Jacob L.: Psychodrama. Beacon House, New York, 1946.

–: Gruppenpsychotherapie und Psychodrama. Thieme, Stuttgart, 1959.

Leutz, Grete: Psychodrama, Theorie und Praxis. Das klassische Psychodrama nach J. L. Moreno. Springer Verlag, Berlin, 1974.

In Europa gewann ich mehr Kenntnisse über Psychodrama und wie es angewandt werden kann durch Heike Straub, Gründerin und Direktorin des Psychodrama-Instituts in Stuttgart. Psychodrama, wie alle Therapien, kann nur durch viele Erfahrungen in Fleisch und Blut übergehen. »The Map is not the Territory« – die Landkarte ist nicht das Land; doch Landkarten helfen, sich zu orientieren. Heike hat mir, und dabei ist unsere Freundschaft gewachsen, die »Psychodrama-Landkarte« erklärt.

4 *Weitere Literatur:*

Durkin, Helen: The Group in Depth. International University Press, New York, 1964.

–: Analytische Gruppentherapie und allgemeine Systemtheorie. In: Handbuch der Ehe-, Familien- und Gruppentherapie. Hrsg.: Annelise Heigl-Evers. Kindler, München, 1973. Orig. engl.: Progress in Group and Family Therapy. Brunner-Mazel, New York, 1973.

Helen war mir eine liebe Kollegin im Postgraduate Center for Mental Health – eine geistig offene Persönlichkeit.

Kadis, A., Krasner, J., Winick, Ch., Foulkes, S. H.: A Practicum of Group Psychotherapy. Harper & Row, New York, 1963.

Kempler, Walter: Grundzüge der Gestalt-Familientherapie. Klett-Cotta, Stuttgart, [2]1980. Orig. amerik.: Principles of Gestalt Family Therapy. 1973.

Liff, Zanvel: The Leader in the Group. In Honor of Schwartz and Wolf. Verlag Jason Aronson, New York, 1975.

Pines, Malcolm: Foulkes' Beitrag zur Gruppentherapie. In: Psychologie des 20. Jahrhunderts, Bd. 8. Kindler Verlag, Zürich, 1977.

Foulkes übernahm die Idee von Kurt Goldstein, daß das Verständnis der Neurobiologie davon abhängt, die Bedeutung von Teilprozessen durch das Verständnis der Ganzheit zu gewinnen. Er übertrug diese Idee der ganzheitlichen Situation auf die Interpretation der Gruppe als Ganze. Der Gruppenprozeß findet in seiner Gruppentherapie mehr Beachtung als die einzelne Person.

Wolf, Emanuel, und Schwartz, Alexander u. a.: Beyond the Couch. Science House, New York, 1970.

Wolf, Emanuel, und Schwartz, Alexander: Psychoanalysis in Groups. In: The Origins of Group Psychoanalysis. Hrsg.: Kaplan and Zaddock. New York, 1972.

Die Psychologie des 20. Jahrhunderts, Bd. VIII, Lewin und die Folgen. Hrsg.: Anneliese Heigl-Evers und Ulrich Streeck. Kindler Verlag, Zürich, 1977.

10 Die Erlebnistherapien

1 Mildred Newman lernte ich als Studentin in NPAP kennen. Ich war beeindruckt von ihrer Lebhaftigkeit, Hilfsbereitschaft, Intelligenz und Kreativität. Später wurden wir Freundinnen, die nachts, wenn beider Familien längst schliefen, miteinander telefonierten, um ihre Sorgen und Freuden zu besprechen – denn wir beide hatten niemals am Tage Zeit!

Ich schulde Mildred nicht nur die erste Realisierung des Gegenübertragungsworkshops, sondern viele lebenswichtige Anregungen, z. B.: »In der Erziehung meiner Kinder bin ich sehr tolerant und offen; but I believe in my personal

standards which they may not undercut« (doch ich glaube an meine Werte, deren Grenzen sie nicht überschreiten dürfen).
Mildred Newman und Bernard Berkowitz (ihr zweiter Mann) schrieben später das Buch, das ein psychoanalytisch populärer Bestseller in Amerika ist: »How to Be Your Own Best Friend«. Das Buch, das mehrere Millionen Menschen gekauft und sicher noch mehr gelesen haben, verbindet psychoanalytisches Wissen mit praktischen Anregungen zur Selbsthilfe.

2 Die AAP nahm Kollegen aller Schulen der Psychotherapie auf. Jedoch wurde sie in relativ kurzer Zeit zur eigentlichen Heimat der neu entstehenden Therapien des Experientialismus, der Erlebnistherapien. Nur wenige Psychoanalytiker, die sich nur als solche und nicht als experientielle Therapeuten bezeichneten, wurden oder blieben Mitglieder, obwohl diese mit großer Freude und Achtung als dazugehörig aufgenommen wurden. Dazu gehörten u. a. Jule Nydes, Elizabeth Mintz, Ed Taylor und ich. Zu den frühesten Mitgliedern zählten auch der Sullivan-Schüler Harry Bone, die Gestalttherapeutin Elaine Kepler, die Erlebnistherapeuten James Bugental und Sydney Jourard, Erv und Miriam Polster, Sol und Beatrice Rosenberg, Leonard und Roz Schwartz, William (Bill) Zielonka, Joseph Zinker, Stanley Lipkin, Jules Barron, Harry Rockberger, Robert Goulding (TA). (Ich bitte die Kollegen, die mir bedeutungsvoll geworden sind und die ich hier nicht genannt habe, zu verstehen, daß dies nicht Absicht, sondern Gedächtnislücken zuzuschreiben ist.)

3 George Bach: Freiheitlich, meist lustig, neckend und zärtlich, an allem interessiert, auch an sexuellen Ausflügen trotz großer Liebe und Bewunderung für seine bezaubernde Frau Caroline (»Wie sie es eigentlich mit mir aushält?«), ebenso begeistert von seinen Kindern, begeistert vom Leben überhaupt; ein guter Zuhörer, ein guter Kritiker, scharf in Meinung und Ausdruck, bekannt für seine Clownerien und sein immer unvorhersehbares Verhalten! – Eine Schrecksekunde: Ich sitze auf einer weiten Rasenfläche bei einem unserer kalifornischen AAP-Treffen. Ich habe meinen Gegenübertragungsworkshop auf eine bestimmte Zahl von Menschen begrenzt. Es sind wahrscheinlich bereits doppelt so viele anwesend, als ich George Bach von der einen Seite und Albert Ellis von der anderen auf uns zukommen sehe. Ich zucke zusammen; dann: »If I can do this, I have really arrived!« (Wenn mir das gelingt, habe ich es wirklich geschafft!) Es war unglaublich: Beide Männer waren aufmerksame und konstruktive Teilnehmer. Albert Ellis trug sogar einen Fall in freien Assoziationen vor, trotz seiner radikalen Ablehnung der Psychoanalyse und ihrer Techniken. Er empfand diese Sitzung als für ihn fruchtbar.
George Bach erlangte Bekanntheit durch seine Marathongruppen und durch seine ideenreiche Unbekümmertheit. Ich erinnere mich, wie Asya Kadis ihn nach New York als Gast ins Postgraduate Center for Psychotherapy (später: for Mental Health) einladen wollte und mich fragte, ob sie »auch das« riskieren sollte! Sie riskierte nämlich immer etwas: mit George Bach, der plötzlich während seines Vortrags auf und über Stühle und Tische sprang; mit Fritz Perls, der gern und gut schockierte – manchmal, indem er, hinter einem langatmigen Redner stehend, dem Publikum pantomimisch dessen Eselsohren vorspielte;

und mit mir, die sie nicht als Gast, sondern als Fakultätsmitglied vorschlug und für die sie nach langen Diskussionen in diesem psychoanalytisch orientierten Institut auch die Erlaubnis erlangte, fünf Modelle der Gruppeninteraktion zu lehren.

Ich habe George immer als Maverick, als wichtigen spaßhaften Außenseiter erlebt. Nicht nur sein »Streiten verbindet«, sondern auch seine Wärme.

Bach, George R., und Deutsch, R.: Streiten verbindet. Bertelsmann Verlag, Gütersloh, 1970. Orig. engl.: Pairing. Wyden Books, New York, 1970.

– und Wyden, P.: The Intimate Enemy. Morrow, New York, 1968.

– und Nicholson, L.: The Cradle of Crazy Making. In: Voices, Vol. 12, 1977.

4 Albert Ellis: Ebenso unabhängig wie George, doch so verschieden von ihm wie eben die Ostküste der USA von der Westküste ist. – Alberts New York: Häuser, Menschen und ein apartment house voller Bücher, Zeitschriften und mit seinem Institute for Rational Emotive Therapy (RET).

Ellis schreibt immer an mindestens einem Buch und mehreren Artikeln. Er teilt dafür seine Zeit genau nach der Uhr ein, ebenso wie für seine festgelegte Anzahl von Patientenstunden. (Wenn ich ihn und seine Freundin auf meinen New Yorker Reisen besuche, geschieht dies immer um 23.15 Uhr in seinem Haus.) Albert lebt so rational, wie er es vorschreibt. Als langjähriger Diabetiker zieht er sein Stück Brot genau nach zwei Stunden aus der Tasche, ob es nun im Hörsaal ist oder auf der Straße oder im Haus von Freunden. Er scheint auch nie Angst zu haben, weder wenn er angegriffen wird, noch wenn er angreift. Dabei sind seine Angriffe immer radikal; meist richten sie sich gegen die Psychoanalyse und die Gestalttherapie. Er begründet sie immer sachlich und nicht persönlich. Er und Fritz Perls z. B. hatten sich sehr gern, obwohl jeder des anderen Methode verachtete; keiner war jemals beleidigt!

Ich entsinne mich, daß ich Albert Ellis als einen von sieben Vertretern verschiedener psychotherapeutischer Schulen im Namen der NPAP zu einem Symposium über Träume einlud. Ich schickte allen Referenten denselben Traum einer meiner Patientinnen mit der Bemerkung zu, daß ich ihnen jede Auskunft, die ihnen nützlich erscheine, gerne im voraus schicken würde. Natürlich spiegelten diese Anfragen die Methode der Referenten wider. Ellis erfragte nichts. Er ergab sich statt dessen auf dem Podium einer »Bullshit«-Tirade gegen die Psychoanalyse, welche die Patienten auf falsche Wege führe und ihnen unnötigerweise Geld aus der Tasche ziehe, anstatt sie vernünftig zu beraten. Der Traum sei ihm sowieso gleichgültig. Als ich Ellis, wie allen anderen Referenten, im Namen der Organisation einen Dankesbrief schrieb, ließ ich ihn wissen, daß ich stolz sei, einer Organisation anzugehören, die mir erlaubte, ihn trotz seiner bekannten unflätigen Angriffe einzuladen. Auch dies störte den unheimlichen Gleichmut des RET-Erfinders und loyalen Freundes nicht, dessen Lehre heute wohl vor allem durch ihre Simplizität, Suggestivität und durch Alberts große publizistische Fähigkeit und seinen Fleiß zu den am weitesten verbreiteten Methoden in den USA gehören dürfte und die inzwischen auch in Europa Verbreitung findet. Ich selbst habe Albert Ellis sehr viel lieber als seine RET. (Er meinte, dies sei nur deshalb so, weil ich ihn nie mit echten Problemen aufgesucht hätte. Als ich dies jedoch wirklich einmal tat, hatte ich den gleichen Eindruck: daß mir nämlich rationale Erklärungen ohne emotionalen und analytischen Tiefgang nicht helfen.)

Übrigens hieß Ellis' Methode ursprünglich »Rational Therapy«; erst nach vielen Jahren langer gemeinsamer Diskussionen in der Academy fügte er »Emotive« hinzu. Auf der anderen Seite wurden andere Academy-Mitglieder, die nur noch »Bauch« und nicht mehr »Kopf« für wichtig hielten, glücklicherweise ein wenig von Ellis' Rationalität beeindruckt und beeinflußt.

Ellis, Albert: Die Rational-Emotive Therapie. Verlag Pfeiffer, München, 1978. Orig. amerik.: Reason and Emotion in Psychotherapy. Lyle Stuart, New York, 1962.

5 Elizabeth Mintz: Siehe Kapitel 7, »Mein Körper gehört mir«, und die angegebene Literatur der beiden letzten Kapitel.

6 Meine Freundschaft mit Vivian und Henry Guze begann mit meinem Anschlag am Schwarzen Brett des AAP-Workshops in Los Angeles, daß ich Gesellschaft für eine langsame Sightseeing-Fahrt auf der Route 1, von Los Angeles nach San Francisco, suchte. Die Guzes meldeten sich, und so begann die Fahrt durch die kalifornische Meer- und Berglandschaft und unsere von Freundschaft geprägten Jahre – nur wenige Jahre mit Henry, der 1970 starb, und die über die Kontinente reichende unverbrüchliche Freundschaft mit Vivian.

Route 1 von Los Angeles bis San Francisco ist eine der schönsten Autostraßen der Vereinigten Staaten. Wir waren erstaunt über die braunen Berge, die doch immer wieder grünen, wenn der Regen fällt, über die großen Felsen, die ins Meer hineinwachsen, und vor allem über die mehrtausendjährigen Redwoodtrees, die wolkenkratzerhoch wie grüne Spitzenschleier in den blauen Himmel ragen. Doch vor allem lachten wir von Ort zu Ort mehr über die Tatsache, daß wir auf der ganzen über acht Tage dauernden Fahrt durch Kalifornien, das Orangenland, nicht ein einziges Glas frischen Orangensaft kaufen konnten. (Warum? »Es ist nicht hygienisch« oder »Wir müssen die Orangen nach Florida verkaufen« oder »Büchsensaft ist sehr viel gesünder als frische Orangen; er geht nicht durch dreckige Hände«.)

Henry Guze begann seine berufliche Laufbahn als Physiologe. Bei einer Forschungsarbeit über Penicillin im Labor vergiftete er sich und litt lebenslänglich an den Folgen dieser Vergiftung, die sein Herz verletzte und seine Gehfähigkeit beeinträchtigte. Daß er seine Physiologiekenntnisse in die psychotherapeutische Praxis integrieren konnte und die Tatsache, daß er daran wissenschaftlich weiterzuarbeiten gedachte, tröstete ihn nie über seine Behinderung hinweg. Er war erst 45 Jahre alt, als er an Herzversagen starb.

Vivian Guze war damals noch nicht bekannt. Sie hatte jahrelang an einem Veterans' Hospital in New Jersey als Psychologin gearbeitet und viel von Henry gelernt. Als Physiologe und Therapeut verband dieser zu einer Zeit, da es noch nicht üblich war, Physiologie und Psychotherapie mit Hilfe psychodynamischer Erkenntnisse, durch einfühlsames Berühren von betroffenen Organen etc. Vivian fügte ihrem Wissen und Können auch Erfahrungen aus der Teilnahme an meinem dreijährigen Body-Awareness-Workshop hinzu und wurde nach weiterem Training in Bio-Energetik bekannt. Sie kommt von der Psychoanalyse her, verfügt über eine zehnjährige Erfahrung in der Arbeit mit Psychotikern und hat mit Margaretta Bowers zusammengearbeitet, die schon 1957 ihr Buch »Counseling the Dying« schrieb. Ihre Gestalttherapieausbildung machte Vivian bei Fritz Perls und TZI bei mir.

7 Vin Rosenthal: Damals entdeckte Vin gerade das radikale Hier-und-Jetzt-Erleben als heiliges Spiel- und Lebenswerkzeug. Er fügte es seinem traditionellen Instrumentarium hinzu: Ich nehme *jetzt* wahr, empfinde, fühle, denke, glaube *jetzt.*

Vin wurde sieben Jahre lang Herausgeber von »Voices«, der Zeitschrift, die John Warkentin im Geist des Experientialismus für die AAP initiiert hatte; der Zeitschrift, die es wagte, Psychotherapeuten mit ihren menschlichen und methodischen Schwächen und Stärken über sich selbst und ihre Arbeit schreiben zu lassen; wohl die erste Zeitschrift, die auf dem therapeutischen Gebiet der Subjektivität vollen Ausdruck verlieh.

Vin und ich lebten das »Hier-und-Jetzt«-Spiel gemeinsam seit unsrer ersten Begegnung, 1967 in der Academy. Es führte uns zum Wesen des Augenblicks, der alles in und um uns zeitlos und zeitvoll umschließt. Wir lebten in der beglückenden Authentizität, die fast keiner Selektivität bedarf, weil das »Was und wie auch immer« bedingungslose Akzeptierung war.

Vin und ich phantasierten damals, daß wir uns jedes Jahr mindestens einmal für zwei bis drei Tage treffen würden – irgendwie und irgendwo im Raum des Hier-und-Jetzt –, wann und unter welchen Schwierigkeiten auch immer. Und so geschah es und geschieht es: In New York, in Toronto, in North Field, am Cape Cod, in Chicago, Athen, in Long Island, in Goldern am Hasliberg – und immer im Hier-und-Jetzt des Erspürens des Augenblicks und im Reichtum der Besitzlosigkeit des »Alles fließt« und des »Wie und was auch immer«.

8 Carl Whitaker: Carl sagte nach einiger Zeit unserer liebevollen, doch distanzierten Bekanntschaft zu mir: »Ruth, whenever I think of you, I think ›purpose‹.« (Wann immer ich an dich denke, fällt mir »Zweck« ein.) »Gewiß«, sagte ich, »natürlich habe ich Ziele und darum auch Zwecke.« Carl schwieg. Mich verfolgte sein Schweigen. Was bedeutete das für ihn? Es dauerte einige Jahre, bis ich ihn verstand oder glaubte, ihn verstanden zu haben: Existenz um der Existenz willen, Zweck als Teil der Existenz, weniger als Gebot. Loslassen, Seinlassen. Heute bin ich dem Paradox näher, daß Tun auch Sein-Lassen, Ruhe auch Wirksamkeit bedeuten kann.

Ich sah Carl mit John Warkentin, Richard Felder und anderen zusammenarbeiten. In ihrer Klinik und auf Kongressen. Mit einzelnen, mit Gruppen, mit Familien (ich glaube auch einmal mit Sippen). Auffallend war dies »Sein-Lassen«, das Loslassen von Plänen, theoretischer Systematik, vorgestellten Zielen. Diese Therapeuten erweckten in mir immer den Eindruck des Zuhörens, des Reagierens, des Sich-manchmal-auch-selbst-Darstellens, eines Sein-Lassens der Realität, wie sie eben war, und daß gerade dieses Sein-Lassen und Mit-Sein die Patienten zur Wandlung führte. Daß Sein-Lassen und Tun unter Umständen eins werden, wurde mir damals als lebbares Paradox bewußt.

Cave: Dieses heilsame, lebbare Sein-Lassen muß therapeutisch im liebenden Anerkennen und Sich-Darstellen wurzeln und nicht in Passivität! Liebe Deine Feinde, inklusive die eigenen Feinde in Dir selbst und in den Patienten. Dann hören sie vielleicht auf, Feinde und Patienten zu sein. (So liegt für mich auch noch im Sein-Lassen die Kehrseite des Zwecks!)

Whitaker, Carl, und Malone, T.: The Roots Psychotherapy. New York, 1953. (vergriffen)

Das klassische Buch des Experientialismus soll jetzt neu erscheinen.

Whitaker, Carl, und John Warkentin: Spontaneous Interaction. In: »Group Psychotherapy«, Atlanta Psychiatric Clinic.

(Während ich die Bibliographie bearbeite, höre ich, daß John Warkentin vor wenigen Wochen, wohl im November 1983, gestorben ist.)

9 Joen Fagan und Irma Shepherd gründeten gemeinsam mit Earl Brown das tiefenpsychologische Department der Georgia State University in Atlanta. Ein anderes gemeinsames Verdienst der beiden Frauen ist das Buch: »Gestalt Therapy Now«, eines der m. E. noch immer besten Bücher über Gestalttherapie. Joen ist eine eigenwillige, kreative Persönlichkeit, die ihren Gedanken- und Berufskreis stetig erweitert. Vor einigen Jahren war sie physisch krank, und die Schulmedizin konnte ihr zu keiner korrekten Diagnose oder Therapie verhelfen. So suchte sie von ihrem Krankenbett aus nach anderen Heilungsmöglichkeiten und fand diese in der Kinesiologie. Die Kinesiologie beruht auf Experimenten, die davon ausgehen, daß Muskelspannungen und -schwächen schnellsten und sichersten Aufschluß über Organschwächen und Mineral- oder Vitamindefizienzen geben können. Der Muskeltest, der keiner Instrumente bedarf, stellt Muskelschwächung oder -stärkung von Organen und endokrine Vorgänge fest. Bestimmte Übungen – Berührung durch den Therapeuten und orale Einnahme von lebenswichtigen Stoffen – verändern den Muskeltonus in einer Art, die Funktions- und Organdiagnosen ermöglicht. (John Thie: Touch for Health.)

Nach ihrer Gesundung experimentierte Joen mit der Muskeldiagnose der Kinesiologie für psychodiagnostische und psychotherapeutische Zwecke. Dabei stellte sie fest, daß bei unangenehmen seelischen Vorstellungen eine minimale Schwächung der Muskeln stattfindet, die oft schnellere und sicherere Auskunft über positive und negative Empfindungen und anstehende Konflikte gibt als die bewußte Wahrnehmung oder/und die verbalen Auskünfte der Testpersonen. (Publikationen sind z. Z. erhältlich durch das Department of Psychology Georgia State University, Atlanta, Georgia 30303, USA.)

Irma kannte mich erst flüchtig, als sie in einem Plenarsaal von über hundert Menschen auf meine Traurigkeit aufmerksam wurde. Sie begegnete ihr mit etwa diesen Worten: »Ich werde bei dir sein, wenn du allein bist oder wenn du sterben wirst, wo das auch immer sein mag.« Ich glaubte ihr sofort. Irma spürt tief, was wichtig ist, und handelt danach. Dadurch wurde sie (so sehe ich es jedenfalls) die eine Perls-Schülerin, die von Fritz anders und deutlich höher geschätzt wurde als wir anderen. Sie war sein Seismograph für das, was ihm wirklich wichtig war.

Doch Irma ist eine eigene Persönlichkeit und keine Nachfolgerin. Sie war Mitgründerin und ist Chairperson des Psychotherapy Department der Georgia State University und befaßt sich mit wichtigen Fragen der berufspolitischen Interessen von Psychotherapeuten und Psychologen.
Beide, Joen Fagan und Irma Shepherd, sind Psychotherapeutinnen, die über die Gestalttherapie hinaus Erfahrungen in TA, Bio-Energetik, Systemtheorie etc. in ihre Arbeit integriert haben. Sie sind jetzt auch den spirituellen und transpersonalen Phänomenen und Fragen in ihrer therapeutischen Bedeutung zugewandt.
Irma Shepherd schreibt, daß sie große Achtung für Kollegen hat, die innerhalb des psychoanalytischen Rahmens arbeiten und den Respekt für das Unbewußte nicht verlieren. Doch sie erkennt auch, daß nicht nur Wissen, und nicht einmal Bewußtheit das sine qua non sein kann.

> »Mein bevorzugter Stil ist, wissen zu wollen, aber ich weiß genau, daß Wandlungen auch auf anderen Ebenen und sogar außerhalb der Bewußtheit geschehen. Darum schätze ich auch die erlebnistherapeutische Schule, die sich oft darauf beschränkt, den Prozeß geschehen zu lassen, und ihn nur durch die Person des Therapeuten zu unterstützen. Ich glaube, daß der Gestaltansatz einige Verfeinerungen zuläßt und den Prozeß dadurch unterstützt, daß er spezifische Aspekte fokussiert, die der Erlebnistherapeut vorbeiziehen läßt oder erst sehr viel später beachtet.«

10 In späteren Jahren verblaßte das Prinzip der »offenen Gruppen«, die uns Gelegenheit gegeben hatten, daß jeder jeden persönlich treffen und sprechen konnte. Beruflicher Austausch wich den Therapiebedürfnissen der Therapeuten, die sich mehr und mehr in »geschlossenen« Gruppen trafen. Dadurch ging viel von dem Glanz und der Einzigartigkeit der AAP-Workshops für mich verloren. Statt der überwundenen Vereinzelung durch offene und thematische Gruppierungen bleiben oft alte Freunde in kleinen Gruppen zusammen. Neue Gruppen mögen entstehen, jedoch der Gesamtfluß von Interessenaustausch und Beziehungsmöglichkeiten kommt zu kurz. Dies erlebte ich 1980. Ich hoffe jedoch, daß neue Begegnungs- und Austauschformen gefunden werden.

11 Das damalige Team der Atlanta Clinic war: Carl Whitaker, Richard Felder, John Warkentin, Ellen und William Kayser, Tom Malone, Chalmer Rivers (später auch Tom Leland, Herb Stone und Nan Greenlee). Ich glaube, daß die Geschwindigkeit, mit der ich die erlebnistherapeutische Methode der Atlanta Clinic erfaßte, wesentlich auf der Gleichartigkeit der erlebnistherapeutischen Einstellung zu den Phänomenen von Übertragung und Gegenübertragung und der Einstellung, die wir in meinen Gegenübertragungsworkshops entwickelt hatten, beruhte. Wir teilten die Überzeugung, daß Übertragung als Störung der echten Begegnung gesehen und behandelt werden muß. Die individual-historische Begründung der Übertragung bleibt unangefochten und wird im Laufe der Behandlung immer deutlicher. Das therapeutische Mittel der Wahl jedoch ist nicht die Verstärkung des Symptoms zur Regression, sondern die unmittelbare Reaktion des Therapeuten (resp. des Lehrers) auf die Illusion des Patienten

(resp. des Schülers). Übertragung wird als Störung der Hier-und-Jetzt-Begegnung aufgefaßt und durch die nicht-illusionäre Haltung des Therapeuten resp. des Lehrers verändert. Die illusionsgetragene Dependenz von Übertragungsfiguren wird verändert durch die real erlebbar gemachte Interdependenz von Patient und Therapeut.

12 *Greenwald, H.:* Decision Therapy. Wyden Books, New York, 1973.
–: Callgirl: Social and Psychoanalytic Study. Ballantine Books, 1958.

13 *Rogers, Carl R.:* Entwicklung der Persönlichkeit. Klett-Cotta, Stuttgart, [4]1982.
Orig. amerik.: On Becoming a Person. Houghton Mifflin, Boston, 1961.

> »Ich habe realisiert, daß ich nur wenn ich imstande bin, eine transparente, reale Person zu sein, und auch so von meinem Klienten gesehen werde, fähig bin zu sehen, was echt ist in ihm. Dann kann meine Empathie und Akzeptierung effektiv sein. Meine Therapie gelingt mir dann nicht gut, wenn ich nicht fähig bin, das zu sein, was ich zutiefst bin.
> Die Essenz der Therapie, so wie ich sie selbst ausübe und bei anderen sehe, ist die Begegnung von zwei Personen, in welcher der Therapeut sich offen und frei gibt wie er ist, und vielleicht kann er dies am deutlichsten zum Ausdruck bringen, wenn er sich frei und akzeptierend in die Welt des anderen hineinbegibt.« (Übersetzung von RCC)

–: Siehe auch Literatur Kapitel 11, »Die Encounterbewegung«, und im letzten Kapitel.

14 Siehe Literatur Watzlawick im letzten Kapitel.

15 *Weitere Literatur zur Erlebnistherapie:*
Bugental, James: The Search for Authenticity. Holt, Rinehart and Winston, New York, 1965.
–: The Search for Existential Identiy. Patient-Therapist Dialogues. In: Humanistic Psychotherapy, Verlag Jossey-Bass Corp., San Francisco und London, 1976.
Ich kenne kein anderes Buch, das Erlebnistherapie so einfach und eindrücklich darstellt wie dieses.
So wenig wie das Auge sich selbst im Sehen sieht, das Ohr sich selbst im Hören hört, so wenig erkennt sich selbst der innere Sinn des Subjektiven, der Erleben erleben läßt. Psychotherapie bedeutet, diesem inneren Erlebnis-Sinn Realitätswert zuzusprechen, so wie wir dem Auge sein Sehen, dem Ohr sein Hören als Wahrnehmungssinn zuerkennen.
James Bugental berichtet von Erfahrungen mit acht Patienten, wobei er seine eigenen subjektiven Erlebnisse in authentischer und sensitiver Weise als Anteil des therapeutischen Geschehens beschreibt.

> »Ich möchte dies noch ein wenig ausführen, die Wichtigkeit unseres verlorenen Sinnesorgans, den Sinn der inneren Bewußtheit, der es uns ermöglicht, unser eigenes Leben ganzheitlich und unserer eigenen einzigartigen Natur entsprechend voll zu realisieren ... und dann möchte ich meine Überzeugung aussprechen, daß dieser verlorene Sinn der eigentliche Weg zur tiefsten Bedeutung des Lebens und des Universums überhaupt ist ... Als ich anfing, mir selbst zuzuhören,

gab es so viele Zwischenwellen und Stationen, die die Signale von innen verhinderten, daß es sehr schwer schien, meine eigene Stimme zu erkennen. ... Doch ich habe zu glauben gelernt, daß ich diesen inneren Sinn habe, die Führung zur inneren Gewißheit.«

»Wenn wir die große Stärke der menschlichen Bewußtheit ausschöpfen können, dann haben wir den eigentlichen Prozeß unseres Lebens in die Hand genommen ... Ich bin nicht das Produkt der Lebensprozesse; ich bin der Prozeß selbst. Wenn ich daher erkenne, wie ich mein Bewußtsein verdreht habe, bin ich schon auf dem Weg der Veränderung. Wenn mir bewußt wird, daß ich meine Bewußtheit vergrößern kann, tue ich das bereits ... Das Selbst, abstrakt genommen, ist nur ein begriffliches Objekt. Es ist nicht, der/die ich bin; es ist mehr, was ich war und getan habe ... Wer ich war, ist tot; meine Bewußtheit, das bewußte Ich, ist lebendig hier-und-jetzt und bewegt sich weiter in stetiger Veränderung.«

Jourard, Sidney: The Transparent Self. Van Nostrand Comp., New York, Chicago, San Francisco, 1964.

Sidney Jourard gehörte schon sehr jung zu den prominenten Mitgliedern der American Academy of Psychotherapy. Sein Buch ist eines der wenigen klassischen erlebnistherapeutischen Dokumente.

»Was anderes ist denn Psychotherapie als eine Situation, in der sich eine Person, der Patient, der sich selbst entfremdet und verstört ist, einer anderen Person gegenüber, dem Therapeuten, enthüllt. Dann ›blockiert er sich‹, er leistet Widerstand. Der Therapeut hilft ihm und sich selbst im Laufe der Zeit, eine Beziehung herzustellen, in der der Patient sich selbst und dem anderen gegenüber zur Klarheit und zur offenen Kommunikation kommen kann. Sich selbst kennen heißt Identität und Integrität finden, und dies ist vielleicht der wichtigste Faktor im Heilungsprozeß.« (Übersetzung von RCC)

Das Buch ist eine Einladung, authentisch, d. h. ehrlich mit sich selbst und ehrlich in Beziehung zu anderen Menschen zu sein. Es bedeutet, den ersten Schritt zu tun und die »So-tun-als-ob-Verteidigungsmanöver und Doppeldeutigkeiten« zu vermeiden. »Ehrlichkeit kann buchstäblich eine Gesundheitsversicherungspolice sein!«

»Was würde passieren, wenn wir anfangen würden ... alle Studien, die schon über das Untersuchungsobjekt Mensch gemacht worden sind, zu wiederholen, jedoch mit einem Unterschied: Wir würden das Subjekt als einen Mitarbeitenden und nicht als einen unglückseligen Ersatz für eine Taube, eine Ratte oder einen Computer ansehen.«

– Dies entspricht Bubers poetischer Aussage: »Das Ich in dem primären Wort Ich-Du ist ein anderes Ich als das des primären Worts Ich-Es.«

Es lohnt sich, Sidney Jourard zu lesen und darüber zu staunen, daß die einfachen Sätze, die er vor zwanzig Jahren schrieb, mit dazu beigetragen haben, eine Generation von professionellen Psychologen und von Laien grundlegend zu beeinflussen.

Ein tragischer Unfall: Der lebensfrohe und Frohmut verbreitende Sidney wurde beim Einladen des Gepäcks ins Auto von der herunterfallenden Klappe seines Kofferraums erschlagen.

Rudestam, Kyell Eric: Experiential Groups. Publ. Brooks/Cole, Montrey, Calif., 1982.

Dies ist ein sorgfältiges, auf viele Quellen verweisendes Buch, das 13 verschiedene Formen erlebnistherapeutischer Gruppenarbeit unterscheidet. Der Autor ist Professor der Psychologie in Toronto, Kanada, und hat, vielleicht beeinflußt von Evelyn Challis, die die erlebnistherapeutische Arbeit und TZI in Kanada einführte, den Begriff der Erlebnistherapie im gleichen Sinn wie ich erweitert. Dieses Buch ist ein hervorragender Wegweiser durch die Vielfalt experientieller Gruppen.

> *Rollo May:*
> »Wenn ich mit einem Patienten zusammen bin und hauptsächlich darüber nachdenke, warum und wie seine Probleme entstanden sind, werde ich alles begreifen außer dem Wichtigsten von allem, nämlich die Wirklichkeit der Person.«

11 Die Encounterbewegung

1 Aus der Festschrift der Humanistischen Psychologie für Ruth C. Cohn, Jahrg. 3, Nr. 4. Eschweiler, 1980.

2 Daniel Malamud ist ein hervorragender Erlebnistherapeut. Wir haben mehrere Jahre lang Therapiegruppen gemeinsam geleitet. Er war genial, kooperativ, ein guter Zuhörer und spielerischer Denker, der immer von überraschenden Ideen sprühte und Situationen schuf, in denen Therapie geschehen konnte. Es waren wunderbare Therapiejahre, die ich nach einengenden und interpretierenden Gruppentherapien mit psychoanalytischen Partnern als befreiend erlebte. Dan ist auch in unserer Peergruppe (sie besteht aus Kollegen, die sich zur Erarbeitung kreativer therapeutischer Methoden und auch wegen eigener Probleme treffen) ein ständiger Neuerer von Methoden und Experimenten.

Bekannt wurde Dan Malamud sehr früh durch seine Encounterspiele, die er schon vor der großen Encounterwelle erfand. Dan hat bis heute fortlaufend Spiele – vor allem für seine Studenten der New York University – erfunden. Am bekanntesten wurde sein Spiel »The Second Chance Family«; in diesem Spiel wählt sich jeder Student diejenigen Kameraden aus, die er gerne als »Brüder, Schwestern, Eltern, Großeltern« haben würde. Das ganze Semester lang lebt er (als Erwachsener, wie er jetzt ist) in dem Phantasiespiel, wobei die anderen jeweils einwilligen müssen, daß sie seine »Second Chance Family« sind.

Encounterspiele und Selbsthilfe:

Malamud, Daniel, und Machover, Saul: Toward Self-Understanding: Group Techniques in Self-Confrontation. Springfields, Mass., 1963.

–: Self-Understanding in Games and Interactions. Publ. Charles Thomas, New York.

–: Self-Confrontation in the Second Chance Family. In: J. of Humanistic Psychology, Vol. 14, 2, 1974.
–: The Laughing Game: An Exercise for Sharpening Awareness of Self-Responsibility. In: Psychotherapy, Vol. 17, 1980.
Newman, Mildred, und Berkowitz, Bernard (mit Jean Owen): How to be your own best friend. Publ. Vantage House, New York.

»Wenn wir lernen, uns selbst zu lieben und zu nähren, werden wir uns als viel reicher erleben, als wir es uns je vorstellen konnten. Wir werden immer noch von wirklichen Problemen bedrückt werden und wirkliche Niederlagen erleiden. Das Leben ist kein Picknick und kein Rosengarten. Die Welt ist nicht zu unserem Wohlbefinden erschaffen. Wir können nicht dem menschlichen Schicksal entfliehen, das Schmerz, Schwierigkeiten und Verluste mit sich bringt. Aber wir können alles, was uns zur Verfügung steht, einbringen, um die Herausforderungen, die das Leben uns stellt, zu tragen und zu ertragen und das Beste aus allem zu machen, was es uns anbietet ... Die Menschen scheinen oft das Bedürfnis zu haben, sich als verbraucht zu erleben, ... als ob sie sich selbst aufgegeben hätten ...« (Übersetzung von RCC)

Rogers, Carl: Encountergruppen, Das Erlebnis der menschlichen Begegnung. Kindler, München, 1974. Orig. amerik.: Carl Rogers on Encounter Groups. Harper and Row, New York, 1970.
Schutz, William: Freude. Rowohlt Verlag, Hamburg, 1971. Orig. amerik.: Joy. Grove Press, New York.
Schwartz, Roslyn, und Leonard Schwartz: Becoming a Couple – Making the Most of Every Stage of Your Relationship. Publ. Prentice Hall, Englewood Cliff, N. J., 1980.

»Menschen haben einen Widerstand dagegen, sich zu verändern, und sie tendieren aus Sicherheitsgründen dazu, beim Bekannten zu bleiben. Es mag Euch helfen, Ehe als ein sich entwickelndes System mit identifizierbaren Stadien zu konzipieren, so daß Ihr mit dem Prozeß des Paarwerdens mitgeht, statt es zu bekämpfen. Wer hat recht und wer hat unrecht? – diese in jeder Ehe immer wieder auftauchende Frage wird zu einer sinnlosen Frage. Statt dessen macht den Versuch, Bedürfnisse des Partners nach Nähe und Distanz in Betracht zu ziehen – inklusive der daraus resultierenden Gefühle von Liebe, Schmerz, Ärger oder Enttäuschung – und zu versuchen, solche Geschehnisse zu verarbeiten, das ist eine viel weisere Investition Eurer Energien!« (Übersetzung von RCC)

Vopel, Klaus: Interaktionsspiele. Isko, Hamburg, 1974 (mehrere Bände).
Wilson, Bradford, und Edington, George: First Child, Second Child. McGraw-Hill-Book, New York, 1981.

12 Gestalttherapie

1 Lucy Sprague-Mitchell als Pädagogin: s. Kapitel 13, »Gelebte Geschichte der Pädagogik«.

2 In bisherigen deutschen Übersetzungen wird allgemein das Wort »*Sackgasse*« statt »Engpaß« gebraucht. »Impass« heißt jedoch Engpaß, und nur dieses Wort scheint mir sinnvoll zu sein. Eine Sackgasse versperrt definitiv den Weg, so daß man nur durch Gewalt oder Gesetzesverletzung hindurch kann. Ein Engpaß jedoch erlaubt den Durchgang, wenn auch nur durch besondere Anstrengung.

3 Vivian Guze: s. Kapitel 10, »Die Erlebnistherapien«.
Nataly Mann lebt und arbeitet als Therapeutin in Dänemark.
Elizabeth Mintz: s. Kapitel 7, »Mein Körper gehört mir«, und Literatur der letzten Kapitel.
Renée Nell: s. Kapitel 14, »Die themenzentrierte Interaktion«.

4 Marion O'Neill, eine befreundete Kollegin in Atlanta, und ich besprachen einmal die Frage, wann ein Mensch charismatisch wirkt. Aufgrund unserer Erfahrungen kamen wir zum Ergebnis, daß wir als charismatisch dann galten, wenn wir nicht nur von einer Sache überzeugt waren, sondern diese auch für viele andere Menschen für wichtig hielten. Diese Überzeugungskraft scheint Energien für suggestive Kommunikation auszustrahlen. Das Positive daran ist die Wirksamkeit, wenn es sich um dringliche und wertvolle Angelegenheiten handelt. Das Negative daran ist, daß auf diese Weise unethische und gefährliche Überzeugungen suggeriert werden können. (Musterbeispiel Hitler.) Die Schwungkraft des Charisma bedarf der Steuerung durch disziplinierte, ethisch und sachlich realistische Kritik.

5 Meine schönste private Erinnerung an ein Zusammensein mit Fritz: Es war in Chicago nach einem Kongreßtag, ich glaube 1964. Fritz und ich waren mit einer Gruppe von Teilnehmern in eine Bar gegangen, wo getanzt wurde. Fritz war aus irgendeinem Grund an diesem Abend recht bürgerlich gekleidet, und ich hatte ein schwarzes langes Kleid an. Wir alle verließen das Lokal zur gleichen Zeit, aber im Gespräch verloren Fritz und ich die Gruppe. Wir verloren auch die beleuchteten Straßen und befanden uns plötzlich als verirrte Wanderer in einer dunklen Gegend mit kleinen Häusern und fast keiner Beleuchtung. Es war zwei Uhr nachts. Nach langem Wandern sahen wir von weitem – belustigt an Hänsel und Gretel denkend – das Licht eines »Knusperhäuschens«. Das Knusperhäuschen entpuppte sich jedoch als eine Launderette, eine Waschküche mit vielen Waschmaschinen. Das Licht gehörte zu einem Mann, der mit einem Riesenmop den Boden naß aufwischte. In der Mitte der Waschküche stand ein Schaukelpferd mit einer Schlitzöffnung, für die man einen Dime (zwanzig Pfennig) brauchte, um das Pferd zum Schaukeln zu bringen. Ich stieg auf das Schaukelpferd, Fritz steckte einen Dime in den Schlitz und ergriff dann die Zügel. Der Mann mit dem Mop starrte auf den würdigen alten Herrn mit weißem Bart und seine fröhliche, ältere Schaukelpferddame im Abendkleid. Das in Staunen erstarrte Gesicht des Mannes und Fritz' jungenhaft vergnügtes Lachen gehören zu den Lieblingsschnappschüssen meines Gedächtnisses.

6 Der »leere Stuhl« bei Fritz Perls wird zum Requisit des zu spielenden Dramas. Die Phantasie der introjizierten Person (Übertragung) oder die eigene Projektion wird vom Patienten auf dem »leeren Stuhl« gespielt, während der Patient, so wie er sich aktuell erlebt, von seinem eigenen Stuhl her spricht und agiert. Immer ist der »leere Stuhl« der Träger des »anderen«, des als ich-fremd zu erkennenden Anteils des Patienten, den es »herauszuoperieren« gilt. Dieser »andere« wird so im Schau-Spiel deutlich vom aktuellen Ich-Selbst abgetrennt.

7 Traumspiele auf gestalttherapeutischer und psychodramatischer Basis sind im letzten Jahrzehnt in vielen Gruppen in verschiedener Art und Weise aufgekommen. Sie können in Verbindung gebracht werden mit dem Begriff der subjektiven Identifizierung des Träumers mit seinen Traumanteilen und den transpersonalen kollektiv-unbewußten Zusammenhängen aller Menschen. Diese intrapsychischen und transpersonalen Verbindungen sind wohl die Grundlage der therapeutischen Effizienz aller gut strukturierten Traumspiele.
Zeyde Margareth Erdmann hat Träumen und Kunstwerken neue Perspektiven abgewonnen. Träume enthalten Wachstumsgesetze, die dem Aufbau des Dramas entsprechen. Wenn jedes Gruppenmitglied sich eine Person oder einen Gegenstand oder einen Traumteil auswählt, der ihm in einer gemeinsamen Gruppenarbeit wichtig war, um sie ihn schauspielerisch darzustellen, ergibt sich im gemeinsamen Spiel aller Teile ein dramatischer Prozeß, der die Gruppe als Ganzes ebenso wie die einzelnen in ihren besonderen Aspekten therapeutisch weiterführt. (Siehe Zeyde Erdmanns Bericht im Kapitel »Rückkehr nach Europa«.)

8 Ruth Ronall besitzt eine seelische Wünschelrute, mit der sie zielsicher Menschen aufspürt, die ihren eigenen Ahnungen und Ideen neue Formen geben und die sie mit ungehemmter Freude und Begeisterung und einem außergewöhnlichen Mangel an Rivalitätsgefühlen integriert.
Ruth Ronall folgte ihrer Wünschelrute zu gleichgesinnten Lehrern und Lehrerinnen: Alfred Adler, Ruth Cohn, Laura Perls. Die Lehre Alfred Adlers war ihre geistige Nahrung im Elternhaus. Mich traf sie im Fahrstuhl des zwölfstökkigen apartment house in New York City, in dem wir beide – ohne es zu wissen – wohnten; und Laura Perls besuchte Ruth, nachdem ich nach Europa gegangen war und sie in meinen Supervisionsgruppen angefangen hatte, Gestalttherapie zu lieben (sie war von Fritz' Persönlichkeit zunächst abgeschreckt worden).
Mit der ihr eigenen Integrationsfähigkeit und kreativen Kraft erarbeitete Ruth Ronall die ihrer Persönlichkeit entsprechende TZI-Gestalttherapiegruppe auf der Grundlage von Alfred Adlers Vision vom »Gemeinschaftsgefühl«.
Zum Persönlichen: New York, 333 Central Park West. Ruth Ronall war Ruth Upstairs, zwölfter Stock, Ruth Ronalls Mutter, Danica Deutsch, zehnter Stock, ich Ruth Downstairs, dritter Stock, dazwischen gemeinsame Freunde und Kollegen, Bradford Wilson und George Edington. Die Alfred Adler Klinik, die von Danica Deutsch in New York gegründet worden war, war im Parterre und WILL-New York in meiner Wohnung. So waren wir Hausgenossinnen, Kolleginnen, Freundinnen.

9 *Peyrefitte, Alain:* Wenn China sich erhebt ... zittert die Welt. Paul Zsolnay, Wien, Hamburg, 1974. Orig. franz.: Quand la Chine s'éveillera ... le monde tremblera. Librairie Arthème Fayard, 1973.

»Barfußärzte wurden nach der Methode der Einhundert geschult: In hundert Tagen lernen sie hundert Akupunkturpunkte anzuwenden, hundert Krankheiten vorzubeugen, zu diagnostizieren und zu behandeln, hundert Kräuter oder Heilmittel zu erkennen oder zu verschreiben und hundert Arten von chirurgischen Eingriffen zu beherrschen.« (Wirklich? Welche Eingriffe?) »Die einfachsten: z. B. die Entfernung von Mandeln, von Nasenpolypen, von Lipomen, von Abszessen; die Ligatur der Samenleiter beim Mann, Abtreibungen und Kürettagen; einfache oder Zangengeburten; Einrichtung von Knochenbrüchen, Anlegen von Gipsverbänden, das Entfernen von Geschossen, die Behandlung von eingeklemmten Brüchen usw.« – »Man unterscheidet gewöhnliche Krankheiten, deren Behandlung ein Mann oder eine Frau mit gutem Willen rasch erlernen können, und schwere Krankheiten, die einen Spitalaufenthalt erfordern.«

10 *Literatur zur Gestalttherapie:*

Fagan, Joen, und Shepherd, Irma Lee: Gestalt Therapy Now. Theory, Techniques, Application. Science and Behavior Books, Palo Alto, 1970. (Verschiedene Autoren, inkl. Fritz Perls, und eigene Artikel der Herausgeberinnen.)

Naranjo, Claudio: Techniken der Gestalttherapie. Isco Press, Hamburg, 1978. Orig. amerik.: The Techniques of Gestalt Therapy. Publ. The Saturday Press, Berkeley, 1973.

Perls, Fritz: Ich, Hunger und Aggression. Klett-Cotta, Stuttgart, [2]1982. Orig. engl.: Ego, Hunger and Aggression. Publ. George Allen and Unwin, London, 1942.

–: Gestalttherapie in Aktion. Klett-Cotta, Stuttgart, 1974. Orig. amerik.: Gestalt Therapy Verbatim. Real People Press, Moab, 1969.

–: Gestaltwahrnehmung. Verworfenes und Wiedergewonnenes aus meiner Mülltonne. Verlag für Humanistische Psychologie, Frankfurt, 1981. Orig. amerik.: In and out of the Garbage Pail. Real People Press, Moab, 1969.

–: Grundlagen der Gestalttherapie. Pfeiffer, München, 1976. Orig. amerik.: The Gestalt Approach and Eye Witness to Therapy. Science and Behavior Books, Palo Alto, 1973.

–: Gestalt, Wachstum, Integration: Aufsätze, Vorträge, Therapiesitzungen. Hrsg.: Hilarion Petzold, Verlag Junfermann, Paderborn, 1980.

Perls, F., Hefferline, R., Goodman, P.: Gestalttherapie, 2 Bd. (Lebensfreude und Persönlichkeitsentfaltung; Wiederbelebung des Selbst). Klett-Cotta, Stuttgart, [2]1981. Orig. amerik.: Gestalt Therapy. Excitement and Growth in the Human Personality. The Julian Press, New York, 1951.

Perls, Laura (Lore): Begriffe und Fehlbegriffe der Gestalttherapie:

»Der Begriff ›Gestalt‹ kam in den psychologischen Wortschatz durch das Werk Wolfgang Köhlers, der Prinzipien aus der Feldtheorie auf Wahrnehmungsprobleme anwendete. Die Gestaltpsychologie wurde weiterhin entwickelt durch Max Wertheimer, Gelb und Goldstein, Koffka und Lewin und ihre Kollegen und Studenten. Für die Entwicklung der Gestalttherapie ist das Werk von Wertheimer, Goldstein und Lewin von besonderer Bedeutung. Wer die Gestalttherapie theoretisch verstehen will, sollte sich vertraut machen mit den Arbeiten Wertheimers über das produktive Denken, Lewins über die unvollendete Gestalt und die wesentliche Bedeutung des Interesses für Gestaltformierung und Kurt Goldsteins über den Organismus als unteilbare Ganzheit.

Goldsteins organismische Theorie verbindet sich in der Gestalttherapie mit Wilhelm Reichs Theorie der organismischen Selbstregulierung zum Postulat der Wahrnehmungskontinuität, der sich frei entwickelnden Gestaltbildung, in welcher der Gegenstand des größten Interesses und der größten Bedeutung für das Fortleben und die Entfaltung des individuellen oder sozialen Organismus Figur wird, in den Vordergrund tritt, wo er voll erfahren und verantwortlich verarbeitet werden kann.

Doch Reichs wesentlichster Beitrag zur Entwicklung der Gestalttherapie ist seine Erkenntnis der Identität von Muskelspannung (Verkrampfung) und Charakterbildung. Der Charakterpanzer, dessen Epitom der Zwangscharakter ist, ist eine fixierte Gestalt, die zum Block wird in der fortlaufenden Gestaltentwicklung. Die praktische Ausnutzung der Körperwahrnehmung wurde ein wesentlicher Aspekt der Gestalttherapie jedoch nicht durch Reich, sondern durch meine lebenslange Erfahrung in Eurythmie und modernem Tanz, mein frühes Studium des Werkes von Ludwig Klages ›Ausdrucksbewegung und Gestaltungskraft‹ und meine Bekanntschaft mit Alexander- und Feldenkrais-Methoden lange vor der Entwicklung von Bio-Energetik und anderen Körpertherapien. Beachtung der Atmung, Haltung, Koordination, Stimme, Sensitivität und Beweglichkeit wurde Teil meines therapeutischen Stils schon in den dreißiger Jahren, als wir uns noch Psychoanalytiker nannten.«

Es ist sicher, daß auch Jan Christiaan Smuts großen Einfluß auf den Gedankengang von Laura und Fritz Perls, die nach Südafrika geflohen waren, ausgeübt hat. (Siehe Bibliographie der letzten beiden Kapitel, Zitat bei Marilyn Ferguson.)

–: Concepts and Misconceptions of Gestalt Therapy. In: Voices, Vol. 14, Nr. 3:

»Unglücklicherweise hat man die Workshop-Situation vielfach als die Essenz der Gestalttherapie angesehen, und eine immer größer werdende Anzahl von Therapeuten benutzen sie für jeden Fall. Damit wird die Gestalttherapie zu einer rein technischen Modalität herabgesetzt, die dann, weil damit offensichtlich Grenzen gesetzt sind, mit anderen technischen Modalitäten kombiniert wird . . .«

»Die Befunde sind nie nur das Resultat von Intuition, sondern auch von Timing. Ich bin sehr mißtrauisch gegenüber Wunderbewirkern

und der Idee des momentanen Durcharbeitens überdrüssig. Diese resultiert sehr oft in einer negativen therapeutischen Reaktion, einem Rückfall und sogar psychotischen Ausbrüchen. Es zeigt einen Mangel an Hochachtung für die existentiellen Konflikte des Patienten, wenn man ihn nicht dort akzeptiert, wo er im Augenblick ist, sondern ihn schnell dahin manipulieren will, wo man denkt, daß er sein sollte.«
(Übersetzung von RCC)

Polster, Ervin, und Polster, Miriam: Gestalt Therapy Integrated. Brunner-Mazel, New York, 1973.

–: The Growing Edge of Gestalt Therapy. Hrsg.: W. L. Smith. Brunner-Mazel, New York, 1976.
(Enthält eine Anzahl guter Artikel.)

Rosenblatt, Daniel: This is Lauras Book for her Seventyfifth Birthday. In: The Gestalt Journal, Vol. 3, Nr. 3.

Shepherd, Irma Lee: Gestalt Therapy as an Open-Ended System. In: The Growing Edge of Gestalt Therapy, a. a. O.

»Ich sehe das Offene des Systems als eine der Grundvorstellungen des Gestaltansatzes: die Ansicht, daß Persönlichkeit die stetige Interaktion und Integration einer Anzahl von Funktionen ist.«

»Mit bestimmten Arten der Bewußtheit wird in mir ein Sinn des Wunders und Wunderns und der Dankbarkeit wachgerufen, der mich für eine Zeitlang mit allem, was ist, erfüllt, Realität real macht und mich in einen direkten und großartigen Kontakt mit der Wirklichkeit bringt . . . Wenn ich dies mit einem anderen Menschen teilen kann, gibt es mir die zusätzliche Dimension eines Eins-Seins-mit-Anderen, eine Art der Konfluenz, die in sich selbst Halt und Wachstum birgt.«

»Durch die Erfahrung der Bewußtheit und Kontakt mit mir selbst, mit einem anderen Menschen, mit der Umgebung, kann ich die höhere Bewußtheit erlangen, die oft in religiösen Schriften, Gedichten oder anderer Literatur als Hingabe bezeichnet wird.«
(Übersetzung von RCC)

Stevens, John O.: Die Kunst der Wahrnehmung. Übungen der Gestalttherapie. Verlag Chr. Kaiser, München, 1975.

–: Awareness: Exploring, Experimenting, Experiencing. Real People Press, Moab, Utah, 1971.

–: Gestalt is. Bantam Books, New York, 1979.

Walter, Hans-Jürgen: Gestalttheorie und Psychotherapie. Verlag Steinkopf, Darmstadt, 1977.

Zinker, Joseph: Creative Process in Gestalt Therapy. Brunner-Mazel, New York, 1977.

Literatur zum Thema »Gestalt und Gruppe«:

Gestaltpädagogik, Confluent Education und TZI:

Ich möchte hier aus Gründen der Selbstbehauptung und aus geschichtlichem Interesse eine Klärung wiederholen. TZI ist kein Abkömmling der Gestalttherapie, sondern entstand aus meinem besonderen Background heraus: aus

der Psychoanalyse, dem Beginn der Gruppenpsychotherapien und, konkret gesprochen, aus meinem Gegenübertragungsworkshop. Der Irrtum, daß TZI ein Kind der Gestalttherapie sei, erklärt sich z. T. daraus, daß ich mich selbst als Schülerin von Fritz Perls bezeichnet habe, was aber nur für die Methodik der Gestalttherapie selbst gilt. Ich war und blieb der Erlebnistherapie, die ich durch eigene Arbeit und durch den Einfluß der Atlanta Psychiatric Clinic als Grundlage der TZI und meiner therapeutischen Arbeit betrachte, am nächsten. Daß andere Einflüsse, frühere und spätere – vor allem die Erfahrungen der Bankstreet Schools und die Begegnung mit Fritz –, Einfluß ausgeübt haben, widerspricht nicht meinem »Hauptgleis«. Daß es außerdem unbewußte und unwißbare Einflüsse gibt, die Farau als geistige Osmose und Jung als Synchronizität bezeichnet hat, ist selbstverständlich.
Kempler, W.: Grundzüge der Gestalt-Familientherapie. Klett-Cotta, Stuttgart, ²1980. Orig. amerik.: Principles of Gestalt Family Therapy, 1973.
Ronall, Ruth, und Federn, Bud: Gestaltgruppen. Klett-Cotta, Stuttgart, 1983. Orig. amerik.: Beyond the Hot Seat. Brunner-Mazel, New York, 1980.
Das Buch enthält eine Anzahl interessanter Artikel, historische, systematische, technische.
Literatur zum Thema »Gestalttherapie mit Kindern und Pädagogik«:
Brown, George: The Live Classroom. Innovations Through Confluent Education. The Viking Press, New York, 1975.
George Brown wußte von mir und TZI ebensowenig wie ich von ihm, als wir uns in einer Schule in Lexington, Kentucky (1972?), *beinahe* kennengelernt hätten. Beinahe: denn die verlegenen Vertreter der Schulbehörde, die uns beide zu Vorgesprächen über den Versuch einer möglichen Humanisierung im Schulsystem am gleichen Tag eingeladen hatten, schirmten uns erfolgreich voneinander ab. So kam es, daß wir erst bedeutend später durch Literatur und Freunde gegenseitig von unserer Existenz erfuhren. Erst jetzt, im Sommer 1983, trafen wir uns durch die Vermittlung von Franck Wolff auf meinem Balkon am Hasliberg – zusammen mit Judith Brown.
Absicht und Richtung unserer Methoden sind identisch; die verschiedene Herkunft und die verschiedenen Persönlichkeiten von George und mir führten zu Unterschieden. Mein Eindruck ist, daß der Pädagoge George Brown sich mehr vom therapeutisch-individuellen Ansatz im Schulzimmer und die Therapeutin Ruth Cohn sich mehr vom pädagogisch-sozialpolitischen haben leiten lassen und daß beide Ansätze zu pädagogisch-therapeutischen Methoden geführt haben!
Burro, W. O., und Scherpp, Karlheinz: Menschlichkeit. Gestaltpädagogik – eine Chance für Schüler und Erziehung. Kösel, München, 1981.
Flach, Werner: Gefühle und Aktion: Gestaltmethoden im Integrativen Unterricht. Verlag für Humanistische Psychologie, Frankfurt a. M.
Oaklander, Violet: Gestalttherapie mit Kindern und Jugendlichen. Klett-Cotta, Stuttgart, ²1983. Orig. amerik.: Windows to Our Children. Real People Press, Moab, 1978.

»Ich glaube, Fehler lassen sich vermeiden, wenn man den guten Willen dazu hat und sich der Interpretation und des Urteils enthält.« – »Wir sprachen eine lange Zeit über Debbys Einsamkeit, und dann erzählte ich ihr von meiner eigenen Einsamkeit.« – »Ich weiß jetzt, daß ich den Umgang mit Kindern von Kindern selbst, einschließlich meiner selbst als Kind, gelernt habe.«

Petzold, Hilarion, und Brown, George: Gestaltpädagogik: Konzepte der Integrativen Erziehung. Verlag S. Pfeiffer, München, 1977.

Prengel, Annedore (Hrsg.): Therapie, Politik und Selbsterkenntnis in der Schule. Verlag Beltz, Weinheim, 1983.

Rosenblatt, Daniel: Opening Doors. Harper and Row, Evanston, New York.

Literatur zur Transaktionsanalyse:

Ich habe Eric Bernes Transaktionsanalyse (TA) in diesem Buch nicht dargestellt, da dieser Ansatz kein wesentlicher Teil meiner »Gelebten Geschichte der Psychotherapie« ist. Ich bin der TA vielfach am Rande begegnet und habe gute Freunde, die sie praktizieren, jedoch meist mit anderen Methoden (mit TZI, Bioenergetik und Gestalt) verbinden. In WILL-New York haben wir TA als Wahlmethode einführen lassen, u. a. auch von David Frost und Robert Goulding, später von Mary und Robert Goulding.

Berne hat psychoanalytische Konzepte vereinfacht und dadurch Laien zugänglich gemacht. Er war im Zweiten Weltkrieg leidenschaftlich bemüht, leicht handhabbare Methoden zu finden, um Leiden überwinden zu helfen und Autonomie zu stärken. Er war Paul Federns Schüler und hat Alfred Adlers »Lebensstil« in seine »Script-Theorie« mit einbezogen. Was dem Laien hilft, die psychoanalytische Weltsicht des Innenlebens zu erfassen, sind Konzepte wie »das Kind, der Erwachsene, der Elternteil in mir«. Solche Strukturkonzepte des Innenlebens und Formeln für Transaktionen zwischen Menschen sind Hilfen für eine pragmatische, nutzbare Tiefenpsychologie.

Daß ich selbst TA nicht systematisch integriert habe, ist eher einer Stilfrage als einer sachlichen Begründung zuzuschreiben. Mir ist die Übersetzung von psychoanalytischen Begriffen in TA schwerer gefallen als die Übersetzung in Gestalttherapie, obwohl ich die TA sozialpolitisch für wichtig und anwendbar halte. Ich kenne keine therapeutische Methode, die begrifflich so leicht eingeht und praktisch anwendbar ist wie die von Eric Berne und seinen Nachfolgern.

Ob ich Eric Berne selbst gekannt habe? Nur aus einer kleinen Episode. Es war in England, wahrscheinlich 1970. Wir wurden beide zu einem gruppendynamischen Workshop eingeladen. (Photos kannten wir nicht voneinander.) Die Gruppe saß in einem Kreis. Eric, der etwas später kam, setzte sich neben mich. Das Gruppengespräch ging um die Frage, ob in einer interaktionellen Gruppe ein Tisch in der Mitte stehen solle oder nicht; und »wenn Tisch«, wie hoch er sein solle und wie breit! Als verwunderte, jedoch höfliche Gäste schwiegen wir beide. Erst nach einer fast einstündigen ununterbrochenen Diskussion über diese Frage der Höhe der Tischbeine und der Breite der Platte fingen Eric und ich an, uns mit Bleistift und Papier, Zeichnungen und satirischen Kommentaren über diese tragikomische Situation zu verständigen.

Es tut mir heute noch leid, daß ich Erics Einladung zu einem gemeinsamen

Abendbrot ablehnte, da ich glaubte, eine früher getroffene Verabredung einhalten zu müssen. Erst später erfuhr ich, daß dieser Mann Eric Berne war!

Berne, Eric: Spiele der Erwachsenen. Rowohlt, Reinbek, 1967. Orig. amerik.: Games People Play. Grove Press, New York, 1977.

–: Beyond Games and Scripts. Grove Press, New York, 1977.

English, Fanita: Transaktionsanalyse, Gefühle und Ersatzgefühle in Beziehungen. Isko Press, Hamburg, 1980.

Petzold, H. u. a.: Transaktionelle Analyse und Scriptanalyse. (Aufsätze und Vorträge von Fanita English. Hamburg, 1976.)

Steiner, Claude: Wie man Lebenspläne verändert. Junfermann, Paderborn, 1981. Orig. amerik.: Scripts People Live. New York, 1974.

Gestalt-Ausbildung:

Gestalttherapeutische Ausbildung und Fortbildung in deutschsprachigen Ländern ist meines Wissens vor allem am Fritz-Perls-Institut möglich, dessen Gründer und Leiter Hilarion Petzold ist. Außer dem mehrjährigen Studium im F. P. I. gibt es immer wieder Kurse, z. T. von amerikanischen Referenten gehalten (Laura Perls, Ishna Blomberg und bei WILL: Ruth Ronall, Elisabeth v. Godin, Yitzrak Zieman).

13 Gelebte Geschichte der Pädagogik

1 Die Bankstreet Schools wurden 1916 als Bureau of Educational Experiments von drei Frauen gegründet, die mit dem »Kinder sollen gesehen, aber nicht gehört werden« und dem dazugehörigen Frontalunterricht aufräumen wollten. Sie hießen Harriet Johnson, Caroline Pratt und Elizabeth Irwin. Sie begeisterten die damals schon bekannte Pädagogin Lucy Sprague-Mitchell dafür, eine neuartige Schule aufzubauen, und gewannen eine fünfte Frau, Elizabeth Sprague-Coolidge, als Geldgeberin. Gemeinsam entwickelten sie neue Ideen über Kindererziehung, die offenbar von Dewey und der Psychoanalyse beeinflußt waren. Desegregation gehörte zentral in dieses Programm.

Von kleinen Anfängen erweiterte sich das Bureau of Educational Experiments zu einer Gruppe von Nursery Schools, Kindergärten und Primarschulen und zu einer Lehrerausbildung, die der Progressive Education entsprach. 1929 zog die Gruppe mit sich erweiterndem pädagogischem und politischem Einfluß in das Gebäude 69 Bankstreet ein. 1976 wurden die Bankstreet Schools zum Bankstreet College.

2 *Sprague-Mitchell, Lucy:*

Für Erwachsene:

–: Young Geographers. Publ. John Day, New York, 1934.

–: Our Children and Our Schools. 1950.

Für Kinder:

–: The Here and Now Story Book. Dutton, New York, 1921.

–: Manhattan Now and Long Ago. 1934.

Lucy Sprague-Mitchell starb 1967 mit 89 Jahren. Sie hinterließ eine Menge an pädagogischen Schriften und an Kinderliteratur. Das Bankstreet College gibt eine große Anzal Monographien und Zeitschriften heraus.

Barbara Biber wurde weniger durch ihre Schriften als durch ihre persönliche Ausstrahlung bekannt. Ich selbst hatte nie zuvor eine Frau gesehen, die so frei, so lebhaft und warm Vorträge halten konnte und Zuhörern immer das Gefühl gab, mit ihr im Dialog zu sein, obwohl sie während der Vorlesungen nicht viel ins Gespräch mit uns kam. Ich war berührt und begeistert von Lucy und Barbara, die für mich Charme, Wärme und Geist verkörperten. Sie gaben mir das Gefühl dafür, wie weibliche Frauen durch innere Stärke und natürliches Zusammenarbeiten pädagogisch und politisch führen und Einfluß nehmen können, ohne sich in Rivalitätskämpfe oder nutzloses Argumentieren einzulassen.
Biber, Barbara: Schooling as an Influence in Developing Healthy Personality. In: Community Program for Mental Health. University Press, Cambridge, Mass., 1955.

3 Auf die National Training Laboratories wurde ich durch Asya Kadis aufmerksam gemacht. Ich wußte, daß Asya recht oft nach Bethel/Maine fuhr und von dort mit Anregungen zurückkam. Doch ich hielt ihren Enthusiasmus für Gruppentherapie und die National Training Laboratories lange für »ihre Sache« und dachte, das sei nichts für mich!
Was ich in meinem ersten und einzigen Kurs in den National Training Laboratories vorfand – einem Vierzehn-Tage-Kurs über »Conflict Management« –, war so deprimierend, daß ich keine weiteren Versuche machte. Konflikte kamen auf, die Leiter schwiegen, die Gruppe löste sie nicht, viele einzelne waren schwer verstört, Übungen erschienen mir formal und kompetitiv, Rivalität wurde angespornt, Erklärungen fand ich nicht. Ich glaube auch nicht, daß ich den Namen Kurt Lewin, geschweige denn, was seine Absichten für das Training Laboratory waren, dort je hörte.
Als Annelise Heigl-Evers mich aufforderte, einen oder zwei Artikel über Erlebnistherapie und Themenzentrierte Interaktion für den 8. Band der »Psychologie des 20. Jahrhunderts« zu schreiben, dessen Titel »Kurt Lewin und die Folgen« heißen würde, erwiderte ich, daß ich mich doch nicht als »Folge« von Kurt Lewin, den ich weder gekannt noch studiert hatte, verstehen könne. Erst danach, als ich Kurt Lewin mit Begeisterung las, habe ich verstanden, daß gerade er, ebenso wie der mir so lange unbekannte Alfred Adler, mein Lehrer oder Freund hätte sein können/sollen. Kurt Lewins treibende Kraft war seine Sorge um die menschliche Gemeinschaft, seine Forschungsrichtung ganzheitlich im psychologischen, soziologischen, anthropologischen Sinn, sein Kompaß Ethik und Wege zu deren Verwirklichung. Sein Ziel war, eine Gesellschaftstherapie im humanistisch-ethischen Sinn zu erforschen und Menschen pädagogisch zu beeinflussen. Auch er war wie ich deutsch-jüdischer Abkunft und darum 1933 heimatlos geworden und suchte im Kosmopolitischen und Geistigen eine tragende Heimat. Er starb mit 59 Jahren in den Vereinigten Staaten.
Kurt Lewin's Werk und Leben: Siehe den obengenannten 8. Band der Psychologie des 20. Jahrhunderts. Hrsg.: Annelise Heigl-Evers. Verlag Kindler, Zürich, 1977.
Kurt Lewin: Werkausgabe. Hrsg.: C. F. Graumann. 8 Bde. Huber/Klett-Cotta, Bern/Stuttgart, 1981 ff.

Marrow, Alfred: Kurt Lewin – Leben und Werk. Klett-Cotta, Stuttgart, 1977.

Marrows Buch bringt Lewins Leben und Gedanken in engen Zusammenhang. In den frühen vierziger Jahren versuchte Kurt Lewin vergeblich seine Mutter, die aus Deutschland nach Holland geflohen war, nach Amerika zu holen. Sie wurde 1943 von Staats wegen ermordet. Aus einem Dokument von Lewin:

> »Unter welchen Umständen wird eine Wohngegend, die Juden offensteht, gänzlich jüdisch? Wann bleibt sie gemischt? Welche Verfahren, Mitgliedern von Minoritäten Arbeit zu geben, dienen dazu, Gruppenspannung zu erhöhen, und welche, Gruppenspannung zu vermindern? Unter welchen Bedingungen und in welchem Umfange ist Selbstachtung bei Minoritätsmitgliedern eine Vorbedingung der Verbesserung? Wie kann man den ›Strohfeuer‹-Effekt vermeiden, der die Beziehung zwischen Gruppen eine Zeitlang verbessert, um sie dann auf das frühere oder sogar ein noch niedrigeres Niveau abfallen zu lassen? Welche Trainings- und Erziehungsmöglichkeiten fördern Anpassung? Welche Probleme ergeben sich in einer Kommune, wenn Mitglieder einer Minderheitengruppe hinzukommen? Welche Methoden, diese Probleme zu behandeln, sind am geeignetsten?«

Gordon Allport schrieb:

> »Obwohl Lewin niemals mit John Dewey zusammengetroffen ist, gab es doch eine geistige Gemeinsamkeit zwischen dem deutschstämmigen Psychologen und dem in Amerika geborenen Philosophen. Beiden war die Funktionsfähigkeit der Demokratie ein ernstes Anliegen. Beide erkannten, daß jede Generation die Demokratie erneut erlernen muß. Beide erkannten die dynamische Beziehung zwischen der Demokratie und der Sozialwissenschaft und wie wichtig es für die Sozialwissenschaft sei, daß sie ihre Forschungsarbeit in Freiheit entfalten kann, in einer Freiheit, die nur durch eine demokratische Umwelt gesichert werden kann.«

Festinger glaubt, daß Lewins größter Beitrag »auf der theoretischen Ebene« die Idee gewesen sein könnte, Dinge dadurch zu studieren, daß man sie verändert und den Effekt beobachtet. Dieses Motiv – daß man eine Veränderung hervorrufen müsse, um Einsicht in einen Prozeß gewinnen zu können, und daß man dann seine variablen Effekte und seine neue Dynamik beobachten müsse – zieht sich durch Lewins Werk.

4 *Weiterführende Literatur zur Pädagogik (siehe auch Literatur der letzten Kapitel):*

Ashton-Warner, Sylvia: Teacher. Simon & Schuster, New York, 1963.

Ein mutiges Buch einer mutigen Lehrerin in Neuseeland, die selbständig herausfand, daß und wie Kinder lernen und leben wollen und können. Ein unakademischer Lebensbericht.

Becker, Hellmut: Auf dem Weg zur lernenden Gesellschaft. Klett-Cotta, Stuttgart, 1980.

Brown, George I.: The Live Classroom. Innovation through Confluent Education and Gestalt. Viking Press, New York, 1975. (Deutsch: Siehe Literatur des letzten Kapitels.)

Feigenwinter, Max: Gruppenarbeit im Unterricht. Verlag Arp, St. Gallen, 1975.

Freinet, Célestin: Pädagogische Texte. Hrsg.: H. Boehnke u. Ch. Hennig. Rowohlt, Reinbek, 1980.

Freinet, Elise: Erziehung ohne Zwang. Der Weg Célestin Freinets. Klett-Cotta, Stuttgart, 1981. Orig. franz.: L'Itinéraire de Célestin Freinet. Payot, Paris, 1977.

Freire, Paolo: Pädagogik der Unterdrückten. Kreuz Verlag, Stuttgart, 1971.

–: Erziehung als Praxis der Freiheit. Kreuz Verlag, Stuttgart, 1974.

Freudenreich, Dorothea u. a.: Rollenspiel. Hermann Schroedel Verlag, 1976.

Ginott, Haim: Takt und Taktik im Klassenzimmer. Vandenhoek & Ruprecht, Göttingen, 1974. Orig. amerik.: Teacher and Child. Congruent Communication. New York, 1972.

Haim gehörte zu meiner Peergruppe, bis er starb. Dies Buch ist eine reizvolle praktische Anleitung für Lehrer und Eltern. Leicht lesbar und anregend.

Hentig, Hartmut von: Was ist eine humane Schule? Carl Hanser Verlag, München, 1976.

> »Wenn wir fortfahren, unsere Erwachsenenexistenz zum Maßstab zu machen, wird die nachfolgende Generation just das nicht lernen können, was zum Erwachsensein gehört: die Selbstverantwortung in einer nicht selbstgemachten Welt.« – »Wie will man erklären, wozu eine Kultur gut ist, in der fast niemand mehr zuversichtlich ist?«

Diese Schrift klagt nicht an, sondern erklärt und macht Mut zu neuem Beginn.

Holt, John: Instead of Education. E. P. Dutton & Co. Inc., New York, 1976.

–: What Do I Do Monday? A Delta Book, New York, 1970.

Nur wenn wir wissen, wohin wir gehen wollen, können wir uns über die nächsten strategischen Schritte klarwerden. Ein Lehrplan muß sinnvoll sein dadurch, daß er den augenblicklichen Bedürfnissen und dem Sinn des Menschseins gerecht wird.

Illich, Ivan: Entschulung der Gesellschaft. Kösel Verlag, München, 1973. Orig. amerik.: After Deschooling, What? Harper and Row, New York, 1970.

Der praktische Klassiker gegen unser heutiges Schulwesen und für selbstmotiviertes Lernen.

Kessen, William: Kindheit in China (Nachwort von Hartmut von Hentig). Carl Hanser Verlag, München, 1976.

Bericht einer amerikanischen Delegation über ihren Besuch in China, 1973. Ein lesenswertes Buch über erstaunlich andersartige, doch humanistische Ansätze in der Pädagogik des maoistischen China.

Kohl, Herbert: The Open Classroom. The New York Review, Vintage Books, 1969.

Leboyer, Frederick: Der sanfte Weg ins Leben. Geburt ohne Gewalt. Verlag Desch, München, 1974. Orig. franz.: Pour une Naissance sans Violence. Ed. du Seuil, Paris, 1974.

Das Buch ist der Klassiker der »Gebär- und Geburts-Emanzipation«: Mutter und Kind haben es leichter und schöner, physisch und seelisch, wenn Gebären und Geburt ent-technologisiert werden und wenn Vater und Geschwister dabei ihren gerechten Platz erhalten. Geburt und Gebären sind nur selten »Krankheiten«, sie sind festliche Höhepunkte, wenn die Sensitivität und Freude der Umgebung zugelassen werden.

Makarenko, A. S.: Der Weg ins Leben. Aufbau Verlag, Berlin, 1948. Eine pädagogische »Dichtung« des Russen Makarenko über seine Arbeit als Erzieher in Sowjetrußland. Geschrieben 1920–1932. – Makarenko starb 1939.

Minuchin, Patricia: The Psychological Impact of School Experience. Basic Books Inc., New York, 1969.

Pflüger, Peter: Tiefenpsychologie und Pädagogik. Klett-Cotta, Stuttgart, 1977.

Sauter, Friedrich (Hrsg.): Psychotherapie der Schule. Kösel Verlag, München, 1983.

Schoenebeck, Hubertus von: Unterstützen statt Erziehen. Die neue Eltern-Kind-Beziehung. Kösel Verlag, München, 1982.

Schulz, Wolfgang: Unterrichtsplanung. Urban & Schwarzenberg, München, 1980.

Wagenschein, Martin: Das exemplarische Prinzip. Wissenschaftl. Buchgesellschaft, Darmstadt, 1963.

Das exemplarische Prinzip ist: an *einem* tief erlebten Lernerlebnis wird mehr erfahren und auf Dauer integriert als an Hunderten von oberflächlichen Aufgaben.

> »Das Allgemeine kann nicht in der Tiefe des Besonderen selbst erschaut, durch Reduktion auf einen ›Wesenskern‹ erschlossen werden; vielmehr muß das Besondere im Durchdenken in eine andere Ebene gehoben werden; man muß gerade von seiner Besonderheit abstrahieren, damit das Allgemeine ›an ihm‹ in den Blick treten kann . . .«
> »Immer ist es ein neuer geistiger Griff, der am Exemplarischen das Allgemeine zutage fördert . . .«
> »Ergriffenes Ergreifen (Spontaneität): Wie sollte es sein? – So wie beim Suchen von Kristallen . . . plötzlich blitzt etwas auf.«

Mikroelektronik: die große pädagogische Chance und Gefahr:
Der Glaube, daß es gut sei, dem Rhythmus des Wachstums und den wichtigen Themen der Innen- und Außenwelt zu folgen, stößt an die Grenzen einer Zivilisation, in der sich Schullehrpläne nicht nach den Bedürfnissen der einzelnen und der Gemeinschaft ausrichten, sondern nach unreflektierten Traditionen und der Macht ökonomischer, technischer und/oder politischer Interessen. Dies ist meist weder den Herrschenden noch der Bevölkerung bewußt. Der Gleichtakt, in dem Schulkinder lernen müssen; ihr Eingezwängtsein in zu viele und zu kind- und jugendfremde Fachgebiete; die Vernachlässigung des Körpers, der Freude und der Liebe für andere Menschen kennzeichnen fast alle heutigen Schulsysteme. Darum müssen humanistisch eingestellte Schulen Gratwanderungen versuchen, wie sie ethisch vertretbare und lebendig-lehrende-lernende Einstellung mit den aufoktroyierten Lehrprogrammen zusammenfügen können.

In den nächsten Jahren wird die Mikroelektronik revolutionär in Schulen und Betriebe einziehen. Was wir daraus machen werden, hängt nicht von der Elektronik, sondern von uns ab. Wir können Kinder zuviel oder zuwenig vom Faktenlernen befreien, wir können unsere und ihre Freiheit für schöpferisches Denken, künstlerische Gestaltung, Spiel und Gemeinschaft einsetzen oder das Konsumverhalten bis zur Destruktion der individuellen und sozialen Kultur steigern. Der geschaffene Roboter kann den Meisterlehrer in uns freisetzen oder den Lehrerberuf zur Farce machen.

Die Didacta 1984, Basel, bringt neben ihrer Lehrmittel-Ausstellung ein Konferenz-Programm »Der Mensch zwischen Kommunikation und Mikroelektronik«, angeboten vom Institut für Unterrichtsfragen und Lehrerfortbildung, ULEF, Basel, und der Volkshochschule für Erwachsenenbildung, Basel, unter der Leitung von Elmar Osswald, mit Vorträgen von Experten aus pädagogischen, philosophischen, politischen und technischen Bereichen und TZI-Diskussionsgruppen.

Literatur zur Mikroelektronik (die ich erst jetzt lesen werde):

Bosler, U., und Hansen, K.-H. (Hrsg.): Mikroelektronik, sozialer Wandel und Bildung. Beltz, Weinheim, 1981.

Dostal, W.: Bildung und Beschäftigung im technischen Wandel. Beitr. AB, Bundesanstalt für Arbeit, Nürnberg, 1982.

Gyzicki, R. v., und Weiler, U.: Mikroprozessoren und Bildungswesen. München, 1982.

Haefner, K.: Der »große« Bruder – Chancen und Gefahren für die informierte Gesellschaft. Econ, Düsseldorf, 1980.

–: Die Bildungskrise – Herausforderung der Informationstechnik an Bildung und Ausbildung. Basel, 1982.

14 Themenzentrierte Interaktion

1 Das Schulungstreffen fand im Goddard-College in Vermont statt. Es müssen Tonbänder aufgenommen worden sein, denn vor einigen Jahren erzählte mir ein englischer Lehrer, daß er diese Bänder dort gehört habe und daß sie sein Interesse an TZI geweckt hätten. Ich habe mich nicht danach erkundigt.

2 *Paulo Freire:* Ich habe Freires Schriften erst in den letzten Jahren kennengelernt: Die geniale und radikale Art, wie er unterprivilegierten Menschen in Südamerika deutlich zu machen versuchte, wie sie ihre lebenswichtigen Interessen finden, formulieren und thematisch bearbeiten können, ist eine beispiellose pädagogische Tat. Ich erlebe sie als einen Aufruf auch an uns in Europa und in den Vereinigten Staaten, die jeweils wesentlichen Themen aufzusuchen und unwesentliche zu vermeiden; zu fordern, daß Lehrer mit den Schülern existentielle und nicht blind übernommene traditionelle oder ungerecht-ökonomische Themen in den Vordergrund stellen. Schulen sollten den für die Gemeinschaft relevanten und den individuellen Bedürfnissen Vorrang geben.
Freire hat die von außen auferlegte, innere Selbstunterschätzung der Armen erkannt. Es ist nötig, den inneren Unterdrücker mit dem vorgegebenen umweltbedingten »Unterstolz« des Giftsatzes »Du bist nichts und Du bleibst so«

durch Bewußtmachung des persönlichen Wertes auszumerzen. Durch seine Haltung und methodische Genialität konnte Freire seinen erwachsenen Schülern das Lesen oft in drei Monaten beibringen, weil sie überzeugt waren, daß sie lesen lernen müßten, wenn sie den Kampf gegen ihre Unterdrücker aufnehmen und gewinnen wollten. Freire scheint zu hoffen, daß diese Jetzt-Unterdrückten nicht Rache an ihren Jetzt-Unterdrückern nehmen, sondern sie belehren werden. Mir scheint es notwendig, hier aktiv an der Bewußtheitserweiterung nicht nur der Armen, sondern auch der Reichen zu arbeiten. Auch bei den Reichen gibt es umwelt- und elterlich bedingte Giftsätze wie z. B. »Wenn Du nicht erfolgreich bist, bist Du nichts wert«, »Wenn Du nicht Erster in Deiner Klasse bist, bist Du ein Versager«. (He is one hundred Dollars worth, he is one thousand Dollars worth, he is one million Dollars worth – das ist die tödliche Sprache, die den Schatten unserer Kultur aufzeigt.)
Ebenso wie die Frauen(bewußtheits)bewegung nicht nur Frauen befreit, sondern auch zur Männerbewußtheit der Männer führt, so kann nach meiner Meinung nur dann eine Emanzipation der Armen zum Frieden führen, wenn die Bewußtheitsverengung der Reichen bewußt wird und destruktive kulturelle Wertvorstellungen entwertet werden. Dazu gehört, daß die Jetzt-Unterdrückten ihre eigenen inneren Unterdrücker und Projektionen kennen und verstehen lernen, ebenso wie die Jetzt-Unterdrückenden ihre unbewußte Unterdrücktheit und Abwehrmuster. Sonst wird das bisherige grausame Spiel der Umkehrung vom Sklaven zum Tyrannen, vom Tyrannen zum Sklaven ad infinitum weitergeführt, und damit das Recht des Stärkeren legitimiert bleiben.
Siehe dazu *Freire, Paulo:* Pädagogik der Unterdrückten, a. a. O.
–: Erziehung als Praxis der Freiheit, a. a. O.

3 *Literatur zur Organisationsentwicklung:*
Bennis, W., Benne, K., Chin, R.: Änderung des Sozialverhaltens. Klett-Cotta, Stuttgart, 1969. Orig. amerik.: The Planning of Change. Publ. Holt, Rinehart & Winston, New York, 1961.
Bradford, G., und Bradford, Benn: The Group Theory and Laboratory Method. John Wiley & Sons, New York, 1964.
Lievegoed, B. C.: Organisationen im Wandel. Eine praktische Führung sozialer Systeme in der Zukunft. Verlag Paul Haupt, Bern, Stuttgart, 1975. (Prozeßorientiert. Hintergrund: anthroposophisch.)
McGregor: The human side of enterprise. McGraw Hill, New York, 1960.
–: The Professional Manager. McGraw Hill, New York, 1967.
Sahm, August: Humanisierung der Arbeitswelt, Verhaltenstraining statt Verordnung. Verlag Haupt, Bern, 1977.
Sievers, Burkhard (Hrsg.): Organisationsentwicklung als Problem. Klett-Cotta, Stuttgart, 1977.
Whyte, William H.: The Organization Man. Doubleday Anchor Books, New York, 1956.

4 *Cohn, Ruth C.:* Eine Workshopgruppe erlebt die Ermordung John F. Kennedys. In: Von der Psychoanalyse zur themenzentrierten Interaktion. A. a. O.

5 Rosalea Schonbar (Professorin an der Columbia University) und Norman Li-

berman (Linguist und Psychotherapeut) waren die ersten Workshopschüler, die mich ermutigten, WILL zu gründen. Die anderen charter members sagten später nur: »Worauf wartest Du denn? Wir wollen es doch auch!«
Norman war mein Partner auf Sonntagmorgenspaziergängen im Central Park. Ich habe nie einen Menschen gekannt, der wie er überall Lebendiges und zu Liebendes entdecken konnte: Grüne Blättchen, schwarze Schornsteine, drekkige Kindernasen, goldgrüne Entchen im Teich, Gedanken von weisen und weniger weisen Schriftstellern, aufgespießte Schäfchenwolken auf Jugendstiltürmchen über Wolkenkratzern, alte und neue Verse etc. Norman kam und verschwand, kam und verschwand, und dann kam plötzlich über alle Staaten hinweg ein Telefonanruf, gerade wenn ich es brauchte und er dies nicht wissen konnte. Und Norman spann Spinnweben und goldene Ketten von Ideen um alle Bäume, Sträucher, Straßen und Telefonzellen oder fand auf der Brooklyn Bridge den Namen WILL, nachdem wir stundenlang gesucht hatten, welche Abkürzung eines Institutsnamens dessen Sinn mittragen könnte. So entstand der Name »Workshop Institute for Living-Learning: WILL«; denn »will« bezeichnet die Freiheit persönlichen Wollens innerhalb äußerer Bedingtheiten und innerhalb der inneren Bedingtheiten des »Möchte«, des fragwürdigen »Sollte« und des echten »Soll«.
Manchmal konnte Norman ganz still sein; zum Beispiel einmal, als er sich an die Schreibmaschine setzte, kein Wort sagte und mich aufforderte, den Entwurf für das WILL-Manifest zu diktieren. Ohne diese Stille wäre es vielleicht nie zustande gekommen!
Norman folgte mir überraschenderweise nach Europa, zunächst auf deutsch radebrechend, um alles, was er ist – und das ist immer neu und nie voraussehbar –, auch Europäern zu vermitteln. Ich glaube, daß er jetzt in Norddeutschland eine zweite Heimat bei Dirk Rossmann gefunden hat.

6 Frances Buchanan gehörte zu meinen ersten TZI-Schülerinnen, die an kreativen, nicht nur an professionellen Workshops interessiert war. Oft sprach sie von der Befreiung des »goldenen Ichs«, das sich selbst seine Aufgabe und sein Leben gestalten könnte und sollte. Sie war die Urheberin des Begriffs »Theme-Centered Interaction«. Der Ausdruck sollte andeuten, daß es sich hier nicht um Gruppentherapie handle, sondern um Themen aller Art. Der Name gefiel mir damals, und er hat sich auch gut bewährt, obwohl man sagen könnte, daß es unmöglich sei, einen der wesentlichen Punkte ins Zentrum zu stellen, wenn doch Ich-Wir-Es-Globe gleichgewichtig sind! Doch TZI dient *praktisch* dazu, Themen und Aufgaben *menschengerecht* zu behandeln, respektive zu lösen. In diesem Sinn stehen Thema oder Aufgabe im Zentrum der Absicht, nicht jedoch im Zentrum der Wichtigkeit des Menschlichen, der Gemeinschaft, der Umwelt. Somit ist Frances Buchanans Begriff der Themenzentrierten Interaktion korrekt und sinnvoll.
Buchanan, Frances S.: Notes on Theme-Centered Time Limited Group Therapy. In: Group Therapy Today. Ed. Ruitenbeck. Publ. Atherton, New York, 1971.

7 Das Spiel »Ich muß tun, was ich will, für zehn Minuten« übt die persönliche

Entscheidungsfähigkeit zwischen dem impulsiven »Ich möchte«, dem inneren Gebot »Ich soll« (welches sowohl das fragwürdig-erlernte Sollte als auch das von der Person anerkannte ethische Soll einschließt), dem naturgegebenen Muß und dem realitätsgeklärten »Ich will«. Das Spiel wird am besten allein gespielt, kann jedoch auch als Gruppenspiel hilfreich sein. Es ist ein pädagogisch-therapeutisches Werkzeug. Es lehrt, die eigenen Motivations- und Stimmungswechsel im Prozeß zu erkennen und sich jeweils entscheiden zu lernen, welche von den eigenen Motivationen im Augenblick die wichtigste ist. Dabei zeigt sich, wie schwierig es ist, sich selbst zu bestimmen, selbst wenn es in dieser Spielzeit nur um die eigenen Wünsche geht. (Eine ausführliche Beschreibung und Spielregeln sind im gleichnamigen Kapitel des Buchs »Von der Psychoanalyse zur Themenzentrierten Interaktion«, a. a. O.)

Bei jedem Werkzeug kommt es darauf an, es in passenden Situationen zu benutzen. Einmal, als ich noch in New York lebte, erzählte ich meiner Freundin Ruth Ronall am Telefon, daß ich deprimiert sei. Sie: »Spiel doch einmal Dein Spiel – das wird Dir helfen!« – Ich: »Welches Spiel?« – Sie (belustigt): »*Dein* Spiel natürlich.« – Ich (verärgert): »Spiel bitte kein Rätselraten, dazu bin ich nicht aufgelegt.« – Sie: »*Dein* ›You Must do What you Want for Ten Minutes‹.«

Noch immer vergesse ich das Spiel oft im entscheidenden Moment; *wenn* ich es spiele, hilft es mir fast immer – ebenso wie es anderen geübten Spielern hilft.

8 Die Gründungsmitglieder von WILL New York: Ruth C. Cohn, Vivian Guze, Stanley Hayden, Peter Hogan, Norman Liberman, Daniel Malamud, Elizabeth Mintz. Diese Namen erscheinen auf einem Gründungsformular. Zusätzlich und de facto im ersten Jahr aktiv waren auch: John Brinley †, Frances Buchanan †, Rosalea Schonbar, Thomas Thierney †, Isaac Zieman.

9 In den frühen Jahren der Civil Rights Bewegung, dem Kampf für die Gleichberechtigung der Schwarzen, waren Freundschaften zwischen Schwarzen und Weißen häufiger geworden. Langsam verhärtete sich jedoch das politische Klima, weil der Fortschritt de facto zu langsam vor sich ging und viele Schwarze den Zusammenschluß von Schwarzen nur mit Schwarzen für wichtiger und richtiger hielten. Viele Weiße, die sich intensiv für die Integration eingesetzt hatten, waren von dem politischen und persönlichen Rückschritt enttäuscht und auch zornig über die verallgemeinernde Verteuflung der Weißen, die wie eine Vergeltungsmaßnahme vieler Schwarzer über sie hereinbrach. Diese Probleme berührten auch einige Beziehungen von Kandidaten und Mitgliedern im WILL.

Es ergaben sich unangenehme Situationen. Einmal wurde ich von einem unserer schwarzen weiblichen Mitglieder aufgefordert, einen Workshop für eine Gruppe schwarzer social workers zu geben. Sie hatte ihnen von TZI und WILL erzählt und sie für die Ausbildung interessiert. Die social workers wollten in einer geschlossenen Gruppe mit mir ein Wochenende verbringen, doch danach nur bei der schwarzen Kollegin, nicht aber in WILL studieren. Sie würden mir, einer Weißen, auch nichts bezahlen. Ich ging auf dies Angebot ein.

Schwerer fiel es mir jedoch, wie es einige Male passierte, einem schwarzen Bekannten oder Freund »nein« zu sexuellen Wünschen zu sagen, ohne Angst vor dem Vorwurf des Rassismus haben zu müssen.
Trotz solcher Konflikte hatten einige von uns in WILL mehrfach Gelegenheit, Schwarz/Weiß-Konfrontationsgruppen zu leiten und die Bestätigung zu finden, daß TZI-Konfrontationsgruppen zu besserer Verständigung führen können.

10 Renée Nell lernte ich über mein Gedichtbändlein »Inmitten aller Sterne« kennen. Jemand hatte es ihr geschenkt. »Es war, als ob mir jemand seine Hand reichte und sagte: ›Du bist nicht allein‹«, schrieb sie mir. Danach lernte ich sie kennen. Sie war dabei, eine Klinik oder ein Halfway House zu gründen, aus New York fortzuziehen und auf dem Land zu leben. Renée ist eine Frau der Tat. Da sie noch nicht genug Geld hatte, um eine psychiatrische Klinik zu gründen, arbeitete sie zunächst fast ohne Angestellte. »Occupational Therapy« – Arbeitstherapie hieß es, als Patienten den Haushalt führten, Gartenbau erlernten, Reparaturarbeiten machten und sehr bald zu einer therapeutischen Kommune wurden. Dabei war Renée zunächst Einzel- und Gruppentherapeutin in ein und derselben Person, Hausmutter und Verwalterin. Erst allmählich gab es Arbeitsteilungen mit professionellen Teamarbeitern. Inzwischen ist der »Country Place« in Litchfield/Mass. ein Modell für andere »Halfway-Häuser« mit gefährdeten Jugendlichen geworden.
Ich selbst habe, fasziniert durch Renées ungewöhnliche Persönlichkeit, ihre jungianische Arbeit und ihre eigenständige Traumdeutungskunst bewundert. Sie hat diese in den letzten Jahren auch in europäischen Workshops vermittelt.
Nell, Renée: Traumdeutung in der Ehepaar-Therapie. Verlag Kindler, Zürich, 1976.

11 Ich berichte über diesen Workshop aus den frühen WILL-Jahren, weil es der *erste* TZI-Workshop war, an dem *mehrere hundert Leute* teilnahmen. Zudem möchte ich Peter Hogan, Psychiater und einer der begabtesten erlebnistherapeutisch arbeitenden Psychotherapeuten, der wohl als erster Video-Aufnahmen in Therapie und in TZI-Gruppen benützte, nicht in Vergessenheit geraten lassen. Er verunglückte, sehr jung, in den frühen siebziger Jahren auf einer Autoreise in der Schweiz. Auch er, wie viele Erlebnistherapeuten, hat nur wenige schriftliche Beiträge hinterlassen.

12 Die begriffliche Ausdifferenzierung der *Axiome* in diesem Kapitel ist wesentlich Paul Matzdorf zu verdanken. Er ist Professor der Sozialpädagogik in Köln und hat sich eingehend mit der Theorie und Unterrichtspraxis der TZI und deren Vergleich mit Paulo Freires Arbeit auseinandergesetzt.
Paul denkt erst, handelt vorsichtig, und ich wußte lange nichts von seiner Existenz, bis er – zuerst zurückhaltend bis zur Unsichtbarkeit – und dann sehr lebendig an einem meiner Workshops 1982 teilnahm. – Natürlich suchen und finden wir jetzt Gelegenheiten zum Austausch und zur Zusammenarbeit.
Aus einem Dialog zwischen Paul und mir: Die Aussage, daß Ich, Wir, Es in ei-

ner Gruppe als gleichgewichtig angesehen werden sollen, bedeutet nicht, daß diese Faktoren immer gleich viel Arbeitszeit beanspruchen müssen. Dies wäre ebenso sinnlos wie das Zerschneiden einer Torte in gleiche Teile für gesunde und kranke Familienmitglieder von 1 bis 80 Jahren, zudem noch unabhängig von deren Vorlieben. Von »gleicher-Wichtigkeit-sein« ist eine qualitative und keine quantitative Bestimmung. Die Wichtigkeit eines Menschen, einer Gruppe, einer Handlung oder einer Arbeit läßt sich mit keinem Meter- oder Zeitmaß messen. Wichtigkeit hat mit Werten zu tun; Werte entziehen sich der Meßbarkeit.

Matzdorf, Paul, und Ruth C. Cohn: Themenzentrierte Interaktion. In: Corsini, Raymond (Hrsg.): Handbuch der Psychotherapie, Bd. 2. Beltz Verlag, Weinheim und Basel, 1983 (mit einer guten Teil-Bibliographie zur TZI).

13 *TZI-Literatur:*

Cohn, Ruth C.: Von der Psychoanalyse zur themenzentrierten Interaktion. Klett-Cotta, Stuttgart, [7]1986.

Siehe auch Anmerkungen zu anderen Kapiteln dieses Buches, speziell zu den Kapiteln 8, 12, 15, 17. Eine ausführliche Literaturliste findet sich im Anhang zur 8. Auflage meines Buches »Von der Psychoanalyse zur themenzentrierten Interaktion«, die 1988 bei Klett-Cotta erscheinen wird.

Eine vollständige Sammlung der umfangreichen TZI-Literatur, die von Werner Schlüter gesammelt und weiter von ihm vervollständigt und zum Teil kommentiert wird, ist zum Selbstkostenpreis erhältlich bei: Werner Schlüter, De-Haen-Platz 6, D-3000 Hannover, oder beim WILL-Sekretariat (Adresse siehe unten).

Die meisten Kapitel meines Buches »Von der Psychoanalyse zur themenzentrierten Interaktion«, sind auch englisch, als Artikel in verschiedenen Zeitschriften erschienen (s. Anhang des erwähnten Buches).

Diese Artikel und einige andere, die nicht auf deutsch erschienen sind, ebenso wie die von anderen amerikanischen Autoren, z. B. Ruth Ronall, Brad Wilson u. a., sind zum Selbstkostenpreis z. Z. erhältlich bei: Ruth Marcus, 111-50 75th Rd., Forest Hills, N. Y. 11375, USA.

Gordon, Myron, und Norman Liberman: Themecenterend Interaction. National Educational Press, Baltimore, Maryland, 1972.

Ronall, Ruth: Intensive Gestalt Workshops: Experiences in Community. In: Ronall, Ruth, und Feder, Bud: Beyond the Hot Seat. Brunner-Mazel, New York, 1980. Deutsch: Erfahrungen in Gemeinschaft. In: Ronall, R., und Feder, B.: Gestaltgruppen. Klett-Cotta, Stuttgart, 1983.

Siehe auch:

Shaffer, John., und Galinsky, David: Models of Group Therapy and Sensitivity Training. Publ. Prentice Hall, Englewood Cliffs, New York, 1974.

Holländisch:

Cohn, Ruth C.: Van psychoanalyse naar temagecentreerde interaktie. hNb. H. Nelissen, Baarn, 1979.

Callens, Ivo: Ik, het thema en de anderen. H. Nelissen, Baarn, 1982.

Hendriksen, Jeroen: Levend leren. Theorie en praktijk van de themagecentreerde interactie. De Horstink, Amersfoort, 1982.

Ausbildung:
Ockel, Anita, und Karl-Horst Wrage: Die Themenzentrierte Interaktion. Ein erweiterter Wegweiser für die Aus- und Fortbildung in Themenzentrierter Interaktion, TZI nach R. C. Cohn. Zürich, 1982.
Diese Schrift und Ausbildungsprogramme von WILL-Europa und Hinweise auf Ausbildungen in Regionalgruppen und deren Adressen sind erhältlich durch: WILL-Europa, Schöngrundweg 11, CH-4144 Arlesheim. Tel. 0617228 14 (von Deutschland: 0041617228 14).

15 Meine Rückkehr nach Europa

1 Hinweis zum Kapitel 7, »Mein Körper gehört mir«, und Literatur.

2 Einige der Begegnungen in Wien 1968:
Franz Heigl und Annelise Heigl-Evers, beide Psychoanalytiker und Professoren an einer Universitätsklinik, erweckten in mir durch ihre Herzlichkeit und besorgte Freundschaft den Wunsch, ihre Einladung nach Deutschland in ihr Haus und zur Arbeit anzunehmen. Ihr Interesse an den Gruppentherapien und speziell auch an TZI bewirkte, daß sie mich auf Kongressen und in der Literatur in Deutschland einführten. Sie selbst haben später die Erlebnistherapie und TZI ihren eigenen psychoanalytischen Überzeugungen gemäß modifiziert und speziell als »Göttinger Modell« in der Landespsychiatrischen Klinik in Tiefenbrunn verwirklicht.
Heigl-Evers, Annelise, und Franz Heigl: Geben und Nehmen in der Ehe. Verlag für Angewandte Psychologie, Stuttgart, 1961.
–: Liebe und Geliebtwerden in der Ehe. Verlag für Angewandte Psychologie, Stuttgart, 1969.
–: Konzepte der psychoanalytischen Gruppentherapie. In: Die Psychologie des 20. Jahrhunderts, Bd. 8, hrsg. von A. Heigl-Evers und Ulrich Streek. Kindler, München, 1979.
–: Die Themenzentrierte Interaktionelle Gruppenmethode (R. C. Cohn): Erfahrungen, Überlegungen, Modifikationen. In: Gruppenpsychotherapie und Gruppendynamik, Bd. 7, 1973.
Heigl, Franz, und Triebel, Axel: Lernvorgänge in der psychoanalytischen Psychotherapie. Verlag Huber, Bern, 1977.
Ingeborg (Bojan) von Plotho, Psychoanalytikerin und damals an der Universitätsklinik in Bonn, wurde von unserer ersten Begegnung in Wien an in stetig wachsendem, unverbrüchlichem Einsatz ihrer Kräfte – speziell auch in medizinischen Kreisen und Organisationen – zur Lehrenden von TZI, speziell im Umgang mit psychopathologischen Erscheinungen und Gruppenkrisen. Sie hat nicht nur in Gruppen, sondern auch in Ausbildungs- und Organisationsstürmen der WILL-Organisation das Steuer des Executive Workshops als Mitglied oder Chairperson mit charmanter Stärke und Überzeugungskraft gelenkt.
Plotho, Ingeborg von: Grundlagen und Indikationen der TZI in der Psychotherapie. In: Internistische Praxis, 1983.
Walter Schindler war und blieb bis in sein jetzt sehr hohes Alter ein brillanter

Denker und hervorragender unorthodoxer Einzel- und Gruppenanalytiker. Sein neugieriger und flexibler Geist bewundert noch heute Landschaften, Künste und Frauen und hörte nie auf, das Leben zu bejahen und spielerisch ernsthaft mit Ideen umzugehen. Sein roter Rosenstrauß auf dem Podium des Therapeutensymposiums 1968 in Wien, nach dem wir uns gerade erst kennengelernt hatten, war der erste Gruß europäischer Chevalerie, die ich in den USA nie vermißt, weil seit meiner Kindheit nie mehr erlebt hatte.
Schindler, Walter: Psychoanalyse eklektisch gesehen. Verlag Huber, Bern, 1980.
–: Gruppentherapie als Familienmodell. Verlag Reinhart, München, 1980.
Ilse Seglow, Psychoanalytikerin und Gründerin des Centre for Psychotherapy in London, wurde zur begeisterten Vorkämpferin für TZI in London und machte diese mit persönlicher Zielstrebigkeit und Energie in ihrem Lehrinstitut und bei anderen Kollegen bekannt. Sie lud Graduierte von WILL-America und Europa nach London ein, und einige Jahre später wurde WILL-London zur Wirklichkeit und zur Brücke zwischen den »TZI-Kontinenten«.
Karl Walka, Psychoanalytiker, begeisternd durch Begeisterung, stark in Gefühlen und Intellekt, die er oft – zusammen mit Bojan – in den frühen »Happenings« (der Feier am Ende jedes Workshops) als Dramatiker und Schauspieler auch zum Theaterspiel verband. Karl ist ein lebendig-lernender Psychotherapeut und TZI-Lehrer geblieben und war lange tätig auch im WILL-Vorstand.

3 Einige der Begegnungen in Lindau:
Karlfried Graf von Dürckheim: Wir kennen uns noch nicht und kommen am Frühstückstisch im Hotel zusammen. Ich erzähle ihm, daß ich vom Meditieren noch nicht viel Ahnung habe und Menschen bewundere, die im Schneidersitz lange sitzen können. Er lädt mich in sein Zimmer ein, rollt zwei Decken kunstvoll übereinander, läßt mich mit gekreuzten Beinen auf dem Fußboden vor den Decken mit aufgestützten Händen knien und dann soll ich das Hinterteil langsam auf die Decken niederlassen. – Ich war beglückt und überrascht, daß ich ohne Schwierigkeiten plötzlich mit gekreuzten Beinen auf der Erde sitzen konnte. Ich habe dies dann weitergeübt. (Empfehlung für alle, die Schwierigkeiten haben, auf der Erde zu sitzen: Graf Dürckheims Rezept befolgen!)
Siehe Literatur zum Kapitel 7, »Mein Körper gehört mir«, und Literatur des letzten Kapitels.
Otto Hürter, Gruppendynamiker, und seine Frau Elisabeth nahmen an einem TZI-Workshop teil. Elisabeth war hochschwanger. Eines Tages kam er allein zum Kurs. Beim Hinausgehen erzählte er mir, daß das Baby geboren worden sei! – Wir aßen zusammen Abendbrot in einem kleinen Restaurant. Es war gegen Mitternacht, als wir fertig waren. »Ich würde gerne meine Frau besuchen gehen, komm mit!« Wir phantasierten: Niemand wird uns mitten in der Nacht einlassen! Er würde sagen: Ich sei seine Schwiegermutter, die morgen früh abreisen müsse! Ganz gegen meine mütterlich-kritische Abwehr versteckte er eine Flasche Rotwein in seinem Mantel, um ihn mit seiner Frau und mir zu trinken! Der Nachtwächter ließ uns in das Spital eintreten, ohne irgendwelche Fra-

gen zu stellen, obwohl er den Baby-Vater nicht kennen konnte. Otto weckte seine Frau, die sich freute!

Es ist seltsam, während ich diese Anmerkungen schreibe, fallen mir mehr und mehr solcher lustigen, unbeschwerten Anekdoten ein. Mir scheint, als seien diese ersten Kongreßbesuche in Deutschland, während ich noch in Amerika wohnte, eine Art Jungbrunnen gewesen, in den ich eintauchen mußte, um noch einmal einen Sprung in eine völlig neue Lebensphase zu wagen, in eine andere Umgebung, mit anderen Menschen, und vor allem eine Brücke zu finden zwischen meinem ganz frühen und meinem Erwachsenenleben; und vor allem auch, um aus der Tiefe des Vergessenen meine Elternsprache wiederzufinden.

Almuth und Werner Huth waren Teilnehmer an meinem über drei Jahre hinweg geleiteten Gestalttherapie-Workshop in Lindau. Durch sie traf ich auch einmal Leopold Szondi. Ich hatte den Szondi-Test schon früher kennengelernt – ich weiß nicht, ob es in Zürich war oder erst in Amerika –, doch ich gewann mehr Verständnis für den Test, vor allem aber für die Schicksalsanalyse durch Werner Huth.

Huth, Werner: Die Schicksalsanalyse Leopold Szondis. In: Die Psychologie des 20. Jahrhunderts, Bd. 3, Hrsg.: Dieter Eicke. München, Kindler.

–: Wahl und Schicksal. Voraussetzungen, Grundprinzipien und Kritik der Schicksalsanalyse von Leopold Szondi. Verlag Huber, Bern, 1978.

–: Die Rolle des Widerstandes in der Sicht der Schicksalsanalyse Leopold Szondis. In: H. Petzold, Hrsg.: Widerstand. Verlag Junfermann, Paderborn, 1981.

> »Die Schicksalsanalyse hat vor allem zwei Instanzen unterschieden: nämlich eine mehr äußerliche Gesetzesschranke, den moralischen Zensor, und die eigentliche innere Gewissensschranke, den ethischen Zensor. . . .«
>
> »Der moralische Zensor ist ein mehr kollektivierender Faktor und manifestiert sich primär in Schamgefühlen; dem ethischen Zensor kommt im Vergleich dazu eine mehr individuierende Bedeutung zu; er äußert sich primär in Schuldgefühlen« (Szondi).

Huth, Almuth, und Werner Huth: Sprechstunde: Depressionen. Verlag Gräfe und Unzer, München, 1982.

Leuner, Hanscarl: Katathymes Bilderleben. Ergebnisse in Theorie und Praxis. Verlag Huber, Stuttgart, Bern, 1983.

Helmut Schulze, Erfinder und Gestalter der Risikotherapie, die er auf der Basis von psychoanalytischer Theorie praktiziert hat. Er ging mit Patienten auf lange Wanderungen in den Schweizer Alpen, wo er im Sommer und im Winter wochenweise Therapiegruppen zusammen mit seiner Frau Uli leitete; von abendlicher Flöten-, Klavier- und Geigenmusik begleitet. Vor allem aber war er ein begeisterter Segel- und Einmotorflieger. Während des Lindauer Kongresses lud er mich einmal zu einem Einmotorflug ein. Es war ein offenes Flugzeug; ich war sicher angegurtet. »Möchtest Du ›loopen‹?«, rief er lauthals vom Vorder- zum Hintersitz. »Ja«, schrie ich zurück. Und dann »loopte« er – ich fand das köstlich – gerade über dem Bodensee! Zurück im Hotel, fragten mich

Kollegen: »Haben Sie den Schulze loopen sehen?« – »Nein, das konnte ich nicht! – Ich saß ja hinter ihm!« Es war schwer, die Leute von der Richtigkeit meiner Aussage zu überzeugen!
Im Alter von 60 Jahren verlor Helmut sein Augenlicht durch eine Viruserkrankung. Mit ungeheurer Liebe zum Leben und zu seiner Frau führt Helmut mit der Unterstützung seiner Familie seine analytisch-therapeutische Praxis weiter, ebenso wie das klassische Geigen-, Flöten- und Klaviertrio mit seinem Sohn und Uli.
Schulze, Helmut: Der progressiv domestizierte Mensch. Verlag Lehmann, München, 1964.
–: Nesthocker Mensch. Neurosen als Folge verfehlter Nestablösung. Verlag Enke, Stuttgart, 1977.
Helmuth Stolze hatte ich durch unsere Korrespondenz über psychosomatische Ansätze in der Psychotherapie schriftlich kennengelernt. In Wien trafen wir uns durch seine Einladung persönlich, und mehrere Jahre lang wurde ich zur Teilnehmerin und Referentin resp. Gruppenleiterin beim jährlichen Lindauer Psychotherapiekongreß für Ärzte. Dort gab ich auch, über drei Jahre, meinen ersten europäischen Workshop in Gestalttherapie. Lindau verdanke ich die Vertiefung einiger Freundschaften und die Bekanntschaft mit vielen anderen Kollegen.
Helmuth Stolze: Die Konzentrative Bewegungstherapie. Verlag Mensch und Leben, Berlin, 1984.

4 Da ich erlebte, daß ich leicht das Gespür für die Großgruppe verliere, wenn ich mich bei einer Plenumsaufteilung nicht auch einer Kleingruppe anschließe, beteilige ich mich jetzt fast immer auch als Teilnehmerin in einer Kleingruppe. Dies gibt mir dann auch als Leiterin das Zugehörigkeitsgefühl in der anschließenden Plenarsitzung.

5 Eine mehrtägige Vorbesprechung für die Gründung von WILL Europa fand im November 1971 in Ortrud Gröns Privatklinik für Herz- und Kreislaufkrankheiten am Ostersee bei München statt. Ortrud Grön, die an TZI für ihre Klinik und an mir als Person Interesse hatte, schuf in den Klinikräumen (während der Ferienzeit ihrer Patienten) eine festliche Atmosphäre, die der Stimmung der Gründungsmitglieder entsprach. Neue Ideen, neue Freundschaften, die Landschaft, die noch nicht ganz verklungene Atmosphäre der Sechziger-»Befreiungsjahre« und die neuen Erfahrungen mit der Erlebnis- und Gestalttherapie und der TZI beflügelten die Vorbereitungen zur offiziellen Gründung von WILL-Europa 1972. Das Foto an meiner Wand erinnert mich an die Vorbesprechung in der Lauterbacher Mühle: Anita Ockel, Elisabeth von Godin, Uli Schultze, Helmuth Schultze, Louis Lambelet, Karl Walka, Jean-Paul Gonseth, Gabriel Plattner, Otto Brink, Susanne Hergt-Heimerich, Annelise und Franz Heigl-Evers, Karl-Horst Wrage, Helmut Meinshausen, Ortrud Grön, Elisabeth Bollag, Klaus Vopel, Ingeborg Bojan von Plotho. (Ich selbst muß wohl dies Foto aufgenommen haben!)
Die legale Gründung von WILL-Europa fand am 27. August 1972, meinem sechzigsten Geburtstag, in Elisabeth Bollags Haus in Zürich/Küsnacht statt.

Dieses Datum und der Ort waren der Herzenswunsch von Elisabeth Bollag, einer Psychotherapeutin, die die treibende Kraft war, daß diese Gründung so schnell und in der Schweiz zustande kam. WILL war für sie wie ein eigenes Kind, dem sie das Leben geschenkt hatte. Rückblickend scheint mir Elisabeths Hingabe an diese Aufgabe im Zusammenhang mit einer schleichend beginnenden Krankheit zu stehen, an der sie 1983 starb. Sie wollte noch etwas Wichtiges tun – das sagte sie oft zu mir –, und sie widmete ihre letzten beruflichen Jahre fast ausschließlich dem Erlernen und Vermitteln der TZI, wobei sie speziell vielen Anfängern durch ihre persönliche Anteilnahme und Wärme und ihr psychotherapeutisches Wissen den Zugang zum Studium erleichterte. – Auch am Aufbau des Arxhofs war sie mehrere Jahre lang als Koleiterin von Roberto Lobos beteiligt. Ihr vorrangiges Interesse auch vor ihrem WILL-Studium war, Verständnis für die Probleme des Alterns in Zürich zu verbreiten. Sie selbst gründete viele Jahre zuvor eine jüdische Werkstatt für alte Menschen.

6 Anita Ockel gehörte zu den Teilnehmerinnen und Teilnehmern meines ersten Workshops in Deutschland, 1969, in Frankfurt am Main. Ihr leuchtend rotes Haar paßte zu ihrer leuchtend schillernden Phantasie, mit der sie schwierige Arbeit jeweils unterstützt und zur Freude gemacht hat. Dies geschah zuerst auf einem Hotelbalkon in Arosa, 1972, wo sie und ich zusammen versuchten, das damalige Ausbildungsprogramm von WILL-New York in ein Notstandsprogramm für die deutschsprechenden Länder zu modifizieren. Dies war recht schwierig, da zunächst außer mir nur wenige deutschsprechende WILL-Fakultätsmitglieder aus Amerika Sommerkurse in Europa geben konnten. Dazu gehörten zuerst Ruth Ronall, dann auch Helga Aschaffenburg, Isaak Zieman, Norman Liberman und bis zu ihrem Tod auch Jean Zion. John Brinley, Fakultät WILL-New York, gab nur wenige Kurse in WILL und beschränkte sich auf Gestalttherapieausbildung durch Isco und privat. Er starb 1982 durch einen Autounfall.

Die positiven und negativen Facetten von Anita Ockels und Ruth Cohns Notstandsprogramm für WILL-Europa haben die ersten WILL-Jahre in Europa mitgeprägt. Anita ist mit nur kurzen Unterbrechungen an der Mitgestaltung des europäischen Trainingsprogramms und in ihrer Regionalgruppe, Niedersachsen, aktiv geblieben, während ich selbst in Europa keine aktive Organisationsfunktion, außer einigen Konsultationen, übernahm. Nach meiner Erfahrung ist die Weiterentwicklung einer Organisation beim Tod der Gründer gefährdet, wenn die Ablösung von ihnen nicht schon viel früher stattgefunden hat. Viele Organisationen gehen beim Tod der Gründer zugrunde.

Jetzt, 1984, arbeiten mehr als zwanzig Delegierte aus Deutschland, der Schweiz, Österreich, England, den Niederlanden und wahrscheinlich demnächst auch Israel und den Vereinigten Staaten an Vorschlägen für eine Kombination von zentralisierenden und dezentralisierenden Strukturen für WILL-International. Dabei sollen die Interessen und Sprachen der einzelnen Regionen, Nationen und deren individuelle Bedürfnisse dezentralisiert berücksichtigt und die Idee zentralisiert vertreten und gefördert werden. Dazu gehört, was von Anfang an in Amerika geschah; ein jährliches Erfahrungsaustauschtreffen.

7 *Beispiele von TZI in Institutionen (Nachträge zum Text):*
Wie Annedore Schulze mir jetzt mitteilt, hat das WKM (Westfälisches Kooperationsmodell) durch TZI-Gruppenarbeit mit finanzieller Beihilfe vom Land Nordrhein-Westfalen und vor allem durch Beiträge der einzelnen mitarbeitenden Eltern, Lehrer und anderer Betroffener zunehmenden Einfluß auf Schulen, Familien, Pflegschaften und Behörden von etwa zehn Städten gewonnen; außer Vlotho vor allem in Herford, Lemgo, Minden, Wuppertal. Etwa hundert der anfänglich interessierten Eltern und Lehrer sind zu ständigen Mitarbeitern geworden, die ihrerseits im Schneeballsystem viele Interessierte finden, die direkt und indirekt Gruppen mit dem TZI-Kompaß leiten lernen. Dies hat den Einfluß erhöht und die Kosten gesenkt. Speziell die Eltern, vor allem Frauen, setzen viel von ihrer Begeisterung und ihren Energien für die wachsende Weiterführung dieser Arbeit ein. Das Erstaunlichste dabei ist, daß nur wenige, nämlich nur vier professionelle Mitarbeiter vom WKM und eine Mitarbeiterin in Wuppertal direkt vom WKM angestellt sind; wobei allerdings bezahlter und unbezahlter Einsatz von WILL-Lehrkräften, WILL-Gruppenleitern und Kandidaten eine wichtige Rolle spielt.
Schulze, Annedore: Erziehungsnotstand? In: Erfahrungen mit Arbeit in einigen Sozialisationsfeldern. Landeszentrale für politische Bildung Nordrhein-Westfalen, Köln, 1976.
–: Zusammenarbeit von Elternhaus und Schule. Landesinstitut für Schule und Weiterbildung, Neuss, 1982.
Anschrift: Dr. Annedore Schulze, WKM und Jugendhof, D-4900 Vlotho/Westfalen.
Der Arxhof, eine Jugendmaßnahme-Anstalt in Baselland, Schweiz, ist eine besonders erfreuliche Institution, in deren Konzept TZI eine große Rolle spielt. Sie hat ein früheres Jugendgefängnis ersetzt. Ein ungewöhnlicher Psychiater, gebürtig und aufgewachsen in San Salvador, Dr. med. Roberto Lobos, erhielt nach seinem Studium in Basel und Genf die Erlaubnis, in Baselland ein »Experimentielles Maßnahme-Institut« aufzubauen, in dem es keine geschlossenen Türen oder Fenster, doch viel Vertrauen, fruchtbare Arbeit, Ausbildung, Verdienstmöglichkeiten und Hoffnung geben sollte.
Dieser Plan gelang. Roberto arbeitet mit TZI-Gruppen und mit gezielten Einzeltherapien. So schuf er eine therapeutische Gemeinschaft, in der alle Mitarbeiter und Jugendlichen als Menschen gleichberechtigt und offen miteinander umgehen lernen. Dies bedeutet nicht, daß er die Notwendigkeit von leitenden Funktionen negiert. – Einige der älteren Gefängniswärter verließen die neugestaltete Institution, weil sie sich einer Gruppengemeinschaft nicht einfügen konnten oder wollten. Die verbleibenden Mitarbeiter, vor allem *alle* Werkmeister, akzeptierten das gegenseitige Du und die damit ausgedrückte Gleichberechtigung. In den ersten Jahren arbeitete Roberto Lobos *nur* mit Mitarbeitern und noch nicht mit den Eingewiesenen, weil er glaubte, daß die Atmosphäre von Liebe und Kooperation vom Arbeitsteam her ausstrahlen werde. Dies geschah; die Jugendlichen reagierten sehr positiv auf die humane und offene Art der Mitarbeiter. Nach zwei Jahren wurden die Jugendlichen nicht nur in Ein-

zeltherapie behandelt, sondern in TZI-Gruppen mit den Mitarbeitern zusammengeführt. Roberto verpflichtete zudem eine Frau, Dr. Elisabeth Bollag, als Koleiterin für verschiedene Gruppen und als Leiterin der Mitarbeiter-Ehefrauengruppe. Seit ihrem Rücktritt arbeitet Annemarie Schmid mit Roberto Lobos im Arxhof. Roberto sagt, daß es fast keine »Ausbrecher« gibt und sehr wenige Rezidive. Im Durchschnitt bleiben die Eingewiesenen ungefähr anderthalb Jahre im Arxhof. Dieser beherbergt vierzig oder fünfzig Jugendliche, wovon etwa zehn sich selbst *vor* einer Verurteilung freiwillig einweisen.
Eben habe ich Robert Lobos diesen Bericht übers Telefon im Hinblick auf Korrekturen vorgelesèn. Er sagte: »Das ist alles richtig, aber nicht genug. Du mußt schreiben, daß wir uns die jungen Menschen nicht nach günstiger Prognose aussuchen, sondern *vor allem mit den Schwierigsten* arbeiten. Unter uns haben wir Mörder, Einbrecher, Heroinsüchtige und viele andere Adoleszente, mit denen sich Psychiater und Analytiker nicht gern psychotherapeutisch abgeben, wenn überhaupt. Ich habe dies, vordem ich TZI kannte, auch nicht gern getan. Als ich TZI kennenlernte, habe ich sofort gespürt, daß die Kombination mit TZI gehen würde.«
Du, Roberto, sagtest mir, daß ich das unbedingt schreiben müßte, weil Du eine Wut hast gegen Leute, die behaupten, »daß alles ganz schön in Trainingsgruppen aussehe«, aber »im Leben« ginge es doch anders zu. Du willst, daß ich das genau so hinschreibe *»in mein Vermächtnis« als Deine erlebte Wirklichkeit durch TZI.* – Danke, Roberto, mir ist sehr warm ums Herz. Es ist ein wunderbares Gefühl für mich, wenn das alles auch nur annähernd stimmt! Und eigentlich habe ich keinen Zweifel an Deinen Worten. Ich möchte diesen Ausführungen noch hinzufügen, daß alle Deine Jugendlichen auch Einzeltherapie empfangen, in Gruppen arbeiten und in Berufsausbildung sind oder als Angestellte innerhalb oder außerhalb des Hauses arbeiten. Du hast mir auch noch gesagt, daß diese Institution *billiger* arbeitet als staatliche Gefängnisse – dank ihrer therapeutischen Erfolge mit geringen Rezidiven und dem persönlichen Einkommen der Eingewiesenen außerhalb der Institution.
Lobos-Wild, Roberto: Psychotherapie delinquenter Jugendlicher. Struktureller Hintergrund. In: Praxis der Psychotherapie und Psychosomatik. Vol. 28, 1983. (Roberto Lobos arbeitet an einem Buch über den Arxhof und seine Gruppenarbeit.)
Der Einfluß von TZI auf verschiedene Krankenhäuser, Kliniken, Klinikmitarbeiter, Heilstätten etc. ist schwer einzuschätzen. Ich habe von den ersten Anfängen der TZI an in Krankenhäusern gearbeitet, und bis zum heutigen Tag gibt es viele Ärzte, Schwestern, Verwalter, Seelsorger, die in Krankenhäusern mit TZI arbeiten oder jedenfalls von ihr stark beeinflußt sind.
In Europa gehörten zu meinen frühen Begegnungen in Bonn und in Lindau Ärzte und Psychiater, von denen ich noch einige nennen möchte, obwohl ich mir bewußt bin, daß es zu viele sind, die ich gerne nennen möchte:
Karl und Ilse Walka, beide Psychoanalytiker; Karl, der TZI lehrt, war immer auch ein Verfechter der von ihm zuerst als »Hexe« erlebten Begründerin der TZI.

Gerd Iversen, der als Schriftleiter des Schleswig-Holsteinischen Ärzteblatts, später Präsident der Schleswig-Holsteinischen Ärztekammer, als Mitinitiator der jährlichen »Norddeutschen Psychotherapietage« (etwa 600 Ärzte) seine human-politische Arztverantwortung im tiefsten Sinn vertritt; ich lernte diesen idealistisch-pragmatischen »Mann der Tat« näher kennen, als er an einem der frühen vierzehntägigen TZI-Gruppenkurse für Lehrende teilnahm. Er war so beeindruckt von der Möglichkeit, Klassenzimmer und Hörsäle zu Werkstätten der Humanität zu gestalten, daß er die Gruppe dazu (ver-)führte, mir einen Artikel über die »Humanisierung der Schulen« zu entlocken, indem er versprach, diesen Artikel sofort in die Schleswig-Holsteinische Ärztezeitung zu setzen, wofür ich allerdings mindestens einen Tag während des Kurses freibekommen müßte. So entstand der Beitrag »Zur Humanisierung der Schulen«, wurde in der Schleswig-Holsteinischen Ärztezeitung gedruckt und später in »Von der Psychoanalyse zur themenzentrierten Interaktion« aufgenommen. – Gerd Iversen trägt weiter »das Fähnlein der sieben Aufrechten«, um das sich zunehmend human-politisch orientierte Ärzte und insbesondere pragmatisch-fortschrittliche Psychotherapeuten sammeln. »Das Interesse und die gleichbleibend engagierte Teilnahme zahlreicher Ärztinnen und Ärzte an einschlägigen berufsbegleitenden Weiterbildungs- und Fortbildungsangeboten zwischen Bad Nauheim und Bad Segeberg, Lindau und Lübeck rechtfertigen Zuversicht«, sagt Gerd. – Da sich auch der Arzt unserer Zeit nach seiner Aus- und Weiterbildung in erster Linie noch immer als »Organmediziner« versteht, muß vermutlich noch sehr lange mit ärztlichen Widerständen gegen eine integrierte psychosomatische Medizin gerechnet werden. Diesbezüglich hat sich ein gewisser Wandel in den letzten Jahren langsam abgezeichnet.
Schleswig-Holsteinisches Ärzteblatt, Heft 12, 1981 (mit einer Fotografie):

> »Schweigend zogen sie durch das Zentrum der Freien und Hansestadt Lübeck: Teilnehmer der 10. Norddeutschen Psychotherapietage demonstrierten ihre Angst um den Frieden, wollten sie – im Blick auf das angewachsene und weiterwachsende Aggressionspotential in Ost und West – nicht verdrängen.«

(Lieber Gerd, Du hast mir geholfen, meinen ersten deutschen Artikel zu schreiben. Darf ich Dir dazu verhelfen, die unermeßliche Anzahl Deiner Artikel einmal in ein Buch zu stecken? Herzlichst, Ruth.)
Ortrud Grön, eine Frau, die aus einem verschuldeten Gut in Bayern eine Herz- und Kreislaufklinik schuf, die aufgrund ihres psychosomatischen Ansatzes, ihrer künstlerischen Orientierung und ihrer geistigen Atmosphäre zu einem wahren Kleinod geworden ist.
Siegfried Gröninger, dessen »Münchener Arbeitsgemeinschaft für Psychoanalyse« (MAP) stark durch TZI beeinflußt ist.
Franz Heigl, dessen »Göttinger Modell« im Landespsychiatrischen Krankenhaus mitgeprägt ist von amerikanischer Erlebnistherapie und TZI, doch eigenständig in seinem und Annelise Heigl-Evers Geist verändert wurde.
Ich habe in Kliniken im Kanton Basel und im Kanton Zürich TZI-artige Vorträge gehalten, wobei mich besonders die Veranstaltungen mit Teams und Ärz-

ten vom Burghölzli in Zürich, auf Einladung von Dr. A. Uchtenhagen erfreut haben.

Vielleicht das mir wichtigste TZI-Erlebnis überhaupt hatte ich in der gemeinsamen Arbeit mit Joseph Mayer-Scheu und einigen Koleitern 1982 in Baden-Württemberg. Wir gaben einen Zwölf-Tage-Workshop für fast 100 Teilnehmer, die alle in Krankenhäusern des Landes arbeiteten: Schwestern, Assistenz- und Oberärzte, Chefärzte, Sozialarbeiter, Seelsorger, Studenten, Verwalter. Sie kamen aus etwa acht verschiedenen Spitälern, und durch ganz besondere Sorgfalt in der räumlichen, zeitlichen, thematischen Aufteilung und Strukturierung war es möglich, daß sich diese hundert Menschen sowohl beruflich als auch im tieferen geistigen Sinn näherkamen und eine wissendere und kooperativere Einstellung für ihren eigenen Krankenhauseinsatz und die Patienten mitnahmen. Nichts hat mich so sehr bestärkt in der Gewißheit, daß TZI das Potential für eine Humanisierung in Betrieben enthält, als diese Erfahrung. Ich bin mir allerdings bewußt, daß diese Arbeit nicht ohne sehr gute systematische Strukturierung, Sensibilität und Verständnis für die Prozesse möglich ist.

Stimmen aus Europa: Literatur

Erdmann, Zeyde-Margareth: Psycho-Drama. Verlag Eugen Diederichs, Köln, 1975.

Mayer-Scheu, Joseph: Lebendiges Lernen mit der Themenzentrierten Interaktion nach Ruth Cohn. In: Scharfenberg, J. (Hrsg.): Glaube und Gruppe. Freiburg, 1980:

> »›Störung hat Vorrang vor dem Thema‹ relativiert die Sachorientiertheit unseres Lernens um des einzelnen Menschen willen, . . . Damit trägt die TZI zu einem wesentlichen spirituellen Anliegen kirchlicher Bildungsarbeit bei, wenn sie sich für eine *Ethik* entscheidet, die zunächst dem Einzelnen zur Aufgabe macht, zu sich selbst, und d. h. im Gruppenprozeß *zu seinen eigenen Anteilen* in allem *zu stehen,* was er auch bei anderen wahrnimmt und erlebt . . . In selbstverantwortlicher Weise *bekennen* zu lernen, ohne den anderen vereinnahmen oder Druck auf ihn auszuüben.«

– und Kautzky, R. (Hrsg.): Vom Behandeln zum Heilen. Die vergessene Dimension im Krankenhaus. In: Wege zum Menschen, 34, 1982.

Näf, Hans: Die Anwendung von Verhaltenstraining, Selbsterfahrungsgruppen und gruppendynamischen Seminaren in der Lehreraus- und -Fortbildung. Schweiz. Zentralstelle für die Weiterbildung der Mittelschullehrer, Luzern, 1975.

Ockel, Heinz Helmut: Tradition und Kreativität. (Zum 25jährigen Bestehen des Psychotherapeutischen Instituts für das Land Niedersachsen) In: Praxis der Kinderpsychologie und Kinderpsychiatrie. Hrsg. Adam Dührssen u. a. Vandenhoeck & Ruprecht, Göttingen/Zürich, Bd. 52, 8, 1976.

Stollberg, Dietrich, und Freudenreich, Dorothea: Lernen weil es Freude macht. Kösel-Verlag, München, 1982.

Das Lesen dieses Buches dürfte sehr vielen Lesern »Freude machen«. Es ist leicht lesbar, gibt Anregungen, erfreut durch spritzige Gedankengänge. Ich

wünsche mir, daß viele Leser von diesem Buch angeregt werden, TZI noch näher kennenzulernen.
Wrage, Karl-Horst: Pseudo-Erlösung oder Lebenshilfe? In Gruppenprozessen die Wirklichkeit verarbeiten. In: Lutherische Monatshefte, H. 10, 1977.

8 Der Glaube, daß es gut sei, dem Rhythmus des Wachstums und den wichtigen Themen der Innen- und Außenwelt zu folgen, begegnet im 20. Jahrhundert einer Zivilisation, in der sich Schullehrpläne weitgehend nicht an den Bedürfnissen der Einzelnen und der Gemeinschaft ausrichten, sondern an unreflektierten Traditionen und der Macht ökonomischer und/oder politischer Interessen. Dies ist meist weder den Herrschenden noch der Bevölkerung bewußt.
Der Gleichtakt, in dem Schulkinder lernen müssen, ihr Eingezwängtsein in kind- und jugendfremde Fachansprüche, die Vernachlässigung des Körpers, der Freude, der Kooperation und der Liebe für andere Menschen kennzeichnen unsere Schulsysteme. Humanistisch eingestellte Schulen müssen schwierige Gratwanderungen vollbringen, wenn sie ethisch-vertretbaren, lebendiglehrenden-lernenden Unterricht mit unangemessenen Lehrplänen zusammenbringen wollen. Doch der Glaube, daß etwas notwendig sei, um zu einem wichtigen Ziel zu kommen, beflügelt menschlichen Geist.
Paulus Geheeb war ein so Beflügelter – einer der frühen humanistischen Reformatoren unserer Schulen. Er und seine Frau Edith Geheeb-Cassirer gründeten die Odenwaldschule, die während des Zweiten Weltkriegs als Ecole d'Humanité in die Schweiz übersiedelte.
Literatur zur Ecole d'Humanité:
Paulus Geheeb an Romain Roland, Brief vom 28. Januar 1939 (nachdem ihn der Kanton Genf mit seinen Mitarbeitern und Kindern ausgewiesen hatte):

> »Für diese harmonische Gemeinschaft, die sich, bestehend aus einigen Dutzend Kindern der verschiedensten Nationen, idealistischen jungen Lehrern und mir, in diesen Jahren entwickelt hat, ist unser gegenwärtiges Schicksal im Grunde ein beglückendes Erlebnis. Wir alle sind ganz erfüllt von dem unerschütterlichen Glauben an den Primat der geistigen Welt über die materielle.« ... »Nach Ideen leben, heißt, das Unmögliche behandeln, als wenn es möglich wäre ...« – »Unsere Jugend, Knaben und Mädchen von 8 bis zu 19 Jahren, lernt in dieser Zwangslage ... für eine große Idee zu leben, in den Reihen der Kämpfer für eine bessere Zeit der Menschheit zu stehen.«

–: Für Edith Geheeb zum 90. Geburtstag. Verlag Brügger, Meiringen.
Edith Geheeb: Interview über die Odenwaldschule, resp. die Ecole d'Humanité. (Über den Anfang 1909):

> »Ja, die Namen der Häuser waren: Goethe, Schiller, Fichte ... Plato, Pestalozzi ... der Paulus hat wirklich mit den Kindern aus diesen Philosophen und Heroen, wie er es nannte, gelebt. Wir haben jeden Geburtstag gefeiert, von Goethe, Schiller ... etc. Die Kinder haben Vorträge gehalten, sie haben darauf hingearbeitet, sich die Ideenwelt zu erwerben. Dann hat die Musik eine sehr große Rolle gespielt ...

der Vormittag sollte zur schulisch-geistigen Ausbildung dienen und der Nachmittag für die praktische Arbeit und Ausbildung . . . daß das Musische lebendig wurde und das Praktische und die Werkstatt . . . daß ein Kind möglichst an einer Sache ernsthaft arbeiten sollte, sich etwas wählen und daran festhalten . . . daß er den Kindern oft gesagt hat: ›Ihr sollt's nicht leichter haben, ihr sollt's sogar schwerer haben, denn ihr müßt Verantwortung übernehmen.‹«

(Nach dem 30. 1. 1933. Ein Mitarbeiter spricht über den »Gesetzlichen Regierungswechsel«:) Paulus: »Wir werden hier doch keine Geschichtsfälschung betreiben. Das ist eine Verbrechergesellschaft . . .«

Als Edith Geheeb dies Interview ein paar Jahre später las, lächelte sie. Das Wesentliche fehle ihr in diesem »Fragespiel«. »Das, was fehlt, ist in dem Zitat von Goethe angedeutet:

›Nichts vom Vergänglichen,
Wie's auch geschah!
Uns zu verewigen, sind wir ja da.‹«

9 Marianne Zollmann hatte 1972 einen Workshop bei mir in Arosa besucht. Einige Monate später traf ich sie unerwartet auf einem Parkplatz in Norddeutschland. »Ich habe von Dir geträumt!«, sagte sie, »ich war Deine Sekretärin und mußte mit Dir durch ganz Europa reisen! Ich mußte gleichzeitig drei bis vier Telefone bedienen und immerzu Briefe schreiben und Sachen für Dich erledigen.« – »Den Job kannst Du gern haben«, antwortete ich, »ich habe vom WKM, wo ich in einigen Monaten hingehen werde, die Zusicherung für eine Assistentin und eine Sekretärin bekommen. Schreibe an Annedore Schulze, wenn Du einen Job bei mir haben willst!«

Und so kam es, daß Marianne zunächst in ihren Semesterferien im WKM und danach noch in der Ecole meine Sekretärin/Assistentin wurde. Wir wurden und blieben Kolleginnen und Freundinnen.

Marianne Zollmann gab ihre Beamtenlaufbahn wenige Jahre später auf, graduierte in WILL und wurde als TZI-Ausbilderin in Deutschland und der Schweiz bekannt. Sie erweiterte dabei ihre Interessen und Kompetenzen von der Lehrer- und Erwachsenenfortbildung zur Arbeit mit sozialen und kommerziellen Organisationen als Konsultantin für Personal- und Organisationsentwicklung und fortlaufende TZI-Supervisionen.

Zollmann, Marianne: Wie leite ich mich selbst? Wie leite ich andere – meine Schüler? In: Forum Religion, Heft 4, 1976.

–: Vom Rivalitätsprinzip zum Kooperationsmodell. Was ist die Themenzentrierte Interaktion? In: Forum Religion, Heft 1, 1977.

10 Als ich Rosemarie Varga fragte, was ihre Stellung in der Ecole sei, sagte sie: »Mädchen für alles«. Man müsse alles tun, was gerade dran sei: Lehren, Krankenpflege, Geldsachen erledigen, Briefe schreiben, Sekretariat betreuen – das sei so in der Ecole! Nein, sie wolle nicht »Verwaltungsdirektorin« genannt werden, so was gäbe es hier nicht, Gott sei Dank!

Ich brauchte einige Zeit, um ihr »Mädchen für alles« zu verstehen. Rosemarie war ein Flüchtlingskind in der Frühzeit der Schweizer Geheeb-Schule, die diese

frühen Erfahrungen nie vergessen hat. Damals teilte jeder alles, was zu tun war, natürlich unter der patriarchischen Führung von Paulus und der mütterlichen von Edith. Es wäre lächerlich gewesen, damals an »Organisation« zu denken. »Small is beautiful« – Organisation ergab sich damals von selbst!
Nach ihrer Schulzeit war Rosemarie eine Zeitlang in Deutschland, dann in Israel, wo sie ihren Mann Nikolaus Varga kennenlernte. Einige Jahre später, 1954, emigrierten sie beide in die Schweiz und wurden in großer Treue zur Idee der Ecole bedeutsam, auch für die finanzielle und wirtschaftliche Existenz der Schule.

11 Johannes Pausch wurde der erste TZI-Praktikant in der Ecole d'Humanité. Er war Benediktinermönch und in pädagogischer Ausbildung. Das Praktikum geschah im Rahmen seines Pädagogik- und Psychologie-Studiums. Er hatte zuvor schon die Abschlußarbeit für den Magister der Theologie an der Universität Salzburg fertiggestellt. Sie hieß: »Die Möglichkeit des gemeinsamen Lebens heute. Aufgezeigt an der Regel des heiligen Benedikt und TZI (nach Ruth C. Cohn).«
Wenige Tage bevor ich Pater Pauschs Brief bekam, hatte ich mit Armin Lüthi besprochen, daß ich gern eine oder mehrere Praktikantenstellen für TZI-Lehrerfortbildung in der Ecole einrichten würde.
Der Abt von Kloster Metten brachte den lehr- und lernbegierigen jungen Mann persönlich zur Ecole. (Armin pflegt zu sagen: »Ein Christ, ein Hindu, ein Jude, ein Buddhist, ein Atheist, ein Revolutionär – sie alle haben eines gemeinsam: Sie wollen in der Ecole arbeiten!«) Johannes zeigte Enthusiasmus für alles, was lebt und webt – Kinder, Erwachsene, Alpenwiesen, Kühe und Esel, Literatur, Keramik, Musik, Andachten – natürlich auch für TZI.
Pater Johannes ging nach einem Jahr in sein Kloster zurück, wo er als einflußreicher Lehrer, nicht nur in seiner staatlich anerkannten Klosterschule, sondern auch über Kloster Metten hinaus TZI anwendet und lehrt. Er gibt überregionale TZI-Kurse für Schüler, leitet Großgruppen für Jugendorganisationen, supervidiert und nimmt Einfluß in einer Anzahl katholischer und ökumenischer Organisationen.
Ein gemeinsames Buch über TZI in der Ecole d'Humanité blieb durch unser beider Engagement auch in anderen Arbeiten halbfertig liegen. Wir hoffen auf die Möglichkeit, es zu beenden.

12 Irene Amann sprach mich auf der Generalversammlung von WILL-Europa, 1978, an. Sie würde sich jetzt gern nach acht Jahren Staatsschule/Gymnasium mit TZI in der Ecole d'Humanité weiterbilden. Sie war Studienrätin und hatte bereits einen Teil der WILL-Ausbildung gemacht. Wenige Monate später war sie Lehrerin in der Ecole und meine TZI-Assistentin. Ihre langjährige Erfahrung mit Jugendlichen und ihre ruhige stetige Arbeit brachten einen ausgeglichenen TZI-Stil in die Ecole. Nach einem Jahr TZI-Assistenz ging Irene zurück nach München, gab ihre Beamtenstelle als Studienrätin auf und eröffnete eine TZI-Praxis mit der Betonung auf Weiterbildung von Lehrern, sowohl in Schulen und anderen öffentlichen Institutionen als auch in privaten Gruppen. Sie ist jetzt Mitglied des Lehrerkollegiums von WILL-Europa.

Amann, Irene: TZI: Der Stoff muß nicht töten. In: F. Sauter (Hrsg.): Psychotherapie der Schule. Kösel, 1983.
– und G. Quast: Lehrerfortbildung mit Themenzentrierter Interaktion (TZI) – oder: Der Einzelne, die Gruppe und der Stoff. In: W. Mutzek/W. Pallasch (Hrsg.): Handbuch zum Lehrertraining. Konzepte und Erfahrungen. Beltz, 1983.

13 Franck Wolff, gebürtiger Franzose, Student und Lehrer in der französischen Schweiz, kam nicht als mein Praktikant oder Assistent zur Ecole d'Humanité, sondern als Lehrer – wenige Monate nach mir. Er und seine Frau Astrid Wolff-Neue waren sowohl von der Ecole als auch von TZI fasziniert und beteiligten sich nicht nur an meinen Didaktikgruppen, sondern auch an der dreijährigen TZI-Lehrerfortbildung im Kanton Bern. Beide beendeten auch die Ausbildung als Gruppenleiter in WILL. Astrid arbeitet jetzt im Jugendfreizeitzentrum in Berlin, in Kindertheatergruppen und freiberuflich mit TZI-Gruppen aller Art.
Franck wurde 1980 von einem Teil seiner Unterrichtstätigkeit mit Schülern dispensiert, um mehr Verantwortung für die Lehr- und Organisationstätigkeit von TZI in der Ecole übernehmen zu können. So wurde er für zwei Jahre stellvertretender und auch selbständiger TZI-Gruppenleiter und Supervisor im Lehrerkollegium, wobei er besonderes Interesse an der Entwicklung des Kameradenrats zeigte. 1982 ging er für ein Studienjahr nach Los Angeles, um den Master Degree an der University of California zu erwerben (bei George Brown – Confluent Education and Organization). Seine Arbeit zur Erlangung des Master Degree betrifft pädagogische Ideen von Freire, Perls und Cohn. Zur Zeit arbeitet er – diesmal freiberuflich – in der Ecole und baut eine TZI-Praxis mit Gruppen in Lehr- und anderen Institutionen und Organisationen auf.
Wolff, Franck: Leben, Lehren, Lernen: Das Beispiel Ecole d'Humanité – TZI. In: Schule – Elternhaus – Beratungsdienste. Hrsg.: K. Gerlicher, Vandenhoeck & Ruprecht, Göttingen.

14 Zeitschrift für Humanistische Psychologie, 4, 1980, Festschrift anläßlich der Verleihung der Ehrendoktorwürde der Universität Hamburg.

16 Es geht um Werte

1 Vgl. *Ruth C. Cohn:* Die Erlebnistherapien – Autismus und Autonomie. In: Von der Psychoanalyse zur themenzentrierten Interaktion, a. a. O.

2 Mich hat die Undeutlichkeit in der Benennung »American Humanist Psychologists (AHP)«, die den Irrtum aufkommen läßt, daß alle Mitglieder Psychologen seien, nie gestört. Ich wurde AHP-Mitglied und habe die Mischung von Professionellen und Laien bei den Gründungen der Schwesterorganisationen in Deutschland (DGHP) (Klaus Lumma) und in der Schweiz (Mark Schätzle) aktiv unterstützt.
Ich halte die Zusammenführung von Menschen, die sich dafür einsetzen, humane Lebensverhältnisse zu fördern, ob sie professionelle Psychologen sind oder nicht, für einen historisch wichtigen Schritt. *Psychologie und Psychotherapie ebenso wie medizinische Heilkunde sollten nicht nur Spezialistenbereiche*

sein. Wenn Gesetze verwehren, daß Laien Mittel zum Wachstum und zur Heilung finden und anwenden können, ist eine Bevölkerung ebenso gefährdet, wie wenn die Ausbildung und Weiterbildung von Sachverständigen, denen man sich anvertrauen kann, ungenügend ist. Ich bin überzeugt, daß jeder Mann und jede Frau, auch wenn sie nicht in Heil- und Lehrberufen stehen, eine medizinische, psychologische und pädagogische Allgemeinbildung haben sollten. Sensitivität in diesen Gebieten, Mitdenken und Beurteilen psychologischer und physiologischer Befindlichkeiten befähigt Laien, sich selbst und Angehörigen beizustehen.

Ich selbst habe mich – seit den Anregungen durch Lucy Sprague-Mitchell und dem jahrzehntelangen Kampf gegen eine früh erworbene Niereninfektion – viel mit Methoden der Randmedizin beschäftigt. Ich war seit dem Beginn der Zeitschrift »Prevention« in den USA in den vierziger Jahren über Vitamine, später auch über Akupunktur, Homöopathie, Pflanzenheilkunde etc. informiert und kurierte meine Niereninfektion durch eine zweijährige makrobiotische Diät (siehe »Cure by Food«, the Macrobiotic Diet; in: Voices, Vol. 9, 1973). Während fast alle meine Artikel in Zeitschriften einige Jahre warten mußten, bis sie nicht mehr zu radikal waren, um aufgenommen zu werden, blieb dieser Artikel selbst in »Voices« (zu deren redaktioneller Kommission ich gehörte) noch länger liegen! Inzwischen gibt es im Mitglieder-Informationsblatt der AAP in jeder Ausgabe einen Artikel des Psychiaters Richard Felder über Ernährung und Gesundheit.

3 »Ethical Culture«: Mir war die »Ethical Culture« vom Anfang meines New Yorker Aufenthalts an bekannt. Viele deutsche Juden, die vor Hitler christliche Feste mit christlichen Nachbarn und Freunden mitgefeiert hatten, ohne religiöse Bedenken zu haben, waren nun froh, in der »Ethical Culture« neutralreligiöse Andachten besuchen zu können. Es gab einen schönen Andachtsraum mit Musik und interessanten Referenten, die auch bei Hochzeiten und Todesfeiern Ansprachen hielten. Meine Mutter und meine Schwiegermutter, die beide auch zu den »Drei-Tages-Juden« gehörten, zu den drei hohen Feiertagen in die Synagoge gingen, und sich zum Judentum bekannten, ohne sich darin zu vertiefen, gehörten zur Ethical Culture Gemeinde. Sie wurde mir noch nähergebracht durch die Schulfreundin meiner Mutter, Emmie Lind, die als Amerikanerin in New York geboren und als Teenager nach Deutschland gekommen war und erst 35 Jahre später, nach Hitlers Machtergreifung, wieder nach Amerika zurückging. Sie wurde nach ihrer Pensionierung mit 70 Jahren sowohl zur »Teenagesitterin« meiner Kinder als auch unser aller verehrte und geliebte Freundin. Sie gehörte zu den seltenen Menschen, deren Warmherzigkeit, Klugheit und geistige Präsenz in Harmonie blieben, was immer auch geschah. Und – sie war eine enthusiastische, nicht missionarisch-überzeugte Ethical Culturist seit ihrer eigenen Schulzeit, der Geburtszeit dieser Organisation, die von Felix Adler (nicht verwandt mit Alfred Adler) gegründet worden war. »Gott ist tot« war für sie ebenso selbstverständlich wie die Güte des Herzens und die Sorge für und um den Menschen. »Gott ist nicht mehr notwendig«, sagte sie, »wir müssen aus uns selbst und voneinander lernen, gut zu sein und

recht zu tun. Dazu haben wir den Verstand und die Vernunft.« – Nur ein paar Mal, wenn sie sich ganz besonders beschenkt fühlte, sagte sie: »Das Einzige, was mir leid tut, ist, daß ich niemand habe, zu dem ich ›Danke‹ sagen kann.« Mein Sohn Peter war elf Jahre alt, als ihn jemand fragte, was er werden wolle. Er sagte: »Ein guter Vater.« Als ich ihn kurz danach fragte, was für ihn ein guter Vater sei, sagte er schnell: »Einer, der seine Kinder in die Sonntagsschule schickt.« Ich war mehr als überrascht. Peter hatte diesen Wunsch nie geäußert und auch nicht wie seine Schwester Heidi Fragen über Gott gestellt. Doch seine christlichen Freunde – in unserer Nachbarschaft gab es gar keine Juden – mußten zur Sonntagsschule gehen und waren eher neidisch auf Peter. »Vielleicht katholisch«, meinte er, »darauf kommt es gar nicht an.« Ich schlug ihm die Ethical Culture vor, und Peter fuhr drei Jahre lang jeden Sonntag, manchmal per Bus und Bahn, manchmal mit mir per Auto zur Ethical Culture Sonntagsschule – ohne Klage über die verlorene Spielzeit und vielleicht nicht einmal mit besonderem Interesse am Stoff, doch mit einem Gefühl, daß Sonntagsschule zum rechten Leben gehöre.

4 Siehe Nachwort.

5 Im Jahr 1980 veröffentlichte die Eidg. Kommission für Jugendfragen ein Büchlein »Thesen zu den Jugendunruhen 1980« (zu beziehen beim Bundesamt für Kulturpflege, Postfach, 3000 Bern 6):

> Stichpunkte: »Die radikalen Jugendlichen sind größtenteils solche, die besonders ausgeprägt von allgemeinen Problemen unserer Gesellschaft betroffen und belastet werden . . . und auch weniger belastbar sind als andere.« – »Daß die Mehrheit der Jugend sich ruhig verhält, darf nicht zum Schluß verleiten, daß sie innerlich ruhig und zufrieden sei.« – »Sie haben eine Art ›Gegensprache‹ gegen jene Sprache, mit der die Jugendichen zur Einordnung und Anpassung angehalten werden, gegen die Sprache auch, mit der sie kein Gehör fanden . . .« – »Sie fühlen sich als Geschlagene, die nun zurückschlagen.«

Diese Thesen stießen auf Widerstand bei einer großen Anzahl – wohl der Mehrzahl – der Zürcher Bürger. Eine zweite Schrift: »Stichworte zum Dialog mit der Jugend« erschien ein Jahr später von derselben Kommission herausgegeben und erweitert, doch von gleicher Gesinnung:

> »Miteinander reden kostet Zeit und Anstrengung. Es müssen eine Reihe von Barrieren überwunden werden . . .«

6 Nachtrag, zwei Jahre später: Wir konnten nur einen Minischritt machen. Zwei Freundinnen und ich besuchten zwei einflußreiche Politiker, die mit dem Prozeß des autonomen Jugendzentrums zu tun hatten. Sie drückten Zweifel aus, ob die Härte gegen die Jugendlichen angemessen sei. Sie waren persönlich im belastenden Konflikt. Wir konnten mehrere Stunden mit ihnen verbringen und Meinungen austauschen. Dies bewirkte wenigstens bei einem der Gesprächspartner eine etwas aufgeschlossenere Haltung für die Jugendlichen, was indirekt Einfluß auf einige Zeitungsberichte hatte. (Eine Kollegin traf einige Monate später auf einer Reise im Süden einen Schweizer Zeitungsleser, der ungefragt zum Ausdruck brachte, daß einige Berichte in dieser Schweizer Zeitung

von einem bestimmten Datum ab auffällig gemäßigter über die Anliegen der Jugendlichen geschrieben hätte als zuvor.)
Dagegen kam die erwünschte Begegnungsgruppe zwischen rebellierenden Jugendlichen und Älteren nicht zustande. Uns war deutlich, daß diese Arbeit im Augenblick eines größeren Einsatzes bedurft hätte, als wir dies leisten konnten.

7 *Hartmann, Nicolai:* Ethik. Verlag de Gruyter, Berlin, 1926.

8 Meine Mutter ging nach Deutschland zurück und blieb dort bis 1938; sie konnte also noch vor der Kristallnacht nach den USA einwandern. Mein Bruder verließ Deutschland 1936 auf der Basis eines Spezialvertrags zwischen Deutschland und Italien. Er wurde jedoch auf der Basis der Gleichschaltung von italienischen und deutschen Maßnahmen 1939 mit seiner Familie ausgewiesen. Er konnte dann auch – von unserer Mutter eingeladen – in die Vereinigten Staaten emigrieren.

9 Diese Frau hieß Anna Schwynn, und ich habe ihren Sohn, der jetzt Chefarzt der Psychiatrischen Klinik Littenheid im Thurgau ist, aufgesucht, um ihm von der menschlichen Tat seiner Mutter zu erzählen und ihr in diesem Buch ein Denkmal setzen zu dürfen.

17 Von der humanistischen Psychologie zur holistischen Schau

1 Faraus Freundin, Edith Kallir, meinte, daß Farau nicht von Metaphysik, sondern von »Astro-Psychologie« sprechen sollte, oder von Astro-Physik. Diese Worte begeisterten Farau so, daß er in seinen Notizen hinterließ, Edith Kallir müßte als Urheberin dieser Bezeichnung in seinen Schriften notiert werden. Jedoch nahm er später wieder das Wort Metaphysik auf; ich glaube, daß er hinter den metamateriellen und metapsychischen Erscheinungen einen spirituellen oder geistigen Gehalt im Kosmos vermutete, der sich für uns – wegen der Beschränktheit unserer Sinne – zwar nur als Materie und Psyche manifestiert, jedoch nicht mit den Worten astrophysisch oder -psychisch bezeichnet werden dürfte. Das eigentlich Wirkliche, was er mit dem Wort »Metaphysik« ausdrükken wollte, war, so wie ich ihn jetzt verstehe, das Göttliche oder Gott.

2 Ein Mantra ist eine Kombination von Silben mit einem bestimmten Klang. Ein Mantra erweckt durch Klang und Ton bestimmte Energiezentren des Körpers und kann helfen, der meditativ-gewünschten Stille resp. Leere näherzukommen. Das Mantra soll geheimgehalten werden, sei es, weil es ein persönliches Band zwischen dem gebenden Meister und dem Empfänger darstellt, sei es, weil dies das Gefühl des Sich-selbst-Zugehörens durch das Mantra erhöht. (Vielleicht konnte ich selbst wenig mit dem Mantra anfangen, weil es mir von einem sehr wenig guru-haften jungen Mädchen überantwortet wurde?)

3 *Cohn, Ruth C.:* »Particle/Waves – What Do They Mean for Psychology and Religion?« Voices, Journal of the American Academy of Psychotherapists, Vol. 19, 1983. (215 East Eleventh Str., New York, NW 10003)

4 Die folgende Erzählung wurde nicht erfragt. Sie wurde in einem Workshop über Großgruppen spontan von Ruedi Högger aus seiner Entwicklungsarbeit erzählt:

Schon in den sechziger Jahren hatten sich nepalische Forstfachleute in verschiedenen Landesteilen darum bemüht, Wald und Weide auszuscheiden und auf armen Böden aufzuforsten.

Von 1970 bis 1974 lebten wir in Kathmandu. In jenen Jahren war uns klar, daß der Schutz des Waldes und neu aufgeforsteter Gebiete oft gegen die unmittelbaren Interessen der Bevölkerung durchgesetzt werden mußten. Für den nepalischen Bauern ist das tägliche Futter für sein Vieh und sein Brennholz wichtiger als die vage Hoffnung auf einen künftig nutzbaren Wald. Hätte mir zu jener Zeit jemand vorgeschlagen, eine Neupflanzung von jungen Bäumen ohne den Schutz eines dreifachen Stacheldrahtzaunes anzulegen, hätte ich ihn für hoffnungslos naiv und unerfahren gehalten.

Bei meinem jüngsten Besuch in Nepal, im Dezember 1983, führte mich ein Forstingenieur aus einem der nepalisch-schweizerischen Projekte an eine gut zwei Jahre alte Baumpflanzung von mehreren Hektar Ausdehnung – gleich oberhalb des Dorfes und unmittelbar angrenzend an das Weideland der dortigen Bewohner. Es war weit und breit kein Stacheldraht zu sehen.

»Die Gemeinde hat hier selber die Verantwortung dafür übernommen, daß Rinder und Ziegen die jungen Bäumchen ungeschoren lassen«, bemerkte mein Begleiter. »Das Gras zwischen den Tännchen wird mit der Sichel geschnitten und in die Ställe getragen.« Ich staunte. Wie war das möglich? Was hatte sich in den 10 Jahren seit meinem früheren Aufenthalt verändert?

»An drei Dingen liegt es«, bekam ich zu hören:

»*Erstens* an der Tatsache, daß Wald und Weide aus anonymem Staatsbesitz ins Eigentum der Gemeinde übergegangen sind. Ein Gesetz aus dem Jahre 1978 . . .«

»*Zweitens* daran, daß wir in diesem Fall Wald und Weide in sehr enger Zusammenarbeit mit der Dorfgemeinde ausgeschieden haben. Zuerst wollten wir die Grenze dort unten ziehen. Aber da wehrten sich die Leute, weil dort ihre Büffel den Trampelpfad zum Sumpfteich suchen. Da haben wir sofort nachgegeben . . .«

»Und *drittens* an jenem Wald dort hinten auf der Bergkuppe, 2–3 km von hier, deutlich sichtbar: Bäume von mehreren Metern Höhe, aufgewachsen hinter Stacheldraht, imponierend groß und kräftig. Seit die Dorfleute *sehen,* daß Wald wieder Realität wird und keine fremden Unternehmer zum Abholzen kommen . . .«

Ich war beeindruckt und sehr glücklich. Und ich erinnerte mich an die Worte meines früheren älteren Nepalifreundes, der gesagt hatte: »Development has to be seen, to be believed.« (Entwicklung muß gesehen werden, damit man daran glaubt.) – Heute bin ich versucht, diesen Satz auch noch umzukehren und zu behaupten: »If development is believed in, then it will soon be seen.« (Wenn an Entwicklung geglaubt wird, dann wird man sie bald sehen können.)

Ruedi Högger, Vizepräsident, Entwicklungsarbeit und humanitäre Hilfe; Dept. f. Auswärtige Angelegenheiten, Bern.

Literatur zum Thema »Von der humanistischen Psychologie zur holistischen Schau«. Psychotherapie ist keine Insel

Die folgenden Schriften habe ich von der Perspektive dieses Themas her ausgewählt und nach ihren Schwerpunkten geordnet.

ZEITSCHRIFTEN UND NACHSCHLAGEWERKE

Seit neun Jahren gibt es *Brain/Mind.* Es ist nie kürzer oder länger als vier Seiten und erscheint alle drei Wochen (Interface Press, Box 42211, 4717 Figueroa St., Los Angeles, California 90042). Diese vier Seiten bringen in prägnanter Kürze die wichtigsten Entdeckungen der Psychologie und Physiologie, oft in Verbindung mit Physik und technischen Fortschritten und interkulturellen Mitteilungen. Das auswählende Komitee, unter Marilyn Ferguson, scheint meist ein paar Jahre früher als andere zu erforschen, was psychologisch und physiologisch wissenschaftlich vor sich geht. Ich zitiere aus dem letzten Blättchen: »What we need is more people who specialize in the impossible.« (Was wir brauchen, sind mehr Leute, die sich auf das Unmögliche spezialisieren.) Und George Leonard: »Not to dream boldly may turn out to be simply irresponsible.« (Es mag sich erweisen, daß der Mangel an kühnen Träumen einfach unverantwortlich ist.)
(To dream boldly is the spirit of this realistic, informative journal!)
Seit vier Jahren hat Brain/Mind ein Geschwisterblättchen bekommen: Leading Edge (mit derselben Adresse). *Leading Edge* bringt Informationen über soziale Mißstände und positive Ansätze, sie zu vermindern und wenn möglich aufzulösen. Es ist Fergusons Blatt der »Sanften Verschwörung«, ein Informationsjournal für Emanzipationsmöglichkeiten im holistischen Sinn: auch im Politischen nicht »rechts«, nicht »links«, nicht »Mitte«, nirgends fixiert, sondern sich auf das Wesentliche, das Ganze, das Nicht-Diskriminierende richtend.
Beide Informationsblätter sind für mich Ausdruck des Gegengewichts zur rücksichtslos egoistischen und nationalistischen Seite des »Wir haben ja mehr«-Image, das von anderer Seite aus Amerika (und nicht nur aus Amerika!) ausstrahlt.
Voices: The American Academy of Psychotherapy. Ed. Marc Stern, 215 East 11 St., New York N. Y. 10003.
Ein deutsches, enzyklopädisches Werk, das gute Artikel von und über die Psychologie zusammengestellt hat, ist: *Die Psychologie des 20. Jahrhunderts.* Verlag Kindler, Zürich, 1976 ff., wobei für das vorliegende Buch die folgenden Bände von besonderer Bedeutung sind:
- Band 1: *Die europäische Tradition.* Hrsg.: Heinrich Balmer, Basel.
- Band 2 und 3: *Freud und die Folgen.* Hrsg.: Dieter Eicke, Kassel.
- Band 8: *Lewin und die Folgen.* Hrsg.: Annelise Heigl-Evers, Göttingen.

Handbuch der Psychotherapie. Hrsg.: Raymond Corsini, Verlag Beltz, Weinheim/Basel, 1983.

Zeitschrift für Gruppentherapie und Gruppendynamik. Hrsg. Annelise Heigl-Evers. Vandenhoek & Ruprecht, Göttingen/Zürich.
Integrative Therapie. Hrsg. H. Petzold, Düsseldorf. Junfermann Verlag, Paderborn.

ALLGEMEINE PERSPEKTIVEN

Capra, Fritjof: Wendezeit. Scherz Verlag, München, 1982.

»Im Gegensatz zu dem, was man allgemein glaubt, sind Wertsysteme und ethische Vorstellungen nicht Randerscheinungen für Naturwissenschaft und Technik, sondern sie bilden deren eigentliche Grundlage und Triebkraft.«

»Den psychologischen Hintergrund für diesen nuklearen Irrsinn bilden die Überbewertung von Selbstbehauptung, Kontrolle und Machtausübung, übermäßiges Konkurrenzdenken und besessen sein von ›Gewinnen wollen‹ – alles typische Kennzeichen einer patriarchalischen Kultur.«

»Die beiden wichtigsten dynamischen Phänomene der Selbstorganisationen sind Selbsterneuerung – die Fähigkeit lebender Systeme, ihre Komponenten ständig zu erneuern, wieder in Gang zu bringen und dabei die Integrität ihrer Gesamtstruktur zu bewahren. – Und selbst Transzendenz, also die Fähigkeit, durch die Vorgänge des Lernens der Entwicklung und der Evolution kreativ über die eigenen physischen und geistigen Grenzen hinauszugreifen.«

»Globale Probleme können nur global betrachtet werden, um Prioritäten zu setzen. Auf der anderen Seite gibt es Entscheidungen lokaler Art, die nicht von außen oder von oben her gesehen und entschieden werden können. ›Denke global – handle lokal!‹«

»Die Behauptung, daß die Agrartechnologie nötig ist, um die Welt zu ernähren, hat sich als fatal erwiesen. Die landwirtschaftliche Agrarindustrie hat den Hunger in der Dritten Welt großenteils geschaffen. Auch heute noch könnten Menschen auf der Erde ernährt werden, wenn sie nicht Monokulturen und Erste Welt Produktion auf dem armen Agrarland schaffen würden.«

»Die zentrale Frage ist nicht, wie man die Erzeugung steigern kann, sondern was man anbaut, und wer es ißt.«

Fritjof Capra (aus einem Gespräch):

»Physiker und Mystiker stimmen überein, daß das, was wir Objekte nennen, tatsächlich Muster sind in einem untrennbaren kosmischen Prozeß; und sie stimmen auch überein, daß diese Muster eigentlich dynamisch sind. In der subatomaren Physik ist die Masse nicht länger mit irgend einer materiellen Substanz verbunden, sondern erkannt als eine Form der Energie.«

»Das aufkommende Systemverständnis von Leben, Geist, Bewußtsein und Evolution kann als natürliche Ausdehnung der Ansichten der modernen Physik gelten; es führt zu einem Gewahrsein der Einheit allen Lebens, der gegenseitigen Abhängigkeit seiner vielfältigen Manifestationen, und seiner Zyklen von Wechsel und Verwandlung.«

Fritjof Capra (aus einem Interview, 1983):
»Das ökologische Weltbild hat zwei grundsätzliche Themen: das erste ist die gegenseitige Verknüpfung und Abhängigkeit aller Phänomene. Das zweite ist die dynamische Natur der Wirklichkeit. Das heißt, daß Formen keine starren Strukturen sind, sondern Manifestationen von darunterliegenden Prozessen. Aus der Einsicht heraus, daß alles eingebettet ist in andere Systeme, wird man den Einfluß unserer Handlungen auf diese weiteren Systeme berücksichtigen müssen. Und das wird heute weder in der Volkswirtschaft noch in der Politik und erst ansatzweise in der Wissenschaft gemacht.«
»Der Schritt Heisenbergs war revolutionär. Es ist wichtig, sich darüber klar zu sein, daß es eine komplette Beschreibung der Wirklichkeit in der Wissenschaft nie geben wird und zwar deswegen, weil der rationale Verstand und die Ausdrucksweise unserer Sprache linear sind. Damit kann man wissenschaftlich unsere komplexe Wirklichkeit immer nur näherungsweise beschreiben. Man kann die Ganzheit schon erfassen – intuitiv. Das sagen uns die Mystiker, verschiedene spirituelle und philosophische Traditionen. Das volle intuitive Erfassen der Wirklichkeit kann jedoch nicht ausgedrückt werden ... Das Erfassen von Wahrheit geht über das rationale Erfassen hinaus.«

Duhm, Dieter: Synthese der Wissenschaft. Kübler Verlag, Heidelberg, 1979.
»Wissenschaft der Harmonik: Pythagoras, Kepler und heute Hans Kayser und Hans Jenny.«
Neue Forschung: »Im Experiment mit einer Experimentierflüssigkeit zeigt sich, daß ›sobald der Ton im Raum erklingt, die Experimentierflüssigkeit nicht nur anfängt zu schwingen, sondern auch zu strömen ... Symmetrieformen und Strömungsgeschwindigkeit variieren mit der Tonstärke und der Tonfrequenz ... ändert man die Frequenz oder gibt man einen weiteren Ton hinzu, so zeigen sich sprunghafte Verwandlungsphänomene. Aus der Oberfläche der flüssigen Substanz erheben sich die eindrucksvollsten (oft an Pflanzen und Tiere erinnernden) Gebilde.«
»Hinter unserer empirischen Formenwelt steht eine Schwingungswelt, welche diese Formen hervorgebracht hat.« – »Die Figuren dieser Welt sind Klangfiguren. Die Welt besteht aus Musik, und am Anfang war das Wort: Der Ur-Akkord. Harmonik und Kymatik vereinigen sich in einer klaren Aussage über die Welt.« (Harmonik: die Lehre von den Klängen; Kymatik: Lehre von der Bewegung.)
»Die Ur-Formen tragen die Signatur der Schwingung. Sie entstammen kosmischen Schwingungsmustern und deren Interferenz.« – »Die These vom metaphysischen Zentrum des Menschen ist keine religiöse, sondern eine wissenschaftliche Aussage. Sie bleibt trotzdem eine religiöse.«
»Das Entwicklungsziel der menschlichen Geschichte ist die volle Gestalt des Menschen, die innerlich schon in ihr als Entelechie vorhanden ist, so wie die Gestalt des Frosches in der Kaulquappe. Die biologische Gestalt des Menschen ist fertig. Vor uns liegen die Metamorphosen seiner geistigen Gestalt.«

»Die Frage nach den ökologischen Naturzusammenhängen ist zur Überlebensfrage unserer Zeit geworden.« – »Ökologie ist die wissenschaftliche Art und Weise, sich dieser Ganzheit und Einheit wieder bewußt zu werden und die Entfremdung rückgängig zu machen. Dem Bewußtseinsstand unserer Zeit entsprechend benutzen wir dabei die wissenschaftlichen Begriffe von Energiekreisläufen, Materiekreisläufen, Informationskreisläufen und biokybernetischen Regelkreisen.«

»Nicht nur partiell, sondern fundamental und grundsätzlich zeigt sich der ›Hauptwiderspruch‹ unserer Zeit: Der Widerspruch zwischen der gesellschaftlichen Ordnung des Menschen und der Lebensordnung der Natur, oder kurz: der Widerspruch zwischen Sozio- und Biosphäre.« –

»Die heute nicht mehr von der Hand zu weisende Möglichkeit einer durchgehenden und aller empirischen Erscheinungswelt zugrunde liegenden geistig-energetischen Organisation des Universums stellt den Begriff des Lebendigen in neue Horizonte.«

Ferguson, Marilyn: Die sanfte Verschwörung. Sphinx Verlag, Basel, 1982. Orig. amerik.: The Aquarian Conspiracy. Publ. Tarcher, Los Angeles, 1980.

»Jan Christiaan Smuts, Burengeneral und zweimaliger Premierminister von Südafrika, formulierte in den zwanziger Jahren ein brilliantes Konzept, das viele wissenschaftliche Durchbrüche des späten 20. Jahrhunderts vorwegnahm. In »Holism and Evolution« lenkte Smuts die Aufmerksamkeit auf ein unsichtbares aber mächtiges, der Natur innewohnendes Organisationsprinzip. Wenn wir nicht die Ganzheit betrachten würden und nicht den Drang der Natur nach immer höheren Organisationen erkennen könnten, wären wir nicht in der Lage, unseren stets schneller sich vollziehenden wissenschaftlichen Entdeckungen einen Sinn abzugewinnen. – Im Geist selbst ist ein Ganzheit schaffendes Prinzip vorhanden . . . Wie die lebende Materie, so entwickelt sich auch der Geist zu immer höheren Ebenen. Er behauptete, daß der Geist der Materie innewohnt. Smuts beschrieb ein Universum, das immer bewußter wird.«

»Wenn das individuelle Bewußtsein heilen und transformieren kann, warum sollte es dann nicht möglich sein, daß sich das Bewußtsein vieler Menschen verbindet, um die Gesellschaft zu heilen und zu transformieren?«

»Die ›allgemeine System-Theorie‹ steht symptomatisch für eine Veränderung für unsere Weltsicht. Wir betrachten die Welt nicht mehr im Sinne eines blinden Spiels der Atome, sondern vielmehr als eine große Organisation.«

»Innerhalb der Fossilienfunde treten sie (die Spezies) in derselben Form in Erscheinung, wie sie wieder verschwinden. . . . Eine neue Spezies taucht plötzlich bei den geologischen Funden auf. Sie entwickelt sich nicht allmählich durch die beständige Veränderung ihrer Vorfahren, sondern sie entwickelt sich mit einem Male und vollständig.«

»Erstmals in der Geschichte ist die Menschheit auf ein Instrument zur Herbeiführung von Veränderung gestoßen – auf ein Verständnis dafür, wie Transformation stattfindet. Wir leben in der *Veränderung der Veränderung*. ... Ausgerüstet mit einem besseren Verständnis dafür, wie Veränderungen vor sich gehen, wissen wir, daß dieselben Kräfte, die uns das Umherirren am Rande des Abgrunds beschert haben, den Samen zur Erneuerung in sich tragen. Das gegenwärtige persönliche und soziale Ungleichgewicht deutet eine neue Form der Gesellschaft an.«

Jungk, R.:

»Wenn die Ereignisse auf der Welt fehlerhaft verlaufen, dann stimmt mit mir selbst etwas nicht. Wenn ich sensibel bin, so erkenne ich daher, daß ich zuerst mich selbst verbessern muß.«

»Ich kann mir nicht mehr länger vortäuschen, daß mich die Ansammlung politischer Vereinbarungen, die wir als ›Staaten‹ bezeichnen, von dem Kind trennt, das auf der anderen Seite des Globus vor Hunger schreit. Wir sind eins, und einer von uns ist hungrig.«

Teilhard de Chardin, Pierre: Die lebendige Macht der Evolution. In: Gesammelte Werke, 7. Bd., Walter Verlag, Olten, 1967. Orig. franz.: L'Activation de l'Energie. Eds. du Seuil, 1963.

»Durch den Menschen hindurch bricht die Evolution von Neuem auf ... zu einem neuen geistigen Aufstieg.«

»Wir sehen ... aufgrund des raschen Zusammenwachsens der verschiedenen, im Zeitraum eines halben Jahrhunderts von ausnahmslos allen gruppenwissenschaftlichen Forschern ... mit jedem Tag evidenter wurde, daß die Ontogenese des Mikrokosmos (den jeder von uns darstellt), einen physischen Sinn und Rahmen nur hat, wenn sie nicht nur in die Phylogenese irgendeines zoologischen Zweiges, sondern in die Kosmogenese selbst eines ganzen Universums hineingestellt wird; und daß in der Wahrnehmung dieser grundlegenden dynamischen Einheit wesentlich der moderne Schritt der ›Idee der Evolution‹ besteht.«

Weizsäcker, Carl Friedrich von: Wahrnehmung der Neuzeit. Karl Hanser, München, 1983.

PERSPEKTIVEN ZEITGENÖSSISCHER PHYSIK

Capra, Fritjof: Der kosmische Reigen. Physik und östliche Mystik – ein zeitgemäßes Weltbild. Scherz, München, 1977. Orig. amerik.: The Tao of Physics. Publ. Shambahala, Bantam Book, New York, 1976.

Dieses Buch war ein umwälzendes Erlebnis für mich, auf das mich Roz Schwartz aufmerksam machte, als sie mich einlud, den AAP-Kongreß 1980 gestalten zu helfen. Das Thema war: »Perceptions of Reality.« Eine dieser »Perceptions«, Wahrnehmungsmöglichkeiten, war die der Physik. Roz gab mir das Buch »Tao of Physics«. Was Fred und ich immer geglaubt hatten und was wir in den ersten Tagen unserer Begegnung besprochen hatten, war, daß Leben und Materie letztlich nicht als trennbar gedacht werden können.

In diesem Buch berichtet Fritjof Capra (der auch zu diesem Kongreß kam), wie die moderne Physik mystische Anschauungen, speziell des Ostens, bestätigt.

Die Essenz der *Upanischaden:* »Das, was der feinste Stoff ist, ist die Seele der ganzen Welt. Das ist das Wahre. Das ist Atman, das bist Du.«
Bhagavad Gita: »Alle Taten finden aufgrund der Verknüpfung der Naturkräfte in der Zeit statt, aber der Mensch in seiner selbstsüchtigen Verblendung denkt, er selbst sei der Handelnde – aber der Mensch, der den Zusammenhang zwischen den Kräften der Natur und den Taten kennt, sieht, wie einige Naturkräfte auf andere Naturkräfte einwirken, und wird nicht ihr Sklave.«
Upanischaden: »Wie ein von einer liebenden Frau umfangener Mann kein Bewußtsein von draußen oder drinnen hat, so hat dieser in dem Körper wohnende Atman, von dem erkennenden Atman umfangen, kein Bewußtsein von draußen oder drinnen.«
In der modernen Physik zeigt sich das Universum als dynamisches, unteilbares Ganzes, das seinem Wesen nach immer den Beobachter einschließt. Hier verlieren die traditionellen Begriffe von Raum, Zeit, von isolierten Objekten, von Ursache und Wirkung ihre Bedeutung. Diese Vorstellung ist mit der Erfahrungswelt östlicher Mystiker verwandt.
In der modernen Physik hat Masse keine materielle Substanz mehr, und man ist daher nicht mehr der Ansicht, daß Teilchen aus irgendeinem »Grundstoff« bestehen, sondern daß sie Energiebündel sind. Da Energie aber mit Aktivität, mit Vorgängen zusammenhängt, folgt daraus, daß subatomare Teilchen von dynamischer Natur sind.

> »In der Mystik kann Wissen nicht von einer bestimmten Lebensweise getrennt werden, die zu ihrer lebendigen Manifestation führt. . . . und daß dieses Wissen die Wandlung *ist.* Dagegen kann das wissenschaftliche Wissen oft im Abstrakten und Theoretischen bleiben. So nehmen die meisten heutigen Physiker die philosophischen, kulturellen und spirituellen Auswirkungen ihrer Theorie anscheinend nicht zur Kenntnis . . . Ich glaube, daß die Weltanschauung, die aus der modernen Physik hervorgeht, mit unserer gegenwärtigen Gesellschaft unvereinbar ist, weil sie den harmonischen Zusammenhängen, die wir in der Natur beobachten, nicht Rechnung trägt.«

Diesen Satz wiederholt Fritjof Capra in seiner Einführung zu »Wendezeit« und fährt präziser fort:

> »Um einen solchen Zustand des dynamischen Gleichgewichts* zu erreichen, bedarf es einer völlig anderen sozialen und ökonomischen Struktur: Einer kulturellen Revolution im wahren Sinn des Wortes. Das Überleben unserer ganzen Zivilisation kann davon abhängen, ob wir zu einer solchen Wandlung fähig sind.«

Daran hat er als Physiker, Ökonom und Mystiker, vor allem auch als Publizist, gearbeitet.
Capra begegnet begeisterter Anerkennung und ablehnender Kritik, weil er nicht alle Fakten deutlich genug erkannt habe. Ich gehöre zu denen, die die »halbvolle

* (Synchronizität: Ich brauchte lange Zeit, um mit Hilfe eines Freundes, Toni Horn, das Gemeinte, den Begriff »Dynamic Balance«, zu finden.)

Tasse« sehen. Von der halbleeren Tasse können wir nicht leben, und es geht ums Leben.

Charon, Jean: Der Geist der Materie. Paul Zsolnay Verlag, Wien, 1979. Orig. franz.: L'Esprit, cet Inconnu. Eds. Albin Michel, 1977.

Das Gesetz der Thermodynamik: Entropie: die Wärmeenergie *nimmt ab,* und wenn es irgendeinen toten Gegenstand geben sollte, dann wird alles früher oder später tot sein. Umgekehrt aber ist der Träger des Geistes jemand, der aus der Erfahrung lernt, also etwas der Erfahrung *hinzufügt.*

»... Neben der traditionellen Raum-Zeit der Materie gibt es noch eine Raum-Zeit des Geistes, die eine Doppelseitigkeit aller Dimensionen bewirkt.«

»Ist nicht alles Lebendige, vom Virus bis zum Menschen, ein eklatanter Beweis für die Fähigkeit des Elementaren, sich selbst zu organisieren, und zwar mit einem Wissen und einem Können, deren wir selbst wohl kaum fähig wären?«

»... das Elektron umschließt innerhalb seines Mikrouniversums einen Raum, der 1. Informationen zu speichern vermag, 2. mit Hilfe einer Art von ›Erinnerungssystem‹ diese Information in jeder Pulsationsperiode seines Zyklus wieder verfügbar machen kann, und 3. die Fähigkeit besitzt, komplexe Operationen durch Kommunikation und Zusammenarbeit mit den anderen Elektronen des zu bildenden Systems zu ›steuern‹.«

Charon gibt eine Übersicht von Philosophen und Mystikern, die ähnliche Theorien vor Tausenden von Jahren entwickelt haben.

»Die logische Überlegung führt uns dazu, in jedem Elementarteilchen die rudimentäre Existenz (im Zustand des unendlich Kleinen, und das heißt im Zustand des Diffusen) einer Psyche zu vermuten.«

Haase, Rudolf: Der meßbare Einklang. Grundzüge einer empirischen Weltharmonik. Klett-Cotta, Stuttgart, 1976.

»Wir konnten den Versuch unternehmen, die *Musik* fremder Kulturen einer ganzheitlichen Darstellung zu unterziehen, weil die *Gemeinsamkeiten größer sind als das Trennende*.«

»... (daß sich) unser Bemühen um den Nachweis der gleichen Phänomene in der Natur als Arbeitshypothese dahingehend kennzeichnen läßt, daß eine zweifache *Analogie* aufgedeckt werden soll: eine *zwischen Gehörsdisposition und Natur* und die zweite zwischen *den musikalischen Grundlagen und der Natur*.«

»Wenn es ohne den Menschen keine Farben, Töne, Intervalle usw. geben würde, dann besagt die Tatsache, daß in der Natur gerade solche Quantitäten existieren, welche eben diese Sinneserlebnisse auszulösen vermögen, doch auch, daß diese Quantitäten hingeordnet sind auf die menschliche Empfindung, also den Menschen als Ziel haben. Die Natur ›will‹ offenbar den Menschen auf diese Weise erreichen und einbeziehen, hat also einen teleologischen Aspekt, eine Komponente, deren Finalursache die menschlichen Sinnesempfindungen sein können. Diese metaphysische Deutung entspricht aber einem Tatbestand, auf den wir im Laufe unserer Untersuchungen verschiedentlich hinweisen konnten. Es war dies das auffallende Vorkommen *harmonikaler Gesetze an Endpunkten, in fertigen Gestalten*: bei den Planetenharmonien Keplers, bei den Kristallen, bei der menschlichen Gestalt ... ist dies vielleicht wirklich auf eine der Natur innewohnende Finalität zurückzuführen? Solche Betrachtungsweisen sind in der Biologie häufig, z. B. von Adolf Portmann, der Begriffe wie *›Innerlichkeit‹ und ›Selbstdarstellung‹* eingeführt hat, um Phänomene bei Pflanzen und Tieren zu beschreiben, die *mit den herkömmlichen naturwissenschaftlichen Methoden* nicht erfaßt werden können.«

»Harmonik ist ein wertfreier wissenschaftlich-methodologischer, Harmonie ein ästhetischer Begriff. Nunmehr sehen wir, daß die Harmonikale Methodik zu einem Ergebnis geführt hat, das sehr wohl auch mit dem Begriff der Harmonie etwas zu tun hat.«

(Kursive Notierungen stammen von RCC)

Heisenberg, Werner: Der Teil und das Ganze. Gespräche im Umkreis der Atomphysik. (Pauli, Weizsäcker, Dürr u. a.) Verlag Piper, München, 1969.

Heisenberg sieht einen Passagierdampfer vorbeiziehen und träumt: »Was war der Dampfer wirklich? War er eine Masse Eisen mit einer Kraftzentrale, einem elektrischen Leitungssystem und Glühbirnen? Oder war er der Ausdruck einer menschlichen Absicht, eine Gestalt, die sich als Ergebnis der zwischenmenschlichen Beziehung gebildet hat? Oder war er die Folge der biologischen Naturgesetze, die als Objekt für ihre Gestaltungskraft diesmal nicht nur Eiweißmoleküle, sondern Stahl und elektrische Ströme verwendet hatten? Stellt das Wort ›Absicht‹ also nur den Reflex dieser gestaltenden Kraft oder der Naturgesetze im menschlichen Bewußtsein dar? ... Ist es völlig sinnlos, sich hinter den ordnenden Strukturen der Welt im Großen ein ›Bewußtsein‹ zu denken, dessen Absicht sie sind? – Positivisten brauchen dafür keine Lösung: Man sagt einfach, daß die Welt einzuteilen sei in das, was man klar sagen kann und das, worüber man schweigen muß. Aber es gibt wohl keine unsinnigere Philosophie als diese.«

Dies ist ein reizvolles Buch für Physiker und Laien und gibt dank seiner Gesprächsform einen Zugang zu schwer verständlichen Gedankengängen.

–: (u. a.): Physik und Philosophie. Hirzel Verlag, Stuttgart, 1978. (Das Büchlein besteht aus den Gifford-Vorlesungen, 1955/56 in Schottland gehalten.)

Darin enthalten: Rascher, G., und Van der Waerden »Über Heisenberg«:

»Philosophisch war er überzeugt, daß die moderne Physik Plato recht gibt: Denn die kleinsten Einheiten der Materie sind tatsächlich nicht physikalische Objekte im gewöhnlichen Sinne des Wortes; sie sind Formen, Strukturen, oder im Sinn Platos Ideen, über die man unzweideutig nur in der Sprache der Mathematik reden kann.«

»Es sind diese Formen, die er in die Grundgleichung seiner einheitlichen Feldtheorie als Symmetrien eingebaut hat.«

Meyer-Abich, Klaus M. (Hrsg.): Für Carl Friedrich von Weizsäcker: Physik, Philosophie und Politik. Hanser, München, 1982.

»Der technische Fortschritt von heute dient in zunehmendem Maße nur noch dazu, die unerwünschten Nebenwirkungen des technischen Fortschritts von gestern auszugleichen.«

»Daß die Wissenschaftsfreiheit von viel zu viel Wissenschaftlern in erster Linie als ein Privileg und nicht als eine Verantwortung verstanden wird, ist zum Beispiel daran erkennbar, wie oft von dieser Freiheit nur zur Abschirmung von Forschungszielen gegen bürokratische oder sonstige Einreden die Rede ist, und nicht zur Legitimation von Forschungszielen.«

»Meine Kritik ist dementsprechend nicht, daß die Wissenschaft überhaupt von Handlungsinteressen geleitet wird und in diesem Sinn nicht wertfrei ist, sondern daß die heute erkenntnisleitenden Interessen nicht mehr zu rechtfertigen sind (und obendrein – im Schutz der Ideologie der ›Grundlagenforschung‹ – bis zu den Anwendungen verschwiegen werden). Warum sie nicht mehr zu rechtfertigen sind, aber ist nicht nur eine politische, sondern letztlich eine philosophisch-theologische Frage der Bestimmung des Menschen in der Natur.«

Gedanke von *C. F. von Weizsäcker:* »Die Lösung der Krise ist jenseits unserer Macht. Wenn aber niemand in unserer Welt sich der Feindesliebe fähig erweist, so ist die Katastrophe *dieser* Welt gewiß.« (Zitiert von Klaus Gottstein)

Notizen von Cillie Rentmeister über die Ost- und West-Konferenz in Bombay, 1982. Aus einem Gespräch mit Stanislav Grof, Karl Pribram und anderen:

Grof: »Die Wahrscheinlichkeit, daß sich menschliche Intelligenz aus dem Ur-Ozean erhob, wurde einmal passenderweise einem Hurricane verglichen, der über einen gigantischen Schrottplatz jagt und dabei rein zufällig einen 747 Jumbo Jet zusammensammelt . . .« – »Die globale Krise ist die Folge des mechanistischen Denkens und der mechanistischen Wissenschaft im Kampf gegen die Natur und ihre zyklischen und ganzheitlichen Prinzipien.«

Pribram: »Wenn die Systeme in der Welt komplexer und undurchschaubarer und starrer werden, werden sie störanfällig und werden zu einer Neuordnung.«

»Es ist tatsächlich schwindelerregend, im Bereich von Frequenzen geht es allein um die Dichte von Ereignissen. Zeit und Raum sind zusammengebrochen. In der Abwesenheit von Raum-Zeit-Koordination ist auch die Kausalität aufgehoben, auf der die meisten wissenschaftlichen Erklärungen aufbauen. In gewissem Sinn passiert alles auf einmal, gleichzeitig.«

Schwenk, Theodor: Das sensible Chaos. Verlag Freies Geistesleben, Stuttgart, 1962.

HINWEISE AUF PSYCHOLOGIE, PSYCHOTHERAPIE UND KOMMUNIKATION

Buber, Martin: Das Problem des Menschen. Verlag Lambert/Schneider, Heidelberg, 1971.

> »Der Einzelne ist Tatsache der Existenz, sofern er zu anderen Einzelnen in lebendige Beziehung tritt; die Gesamtheit ist Tatsache der Existenz, sofern sie sich aus lebendigen Beziehungseinheiten aufbaut. Die fundamentale Tatsache der menschlichen Existenz ist der Mensch mit dem Menschen.«
>
> »Jenseits des Subjektiven, diesseits des Objektiven, auf dem schmalen Grat, darauf ich und Du sich begegnen, ist das Reich des Zwischen.«
>
> »Für die Lebensentscheidung der kommenden Geschlechter ist durch diese Wirklichkeit, deren Entdeckung in unserem Zeitalter begonnen hat, der Weg gewiesen, der über Individualismus und Kollektivismus hinausführt. Hier deutet sich das echte Dritte an, dessen Erkenntnis dazu helfen wird, dem menschlichen Geschlecht echte Person wiederzugewinnen und echte Gemeinschaft zu stiften.«

Fittkau, B., Müller Wolf, H., Schulz von Thun, F.: Kommunizieren Lernen (und Umlernen). Westermann, Braunschweig, 1977.

Dies ist ein Buch für Lehrer, Eltern und andere Praktiker, die hier undogmatische Anregungen und Anleitungen für gute Kommunikation in Familien- und Gruppenbeziehungen finden.

Foldvary, Fred: The Soul of Liberty. The Universal Ethic of Freedom and Human Rights. The Gutenberg Press, San Francisco, 1980.

Dies Buch ist mir erst jetzt in die Hand gefallen. Es scheint mir ein sehr sorgfältiger, gut lesbarer Ansatz für eine unabdingbare Gemeinschaftsethik auf Grundlage der Bedürfnisse aller Einzelnen zu sein.

Frankl, Viktor E.: Trotzdem Ja zum Leben sagen. Ein Psychologe erlebt die Konzentrationslager. Kösel, München, 1977. Orig. amerik.: Death in the Concentration Camp. Beacon Press, Boston, 1959.

–: Philosophische Probleme der Psychotherapie. Huber, Bern, 1974.

May, Rollo: Antwort auf die Angst. Deutsche Verlagsanstalt, Stuttgart, 1980. Orig. amerik.: Psychology and the Human Dilemma. Norton, New York, 1979.

(Der deutsche Titel geht am eigentlichen Anliegen des Autors leider vorbei; der englische trifft die Essenz des Buches.)

> »Das menschliche Dilemma besteht in der Fähigkeit des Menschen, sich gleichzeitig sowohl als Subjekt als auch als Objekt zu erleben. Beides ist notwendig für die Psychologie als Wissenschaft, für die Therapie und für ein erfülltes Leben.«
>
> »Die Physiker sind den Psychologen vorausgeeilt. Sie sind mehr als Psychologen über ›nackte empirische Fakten‹ hinausgegangen. Psychologen sind leicht der ›Hypothesenphobie‹ verfallen.«
>
> »Der Mensch ist zugleich Maschine und Architekt seiner selbst. . . . Vor dem psychischen Dilemma unserer Zeit gibt es kein Versteck. . . . Angst entsteht als Folge einer Bedrohung der Werte, die eine Person mit ihrer

Existenz als Selbst identifiziert.« (Dwight Mac Donald: »Unsere Wissenschaftler – besser gesagt unsere Forschungsadministration – errichten ganze Pyramiden von Fakten über der Leiche einer totgeborenen Idee.«)

»Konformismus ist das ›psychokulturelle Phänomen‹ des Betriebsmenschen! . . . Der eigene Sinn wird sinnlos, weil er vom Sinn eines anderen geprägt wird.«

Rollo glaubt, daß es zu den häufigen Schwächen von amerikanischen Existentialisten gehört, sich anti-intellektuell zu geben, nicht dem tieferen Grund der Erfahrung nachzuspüren, Zen-Buddhismus mit Existentialismus zu verwechseln und ihn zu simplifizieren.

»Die existentielle Richtung arbeitet auf Individuation hin, nicht durch Vermeidung der Konflikte unserer Wirklichkeit, also der westlichen Kultur, sondern indem sie diese unmittelbar konfrontiert.«

Verständnis für den Patienten und das menschliche Dilemma bedeutet, daß der Therapeut seine »Voreingenommenheit und Beschränktheit« in den therapeutischen Dialog miteinbezieht.

»Die Ethik entspricht der Fähigkeit des Menschen, die unmittelbare konkrete Situation zu transzendieren und seine Handlungen im Licht des langfristigen Wohls oder der Zerstörung seiner selbst und der Gemeinschaft zu begreifen.«

In diesem Buch sind zwei Parabeln, eine über den Psychologen mit Petrus und eine über den Psychologen und einen Menschen im Käfig, die geistreich, amüsant und belehrend sind.

Mc Luhan, Marshall: Understanding Media. The Extension of Men. McGraw Hill, New York, 1965.

(Noch heute wichtig.)

Pongratz, Ludwig (Hrsg.): Psychotherapie in Selbstdarstellungen. Huber, Bern, 1973/1982.

Portele, Gerhard: Psychotherapie und Arbeitswelt. In: Psychotherapie und Arbeitswelt. Hrsg.: Petzold und Heinl, Junfermann Verlag, Paderborn, 1983.

»Identitätsprobleme und Identitätskrisen gibt es immer dann, wenn die Ichvorstellungen und die Handlungen – Produktion oder Interaktion – auseinanderklaffen« (z. B. Arbeitslosigkeit, Isolation, innere oder äußere).

»Der Idealzustand ist, wenn Produktions- und Interaktionsidentität einen Zusammenhang haben, d. h., wenn ich und mehrere andere eine gemeinsame Sache produzieren und die Beziehungen zwischen mir und der Sache, zwischen mir und den anderen, den anderen und der Sache ausbalanciert sind.«

Die Nichtbalance dieser Faktoren führt zur Entfremdung. Therapeut(in) und Klient(in) können sich gegen diese Entfremdung verbünden.

–: Humanistische Psychologie und die Entfremdung des Menschen. In: Humanistische Psychologie, hrsg. von Ulrich Völker, Beltz Verlag, Weinheim/Basel, 1980.

Schulz von Thun, Friedemann: Miteinander reden: Störungen und Klärungen. Psychologie der zwischenmenschlichen Kommunikation. Verlag Rowohlt, Reinbek-Hamburg, 1981.

»Als wir vor zehn Jahren mit unseren Trainingskursen begannen, waren wir ... der Auffassung, daß gute Kommunikation eine Sache der ›ansprechenden Verpackung‹ sei. So hielten wir es für ungünstig, wenn jemand zu einem anderen sagte: ›Nun reden Sie doch nicht so ein dummes Zeug!‹ Wir hielten es für günstiger, wenn er statt dessen etwa sagen würde: ›Ich bin nicht ganz sicher, ob ich Ihnen in allen Punkten zustimmen kann.‹«

»Der Weg über ›ansprechende Verpackungen‹ war ein Irrweg; statt dessen werden ›Klarheit‹ und ›Stimmigkeit‹ zu neuen Maßstäben, an der sich eine sinnvolle Kommunikation zu messen hat. Dazu gehört die ›Metakommunikation‹, die Kommunikation über unsere Kommunikation, d. h. unseren Umgang miteinander.«

Watzlawick, P., Beavin, J., Jackson, D.: Menschliche Kommunikation. Huber, Bern, 1971. Orig. amerik.: Pragmatics of Human Communication. Publ. Norton, New York, 1967.

Watzlawick, P., Weackland, J., Fisch, R.: Lösungen. Huber, Bern, 1975. Orig. amerik.: The Language of Change. Basic Books, New York, 1978.

»Zenmeister: Das Leben ist wie ein Schwert, das verletzt, aber sich nicht selbst verletzen kann; wie ein Auge, das sieht, aber sich nicht selbst sehen kann.«

»Aus demselben Grund ist es überaus schwierig, ein mehr als nur oberflächliches Verständnis der eigenen Kulturform innerhalb dieses Kulturkreises selbst zu gewinnen. Man muß ihn verlassen und, wie jeder Anthropologe weiß, auf einen Schock gefaßt sein, wenn man von außen, also von einer fremden Kultur her, auf uns zurückblickt.«

»In der Psychotherapie ist der Mythos von der Entdeckung des Warum Vorbedingung eines Wandels, der den Wandel unmöglich macht.«

... »Die Suche nach den Ursachen – sei es seitens des Therapeuten, des Patienten oder beiden – kann nur zum Mehr derselben Suche führen, solange das Ausbleiben eines Wandels den Teufelskreis der Annahme schließt, daß die gewonnene Einsicht noch nicht tief genug ist, um Wandel durch Einsicht herbeizuführen.«

»Der Ausweg aus Verstrickungen von zwei Alternativen ist, die Wahl selbst abzulehnen.«

»Erfolgreiches Umdeuten erfordert ..., daß das Problem aus dem Bezugsrahmen eines Symptoms herausgehoben und in einen neuen Rahmen gesetzt wird.«

»Eine falsche Antwort ist leicht festzustellen, aber es braucht Originalität, um eine falsche Frage zu entdecken.«

»Dreißig Speichen treffen sich in einer Nabe: Auf dem Nichts-darin, dem leeren Raum, beruht des Wagens Brauchbarkeit.«

»Viele sog. neurotische oder infantile Verhaltensweisen sind das Ergebnis der unentwegten Anwendung einer und derselben ›bewährten‹ Lösung, auch dann, wenn sich die sie umgebenden Umstände längst geändert haben.«

»Es ist durchaus möglich, eine jetzt und hier bestehende Sachlage zu erfassen, ohne u. U. jemals zu verstehen, wie sie sich herausbildete, und wir können trotz des Nichtverstehens ihres Ursprungs und ihrer Entwicklung dennoch etwas mit ihr oder für sie tun. In diesem Falle fragen wir *nicht warum, sondern was,* was geht hier vor sich?«

PÄDAGOGIK UND ORGANISATIONS-ENTWICKLUNG: RICHTUNG ZUKUNFT

(siehe auch Kapitel 13, »Gelebte Geschichte der Pädagogik«)

Becker, Hellmut: Auf dem Weg zur lernenden Gesellschaft. Klett-Cotta, Stuttgart, 1980.

Von der Darstellung seines Vaters, des progressiven Kultusministers vor Hitler, über Begegnungen mit einer Anzahl von bedeutenden Pädagogen und deren pädagogisch-geschichtlichen Porträts wendet Becker sich einer 1979 näherliegenden Fortschrittspolitik der Pädagogik in Theorie und Praxis zu, als sie im Augenblick verbindlich ist. Ein sehr wichtiges Buch!

Club of Rome: Das menschliche Dilemma. Zukunft und Lernen. Hrsg. Aurelio Peccei. Fritz Molden, Wien, 1979.

> »Die gegenwärtigen Bildungskriterien müssen überprüft und durch eine ethische Dimension vervollständigt werden.«
>
> »Viele politisch Verantwortliche mißtrauen den Veränderungen und den hohen Erwartungen, die eine breitgestreute Bildung bringen würde.«
>
> »Ökonomische Kräfte haben sich mit einer kapitalintensiven Technologie verbündet. . . . Erfolg wird an Hand der Einschaltquoten und der Höhe der Einnahmen aus der Werbung bemessen. Selbst wenn qualitativ gute Programme zur Verfügung stehen, werden sie zurückgehalten, wenn man das Gefühl hat, daß sie ein kleineres Publikum anziehen, als Programme von niedriger Qualität.«
>
> »Das bedeutsamste Element des Lernens sind die *Werte.* Betrachtet man Werte als ›Elemente‹, so unterstreicht man ihre instrumentale Rolle im Lernprozeß; hierin liegt eine andere und unmittelbarere Orientierung, als wenn man zum Beispiel über Leben und Würde als Werte zitierte.«

Dalai Lama: Interview anläßlich der Tagung der Internationalen Transpersonalen Vereinigung, Davos 1983. (Interviewer John Avedon.)

Fromm, Erich: Wege aus einer kranken Gesellschaft. Ullstein, Frankfurt a. M., 1981.

Holt, John: Zum Teufel mit der Kindheit. Über die Bedürfnisse und Rechte von Kindern. Verlag Büchse der Pandora, Wetzlar, 1978. Orig. amerik.: Escape from Childhood. In: Beatrice and Ronald Gross: The Childrens Rights Movement. Overcoming the Oppression of Young People. Anchor Press/Doubleday, Garden City, New Jersey, 1977.

> »Wenn wir jemand das Recht nehmen, selbst zu bestimmen, worüber er neugierig sein darf, zerstören wir seine Gedankenfreiheit.«

Kükelhaus, Hugo: Organismus und Technik: Gegen die Zerstörung der menschlichen Wahrnehmung. Fischer, Frankfurt, 1979.

Methner, H., Cupei, J., Roth, G.: Gruppendynamik in der Fortbildung von Ange-

hörigen der öffentlichen Verwaltung. In: Annelise Heigl-Evers (Hrsg.): Die Psychologie des 20. Jahrhunderts, Bd. 8. Kindler, München, 1979.
Molt, Walter: Die Pädagogik von Mahatma Gandhi. Verlag Anton Hain, Meisenheim, 1970.
Vester, Frederic: Denken, Lernen, Vergessen. Deutsche Verlagsanstalt, Stuttgart, 1975.
Berne, Eric: The Structure and Dynamics of Organisations and Groups. Grove, New York, 1963.
French, W. L., Bell, C. H.: Organisationsentwicklung. Sozialwissenschaftliche Strategien zur Organisationsveränderung. Verlag Paul Haupt, Bern, 1977.

»Wir glauben, daß Organisationsentwicklung (OE) gegenwärtig für die beiden voneinander abhängigen Probleme die beste Lösung bietet: für die Verbesserung der Organisation und die Entfaltung persönlicher Werte. Obwohl sich Organisationsentwicklung auf die Organisation als Ganzes konzentriert, tut sie dies nicht auf Kosten des Einzelnen.« ...

»... Die Ziele der OE sind es, die Organisation wirksamer und lebensfähiger zu machen und es ihr zu ermöglichen, die Ziele sowohl der ganzen Organisation als auch ihrer einzelnen Mitglieder zu erreichen. Im Gegensatz zum Management Development besteht das Organization Development auf Theorien, Technologien und Forschungen, die sich auf eine Systemverbesserung erstrecken. Organisationsentwicklung ist eine sozialwissenschaftliche Methode, Organisationsstrukturen durch Intervention zu verändern ...«

Gebert, Diether, in Zusammenarbeit mit Gawlik, R., und Herzog, H. U.: Organisationsentwicklung. Probleme des geplanten organisatorischen Wandels. Verlag W. Kohlhammer, Stuttgart, 1974.
Peter, Lawrence, und Hall, Raymond: The Peter Principle. Publ. William Morrow, New York, 1969.

Humorvolle Weisheit: Das Peter Prinzip: Wir leben in einer »hierarchologischen« Leistungsgesellschaft, die den einzelnen dazu verführt, sich bis zu der Stufe der Beförderungsskala hinaufbefördern zu lassen, wo er inkompetent werden muß. Das Rezept: Gib die Quantität für die Qualität auf. Erfüllung kommt dadurch, daß wir unsere Lebensqualität erhöhen, statt uns gedankenlos der Quantitätserfüllung zu unterwerfen.

Treude, Burkhard (Hrsg.): Organisationsentwicklung. Praxis-Modelle aus der Bundesrepublik Deutschland. Isko-Press, Hamburg, 1981.

Aus dem Brief einer Organisations-Beraterin:

»... was ich vor allem in meinem ›Ingenieursleben‹ erfahren habe, ist mein Unverständnis dafür, wie meine männlichen Kollegen mir fragwürdig erscheinende Fragestellungen und Festlegungen akzeptieren als *den* zulässigen Handlungsrahmen – gerade auch dann, wenn ganz entscheidende soziale Faktoren eine Rolle spielen (wie z. B. die willkürliche Festsetzung einer Fabrikschließung, die außer von mir von niemandem in Frage gestellt wurde, obgleich alle unter der Eile litten).«

Cohn, Ruth C.: Particle – Waves. In: Voices. Journal of the American Academy of Psychotherapists, Vol. 19, New York, 1983.
Sind Kleinstteil/Wellen ein Analog zur Realität der Paradoxien von Materie/Geist, Körperlichkeit und Subjektivität? Phantasievolle Hypothesen über psycho-physiologische Kleinstteil/Wellen und ihre mögliche Bedeutung bezüglich Phänomenen wie: Träume, hypnagogische Bilder, die Aura, Homöopathie, Gebete, Telepathie etc.
Dönner, Haerlin, und Shermus Rau (Hrsg.): Der Krieg gegen die psychisch Kranken, Verlag Psychiatrie, Loccum, 1980.
Duhm, Dieter: Synthese der Wissenschaft. Der werdende Mensch. Kübler Verlag, Heidelberg, 1979.

> »Die Homöopathie, deren potenzierte Verdünnungen oft kein einziges Atom des Heilmittels mehr enthalten und trotzdem eine objektiv nachweisbare (z. B. an Akupunkturpunkten gemessene) physiologische Wirkung haben, verlangt Erklärungen, die jenseits der alten materialistischen Vorstellungen liegen. Sie brauchen nicht gleich spiritueller Natur zu sein.
> Die Erklärungen Theodor Schwenks lassen sich ohne weiteres in unsere bio-kosmische Resonanztheorie unterbringen: durch das rhythmische Schütteln, welches die Lösung in eine Unzahl innerer Grenzflächen zerlegt, wird die seltsame Tatsache ausgenutzt, daß diese Grenzflächen des Wassers Sinnesorgane für kosmische Einstrahlungen sind. Kosmische Schwingungsmuster werden auf diese Weise von der Lösung aufgenommen und geraten mit den Schwingungsmustern des Heilstoffs in Resonanz. Heilen tut jetzt nicht mehr der Stoff, sondern das der Lösung innewohnende Resonanzfeld. Der Stoff hat seine Schuldigkeit getan, der Stoff kann gehen.«
> »Medizin war früher die Synthese von Naturwissenschaft, Philosophie und Religion, die Krone des Wissens. Sie wird dies auf der Basis der neuen Bio-Philosophie wieder werden. Ihre zentrale Frage ist die nach den im Leben selbst wirksamen Heilkräften, einschließlich der seelischen und geistigen.«

Fromm, Erich: Anatomie der menschlichen Destruktivität. Deutsche Verlagsanstalt, Stuttgart, 1977.
Grossinger, Richard: Wege des Heilens. Kösel Verlag, München, 1982. Orig. amerik.: Planet Medicin, Publ. Anchor Press/DD, New York, 1980.
Keleman, Stanley: Leibhaftes Leben. Kösel Verlag, München, 1982. Orig. amerik.: Somatic Reality. Center Press, Berkeley, 1979.
Die »Gelebte Geschichte der Psychotherapie« ist im Satz. Ich lese Stanley Kelemans Buch. Leben ist Erregung, sagt er. Das Buch erregt mich, es bestätigt den »organismischen Wertesinn« (Synchronizität!). Er ist den »eigentlichen Wilhelm-Reich-Weg« gegangen; seine Arbeit mag einen therapeutisch-pädagogischen Beitrag zum erhofften Quantensprung der Bewußtheit leisten. Ich habe immer das amerikanische Talent, das »how« (wie) über das »why« (warum) zu setzen, bewundert. Es hat die Praxis befruchtet und die hemmende Schranke des wissenschaftlichen Europa, etwas *vor* dem Experimentieren beweisen zu müssen, umgan-

gen. Auch Keleman gibt Anleitungen über das »Wie wir uns verändern können«; das Warum überläßt er dem Später.
Keleman zeigt Schritt für Schritt, wie wir uns unsere biologischen Prozesse bewußt machen und damit Selbstheilung stimulieren können. »Ich habe« einen steifen Nacken. *Wie* mache ich das? *Wie* ziehe ich den Brustkorb permanent hoch? *Wie* schnüre ich meine Kehle zu? Den Empfindungen folgen, sie in Bewegungen auflösen, sie zu Gedanken und Handlung führen lassen. Welche Bilder und Erinnerungen gehören zu den versteiften oder lahmen Körperhaltungen?
Veränderung üben: Spiele mit den Entstellungen, Bildern, Zukunftsphantasien. Spannen, Entspannen, Sinn finden.
Inne-halten, reifen lassen. Leben ist Erregung, wellenhafte Erregung der Anziehung und des Rückzugs.
Es ist *unethisch, den individuellen Rhythmus* in Kindern und Untertanen (mechanische Arbeit) *zu unterdrücken.* Wo es keine biologische Freiheit gibt, gibt es Krieg. (Im Schreiben verschmelzen Kelemans und meine Ideen. Es geht im fortschrittlichen therapeutischen Prozeß um das Erwerben einer biologisch-seelisch echten *Haltung* und nicht um sich anpassendes *Verhalten.*)

> Keleman: »Aus dem leiblichen Erleben entwickelt sich eine ethische und moralische Struktur, die zur Verwirklichung unseres einzigartigen, individuellen Lebensentwurfs beiträgt und gleichzeitig die Verbindungen zu anderen Menschen schafft ... Mit der Bereitschaft, persönliche Lebensentwürfe und Wünsche öffentlich zu bekennen, geht das Sich-Einlassen auf ... prüfende Fragen und Dialog einher.«
>
> »Wenn wir unseren eigenen Prozeß kennenlernen, verwandelt sich uns die Welt des Irdischen, des Diesseitigen in die Transzendenz religiöser Allheit. Unser begrenzter Körper wird zu einem biologischen Prozeß einer grenzenlosen kosmischen Erfahrung.« (Übersetzung von RCC)

–: Lebe Dein Sterben. Isko Press, Hamburg. Orig. amerik.: Living Your Dying. Random Press, New York, 1974.

> »Die westliche Medizin hat immer angenommen, daß der Mensch keinen Einfluß auf unwillkürliche oder autonome Körpersysteme wie Herzschlag, Temperatur und Blutdruck haben könne. Untersuchungen über Streß und die Entwicklung des Bio-Feedbacktrainings haben kürzlich diese Meinung geändert.«
>
> »Wir üben uns im Wissenserwerb durch Abstand und Beobachtung. Doch wir sind Teil einer Evolution in Richtung einer neuen Subjektivität. Wir entfernen uns als Kultur mehr und mehr von dem alten wissenschaftlichen, distanzierten Vorgehen, aus der Welt Objekte zu machen. Wir bewegen uns mehr und mehr darauf zu, daran teilzunehmen.«
>
> »Dein Sterben leben, heißt fähig sein, die eigenen sich wandelnden Wahrnehmungen anzunehmen als einen wirklichen Teil der Selbsterfahrung.«
>
> »Ich denke an die Lehren in der Kabbala, daß ein Mensch gegen den Strom schwimmen lernen muß, oder er wird nie wissen, wer er ist.«
>
> »Die Bereitschaft, mein eigenes Sterben zu leben, ist meine Bereitschaft, die Macht über meinen Tod den Institutionen zu entreißen: den Ärzten,

den Rechtsanwälten, den Leichenbestattern. ... Es geht um die Bereitschaft zu wissen, daß Sterben ›Ich‹ ist und daß ich mein eigenes Sterbeprogramm habe.«

Krishna, Gopi: Die biologische Basis der Glaubenserfahrung. Otto Wilhelm Barth Verlag, München, 1971.

Aus dem Vorwort C. F. von Weizsäckers: »In der Phase der ungebrochenen eigenen Herrschaft vermochte die Naturwissenschaft ... die Frage nach dem Wahren in der Religion nicht einmal zu stellen. Sie selbst war naiv-materialistisch und leugnete schlicht die Wirklichkeiten, die in ihren Begriffen nicht vorkamen.«

Von Weizsäcker beschreibt die 17jährige Übungszeit Gopi Krishnas, die ihn zu dem Erlebnis des Kundalini führte.

»Der physiologische Ort des Geschehens ist das Zentral-Nervensystem: Wirbelsäule und Gehirn. Am unteren Ende des Rückens meldet sich die Empfindung, eine Antwort auf die Konzentration des Bewußtseins auf die oberste Krönung des Gehirns.«

»Kundalini« ist die Schlangenkraft, die durch langjährige Übung zum Bewußtsein geweckt werden kann. Sie ist die zweithöchste Stufe, die zum höchsten Zentrum mystischen Bewußtseins führen kann.

»Das spirituelle Gesetz ist seinem Wesen nach zugleich ein biologisches Gesetz. Es ist das Gesetz der Entwicklung.«

Kübler-Ross, Elisabeth: Reif werden zum Tode. Kreuz Verlag, Stuttgart, 1978. Orig. amerik.: Death: The Final Stage of Growth. Prentice Hall, Englewood Cliffs.

–: Interviews mit Sterbenden. Bertelsmann Verlag, Gütersloh, 1978. Orig. amerik.: On Death and Dying. Publ. Macmillan, New York, 1969.

Kükelhaus, Hubert: Organismus und Technik. Fischer Verlag, Frankfurt a. M., 1979.

»Nicht das Gehirn macht den Menschen aus, sondern die Gesamtheit aller Organe. Daraus folgt konsequenterweise, daß sich die kulturelle Evolution nur dann erfüllen kann, wenn der Gesamtorganismus in dieses Evolutionsprogramm einbezogen wird.«

»Leiberfahrung ist die Basis der Abstraktion.«

Meyer-Abich, Adolf: Geistesgeschichtliche Grundlagen der Biologie. G. Fischer Verlag, Stuttgart, 1963.

Sheldrake, Rupert: Das schöpferische Universum. Die Theorie des morpho-genetischen Feldes. Meyster Verlag, München, 1983. Orig. engl.: A New Science of Life. Blond and Briggs, 1981.

Die Anregung, die dieses Buch gibt, zeigt sich, wenn man den deutschen und den englischen Titel zusammenfügt. Ich würde es eine »biologische Begründung pantheistischer Vorstellungen« nennen.

PARAPSYCHOLOGIE

Bender, Hans: Unser Sechster Sinn. Telepathie, Hellsehen und Psychokinese in der parapsychologischen Forschung. Deutsche Verlagsanstalt, Stuttgart, 1971.

Brain/Mind, Nov. 21, 1983:
»Elektromagnetische Felder: Heilung könnte durch die Interaktion zwischen äußeren elektromagnetischen Feldern und dem Biofeld eines Organismus zustande kommen. – PSI-Phänomene könnten dort geschehen, wo sich zwei verschiedene Zustandsarten treffen, z. B. Streß und physische Entspannung.
Die Kommunikation zwischen Pflanzen: Pflanzen scheinen eine Eigensprache zu haben *(Eugene Celan).* Wenn Celan eine giftige Mischung in das Wasser einer Pflanze schüttete, hatte die Kontrollpflanze in einem separaten Behälter parallele Reaktionen. Zum Beispiel wandelte sich ihre Temperatur synonym.
Eine neue wissenschaftliche Haltung könnte Hand in Hand mit dieser neuen ›Psychophysik‹ gehen. Die Forscher könnten aufhören zu fragen, wie sie etwas verneinen, ausschließen könnten. Sie könnten jedes Problem anders angehen: Wie *könnte* dies wahr sein?« (Übersetzung von RCC)
Devreux, George: Psychoanalysis and the Occult. International University Press, New York, 1971.
Eisenbud, Jule: »Ich vermute, daß die Überwindung des *Widerstandes gegen PSI* nicht durch die geduldige, stetige Arbeit in den Laboratorien oder noch so viele Vorträge der Wissenschaftler oder durch die gebildete Schicht ausgelöst werden wird, sondern durch einen allgemeinen Aufruhr der Masse, die auf mehr als nur eine Art explodieren wird.«
»Die psychische Dimension ist der Ursprung des Schöpferischen, der Inspiration, und diese Dimension hat ebensowenig feste Grenzen wie das Universum. Das ist der Grund dafür, daß einige der hervorragendsten Geister unseres Jahrhunderts – Madame Curie, C. G. Jung, Franklin D. Roosevelt, William Butler Yeats, Thomas A. Edison, Winston Churchill, Albert Einstein – sich aktiv für das psychische Spektrum, für die Wissenschaft der Parapsychologie interessiert haben.«
Und auch Freud sagte, daß er sich, wenn er noch einmal studieren könnte, der Parapsychologie widmen würde.
Krishna, Gopi: Die verborgene Kammer des Bewußtseins. Die Schlangenkraft als Schlüssel zu den großen Geheimnissen der alten Kulturen. Verlag Otto Wilhelm Barth, München, 1978.
Dieses Buch setzt okkultes Wissen dem modernen Wissen gegenüber. Es wendet sich gegen die Hybris des Verstandes und unserer Technologie und versucht den Weg zu finden zur »Schlangenkraft« des Kundalini.
»Es ist ein unlösbares Rätsel, warum die alten Kulturen allmählich oder plötzlich zu Staub zerfielen, nachdem sie sich zu derart erhabenen Höhen entwickelt hatten, verkörpert durch die große Pyramide, den Kalender der Maya, die wundervollen Kunstwerke der Griechen oder die literarischen, philosophischen und wissenschaftlichen Werke der Indo-Arier.
Ehe die für den Aufstieg und Niedergang von Kulturen und Reichen verantwortlichen Grundursachen noch nicht erkannt worden sind, können unsere heutigen Gelehrten unmöglich feststellen, ob wir noch einen weite-

ren glanzvollen kulturellen Aufstieg vor uns haben, oder ob wir uns bereits auf dem Weg zu einem schmachvollen Abstieg befinden.«

»Zu glauben, daß etwas so Wunderbares wie der Geist einfach nur das Ergebnis der Tätigkeit von Nervenzellen ist, heißt an einer Absurdität festzuhalten, die in der Geschichte der Menschheit möglicherweise beispiellos ist.«

LeShan, Lawrence: Toward a General Theory of the Para-Normal. Parapsychological Foundation, New York, 1979.

Lusseyran, Jacques: Das Leben beginnt heute. Klett-Cotta, Stuttgart, [3]1981. Orig. franz.: Le monde commence aujourd'hui. La table ronde, Paris, 1959.

–: Das wiedergefundene Licht. Klett-Cotta, Stuttgart, [6]1981.

Mintz, Elizabeth: The Psychic Thread: Para-Normal and Transpersonal Aspects of Psychotherapy. Human Sciences Press, New York, 1983.

–: Transpersonal Events in Conventional Psychotherapy? In: Psychotherapy: Theory, Research and Practice. Vol. 15, 1978.

Ostrander, Sheila, und Schroeder, Lynn: PSI. Die Geheimforschung des Ostblocks für wissenschaftliche Erforschung und praktische Nutzung übersinnlicher Kräfte des Geistes und der Seele. Scherz Verlag, Bern, 1970.

Dies ist das klassische Buch der Parapsychologie im Osten.

Tompkins, Peter, und Bird, Christoph: Das geheime Leben der Pflanzen. Fischer Verlag, Frankfurt a. M., 1977. Orig. amerik.: The Secret Life of Plants. Harper & Row, New York, 1973.

Dies Buch macht auf empirische Forschung aufmerksam, die auf präpsychische Phänomene des Pflanzenlebens hinweisen.

PHILOSOPHIE UND RELIGIOSITÄT

Adler, Alfred: Der Sinn des Lebens. Verlag Dr. R. Passer, Wien, 1933.

Ich hebe dies Büchlein hervor – während ich sonst allgemein auf die neu herausgegebenen »Gesammelten Werke« von Adler verweise –, weil die Anspielungen auf Transzendenz in diesem Buch der Kern von Alfred Faraus Wunsch waren, Adlers Werk weiterzuführen.

Alt, Franz: Frieden ist möglich. Die Politik der Bergpredigt. Piper Verlag, München, Zürich, 1983.

»Erst wenn wir spüren, daß Frieden und Gewaltverzicht nicht irgendwann irgendeine beliebige Politik ist, sondern daß damit hier und heute jeder einzelne Mensch gemeint ist, können wir anfangen, die Bergpredigt zu begreifen. Frieden ist kein Schicksal, sondern *unser* Auftrag, so wie Krieg *unser* Versagen ist. – Wir alle tragen gelegentlich hehre ethische Forderungen wie die der Bergpredigt vor uns her; in der politischen und sozialen Realität jedoch halten wir sie gleichzeitig für unerfüllbar.«

»Die Geschichte der Bergpredigt hat nicht stattgefunden. Sie ist die Verdrängung ihrer Forderungen.«

(»Die Christen Otto von Bismarck, Helmut Schmidt und Karl Carstens sagten übereinstimmend: ›Mit der Bergpredigt kann man nicht regieren.‹ Hans Apel beklagte als Verteidigungsminister den zunehmenden Pazifismus

... und spottete: ›Die Bergpredigt ist in ihrer Totalität nur für Bettelmönche praktizierbar.‹ Die Nazis hatten ihr Schimpfwort ›Pazifist‹ immer mit dem Adjektiv ›würdelos‹ geschmückt.«)

Bertalanffy, Ludwig von: General System Theory. Publ. George Braziller, New York, 1968.

Buber, Martin: Werke. Bd. 1: Zur Philosophie. Bd. 2: Zur Bibel. Bd. 3: Zum Chassidismus. Kösel Verlag, München–Heidelberg, 1962–64.

Bühler, Charlotte: Die Rolle der Werte in der Entwicklung der Persönlichkeit und in der Psychotherapie. Klett-Cotta, Stuttgart, 1975.

–: Eine frühe psychologische Ethik: Orig. amerik.: Values in Psychotherapy. The Free Press of Glencoe, 1962.

Bugental, James: Toward a Subjective Psychology: Tribute to Charlotte Bühler. In: Interpersonal Development. Hrsg.: Maserik, L. A. S. Karger, Basel.

Frankl, Viktor E.: Der unbewußte Gott. Kösel Verlag, München, 1974.

»Im Zusammenhang mit *Logotherapie* meint Logos Sinn. Tatsächlich geht menschliches Dasein immer schon über sich hinaus, weist es immer schon auf einen Sinn hin. In diesem Sinne geht es dem Menschen in seinem Dasein nicht um Lust oder um Macht, aber auch nicht um Selbstverwirklichung, vielmehr um Sinnerfüllung. In der Logotherapie sprechen wir da von einem ›Willen zum Sinn‹.«

»... wir gehen nicht auf eine universale, vielmehr auf eine personale – eine zutiefst personalisierte Religiosität zu, eine Religiosität, aus der heraus jeder zu seiner persönlichen, seiner eigenen, seiner ureigensten Sprache finden wird, wenn er sich an Gott wendet.«

»Wir aber sind der Ansicht, daß die unbewußte Religiosität aus der Mitte des Menschen, aus der Person selbst, hervortritt (und in diesem Sinne wahrhaft ›ex-istiert‹), sofern sie nicht in der Tiefe der Person, eben im geistig Unbewußten, als verdrängte Religiosität in der Latenz verbleibt.«

»... Das Gefühl kann viel feinfühliger sein als der Verstand scharfsinnig.«

»Eigentliche Existenz ist also unreflektierte, weil unreflektierbare Existenz – und darum ist sie letztlich auch unanalysierbar.«

Gebser, Jean: Ursprung und Gegenwart. Novalis Verlag, Schaffhausen, 1978.

Humanistische Psychologie. Grundlagen, Forschung, Praxis, Reflexionen. Hrsg. Ulrich *Völker,* Beltz Verlag, Weinheim/Basel, 1980.

Eine gute Zusammenstellung vieler humanistischer Autoren (auch ein TZI-Kapitel über Humanisierung der Schule von Ulrike Rietz und Marianne Schaper)

Keen, Ernest: Three Faces of Being (Existentialism). Meredith Corp., New York, 1970.

Köhler, Wolfgang: Werte und Tatsachen. Springer Verlag, Berlin, 1968. Orig. amerik.: The Place of Value in a World of Facts. Publ. Le Wright, New York, 1938.

Ein frühes, psychologisches Ethik-Buch von einem Mann, der auch ethisch während der Nazizeit standgehalten hat.

»Tatsächlich scheinen alle Philosophen, die noch nicht in der Flut des Positivismus dahinschwimmen, darin übereinzustimmen, daß das Wert-Problem, das Problem der Gefordertheit allmählich zur größten Schwierigkeit und zur bedeutendsten Aufgabe des modernen Denkens geworden ist.«

Kroeger, Matthias: Themenzentrierte Seelsorge. Kohlhammer Verlag, Stuttgart, 1983.

Dieses Buch erschien in erster Auflage 1973 als erstes TZI-Buch in Deutschland. Damals untersuchte Matthias Kroeger die Ähnlichkeit zwischen den philosophischen Grundlagen von Carl Rogers' und Ruth Cohns Ansätzen und deren Anwendungsmöglichkeiten für die religiöse Seelsorge. In einer neuen Auflage 1983 stellt Kroeger im Vor- und Nachwort seine eigenen Erfahrungen mit TZI in Zusammenhang mit dem geschichtlichen Prozeß der Gruppenerfahrung in unserer Zeit. Das Buch enthält auch zwei neue Kapitel, in denen Matthias Kroeger theoretische Fundierung und praktische Anwendung seiner Methodik, TZI-Unterricht vorzubereiten und zu supervisieren, beschreibt. Diese sind in ihrer Konkretheit hilfreich für TZI-Praktiker und für Menschen, die sich fragen, was denn TZI für den Unterricht bedeuten kann.

»Ich glaube, wir können und sollen diese Arbeit, *wenn* wir sie für menschlich wahr und richtig halten, weiterhin tun, weil sie in Stil, Geist und Intention gerade in schwierigen Zeiten und Umständen alternativlos richtig, schön und gut ist. Denn wenn es innerlich wahr ist, Zuhören, Vertrauen, Respektieren, Gleichberechtigung und Verantwortung, Autonomie und Zuwendung unter uns zu üben – wie sollte das in schwierigen Zeiten unwahr werden? Erfolglosigkeit macht eine Sache nicht unwahr.«

»Nichts Gutes kann schnell oder durch bloßen Beschluß entstehen (dies scheint der Grund dafür zu sein, daß die schlimmen Dinge um uns herum immer stärker und auffälliger wirken als die guten, die Zeit brauchen und unauffällig wachsen. Wir übersehen sie leicht, obwohl wir von ihnen leben ...)« – »Kleine Schritte kann auf Dauer vermutlich nur akzeptieren, wer sich auf das unüberspringbare Zweideutige in allen noch so guten Prozessen einläßt.«

–: Theologische Klärung unseres Friedensverhaltens. Kohlhammer Verlag, Stuttgart, 1984.

»Selbst wirklich zu leben, enthebt uns der falschen Konzentration auf die Frage der Atomwaffen. Das lebendige Leben, der Mutterboden des Friedens, wird dann zur tragenden Grundlage, die breiter ist als die unsere Basis verengende Angst, die auf den möglichen Krieg starrt und nur noch reagieren kann. – Unsere Hoffnung besteht in Leben, das wir leben und das uns trägt, und nicht in der Hoffnung, daß die Bombe nicht fällt ... Wir müssen leben, als ob es Aussicht hätte, so zu leben; als ob es möglich wäre, Frieden und Gerechtigkeit zu realisieren. Diese Einstellung könnte uns klar und langfristig in aller Bescheidenheit und in allem Erleiden hartnäckiger Ohnmacht aufrecht machen.«

Lamont, Corliss: The Philosophy of Humanism. The Wisdom Library, New York, 1949.

Dies Buch gehört zur vorpsychologisch klassischen atheistischen Form des Humanismus.

Macquarie, John: Existentialism. World Publishing Comp., New York, 1972. Eine gute Einführung in verschiedene Formen des Existentialismus.
Maslow, Abraham: Religious Values and Peak Experiences. Toward a Psychology of Being. Ohio State Press, 1969.
May, Rollo: Men's Search for Himself. Norton Comp., New York, 1953.
–: Existential Psychology. Random House, New York, 1960.
–: Existence. Basic Book, 1958.
(Das philosophisch für mich entscheidende Buch für meine Therapieauffassung.)
–: Freiheit und Schicksal. Anatomie eines Widerspruchs. Deutsche Verlags-Anstalt, Stuttgart, 1983. Orig. amerik.: Freedom and Destiny. Norton, New York.
Sartre, Jean-Paul: Existential Psychoanalysis. Philosophical Library, New York.
Sölle, Dorothee: Die Hinreise. Kreuz Verlag, Stuttgart, 1975.

»Der Mensch, der sich fallen läßt und sich in das Meer des Unbewußten versenkt, erfährt ja nicht nur seine eigene Geborgenheit, sondern er vergewissert sich des Ganzen; alles hat Sinn. Gerechtigkeit und Liebe sind nicht irgendwelche von uns konstruierte Ideen, die gegebenenfalls auch durch andere ersetzt werden könnten, sie gehören dem unbedingten Sinn der Ganzheit Vertrauen an.«

Steiner, Rudolf: Wie erlangt man Erkenntnisse der höheren Welt? Berlin 1914.

»Unsere Zivilisation neigt mehr kritischem Urteil und Verurteilung zu als tiefer Hingabe und selbstloser Ehrerbietung. Unsere Kinder kritisieren bereits mehr als sie achtungsvoll verehren. Doch jede Kritik, jedes negative Urteil, das wir austeilen, lenkt die Seelenkräfte von der Erreichung höheren Wissens ab, ebenso wie Ehrfurcht und Achtung sie entwickeln.« – »Wenn ich einen Menschen treffe und ihn für seine Schwächen tadle, beraube ich mich meiner eigenen Kraft, höheres Wissen zu erlangen; doch wenn ich versuche, mich in seine Verdienste liebend zu versenken, gewinne ich an dieser Kraft.«

». . . Jedes Wissen, daß Entfaltung zur Reife innerhalb des Prozesses menschlichen Fortschritts und kosmischer Entwicklung gesucht wird, bringt euch einen Schritt vorwärts.«

Stollberg, Dietrich: Wenn Gott menschlich wäre . . . Auf dem Wege zu einer seelsorgerischen Theologie. Kreuz Verlag, Stuttgart, 1978.

»Theologisch bedeutet das erneut: Nur wer den Mut zum Sündersein gewonnen hat und nur, wer die spezifische Verführung und Möglichkeit zur Sünde in der Seelsorge wahrzunehmen vermag, kann anderen Sündenvergebung so predigen, daß sie nicht Realitäts- und Sündenleugnung, sondern ›Freude der Buße‹ . . . provoziert. Der nur, wer ganz Sünder zu sein vermag, kann ganz gerecht sein.«

Teilhard de Chardin, Pierre: Mein Universum. Walter-Verlag. Orig. franz.: Mon universe. Science E. Christ. Ed. du Seuil, Paris, 1965.

»Vollständige Äußerlichkeit oder totale ›Transienz‹ sind, ebenso wie absolute Vielheit, Synonyme des Nichts. Atome, Elektronen, Elementarteilchen müssen, was immer es auch sei . . . ein Rudiment von Immanenz haben, d. h. einen Funken von Geist . . .«

»Die wahrhafte Evolution der Welt vollzieht sich in den Seelen und in der Vereinigung der Seelen. Ihre inneren Faktoren sind nicht mechanistisch, sondern psychologisch und moralisch.«

». . . wir glauben an den Fortschritt und wir erkennen ihn um uns herum in der Ausweitung der wissenschaftlichen Entdeckungen, im Ansatz der kollektiven Organismen, im Erwachen der humanitären Gefühle und der Sympathien für das Universelle . . . Jede Vermehrung des Bewußtseins transformiert unausweichlich die Monaden und die Welt in ihrem physischen Sein.«

»Der Weg jeder getreu geführten individuellen Existenz ist bestreut mit den verlassenen Hüllen unserer einander ablösenden Metamorphosen.«

Tillich, Paul: Love, Power and Justice. Oxford University Press, Oxford 1960.

–: Überwindung des Provinzialismus in der Theologie. In: Gesammelte Werke, Band 8. Evang. Verlagsanstalt, Stuttgart, 1970.

»In Verbindung mit der Tiefenpsychologie zeigt der Existentialismus die psychologischen und soziologischen Mechanismen, die ständig dem Entstehen einer solchen Angst Nahrung geben. Er macht offenbar, wieviel Zweifel an der menschlichen Existenz und wieviel Zynismus die westliche Welt durchzieht. Er ist ein Ausdruck des Mutes, der Sinnlosigkeit standzuhalten und sie als Antwort auf die Frage nach dem Sinn zu begreifen.«

MEDITATION

Ich glaube, ein Grund dafür, daß Zen-Buddhismus in den USA und in Europa viele Menschen, speziell Jugendliche, anzieht, ist dessen Abkehr von materiellen Zielen, von der Beherrschung durch Fakten, vom Leistungs- und Rivalitätsdenken. Zen lehrt Stille, Sammlung, Einkehr und erlöst von der Gewaltsamkeit von Schul- und Arbeitsbetrieben, die Egoismus und/oder Kollektivunterwerfung lehren.

Doch »Instant Zen« (Schnelligkeitsrekord, ein Zen-Meister zu werden) klappt nie. Zen zu erfahren, ist mehr als die gewünschte Abkehr vom eingeübten Kulturgut des Westens und seinen Übeln, er ist ein schwieriger und langsamer Prozeß.

Bhagwan Shree Rajneesh: Mein Weg der weißen Wolke. Kibo-Buch. Buchkammer, Berlin, 1979.

»Meditation macht Euch reif für das große ›Wenn‹. Das eigentliche Geschehnis passiert in einem einzigen Moment, aber das Verständnis braucht Zeit. . . . Verstehen ist wie erhitzen. Es braucht seine Zeit. Das Verschwinden des Egos ist wie ein Verdampfen. Es geschieht plötzlich. Also versucht nicht, das Ego fallen zu lassen. Versucht, Euer Verständnis zu vertiefen. Versucht nicht, Wasser in Dampf zu verwandeln. Macht es heiß. Der zweite Schritt folgt automatisch . . . Die Erleuchtung kommt immer plötzlich. Aber das Verstehen braucht seine Zeit.«

Ich kenne Bhagwan nicht. Ich würde ihn gerne kennenlernen. Dieses Buch, wie vieles andere, was er tut, scheint mir Ausdruck dafür zu sein, daß er ein guter Denker ist und Fragen der heutigen Zeit zu erspüren vermag. Er integriert die wichtigen Fragen dieses Jahrhunderts und kommt zu handlungsbefähigenden Schlüssen. Wo er es provoziert oder zuläßt, daß nicht seine Einsichten, Ideen und spürbar von ihm ausgehende Gefühlswellen zur Menschenführung werden, sondern die Vergötzung seiner Person, spüre ich Abwehr. In letzter Zeit stößt mich auch deutliche Elitarisierung, Hedonismus und Abkehr von den Weltnöten ab.

Carrington, Patricia: Das große Buch der Meditation. O. W. Barth Verlag, München, 1980. Orig. amerik.: Freedom in Meditation. Anchor Press/Doubleday, Garden City, New York, 1977.

»Wenn die Gesellschaft die Lehre der Meditation aufnimmt, wird sie weniger leicht Wissenschaft als eine Schlacht zwischen Mensch und Natur verstehen und die Erde erobern wollen . . . sondern eher die sanfte Stimme der Ordnung und Balance hören, weil dann die Natur uns anspricht.« (Übersetzung von RCC)

Graf Dürckheim, Karlfried: Durchbruch zum Wesen. Huber Verlag, Bern, Stuttgart, 1954.

»Die vorübergehende Ruhe, die aus einer ›Übung‹ oder Selbstdisziplin kommt, ist jedoch etwas anderes als die Stille, die eine innere Verfassung kundtut, die keiner Willenshaltung bedarf, um zu halten.«

»Das Aufgeben des eitlen Ich's mit seinem Wunsch, um jeden Preis zu gelten . . . ist vielleicht die schwerste Aufgabe, die dem Menschen von innen gestellt ist . . . Die Unentwegtheit des Ichs ist Wurzel und Nährgrund all der dämonischen Mächte, die den Menschen der Stille berauben.«

»Nur die Lebens- und Leistungsentwicklung, die nicht allein aus einem planenden Willen hervorgeht und ihr Gesetz nicht mehr aus dem Ich-Anspruch nimmt, sondern aus der geheimnisvoll-Ich-losen Tiefe des Wesens, zeitigt auch jene Dauer des Werkes, die niemals einer ›Endgestalt‹ eignet, sondern als eine fortzeugend fruchtbare Form dem Grundgesetz des atmenden Lebens entspricht.«

–: HARA. Die Erdmitte des Menschen. Otto Wilhelm Barth Verlag, München, Wien, 1978.

–: Zen und wir. Otto Wilhelm Barth Verlag, München, Wien, 1977.

–: Im Zeichen der großen Erfahrung. Otto Wilhelm Barth Verlag, München, Wien, 1977.

Herrigel, Eugen: Zen und die Kunst des Bogenschießens. Otto Wilhelm Barth Verlag, München. Orig. amerik.: Zen and the Art of Archery. Pantheon Books, New York, 1953.

Eine klassische, einfache und schöne Darstellung, wie Meditation und Handeln, Geist und Körper als untrennbar erlebt werden können.

Maharishi Mahesh Yogi: Meditations. Bantam Books, New York, 1968.

Das klassische Buch der Transzendentalen Meditation.

Naranjo, C., und Ornstein: Psychologie der Meditation. Fischer Verlag, Frankfurt, 1976. Orig. amerik.: On the Psychology of Meditation. The Viking Press Corp., 1971.

Eine gute Einführung in die Frage »Was ist eigentlich Meditation?«.

Petzold, Hilarion: Noo-Therapie und säkulare Mystik in der integrativen Therapie. In: Petzold, H. (Hrsg.): Psychotherapie, Meditation, Gestalt. Junfermann Verlag, Paderborn, 1983.

Noo-Therapie, Therapie durch geistige Erfahrungen ist nicht beschreibbar. Hilarion erfuhr die geistige Welt durch seinen Vater Hugo Petzold, der eine Gurdjieff-Gruppe in Deutschland gründete. Er sagte: »Man muß sich nicht um die Ziele sorgen. Bei der rechten Suche kommen dir die Ziele entgegen, sie finden dich. Es gibt nur ein Ziel, um das man kämpfen muß: den Frieden in dieser Welt.« Seine Mutter war der »säkularen Mystik« der großen Literatur nahe.

> »Wirklichkeit, auch die geistige, muß jeweils neu erkannt und ergriffen werden. Sie erfordert jeweils neue Wahrnehmung, Integration und Kreation. Sie findet im Erkennen und im Dialog immer neue spezifische Formen und Qualitäten . . .«
>
> »Der Suchende muß *seine* Antwort finden, seinen Begriff von Zeit, von Gott, von Geist, von Welt. Der Noo-Therapeut hat ihm in dieser Hinsicht eigentlich *nichts* zu sagen, weil er für ihn nichts weiß, nichts wissen kann, nichts wissen darf.« . . . »*Psychotherapie* zielt auf Verändern, Noo-Therapie zielt auf Verwandeln . . .« – »*Verwandeln* ist Prozeß, ein Übergang von einem Zustand in den anderen. Der Weg selbst führt zum Ziel.«

Der Noo-Therapeut benutzt kreative Medien, Besinnung, Betrachtung, Versenkung und das Exercitium, »Exercitium mit und ohne Medien«. Dürckheim: »Der Alltag als Übung.«

Suzuki, D. T.: Die große Befreiung. Einführung in den Zen-Buddhismus. Geleitwort von C. G. Jung. Verlag Rascher, Zürich, 1958.

> »Die Methode der Zen-Übung besteht durchweg darin, den Schüler in ein Dilemma zu treiben, aus dem er einen Ausweg suchen muß, nicht aber durch Logik, sondern durch einen Geist höherer Ordnung.«
>
> »Das Leben selbst muß in der Mitte seines Flusses erfaßt werden; es anhalten zur Untersuchung und Zergliederung heißt es töten, und ein erkalteter Leichnam bleibt in unseren Armen zurück.«

Watts, Alan: The Spirit of Zen. John Murray, London, 1935.

> »Wie soll ich dem Rad von Geburt und Tod entfliehen?« Der Meister: »Wer hält Dich gefangen?«

Sich mit einem Koan einzulassen, kann zu einem tiefen Verständnis für die Paradoxie und die Realität des Lebens führen.

> »Denn der letzte Engpaß des Koans, des lebendigen Weges, zeigt in Vergrößerung den Engpaß, der immer von denen erreicht wird, die versuchen, etwas Lebendiges anzugreifen, weil sie es besitzen möchten.«

HINWEISE AUF INDIANISCHE PERSPEKTIVEN

Boyd, Doug: Rolling Thunder. Erfahrungen mit einem Schamanen der neuen Indianerbewegung. Verlag Trikont-Dianus, München 1981. Orig. amerik.: Randow House, New York, 1974.

Zitat eines jungen Indianers:

> »Wenn Du in Dir ein Gefühl von Gegenherrschaft entdeckst – d. h., wenn Du andern gegenüber negative Gefühle hast, bist Du genau in der Situation, wo Du empfänglich wirst für deren negative Gefühle. Das Grundprinzip ist, dafür nicht empfänglich zu sein. Ihr habt soviel Angst und Haß

und Verachtung vor Euren sogenannten Kriminellen, daß Eure Verbrechensrate immer mehr steigt. ... Ihr solltet mit diesen Leuten arbeiten und nicht gegen sie. Ihr solltet Verachtung für die Kriminalität als solche, aber nicht für die Menschen empfinden. Es ist ein großer Fehler, irgendeine Gruppe oder irgendwelche Menschen als Gegner zu betrachten. Wenn Du dies nämlich tust, drängst Du sie genau in diese Rolle. Es ist nützlicher, jeden anderen Menschen als ein anderes Ich, jedes einzelne Individuum als einen Vertreter dieses Universums zu betrachten.«

Aus dem Bericht über ein Treffen der American Humanist Psychologists (AHP) 1972 in San Francisco, Calif. Hörsaal mit etwa 3000 Menschen. Der Schamane *Rolling Thunder* spricht:

»Obwohl es schon eine Menge Menschen gibt, die guten Herzens und Willens sind, die dem Indianer die Hände reichen wollen und alles Vergangene vergessen, darf gerade das nicht geschehen – nicht von seiten der Indianer und auch nicht vom Gesetz des Karma her. Die Zeit, alles zu teilen, wird dann gekommen sein, wenn Weiße in der Lage sind, ihren indianischen Brüdern und Schwestern auf einer wirklich spirituellen Ebene zu begegnen. Es ist die Aufgabe unserer neuen Freunde, die sich danach sehnen, das Wissen und die Erfahrung ihrer indianischen Brüder zu teilen, erst einmal die Bedingungen zu schaffen, unter denen ein sinnvoller Austausch stattfinden kann.«

Chief Seattle – eine Rede, die er bei einer Versammlung von indianischen Volksstämmen hielt, bevor der den *Vertrag mit den Weißen im Jahr 1854* zeichnete. (Diese Version übersetzt von Charlotte Tangerding, 1980.)

»Der Große Häuptling in Washington sendet uns Worte, daß er wünscht, unser Land zu kaufen.

Der Große Häuptling in Washington sendet uns auch Worte der Freundschaft und des Wohlwollens. Das ist gütig von ihm, da wir wissen, daß er seinerseits unsere Freundschaft wenig nötig hat.

Nun, wir wollen sein Angebot überlegen. Denn wir wissen, daß wenn wir nicht verkaufen, daß dann der Weiße Mann mit Gewehren kommt und unser Land wegnimmt.

Wie aber kannst Du kaufen oder verkaufen – den Himmel, die Wärme der Erde? Dieser Gedanke ist fremd für uns. Wenn nicht wir die Frische der Luft und das Sprudeln des Wassers besitzen, wie kannst Du sie von uns kaufen? Jeder Teil dieser Erde ist für mein Volk heilig. Jede glänzende Kiefernadel, jedes Sandufer, jeder Nebel in den dunklen Wäldern, jedes summende Insekt ist heilig im Gedächtnis und Erleben meines Volkes.

Der Büffel, der durch die Wälder rennt, trägt die Erinnerung an den Roten Mann.

Der Weiße Mann, wenn er tot ist, hat das Land seiner Geburt vergessen, wenn er zu den Sternen aufsteigt. Unsere Toten vergessen niemals die Schönheit der Erde, denn sie ist die Mutter des Roten Mannes. Wir sind Teile der Erde, und sie ist ein Teil von uns.

Die duftenden Blumen sind unsere Schwestern. Das Wild, das Pferd,

der große Adler, sie sind unsere Brüder. Die felsigen Gipfel, die Säfte der Wiesen, die Körperwärme des Ponys und der Mensch – alle gehören zu derselben Familie.
Der weiße Mann schoß die Büffel aus dem fahrenden Zug. Ich bin ein Wilder, und ich kann nicht verstehen, wie das rauchende Eisenpferd wichtiger sein kann als ein Büffel, den wir nur töten, um am Leben zu bleiben. Ich weiß nicht. Unsere Wege sind verschieden von Euren Wegen. Der Anblick Eurer Städte tut den Augen des Roten Mannes weh. Aber vielleicht ist es, weil ich ein Wilder bin und nicht verstehe. Der Lärm allein scheint die Ohren zu beleidigen. Und was ist das für ein Leben, wenn der Mensch nicht mehr den einsamen Ruf des Vogels oder das Konzert der Frösche in einem Weiher zur Nacht hört? Ich bin ein Roter Mann und verstehe nicht. Die Indianer bevorzugen den sanften Gesang des Windes, gereinigt vom Mittagsregen oder gewürzt mit Kieferduft.
Gerade der Weiße Mann, dessen Gott mit ihm geht und zu ihm wie ein Freund zum Freund spricht, kann nicht ausgenommen sein von dem kommenden Geschick. Wir mögen nach all dem Brüder sein, wir werden sehen. Eines wissen wir, daß der Weiße Mann eines Tages entdecken mag: unser Gott ist derselbe GOTT. Du magst jetzt denken, daß Du IHN besitzt, wie Du unser Land zu besitzen wünschest, aber Du kannst das nicht.
ER ist der Gott der Menschen, und seine Güte ist die gleiche für den Roten Mann und für den Weißen Mann. Diese Erde ist wertvoll für IHN, und sie zu verletzen, heißt, Mißachtung auf ihren Schöpfer zu häufen.
Der Weiße Mann wird auch dahingehen, vielleicht eher als all die anderen Stämme. Fahrt fort, Euer Bett zu beschmutzen, und Ihr werdet eines Nachts in Eurem eigenen Abfall ersticken.
Nun, wenn wir Euch unser Land verkaufen, dann liebt es, wie wir es geliebt haben. Pflegt es, wie wir es gepflegt haben. Behaltet in Eurem Geist die Erinnerung an das Land, wie es ist, wenn Ihr es übernehmt.
Und mit all Eurer Kraft, mit all Eurem Gemüt, mit all Eurem Herzen bewahrt es für Eure Kinder und liebt es – wie Gott uns alle liebt!«

Deforbes, Jack: Die Wétiko-Seuche. Verlag Hammer, Wuppertal, 1983. Die Wétiko-Seuche: Das Unheil, das die Weißen den Seelen und der Lebensweise der Indianer gebracht haben.

Liedloff, Jean: Auf der Suche nach dem verlorenen Glück. Verlag C. H. Beck, München, 1980. Orig. amerik.: The Continuum Concept. Knopf, New York, 1977.
Scheurmann, Erich: Der Papalagi. Felsen Verlag, Buchenbach/Baden, 1920. (Tanner/Stähelin, Zürich, 1980.)

»Der Papalagi« (gesprochen: Paplanji) ist ein Buch, dessen Verfasser Erich Scheurmann sagt, daß die Worte dieses Buches von Tuviavii, einem Samoahäuptling, stammen, der sie als Notizen für Ansprachen an seinen Stamm aufgeschrieben habe. Scheurmann hätte sie mit seiner Erlaubnis ins Deutsche übersetzt. Wer immer sie auch geschrieben haben möge, seine Nachdenklichkeit hat mich und offenbar viele tausend andere Weiße nachdenklich gemacht.

»Der Papalagi ist immer unzufrieden mit seiner Zeit, und er klagt den

Großen Geist dafür an, daß er nicht mehr gegeben hat. Ja, er lästert Gott und seine große Weisheit, indem er jeden neuen Tag nach einem ganz gewissen Plane teilt und zerteilt. Er zerschneidet ihn geradeso, als führe man kreuzweise mit einem Buschmesser durch eine weiche Kokosnuß. Alle Teile haben ihren Namen: Sekunde, Minute, Stunde. Die Sekunde ist kleiner als die Minute, diese kleiner als die Stunde; alle zusammen machen die Stunde, und man muß sechzig Minuten und noch viel mehr Sekunden haben, ehe man soviel hat wie eine Stunde. Das ist eine verschlungene Sache, die ich nie ganz verstanden habe.«

»Es gibt Papalagis, die behaupten, sie hätten nie Zeit. Sie laufen konfus umher, wie von Aitú Besessene, und wohin sie kommen, machen sie Unheil und Schrecken, weil sie ihre Zeit verloren haben.«

»Als Tuviavii gefragt wurde, wie alt er sei, schwieg er. ›Du mußt doch wissen, wie alt Du bist‹, sagten sie. Er dachte: ›Es ist besser, ich weiß es nicht.‹ Manchmal klagt ein Papalagi, daß ein anderer ihm die Zeit gestohlen habe.«

»Oh, ihr lieben Brüder, wir haben nie geklagt über die Zeit. Wir haben sie geliebt ... wir brauchen nicht mehr Zeit, als wir haben ... und wissen ... daß uns der Große Geist nach seinem Willen abberuft, auch wenn wir die Zahl unserer Monde nicht wissen. Wir müssen den armen, verirrten Papalagi vom Wahn befreien, müssen ihm seine Zeit wiedergeben.«

Papalagi war in Europa und hat die Weißen beobachtet. Auch die anderen Kapitel lohnen sich zu lesen. Bitte tut es, »wenn Ihr Zeit habt«. Es ist ein kurzes Buch. Danach habt ihr sogar vielleicht Zeit, »Momo« zu lesen, das ist ein langes Buch. Das kleine Mädchen Momo, ein Geschöpf von *Michael Ende,* ein weißes Mädchen, lebt in der Weisheit Papalagis, auch angesichts der »grauen Herren mit den schwarzen Aktentaschen«.

VON PROVINZIALEN ZU PLANETARISCHEN POLITISCHEN PERSPEKTIVEN

Bateson, Gregory: Die Ökologie des Geistes. Suhrkamp, Frankfurt, 1983. Orig. engl.: Steps to an Ecology of Mind. Evolutionary Approach to Man's Understanding of Himself. Chandler, New York, 1972.

»Geist und Materie scheinen nicht länger als zwei getrennte Kategorien ... sondern man kann sie als unterschiedliche Aspekte desselben universalen Geschehens betrachten.« – »Unsere Evolution bietet uns weiterhin die Freiheit der Wahl. Wir können bewußt unser Verhalten ändern, indem wir unsere Werte und Einstellungen verändern und die verlorene Spiritualität sowie das ökologische Bewußtsein zurückgewinnen.« (Wahl zwischen Cheopspyramide, Brandenburgische Konzerte und Relativitätstheorie versus Hexenverbrennung, Holocaust und Atombomben.)

Capra, Fritjof: Wendezeit, a. a. O.: »Es scheint, daß sich die spirituelle Essenz der ökologischen Vision einen idealen Ausdruck in der feministischen Spiritualität gefunden hat, die durch die Frauenbewegung vertreten wird und die auf der uralten Identifikation von Frau und Natur basiert.

Feministische Spiritualität beruht auf dem Bewußtsein des Eins-Seins mit allen lebenden Formen und ihren zyklischen Rhythmen von Geburt und Tod. Sie spiegelt so eine Haltung zum Leben, die zutiefst ökologisch ist: ›Göttin vor Göttern‹.«

Cohn, R. C., und G. u. K. Stopp: »Menschsein ist keine Freizeitbeschäftigung.« In: Zukunftsaspekte in Führung und Kooperation. Festschrift für August Sahm, hrsg. von Jürgen Günther. Sauer Verlag, München, 1984.

Konrad Stopp: »In allen modernen Volkswirtschaften, seien sie marktwirtschaftlich oder planwirtschaftlich organisiert, erhalten nur *die* Bezugsscheine an das Sozialprodukt, wir sprechen von Einkommen, die am Zustandekommen unmittelbar beteiligt sind. . . .«

»Alle an der Herstellung des Sozialproduktes nicht Beteiligten erhalten keine Faktoreinkommen, erhalten keine Bezugsscheine an das Sozialprodukt; sie gehen zunächst leer aus.«

»Ausgehend von der Tatsache, daß die hochtechnisierte Industriegesellschaft nicht alle beschäftigen, aber alle versorgen kann, ist nicht das Recht auf Arbeit, sondern das *Recht auf Einkommen* zu postulieren.«

Gudrun Stopp: »Ein Umdenken ist unerläßlich, nicht nur für die Politiker, sondern für Lehrende und Erziehende, wir für Schul- und Lehrbuchautoren, damit Kindern und Jugendlichen diese neue Sicht von Arbeit, von Recht auf Einkommen, vom Generationenvertrag vermittelt werden kann. Das bedeutet doch wohl eine ganz neue Arbeitsmoral.«

Ruth C. Cohn: »Und in der ökonomischen Umdenkungsfrage ist es besonders schwierig. Wer auf diesem Gebiet arbeitet, gehört . . . meist zur Schicht der Privilegierten, die etwas aufgeben muß.«

»Was jedoch helfen könnte, und da bin ich nicht ganz hoffnungslos, ist die zur Gewißheit werdende Ahnung, daß wir nur noch die Möglichkeit haben, entweder Privilegien aufzugeben oder das Leben selbst.«

Collins, J., Lappé, F.: Vom Mythos des Hungers: Die Entlarvung einer Legende; niemand muß hungern. Fischer Verlag, Frankfurt, 1980. Orig. amerik.: Food First – Beyond the Myth of Scarcity, 1977. Institute for Food and Development, San Francisco, 1977.

»Wir lernten, daß die Amerikaner oder die Europäer das Lebensmittelproblem nicht lösen müssen. Hungernde Menschen können sich selbst ernähren und tun es auch, *wenn man sie nur läßt.* Dieser Bedingungssatz ›wenn man sie nur läßt‹ ist der Kern unserer Antwort auf die Frage, die wir früher nicht beantworten konnten.«

»Der Wunsch von Amerikanern, die Hungernden zu ernähren, klingt bewundernswert . . . daß wir uns erinnern, daß Unternehmen, die einen Gewinn erzielen wollen, das nur tun können, wenn wir die Hungernden daran hindern, sich selbst zu ernähren und Lebensmittel für sich selbst anzubauen.«

»Unsere Chance zu überleben, als Einzelne, als Volk oder Gattung Mensch hat damit zu tun, von welchen Utopien wir uns leiten lassen: Von der hoffnungslosen, tödlichen Utopie einer perfekten, errüstbaren, machbaren

Sicherheit oder von der lebendigen Utopie einer lebensfähigen, gewaltlosen Weltgesellschaft.«
Eppler, Erhard: Wege aus der Gefahr. Rowohlt, Reinbek, 1980.
–: Die tödliche Utopie der Sicherheit. Rowohlt, Reinbek, 1983.
»Gerade wo es um Frieden geht, können die Mittel den Zweck diskreditieren. Haß, Verleumdung, Feindschaft, Fanatismus, Eitelkeit, Geltungssucht oder gar Gewalt lassen sich nicht in den Dienst des Friedens nehmen. Sie gewinnen sehr bald ihr Eigenleben, machen sich selbständig und werden dann ein normaler Teil jener Welt des Unfriedens, gegen die sie angehen sollten.«
»Angst lähmt – wo Mut wachsen soll, tun wir gut daran, die Angst zu benennen, auszusprechen, so mit ihr umzugehen, daß wir mit ihr fertigwerden, nicht sie mit uns. Verdrängte Angst läßt keinen Mut aufkommen.«
»Friedensbewegung darf sich nicht in die bequeme Welt . . . dieses Ronald Reagans begeben, daß es um Streit zwischen Gut und Böse auf zwei verschiedenen Seiten gehe.«
Solche Sätze zeigen auf, daß die Psychologie heute ein wichtiges Studium für Politiker werden müßte; die politischen Maximen sind fast überall, Angst zu erzeugen, von der wir wissen oder wissen müßten, daß sie lähmt oder zu Explosionen führt. Daß es darauf ankäme, Vertrauen zu schaffen statt Angst, ist wichtigen Politikern nicht bewußt.
Fischer, Louis: Gandhi, Prophet der Gewaltlosigkeit. Wilhelm Heyne Verlag, München, 1983. Orig. amerik.: Gandhi, His Life and Message for the World. American Library, New York, 1954.
Frauen für den Frieden, Basel: Unsere tägliche Gewalt. Die oft nicht erkannte Form der Repression in unserer Gesellschaft. Verlag Lenos, Basel, 1983.
Jungk, Robert: Menschenbeben. Der Aufstand gegen das Unerträgliche. Bertelsmann Verlag, München, 1983.
»Ich sammle seit einiger Zeit Fälle von Dissidenten . . . Sie erleiden nicht die Schmach und Not, die jeder brave ›Kopfdiener‹ vor sich sieht, . . . wenn er einmal seinem Gewissen folgen würde. Im Gegenteil: Sie erleben eine Art Auferstehung. Ihre Kreativität nimmt zu.«
Keys, Donald and Laszlo, Ervin: Disarmement: The Human Factor. Pergamon Press, New York, 1981.
Krattiger, Ursa: Die perlmutterne Mönchin. Reise in eine weibliche Spiritualität. Kreuz Verlag, Zürich, 1983.
»Die Frau bleibt irgendwo, irgendwie auf ihrem Weg zum vollen mündigen Menschen stecken. –«
»Beziehungs- und gemeinschaftsfähig wird die Frau, die um den unzerstörbaren Kern in sich selbst weiß. Die Tochter wird erwachsen. Die Frau wird mündig, wird Person. Gewiß: Dann bimmelt dem Patriarchat die Totenglocke.«
»Wo Frauen die Sakramente nicht verwalten und damit nicht Priesterinnen sein dürfen, da werden sie . . . nicht gleich-geachtet, nicht als gleich-wertig, als gleich-berechtigt anerkannt.«

»Das Weibliche ist genauso würdig wie das Männliche, die Gottheit zu vertreten.«

»Warum denn soll uns bei diesem Bild von Fruchtbarkeit und Mütterlichkeit die geistige Potenz abhanden kommen oder abgesprochen werden?«

Lauterburg, Christoph: Vor dem Ende der Hierarchie. Modelle für eine bessere Arbeitswelt. Econ Verlag, Düsseldorf, 1980.

May, Rollo: Power and Innocence – a Search for the Source of Violence. Publ. Dell, New York, 1972.

Ockel, Anita, und Ruth C. Cohn: »Das TZI-Konzept der Störung – ein Ansatz zu einer Gesellschaftstherapie.« In: Widerstand. Ein strittiges Konzept in der Psychotherapie. Hrsg. H. Petzold. Verlag Junfermann, Paderborn, 1981.

»Wenn wir uns stören lassen von dem, was uns stört, und *Störungen als Hindernisse und als Chance* zu erkennen und zu behandeln bereit sind, sind wir im Prozeß eines Fortschritts im Humanum. (Wenn wir uns nicht stören lassen von der großen Störung im Weltbereich von Not und Inhumanität, kann diese Störung sich verselbständigen und zur letzten aller Störungen werden.)«

Pestalozzi, Hans: Nach uns die Zukunft. Zytglogge Verlag, Gümlingen, 1982. (Vorworte von Frederic Vester, Robert Jungk, Herbert Gruhl.)

– Irrtümer: »Jedes Wirtschaftssubjekt handelt nach rein wirtschaftlichen Überlegungen. Die Motivation jedes wirtschaftlichen Handelns ist der Eigennutz.« – Jedoch »Eigennutz ist das Gegenteil von Rücksicht. Um unserer selbst und einer Zukunft nach uns willen müssen wir Rücksicht nehmen und verlangen.«

Richter, Horst-Eberhard: Über die produktive Angst (in Anlehnung an ein Referat auf dem Kongreß »Ärzte warnen vor dem Atomkrieg«, Hamburg, September 1981). In: Überleben, Zeitschrift für alternative Sicherheitspolitik. Nr. 1, April 1982.

»Die Information über die . . . Vernichtungsenergien erschreckte mich deshalb so sehr, weil ich bislang nur eine abstrakte und nebelhafte Vorstellung davon mit mir herumgetragen hatte. Der Schock durch die konkrete Wahrheit entzog zumindest einen Teil meiner Ängste der Verdrängung . . .«

»Umdenken heißt, in dem atomaren Vernichtungspotential einen gemeinsamen Feind für die Menschheit zu erkennen, der über die Systemgrenzen hinweg ein globales Zusammengehörigkeits- und Verantwortungsbewußtsein erfordert . . .«

»Ich traue den Institutionen, die über unseren Köpfen das Pokerspiel einer menschheitsgefährdenden Rivalitätspolitik betreiben, nicht zu, daß sie ohne Einmischung der Massen, ohne den Druck einer machtvollen Friedensbewegung, auf eine echte Verständigungspolitik umschalten können. Verständigungswille ist schließlich kein Element spezieller politischer Sachkompetenz. In dieser Hinsicht bin ich als Bürger kein Laie . . .«

»Ich brauche die Gruppe aber auch, um mich fortzubilden und Erkenntnisse zu sammeln, z. B. über die politischen und wirtschaftlichen Hintergründe der Entwicklung, über die Militärpotentiale, über die Wirkungen der Massenvernichtungswaffen und die Chancenlosigkeit der Medizin im Ernstfall. Ferner muß ich mich gemeinsam mit den anderen informieren über alternative sicherheitspolitische Konzepte, die zu einem Abbau unverantwortlicher Risiken führen könnten.«

–: Lernziel Solidarität. Rowohlt Verlag, Hamburg, 1974.

–: Flüchten oder Standhalten. Rowohlt Verlag, Hamburg, 1976.

Rogers, Carl: Die Kraft des Guten. Kindler, München, 1978. Orig. amerik.: Our Personal Power – Inner Strength and its Revolutionary Impact. Delacorte Press, 1977.

Schoenebeck, Hubertus von: Ich liebe mich so wie ich bin. (a. a. O.)

»Ich schreibe über die Grundlage für den dauernden Frieden: die psychische Veränderung der Menschen von Kriegern zu Friedern, die Entwicklung einer neuartigen Ich-Beziehung. ... Ich skizziere die Facetten der neuen Ich-, Du- und Wir-Beziehung, und wie die Steine eines Mosaiks ein Ganzes bilden, so zeigen diese Skizzen insgesamt die Grundrichtung einer neuen Kultur an ... So zu leben geht tatsächlich, und viele Menschen haben auf diese neue Art zu leben begonnen, so wie ich auch. Mein Anliegen ist, dies mitzuteilen und die Voraussetzungen für diese Lebensführung zu zeigen.«

Schultz, Wolfgang: »Demokratie lernen – demokratisch handeln.« In: Neue Deutsche Schule, Heft 32, 1980.

Schumacher, E. F.: Die Rückkehr zum menschlichen Maß. Rowohlt Verlag, Hamburg, 1977. Orig. engl.: Small is Beautiful. Blond & Briggs, London, 1973.

Ein klassisches Buch, das Millionen von Menschen aufgeweckt und erschreckt hat: Maßhalten oder untergehen! Dies ist die Alternative! (Können wir unsere Privilegien als letale Versuchung erkennen?)

–: Rat für die Ratlosen. Rowohlt Verlag, Hamburg, 1979. Orig. engl.: A Guide of the Perplexed. London, 1977.

»Freiheit und Gleichheit sind Gegensatzpaare. Denn wenn man den Dingen ihren Lauf läßt ... gedeihen die Starken, und die Schwachen leiden, und es wird keine Spur von Gleichheit zu finden sein. Die Durchsetzung der Gleichheit verlangt auf der anderen Seite die Beschneidung der Freiheit – es sei denn, etwas von einer höheren Stufe greift ein.« Der dritte Faktor ist »eine Dritte Kraft – Fraternité, Brüderlichkeit –, die einer höheren Stufe angehört als Liberté oder Egalité ... Die ersten beiden können von Gesetzen erzwungen werden, Fraternité ist etwas Menschliches ... jenseits der Ebene der Manipulation. Brüderlichkeit läßt sich erreichen, ... daß Einzelne ihrer eigenen höheren Kräfte und Fähigkeiten aufbieten, kurz, bessere Menschen werden.«

(Das neue Wort wäre gerechter, »gleicher«: »Geschwisterlichkeit«.)

Schumacher sieht drei Aufgaben, um »gut zu werden«. Erstens, aus der Überlieferung lernen, zweitens, dies Wissen verinnerlichen und filtern (Individuation), drittens, Vorurteile überwinden. »Er ist frei geworden, oder, könnte man sagen, er wird von Gott gelenkt.«

Sölle, Dorothee: Wählt das Leben. Kreuz-Verlag, Stuttgart, 1979.

»Objektivitonismus ist gegeben in dem, was unser Leben strukturell bestimmt, nämlich die wirtschaftliche Ausplünderung der Dritten Welt, die Zerstörung der Natur, die Unterdrückung der Befreiungsbewegung. ... In den USA arbeiten von hundert Wissenschaftlern heute einundfünfzig im Zusammenhang der Aufrüstung; sie planen, sie experimentieren, sie forschen im Interesse der größeren Tötungskapazitäten.«

»Leiden zu vermeiden, physisches durch Tabletten, psychisches durch Ablenkung, politisches durch Blindheit, ist in der Kultur des Konsumismus zu einer wesentlichen Lebensstrategie aufgerückt ... Wenn Leid-Vermeidung zum obersten Wert avanciert, der Versuch, konfliktfrei und glatt durchzukommen, dann wird die Liebe zu einer Nebensache.«

»Es besteht eine Beziehung zwischen dem bewußten Willen und der inneren Intelligenz ... Systeme, die unmittelbares Leiden einbeziehen, ermöglichen es dem Menschen, bewußt an den Veränderungen seines Lebens teilzunehmen und etwas über sein Wesen in der Welt zu erfahren. Ein solches Bewußtmachen ist eines der klarsten Dinge, die das Leben *ist.*«

Toffler, Alvin: Die Zukunftschance. Von der Industriegesellschaft zu einer humaneren Zivilisation. Bertelsmann Verlag, Gütersloh, 1980. Orig. amerik.: The Third Wave. William Morrow, Pentham Books, 1980.

»Wir können kaum von heutigen nominalen Führern erwarten – Präsidenten und Politikern, Senatoren und Zentralkomiteemitgliedern –, daß sie *die* Institutionen in Frage stellen werden, die ihnen – und seien sie noch so rückständig – Prestige, Geld und die Illusion oder sogar die Realität von Macht geben.«

»Die weitverbreitete Furcht, Computer und die moderne Nachrichtentechnik würden unmittelbare Kontakte von Mensch zu Mensch unterbinden bzw. weiter entpersonalisieren, beruht auf naiver Vereinfachung.«

»Ähnlich wie in den kleinen Familienbetrieben der zweiten Welle werden Kinder im elektronischen Heim der Zukunft von Anfang an direkt in den familiären Arbeitsprozeß miteinbezogen und schon früh verantwortungsvolle Aufgaben übernehmen. – Die Kindheit und Jugend wird aus all diesen Gründen voraussichtlich kürzer, dafür aber mit mehr Verantwortung und Produktivität erfüllt sein. Durch die Zusammenarbeit mit Erwachsenen sind Kinder, die unter solchen Bedingungen aufwachsen, wahrscheinlich auch weniger häufig Gruppenzwängen durch Altersgenossen ausgeliefert.«

»Das elektronische Heim kann ... zum charakteristischen ›Familienbetrieb‹ der Zukunft werden.«

»Wenn Kommunikationsmittel den Berufsverkehr ersetzen, wird es in den Vorstädten sehr viel lebendiger werden: Restaurants, Theater, Kneipen und Clubs werden wie Pilze aus dem Boden schießen; Kirchen und karitative Organisationen erhalten neuen Zulauf. Und bei all diesen Aktivitäten kommt es zu direkten zwischenmenschlichen Kontakten.«

»Nirgendwo ist die Antiquiertheit der Institutionen jedoch so kraß und so gefährlich wie in der politischen Sphäre. Und nirgends finden wir heute

weniger Phantasie, weniger Experimentierfreudigkeit und weniger Bereitschaft, grundlegende Veränderungen ins Auge zu fassen als gerade hier.«
»Durch eine in vielen Ländern gleichzeitig stattfindende, breit angelegte gesellschaftliche Aufklärungskampagne, ein Experiment antizipatorischer Demokratie, können wir die drohende totalitäre Gefahr abwenden.«
(Übersetzung von RCC)

Wember, Bernward: Vergiftet oder arbeitslos. Ein Sachbilderbuch zum Streit zwischen Umweltschutz und Wirtschaftsinteressen. Verlag Eichborn, Frankfurt a. M., 1983.

Bernward Wember ist ein genialer Medienforscher und Professor an der Berliner Universität. Dies »Sachbilderbuch« zeigt Ausschnitte aus einem Film, der in einfachen Worten und Bildern darstellt, wie ein guter Bauer dem Chemie-Verkäufer glaubt, daß die neuen Wundermittel seine Ernten erhöhen werden, und was dann wirklich geschieht – die mißliche Kette von Insekten, Giften, Krankheiten etc. Obwohl Wember hohe Auszeichnungen von Filmkritikern und Sachverständigen erhielt, haben Industrie-Lobbys die Fernsehbranche so eingeschüchtert, daß das Publikum »vor ihm weitgehend geschützt wird«. Dies »Sachbilderbuch« ist ein vorläufiger Ersatz für den Film, der Ökologen und Schulen sehr behilflich sein kann.

Weizsäcker, Carl Friedrich von: Deutlichkeit. Beiträge zu politischen und religiösen Gegenwartsfragen. Hanser Verlag, München, 1978.

»Das Wichtigste, wenn wir die Krise verstehen wollen, ist, ihr ruhig ins Auge zu sehen. Der Dämon hält den menschlichen Blick nicht aus.«
»Wir verteidigen die Freiheit vor allem aber, indem wir sie gebrauchen.«
»Toleranz, als die politische Gewährung der Freiheit an die anderen, ist nicht der Verzicht auf die Wahrheitsfrage, sondern die Schaffung des Raums für die Wahrheitsfrage.«
»Dem ökonomischen Liberalismus und dem planwirtschaftlichen Sozialismus gemeinsam ist das Bekenntnis zum Ethos der Freiheit und Gleichheit. Gemeinsam ist ihnen eine Ambivalenz der Resultate, die vermutlich in einem ihnen gemeinsamen anthropologisch irrealen Optimismus, in der Verkennung der sittlichen Notwendigkeit der Askese wurzelt. Beide sind zur demokratischen Askese bisher unfähig, das Marktsystem, weil es nicht asketisch, das Plansystem, weil es nicht demokratisch ist.«
»Es ist nicht eine prinzipielle Kalamität, daß wir heute weniger zu arbeiten gewzungen sind als früher. Die Kraft zu solchen Lösungen setzt nur voraus, daß man sie denkt, und daß man sie will. Wollen kann man aber nichts Sinnvolles ohne Selbstbeherrschung.«
»Wertneutralität ist, so verstanden, wie die Wissenschaft sie versteht, selbst ein Wert; aber offenbar kann die wertneutrale Wissenschaft den Wert ihrer eigenen Wertneutralität nicht durch wissenschaftliche Argumente rechtfertigen.«
»Die durch die Wissenschaft ermöglichte moderne Kultur ist eine Wissens- und Verstandeskultur. Der Mensch dieser Kultur ist zuversichtlich. . . .
Er lebt in der Traumwelt, in der er selbst außerhalb der Gesetze zu stehen

scheint, die er erforscht. Die demütigende Selbsterkenntnis hat ihn noch nicht erreicht.«

»Nun ist aber die Zerlegung des Geschehens durch die Ja-Nein-Entscheidungen der Logik ... nicht das einzige Verhalten zur Wirklichkeit, dessen wir fähig sind. Unmittelbarer ist die Wahrnehmung in der Gestalt des der spontanen Handlung eingebetteten Affekts. Man kann von der Vernunft der Affekte sprechen.«

»Die Physiker verhalten sich gegenüber dem, was ihre eigene Arbeit möglich macht, nicht weniger gläubig als der Gläubige einer Religion gegenüber seinem Gott.«

»Es scheint, als hätten wir einen Weg gefunden, auf dem religiöse und wissenschaftliche Erfahrung einander im Detail begegnen und damit einander Schritt für Schritt erläutern und brüderlich kritisieren können.«

Wolf, Christa: Kassandra. Luchterhand Verlag, Darmstadt und Neuwied, 1983. »Kassandra« – zwei Bücher, eine Erzählung und eine »Voraussetzung für diese Erzählung«. Die Königstochter Trojas, 1200 vor Christus, wird Zeugin und Seherin unseres Jahrhunderts; die Erzählung sagt dies nicht, doch die Verbindung ist offensichtlich. Christa Wolf identifiziert sich mit dieser vor 3000 Jahren lebenden Kassandra. Ich identifiziere mich mit Christa. Sie wohnt in der DDR, zwischen den Rüstungsgiganten als eine Mutige, Sehende, wissend, daß das Erschrecken

»für diese, unsere Zeit, die Antwort ist, namenloses Entsetzen, und daß wir – Männer und Frauen – nicht fortschreiten, uns nicht lossprechen, uns nicht emanzipieren werden, wenn wir dieses Entsetzen nicht durchleben, wenn wir uns um dies Grauen herumdrücken wollen.« – Kassandra:

»In wie weit gibt es wirklich ›weibliches‹ Schreiben? In so weit Frauen aus historischen und biologischen Gründen eine andere Wirklichkeit erleben als Männer und das ausdrücken ... In so weit Frauen nicht zu den Herrschenden, sondern zu den Beherrschten gehören, jahrhundertelang – zu den Objekten der Objekte ...«

»Autonomie ist eine Aufgabe für jedermann, und Frauen, die sich auf ihre Weiblichkeit als einen Wert zurückziehen, handeln im Grunde, wie es ihnen andressiert wurde. Sie reagieren mit einem groß angelegten Ausweichmanöver auf die Herausforderung der Realität an ihre ganze Person.«

Kassandra, auch Du, wie alle Frauen, zuerst geprägt vom Rivalitätsgeist des Stärkeren, der Identifizierung mit dem Angreifer! Du wolltest weissagen und dabei Leute gewinnen, Dich zu hören und zu verstehen, ohne die anderen Sehenden wahrzunehmen und Dich mit ihnen zu verbünden. Kassandra, kein Einzelner allein kann Weises sagen, weise sein! – Christa, wir sind sehr viele weise Sagende heute, und wir brauchen diese vielen, die sehen und sagen und hören und fühlen und Angst haben können und leben wollen und denken können. Du findest sie – viele von den vielen – mit Deinem Mut und Deinem Buch, so wie Du mich und viele meiner Freunde gefunden hast. Wir Frauen müssen voneinander lernen, daß wir keine Zeit haben für anerzogene Rivalitäten oder Gewalttätigkeit. Wir brauchen die »Macht der Seele«, auch um die Jugendlichen zu unterstützen, die vereinzelt nicht die Kraft der Solidarität zum geistigen Tun haben können. Wir wollen, daß sie

nicht wie Kassandra in den Turm und das Menschenschlachthaus eingewiesen werden. – Ich will Dir noch sagen, Christa, daß Deine Kassandradeutung sehr viel mehr ist als »nur mit Gedanken Umgang haben«; ich möchte wagen, Dich froh anzusprechen, als eine, »die Liebes kennt und Liebes tut«.
Ich wünsche Dir, daß Du Deine Lieben immer betreuen kannst und darfst und daß Dir Himmel und Berge und Erde weiter gehören. Ruth

Wrage, Karl-Horst: Friedensfähigkeit. Psychoanalytische Erfahrungen und christliche Hoffnungen. In: Reihe Vorlagen, Heft 13/14, Luther-Haus Verlag, Hannover, 1982.

Freire: »Jede Situation, in welcher Menschen andere daran hindern, etwas frei zu untersuchen, ist Gewalt ... Menschen dahin zu bringen, daß sie sich nicht selbst entscheiden können, macht sie zu Objekten.«
»Niemand kann authentisch menschlich sein, wenn er andere daran hindert, dies zu sein.«

Ruth C. Cohn
Von der Psychoanalyse zur themenzentrierten Interaktion

Von der Behandlung einzelner
zu einer Pädagogik für alle.
Zum Teil aus dem Amerikanischen
von Josef Wimmer und anderen
7. Auflage 1986
246 Seiten, kartoniert
ISBN 3-608-95288-8

»Ruth Cohn verbindet mit ihrem Konzept ein gesellschaftspolitisches Anliegen. Sie will einer ›humanisierenden, bewußtseinserweiternden Pädagogik‹ den Weg bahnen, welche die Erkenntnis vermittelt, daß nur dann Konstruktives entstehen kann, wenn das Individuum (das Ich), die Gruppe (das Wir) und die Sache (das Es bzw. Thema), mit der Ich und Wir jeweils befaßt sind, gleichrangige Achtung und Beachtung erfahren.«

(Psychologie heute)

Klett-Cotta